2016
北京地税年鉴
BEIJING LOCAL TAXATION YEARBOOK

北京市地方税务局　编

中国税务出版社

图书在版编目(CIP)数据

北京地税年鉴.2016/北京市地方税务局编.
--北京:中国税务出版社,2016.11
ISBN 978-7-5678-0461-6

Ⅰ.①北… Ⅱ.①北… Ⅲ.①地方税收-北京市-2016-年鉴
Ⅳ.①F812.710.42-54

中国版本图书馆CIP数据核字(2016)第209805号

书　　名:北京地税年鉴(2016)
作　　者:北京市地方税务局　编
责任编辑:陈金艳　王　玥
责任校对:于　玲
技术设计:刘冬珂
出版发行:中国税务出版社
北京市丰台区广安路9号国投财富广场1号楼11层
邮政编码:100055
http://www.taxation.cn
E-mail:swcb@taxation.cn
发行中心电话:(010)83362083/86/89
传真:(010)83362046/47/48/49
经　　销:各地新华书店
印　　刷:北京联兴盛业印刷股份有限公司
规　　格:889毫米×1194毫米　1/16
印　　张:34.25　彩插:2.5
字　　数:781000字
版　　次:2016年12月第1版　2016年12月第1次印刷
书　　号:ISBN 978-7-5678-0461-6
定　　价:280.00元

《北京地税年鉴（2016）》编辑委员会

《北京地税年鉴（2016）》通讯员名单

（按姓氏笔画排序）

王　烨	王元锋	王红艳	王志杰	王国军	王梓璇
文德生	尹佳奇	邓前英	安　娣	刘建华	刘海琳
孙方芳	孙丽莉	邢志红	吴　凡	李　伟	李　阳
李　勇	李冬莲	李运玲	李京宇	李春霞	李钰瑾
吴　澄	宋　潇	张　伟	张　红	张　鹏	张　麟
张冬梅	陈　阳	杨　帆	杨　超	杨　頔	杨素珍
邱春会	林丽丽	周大勇	周非平	郑薇薇	郝俊强
赵　博	赵为真	姜　喆	姚　婷	秦　一	晋春辉
夏　冰	徐　翀	涂　珍	翁　联	高　阳	高文玲
黄建达	崔　犇	韩　旭	韩晓君	翟　敏	潘国强
黎　阳	魏　欣				

《北京地税年鉴（2016）》编辑部

主　任　郭顺民

副主任　邰　凌　宋勇军

编　辑　李　楠

2015年12月30日，北京市委副书记、市长王安顺（正排右四）到北京市地方税务局调研慰问，听取北京地税2015年税收完成情况汇报。

2015年12月30日，北京市委副书记、市长王安顺（右）到北京市地方税务局调研慰问，听取北京地税2015年税收完成情况汇报。图为王安顺听取汇报后发言。

2015年12月31日，国家税务总局局长王军（中）到北京市地方税务局调研并慰问税务干部。

2015年5月20日，北京市委常委、政法委书记杨晓超（前排左）到北京市地方税务局调研并参观北京地税发展陈列展。

2015年3月20日，中央纪委驻国家税务总局纪检组组长冯惠敏（左二）到北京市地方税务局调研并参观北京地税发展陈列展，北京市地方税务局局长杨志强（左三）、党组书记刘江平（左一）、纪检组长张靖明（左四）陪同调研。

2015年2月25日，北京市地方税务局领导班子成员参观北京地税发展陈列展并合影留念。

2015年12月7日，北京市地方税务局局长杨志强（左四）与服务金税三期工程的税务干部交流工作。

2015年1月13日，北京市地方税务局党组书记刘江平（正排中）到朝阳区地方税务局检查指导工作，实地了解“一税两费”委托代征和国地税联合办理税务登记业务流程情况。

2015年1月4日，北京市地方税务局党组副书记、副局长朱元广（右四）到西城区政府综合行政服务大厅考察国地税联合办理税务登记及委托代征“一税两费”工作。

2015年8月6日，北京市地方税务局副局长刘健（左二）到通州区地方税务局第一税务所就自助缴税机运行情况开展调研。

2015年2月10日，北京市地方税务局副局长卜祥来（左二）到延庆县地方税务局第一税务所慰问干部职工。

2015年10月21日，北京市地方税务局副局长吕兴渭（左二）到密云县地方税务局调研指导工作，实地查看密云县地方税务局第一、第四税务所，详细了解了“区域通办”“三证合一”工作落实情况及存量房档案管理情况。

2015年10月8日，北京市地方税务局纪检组长张靖明（右三）到顺义区地方税务局就存量房税收征管区域通办和“三证合一”工作情况开展调研。

2015年1月13日，北京市地方税务局副局长王炜在落实《北京市人民政府办公厅关于加强税收保障工作的意见》的新闻发布会上接受记者采访。

2015年11月5日，北京市地方税务局副局长唐学军（中）到顺义区地方税务局就纳税服务工作开展调研。

2015年8月12日，北京市地方税务局总经济师沈永奇（左二）到昌平区地方税务局就存量房税收征管工作开展调研。

2015年10月8日，北京市地方税务局副巡视员杨文俊（左二）到昌平区地方税务局回龙观税务所、第一税务所行政综合服务大厅检查指导“区域通办”和“三证合一”工作。

2015年10月8日，北京市地方税务局副巡视员郭筑明（左二）到北京市地方税务局燕山分局（第六稽查局）就存量房税款征收工作开展调研。

2015年11月30日，北京市地方税务局副巡视员周上序（右二）到丰台区地方税务局检查办公用房清理整治工作。

2015年2月5日，北京市政府召开2015年全市税务工作会，北京市委常委、常务副市长李士祥（右三），国家税务总局副局长顾炬（右二），北京市政府副秘书长徐熙（左三），北京市国家税务局局长李亚民（右一），北京市地方税务局局长杨志强（左二）、党组书记刘江平（左一）出席会议。

2015年1月20日，北京市地方税务局召开2015年北京市地方税务系统工作会议，北京市地方税务局领导班子成员参加会议。

2015年1月20日，北京市地方税务局召开2015年北京市地方税务系统工作会议。图为市局机关视频分会场。

2015年7月15日，北京市地方税务局、北京市国家税务局联合召开第二次合作工作会。

2015年7月16日，北京市地方税务局召开全系统2015年上半年收入形势分析会。

2015年2月6日，北京市地方税务局召开2015年系统征管综合工作会。

2015年12月7日，北京市地方税务局召开全系统金税三期工程推广工作动员会，局领导班子成员出席会议。

2015年1月23日，《京津冀协同发展税收问题研究》结题会在北京市地方税务局召开。

2015年7月23日，北京市地方税务局召开“互联网+”座谈会。

2015年2月5日，北京市地方税务局局长杨志强（左），党组副书记、副局长朱元广（右）为北京市地方税务局第五稽查局、第六稽查局揭牌。

2015年4月21日，北京市地方税务局局长杨志强（左一）、北京市国家税务局总经济师郑怀远（右一）、北京市公安局经侦总队副队长黄强（右二）为税警联合办公室揭牌。

2015年4月8日，北京市地方税务局、北京市国家税务局、北京市商务委员会联合举办“走出去”税收服务座谈会。

2015年3月13日，北京市地方税务局党组中心组开展“走进歌华”调研活动。

2015年4月9日，北京市地方税务局、北京市国家税务局、北京市投资促进局、北京外商投资企业协会联合举办税收政策解读会，北京市地方税务局副局长王炜（正排左六）出席会议。

2015年7月17日，北京市地方税务局召开《北京市税收保障办法》立法调研课题结题会。

2015年12月29日，北京市地方税务局与中国银联北京分公司举行合作框架协议签字仪式，北京市地方税务局局长杨志强（后排左三）、副局长唐学军（后排左二）、总经济师沈永奇（前排左一）、中国银联副董事长陈志（后排右三）、中国银联北京分公司总经理孙衍琪（前排右一）出席签字仪式。

2015年4月1日，北京市地方税务局在大兴区地方税务局第一税务所召开“办税服务一卡通”新闻发布会，北京市地方税务局党组书记刘江平（右三）、副局长吕兴渭（左一）、副巡视员杨文俊（右一）等领导出席会议。

2015年4月1日，北京市地方税务局召开“办税服务一卡通”新闻发布会。图为纳税人领到的第1张一卡通。

2015年9月30日，北京市地方税务局与海淀区人民政府联合推出“税银互动”信用贷款服务。

2015年1月9日，北京市地方税务局与北京人民广播电台就“地税小贴士”开播事宜进行研讨。

2015年10月26日，北京市地方税务局召开“税收微动漫”视频制作工作会。

2015年4月22日，北京市地方税务局在海淀区地方税务局第四税务所举办落实《全国税务机关纳税服务规范》宣传推广活动。

2015年2月28日，北京市怀柔区地方税务局第一税务所贴心服务外籍办税人员。

2015年5月27日，北京市密云县国家税务局、地方税务局联合举办“税收都去哪儿了”——密云县少年税校成立十周年主题宣传活动。

2015年5月27日，北京市地方税务局党组书记刘江平（左三）、密云县常务副县长王稳东（左二）参观密云县少年税校书画展。

2015年4月11日，北京市地方税务局在中国人民大学开展“税收 创客 圆梦”主题座谈会。

2015年11月12日，北京市地方税务局召开北京地税系统涉税舆情座谈会。

2015年4月1日，北京市朝阳区地方税务局联合北京交通广播电台FM103.9《一路畅通》栏目制作播出了“税收伴您通行——春风行动在您身边”直播特别节目。

2015年4月22日，北京市丰台区地方税务局举办“优化纳税服务 促进企业发展”税收宣传活动。

2015年4月14日，北京市石景山区地方税务局联合石景山区国家税务局、工商管理局开展“税收新常态 促进小微企业发展”主题宣传活动。

2015年12月4日，北京市门头沟区地方税务局开展国家宪法日暨全国法制宣传日活动。

2015年4月10日，北京市房山区地方税务局开展走进“梨花文化节”税收宣传进景区活动。

2015年9月25日，北京市延庆县地方税务局到大柏老小学开展税收宣传进校园活动。

2015年8月5日，北京市地方税务局第一党支部开展“弘扬抗战精神 牢记税收使命”主题党日活动。图为第一党支部成员座谈。

2015年8月5日，北京市地方税务局第一党支部开展“弘扬抗战精神 牢记税收使命”主题党日活动。图为第一党支部成员参观中国抗日战争纪念馆。

2015年9月1日，北京市地方税务局党组中心组召开“三严三实”专题教育第二专题学习扩大研讨会。

2015年5月25日，北京市地方税务局举办全系统第一期处级以上领导干部“三严三实”专题教育研讨班。

2015年7月28日，北京市地方税务局召开党组中心组学习扩大会，邀请北京市委、市政府信访办公室副主任张宗林（正排左）作信访知识专题辅导报告。

2015年10月22日，北京市地方税务局邀请新东方教育集团董事长俞敏洪（正排右）作“坚持进步 保持热情”主题讲座。

2015年11月20日，北京市地方税务局召开党组中心组学习扩大会，主题学习《中国共产党廉洁自律准则》和《中国共产党纪律处分条例》。

2015年7月7日，北京市地方税务局召开北京地税系统个人绩效管理推进会，北京市地方税务局总经济师沈永奇（正排中）出席会议。

2015年10月30日，北京市地方税务局第一党支部参观北京市党员干部党性教育基地。

2015年11月10日，北京市地方税务局召开全系统共青团工作座谈会。

2015年7月8日，北京市朝阳区、海淀区、延庆县地方税务局共同开展“铭记历史，开创未来”纪念世界反法西斯战争胜利70周年主题团日活动。

2015年7月22日，北京市地方税务局召开北京地税系统岗位技能大赛动员会。

2015年6月19日，北京市地方税务局与中国政法大学举行战略合作框架协议签约仪式，北京市地方税务局局长杨志强（前排左）、中国政法大学校长黄进（前排右）代表双方签署战略合作框架协议。

2015年5月14日，北京市地方税务局组织召开领军人才考前动员辅导会。

2015年10月29日，北京市地方税务局局长杨志强（正后排左二），党组副书记、副局长朱元广（正前排右），总经济师沈永奇（正后排左一）一行到顺义区走访调研，与顺义区委、区政府主要领导就产业升级、国地税深度合作和干部交流进行座谈，并签署“互派挂职干部框架协议”。

2015年9月23日，北京市地方税务局召开税收分析团队成立1周年工作总结会。

2015年6月9日，北京市地方税务局与中国人民大学财政金融学院联合举办“纳税服务研修班”。

2015年10月31日，北京市地方税务局组织2015年税收业务知识考试，总经济师沈永奇（前排中）到考场巡考。

2015年12月16日，北京市地方税务局承办OECD/G20国际税收改革研讨会。

2015年10月27日，北京市地方税务局岗位技能大赛稽查决赛开赛。图为决赛现场。

2015年2月12日，北京市地方税务局召开2015年北京市地税系统党风廉政建设工作会议。

2015年7月30日，北京市地方税务局党组书记刘江平（左二）、纪检组长张靖明（左三）带队做客首都之窗政风行风热线直播间。

2015年8月13日，北京市纪委宣传部在北京市地方税务局召开基层党风廉政警示教育座谈会。

2015年9月25日，北京市地方税务局召开党组中心组扩大学习视频会议，邀请北京市纪委第二纪检监察室主任李正斌（正排右）做党风廉政教育专题讲座。

2015年7月8日，北京市地方税务局召开直属稽查局第一届特约监察员聘任会议。

2015年4月30日，北京市地方税务局党组书记刘江平（正排左三）、纪检组长张靖明（正排左二）听取通州区地方税务局落实“两个责任”工作情况汇报。

2015年6月29日，北京市大兴区地方税务局组织全体党员召开纪念建党94周年先进表彰大会暨“三严三实”专题教育会。

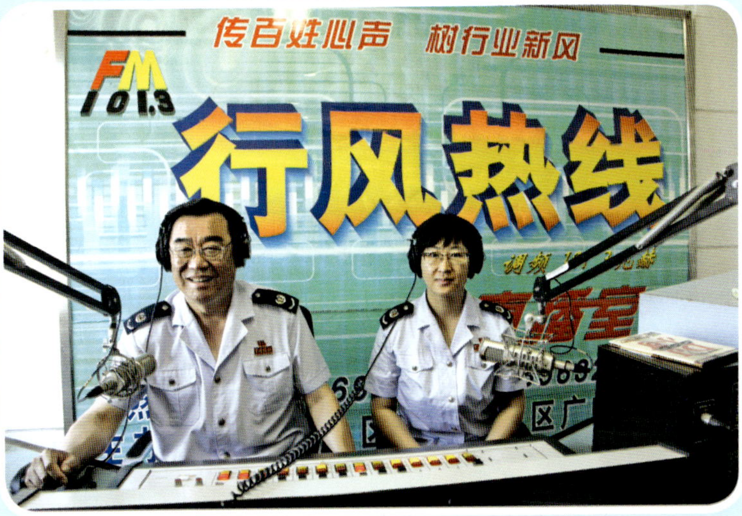

2015年5月20日，北京市怀柔区地方税务局局长姚敬国（左）参加行风热线录制解答涉税咨询。

2015年9月19日，北京税务博物馆举办复建开馆仪式，北京市地方税务局局长杨志强（左二）、北京市国家税务局局长李亚民（右二）、朝阳区常务副区长甘靖中（右一）、中央财经大学党委书记傅绍林（左一）共同为北京税务博物馆揭牌。

2015年2月6日，北京市地方税务局举行泰康人寿保险股份有限公司税收文物捐赠仪式。

2015年3月13日，北京市地方税务局举行中加实业集团有限公司税收文物捐赠仪式。

2015年5月8日，北京市怀柔区地方税务局参加怀柔区2015年群众歌咏大赛。

2015年5月4日，北京市延庆县地方税务局与海淀区地方税务局联合开展绿色骑行活动。

2015年12月28日，北京市西城区地方税务局干部赵红程荣获“北京榜样提名人物”奖。

编 辑 说 明

《北京地税年鉴》是记述北京市地方税收工作的资料性工具书。1996 年创办，按年编纂，逐年反映上一年度的情况。分篇目、分目、条目三个层次，条目为基本单元和表现形式，反映基本的工作信息。

《北京地税年鉴（2016）》记述北京市地方税务局 2015 年的工作情况和税收数据，设综合、领导讲话、税收政策、征收管理、税收法治、纳税服务、税务稽查、信息化建设、队伍建设、行政管理、博物馆建设、后勤工作、基层工作、社会团体、文选、统计资料、机构人员和大事记 18 个篇目，篇目下设分目，分别反映各个方面的工作。与往年相比，今年在年鉴结构规范化方面进一步完善，条目编制更加合理。

本年鉴稿件由北京市地方税务局各处室、直属单位，各区地方税务局、各地方税务分局提供。编纂工作得到了各方面的大力支持，在此表示衷心感谢！

《北京地税年鉴》编辑部

目　录

综合

2015 年北京市地方税收工作要点　3

2015 年北京市地方税收工作完成情况及 2016 年工作安排　8

北京市地方税务局 2015 年税收完成情况　16

领导讲话

在北京市国地税调研慰问时的讲话　王安顺 21

在北京市国地税调研慰问时的讲话　李士祥 23

全面推进依法治税　持续深化征管改革为首都经济社会健康发展做出新贡献　杨志强 25

全面推进依法治税　持续深化征管改革为首都经济社会健康发展做出新贡献——在全市税务工作会议上的讲话　杨志强 34

在全系统处级以上领导干部“三严三实”专题教育研讨班结业仪式上的讲话　杨志强 37

同心同德　凝心聚力　携手推动国地税合作再上新台阶——在北京市地方税务局、北京市国家税务局第二次合作工作会上的讲话　杨志强 41

依法组织收入　深化征管改革认真做好下半年税收工作　杨志强 43

落实巡视要求　保持政治定力严守政治规矩和工作规矩的具体措施和要求　杨志强 48

在“三严三实”专题教育第三专题学习研讨会上的讲话　杨志强 54

在 2015 年北京市地方税务系统工作会议上的讲话　刘江平 57

在 2015 年北京市地税系统党风廉政建设工作会议上的讲话　刘江平 59

深入学习践行“三严三实”做忠诚干净担当的首都税务干部　刘江平 63

在市局党组中心组“三严三实”专题教育第二专题学习研讨会上的主持讲话　刘江平 74

凝心聚力　奋发有为努力开创北京地税青年工作新局面　刘江平 79

在市局党组中心组“三严三实”专题教育第三专题学习研讨会上的主持讲话　刘江平 82

统筹安排扎实工作在全面推进依法治税中实现收入目标　卜祥来 86

坚持首善标准　强化责任担当在新的起点上推进党风廉政建设和反腐败工作——在 2015 年北京市地税系统党风廉政建设工作会议上的报告　张靖明 89

精诚合作　开拓创新推动国地税合作工作迈上新台阶——在北京市地方税国局、北京市国家税务局第二次合作工作会上的讲话　王　炜 95

税收政策

收入规划核算　101

- 综述　101
- 税收特点　101
- 收入目标动态管理　102
- 税收分析　102
- 收入核算　102
- 制度建设　102
- 分析团队建设　102
- 三项调查　102
- 电子缴税　103
- 绩效管理　103

营业税管理　103

- 综述　103
- 税收政策调整　104
- 营业税改征增值税　109
- 营业税管理　110
- 营业税收入及特点　110
- “营改增”后征管模式探讨　111

企业所得税管理 111
综述 111
税收优惠政策调整 112
企业所得税管理 112
企业所得税收入及特点 113
所得税优惠政策效益分析 114
小微企业政策效益分析 114
实施新版纳税申报表 114
提高政策服务水平 114
个人所得税管理 115
综述 115
税收政策调整 115
个人所得税收入及特点 115
税种税源调查分析 116
加强高收入税源管理 116
探索税源管理新模式 116
深入参与研究税制改革 116
加大政策研究力度 117
开发调整信息系统功能 117
服务首都经济社会发展 117
城镇土地使用税、房产税、契税、土地增值税、车船税、印花税、耕地占用税、资源税、城市维护建设税（九税）管理 117
综述 117
财产行为税税收收入 118
税收政策调整 118
贯彻国家宏观调控税收措施 120
用足用好税收优惠政策 120
存量房交易税收征管 120
委托代征 120
财行税各税种明细申报 120
财行税管理风险应对 120
房产税管理 120
城镇土地使用税管理 120
土地增值税管理 121
印花税管理 121
资源税管理 121
非税收入管理 121
综述 121
非税收入管理 121
非税收入特点 121
税收政策调整 122
文化事业建设费管理 122
教育费附加、地方教育附加管理 122
外商投资企业土地使用费管理 123
残疾人就业保障金管理 123
残疾人就业保障金代征并入财税库银联网 123
研究转变残疾人就业保障金征缴方式 123
小微企业优惠政策调研 123
工会经费税务代收管理 124
综述 124
工会经费管理 124
召开代收工作推进会 124
清理无效费源户 124
加强分析深入调研 124
重视舆情和谐发展 124
国际税收 125
综述 125
反避税工作 125
非居民税收管理 125
国际税收征管协作 126
跨境税源信息核查 126
境外税收服务与管理 126
2022 年冬季奥运会税务服务 126
加强外部协作 126
涉台税收工作 126
第 10 届税收征管论坛（FTA）大会筹备保障工作 127

征收管理

税收征管 131
综述 131
深化征管体制改革 131
京津冀协同发展 131
国地税合作 131
征管基础工作 131
征管制度创新 132
金税三期工程 132
“三证合一、一照一码”登记制度改革 132
信息管税 132

- 税收风险管理 133
- 区域通办 133

大企业税收管理 133
- 综述 133
- 大企业税收管理体系 134
- 大企业税收风险管理 134
- 大企业个性化纳税服务 134
- 大企业人才储备与培养 135
- 国地税合作 135
- 信息化建设 135

发票管理 135
- 综述 135
- 保障普通发票、税收票证的印制和供应 135
- 2015 年票证印刷供应商选定工作 136
- 自印票印制保障企业业务需求 136
- 税收票证印制保障征管工作 136
- 有奖发票兑奖经费的统计分析 136
- 票证经费结算 136
- 提前启动 2016 年票证印刷定点供应商竞价 136
- 推广应用电子发票取得阶段性成果 136
- 发票安全管理和税控服务管理 137
- 发票税控安全检查 137
- 发票鉴别工作 137

业务档案管理 137
- 综述 137
- 完善税务档案管理制度 137
- 税务档案电子化建设 138
- 部署税务档案管理系统 138
- 档案入库及利用服务 138
- 印花税票册封存入库 138

《公告》编辑发行 139
- 综述 139
- 《公告》编辑情况 139
- 《公告》赠阅发行 139

税收法治

税收法治工作 143
- 综述 143
- 统筹推进依法治税 143
- 主动参与税收立法 144
- 落实行政审批制度改革要求 144
- 推行权力清单制度 144
- 复议应诉工作 144
- 加强与司法机关的业务联系 145
- 法律支持 145
- 税收执法督察 145
- 过错责任追究 145

案例举要 146
- 关于依申请政府信息公开若干问题之思考——某公司申请政府信息公开案 146
- 个人购买房屋时间确认的案例——二手房买卖以契税缴纳时间判定居住是否满 5 年的条件案 152
- 房屋买卖合同实际无法履行后的契税退税问题案 154

纳税服务

概况 159

“便民办税春风行动” 159
- 综述 159
- 规范税收执法 159
- 服务区域发展 159
- 加强“走出去”企业服务支持 160
- 创新纳税服务举措 160
- 密切国税地税合作 160
- 打造宣传品牌 160
- 加强督查考核 161

网站建设情况 161
- 北京地税网站建设 161
- 全国政府网站普查工作 161

12366 纳税服务热线情况 162
- 咨询服务电话规范化管理 162
- 国地税 12366 纳税服务热线共建 162

其他纳税服务工作 162
- 分层次分类型纳税辅导 162
- 制定针对性改进措施 162
- 推行《全国税务机关纳税服务规范》 162
- “办税服务一卡通”新闻发布会 163
- 纳税服务研修班 163
- 强化纳税人权益保护 163
- 纳税服务岗位技能大赛 163

纳税信用等级评定 164
“银税互动”试点工作 164
“涉税中介”管理服务工作 164

税务稽查
税务稽查工作 167
综述 167
深化稽查机制体制改革 167
重大税收违法案件查处 167
税收专项检查 167
重点税源企业检查 167
打击发票违法犯罪活动 168
税收违法行为检举 168
税收协查 168
提升打击震慑力度 168
部门协作 168
清理未结案件 169
案例举要 169
某房地产公司少缴企业所得税案 169
某投资基金公司未缴税款案 171
某大学未按规定缴纳税款案 175

信息化建设
概况 185
信息化管理系统建设和应用情况 185
“互联网+税务”行动计划 185
金税三期工程建设推广工作 186
办税厅音视频系统建设 186
完善基础设施 186
互联网链路改造工作 186
“-My Beijing-”无线网建设 186
信息系统适应性开发工作 187
及时调整信息系统应用软件 187
信息系统运营维护及安全保障情况 188
信息系统现状 188
信息化效能 188
税收信息化管理维护 188
软件正版化清查 188
制定、梳理相关运维管理工作制度 188
配合上级单位的网络安全检查工作 189
安全测评工作 189
安全管理系统建设 189
应用系统应急演练工作 189
联网银行测试工作 189
规范采购项目工作 190
信息化绩效考核 190
数据处理应用 190
数据管理制度建设 190
落实市政府办公厅加强税收保障工作意见 190
历史数据清理工作 190
国地税协作 190
数据手册编制发放工作 191
完善信息系统数据字典 191
数据查询与处理工作 191
区局、直属分局信息化工作成绩 191

队伍建设
党团建设 195
综述 195
“三严三实”专题教育 195
学习型党组织建设 195
基层党组织建设 196
反腐倡廉建设 196
团组织建设 196
精神文明建设 197
第一党支部建设 197
配合市委巡视工作圆满完成 197
基层建设 198
综述 198
基层班子建设 198
机关处室联系基层科所 198
精神文明建设 198
系统岗位技能大赛 199
远郊干部到城区局调训 199
机关处级领导听取办税服务厅和集中办税服务场所工作汇报 199
基层思想动态调研 199
税务所和税收管理员工作职能大讨论 199
基层环境建设 199
廉政建设 200
综述 200

学习贯彻《准则》和《条例》 200
落实“两个责任” 200
落实中央八项规定精神 200
监督执纪 201
纪律审查 201
内控机制 201
廉政教育 201
深入推进“三转” 202
人才队伍 202
自查自纠 202
内部审计 202
综述 202
制度建设 202
领导干部经济责任审计工作 203
专项审计 203
维修改造项目审计工作 203
积极配合外部审计监督 203
人事管理 203
处级干部选拔和班子配备 203
干部培养选拔 204
干部管理与监督 204
考核奖励 205
机构编制和公务员管理 205
工资收入分配管理 205
人事基础工作 205
干部任免 206
离退休干部管理 214
综述 214
离退休干部基本情况 215
“两项建设” 215
落实“两个待遇” 215
组织开展各种有益活动 216
加强自身建设 216
干部教育培训 216
综述 216
领导干部培训 216
业务骨干培养 216
全员培训 216
拓展培训平台 217
培训规范管理 217
工会活动 217
综述 217
文体活动 217
推进系统体育单项赛 218
“送温暖”系列活动 218
“送健康”系列活动 218
“送文化”系列活动 218
创先争优取得新成绩 219
基层工会达标创优活动 219
职工之家建设 219
北京市地方税务系统2015年度立功受奖人员名单 220

行政管理
绩效管理 241
综述 241
绩效管理部门调整 241
绩效管理制度建设 241
税务总局绩效管理 241
市政府绩效管理 242
市局机关绩效管理 242
市局对区（分）局绩效管理 242
个人绩效管理 242
绩效管理基础工作 243
政府信息公开 243
综述 243
主动公开 243
依申请公开 244
复议和诉讼情况 244
重点领域信息公开 244
政策解读 244
制度机制建设 245
政府信息公开工作培训 245
加强与区县政府沟通交流 245
指导区（分）局依申请公开 245
会议管理 246
综述 246
改进会风提高会议质量 246
信访工作 246

综述 246
夯实制度基础 247
强化信访工作基础建设 247
实行诉讼与信访分离制度 247
畅通群众反映诉求和问题解决渠道 247
信访宣传 247
信访工作培训 247
公文管理 248
综述 248
完善政务制度体系 248
提升公文运转效率 248
筹建公文无纸化办公平台 248
日常公文管理 248
督查工作 249
综述 249
完善督查工作制度 249
实现督查工作创新 249
加大督办工作力度 249
督查队伍建设 249
信息工作 249
综述 249
服务领导决策 250
国地税信息联合报送机制 250
信息刊物动态调整机制 250
反馈基层心声 250
信息培训 250
完善考核制度 250
税收宣传 251
综述 251
构建大宣传格局 251
全角度税收宣传 251
打造税收宣传品牌 251
提高税收宣传影响力 251
妥善处理涉税舆情 252
调研工作 252
综述 252
调研成果转化取得突破 252
领导示范带头作用进一步增强 252
调研推动全局工作效果更加显著 252
调研管理工作逐步完善 253
外部合作水平持续提升 253
外事工作 253
综述 253
外事管理 253
赴墨西哥、巴西调研 254
香港税务学会来访 254
加强成果转化 254
2015 年度北京市地税系统政务信息工作考评通报名单 254

税务博物馆建设

复建北京税务博物馆 259
综述 259
签订四方协议 259
税收文物史料征集 259
场馆装修和运行维护 259
展厅展陈布展 259
宣传工作 260
开馆仪式 260
接待参观试运行 260
综述 260
有序接待系统内参观 260
接待社会各界研究考察团体 260
接待企业、单位和学生团体参观活动 261
接待外宾参观交流 261
加强制度建设和干部队伍建设 261
综述 261
完善制度建设 261
完善干部队伍建设 261

后勤工作

财务管理 265
综述 265
加强经费保障 265
加强财务指导与监督 265
财务内控机制建设 265
预算管理 266
支出管理 266
国库集中支付和财政转移支付管理 266
财务服务 266

公务卡管理 266
培训中心转制 267
预决算公开 267
财务宣传与培训 267
经费垂直管理调研 267
资产管理与政府采购 267
综述 267
固定资产管理 268
政府采购 268
后勤管理 269
综述 269
办公用房清理 269
机关维修改造工程 269
节能减排 269
优化服务 269
车辆管理 270
服务保障 270
细化管理方面 270
干部队伍建设 270
安全保卫 270
综述 270
明确任务落实责任 271
完善体制夯实基础 271
重大决策风险评估 271
安全教育培训 271
内部安全管理 271
安全检查监督 271
确保重大活动期间安全稳定 272
服务首都综治大局 272
干部培训中心工作 272
综述 272
转制工作 272
物业管理 273
老干部活动中心工作 273
综述 273
党员队伍教育管理 273
“三严三实”专题教育 273
依托制度抓管理 274
基础设施改造 274
加强全员培训 274
公务用车管理 274
综合治理 274

基层工作

东城区地方税务局 277
概况 277
地方政府支持税收工作 277
税收收入情况 277
税收收入特点与分析 277
税收法治 278
税收政策落实 278
税种管理 278
纳税服务 278
税收征管 278
大企业税收服务与管理 278
国际税收管理 278
税务稽查 278
电子税务管理 279
政务管理 279
绩效管理 279
财务管理 279
政府采购 279
人事管理 279
教育培训 279
执法督察与内部审计 279
党团建设 279
纪检监察 280
后勤管理 280
税收宣传 280
税收科研 280
税务文化 280
西城区地方税务局 281
概况 281
地方政府支持税收工作 281
税收收入情况 281
税收收入特点与分析 281
税收法治 281
税收政策落实 281
税种管理 282

纳税服务 282
税收征管 282
大企业税收服务与管理 282
国际税收管理 282
税务稽查 283
电子税务管理 283
政务管理 283
绩效管理 283
财务管理 283
政府采购 283
人事管理 283
教育培训 284
执法督察与内部审计 284
党团建设 284
纪检监察 284
后勤管理 284
税收宣传 284
税收科研 284
税务文化 284
朝阳区地方税务局 285
概况 285
地方政府支持税收工作 285
税收收入情况 285
税收收入特点与分析 285
税收法治 285
税收政策落实 286
税种管理 286
纳税服务 286
税收征管 286
大企业税收服务与管理 286
国际税收管理 287
税务稽查 287
电子税务管理 287
政务管理 287
绩效管理 287
财务管理 287
政府采购 287
人事管理 288
教育培训 288
执法督察与内部审计 288
党团建设 288
纪检监察 288
后勤管理 288
税收宣传 288
税收科研 288
税务文化 289
海淀区地方税务局 289
概况 289
地方政府支持税收工作 289
税收收入情况 289
税收收入特点与分析 289
税收法治 290
税收政策落实 290
税种管理 290
纳税服务 290
税收征管 291
国际税收管理 291
税务稽查 291
电子税务管理 291
政务管理 291
绩效管理 291
财务管理 291
政府采购 291
人事管理 292
教育培训 292
执法督察与内部审计 292
党团建设 292
纪检监察 292
后勤管理 292
税收宣传 292
税收科研 292
税务文化 293
丰台区地方税务局 293
概况 293
地方政府支持税收工作 293
税收收入情况 293
税收收入特点与分析 293
税收法治 293

税收政策落实 294
税种管理 294
纳税服务 294
税收征管 294
大企业税收服务与管理 294
国际税收管理 294
税务稽查 294
电子税务管理 294
政务管理 295
绩效管理 295
财务管理 295
政府采购 295
人事管理 295
教育培训 295
执法督察与内部审计 295
党团建设 295
纪检监察 295
后勤管理 296
税收宣传 296
税收科研 296
税务文化 296
石景山区地方税务局 296
概况 296
地方政府支持税收工作 296
税收收入情况 297
税收收入特点与分析 297
税收法治 297
税收政策落实 297
税种管理 297
纳税服务 297
税收征管 298
大企业税收服务与管理 298
国际税收管理 298
税务稽查 298
电子税务管理 298
政务管理 298
绩效管理 299
财务管理 299
政府采购 299
人事管理 299
教育培训 299
执法督察与内部审计 299
党团建设 300
纪检监察 300
后勤管理 300
税收宣传 300
税收科研 300
税务文化 300
门头沟区地方税务局 301
概况 301
地方政府支持税收工作 301
税收收入情况 301
税收收入特点与分析 301
税收法治 301
税收政策落实 301
税种管理 302
纳税服务 302
税收征管 302
大企业税收服务与管理 302
国际税收管理 302
税务稽查 302
电子税务管理 303
政务管理 303
绩效管理 303
财务管理 303
政府采购 303
人事管理 303
教育培训 303
执法督察与内部审计 304
党团建设 304
纪检监察 304
后勤管理 304
税收宣传 304
税收科研 304
税务文化 304
通州区地方税务局 305
概况 305
地方政府支持税收工作 305

税收收入情况 305
税收收入特点与分析 305
税收法治 305
税收政策落实 305
税种管理 305
纳税服务 306
税收征管 306
大企业税收服务与管理 306
国际税收管理 306
税务稽查 306
电子税务管理 307
政务管理 307
绩效管理 307
财务管理 307
政府采购 307
人事管理 307
教育培训 307
执法督察与内部审计 308
党团建设 308
纪检监察 308
后勤管理 308
税收宣传 308
税收科研 308
税务文化 308
顺义区地方税务局 309
概况 309
地方政府支持税收工作 309
税收收入情况 309
税收收入特点与分析 309
税收法治 309
税收政策落实 309
税种管理 310
纳税服务 310
税收征管 310
大企业税收服务与管理 310
国际税收管理 310
税务稽查 310
电子税务管理 310
政务管理 311
绩效管理 311
财务管理 311
政府采购 311
人事管理 311
教育培训 311
执法督察与内部审计 311
党团建设 312
纪检监察 312
后勤管理 312
税收宣传 312
税收科研 312
税务文化 312
怀柔区地方税务局 313
概况 313
地方政府支持税收工作 313
税收收入情况 313
税收收入特点与分析 313
税收法治 313
税收政策落实 313
税种管理 314
纳税服务 314
税收征管 314
大企业税收服务与管理 315
国际税收管理 315
税务稽查 315
电子税务管理 315
政务管理 315
绩效管理 315
财务管理 315
政务采购 315
人事管理 315
教育培训 315
执法督查与内部审计 316
党团建设 316
纪检监察 316
后勤管理 316
税收宣传 316
税收科研 316
税务文化 316

平谷区地方税务局 316
概况 316
地方政府支持税收工作 316
税收收入情况 317
税收收入特点与分析 317
税收法治 317
税收政策落实 317
税种管理 317
纳税服务 318
税收征管 318
大企业税收服务与管理 318
国际税收管理 318
税务稽查 318
电子税务管理 318
政务管理 319
绩效管理 319
财务管理 319
政府采购 319
人事管理 319
教育培训 319
执法督察与内部审计 319
党团建设 320
纪检监察 320
后勤管理 320
税收科研 320
税务文化 320
房山区地方税务局 321
概况 321
地方政府支持税收工作 321
税收收入情况 321
税收收入特点与分析 321
税收法治 321
税收政策落实 321
税种管理 322
纳税服务 322
税收征管 322
大企业税收服务与管理 322
国际税收管理 323
税务稽查 323
电子税务管理 323
政务管理 323
绩效管理 323
财务管理 323
政府采购 323
人事管理 323
教育培训 324
执法督察与内部审计 324
党团建设 324
纪检监察 324
后勤管理 324
税收宣传 324
税收科研 324
税务文化 325
昌平区地方税务局 325
概况 325
地方政府支持税收工作 325
税收收入情况 325
税收收入特点与分析 325
税收法治 325
税收政策落实 326
税种管理 326
纳税服务 326
税收征管 326
大企业税收服务与管理 326
国际税收管理 327
税务稽查 327
电子税务管理 327
政务管理 327
绩效管理 327
财务管理 327
政府采购 327
人事管理 327
教育培训 328
执法督察与内部审计 328
党团建设 328
纪检监察 328
后勤管理 328
税收宣传 328

税收科研 328
税务文化 329
大兴区地方税务局 329
概况 329
地方政府支持税收工作 329
税收收入情况 329
税收收入特点与分析 329
税收法治 329
税收政策落实 330
税种管理 330
纳税服务 330
税收征管 330
大企业税收服务与管理 331
国际税务管理 331
税务稽查 331
电子税务管理 331
政务管理 331
绩效管理 331
财务管理 331
政府采购 332
人事管理 332
教育培训 332
执法督察与内部审计 332
党团建设 332
纪检监察 332
后勤管理 332
税收宣传 332
税收科研 333
税务文化 333
密云区地方税务局 333
概况 333
地方政府支持税收工作 333
税收收入情况 334
税收收入特点与分析 334
税收法治 334
税收政策落实 334
税种管理 334
纳税服务 334
税收征管 334
国际税收管理 335
税务稽查 335
电子税务管理 335
政务管理 335
绩效管理 335
财务管理 335
人事管理 335
教育培训 335
执法督察与内部审计 335
党团建设 335
纪检监察 336
后勤管理 336
税收宣传 336
税收科研 336
税务文化 336
延庆区地方税务局 336
概况 336
地方政府支持税收工作 336
税收收入情况 337
税收收入特点与分析 337
税收法治 337
税收政策落实 337
税种管理 337
纳税服务 337
税收征管 337
大企业税收服务与管理 338
国际税收管理 338
税务稽查 338
电子税务管理 338
政务管理 338
绩效管理 338
财务管理 338
政府采购 339
人事管理 339
教育培训 339
执法督察与内部审计 339
党团建设 339
纪检监察 339
后勤管理 339

税收宣传 339
税收科研 340
税务文化 340
北京市地方税务局燕山分局（第六稽查局） 340
概况 340
地方政府支持税收工作 340
税收收入情况 340
税收收入特点与分析 340
税收法治 340
税收政策落实 341
税种管理 341
纳税服务 341
税收征管 341
大企业税收服务与管理 341
国际税收管理 341
税务稽查 341
电子税务管理 342
政务管理 342
绩效管理 342
财务管理 342
政府采购 342
人事管理 342
教育培训 343
执法督察与内部审计 343
党团建设 343
纪检监察 343
后勤管理 343
税收宣传 343
税收科研 343
税务文化 343
北京市地方税务局开发区分局 344
概况 344
地方政府支持税收工作 344
税收收入情况 344
税收收入特点与分析 344
税收法治 345
税收政策落实 345
税种管理 345
纳税服务 345
税收征管 345
大企业税收服务与管理 345
国际税收管理 346
税务稽查 346
电子税务管理 346
政务管理 346
绩效管理 346
财务管理 346
人事管理 346
教育培训 347
执法督察与内部审计 347
党团建设 347
纪检监察 347
后勤管理 347
税收宣传 347
税收科研 347
税务文化 347
北京市地方税务局第一稽查局 348
概况 348
税收收入情况 348
税收收入特点与分析 348
税收法治 348
税收政策落实 348
纳税服务 348
税务稽查 349
税收征管 349
电子税务管理 349
政务管理 349
绩效管理 349
财务管理 349
政府采购 349
人事管理 349
教育培训 350
执法督察与内部审计 350
党团建设 350
纪检监察 350
后勤管理 350
税收科研 350
税收文化 350

北京市地方税务局第二稽查局 351
概况 351
税收收入情况 351
税收收入特点与分析 351
税收法治 351
税收政策落实 351
纳税服务 352
税务稽查 352
电子税务管理 352
政务管理 352
绩效管理 352
财务管理 352
政府采购 353
人事管理 353
教育培训 353
执法督察与内部审计 353
党团建设 353
纪检监察 353
后勤管理 354
税收宣传 354
税收科研 354
税务文化 354
北京市地方税务局第三稽查局 354
概况 354
税收收入情况 355
税收收入特点与分析 355
税收法治 355
税收政策落实 355
纳税服务 355
税务稽查 355
电子税务管理 355
政务管理 355
绩效管理 356
财务管理 356
政府采购 356
人事管理 356
教育培训 356
执法督察与内部审计 356
党团建设 357
纪检监察 357
后勤管理 357
税收宣传 357
税收科研 357
税务文化 358
北京市地方税务局第四稽查局 358
概况 358
税收收入情况 358
税收法治 358
税收政策落实 359
税务稽查 359
电子税务管理 359
政务管理 359
绩效管理 359
财务管理 359
政府采购 360
人事管理 360
教育培训 360
执法督察与内部审计 360
党团建设 360
纪检监察 361
后勤管理 361
税收宣传 361
税收科研 361
税收文化 361
北京市地方税务局第一直属税务分局（第五稽查局） 361
概况 361
税收收入情况 362
税收收入措施 362
税收政策落实及税种管理 362
纳税服务 362
税收征管 362
税务稽查 363
政务管理 364
绩效管理 364
财务管理 364
政府采购 364
人事管理 364
教育培训 364

督察内审 364
党团建设 364
纪检监察 365
后勤管理 365
税收科研 365
税务文化 365
北京市地方税务局第二直属税务分局（西站分局） 365
概况 365
税收收入情况 366
税收法治 366
税收政策落实 366
纳税服务 366
税收征管 366
大企业税收服务与管理 367
政务管理 367
财务管理 367
人事管理 367
教育培训 367
执法督察与内部审计 368
党团建设 368
纪检监察 368
后勤管理 368

社会团体

北京市国际税收研究会 371
概况 371
理论调研 371
《国际税收参考》编辑出版 371
对纳税人的税法宣传和培训 371
对系统公务员的培训 371
充分发挥社会组织作用 372
评估检查 372
退出世界纳税人协会及亚太联盟 372
撤销办税人员分会 373
办公地点变更 373
支部建设 373
北京市地方税务学会 373
概况 373
召开会员大会 373
通过评估审核确认为4A级社团组织 373
完善制度强化管理 374
课题研究 374
高端培训 374
税收政策汇编 374
会员服务 375
税务志编纂 375
学会自身建设 375
北京税收法制建设研究会 375
概况 375
工作宗旨 376
主体任务 376
第一届二次理事会 376
专项课题研究 376
学术活动 376
税务培训 378
提升“税典通”服务水平 378
会员交流走访 378
基础工作 378

文选

依法治税是做好税收工作的根本保障 杨志强 383
完善中关村示范区高新技术企业税收政策研究 杨志强 386
京津冀协同发展税收问题研究 京津冀协同发展税收问题研究课题组 395
新形势下全面推进税收法治建设研究 杨志强 415
工商登记制度改革对税收征管工作提出新挑战 杨志强 426
关于税收服务疏解非首都功能的思考 杨志强 431
以税收宣传助推税收现代化 刘江平 440
忠诚 干净 担当 努力践行“三严三实” 刘江平 442
严以律己 做守规矩的带头人 刘江平 444
严以用权 坚守规矩 筑牢领导干部为政之基 刘江平 446
切实做好干部教育培训工作 为实现首都地方税收现代化提供人才支撑 朱元广 448

落实依法治国 完善纳税人权利和义务体系研究 北京市地方税务局课题组 450
关于完善创业投资、天使投资税收政策探讨 王 炜 456
社会化管理：实现零散税源应收尽收 郭文武 459
商事登记制度改革对税务登记的影响及其对策分析 杨玉杰 462

统计资料

北京市地方税务局各项税费收入情况 471
北京市地方税务局各项税费收入分税种完成情况表（2015 年） 471
北京市地方税务局各项税费收入分单位统计表（2015 年） 472
北京市地方税务局税务登记情况 473
税务登记分单位统计表（2015 年） 473
税务登记分注册类型统计表（2015 年） 474
税务登记分行业统计表（2015 年） 476

机构人员

北京市地方税务局领导名录 479
北京市地方税务局市局各处室、直属事业单位各区县局、分局，社会团体、群众团体主要负责人名录 480
北京市地方税务局机构、人员统计情况 484

大事记

北京市地方税务局大事记（2015 年） 489
1 月 489
2 月 494
3 月 496
4 月 500
5 月 505
6 月 507
7 月 510
8 月 513
9 月 516
10 月 519
11 月 522
12 月 526

综　合

2015 年北京市地方税收工作要点

2015 年是全面深化改革的关键之年，是全面推进依法治国的开局之年，也是全面完成“十二五”规划的收官之年。随着经济发展新常态的到来，税收也呈现出新的发展态势。全市地税工作的总体要求是：全面贯彻落实党的十八大和十八届三中、四中全会精神，坚持稳中求进工作总基调，主动适应经济和税收新常态，狠抓改革攻坚，突出创新驱动，全面推进依法治税和税收现代化建设，持续深化税收征管改革，为促进首都经济社会发展和京津冀协同发展做出积极贡献。

一、深入学习贯彻党中央、市委市政府、国家税务总局一系列会议精神

（一）以会议精神推动地税事业改革发展

全系统要把深入贯彻落实党的十八届三中、四中全会，中央经济工作会议、市委十一届六次全会和全国税务工作会议精神作为 2015 年工作的重中之重，认真学习，深入思考、全面领会。要采取一级抓一级，一级带一级的方式，将会议精神逐级传达到全体干部。要将学习会议精神与深入推进税收现代化建设和税收征管改革、优化纳税服务、加强干部队伍建设等工作相结合，切实将思想行动统一到中央精神上来，统一到市委、市政府和税务总局工作部署上来，统一到市局党组工作要求上来，认真抓好各项工作的落实。

二、依法组织税收收入，全力以赴完成全年收入任务

（二）坚持依法征税

随着经济发展进入新常态，以及非首都核心功能疏解、结构性减税加快推进，地税税源将发生深刻变化。2015 年，税务总局下达我局税收收入增长目标为 5.9%，其中，中央级税收收入增长 7.4%，地方级税收收入增长 5.4%。根据这一目标，市局初步安排 2015 年各项税费收入目标 3635 亿元，增长 5.9%，安排地方公共财政预算收入目标 2750 亿元，同口径增长 5.4%。下一步，我局将按照市人代会审议通过的财政预算增长目标进行调整，任务十分艰巨。全系统要严格落实市、区、所三级收入任务责任制，牢牢把握依法征税，应收尽收，坚决制止和防止越权减免税，坚决落实各项税收优惠政策的组织收入原则，强化部门协同，增强工作合力，确保全年收入任务圆满完成。

（三）强化堵漏增收

加大日常检查和税务稽查力度，堵塞税收征管漏洞，挖掘收入增长潜力。2015 年，要将全市半年以上零申报企业全部纳入日常检查，力争将有税综合申报率提高到 70% 以上。同时，税务稽查、日常检查要覆盖到全市注册企业、单位数量的 2% 以上，要完成全年税收收入任务的 3%。

（四）加强税收分析

落实税务总局要求，进一步完善税收分析工

作机制，做好国税、地税定期、定项联合分析，拓展分析广度和深度。充分发掘税收数据价值，准确把握税收发展趋势，发挥税收分析的指引作用。继续提升重点税源监控数据直报、税收调查和减免税调查数据的信息化水平。

三、发挥税收职能作用，主动服务首都经济社会发展

（五）服务区域经济社会发展

推动京津冀协同发展税收协调工作机制发挥作用，加强三地六局税收合作，积极推动《京津冀协同发展税收问题研究》成果转化。全面推进与市国税局的七大类45项合作。贯彻落实我市国企改革工作部署，积极落实企业重组改制各项税收政策，服务国有企业改革。

（六）落实税制改革要求

加强同税务总局以及市财政局、市国税局的沟通交流，做好“营改增”扩围各项工作。开展“营改增”后的征管模式研究，服务上级机关科学决策。继续开展房地产税制改革、环境保护税立法研究，做好资源税改革后续工作，构建科学完善的地方税收体系。

（七）持续推进结构性减税

进一步落实高新技术企业税收政策，服务首都“高精尖”经济结构和国家科技创新中心建设。认真落实小微企业、文化创意、非营利组织、扶持就业等税收优惠政策，促进经济转型升级和民生事业发展。

四、深化税收征管改革，加快推进税收现代化建设

（八）进一步夯实征管基础

全面落实《全国税收征管规范》和《推进税收现代化建设和税收征管改革三年行动计划》。制定实施关于税收管理员工作、催报催缴管理、办税人员服务和管理、阻止欠税人出境、非正常户管理和异地纳税企业管理等相关制度或办法，研究建立征管质量评价和考核标准，规范工作程序，提升工作质效。制定实施税源分级分类管理办法和税务登记分类标准，推动差别化管理，提高税源管理质量。逐步建立“一户一档”纳税人信息管理制度，做到情况明、底数清、数据准。自2015年7月1日起，试行地方各税种的全面明细申报，逐步取消综合申报，为后续税种税源管理奠定基础。全面掌控和分析企业土地、房产、合同等基础信息，为纳税评估和日常检查提供依据。对工商登记改革后新增登记户的纳税情况进行专题分析，研究征管措施。加强对有形市场的税收管理，联合市国税局出台工作措施。对目前全市1130个有形市场逐步实行统一收银，进一步完善税收征管。联合市国税局，对全市有形市场内从事经营活动的纳税人重新以规范方式核定销售额、营业额，对超过起征点的依法征税。认真总结集中办公区企业管理试点经验，制定相关管理办法。落实非正常户信用监管制度、无税申报户和小额申报户管理办法。严格审批缓缴税款，加强欠税、滞纳金管理，推行欠税催缴制度，严格控制新欠，积极清理陈欠。加强对未取得营业执照、临时经营个人等重点群体以及在二手房交易中签订阴阳合同、个人出租房屋等重点事项的征管。2015年，全系统征管部门要通过强化征管措施，实现带动增收5亿元的工作目标。

（九）加强税种税源管理

制定税种税源管理办法，提高管理质量，做到情况明、底数清、数据准。加强对外地进京建筑安装企业的企业所得税、个人所得税和印花税的征收管理工作。认真梳理营业税政策，查找日

常收入风险点，重点对教育培训、娱乐业开展税收风险管理。研究全市企事业单位出租房屋房产税政策，由现行按房产原值征收调整为从租计征。加强车船税管理，将开发区分局的保险机构代收代缴车船税管理职能调整到纳税服务中心与财产和行为税管理处，对未纳税车辆提出有效征管措施。针对印花税税收流失问题，研究加强征管应对措施，努力实现增收30亿元的目标。研究完善外商投资企业土地使用费征管措施。委托市国税局代征城市维护建设税、教育费附加、地方教育附加。

（十）强化风险管理和大企业管理

对月均申报纳税10元以下纳税人的税收情况进行分析，组织开展专项检查。建立总部经济和重点税源监控体系，构建扁平化联动管理机制，加强对签订《税收遵从合作协议》企业的后续管理工作，完善风险管理工作制度。落实大企业和总部企业税收管理与服务工作办法，研究建立大企业税收管理和服务信息平台，强化大企业个性化服务。

（十一）加强国际税务管理

加强对非居民税收管理，优化非居民企业源泉扣缴系统功能，全面开展外籍个人所得税风险排查，编写外籍个人所得税及走出去企业风险指引，避免税收流失。全面推行企业关联申报，实施反避税调查，加强“走出去”企业服务与管理，强化跨境税源信息管理和利用。2015年，要通过加强国际税务管理组织收入2亿元。

（十二）加大税务稽查工作力度

进一步推进稽查体制改革，做好税务稽查市级全覆盖试点工作。成立第五、第六稽查局。完善税务稽查机制方法，充分发挥地税、公安、国税联合办公室的作用。探索建立稽查简易程序、稽查局长带队办案等工作机制。坚决查处重大税收违法案件，严厉打击发票违法犯罪行为，增强稽查震慑作用。加强与司法部门的沟通协调，探索建立税收代位权、优先权的运用流程。建立健全税收违法案件公告、税务稽查反馈等制度。对税务总局联系重点企业的二级公司开展专项稽查。制定对招商引资型异地纳税企业税收管理办法，并开展专项稽查。2015年，专业稽查人员人均完成稽查案件要达到4件以上。

（十三）加快推进信息化建设

抓好互联网地税局试点工作并逐步推广。加快移动平台的投入使用。严格落实市政府办公厅《关于加强税收保障工作的意见》，制定区县局实施细则，实现与20多个相关部门的信息共享，推动综合治税体系建设。开发建设对零申报、小额申报的管理控制系统。统筹协调全系统软件研发工作。

五、提升纳税服务水平，努力构建和谐征纳关系

（十四）优化服务环境

落实《纳税服务五年规划》，推行《全国税务机关纳税服务规范》（2.0版）。持续开展“便民办税春风行动”，提供优质高效服务。健全纳税人需求响应、办税服务厅管理等相关工作制度，规范办税服务厅软硬件建设。加强地税网站建设，进行技术架构改造，加大对区县（分）局网站更新维护的管理力度。

（十五）创新服务方式

打造全新“办税服务一卡通”，将办税人员服务纳入规范化轨道。全面实现纳税人发起涉税事项由办税服务厅集中受理和区域通办，扩大全市通办事项范围。推动实现纳税人办理次数较多的涉税事项通过自助设备或移动终端办理。研发印花税票自助售票设备。第一季度全面取消CA

数字证书收费。推行履约服务，探索国地税联合办税服务新模式。年底前实现网上预约办税。市局建立咨询服务平台，实现各区县咨询服务电话统一管理。创建省级实体纳税人学校，办好网上纳税人学校，提升培训辅导层级和力度。推广北京地税微信，拓展互动服务功能。借助北京电视台、《中国税务报》等载体，加大税收宣传工作力度。

（十六）强化服务监督

加强纳税服务绩效考核管理，严肃工作纪律，健全激励奖惩机制。开展纳税人满意度调查和不定期纳税服务巡查，对办税服务厅进行音视频实时监控，做好纳税服务投诉的通报、约谈和处理工作，加强纳税人权益保护。加强国地税合作，全面开展纳税人纳税信用等级评价工作。

六、全面推进依法治税，大力提高税收法治水平

（十七）落实税收法定原则

深入学习贯彻《中共中央关于全面推进依法治国若干重大问题的决定》，以法治思维统领地税工作，强化干部法治意识，营造依法治税良好环境。做好将《关于加强税收保障工作的意见》上升为政府规章前的调研论证工作。继续为《税收征收管理法》修订建言献策。做好《税收法治通论》修订工作。推行权力清单制度，简并行政审批事项，细化行政处罚裁量权执行标准。建立健全督察内审工作制度，加强内部审计，确保依法履职。编印税收制度汇编，为基层执法提供依据。充分发挥复议委员会作用，率先在全国设立规范性税务行政复议庭，适用于全系统公开审理复议案件，起到一定示范作用。探索研究总法律顾问制度。

七、加强党建和队伍建设，构建高效清廉的组织体系

（十八）切实加强机关党的建设

深入学习贯彻党的十八届三中、四中全会和习近平总书记系列重要讲话精神。组织好处级以上领导干部“三严三实”专题教育。巩固、拓展党的群众路线教育实践活动成果，推动形成作风建设新常态。加强第一党支部建设，健全组织机构，强化学习教育，注重考核评价，探索符合地税实际的“一把手”教育、管理、监督机制。夯实机关党建工作，推进学习型、服务型、创新型基层党组织建设，做好市局机关党委和机关团委的换届工作。积极开展创先争优和精神文明创建，大力弘扬社会主义核心价值观。继续贯彻中央八项规定、六项禁令和市委十五条实施意见，防止四风问题抬头。建立完善先进典型事迹库，加强先进典型的挖掘、宣传和培养工作。

（十九）加强干部队伍建设

严格落实干部任用条例，进一步规范干部的选拔任用。积极建立优秀年轻干部培养机制。配齐配强处级领导班子，合理规范区县（分）局领导班子权力结构和配置。做好处级非领导职务干部选拔工作。做好公务员录用、军转干部接收和干部遴选工作。做好聘任制公务员招收工作。继续开展市局机关干部下基层锻炼工作。制定《关于加强税务所长队伍建设指导意见》。加大干部培训力度，做好《税收法治通论》全员培训，开展岗位大练兵，组织市局机关处室知识竞赛。强化领军人才考前脱产培训和英语培训。组织开展税务所长培训和注册会计师、司法考试及职称考试考前培训。积极与首都高校和各类税务院校合作开办征管、稽查、纳服、收入分析等业务骨干培训班。做好首届税务专业硕士研究生班的录取、入学工作。

（二十）狠抓反腐倡廉建设

完善党风廉政建设制度，出台《北京地税系统建立健全惩防体系 2013—2017 年工作规划实施细则》，落实党组在党风廉政建设中的主体责任，纪检监察部门继续落实“三转”要求，履行监督责任。加强纪律建设，严明政治纪律和政治规矩。继续推进廉政风险防控管理和内控机制信息化建设。构建北京地税系统网络廉政教育平台体系，加强反腐倡廉教育。开展行政监察、效能监察工作，重点查处不作为、乱作为行为，严肃查处违纪违法案件。

八、抓好绩效管理工作，提高机关行政管理效能

（二十一）加强绩效管理

落实税务总局整体部署，做好绩效管理各项工作。调整完善系统绩效管理办法和指标，建立健全绩效管理工作机制，明确部门分工，加强协调配合。完善绩效管理情况反馈机制。

（二十二）做好调查研究工作

全面落实重点课题管理办法，积极开展税收服务京津冀协同发展、推进依法治税、深化税制改革、推进税收现代化建设和税收征管改革等方面的课题研究，加大同有关高校、科研机构的合作力度，努力形成一批高质量调研成果，抓好成果转化。出版《税收管理现代化问题研究》和《税收案例法理评析》。做大做强系统调研人才库。

（二十三）提升内部管理水平

推进办公现代化建设，提高办文办会水平，狠抓督查督办。优化财务流程，完善财务制度，严格预算编制、执行。做好后勤服务工作。加强安全保卫工作。积极开展文体活动。关心一线干部，疗休养机会要向纳税服务窗口人员倾斜。继续做好离退休干部工作。加强北京市国际税收研究会、地方税务学会、税收法制建设研究会工作。建设好北京税务博物馆，力争在第三季度开馆。

全系统要深入贯彻落实党的十八届四中全会精神，在市委、市政府和国家税务总局的正确领导下，深化改革，锐意进取，在全面推进依法治税和税收现代化建设的征程中，谱写税收服务首都改革发展的新篇章！

2015年北京市地方税收工作完成情况及2016年工作安排

2015年，全市地税系统在市委、市政府和税务总局的正确领导下，坚持改革创新，开放合作，加快推进税收征管改革和税收现代化建设，积极发挥税收职能作用，服务首都改革发展和京津冀协同发展，较好地完成了各项工作任务，获得市委、市政府和税务总局领导肯定性批示27次。在税务总局2015年绩效考评中，工作任务指标得分在全国地税系统排名第1，加分排名第2，总成绩第2名。

一、2015年工作完成情况

（一）税收收入平稳较快增长

面对经济增速放缓、结构性减税力度加大、税务总局两次追加任务等多重考验，我局全面实施加强征管、组织收入20项措施，累计增收155亿元，拉动全市地方税收收入增长5个百分点，实现了挖潜堵漏，提质增效。全年共完成各项税费收入3868.2亿元，增长12.7%。其中，地方公共财政预算收入2872.9亿元，增长10.1%，对市级地方财政收入贡献率达60.8%；税收收入3622.7亿元，增长12.9%，完成税务总局两次追加190亿元后总任务的100.9%。收入规模在全国省级地税局中位居第4，增速位居第3。个人所得税收入实现1195.3亿元，收入规模在我局征收税种中位居第1。

（二）税收服务大局成效明显

全面落实税收优惠政策，支持大众创业万众创新，促进科技创新产业、文化创意产业、小微企业和民生事业发展，全年减免税费509.4亿元，退税53.6亿元。牵头完成《京津冀协同发展税收问题研究》，提出相关政策建议，被税务总局评为优秀重点调研课题。牵头开展京津冀联合税收分析，得到税务总局王军局长充分肯定。认真开展服务非首都功能疏解和构建高精尖经济结构税收问题研究，主动为上级决策提供参考。梳理我市新增产业禁限目录涉及的税收优惠政策，提出在部分地区暂停执行相关优惠政策的建议。形成《运用税收手段调控产业发展的意见》，强化拟疏解商品交易市场税收征管工作，加强个体工商户税收定额核定管理。服务国企改革，开展“一对一”税收政策宣传辅导。

（三）税收征管效能显著提高

税收现代化建设和征管改革持续推进。完成三年行动计划中的32项改革任务。优化机构设置，明确部门职责，更名成立征管和科技发展处、大企业税收管理处、非税收入管理处，撤销区县局纳税评估科，6个区县局成立数据管理科。

税收征管基础工作不断改进。认真落实《全国税收征管规范》。加强税务登记管理，与相关部门联合推进“三证合一”改革。开展税务登记历史数据清理工作，疑点数据修正率达到96.2%。加强无税申报、减免税申报、申报未入库和小额入库税款管理，有税申报率从年初的41%提高到76.3%。加强欠税管理，清缴欠税8.96亿元。启用市局税务约谈室，开展三级税务约谈，全年约谈13770户，补缴收入28.5亿元。完善风险管理和日常检查制度体系，全年开展日常检查26566户，查补收入61.4亿元。在全国率先取消CA数字证书收费，免费发放证书39万张。完善二手房和税收减免档案制度，全面应用新税务档案管理系统。全年代征残疾人就业保障金34.91亿元，代收工会经费49.22亿元。

税种税源管控更加有力。推行地方各税种全面明细申报，实现税种精细化管理。配合开展“营改增”扩围测算工作，为后续试点方案评估提供数据支撑。加强企业所得税优惠事项后续管理。研究制定股权转让个人所得税工作流程，推进党政机关个人所得税集中扣缴工作。研提我市房产税施行细则的调整建议。调整城镇土地使用税土地级次。加强印花税税源管控，规范税票监督代售管理，在全国率先实现印花税网上申报纳税。

稽查工作有序开展。大力推进稽查体制改革，实现市级稽查全覆盖。着力清理以前年度积案，2010年以前积案已全部清理完毕。建立违法企业黑名单曝光系统。联合公安、边检部门对69户欠税企业法定代表人实施阻止出境，共拦截17人，追缴欠款1.15亿元。开展重大案件查处和专项检查工作。全年共实施检查4341户，有问题率99.6%，查补收入38.4亿元。其中，查补收入百万元以上案件241件，查补收入32.83亿元，同比增长60.9%。

大企业税收和国际税收管理不断强化。构建大企业税收管理体系，对中海油等6家税务总局定点联系企业开展风险管理，对北京银行等8家集团企业开展服务与监管试点工作。探索税企遵从合作协议管理模式，对首旅等3家集团公司开展专项风险管理。夯实国际税收基础工作。开展关联申报和反避税调查，加强外籍个人税务约谈和日常检查。开展跨境税源信息管理，查补税款2.18亿元。对“走出去”企业实施“一户一档”管理方式。首次开展对外自动情报交换，向税务总局提交涉及5个国家的1468条信息。

信息化建设和数据管理得到加强。互联网地税局上线运行。全面启动金税三期工程建设推广工作。研究制定数据管理制度，加强数据共享，同18个委办局建立信息共享工作机制，向相关单位提供税收数据1300余万条，获取第三方数据2300余万条。编制《税收数据手册》。完善信息系统数据字典。

（四）纳税服务水平稳步提升

服务平台更加优化。外出经营管理证明等74个涉税事项实现网上全程办理。北京地税网站在全国税务网站普查工作及更新建设评估中排名第1。推进自助办税服务，设立自助办税终端设备162台，24小时自助服务网点19个。推进区县局咨询服务电话资源整合，全系统咨询服务电话接听总量达176万次，接通率超过80%。打造北京地税官方微信品牌，阅读量达153万余次，获得全国优秀政务新媒体“民生飞跃奖”。

服务手段更加便捷。推进134项涉税事项办理前移至办税服务厅，实现“一站式办结”。推行一次性告知服务和免填单服务。启动“办税服务通”试点工作。二手房交易涉税事项实现区域通办。试点建设国地税联合办税大厅，开展微信预约取号服务，实现纳税人“进一个大厅，办两家业务”。

服务方式更加规范。认真落实全国纳税服务

规范，建立统一的服务标准和操作规程。编制北京地税版《纳税服务规范》电子指导手册。制定税收宣传、纳税辅导、需求分析响应、预约服务、投诉管理工作规程等5个专项制度。认真开展纳税服务标准化研究。

服务措施更加到位。开展分级分类纳税服务试点工作。加强纳税信用评价管理及结果应用，开展“银税互动”，助力中小企业发展。强化纳税人权益保护，办税服务厅全面实现实时监控。加强宣传辅导，制作播出《税收大讲堂》《地税小贴士》，开展集中辅导915场，辅导纳税人12万余人次。纳税人满意度从2014年的全国地税部门第27名升至第6名。

（五）税收法治工作持续推进

认真落实市政府办公厅关于加强税收保障工作的意见，积极为税收征收保障办法上升为政府规章建言献策。开展北京市房产税施行细则修订准备工作。编制税务行政处罚权力清单，修订《税务行政处罚裁量权实施办法》及执行标准，进一步规范税收执法权。制定《税收业务答复工作规程》。探索建立总法律顾问制度。在全国率先建立税务行政复议庭。成立行政复议委员会，研究解决重大疑难复杂案件。全年办理行政复议案件28件、应诉案件25件。着力建设法治税务示范基地。提出《税收征管法（修正案）》修订建议。加强执法监督，开展14项重点执法督察项目，发现执法问题27349户次，分阶段开展全市二手房交易税收征管情况专项执法督察，检查3万余份案卷，查出各类问题1230户次，追究执法过错责任61人次。开展完善国地税征管体制、印花税立法专题研究，积极参与环境保护税立法研究工作。与市高级人民法院加强税收破产债权保护问题研究，明确税务机关债权申报责任及程序。《税收法治通论》获全国税务系统优秀科研成果一等奖。

（六）部门合作成果丰硕

认真落实税务总局国地税合作工作规范。与市国税局联合召开全市税务工作会议，共同实施简政放权、优化服务15项举措。召开国地税合作工作会议，开展21类80项合作事项，并对督查落实情况进行联合通报。定期、定项开展国地税联合税收分析，得到市委、市政府和税务总局主要领导的肯定。在全国率先委托国税代征城市维护建设税、教育费附加、地方教育附加，全年代征183亿元，极大地提高了税收征管效率，方便了纳税人。在北京电视台联合推出《税收天地》节目30期，收到良好效果。与市国税局、公安局设立税警联合办公室，联手打击涉税违法犯罪活动。与市工商局联合落实商事登记制度改革要求。与市编办、工商局、司法局、民政局共同推进税源管理。与市财政局、人社局合作加强个人所得税代扣代缴管理。

（七）党的建设和干部队伍建设切实加强

党的建设深入推进。全力配合市委巡视组开展工作，对巡视过程中发现的问题立查立改，着力建设长效机制。党的群众路线教育实践活动整改工作得到市委检查组肯定。认真开展“三严三实”专题教育活动，通过党组中心组重点研讨、领导干部讲党课、集体参观学习等方式，切实增强党员干部严守党的纪律规矩的自觉性。召开民主生活会，深入查摆问题，制定整改方案，健全领导干部绩效管理和考核评价制度。推进第一党支部建设，开展系列党日活动，加强对“一把手”的教育管理监督。组织完成区县局、分局党组书记和市局机关基层党支部书记述职评议考核工作。成立系统团委，促进青年成长，凝聚青年力量。深入开展“送温暖、送文化、送健康”活动，做好劳模选树和服务工作，营造活跃职工、帮扶职工的良好氛围。

党风廉政建设得到强化。制定市局党组关于落实“两个责任”的意见和责任清单，加大对责任履行情况的监督检查力度。制定全系统纪检体制机制改革实施方案，选用6名纪检组长担任驻局纪检组成员。加强直属稽查局联合纪检工作。加大对办公用房、公车配备、公款吃喝等的监督检查，坚决纠正“四风”。强化执纪问责，认真查处违纪违法案件，给予8人党纪政纪处分，移送司法机关7人。深入开展行政监察，紧盯关键时间节点，加强廉政纪律要求。聘请特约监察员对办税服务场所进行明察暗访，对政府采购项目公开招标过程进行监督。充分发挥廉政警示教育基地作用，搭建内外网廉政教育平台。扎实开展经济责任审计。

干部队伍建设力度加大。严格落实干部任用条例，推进干部选拔调整，选拔任用处级干部50人，轮岗交流52人，对外推荐局、处级干部9人。加强年轻干部培养选拔工作，优化领导班子结构。扎实开展公务员招录、军转干部安置工作及干部遴选工作，改善干部学历、知识和年龄结构。选派市局机关干部赴基层锻炼，组织远郊区县局干部到城区局锻炼。组织市局机关92名处级领导干部听取了48个办税服务厅和集中办税服务场所的汇报。强化学习型机关建设，开设“地税大讲堂”。全系统共举办各类培训班397期，60630人次参训。举办全系统税收征管、税务稽查和纳税服务岗位技能大赛。加强全国税务领军人才培养，鼓励报考三师、研究生及职称考试。深入开展创先争优活动，全系统共获得省部级以上集体荣誉117项、个人荣誉30项，其中，国家级集体荣誉17项、个人荣誉2项。

（八）行政管理工作不断改进

加大重点事项督查督办力度。规范公文管理。稳步推进政府信息公开，全系统主动公开4707条信息，受理政府信息公开申请20件。完善舆情管理制度，及时监测并有效处置15起舆情事件。制定绩效管理办法，优化工作框架。推进调研精品战略，实现外部成果转化216项（次），省部级以上刊物刊登55项。规范财务管理，加强预算资金审批执行。提高资产管理精细化水平。严格执行政府采购程序。对会议费、政府购买服务和维修改造工程竣工结算进行专项审计。严格落实公车改革工作要求，完成市局机关及直属分局公车封存、处置和调配工作。建成北京税务博物馆和地税发展陈列室。做好干部培训中心转制工作。安全维稳、后勤保障和离退休干部工作得到加强。

在看到成绩的同时，我们也必须清醒地认识到，全市地税工作还存在一些不容忽视的问题：一是服务大局的能力仍需提升，二是税收征管工作亟待改进，三是纳税服务水平有待提高，四是“两个责任”落实不够严格，五是干部队伍建设有待加强。

二、2016年工作安排

根据市委、市政府和税务总局工作部署，我局2016年总体工作要求是：深入贯彻落实党的十八大、十八届三中、四中、五中全会和习近平总书记系列重要讲话精神，坚持改革创新，开放合作，加快推进税收征管改革、税收法治建设和税收现代化建设，严格落实党风廉政建设“两个责任”，努力完成全年各项税收任务，推动首都地方税收工作再上新台阶。要重点做好以下九个方面的工作。

（一）依法组织收入，确保任务完成

2016年，税务总局安排我局税收收入任务3790亿元，同比增长4.6%。其中，中央级税收收入增长6.5%，地方级税收收入增长4%。根据这一目标，市局初步安排2016年各项税费收入目标4047亿元，增长4.6%；安排地方公共财政预算收入目标2988亿元，增长4%。下一步，我们将按照市人代会审议通过的财政预算增长目标进行调整。各部门、各单位要高度重视组织收入工作，既要坚持依法征税、应收尽收，又要严格落实各项税收优惠政策，不收过头税、不越权减免税。要层层落实收入任务，完善工作应急机制，建立严格的考核制度，强化部门协同，增强工作合力，确保全年收入任务圆满完成。

要进一步完善税收分析工作机制，加强日常分析和专题分析，深入开展国地税联合分析，开展非首都功能疏解和构建高精尖经济结构税收分析，准确把握税收发展趋势，提高税收分析预测综合效能。市局相关业务处室要主动创新执法方式，认真履行职责，完成20亿元税收任务。区局、直属分局业务科室也要适当承担税收收入任务。

（二）加强党风廉政建设，强化组织纪律保障

全面完成巡视整改工作。要对市委第八巡视组反馈的问题进一步剖析原因，深刻反思，立行立改。建立问题清单、任务清单、责任清单，逐条研究制定整改措施，分学习动员、集中整改、总结报告三个阶段开展整改。将整改工作列入市局督查督办事项，定期督促检查、跟踪问效，确保整改到位。

严格落实“两个责任”。两级党组要以高度的政治责任感，切实担负起全面领导党风廉政建设的主体责任，坚持党要管党、从严治党，始终把纪律挺在前面，做到纪在法前，纪法分开，纪严于法。要从抓加强教育、抓制度建设、抓“一把手”、抓问题查处、抓部署检查落实等方面入手，管好班子、带好队伍、当好表率，带动全系统党员干部坚定理想信念，严守政治规矩，自觉遵守纪律，模范遵守法律。坚持标本兼治，全面加强廉政风险防控工作，完善组织机构，加强制度建设，充实人员力量，推进科技控权，构建全面覆盖、重点预防、责任到位的预防和惩治腐败体系和长效机制。针对税收减免缓退、队伍建设、行政管理、信息化建设中风险易发、高发的重要事项、关键环节加强风险防控，坚持抓早抓小，确保廉政风险防控工作全覆盖、无死角。两级纪检监察部门要聚焦主责主业，深入落实党风廉政建设监督责任，严明政治纪律和政治规矩，坚持“一案双查”，对违反党纪党规和法律法规、“四风”问题突出等情况，严肃追究责任，绝不姑息迁就，始终保持惩治腐败的高压态势。督察内审部门要将任中审计与离任审计相结合，实行“双审兼顾，先审后离”的工作机制，实现监督关口前移。

切实抓好思想政治建设。把“学党章党规，学系列讲话，做合格党员”学习教育作为今年党建工作的龙头任务，切实抓紧抓好抓出成效。组织全系统全体党员开展专题教育培训，提高党员干部政策理论水平，增强党员干部政治意识、纪律意识、责任意识。认真总结和巩固“三严三实”专题教育成果，以“三严三实”为基本遵循，提高党组织服务基层、服务群众的能力。进一步深化“三进两促”、地税系统志愿者服务活动和首都文明单位创建工作，打造作风过硬的地税机关。关心一线干部，疗休养机会向纳税服务窗口人员倾斜，试点开展税务干部心理疏解。

（三）落实征管体制改革要求，确保改革顺利进行

全面落实《深化国税、地税征管体制改革方案》。把落实《方案》作为一号落实工程、一号

督查事项、一号考核任务，切实把我市4项专项试点工作打造成样板工程。联合市国税局研究改革的路线图和时间表，抓好具体方案的研究制定、贯彻推进和督促落实工作，确保2016年基本完成重点改革任务。根据改革进程适时调整机构设置和工作职责，优化征管资源配置，调整部分处室职能，研究成立西城区地税局金融分局以及大兴区地税局机场分局，开展专业化征管和服务工作。

推进国地税相关工作深度融合。配合“营改增”工作进程，委托市国税局代征个体工商户个人所得税。联合开展反避税工作。扩大国地税共建办税服务厅数量。建设融合国地税业务，标识统一、流程统一、操作统一的电子税务局，实现纳税服务一体化。实现国地税税收数据全面共享。加强国地税处级和科级领导干部任职交流。

（四）发挥税收调控调节作用，服务首都改革发展

服务发展大局。落实税务总局要求，深化京津冀税收协作。进一步加强对列入我市禁限目录产业的税收征管，通过暂停执行各项税收优惠政策等经济手段，助力非首都功能疏解。加强企业重组改制税收政策服务，促进国企改革发展。支持大众创业万众创新，加大对创业创新投资的税收支持力度，促进“四众”健康发展。落实好非营利组织、养老产业、医疗产业、再就业、保障房建设等税收优惠政策，促进民生事业发展。

落实税制改革任务。进一步落实“营改增”改革举措，确保各项工作平稳过渡、有序衔接。积极落实国家各项减税政策及税务总局税制改革工作部署。配合开展房地产税、印花税、个人所得税税制改革研究，做好环境保护税开征各项准备工作。

（五）加快推进税收现代化建设，提升税收征管效能

推进金税三期工程建设。按照科学规划、兼容并蓄的原则，统筹推进金税三期工程基础设施建设、数据迁移、特色业务改造对接、系统优化等工作。加强互联网地税局与金税三期工程对接，建立以金税三期工程系统为主、北京地税特色软件为辅的信息化支撑系统，实现2016年5月双轨运行，7月单轨运行。做好金税三期工程数据迁移工作，加强第三方信息应用管理，规范税务信息对外共享流程。

全面加强征管工作。在巩固、完善2015年20项征管措施的基础上，全面落实新的20项加强征管、组织收入工作措施，从税种管理、申报征收、税源管理、数据管理、税务情报以及税务检查等工作入手，强化堵漏增收，提高税收增长质量。全面落实《全国税收征管规范》。进一步完善注销税务登记流程和要求。全面清理85万非正常纳税户。对近三年申报未入库户进行全面清理，将申报入库率提升至99%以上。制定大额退税管理办法，规范退税管理。落实滞纳金管理和减免缓退税制度。通过试点行使代位权和撤销权等措施，加强欠税清理工作，实现欠税规模比2015年缩减15%。对申报未入库、二手房交易、股权转让、注销税务登记等高风险环节加强过程管控。落实破产企业税收债权保护办法。加强对税务档案管理制度落实情况的监督检查。

加强税种税源管理。建立各项税费季度分析报告制度。加强对各税种减免税的管理。将我市房产税改为由房产所在地税务机关征收，对出租房产按租金收入计征房产税。加强房地产税收一体化管理，落实个人存量房交易征收业务规范。对全市技术交易合同统一委托技术交易市场代征印花税。开展全市二手房分区域税收负担分析。

建设企业和个人股权转让信息清分系统，制定股权转让个人所得税管理工作规程，实现市、区两级财政统发工资的个人所得税集中扣缴。扩大城镇土地使用税以地控税试点范围。

提升税务检查效能。全面落实稽查改革工作方案，充分发挥“市级全覆盖”模式作用，推行以随机抽查为主的全市统一选案制度，实现稽查案件当年结案率90%以上。全面清理2011—2014年未执行的案件，开展稽查案件复查工作，提高稽查办案质量。成立市区两级重大案件审委会和直属稽查局及其分局集体审委会。加强重点企业、重点项目检查工作，查办一批有影响力、威慑力的重大案件。与市公安局、检察院、法院等部门加强信息共享、执法协助、司法移送、阻止出境以及税收保全合作，加强稽查宣传和案件曝光工作，提升打击涉税违法犯罪合力。开展个人所得税小额申报、外籍个人零申报、无税申报、不申报专项检查。加强对税务检查权的管理和整合，调整稽查、日常检查办案期限并进行试点。完善日常检查与税务稽查衔接机制，统筹推进市、区、所税务约谈工作。日常检查有问题率要达到70%以上。建立税务稽查和日常检查季度分析报告制度。

加强大企业和国际税收管理。建立新的大企业税收管理体制机制，开展大企业税收遵从风险管理和个性化服务工作。强化重点行业大企业税收风险管理。与50户大企业建立常态化联系机制，建立涉税诉求协调解决机制和重大事项报告机制。扎实开展外籍个人、非居民企业、“走出去”企业和个人风险管理。配合“一带一路”战略，研究建立境外税收服务与管理体系。加强税收情报交换和跨境税源信息管理。开展关联申报审核，推进反避税工作。做好冬奥会税收服务工作。

（六）提高纳税服务水平，构建和谐征纳关系

加快纳税服务标准化建设。认真落实《纳税服务规范》，优化办税流程、窗口布局、人员调配，实行办税服务规范化管理。进一步完善纳税服务管理制度，研究建立纳税服务标准化指标体系。

加强税收宣传辅导。编制《首都公民税收手册》，深度解读税收政策，广泛宣传便民举措。积极拓展涉税宣传辅导渠道。与市国税局合作，进一步办好《税收天地》。规范、统筹、共享全系统纳税辅导师资资源。丰富完善网上纳税人学堂，提高宣传辅导专业化、个性化水平。

强化纳税人权益保护。坚持纳税人需求导向，多渠道征集纳税人意见建议，及时响应纳税人需求。强化纳税服务投诉的通报分析与追责约谈，定期做好纳税服务巡查。进一步整合资源，建立集需求响应、过程监控、数据展示于一体的纳税服务展示平台，对纳税服务工作进行全过程、不间断、立体化展示。

创新纳税服务方式方法。深入开展“便民办税春风行动”。推进涉税事项全市通办。成立北京地税网站编辑部，提升网站服务能力，推行预约服务。拓展自助办税终端功能和覆盖范围。有征收任务的税务所全面启动POS机刷卡服务，探索利用支付宝、微信支付等便捷缴税方式。2016年5月1日正式开通启用北京地税82012366纳税服务热线，实现系统内服务电话集约化管理，提供规范的咨询服务。积极推动全市信用体系建设工作。扩大“银税互动”合作区域，拓展企业受惠面。

（七）全面推进依法治税，切实防范执法风险

积极为北京市税收征收保障办法出台服务，

完善部门间数据交换准备预案，开展效果评价工作，继续推动税收征收保障办法上升为政府规章。试行行政处罚裁量权基准，解决处罚裁量标准不明确、不统一等问题。加大数据利用和关联分析力度，提高税收执法督察的精准度。加大对不作为、不到位、乱作为、错作为等问题，特别是具有执法风险的苗头性、倾向性问题的督察工作力度。严格税收执法过错责任追究。开展代位权、撤销权及税收优先权研究，完善税收债权保护制度。充分发挥行政复议庭作用，落实行政复议委员会工作制度，做好复议、应诉工作。在城六区局试点实行总法律顾问制度。

（八）加强干部队伍建设，提高机关行政效能

着力推进干部队伍建设。严格落实《党政领导干部选拔任用工作条例》，围绕税收现代化建设和税收中心工作，细化完善处、科级领导干部选拔任用办法。进一步落实地税系统优秀年轻干部培养选拔工作实施意见，为优秀年轻干部搭建成长平台。建立市局机关处级领导干部到一线税务所工作的机制。加强群团组织建设，发挥好系统团委凝聚青年、服务大局的作用。开展行政管理、纳税服务、征管评估、税务稽查、信息技术5大类别岗位大练兵活动。认真组织系统各层级干部的培训工作。开展注册会计师、税务师、司法考试培训。组织全系统英语大赛，培养输出国际税收人才。

全面加强机关行政管理。推进办公现代化建设，狠抓督查督办工作，规范办文办会流程。提升政府信息公开和信访工作水平。严格落实保密工作规定。做好涉税舆情管理工作。围绕京津冀协同发展、非首都功能疏解、税收改革、金税三期工程等问题，扎实开展精品调研。加强财务和资产管理工作，严肃财经纪律。落实公车改革各项要求，加强公务用车管理。做好干部培训中心转制后续工作。有序开展机关后勤保障和安全保卫工作。落实两个待遇，关心服务退休干部。税务博物馆要做好世界税收征管论坛参观接待工作，5月正式向社会公众开放。

（九）持续推进绩效管理，确保各项工作得到落实

落实税务总局、市政府绩效管理工作整体部署，健全两级绩效组织机构，强化两级党组班子成员抓绩效的领导责任，加强人员配备，优化管理机制，推动绩效工作有效运行。围绕税收现代化“六大体系”和市政府绩效任务，优化指标编制，突出关键业务指标，改进考评方式，逐步形成科学合理的工作评价体系。建立绩效讲评会议制度，完善“督考合一”机制，加强过程管理，提高绩效考评与税收工作融合度。提升绩效管理信息化水平，大幅提高指标机考率，减轻基层负担。继续完善个人绩效管理，落实结果运用，保护和调动干部职工干事创业积极性，激发队伍活力。加强绩效宣传，开展绩效培训，搭建系统交流平台，培育税务绩效文化。

北京市地方税务局2015年税收完成情况

2015年，在北京市市委、市政府和国家税务总局正确领导下，全市地税系统紧紧围绕首都发展战略，大力推进税收现代化建设，全面落实各项税收优惠政策，主动应对经济下行的不利影响，确保税收实现平稳较快增长。主要情况如下：

一、税收收入实现有质量、有效益的增长

全年，完成各项税费收入3868.2亿元，增收436.5亿元，增长12.7%。其中，完成地方公共财政预算收入2872.9亿元，同口径增收264.6亿元，增长10.1%，完成全年预算收入目标的104.5%，占全市财政收入的比重为60.8%。

（一）税收形势总体好于全国

全年，全国税务部门完成税收收入12.34万亿元，增长7.2%，其中，全国地税收入5.48万亿元，增长6.9%。北京地税完成税收收入3622.7亿元，增长12.9%，规模居全国地税第5位，增速居全国地税第3位。京津冀税收规模为1.82万亿元，增长5.1%，占全国税收总量的14.8%，北京地税占三地税收总量的19.9%，超过天津地税（1312.9亿元）和河北地税（1680.5亿元）的总和。

（二）“高精尖”产业税收比重提高

全年，全市“高精尖”产业税收规模达到2042亿元，增长18.8%，占比由50.1%上升至52.8%，其中：金融业762.9亿元，增长27.3%；高新技术企业479亿元，增长9.5%；文化创意产业429.7亿元，增长12%；商务服务业370.3亿元，增长24.1%。从区域看，“六高四新”共完成943亿元，增长15%，其中，金融街增长25.4%，亦庄开发区增长18.9%。

房地产业税收持续低速增长，开发、交易、保有三个环节共完成1266.3亿元，增长5.5%。制造业、批发和零售业双双减速，分别完成税收206.3亿元和230.1亿元，分别增长9.8%和3.4%，增速较上年分别回落1.8个和5.8个百分点。

（三）税源发展体现转型成效

截至12月31日，共有税务登记户149.5万户，增长9%。今年新办税务登记户21万户，其中，商务服务业和科学技术服务业两大新兴产业分别新增4.4万户和5.4万户，占比分别为21%和26%。全市3937户总部企业共缴纳税收1368.4亿元，增长14.6%，占整体税收的35.4%。

（四）税收结构进一步优化

全年，中央与地方共享税快速增长，个人所得税和企业所得税分别完成1195.3亿元和374.1亿元，分别增长24.7%和12%，合计占比达到40.6%。地方税中，营业税完成1186.1亿元，增长11.1%；城市维护建设税、教育费附加、地方教育附加（简称一税两费）完成368.2亿元，

增长 9.7%；印花税、房产税和契税分别增长 11.9%、8.4%和 9.2%。

（五）各区域税收形势各异

首都功能核心区、城市功能拓展区税收收入规模居前，分别完成 1082.2 亿元、1818.8 亿元，分别增长 9.5%、15.5%，占比分别为 28%、47%；城市发展新区、生态涵养发展区税收收入增长较快，分别完成 768.1 亿元、199.2 亿元，分别增长 9.8%、17.6%，占比分别为 19.9%、5.1%。

二、税收增长与首都经济发展保持协调

今年，首都经济增长、结构升级是税收增长的基础，北京地税持续加强征管是税收增长的重要动力，坚决贯彻税收优惠政策为企业减负、促进税源发展。

（一）经济发展带动增长 8 个百分点

1. 传统“三驾马车”对税收的拉动作用减弱。1—3 季度，全市地区生产总值增长 6.7%，增速回落 0.6 个百分点，其中，固定资产投资增长 4.7%，社会消费品零售总额增长 8.3%，进出口总值下降 23.5%，带动整体税收增长 5 个百分点左右。

2. 前期证券市场火爆带动税收增长。资本市场服务业税收增长 112.7%，增收 65 亿元；保险等行业投资收益增加，带动税收增加 70 亿元。证券市场带动整体税收增长 4 个百分点左右。

3. 非首都功能疏解形成一定减收。高耗能产业、一般性批发市场等相关行业完成税收 270 亿元，增长 3%，增速回落 8 个百分点，影响整体税收增速 1 个百分点左右。

（二）加大组织收入力度带动增长 5 个百分点

2015 年，北京地税狠抓改革攻坚，突出创新驱动，全面推进依法治税和税收现代化建设，制定《税收收入应急保障预案》，研究出台 20 条组织收入措施，全年累计增收 155 亿元。

1. 强化日常征收管理，对 52 万户无税申报户进行情况核实，有税申报率提高至 70%以上；加强异地纳税管理、委托代征、欠税管理等措施，共增收 47 亿元。在全国率先委托市国税局代征增值税、消费税附征的“一税两费”，降低行政成本，减轻纳税人负担，同时带动增收 6 亿元。

2. 推进税务稽查体制改革，实现市级稽查全覆盖，加大对重大案件的审理以及历史积案的清理；进一步完善日常检查工作，努力提高工作效率，共补缴 94 亿元。

3. 强化税种税源管理，上线财产和行为税明细申报以及减免税明细申报，努力摸清税源底数。同时，加强大企业、国际税务、股权转让等领域管理，共增收 8 亿元。

（三）严格贯彻各项税收优惠政策促进税源发展，使得整体税收减速 1 个百分点

全年，共减免各项税费 509.4 亿元，其中，改善民生减免 152 亿元，鼓励高新技术减免 59.1 亿元，支持小微企业减免 6.6 亿元，支持金融市场、文化创意、公共事业发展等共减免 291.7 亿元。特别是新出台的小微企业税收优惠扩围、一年期以上返还性人身保险退税等政策，共减免 35 亿元，影响整体税收增速 1 个百分点。

三、全面加快税收现代化建设

（一）国地税合作深入开展

认真落实税务总局国、地税合作工作规范，与市国税局联合召开全市税务工作会议，共同实施简政放权、优化服务 15 项举措，召开国地税合作工作会议，联合开展 21 类 80 项合作事项。

定期、定项开展国地税联合税收分析，获税务总局绩效管理考评创新项目一等奖。在全国率先委托国税代征城市维护建设税、教育费附加、地方教育附加，截至12月28日，已代征183亿元。在北京电视台联合推出《税收天地》节目，收到良好效果。

（二）税收征管效能显著提高

认真落实《全国税收征管规范》，与国税、工商等部门联合推进“三证合一”改革，规范欠税和滞纳金管理，实施市、区、所三级税务约谈，建立违法企业黑名单曝光系统，加强无照经营户、非正常户、无税申报、减免税申报、小额入库税款管理，推行分税种明细申报，有税申报率从年初的41%提高到71.2%。推进稽查体制改革，实现市级稽查全覆盖。

（三）纳税服务水平得到提升

认真落实全国纳税服务规范，深入开展“便民办税春风行动”，推进涉税事项办理前移至办税服务厅，实现“一站式办结”。推进北京互联网地税局建设，外出经营管理证明等72个涉税事项实现网上全程办理。推行一次性告知服务和免填单服务，开展分级分类纳税服务试点，启动“办税服务通”“税银互动”试点工作，推进自助办税服务，设立24小时自助服务网点19个、自助办税终端设备162台。在全国地税部门中的纳税人满意度排名从2014年的第27位上升到第6位。

2016年是我国全面建成小康社会决胜阶段的开局之年，是推进京津冀协同发展国家战略的关键之年，我市各项改革和经济社会发展需要更加持续、稳定、充足的财力保障。全市税务部门将深入学习贯彻中央经济工作会议和市委十一届九次全会会议精神，密切关注首都经济运行，强化税收形势分析和预警；全面推进税收征管改革，细化各项征管措施，加强税种税源管理，强化大企业和国际税务管理，深入提高征管质效；推进稽查体制改革，构建公平正义税收环境，努力实现税收收入稳中求进、稳中提质、稳中向好，确保“十三五”税收实现良好开局。

领导讲话

在北京市国地税调研慰问时的讲话

北京市委副书记、市长 王安顺

（2015 年 12 月 30 日）

同志们：

今天，我到市国税局、市地税局来，主要是看望慰问大家。刚才看了办税服务大厅工作和实时税收数据展示，大家工作有条不紊，精神面貌都很好。特别是听了亚民、志强同志的工作汇报，总体感觉一年来国、地税认真贯彻国家税务总局和市委市政府决策部署，紧紧围绕全市工作大局，创新思路，深化改革，锐意进取，圆满完成全年税收任务，各项工作都取得了显著成绩。

一是有效应对经济下行压力，保持税收稳定增长。今年以来，面对“三期叠加”的复杂形势，加上北京调整疏解非首都功能，进行结构性减税等因素影响，组收工作难度很大。在这种情况下，国地税全年总计预计完成各项税费收入超过 1.2 万亿元，税收规模在全国名列第一。在大家的共同努力下，预计全市一般公共预算收入超过 4400 亿元，同口径增长 12%，为北京市的经济平稳发展做出了重要贡献。

二是积极主动创新税收政策，全力服务全市中心工作大局。国地税局密切关注首都经济转型发展中的新情况、新问题，主动建言献策，有效推动了全市重大任务的落实。比如国税局成立个体工商户监管机构，对“动批”等有形市场联合检查，加强低端产业和个体工商户监管，积极推动非首都功能疏解和区域产业升级；地税局全面落实促进大众创业万众创新、构建“高精尖”经济结构等各类税收优惠政策，截至 11 月底，全市共减免各项税费 486 亿元。

三是大力强化为纳税人服务意识，努力创造良好的营商环境。国地税联合工商等部门，推动“三证合一”改革，极大地方便了纳税人，在依法征税的同时，促进税收便利化。特别是国税局针对我市税收集中度高的特点，分类管理、提供差异化服务，将互联网创新成果深度融合于税收工作各环节，打造全市统一的纳税平台，受到了广泛好评。地税局将涉税事项办理前移至办税服务厅，实现“一站式办结”，建设北京地税咨询服务平台，启动“办税服务通”“税银互动”试点，推进自助办税服务，这些都是十分有益的探索。还有一点我很有感触，北京市税收盘子大，改革发展遇到的问题、难题多，按照以往方式，一定要增加人员编制。但是税务部门充分利用“互联网 +”，提高信息化水平，在编制内很好地解决了户多、税额大、人员少的矛盾，了不起！

四是不断完善国地税合作的体制机制，积累了宝贵的经验。自年初国地税联合召开税务工作会议之后，国地税合作进一步深入，共同推出“简政放权、优化服务，助力首都创新发展”的

15项举措，不断拓展联合税收分析、共享数据信息、重大事项“一局受理两局联办”等21类80项合作内容，在16个区局中已有5个区共建办税服务厅，为首都纳税人带来了实实在在的便利和实惠，这些工作也多次得到国家税务总局的肯定。王军局长特别提到，北京市国、地税是全国的典范，亲如兄弟，难能可贵。值得北京市各委办局学习。

今年税收任务的顺利完成，有力保障了“十二五”时期的圆满收官。五年来，全市三级税收收入保持平稳较快增长，年均增速达到13.3%，有力支撑了公共服务和城市发展。这些成绩的取得，充分说明税务干部队伍战斗力、凝聚力强，是一支高素质、专业化、能打硬仗、作风过硬的队伍。市委市政府对大家的工作是满意的，在此，我代表市委市政府，对市国税局、市地税局领导班子成员，对机关全体干部职工，并通过你们向全市税务系统的同志们，表示慰问和衷心的感谢！

税收是国家财力的主要来源，是政府调控经济的重要手段，市委市政府始终高度重视税务工作。当前，国家经济进入新常态，经济增长面临下行压力，明年随着“营改增”等税制改革的全面推开，组织收入工作面临不小压力。但是也要看到，国家运行总体平稳，稳中有进，稳中有好。对于北京来说，我们经济体量大、实力强，企业素质总体比较高，创新创业活力强，随着经济结构的转型升级，新的增长点持续涌现，为税收收入持续增长奠定了很好的基础。我们一定要贯彻落实党的十八届五中全会、中央经济工作会议、市委十一届八次、九次全会精神，深刻认识首都税源的特征和首都经济转型升级的特点，依法征税、科学征税，坚定信心、扎实工作，继续保持税收工作良好态势。

提出几点希望：一是要努力实现“十三五”税收开门红。在今年差异化管理的基础上，要细化分类、动态跟踪，有效组织收入，确保完成全年预期目标任务。二是要在服务全市重大决策部署上有更多创新举措。更好发挥税收政策在疏解非首都功能、人口调控、构建高精尖经济结构中的作用。国、地税局一定要创新开展工作，特别是要强化京津冀税收协同发展机制建设，为扎实有效推进改革工作做保障，打造多赢局面。三是要在深化改革上有进一步的突破。特别是结合地方实际，落实好12月24日中办、国办印发《深化国税、地税征管体制改革方案》，进一步理顺国地税合作的体制机制。四是要持之以恒加强作风建设。扎实开展“三严三实”专题教育和党风廉政建设，落实“两个责任”“一岗双责”，形成更加强大的凝聚力、战斗力。税务干部队伍庞大，党风廉政建设更要进一步加强，刚才我说了，这是一支有战斗力、凝聚力，团结战斗的集体，也发生了一些腐败案件，但是广大税务干部是好的，优秀的，不会因为个别腐败案件把我们队伍的成效抹杀，把队伍的评价降低，但是我们要高度重视，发现问题，解决问题。税务干部大多工作在基层一线，直接面对纳税人，工作非常辛苦，市委市政府会坚定支持税务部门依法开展工作，努力帮助税务部门解决实际困难，为大家的工作生活创造良好条件。

最后再强调一点。元旦、春节“两节”临近，要认真落实有关要求，做好岁末年初的各项工作。严格落实中央八项规定精神，严格执行廉洁从政各项规定，营造务实节俭文明过节的氛围。

在北京市国地税调研慰问时的讲话

北京市委常委、常务副市长 李士祥

（2015 年 12 月 31 日）

同志们：

元旦佳节即将到来，今天国家税务总局王军局长、丘小雄副局长和顾炬副局长三位总局领导亲自带队到北京国税、地税慰问大家，指导工作，这充分体现了国家税务总局对北京市工作的大力支持和对北京基层税务干部的关心，让我们深受感动。受郭金龙书记、王安顺市长委托，我代表市委市政府对国家税务总局各位领导表示热烈的欢迎和衷心的感谢！

去年年底，王军局长来看望慰问基层税务干部，提出“四个更多”和“四个协作”的明确要求，希望北京市国税局、地税局继续在推进税收现代化的征程上破斧前进，进行更多的探索，积累更多的经验，提供更多的样板，取得更多的成绩。同时提出“四个协作”，即在区域协作、国地税协作、税务部门与其他部门的协作、内部部门之间的协作等多个方面进行探索，能够取得明显的成绩。一年来，全市税务部门认真落实王军局长要求和国家税务总局的工作部署，在税收现代化的征程中争当排头兵，紧紧围绕服务北京改革发展大局，认真履行职责，锐意改革创新，取得了骄人的成绩。一是在经济下行压力较大和组织收入难度增大的情况下，圆满完成组织收入任务，全年总计预计完成税收超过 1.2 万亿元，为国家和北京市的经济平稳发展做出了重要贡献。二是紧紧围绕全市经济社会工作的大局，着力推进工作创新。比如针对中小纳税人差异大的特点，积极推进分级管理，差异化的服务。再比如主动借助媒体，引导舆论，推出了 30 期《税收天地》电视宣传栏目，在中央人民广播电台播出《新常态新税收》栏目，都收到很好的效果。三是加强国地税协作，协作的理念、方式、机制方面都有新的突破。包括国地税联合开展税收分析，推出了一批有质量、有深度的研究成果。金龙书记、安顺市长多次给予批示，在常委会上也多次讲过，对国地税协作给予充分肯定。国税为地税代征“一税两费”183 亿元，国地税整合 12366 纳税服务热线，统一规范为纳税人服务，收到了良好社会反响。对于北京国税、地税部门的工作，北京市委市政府是满意的，金龙书记、安顺市长多次对税收工作作出批示，给予充分肯定，特别是 12 月 18 日，安顺市长专门对今年税收工作的完成情况作出批示，这是你们两局联合给市委市政府写的报告，安顺同志批示内容是：“北京国税、地税两局从服务首都经济和社会大局出发，坚持问题导向，勇于探索创新，密切配合，形成强大工作合力，纳税服务措施不断优化，税收收入持续增长，既给纳税人提供了更多便利，又为有序疏解非首都功能，促进经济发展方式转变做出贡献，值得肯定和表扬。”今天，总局三位局领导又来看望慰问大家，将极大地激励全市税务部门进一步做好税收工作。2016 年，全市税务系统要按照王军局长提出的重点工作要求，围绕推动京津冀发展和疏解非首都功能，研究落实好各项改革任务，为实现全国税收现代化目标做出北京的贡献。

全面推进依法治税 持续深化征管改革 为首都经济社会健康发展做出新贡献

北京市地方税务局局长 杨志强

（2015 年 1 月 20 日）

同志们：

这次会议的主要任务是：以党的十八大、十八届三中、四中全会和习近平总书记对北京工作的重要指示精神为指导，深入学习贯彻中央经济工作会议、市委十一届六次全会和全国税务工作会议精神，总结 2014 年工作，部署 2015 年任务，将税收现代化建设和税收征管改革引向深入，努力开创税收服务首都改革发展的新局面。下面，我讲两点意见。

一、2014 年工作回顾

过去的一年，全系统在市委、市政府和国家税务总局正确领导下，坚持改革创新、开放合作，全面启动税收现代化建设和税收征管改革，积极发挥税收职能作用，服务首都改革发展，较好地完成了各项工作任务。

（一）税收收入任务全面完成

2014 年，我市积极调整疏解非首都核心功能，加快构建“高精尖”经济结构，首都经济呈现新的发展态势，为地方税收持续稳定增长奠定了基础。与此同时，由于结构性减税力度不断加大，房地产业税收增速持续下滑，组织收入工作面临较大压力。面对严峻形势，全系统坚持依法征税，强化征管，优化服务，主动服务区域经济社会发展，克服了经济下行、结构性减税等因素影响，实现了税收收入持续稳定增长，为首都的改革发展提供了坚实财力保障。累计完成各项税费收入 3431.7 亿元，同比增收 331.4 亿元，增长 10.7%；完成地方公共财政预算收入 2519.1 亿元，同比增收 200.4 亿元，增长 8.6%，在全市财政收入中占比达到 62.6%，完成市政府年初下达收入任务的 100.9%，完成调增后收入任务的 100.3%；完成中央级税收收入 779.5 亿元，增长 18%，完成税务总局年初下达收入任务的 107.9%，完成调增后收入任务的 101%。特别是在全国首创国税、地税联合税收分析，得到市委、市政府、税务总局领导充分肯定。

（二）税收职能作用有效发挥

税制改革深入落实。全力做好铁路运输、邮政、电信行业“营改增”工作，加强监测分析、政策宣传和工作督导，确保改革有序衔接和平稳过渡。深入分析“营改增”对“以票控税”征管方式的影响，研究在金融业、房地产业推行“营改增”面临的难点问题。积极开展房地产税改革、环境保护费改税、税务机关统一征收社保费等专题研究。推进煤炭资源税由从量计征改为从价计征，开征地热、矿泉水、叶腊石资源税，调整石灰石资源税税额。

服务区域经济发展初见成效。积极参与首都产业疏解，会同有关部门研提政策措施。认真学习贯彻习近平总书记关于推动京津冀协同发展的重要指示精神，积极发挥税收职能作用服务京津冀协同发展。积极建议在税务总局层面建立京津冀税收协作机制。牵头承担税务总局年度重点科研项目《京津冀协同发展税收问题研究》，联合三地六局提出税收服务京津冀协同发展6方面33条政策建议。与河北省地税局共同承办首次京津冀税收协作会议，联合三地税务部门签署《京津冀协同发展税收合作框架协议》。

税收政策导向作用有效发挥。研究设立服务首都国企改革工作领导小组，建立长效工作机制。认真落实中关村“新四条”税收政策，完善工作机制和管理流程。全面落实科技创新、文化创意、节能环保、小微企业、养老、就业等税收优惠政策，全年共减免税收174.8亿元，为首都转方式、调结构、惠民生做出积极贡献。

国税、地税合作成效显著。以加强税收征管协同、推动京津冀税收协作、联合开展税收分析、携手推出《税收天地》电视专栏等为重点，与市国税局全面开展7大类45项合作项目，对提高税收征管质效、减轻基层和纳税人负担、提升纳税服务水平起到了积极的促进作用。

（三）税收征管工作有力推进

税收现代化建设和税收征管改革全面启动。制定《关于加快推进首都地方税收现代化建设的意见》《关于深化税收征管改革的意见》《推进税收现代化和税收征管改革三年行动计划》，明确改革的总体目标、主要任务、时间表和路线图。制定税源分级分类管理办法、税务登记分类标准、加强协税护税意见、税收遵从风险管理办法、大企业税收管理和服务办法等制度。调整评估工作职能，积极推进税收遵从风险管理工作，全年开展风险评估5.4万户，入库26.6亿元，同比增长77%。理顺大企业管理职责，在纳税评估处加挂大企业管理处牌子。西站分局更名为第二直属分局，负责大企业税收管理工作。成立数据管理处。进一步理顺国际税收管理机制，在五个区县局设置国际税务管理科。建立信息共享和执法协作机制，建成税务约谈室。认真实施情报核查，探索开展关联申报试点及反避税管理。海淀局在重新调整窗口服务与地区税源管理职能方面，开发局分局和第二直属分局在加强大企业管理方面进行了有益探索。

征管基础工作全面加强。市局组织40个工作组深入175个税务所听取税源管理工作汇报，收集问题148个、建议114条。规范跨区县迁移企业税务登记管理，推动税务登记证与工商营业执照、组织机构代码证联办工作，对全市虚拟登记办公场所开展调查。加强对未申报户、无税申报户、减免税申报和小额入库税款的管理。强化有形市场、个体工商户征管和个人出租房屋委托代征工作。加强欠税和滞纳金管理，落实滞纳金管理办法，与市公安局成立联合办公室，共同开展阻止欠缴税款纳税人出境工作，全年清缴欠税16.35亿元。加强残保金、工会经费代征代收工作，共代征残保金30.2亿元，代收工会经费43.92亿元。各局在征管基础工作上积极想办法、定措施，取得明显成效。比如：东城局开发征期申报未按期入库执法督察模型，西城局成立金融专业税务所，怀柔局成立重点税源管理所加强分级分类管理，朝阳局探索税源社会化管理，平谷局加强异地税源监控，延庆局创新搭建二维码办税平台。

税种税源管理得到强化。制定企业所得税税源鉴定管理办法，修改企业所得税申报表，制定风险点识别与核实规则。加强对党政机关、外籍个人、律师事务所个人所得税事项的管理，制定企业年金、职业年金申报纳税办法，提高全员全额明细申报率和申报数据质量。准确掌握房地产业、建筑业营业税涉税风险点，研究解决金融产品营业税征收问题。开展政府购买第三方土地增值税清算工作，加快整体清算进度。强化房产税、城镇土地使用税、车船税税源管理。推进印花税委托代征工作和房产税、城镇土地使用税属地化征管工作。积极做好委托市国税局代征城市维护建设税、教育费附加、地方教育附加的准备工作。房山局在做好房地产企业完工备案工作方面，密云局在研究制订土地增值税清算复审管理制度方面做了积极探索。

稽查机制体制改革有序推进。探索稽查机构扁平化改革，推进稽查工作市级全覆盖，充实稽查工作力量，稽查一线人员占专业稽查机构人员的比重从改革前的54%提升到75%。着力清理以前年度未执行案件，开展重大案件查处和专项检查工作，打击发票违法犯罪活动，建立违法企业黑名单曝光系统，加大对高校、金融商品转让等典型群体和重点项目的检查力度，增强税务稽查震慑力。全年共检查3658户，同比增长18.54%；查补入库31.67亿元，同比增长82.7%。市局直属稽查局集中力量办理大案要案，石景山局借助司法手段清理走逃案件，燕山分局稽查局全员参与办案，有效提升了稽查工作质效。

互联网地税局建设取得积极进展。按照互联网地税局三年建设规划，加快步伐，积极推进，建成中心数据库、统一展示平台、音视频监控系统和手机应用平台，“亮起来、连起来”工程初步实现。加强数据质量管理，编制税收数据手册，开展应用“云服务”集中存储数据。大力拓展第三方数据采集途径，探索与有关部门建立信息数据互通共享机制。主动与相关部门、单位合作，首次实现财税、海关、银行统一设立月度、年度对账日。各单位着力创新思路，积极推进信息管税，大兴局研发“办税服务一卡通”，昌平局与区国税、工商等部门建立数据交流平台，顺义局开发智能档案资料清单系统，进一步提升了信息管税水平。

（四）纳税服务水平逐步提升

“便民办税春风行动”深入开展。落实首问责任制，推行一次性告知服务，推动工作作风转变。推出18项便捷高效服务措施，着力推进免填单服务研究。加强纳税人权益保护，开展纳税服务巡查和满意度调查，规范多渠道咨询投诉处理，共处理各类纳税人诉求66件，同比减少178件。丰台局在有效拓展免填单服务、门头沟局在积极打造办税服务效能监察平台等方面进行了积极探索。

纳税服务制度不断规范。落实《全国税务机关纳税服务规范》，统筹做好规范落地工作。制定《纳税服务现代化五年工作规划》，全面谋划纳税服务工作格局。完善办税服务厅工作规范和办税公开制度，建立统一的服务标准和操作规程，规范办税服务厅标识。

纳税服务平台得到拓展。探索推进办税服务厅绩效管理，细化考核指标。创新服务方式，压缩办税流程，推进涉税事项受理、审核、审批环节向办税服务厅前移，实现“一站式办结”。建设办税服务厅音视频监控系统，推动窗口服务透明化、规范化。在全市范围内推广个人所得税完税证明自助查询打印工作，拓展自助办税终端服务功能，共开具完税证明83.9万份。认真做好服务热线工作，完成国地税12366纳税服务热线业务整合，全年接听话务量达52.3万件。全面改版北京地税网站，拓展网上办税功能，网站访问量达1617万人次。“纳税人学校”栏目被首都之窗评为2014年政府网站精品栏目。在这方面，朝阳局设置两个24小时自助办税厅，东城局建立纳税服务电话咨询中心，海淀局与区国税局联合举办纳税人辅导学校，通州局打造“精品办税服务厅”，进一步拓展了纳税服务平台。

宣传辅导进一步强化。与北京电视台联合推出《税收天地》栏目，录制《税收大讲堂》，扩大税收宣传面。与市国税局联合推出北京税务微网页，打造“北京税务”宣传品牌。开通北京地税官方微信，信息阅读总数14万人次。策划在线专题访谈，有效发挥网上纳税人学校的作用。推进实体纳税人学校试点工作。编写热点问题和税种政策宣传手册。全年发行《税务公告》26.4万册，发布地税官方微博5370条，开展纳税人集中辅导900余场次，培训纳税人12万余人次。第一直属分局开展税法宣传送到“家”活动，西城局利用微信等信息化手段及时发布信息，为纳税人了解税收政策提供了便利。

（五）税收法治工作持续推进

在市政府支持下，积极为我市出台《关于加强税收保障工作的意见》提供决策参考，提高了综合治税和税源管理水平。完善北京地方税收法规库，认真清理税收规范性文件。精简、合并行政审批事项，目前保留23项，研究制定后续管理办法。编制税务行政处罚权力清单，绘制处罚权力运行流程图，会同市国税局修订《税务行政处罚裁量权实施办法》及执行标准。规范税收执法行为，加强对税务所和稽查一线的执法监督。成立北京税收法制建设研究会。编写出版《税收法治通论》。开展落实税收法定原则研究，主动为《税收征收管理法》修订建言献策。成立行政复议委员会，修订完善复议文书，认真办理复议和应诉案件，共办理行政复议案件11起，办理诉讼案件19起。

（六）党的建设和干部队伍建设切实加强

党的建设深入推进。认真组织学习党的十八届三中、四中全会和习近平总书记系列重要讲话精神。全力抓好党的群众路线教育实践活动整改落实工作。推进市局第一党支部建设，严格落实组织生活制度，加强对“一把手”的教育、管理、监督，得到中央党校、市委组织部、市直机关工委充分肯定。拓展党组中心组学习平台，先后7次参加市委理论学习中心组学习扩大会议。对全系统处级党员领导干部进行集中轮训。精心组织“地税大讲堂”活动，积极创建学习型党组织，被市直机关工委树为学习成果品牌。完成市局机关各党总支、党支部换届。

干部队伍建设稳步推进。加大干部选拔任用交流调整工作力度，选拔任用处级领导干部61人、正副调研员47人，对外推荐局、处级干部9人，轮岗交流处级干部76人。扎实做好公务员招录、军转干部安置工作及干部遴选工作，改善基层一线干部队伍学历、知识和年龄结构。选派市级机关年轻干部赴基层锻炼。加强税务领军人才培养。开展岗位大练兵，举办专业讲座，与有关高校合作开设税收统计分析、纳税评估业务骨干班，筹办首届税务专业硕士研究生班，开办英语精品提高班，鼓励干部报考三师及职称考试。

思想政治教育不断加强。深入开展创先争优活动，积极申报首都文明单位，通过市直机关工委审核和公示。举办“中国梦、地税魂”演讲会暨先进单位和个人表彰大会，回顾北京地税二十年发展历程，凝心聚力，激发干事创业热情。

2014 年，全系统累计获得省部级以上荣誉 23 项。

反腐倡廉建设扎实开展。两级党组认真履行主体责任，高度重视党风廉政建设和反腐败工作。严格落实中央八项规定，持续深入纠正“四风”。两级纪检监察部门贯彻“三转”要求，聚焦主责主业，履行监督责任。坚决查处违纪违法案件，对 2 名干部给予党内警告处分，对 3 名干部给予开除党籍、行政开除处分，通报 3 起违纪问题，诫勉谈话 7 人。建成廉政警示教育基地。建成内外网络教育平台和二级电子监察平台。推进内控机制建设。加强纪检监察干部力量，增加人员编制，配齐区县（分）局纪检组长。创新纪检监察模式，成立直属稽查局联合纪检监察组。

行政管理逐步规范。严格落实中央和市委有关规定，厉行勤俭节约，转变文风会风，按照市政府要求安排外事活动。规范财务管理，加强预算资金审批执行，严格执行政府采购程序，切实加强“三公”经费管理。建立完善绩效管理制度，积极推动绩效管理在全系统有序开展。严格执行政府信息公开制度。加强调查研究，实现各类成果转化 177 项（次），其中，省部级领导批示、国家级和省部级核心刊物成果转化 55 项（次），创历史新高。完成北京市国际税收研究会和地方税务学会换届选举工作。积极推进北京税务博物馆和北京地税发展陈列室建设。积极开展工会活动，做好老干部工作，安全维稳和后勤保障得到加强。

同志们，过去的一年，全市地税工作取得了显著成绩，郭金龙书记、王安顺市长、李士祥常务副市长等领导多次对地税工作作出批示，给予肯定。王军局长在 2015 年全国税务工作会议上，特别从组织收入、税制改革、行政审批改革、服务京津冀协同发展和国、地税合作等方面五次表扬北京地税。工作成绩的取得，是市委、市政府和税务总局正确领导的结果，是市各委办局、各区县党委、政府和社会各界大力支持的结果，也是全系统干部职工辛勤工作的结果。在此，我代表市局党组向大家表示衷心的感谢！

在看到成绩的同时，我们也要清醒地认识到，全市地税工作还存在一些亟待解决的问题，主要表现为五个方面：一是在税收征管上，征管基础工作不扎实、数据质量不高、征管制度不健全、资源配置不合理、征管质量评价体系不科学、无税申报和异地纳税管理不力等问题尚未得到根本扭转，对不登记、不申报、大规模零申报、小额申报等缺乏针对性管理措施，税源失管、失控现象较为普遍，税收征管水平仍然不高。二是在纳税服务上，部分服务岗位干部业务水平不高、服务意识不强、态度不好、效率较低，纳税服务与税收征管衔接不够紧密，纳税服务创新不够，纳税人满意度不高，办税流程还需进一步优化，涉税诉求反馈机制还有待健全。三是在税政管理上，工作思想认识不够开放，工作定位不够科学，税种税源管理滞后，风险管理亟待加强，税政管理运行机制不顺畅，把握税收政策不够准确，依法行政能力和技巧有待提高。四是在信息化建设上，科技信息与业务工作融合不够，信息化支撑不到位，对各部门业务需求整合不够，基层干部系统操作权限管理有待加强。五是在队伍建设上，干部教育监督管理统筹力度不够，故意伤害、醉驾、大办婚宴、套取发票等违法违纪现象仍有发生，对年轻干部的教育培训、培养使用缺乏针对性和计划性，干部考核评价体系不科学，基层建设和基础工作还有待加强。对于上述问题，我们要高度重视，在工作理念、思路、机制、能力、作风等方面进行认真反思，采取有力措施加以解决。

二、2015年工作安排

2015年是全面深化改革的关键之年，是全面推进依法治国的开局之年，也是全面完成“十二五”规划的收官之年。随着经济发展新常态的到来，税收也呈现出新的发展态势。税收增长速度放缓，税种税源结构调整，纳税服务需求多元，税收征管质效提高，税收法治建设加强。面对税收新常态，我们要有新认识、新思路、新作为，既要勇于打破传统惯性思维的束缚，以不同以往的全新理念认识、理解和把握税收，更要顺应大势、主动作为，持之以恒地推进依法治税，深化征管改革，向着税收现代化的宏伟目标奋力前行。

根据市委、市政府和国家税务总局的工作部署，结合地税实际，我局2015年工作总体要求是：全面贯彻落实党的十八大和十八届三中、四中全会精神，坚持稳中求进工作总基调，主动适应经济和税收新常态，狠抓改革攻坚，突出创新驱动，全面推进依法治税和税收现代化建设，持续深化税收征管改革，为促进首都经济社会发展和京津冀协同发展做出积极贡献。要重点做好以下七个方面的工作。

（一）依法组织税收收入，全力以赴完成全年收入任务

坚持依法征税。随着经济发展进入新常态，以及非首都核心功能疏解、结构性减税加快推进，地税税源将发生深刻变化。但是，税收筹集财政收入、为首都经济社会发展提供财力保障的首要职能不会改变。今年，税务总局下达我局税收收入增长目标为5.9%，其中，中央级税收收入增长7.4%，地方级税收收入增长5.4%。根据这一目标，市局初步安排2015年各项税费收入目标3635亿元，增长5.9%，安排地方公共财政预算收入目标2750亿元，同口径增长5.4%。下一步，我们将按照市人代会审议通过财政预算增长目标进行调整，任务十分艰巨。全系统要严格落实市、区、所三级收入任务责任制，牢牢把握依法征税，应收尽收，坚决制止和防止越权减免税，坚决落实各项税收优惠政策的组织收入原则，强化部门协同，增强工作合力，确保全年收入任务圆满完成。

强化堵漏增收。加大日常检查和税务稽查力度，堵塞税收征管漏洞，挖掘收入增长潜力。2015年，要将全市半年以上零申报企业全部纳入日常检查，力争将有税综合申报率提高到70%以上。同时，税务稽查、日常检查要覆盖到全市注册企业、单位的2%以上。2015年，税务稽查和日常检查要完成全年税收收入任务的3%。

加强税收分析。落实税务总局要求，进一步完善税收分析工作机制，做好国税、地税定期、定项联合分析，拓展分析广度和深度。充分发掘税收数据价值，准确把握税收发展趋势，发挥税收分析的指引作用。继续推进重点税源监控数据直报、税收调查和减免税调查数据的后台统一生成。

（二）发挥税收职能作用，主动服务首都经济社会发展

服务区域经济社会发展。推动京津冀协同发展税收协调工作机制发挥作用，加强三地六局税收合作，积极推动《京津冀协同发展税收问题研究》成果转化。全面推进与市国税局的七大类45项合作，贯彻落实我市国企改革工作部署，积极落实企业重组改制各项税收政策，服务国有企业改革。

落实税制改革要求。加强同税务总局以及市财政局、市国税局的沟通交流，做好“营改增”扩围各项工作。开展“营改增”后的征管模式研究，服务上级机关科学决策。继续开展房地产

税制改革、环境保护税立法研究，做好资源税改革后续工作，构建科学完善的地方税收体系。

持续推进结构性减税。进一步落实高新技术企业税收政策，服务首都“高精尖”经济结构和国家科技创新中心建设。认真落实小微企业、文化创意、非营利组织、扶持就业等税收优惠政策，促进经济转型升级和民生事业发展。

（二）深化税收征管改革，加快推进税收现代化建设

进一步夯实征管基础。全面落实《全国税收征管规范》和《推进税收现代化建设和税收征管改革三年行动计划》。制定实施关于税收管理员工作、催报催缴管理、办税人员服务和管理、阻止欠税人出境、非正常户管理和异地纳税企业管理等相关制度或办法，研究建立征管质量评价和考核标准，规范工作程序，提升工作质效。制定实施税源分级分类管理办法和税务登记分类标准，推动差别化管理，提高税源管理质量。实施“一户一档”纳税人信息管理，做到情况明、底数清、数据准。从2015年7月1日起，试行地方各税种的全面明细申报，逐步取消综合申报，为后续税种税源管理奠定基础。全面掌控和分析企业土地、房产、合同等基础信息，为纳税评估和日常检查提供依据。对工商登记改革后新增登记户的纳税情况进行专题分析，研究征管措施。加强对有形市场的税收管理，联合市国税局出台工作措施。认真总结集中办公区企业管理试点经验，制定相关管理办法。落实非正常户信用监管制度、无税申报户和小额申报户管理办法。严格审批缓缴税款，加强欠税、滞纳金管理，推行欠税催缴制度，严格控制新欠，积极清理陈欠。加强对未取得营业执照、临时经营个人等重点群体以及在二手房交易中签订阴阳合同、个人出租房屋等重点事项的征管。2015年，全系统征管部门要通过强化征管措施，实现带动增收5亿元的工作目标。

加强税种税源管理。加强对外地进京建筑安装企业的企业所得税、个人所得税和印花税的征收管理工作。研究全市企事业单位出租房屋房产税政策，由现行按房产原值征收调整为从租计征。加强车船税管理，把开发区分局的保险机构代收代缴车船税管理职能调整到纳税服务中心和财行税处，对未纳税车辆提出有效征管措施。针对印花税税收流失问题，研究加强征管应对措施，努力实现增收30亿元的目标。完善外商投资企业土地使用费征管措施。委托市国税局代征城市维护建设税、教育费附加、地方教育附加。

强化风险管理和大企业管理。对月均申报纳税10元以下纳税人的税收情况进行分析，组织开展专项检查。建立总部经济和重点税源监控体系，构建扁平化联动管理机制，加强对签订《税收遵从合作协议》企业的后续管理工作，完善风险管理工作制度。落实大企业和总部企业税收管理与服务工作办法，研究建立大企业税收管理和服务信息平台，强化大企业个性化服务。

加强国际税务管理。加强对非居民税收管理，优化非居民企业源泉扣缴系统功能，全面开展外籍个人所得税风险排查，编写外籍个人所得税及走出去企业风险指引，避免税收流失。全面推行企业关联申报，实施反避税调查，加强“走出去”企业服务与管理，强化跨境税源信息管理和利用。2015年，要通过加强国际税务管理组织收入2亿元。

加大税务稽查工作力度。进一步推进稽查体制改革，做好税务稽查市级全覆盖试点工作。成立第五、第六稽查局。完善税务稽查机制方法，充分发挥地税、公安、国税联合办公室的作用。探索建立稽查简易程序、稽查局长带队办案等工

作机制。坚决查处重大税收违法案件，严厉打击发票违法犯罪行为，增强稽查震慑作用。加强与司法部门的沟通协调，探索建立税收代位权、优先权的运用流程。建立健全税收违法案件公告、税务稽查反馈等制度。2015 年，专业稽查人员人均完成稽查案件数量要大幅增加。

加快推进信息化建设。抓好互联网地税局试点工作并逐步推广。加快移动平台的投入使用。严格落实市政府办公厅关于加强税收保障工作的意见，制定区县局实施细则，实现与 20 多个相关部门的信息共享，推动综合治税体系建设。开发建设对零申报、小额申报的管理控制系统。统筹协调全系统软件研发工作。切实加强系统运行维护和安全管理，确保安全稳定运行。

（四）提升纳税服务水平，努力构建和谐征纳关系

优化服务环境。落实《纳税服务五年规划》，推行《全国税务机关纳税服务规范》（2.0 版）。持续开展“便民办税春风行动”，提供优质高效服务。健全纳税人需求响应、办税服务厅管理等相关工作制度，规范办税服务厅软硬件建设。加强地税网站建设，更新搜索引擎，增加查询功能。

创新服务方式。打造全新“办税服务一卡通”，将办税人员服务纳入规范化轨道。全面实现纳税人发起涉税事项由办税服务厅集中受理和区域通办，扩大全市通办事项范围。推动实现纳税人办理次数较多的涉税事项通过自助设备或移动终端办理。研发印花税票自助售票设备。第一季度全面取消 CA 数字证书收费。推行履约服务，探索国地税联合办税服务新模式。年底前实现网上预约办税。市局建立咨询服务平台，实现各区县咨询服务电话统一管理。创建省级实体纳税人学校，办好网上纳税人学校，提升培训辅导层级和力度。借助北京电视台、《中国税务报》等载体，加大税收宣传工作力度。

强化服务监督。加强纳税服务绩效考核管理，严肃工作纪律，健全激励奖惩机制。开展纳税人满意度调查和不定期纳税服务巡查，对办税服务厅进行音视频实时监控，做好纳税服务投诉的通报、约谈和处理工作，加强纳税人权益保护。

（五）全面推进依法治税，大力提高税收法治水平

严格落实税收法定原则，以法治思维统领地税工作，强化干部法治意识，营造依法治税良好环境。做好将《关于加强税收保障工作的意见》上升为政府规章前的调研论证工作。继续为《税收征收管理法》修订建言献策。做好《税收法治通论》修订工作。推行权力清单制度，简并行政审批事项，细化行政处罚裁量权执行标准。建立健全督察内审工作制度，加强内部审计，确保依法履职。编印税收制度汇编，为基层执法提供依据。充分发挥复议委员会作用，率先在全国设立规范性税务行政复议庭，适用于全系统公开审理复议案件，起到一定示范作用。探索研究总法律顾问制度。

（六）加强党建和队伍建设，构建高效清廉的组织体系

切实加强机关党的建设。深入学习贯彻党的十八届三中、四中全会和习近平总书记系列重要讲话精神。组织好处级以上领导干部“三严三实”专题教育。巩固、拓展党的群众路线教育实践活动成果，推动形成作风建设新常态。加强第一党支部建设，健全组织机构，强化学习教育，注重考核评价，探索符合地税实际的“一把手”教育、管理、监督机制。夯实机关党建工作，推进学习型、服务型、创新型基层党组织建设，做

好市局机关党委和机关团委的换届工作。积极开展创先争优和精神文明创建活动，大力弘扬社会主义核心价值观。继续贯彻中央八项规定、六项禁令和市委十五条实施意见，防止四风问题抬头。建立完善先进典型事迹库，加强先进典型的挖掘、宣传和培养工作。

加强干部队伍建设。严格落实干部任用条例，进一步规范干部的选拔任用。积极建立优秀年轻干部培养机制。配齐配强处级领导班子，合理规范区县（分）局领导班子权力结构和配置。做好处级非领导职务干部选拔工作。做好公务员录用、军转干部接收和干部遴选工作。做好聘任制公务员招收工作。继续开展市局机关干部下基层锻炼工作。制定《关于加强税务所长队伍建设指导意见》。加大干部培训力度，做好《税收法治通论》全员培训，开展岗位大练兵，组织市局机关处室知识竞赛。强化领军人才考前脱产培训和英语培训。组织开展税务所长培训和注册会计师、司法考试及职称考试考前培训。积极与首都高校和各类税务院校合作开办征管、稽查、纳服、收入分析等业务骨干培训班，培养业务骨干200名。做好首届税务专业硕士研究生班的录取、入学工作。

狠抓反腐倡廉建设。完善党风廉政建设制度，出台《北京地税系统建立健全惩防体系2013—2017年工作规划实施细则》，落实党组在党风廉政建设中的主体责任，纪检监察部门继续落实“三转”要求，履行监督责任。加强纪律建设，严明政治纪律和政治规矩。继续推进廉政风险防控管理和内控机制信息化建设。构建北京地税系统网络廉政教育平台体系，加强反腐倡廉教育。开展行政监察、效能监察工作，重点查处不作为、乱作为现象，严肃查处违纪违法案件。

（七）抓好绩效管理工作，提高机关行政管理效能

加强绩效管理。落实税务总局整体部署，做好绩效管理各项工作。调整完善系统绩效管理办法和指标，建立健全绩效管理工作机制，明确部门分工，加强协调配合。完善绩效管理情况反馈机制。

做好调查研究工作。全面落实重点课题管理办法，积极开展税收服务京津冀协同发展、推进依法治税、深化税制改革、推进税收现代化建设和税收征管改革等方面的课题研究，加大同有关高校、科研机构的合作力度，努力形成一批高质量调研成果，抓好成果转化。出版《税收管理现代化问题研究》《税收案例法理评析》和2015年度调研文集。做大做强系统调研人才库。

提升内部管理水平。推进办公现代化建设。提高办文办会水平。狠抓督查督办。优化财务流程，完善财务制度，严格预算编制、执行。做好后勤服务工作。加强安全保卫工作。积极开展文体活动。关心一线干部，疗休养机会要向纳税服务窗口人员倾斜。继续做好离退休干部工作。加强北京市国际税收研究会、地方税务学会、税收法制建设研究会工作。建设好北京税务博物馆，力争在第三季度开馆。

同志们，让我们在市委、市政府和国家税务总局的正确领导下，深化改革，锐意进取，在全面推进依法治税和税收现代化建设的征程中，谱写税收服务首都改革发展的新篇章！

全面推进依法治税　持续深化征管改革 为首都经济社会健康发展做出新贡献

——在全市税务工作会议上的讲话

北京市地方税务局局长　杨志强

（2015 年 2 月 5 日）

各位领导、同志们：

2014 年，全市地税系统在市委、市政府和国家税务总局正确领导下，在市各委办局和各区县党委、政府大力支持下，全面启动首都地方税收现代化建设，积极发挥税收职能作用，服务首都改革创新和京津冀协同发展，较好地完成了各项工作任务。

一、2014 年工作完成情况

一是税收收入任务全面完成。累计完成各项税费收入 3431.7 亿元，同比增收 331.4 亿元，增长 10.7%；完成地方公共财政预算收入 2519.1 亿元，同比增收 200.4 亿元，增长 8.6%，在全市财政收入中占比达到 62.6%，完成市政府年初下达收入任务的 100.9%，完成调增后收入任务的 100.3%，为首都的改革发展提供了坚实财力保障。

二是税收职能作用有效发挥。与市国税局、财政局合作推进“营改增”改革。开展房地产税改革、环境保护费改税研究。配合市发改委研提促进产业疏解政策措施。积极为建立京津冀税收协作机制建言献策，与河北地税联合承办首次京津冀税收协作会议，与三地税务部门签署合作框架协议，牵头税务总局重点科研课题《京津冀协同发展税收问题研究》。积极服务国企改革，认真落实科技创新、文化创意、节能环保、小微企业、养老、就业等税收优惠政策，减免税收 174.8 亿元。

三是税收征管工作有力推进。启动税收现代化建设和税收征管改革，出台一系列改革意见和方案，制定三年规划，明确提出在 2018 年底之前实现税收现代化的目标。制定税务登记分类标准、税源分级分类管理办法等征管制度。会同市国税局、工商局、质监局推动税务登记证、营业执照、组织机构代码证联办工作。与市公安局、国税局联合开展阻止欠税人出境工作，全年清缴欠税 16.4 亿元。强化税种税源管理，加强党政机关、外籍个人、律师事务所个人所得税管理，开展政府购买第三方土地增值税清算工作，强化房产税、城镇土地使用税、车船税管理。推进稽查工作市级全覆盖，加大重大案件查处和专项检查力度，全年检查 3658 户，查补入库 31.7 亿元，同比增长82.7%。推进互联网地税局建设，建成北京地税统一展示平台和市局中心数据库，开展应用“云服务”集中存储数据工作。与相关部门、单位合作，首次实现财税、海关、银行统一设立月度、年度对账日。

四是纳税服务水平逐步提升。深入开展“便民办税春风行动”，落实全国税务机关纳税服务规范，推出18项服务措施。完善办税服务厅规范和办税公开制度。建设办税服务厅音视频监控系统。推广个人所得税完税证明自助查询打印，开具完税证明83.9万份。打造“北京税务”宣传品牌，与市国税局联合推出北京税务微网页，在北京电视台推出《税收天地》栏目。

五是税收法治工作持续推进。积极为税收征管法修订以及我市出台《关于加强税收保障工作的意见》建言献策。精简合并行政审批事项，目前保留23项。成立行政复议委员会。建立地方税收法规库。编制税务行政处罚权力清单。会同市国税局修订税务行政处罚裁量权实施办法。成立北京税收法制建设研究会。首创省级税务约谈室。

六是党的建设和干部队伍建设切实加强。抓好党的群众路线教育实践活动整改落实工作。推进第一党支部建设。加大干部选拔任用、交流调整力度，选拔任用处级干部108人，对外推荐局、处级干部9人。开展岗位大练兵。加强领军人才培养。鼓励报考三师及职称考试。与高校合作举办税收业务骨干班。筹办首届税务专业硕士研究生班。建成廉政警示教育基地、内外网络教育平台和二级电子监察平台。成立直属稽查局联合纪检监察组。

2014年，市地税局共获得省部级以上荣誉23项，得到郭金龙书记、王安顺市长、王军局长、李士祥常务副市长等领导的充分肯定。这是市委、市政府和税务总局正确领导的结果，是各委办局和区县党委、政府鼎力帮助的结果，是社会各界和广大纳税人大力支持的结果，也是国地税紧密合作、干部职工辛勤工作的结果。在此，我代表市地税局向大家表示衷心的感谢！

二、2015年重点工作任务

2015年是全面深化改革的关键之年，也是全面推进依法治国的开局之年。随着经济增速进一步放缓、结构性减税政策持续推进和首都积极构建“高精尖”经济结构，税收工作面临新的发展态势。为此，我们将重点抓好六方面工作：

一是依法组织税收收入，全力以赴完成全年收入任务。坚持依法征税，应收尽收，强化部门协同，增强工作合力，确保全年收入任务圆满完成。加大日常检查和税务稽查力度，将税务稽查、日常检查覆盖到全市注册企业、单位的2%以上，将全市半年以上零申报的企业全部纳入日常检查，力争将有税综合申报率提高到70%以上，税务稽查和日常检查要完成全年税收收入任务的3%。

二是发挥税收职能作用，主动服务首都经济社会发展。进一步加强京津冀三地六局税收协作。全面推进与市国税局的七大类45项合作。落实税制改革要求，做好“营改增”扩围各项工作。继续开展房地产税制改革、环境保护税立法研究，做好资源税改革后续工作。持续推进结构性减税，服务首都建设“高精尖”经济结构，促进民生事业发展。

三是深化税收征管改革，加快推进税收现代化建设。制定实施关于税收管理员工作、办税人员服务和管理、阻止欠税人出境、非正常户管理和异地纳税企业管理等制度，研究建立征管质量评价和考核标准。实施纳税人信息“一户一档”

管理。从7月1日起，全面试行各地方税种明细申报，逐步取消综合申报，为后续税种税源管理奠定基础。全面掌控和分析企业土地、房产、合同等基础信息，为纳税评估和日常检查提供依据。加强对有形市场的税收管理，联合市国税局出台工作措施。加强对临时经营个人等重点群体以及二手房交易、个人出租房屋等重点事项的征管。加强外地进京建筑安装企业税收征管工作。研究全市企事业单位出租房屋房产税政策，由现行按房产原值征收调整为从租计征。加强车船税管理，对未纳税车辆提出有效征管措施。针对印花税税收流失问题加强征管措施，努力实现增收30亿元的目标。完善外商投资企业土地使用费征管措施。委托市国税局代征城市维护建设税、教育费附加、地方教育附加，全市新办税务登记统一由地税办理。对月均申报纳税10元以下纳税人的税收情况进行分析，组织开展专项检查。加强对非居民税收管理，强化跨境税源信息管理和利用，全年要通过加强国际税务管理带动税收收入增长2亿元。加大税务稽查工作力度，专业稽查人员人均完成稽查案件数量要大幅增加。加快推进信息化建设，抓好互联网地税局试点工作并逐步推广。

四是提升纳税服务水平，努力构建和谐征纳关系。持续开展“便民办税春风行动”。打造全新“办税服务一卡通”。从4月1日起全面取消CA数字证书收费。推行履约服务，探索国地税联合办税服务新模式。建立市局咨询服务平台，实现各区县咨询服务电话统一管理。创建省级实体纳税人学校，办好网上纳税人学校。强化服务监督，做好纳税服务投诉的通报、约谈和处理工作。

五是全面推进依法治税，大力提高税收法治水平。做好将《关于加强税收保障工作的意见》上升为政府规章前的调研论证工作。推行权力清单制度，简并行政审批事项，细化行政处罚裁量权执行标准。建立健全督察内审工作制度，加强内部审计。充分发挥复议委员会作用，率先在全国设立规范性税务行政复议庭。探索研究总法律顾问制度。

六是加强党建和队伍建设，构建高效清廉的组织体系。进一步巩固、拓展党的群众路线教育实践活动成果，推动形成作风建设新常态。进一步规范干部选拔任用工作，建立优秀年轻干部培养机制。加大干部教育培训力度。狠抓反腐倡廉建设。抓好绩效管理工作。

2015年工作任务重、压力大。市地税局将在市委、市政府和国家税务总局坚强领导下，坚持改革创新、开放合作，与市各委办局和各区县党委、政府携手奋进，为首都经济社会健康发展做出新贡献！

在全系统处级以上领导干部“三严三实”专题教育研讨班结业仪式上的讲话

北京市地方税务局局长 杨志强

（2015 年 5 月 28 日）

同志们：

按照中央、市委和国家税务总局要求，在处级以上领导干部中开展“三严三实”专题教育，是一项重大政治任务。根据市局党组“三严三实”专题教育实施方案，我们举办全系统处级以上领导干部专题教育研讨班，作为专题教育的“关键动作”，具有重要意义。刚才四位同志代表小组作了学习交流发言，与大家分享了一周以来的学习成果，不仅畅谈了对“三严三实”要求的领会和理解，还围绕组织收入、征管改革、纳税服务、队伍建设和党风廉政建设等具体方面，结合工作实际进行了深入的思考，讲得都很好。

当前，如何适应、引领经济发展新常态，立足“四个全面”战略布局，主动服务京津冀协同发展，疏解非首都功能，力争 2018 年实现税收现代化的目标，对我们地税工作提出了新的要求、新的挑战。举办“三严三实”专题教育研讨班，既贯彻了中央、市委、国家税务总局关于作风建设的要求，也满足了全系统领导干部提升能力的需求，为完成各项税收工作目标，凝聚了发展共识，提供了重要保障。

一、这次研讨班的主要特点

一是主题突出。研讨班目标明确、内容丰富，以“三严三实”专题教育为主线，涵盖了习近平总书记系列重要讲话精神、“四个全面”战略布局、党风廉政建设、社会主义核心价值观、首都城市战略定位与京津冀协同发展等内容，将理论热点、时政分析和地税实际结合起来，满足了大家在精神上“补钙”，在能力上“充电”的实际需求。

二是形式多样。研讨班把集中学习与自主学习相结合，课堂教学与撰写体会相结合，同时，开展了分局党组书记述党建工作，并安排大家带着“税收如何为文化创意产业服务”的问题，到中国影视产业示范区参观学习，使大家边听边学边看，边思考边交流，进一步开阔了视野、认清了大局、明确了方向。

三是学风务实。在座的同志身处重要岗位，平时工作很忙，能够沉下身、静下心来认真听、耐心学，在培训中保持了勤奋严谨、求实创新的学习作风，严格遵守管理规定和作息时间，结合培训课程和工作实际，开展了思想活跃、气氛热烈的交流研讨，收到了良好的学习效果，也展现了服从大局的政治意识和责任担当。

四是组织得力。市局党组对开展“三严三实”专题教育研讨班高度重视、周密部署、统筹安排，江平书记以讲党课的形式作开班动员，并提出了任务要求。市局机关党办和办公室、宣教处周密安排，精心准备，为大家提供了良好的学习环境。研讨班实行以小组为单位的管理模式，各组召集人切实发挥作用，负起责任；学员们积极参与，认真学习，大家通力合作确保了各项培训任务圆满完成。

二、研讨班取得的收获

研讨班经过大家的共同努力，达到了预期目的，取得了扎实成效。大家普遍反映，师资水平高，讲授内容丰富，时效性强，解渴管用；教学计划安排合理，信息量大，学习收获很多。

一是提升了党性修养。“三严三实”贯穿着马克思主义政党建设的基本原则和内在要求，体现着共产党人的价值追求和政治品格，丰富和发展了党的建设理论，明确了领导干部的修身之本、为政之道、成事之要，为加强新形势下党的思想政治建设和作风建设提供了重要遵循。通过研讨班学习，使大家进一步坚定了理想信念，强化了党性原则，明确了干事创业的行为准则，聚焦“对党忠诚、个人干净、敢于担当”，坚守共产党人精神高地，提高了推动北京地税事业发展的主动性、积极性和自觉性。

二是统一了思想认识。研讨班围绕“三严三实”主题，对大家广泛关注的重点、难点、热点问题进行了全面系统的解读，学习了《习近平谈治国理政》《优秀领导干部先进事迹选编》《领导干部违纪违法典型案例警示录》等书籍，进一步统一了思想，领会了“三严三实”的重要意义和丰富内涵，“不严不实”的具体表现和严重危害，明确了落实“三严三实”的实践要求，使大家做到理论上清醒、政治上坚定、行动上坚决。通过研讨班学习，使大家充分认识到“三严三实”是推进“四个全面”战略布局，检验全面从严治党能力的重要标准；是深化作风建设，巩固党的群众路线教育实践活动成果的重要延伸；是地税部门适应、服务首都发展新阶段，发挥好税收职能作用的重要遵循；是推进依法治税和税收现代化建设，锻造过硬税务干部队伍的重要保证。从而进一步提高了坚决维护中央权威，在思想上、政治上、行动上同中央、市委保持高度一致的责任感和使命感，增强了新形势下完成税收工作任务的信心、决心和勇气。

三是做到了理论联系实际。“三严三实”是世界观和方法论的统一，是做人做官做事的统一，是内在自律和外在约束的统一。研讨班既给大家带来了思想触动，理论武装，也对大家的工作态度、工作能力提出了更加“严”和“实”的标准要求，使大家更加深刻、全面地认识当前税收工作的形势、压力和问题，增强了敢于担当、修身自律、率先垂范的思想自觉和行动自觉。许多同志提到，今后要对照“三严三实”这面镜子和标尺，在行动上守纪律、讲规矩，深化“四风”整治，巩固和拓展党的群众路线教育实践活动成果，积极营造良好的政治生态；在实践中求真务实、真抓实干，更准确地把握税收工作规律，理清工作思路，找准解决问题的突破口，增强服务“四个全面”战略布局、疏解非首都功能和京津冀协同发展的大局意识，积极为财税体制改革和首都经济社会发展建言献策，在服务纳税人、服务基层、服务区域经济发展上贡献力量。

三、结合“三严三实”专题教育，对下一步工作提几点要求

通过研讨班学习，大家的思想境界有了新的提高，对“三严三实”有了新的感悟，下一步关键是要把“三严三实”要求落实到深化征管改革和推进税收现代化建设的工作实践中，在干中学、学中干，学用结合、学以致用。今天是5月的最后一个工作日，很快，今年的时间就过半，能不能实现任务过半，希望在座的“一把手”们提升紧迫感和责任感，对照年初制定的目标，科学研判形势、摸准情况、找准问题，用“严”当头、“实”字托底，确保各项税收任务有序推进，实现预期目标。在此，我提五点具体工作要求：

一是依法组织税收收入，发挥税收职能作用。要积极适应首都经济发展新常态、非首都功能疏解、结构性减税政策等对地税税源带来的深刻变化，发挥好筹集财政收入、调节分配、促进结构优化的职能作用。要坚持组织收入原则，依法组织税收收入，严格落实市、区、所三级收入任务责任制，加大日常检查和税务稽查力度。重点加大对结构调整、科技创新、小微企业、促进消费、保障民生等方面的税收政策支持和落实力度。完善税收分析工作机制，做好国税、地税定期、定项联合分析，强化与其他政府部门的协同，增强工作合力。要坚持服务区域经济社会发展，推动京津冀协同发展税收协调工作机制发挥作用；落实税制改革要求，构建科学完善的地方税收体系；推进结构性减税，服务首都“四个中心”建设、疏解非首都功能和构建“高精尖”经济结构。

二是推进税收现代化建设和税收征管改革。要坚持以法治思维引领改革发展，加快建立以纳税人需求为导向的纳税服务体系、以风险管理为导向的税收征管体系、具备强大威慑力的税务稽查体系、随需应变的信息化体系和廉洁高效的组织体系，逐步形成分类科学、资源整合、管理集约、运转协调的专业化、扁平化工作格局。

加强税种税源管理，做好7月1日全市分税种明细申报的各项准备工作，逐步取消综合申报，为后续税种税源管理奠定基础。力争在2016年1月1日起在全市范围内实现由财政部门代扣代缴行政机关工资薪金个人所得税。夯实征管工作基础，全面落实《全国税收征管规范》和《推进税收现代化建设和税收征管改革三年行动计划》，制定实施关于税收管理员工作、催报催缴管理、办税人员服务和管理、阻止欠税人出境、非正常户管理和异地纳税企业管理等相关制度或办法，研究建立征管质量评价和考核标准，规范工作程序，提升工作质效。落实非正常户信用监管制度、无税申报户和小额申报户管理办法，加强税务管理日常约谈，统一有税申报率的统计口径，确保实现今年有税申报率达到70%的目标。

强化风险管理和大企业管理。建立总部经济和重点税源监控体系，强化大企业个性化服务。加强国际税务管理，全面开展外籍个人所得税风险排查，避免税收流失，强化跨境税源信息管理和利用。加大税务稽查工作力度。进一步推进稽查体制改革，完善税务稽查机制方法。加快互联网地税局建设，发挥好北京地税统一展示平台和市局中心数据库作用。

三是推进依法行政，加快税收法治建设。严格落实税收法定原则，以法治思维统领地税工作，强化干部法治意识，营造依法治税良好环境。做好全系统《税收法治通论》学习情况的

考核，使税务干部成为尊法学法守法用法的模范。推行权力清单制度，简并行政审批事项，细化行政处罚裁量权执行标准。建立健全督察内审工作制度，加强内部审计，确保依法履职。编印税收制度汇编，为基层执法提供依据。充分发挥复议委员会作用，提高税务行政复议庭的示范作用。探索试行总法律顾问制度。

四是创新纳税服务举措，提升服务质效。树立以纳税人为中心的客户服务理念，围绕纳税人的正当需求，优化办税流程，精简涉税资料，提升办税效率。落实《全国税务机关纳税服务规范》，实现全部纳税人发起事项由办税服务厅集中受理和区域通办，扩大全市通办事项范围。落实“便民办税春风行动”各项工作举措，打造便民服务新常态。推广“办税服务一卡通”经验，将办税人员服务纳入规范化轨道。实现纳税人办理次数较多的涉税事项通过自助设备或移动终端办理。年底前实现网上预约办税。推行履约服务，探索国地税联合办税服务新模式。开展纳税人满意度调查和不定期纳税服务巡查，做好纳税服务投诉的通报、约谈和处理工作，加强纳税人权益保护。

五是加强党的建设和队伍建设，完善绩效管理。继续组织好处级以上领导干部“三严三实”专题教育，全面开展好党员领导干部带头讲党课、党组中心组专题学习研讨、召开专题民主生活会和组织生活会、强化整改落实和立规执纪等“规定动作”，巩固党的群众路线教育实践活动成果。加强第一党支部建设，探索符合地税实际的“一把手”教育、管理、监督机制。推进学习型、服务型、创新型基层党组织建设。进一步规范干部选拔任用工作，严格落实干部任用条例，以“三严三实”为导向，建立优秀年轻干部培养机制。按照国家税务总局要求，调整完善系统绩效管理办法和指标，做好绩效管理各项工作。

同志们，开展“三严三实”专题教育，是不断深化思想政治建设和作风建设的必然要求，是严肃党内政治生活、严明党的政治纪律和政治规矩的重要抓手，是推进税收现代化的有利契机。在座的“一把手”是各单位“三严三实”专题教育的第一责任人，既要率先垂范，带头参加教育、接受教育，又要站在一线、靠前指挥，自始至终把责任扛在肩上、抓在手上。希望大家树立为地税长远发展干事创业的思想，革除松散慵懒、虚浮空乱的弊病，凝聚“严管就是规范，严管就是厚爱”的共识，提倡重实干、办实事、求实效的作风，促进地税工作质效的提升，为首都经济社会发展做出新的更大的贡献！

同心同德　凝心聚力
携手推动国地税合作再上新台阶

——在北京市地方税务局、北京市国家税务局第二次合作工作会上的讲话

北京市地方税务局局长　杨志强

（2015 年 7 月 15 日）

各位领导、同志们：

2014 年 4 月 17 日，市国税局、市地税局首次召开合作工作座谈会，共同研究两局协调配合工作。一年来，两局领导充分沟通，有关处室密切配合，开展了大量工作合作，取得了明显成效，为首都经济社会发展做出了贡献，为全国税务系统树立了典范，受到了市委、市政府和税务总局主要领导多次批示肯定。借此机会，我谨代表市地税局，对市国税局各位领导和全体同仁长期以来对地税工作的支持表示衷心感谢。

加强国地税工作合作，对税务机关进一步转变职能，持续优化纳税服务，方便纳税人办税；整合征管资源，提高征管效能；防范执法风险，规范执法行为，都具有十分重要的意义。近期，税务总局印发了《国家税务局地方税务局合作工作规范（1.0 版）》，进一步明确了新形势下国家税务局、地方税务局之间合作事项的范围框架。

今天，两局再次召开合作工作会议，总结前期合作情况，部署下一步合作事项，必将有力推动合作工作迈上新台阶。下半年两局要重点做好以下五项合作工作，进一步发挥好税收职能作用，服务好首都经济社会发展。

一是共同做好市委十一届七次全会审议通过《关于贯彻落实〈京津冀协同发展规划〉的意见》的落实工作。对《北京市新增产业的禁止和限制目录》中禁止和限制产业涉及的税收优惠政策进行梳理，对与首都功能定位不相适应的，根据文件依据的法律层级逐项提出政策调整建议，并上报市政府。

二是共同做好非首都功能疏解有关税收工作。例如，在加强税收征管方面，要积极研究，建立与市有关部门的联合治税机制，做好对城六区无照经营户的管理和疏解工作。

三是共同做好《北京市人民政府办公厅关于加强税收保障工作的意见》上升为政府规章有关工作，推动数据共享和执法协助，为加强税收征管等工作提供坚实保障。

四是共同做好税务博物馆筹建工作，弘扬税收文化。

五是共同落实税务总局王军局长在外省市调

研时提出的要求，对国税局、地税局间的干部交流工作进行探索。

我相信，北京国地税将不断加强沟通配合，创新协作方式，拓展协作领域，提升工作合力，携手推动国地税合作再上新台阶，为早日实现税收现代化而努力奋斗。

依法组织收入　深化征管改革
认真做好下半年税收工作

北京市地方税务局局长　杨志强

（2015 年 7 月 16 日）

同志们：

这次全系统收入形势分析会非常重要。刚才，十个处室和区县局做了交流发言，元广同志就加强组织收入工作提出明确要求。下面，我讲两点意见。

一、2015 年上半年工作回顾

今年以来，全系统在市委、市政府和国家税务总局的正确领导下，全面推进依法治税和税收现代化建设，持续深化税收征管改革，各部门、各单位做了大量卓有成效的工作。

（一）税收收入持续稳定增长

全系统坚持依法征税，加强征管，堵漏增收，克服经济下行压力和结构性减税因素影响，上半年完成各项税费收入 2103.3 亿元，同比增收 250.1 亿元，增长 13.5%，提前 26 天实现全年收入任务过半，税收收入增长好于首都经济增长，收入规模和增幅均位居全国税务系统前列。

（二）税收职能作用有效发挥

主动服务区域经济社会发展。完成《京津冀协同发展税收问题研究》。开展疏解非首都功能和构建“高精尖”经济结构税收研究。针对新增产业禁限目录，建议上级机关在我市部分地区暂停执行相关税收优惠政策。落实中关村、小微企业、促进就业等税收优惠，减免税收 442 亿元。开展“营改增”扩围测算。做好资源税改革后续管理。参与环保税立法征求意见工作。启动印花税立法研究。向税务总局提出完善国地税征管体制的建议。加强国地税合作，联合召开年度工作会议，推出简政放权、优化服务 15 项举措。委托国税代征“一税两费”效果明显。与区县党委、政府和市相关委办局建立全方位的合作关系。

（三）税收征管工作得到强化

征管改革稳步推进。统筹推进税收现代化建设和征管改革，完成三年行动计划中的 32 项工作。研究征管新模式，《工商登记制度改革对税收征管工作提出新挑战》报告得到市政府领导重视。优化机构设置，更名成立征管和科技发展处、大企业税收管理处、非税收入管理处，撤销区县局纳税评估科，6 个区县局成立数据管理科。

征管基础工作更加扎实。在全国率先推出联合税务登记，积极推进“三证合一”。加强纳税申报、无照经营户、非正常户管理，有税申报率升至 69.58%。启用市局税务约谈室，实施市、区、所三级税务约谈。日常检查查补税款、滞纳金48.32亿元，其中约谈补税9.39亿元。清缴欠税3.37亿元。实现印花税网上申报缴纳。构建大企业税收管理体系，探索税企遵从合作协议管理模式。推进非居民税收管理、跨境税源核查和反避税工作。

税种税源管控更加有力。推行分税种明细申报。加强企业所得税预缴、汇缴管理。开展个人所得税税源调查分析，推进党政机关个人所得税扣缴工作。开展印花税专项核查和部分商业地产项目房土税纳税调查。

稽查体制改革进展顺利。针对大企业、总部经济和涉外税收管理，成立专业直属稽查局。区县局、分局稽查局加挂直属分局牌子。成立税警联合办公室。加大案件查处力度，查补税款21.65亿元。

数据管理和信息化建设得到加强。互联网地税局上线运行。研究制定数据管理制度，加强数据共享，向相关单位提供税收数据1258万条，获取第三方数据1700余万条。

（四）纳税服务水平不断提升

深入开展“便民办税春风行动”。落实《全国税务机关纳税服务规范》，将132项纳税人发起事项前移至办税服务厅，实现区域通办，部分实现全市通办。完善纳税服务制度体系，规范咨询辅导、中介管理等工作。安排24个工作组深入纳税服务所听取工作汇报。推广“办税服务一卡通”。推进咨询电话服务平台建设和国地税12366纳税服务热线共建。自助办税服务网点增至114个，24小时自助服务网点16个，开具个人所得税完税证明55万余份。官方微信关注人数达36万。办好《税收天地》《税收大讲堂》《地税小贴士》。开展纳税辅导培训470场。在西城等4个试点局实现办税服务厅全方位实时监控。开展纳税服务巡查。加强投诉管理，投诉量同比减少。

（五）税收法治工作深入推进

认真落实市政府办公厅关于加强税收保障工作的意见，开展《北京市税收保障办法》立项论证工作。研究制定全面推进依法治税工作的意见。落实税务行政审批制度改革。对申报未入库情况的执法督察成绩突出。全面梳理行政职权，编制权力清单。在全国率先建立税务行政复议庭。召开行政复议委员会会议，集体研究重大疑难案件。落实领导干部学法用法制度。

（六）党建和干部队伍建设持续加强

党风廉政建设成效显著。党的群众路线教育实践活动整改工作得到市委检查组肯定。组织完成区县局、分局党组书记述职评议考核工作。启动“三严三实”专题教育。组织党组中心组集中学习16次。建立健全第一党支部制度机制。明确党组的党风廉政建设主体责任和纪检监察部门的监督责任。完善联合纪检监察组工作机制。强化执纪问责，对2名违纪违法人员给予党纪政纪处分。

干部队伍建设稳步推进。选拔处级干部13人，轮岗交流23人。为直属分局、稽查局遴选公务员51人。筹备成立系统团委。参加我市机关青年技能大赛，在87个单位中综合排名第一。召开全系统精神文明建设大会。88个单位、21名个人获得省部级以上荣誉称号。与高校合作举办税收分析、纳税服务和企业所得税培训班，开办首届税务专业硕士研究生班。开展三师、领军人才考前培训和《税收法治通论》学习培训。组织郊区局干部到城区局调训锻炼。

行政管理水平不断提升。加大督查督办力度。规范公文管理。制定绩效管理办法。出台重点调研课题管理办法，《税收法治通论》获全国税务系统优秀科研成果一等奖。推进系统经费垂直管理。清理办公用房，加强公车管理。严格考勤制度。先进职工疗休养工作有序开展。税务博物馆建设加快推进。

上半年，全市地税工作取得显著成绩，得到市委郭金龙书记，市政府王安顺市长、李士祥常务副市长，税务总局王军局长等领导的充分肯定。在此，我代表市局党组向全系统干部职工表示衷心的感谢！在充分肯定成绩的同时，也要清醒地认识到目前工作中还存在着一些突出问题：

税收业务工作方面。一是税收征管基础工作底数不清、情况不明的问题仍较为突出。二是税种管理部门对税源的掌控能力有待提高，相关工作措施效果不突出。三是税务稽查工作力度有待加强，部分历年积案仍未及时清理。稽查人员办案能力有待提升。四是纳税服务标准不够明确，部分服务形式需要进一步规范。个别税务干部服务意识和能力不强，纳税人投诉事件仍有发生。

干部队伍建设方面。一是少数党员领导干部理想信念淡漠，党性观念不强。有的政治理论学习不够，指导税收工作效果不明显；有的对纳税人和基层反映的问题熟视无睹，求稳怕事。二是工作不严不实的情况仍然存在。有的领导干部对错误言行不批评、不纠正、不教育；有的领导干部用新思路、新手段谋划工作的意识不强。三是干部队伍结构不够合理，考核评价机制不完善，竞争和激励机制不健全。四是系统内违法违纪现象和四风问题仍有发生。

这些问题影响了地税事业健康发展，必须引起高度重视，全力加以解决。

二、2015 年下半年工作任务

近日，市委十一届七次全会通过了市委市政府关于贯彻《京津冀协同发展规划纲要》的意见。郭金龙书记指出，有序疏解非首都功能、推动京津冀协同发展，是一场重大深刻的改革，是一项庞大的系统工程，全市广大党员干部要统一思想认识，坚定必胜信心，迎接京津冀协同发展这场大考。全系统要把思想和行动统一到中央、市委决策部署上来，将落实《规划纲要》作为头等大事抓实抓好，有关处室和各区县局要结合税收工作，主动研究相关政策，提出工作建议，进一步加强三地税务机关的工作协调。

上半年，在本市主要领域经济指标增速低于上年同期的情况下，我们通过深挖潜力、加强管理，实现了地方税收收入较大幅度的增长。下半年，我市经济依然面临较大的下行压力，但“高精尖”经济结构的构建、税种税源管理的持续优化、征管改革的深入推进都将为税收增长提供新的动力。我们要坚定信心、迎难而上，进一步增强紧迫感和使命感，确保全年任务的完成。重点抓好以下工作：

（一）坚持依法组织收入，确保完成全年收入任务

坚持依法征税。6 月 18 日，税务总局给我局调增全年税收收入预期目标 90 亿元，其中，中央级收入 10 亿元，地方级收入 80 亿元，任务较为艰巨。我们要坚持依法组织收入，强化部门协同，增强工作合力，保持税收与经济协调发展的良好态势，确保完成全年收入任务。

强化堵漏增收。强化日常征管和税种税源管理，不断夯实税源基础，挖掘税源潜力，提升征管质效。加强日常检查、税务稽查和税收风险管理工作，着重做好重大案件、专项检查工作，发挥好震慑税收违法行为和促进税法遵从的作用。

加强税收分析。密切关注首都经济运行和政策变化，及时做好形势分析，准确预测和把握税收发展趋势。围绕京津冀协同发展、构建“高精

尖”经济结构、总部经济、“六高四新”等领域，及时了解企业税源增减和税收变化情况，加大专题分析的力度，突出“快、精、全”，提高服务领导决策的能力。

（二）发挥税收职能作用，服务京津冀协同发展

加强对疏解转移产业的税源监控和税源分析。强化与市财政局、工商局等部门的信息交换机制，落实好《京津冀协同发展产业转移对接企业税收收入分享办法》。加强对存量总部企业的服务与管理。围绕我市构建“高精尖”经济结构，努力培育新的税源和税收增长点。对我市已确定疏解的产业，如批发市场、七小业态、无照经营户等加强税收征管，联合多部门开展执法。按照统一服务平台、资质互认、征管互助、信息互通的要求，推动京津冀三地税务机关开展有效合作。承办好京津冀联合税收分析协作会，打造联合分析平台，实现三地数据共享。

（三）加强税收政策研究，做好税制改革各项工作

税政管理要提高解决实际问题的能力，有效应对北京改革创新面临的新情况、新问题，提高政策服务水平。要做好“营改增”全面推行前的各项准备工作。积极参与财政部、税务总局组织的个人所得税税制改革研究。开展印花税立法的国际比较研究。认真落实科技创新、文化创意、节能环保、小微企业、促进就业等税收优惠政策，服务“大众创业、万众创新”。开展中关村税收政策效果评价，研提政策建议。做好各税种明细申报系统的实施和指导工作，强化税源分析和效果反馈。按行业编写税收政策汇编。

（四）深化税收征管改革，加快推进税收管理现代化

强化税收征管。要在落实年初提出的加强税收征管20条措施的基础上，重点落实好税务总局《税收征管规范》和《纳税服务规范》，处理好两个规范之间的衔接问题。开展税务登记数据比对分析，分类采取管理措施。明确各业务处室、区县局机关、税务所在税源管理中的职责定位与工作内容。研究零散税收委托代征、定期定点巡回征收的可行性。对部分郊区县存在引税较多的情况，探索适应的管理方法。深入研究降低零申报的措施，提高有税申报管理效率。要充分运用互联网思维，审视、改进和创新税收征管工作。开发税收现代化和深化改革三年行动计划进展情况展示平台。推进互联网地税局建设和涉税事项全程无纸化。研究建立税源管理分析系统。升级完善风险管理系统，制定与税务总局风险管理系统对接方案。加强大企业管理组织机构建设，专业化团队建设和制度建设，深入开展大企业税收风险管理和个性化服务。做好金税三期工程推广工作准备。加强印花税税源分析。研究残保金地税征缴一体化征收方式。完善常设机构管理制度，开展风险核查和关联申报审核工作，建立健全“走出去”税收服务与管理工作机制。区县局、分局完成撤销纳税评估科后的机构调整工作。

加大税务稽查力度。与市国税局配合，深入开展重大涉税案件查处、税收专项检查和区域专项整治、重点税源企业检查、打击发票违法犯罪活动和税收违法行为检举管理等工作。加大依法阻止出境工作力度，对外籍人员没有履行纳税义务的，在阻止入境、缩短在华签证期限和阻止出境上要有新措施。整合全市涉税举报机构。建立税务稽查办案责任制。完成未执行案件清理工作，采取措施减少新生未结案件。

提高纳税服务水平。推进纳税服务标准化建设。规范服务举措，为纳税人提供多元化办税选择。深入开展“便民办税春风行动”，建立长效

机制。制定办税服务厅岗位职责规范、纳税服务投诉管理工作规程和办税服务厅实时监控管理办法。加大区县局、分局咨询电话集中管理工作，实现咨询电话即时接听、即时应答。实现全市所有办税服务大厅全方位实时监控。继续推行免填单、区域通办，扩大同城通办范围，做好自助办税终端功能拓展和覆盖工作，推广办税服务一卡通试点。升级网上服务功能，年底前将涉税事项网上办理增至 60 项。加快推进官方微信建设。做好纳税信用评价管理。强化政府信息公开，完善工作机制，保障公众知情权和监督权。

推进税收法治建设。落实全面推进依法治税工作的意见。推进法治税务示范基地建设。研究探索总法律顾问制度。做好《北京市税收保障办法》立法的相关工作。推进行政审批制度改革，加强后续管理。继续做好权力清单及流程图编制工作，并及时公布。进一步规范执法，严格税收规范性文件合法性审核，做好行政复议、应诉等工作。

（五）加强与国税等部门的合作，携手提升工作质效

按照税务总局《国地税合作规范》要求，落实 2015 年度北京国地税合作工作要点，与国税局在纳税服务、征收管理、税务稽查、信息共享和行政管理等方面展开全方位合作，携手推动国地税合作再上新台阶。进一步深化与相关部门的沟通合作，加强信息共享。积极推进“一证一号”。在工商局企业信用信息管理系统增设涉税违法信息专栏。与市外汇管理局建立信息交换机制，开展企业对外支付信息核查。配合市财政局研究市级党政机关代扣代缴个人所得税具体操作方式，逐步规范在京党政机关个人所得税扣缴工作。配合市财政局、发改委、经信委做好涉税企业收费清理工作。

（六）践行“三严三实”，推进党建和干部队伍建设

配合市委巡视组做好各项工作。这是我局近期工作的重中之重。各单位、各部门要高度重视，全力支持配合巡视工作，在规定时间节点内，保质保量完成好相关工作任务。

加强党建和思想政治工作。深入开展“三严三实”专题教育。组织完成机关党委换届工作。做好第一党支部工作。加快成立系统团委。修订《党员发展实施细则》《党员干部直接联系群众制度的实施办法》。

加强干部队伍建设。推进系统处级干部选拔任用和调整工作。加强优秀年轻干部培养选拔工作。做好临近退休干部提任上一级处级非领导职务相关工作。做好区县局、分局内设机构调整，优化职能配置，加强基层力量。组织全系统岗位技能大赛。建立完善市局机关联系基层的长效机制。推进绩效管理工作向基层单位延伸。加大先进典型宣传力度。做好税务博物馆开馆工作。

加大反腐倡廉工作力度。两级党组要真正担负起管党治党和推进党风廉政建设的主体责任，坚持全面从严治党，严格落实中央八项规定精神，坚决纠正“四风”，防止作风问题“树倒根存”。两级纪检监察部门要聚焦主责主业，严格履行监督责任。开展“为官不为”“为官乱为”问题专项治理，组织特约监察员开展明察暗访。加强对“三重一大”事项的监督，加大纪律审查工作力度。

同志们，让我们在市委、市政府和税务总局的正确领导下，深入践行“三严三实”，进一步改进作风，提高效率，狠抓落实，以时不我待的紧迫感和勇于担当的责任感完成好各项工作任务，为 2018 年实现首都地方税收现代化打下坚实基础。

落实巡视要求 保持政治定力
严守政治规矩和工作规矩的具体措施和要求

北京市地方税务局局长 杨志强

（2015 年 9 月 1 日）

同志们：

党的十八大以来，特别是今年以来，习近平总书记先后多次就规矩问题发表重要讲话，深刻阐明了严守规矩的重要意义。下面，我结合对习近平总书记有关讲话精神的学习体会，就地税工作中存在的一些突出问题，和大家交交心，谈一谈。

今年以来，全系统狠抓改革攻坚，突出创新驱动，全面推进依法治税和税收现代化建设，持续深化税收征管改革，各项工作取得新的成效。特别是克服了经济下行压力和结构性减税因素影响，实现了税收收入持续稳定增长，收入规模和增幅均位居全国税务系统前列，得到王安顺市长、李士祥常务副市长和税务总局王军局长的充分肯定。在肯定成绩的同时，我们也要清醒地认识到，问题同样不容回避。特别是在日常工作中，一些党员领导干部在思想、作风方面暴露出来一系列问题，诸如政治敏感性不强，虽然学习了“三严三实”的内容和要求，但说一套、做一套，不了解、不遵守工作制度，纪律涣散，作风散漫等等，不一而足。概括起来，其实就是政治意识不强、规矩意识淡漠，不懂规矩、不讲规矩、不守规矩。当前，市委第八巡视组正在对我局进行重点巡视，为确保全系统党员领导干部能够认真落实巡视工作要求，保持政治定力，更好地开展各项工作，我认为有必要重点强调一下规矩问题。

一、关于政治规矩

今年 1 月 13 日，习近平总书记在十八届中央纪委五次全会上发表重要讲话，提出要“严明政治纪律和政治规矩”“把守纪律、讲规矩摆在更加重要的位置”。1 月 16 日，总书记在中央政治局常委会上进一步提出，“坚持党的领导，首先是要坚持党中央的集中统一领导，这是一条根本的政治规矩”。可以说，“规矩”尤其是“政治规矩”已成为中国主流政治话语中的热词，也是理解当下中国政治思路的关键词。

“没有规矩，不成方圆”，这是一个再浅显不过的道理，规矩的重要性怎么讲都不为过。那么党的规矩有哪些呢？习近平总书记给出了明确答案。党的规矩包括党章、党纪、国法，以及党在长期实践中形成的优良传统和工作惯例。这就给了我们一个重要启示，规矩不但包括成文的法纪，也包括不成文的传统和惯例，并不是所有的规矩都一定是以白纸黑字的形式存在。对于成文的规矩，我们自然应当严格执行；对于不成文的规矩，我们也要自觉遵循，加强自我约束。

在党的规矩中，政治规矩居于首要位置。习近平总书记强调，“在所有党的纪律和规矩中，第一位的是政治纪律和政治规矩。”政治规矩是党的灵魂，是党的事业兴衰成败的关键。概括起来，政治规矩的内涵至少应当包括三个方面。一是要坚定政治立场，明辨大是大非。要自觉维护党中央的权威，在思想和行动上同党中央保持高度一致，不得对涉及党的理论和路线方针政策等重大政治问题公开发表反对意见，不得对中央方针政策和重大决策部署阳奉阴违。二是要维护团结统一，避免“党内有党”。要坚持五湖四海，团结一切忠实于党的同志，不得借各种名义拉帮结派，搞小圈子、小团体，坚决避免将党内同志关系宗派化、庸俗化，败坏党的风气和统一。三是要尊重组织程序，严禁自行其事。要牢固树立组织观念和程序意识，严格遵循下级服从上级、少数服从多数、遵循组织程序、听从组织安排、重大事项向组织请示报告的原则，切不可“迈过锅台上炕”，或者做先斩后奏的“事后诸葛亮”，目中无人、心中无畏。

强调规矩是中国共产党的优良传统，也是中国共产党在90多年的革命、建设和改革进程中取得辉煌成就的重要法宝。如今，习近平总书记一再强调政治规矩，无疑是因为党内出现了一些不遵守政治规矩的现象。党的十八大以来的一批落马高官，政治上变质、经济上贪婪、道德上堕落、生活上腐化，无一不是无视政治规矩、践踏政治规矩的反面典型。山西“塌方式腐败”、湖南衡阳破坏选举案、广东茂名窝案的发生，说明有的地方不守政治规矩已经到了“集体作案”、令人触目惊心的地步。吉林国税系统发生“4·08”特大虚开增值税专用发票案，湖北省地税局党组和纪检组落实“两个责任”不力，暴露出税务系统内部同样存在党员领导干部严重不负责任、放弃管理和执法底线的问题。社会上个别公众人物，身为共产党员，以调侃的方式损害老一辈党和国家领导人的形象，受到严肃处理，再次表明了不守政治规矩对组织和个人的严重危害性。

在协调推进“四个全面”战略布局的新形势下，强调规矩是改善政治生态的必要之举。只有不断强调政治规矩，确保政治规矩能够得到严格遵守，全党才能够凝心聚力、团结一致朝着既定的目标奋力前行。否则，全党一盘散沙，改革发展必将无从谈起，再美好的蓝图也无法成为现实。

二、关于工作规矩

工作规矩是调整、约束我们日常工作的各种有形和无形的规范，包括成文的法律法规和各种规章制度，同样也包括很多不成文的工作传统和惯例。工作规矩与政治规矩同属规矩的范畴，二者相互区别，而又紧密联系。政治规矩是最重要、最根本、最关键的规矩，是全党在政治方向、政治立场、政治言论、政治行动方面必须遵守的刚性约束。工作规矩是指导日常工作的规矩，是政治规矩在实际工作中的具体化。严守政治规矩是严守工作规矩的必要前提，严守工作规矩是严守政治规矩的具体体现。长期以来，在地税工作中，不守工作规矩的现象屡见不鲜。在这里，我选取部分典型事例对各种主要现象逐一进行分析。

（一）知情不报

市局党组明确规定，各单位发生重大、异常、紧急事件要向市局报告，但有的单位对此却置若罔闻。最近一段时间，我局二手房交易税收征管工作频频出现问题。特别是有的区县局，预约办税方法简单机械，纳税人办税困难，居然出现了5000人排队等待缴税的情况，有的纳税人等待3个多月仍未把号约到，部分工作人员涉嫌与“黄牛”勾结，高价倒号，群众反应强烈、投诉不断。有的区县局办税场所门前，纳税人搭帐篷通宵排队等待缴税，各大媒体纷纷对之报道，造成严重的负面影响，引起税务总局领导重点关注。纳税人欲缴税而不得，这在古今中外都是闻所未闻。对于这样的极端状况，有关区县局竟然视而不见、无动于衷，既不采取有效应对措施，又不及时向市局报告，任由负面舆情的发生，给我们的工作造成极大被动。我在两个月内先后六次针对相关问题作出批示、提出要求，为什么工作改进如此缓慢？群众的呼声如此强烈，为什么一而再、再而三地漠然视之？工作人员涉嫌勾结“黄牛”倒号，党风廉政建设的主体责任和监督责任有没有落实到位？有关区县局和责任处室应当作出解释。

（二）违规操作

违反明文规定和组织程序乱作为，往往会给单位和个人造成严重损害。2013年，某区县局违规在办公楼顶实施绿化，直接导致负面舆情的发生。在绿化过程中，该局在对相关政策理解存在偏差、没有严格履行审批程序的情况下，在楼顶铺设大面积人工草皮，并建起了较大规模的廊亭，不仅存在一定的“四风”问题，造成资金浪费，而且干扰了相邻小区居民的正常生活。如此重大的项目，该局却没有经过局党组的认真研究，违反了议事、决策程序，与“三重一大”相关规定严重不符。事件发生后，市局党组及时对该局主要领导和分管领导进行了批评教育，并采取了处理措施。但时至今日，这一事件引发的教训仍是深刻的，我们在座各位一定要引以为戒，坚决避免此类违规操作事件的再次发生。

（三）明知故犯

有些时候，个别单位和党员领导干部因政治敏锐性不强，在明知中央有关规定和精神的情况下，逆势而为，从而触发风险。同样是在2013年，正当全系统深入开展党的群众路线教育实践活动之时，某直属稽查局却罔顾中央八项规定和“六项禁令”，违规给干部职工滥发物品，产生了很不好的影响。该局以局长办公会的形式集体作出发放办公用品和劳保用品的决定，所需经费全部在其稽查经费和征管经费中列支，但发放的保温杯、刀具、护手霜等物品，几乎均与税务稽查工作没有太大关系，严重违反了中央八项规定中关于“厉行勤俭节约”和“六项禁令”中关于“严禁滥发钱物”的规定，充分表明该局领导班子和主要负责人缺乏足够的政治敏锐性，教训同样是深刻的。

（四）欺瞒组织

在任何情况下，党员干部都要自觉置身于组织之内，而不能游离于组织之外，更不可对组织有所欺瞒。但是，我们系统内欺瞒组织现象却屡有发生，这充分暴露出有关部门、单位和人员思想觉悟的低下和组织纪律性的缺失。2013年10月底，我们召开了地税系统党建思想政治工作会暨税务所长会，一天半的会期，有关部门为了规避相关财务制度，竟然在报销时虚报为三天。前不久，我局举办了税务稽查业务骨干培训班，培训完成后，在参训人员签到单丢失的情况下，有关部门编造了比实际参训人员多出40多人的签到单，问题较为严重。近日，我们准备提拔一名副处级干部，在核查其个人申报财产情况时，发现他竟然隐瞒了100多万的基金项目，对党组织不忠诚、不老实。很多时候，我们并不是没有制度、纪律和办法，但为什么还会出现类似的情况，到底是什么环节出了问题，值得我们反思。

（五）懒政不为

党员领导干部应当在其位谋其政，切实负起相应的责任，切不可为官不为、懒政怠政。前段时间，我们连续一周对市局考勤情况进行了抽查，最多的时候一天有 80 多人早上迟到，60 多人下午早退。全系统的司令部机关工作作风如此涣散，市局领导和相关部门却从来不管不问，各处室考勤竟然都是全勤。在很长时间里，市局办公楼地下二层堆放着积存十几年的大量报废物资，形成了巨大的安全隐患，市局领导和主管处室同样是熟视无睹，其他处室也无人反映。后经集中清理，运走报废物资多达 18 车。长期以来，有的主管领导在对疑难复杂问题提建议方案时没有明确意见，不敢负责，对分管工作长期不作批示，也不听取分管部门、单位的汇报。这都说明，一些党员领导干部缺乏责任心，对工作中的突出问题已经是见怪不怪。今年，市局提出各征管局有税申报率要达到70%以上，朝阳局这样的大局早早就实现了目标，而有的区县局、分局却至今仍未达标。究其原因，作风浮躁、管理不力、措施缺失是关键。不是不能为，而是不想为、不作为。前不久，我们在对某直属分局稽查案卷的随机抽查中，发现了大量使用假印花税票的问题。该分局不向市局报告相关情况，在市局提出工作要求后也不抓紧落实，贻误了查找印花税票制假、售假线索的有利时机，该局应当对此作出深刻检查。类似这种懒政不为的问题是突出而严重的，全系统应当猛醒。

（六）不敢担当

前面几种现象的存在，总的来说，都是对成文工作规矩的违反。对于明确的法律法规和规章制度，执行尚且如此不力，不成文规矩的遵守情况更是可想而知。

有一个周末，因为事态紧急，我给市局和区县局相关负责人打电话了解情况，居然无一接听，过后也不回电。虽然各有各的理由，但其实都算不上理由。党员不是普通群众，领导干部也不是一般干部，党员领导干部应当以更高的标准严格要求自己。我们的党员领导干部负有带队伍、抓收入、保证安全生产等重要责任，手机24小时保持畅通，这是最起码的要求。八小时之外、工作日之外联系不上，也算失职。众所周知，公安系统普通民警尚且能够做到手机时时畅通，我们的党员领导干部还有什么理由做不到？

前段时间，税务总局办公厅开始编发《每日要情》，公布总局领导、司局领导和省局主要负责人的每日工作安排，这表明我们一直坚持的提前安排局领导一周工作的做法是正确的，与总局的工作方法也是一致的。我们不难发现，有了一周工作安排，局领导之间的沟通了解变得更加便捷有效，节省了召开局长碰头会的大量时间，提高了工作效率。可就是这么好的做法，在推行过程中，还是有个别同志表现出不理解、不积极、不配合的态度。

在我们的日常工作中，类似的漠视不成文规矩的现象还有很多。有的领导同志还存在一定的特权思想，用餐、理发、洗衣服不愿刷卡或付费；有的领导干部开会时当着大家的面大声接打电话，旁若无人，或是长时间低头玩弄手机；有的领导干部在外出参观时，不遵守秩序，不认真听讲解，作风散漫、交头接耳，影响地税形象；有的区县局主要领导组织观念淡薄，从不主动向市局领导汇报工作等等，实在难以一一列举。

对于不成文的工作规矩，我们一定要有正确的认识。我们长期工作中形成的那些优良传统和工作惯例，约定俗成、行之有效，是对成文规矩的必要补充。我们不可能、也没有必要对工作中的各种情况都制定成文规矩，作出详尽规定。不成文不代表不重要，更不意味着虚无缥缈。不成文的规矩虽然没有写在纸上，但是，作为党员领导干部，只要具备基本的政治素养和领导素质，就应当能够做到自觉遵循。但事实证明，我们有相当一部分的党员领导干部在这方面表现得还远远不够成熟。

（七）问责不力

长期以来，问责不力的问题在全系统突出存在。对于工作中发现的失职行为，诸如纳税服务投诉经调查属实的，稽查工作中长期不执行而无正当理由的，征管工作中未按规定程序办理涉税业务的等等，均未启动相应的问责程序。市局相关处室、区县局相关科室对各自主管工作存在疏于监督、疏于管理的行为。但迄今为止，全系统还没有一人因工作不到位、不得力而受到有效处理，两级纪检监察部门、人事部门是否有相关的制度措施？监督问责是否到位？这些都是值得深思的。

有成文规矩而不遵守，对不成文规矩更加漠视，已经成为我们工作中的突出问题，这对税收工作的开展、干部队伍的稳定乃至整个地税的改革发展事业都极为不利。对于上述问题，我们必须高度重视，认真采取措施予以解决。

三、关于严守规矩的具体措施和要求

党不以规矩则乱，人不以规矩则废。在我们全面深化税收征管改革、全面推进依法治税、加快推进首都地方税收现代化建设的征程中，政治规矩和工作规矩尤其不可或缺。结合我局工作实际，提出以下具体措施和要求。

（一）严守政治规矩

全系统党员领导干部要认真学习领会习近平总书记系列重要讲话精神和中央、市委有关文件精神，牢固树立“首都无小事”的思想意识进一步增强践行“三严三实”的思想自觉和行动自觉，严格遵守政治规矩，做政治上的明白人。要时刻保持清醒的政治头脑和坚定的政治立场，始终做到在党言党、在党忧党、在党为党，在思想上政治上行动上同党中央保持高度一致，坚决维护党中央和党组织的权威。严格遵守党内政治生活有关制度和组织程序，坚决服从组织决定。自觉增强党性修养和政治敏锐性，加强从政道德和个人品行修养，慎独慎微、勤于自省，襟怀坦白、表里如一，敢于担当、真抓实干，始终做到心中有党、心中有民、心中有责、心中有戒，保持共产党人的崇高品质和浩然正气。

（二）严守工作规矩

积极主动加强学习。通过学习提高修养是严守工作规矩的必然要求，全系统党员领导干部要把读书学习当成一种生活态度、工作责任和精神追求，自觉制订学习计划，把学习作为一项经常性的重要工作来抓。要把握学习重点，加强对政治理论的学习，提高思想政治理论水平；加强对专业知识的学习，增强工作的系统性、预见性和创造性；加强对法律法规和规章制度的学习，增强遵纪守法、遵章守规的自觉性。市局党组要定期对各部门、各单位“一把手”的学习情况进行抽查。

认真落实报告工作制度。市局分管领导对各自分管工作中的重大、重要事项，要向市局主要领导汇报。特别重大、重要的，还要提请党组会议或局长办公会议审议。工作中出现异常紧急情况，市局分管领导要主动向市局主要领导汇报，不得违规自行处理。各区县局、分局主要负责人要主动向市局各位领导汇报相关工作，反映问题，对市局工作提出建议，加强市局与各区县局、分局的沟通，形成良性互动。市局各处室、直属单位要每年向市局党组汇报工作至少一次。从明年开始，各区县局、分局也要定期向市局党组汇报工作。各部门、各单位要增强职业责任感，发生紧急重大情况，要在2小时之内向市局报告。

进一步规范文件流转与管理。在文件逐级呈报过程中，市局分管领导和处室、直属单位负责人要明确表示同意与否，未签署明确意见的不得往上呈报。市局各处室对于各自收到的外部文件，包括法院的判决、传票，外出开会带回的文件，通过邮寄、传真等方式收到的文件，以及涉及全局或局领导工作的其他文件，均要及时送办公室统一登记，不得违规自行办理，以免耽误工作。市局分管领导和各处室、直属单位外出参加会议或商洽工作，要及时汇报有关情况。对于市委、市政府副秘书长，税务总局司局级以上领导同志主持召开的会议，参加人员应及时以《局领导外出参加会议情况摘要》或工作签报的形式，报送市局主要领导阅示。

严格遵守日常工作纪律。严格遵守考勤纪律，不得无故迟到早退，工作时间要全身心地投入到工作中去，坚决杜绝慵懒散现象。严格遵守会议纪律，按时参加会议，因特殊原因需他人代为参会的，应提前请求批准，会议期间不得随意接打电话、浏览信息、交头接耳或随意走动。严格遵守财经纪律，提高廉洁从政意识，做好风险防控工作，严禁在财务工作中期瞒组织、弄虚作假。

增强工作的计划性。为进一步增强领导干部工作安排的计划性和指导性，推进信息共享，加强沟通交流，提升工作合力，市局将把各区县局、分局，市局各处室、直属单位主要负责人纳入一周工作安排的编发范围。相关人员要充分认识到此项工作的重要性和必要性，按时、认真报送工作安排。各区县局、分局要比照市局的做法编发各自的一周工作安排。

（三）加强监督问责

两级党组要切实履行起党风廉政建设的主体责任，从抓加强教育、抓制度建设、抓“一把手”、抓问题查处、抓部署检查落实等方面入手，管好班子、带好队伍、当好表率，督促全系统党员领导干部严守政治规矩和工作规矩。两级纪检监察部门要有效发挥党风廉政建设的监督责任，严明政治纪律和政治规矩，加强反腐倡廉教育，开展行政监察、效能监察工作，重点查处不作为、乱作为现象，始终保持查办案件的高压态势，对于不守规矩的单位和个人，要敢于执纪问责，绝不姑息迁就。

同志们，守纪律、讲规矩是一种责任、一种境界，是对党员领导干部的基本要求。只有时刻保持政治定力，严守政治规矩和工作规矩，我们才不会走岔道路、走偏方向，我们的组织才会有凝聚力和战斗力。我们要以习近平总书记系列讲话精神为指导，把“三严三实”专题教育和市委巡视组对我局的巡视作为改进工作作风、提升工作效率的重要契机，牢固树立“紧迫感+”的意识，找准差距、立行立改，努力打造一支懂规矩、讲规矩、守规矩的干部队伍，确保全年税收工作圆满完成，坚定地落实好地税部门在首都改革发展和京津冀协同发展中的各项任务。

在“三严三实”专题教育第三专题学习研讨会上的讲话

北京市地方税务局局长　杨志强

（2015 年 11 月 11 日）

同志们：

今天上午，市委常委会召开扩大会议，通报中央关于吕锡文涉嫌严重违纪，接受组织调查的决定。会上，郭金龙书记强调，中央决定对吕锡文涉嫌严重违纪进行组织调查，充分体现了以习近平同志为总书记的党中央深入推进党风廉政建设和反腐败斗争的坚强意志，体现了党中央坚持党要管党、从严治党的鲜明立场。郭金龙书记要求各级领导干部要引以为戒，警钟长鸣。市委近期结束了第七轮巡视，郭金龙书记听取了这次专项巡视工作汇报，对发现的诸多问题、看到的诸多现象，对从严治党的严峻性、艰巨性、紧迫性，用了“心痛”二字。大家由此可想，问题已然严重到了触目惊心的地步。我们作为一个被巡视单位，更要对照问题做全身检查，深刻剖析自己，特别是要针对巡视中发现的系统性基层腐败窝案，认真做好整改。

在这里，我先向大家传达一下昨天王安顺市长有关反腐败工作的重要讲话精神。一是深刻认识当前党风廉政建设和反腐败斗争面临的严峻形势。党风廉政建设和反腐败工作是一场输不起的战斗，也是一场持久战。中央和市委都已下了决心，要紧紧扭住这些问题不放，继续在治标上加大力度，用最坚决的态度减少腐败存量，不断巩固治理成果；同时，坚决防止腐败蔓延，以最果断的措施遏制腐败增量，为治本赢得时间、积累胜势。二是认真开展对照检查，立行立改、整治到位。被巡视的单位要根据巡视组反馈的问题，立即组织研究制定整改方案，细化整改问责制度，建立问题清单、任务清单、责任清单。对敷衍整改、整改不力、拒不整改的，要抓住典型严肃追责，违纪违法的要依纪依法处理，所有问题都要有个明确的说法。三是严格落实党风廉政建设责任，切实把党建工作提到新高度。发现问题并不可怕。关键是要真整真改，把“两个责任”真正承担起来，把党建工作真正重视起来，推动党风廉政建设和反腐败工作深入开展下去。四是继续深入开展“三严三实”专题教育，坚持不懈抓好作风建设。我们讲从严治党，关键在“治”，要害在“严”，必须要把“三严三实”贯穿到党风廉政建设的各个环节，切实解决好思想层面的问题，解决好“不想腐”的问题。深刻领会安顺同志的讲话精神，有助于我们更清楚地认识巡视中反映的问题，顺利推动整改工作。

关于地税系统领导干部如何“严以用权”，刚才四位局领导作了交流发言，一会儿刘江平同志还要提具体要求。我也想结合自己的体会，针对系统内部仍然面临的“不严不实”问题，与在座的各位同志一起红红脸、出出汗、排排毒。

一是严以律己流于形式。我们的部分领导干部对自己要求不够严格，无视纪律和规矩。举一个例子，各地由于开会睡觉被撤职的领导干部不在少数，处理依据就是严重违反工作纪律。活生生的教训摆在面前，但我们每次开会还是不得不专门强调会议纪律。“其身正，不令而行；其身不正，虽令不从”，我们领导干部在这点小事上都不能严格要求自己，又怎么能管好干部、带好队伍？再举一个例子，近期市局推行每周工作计划安排，这项工作有三个功能：一是增强工作计划性；二是加强部门之间的借鉴、沟通和联系；三是便于接受大家的监督。但有一部分分局长、处长不认真执行，以至于出现“本日无安排”甚至一周三天都不安排的情况，不知道是真没工作还是不作为？我们各方面的任务都很重，有大量的工作需要做，怎么能没安排？所以，做好“三严三实”，不能仅仅停留在口头上、文字上，更得体现在行动上。我们在座的领导干部首先就要严于律己，每天要有计划地安排工作，这也是主动开展工作的一项基本要求。

二是严以用权过于浮躁。在二手房交易税收工作中，系统性的风险随时可能会发生。我们必须制定、完善符合实际、操作性强的税收管理制度，把权力关进制度的笼子里，真正实现严以用权。在这里我想问各位几个问题。我们市局知不知道区县局、分局在如何用权？今年1—9月减免税达434亿元，相关处室是否了解各税种减免情况？审批改备案后，是不是税就没了，如何用好执法权？为什么现在每月交几块钱的企业还有几万户，我们做没做到严以用权？再比如说经济责任问题，我们三令五申强调财经纪律，招投标和政府采购都有法可依，但仍有个别分局长公然违反国家法律，违规采购和招投标，用假发票套取现金。今后凡是公然违反规定的报销，领导批的一律领导自费，班子批的一律班子自费，绝不能让单位买单。出现这种情况，纪检部门要按规定严肃问责。希望在座各位深刻反思。

针对存在的问题，我认为要落实好“三严三实”，需要在以下四个方面下功夫。

一是加强学习。市局从局领导开始要加强学习，各处室也要根据工作需要建立必要的学习制度，在座的各处室主要负责人要带领自己的队伍不断学习，根据自己的短板和工作需要，制订读书计划，当好学习中的“领头羊”。落实“三严三实”，不提高自身素质，怎么严以修身？怎么带队伍？要建立学习型的组织，必须要有一个抓手。今年我们组织了征管、稽查、纳服三大岗位的技能大赛，明年我们将举行行政综合等四个岗位的技能大赛，营造业务学习的浓厚氛围，督促广大干部学习和钻研业务。世界税收征管大会明年在北京召开，我们如何应对？按照习总书记的要求，中国要对外输出税收管理。因此，明年下半年，我们在市局举办处室英语大赛，请大家提前做好准备。中国是世界第二大经济体，北京是国际大都市，这都要求我们要主动参与到税收征管规则的制定中，我们北京地税应该有所作为。

二是深入调研。我们处室调研不能仅到区县局、分局或者部分重点税源户中去，还应深入到一些有希望、有成长未来的企业当中。李克强总理去过两次中关村创业大街，今年国务院又提出众创、众包、众扶、众筹的“四众”新模式。税收工作是拉动经济的一个重要抓手，我们地税部门要有主动作为、深入研究的态度和行动。士祥同志对我们联合国税搞文化创意产业的研究做了批示，这是领导对我们工作的肯定。我们应将深入调研作为落实“三严三实”专题教育的一项具体要求。

三是勤于思考。我们目前处于全面深化改革的大变革时代，党的十八届三中、四中、五中全会给我们税收工作指明了前进方向。我们提出的落实税收法治、推进征管改革、到2020年实现税收现代化与五中全会提出的2020年全面建成小康社会高度吻合。要将这些工作落到实处，就需要我们在工作中多发现问题、多思考问题、多提出解决问题的建议和意见。前段时间，我们针对疏解北京“非首都功能”、推动京津冀协同发展，向市政府提出对属于北京市禁限目录的产业停止执行税收优惠政策的建议，引起市领导高度重视。目前，市发改委已召开会议进行研究，19个相关部门高度认可。这种建议必须是在深入研究和思考的基础上才能提出来的。只有勤于思考，工作才能有所创新。

四是勇于创新。最近我们梳理了北京地税近两年的300多项创新工作，士祥同志对此做出批示，要求市委深改办和市政府审改办来我局总结经验。我们要认真总结这两年的经验，提出工作新思路，特别是要对一些新提法，比如“四众”“双创”“互联网+”、金税三期工程、“税务情报”，以及如何加强国际税收管理等，不断加强组织创新、制度创新、管理创新，持续坚持做好创新工作，切实做出成效，全面提升税收管理能力和水平。

在2015年北京市地方税务系统工作会议上的讲话

北京市地方税务局党组书记、副局长　刘江平

（2015年1月20日）

同志们：

刚才朱元广同志宣读了市局党组关于机构调整及李龙江等23名同志职务任免的通知。市局党组此次对部分机构、人员进行调整，目的在于主动适应税收工作新常态，进一步优化组织机构，整合优势资源，加强干部队伍建设，为首都地方税收现代化建设和税收征管改革提供可靠的组织保障和人才支持。各相关部门、单位要迅速行动起来，尽快落实好机构调整后的业务整合和人员融合工作。人事处要按照人随业务走的原则，积极协调相关部门、单位将干部及时调整到位；机关后勤服务中心要做好服务保障工作，协调安排好办公场所和设施；涉及调整的部门、单位要坚决贯彻好市局党组决定，确保人员按时到位、工作有序衔接、工作分工明确；涉及调整的同志要讲党性、讲纪律，服从组织安排，尽快适应新岗位、新要求，努力做出新成绩、新贡献，不辜负市局党组和广大地税干部的期望。同时，涉及调整的部门、单位还要按原部门、单位做好2014年度工作总结及考核奖励评比工作，深入做好干部思想政治工作，确保队伍稳定和工作有序开展。

下面，我就全系统贯彻落实此次会议精神再提几点要求：

一要统一思想，提高认识。会后，各单位要第一时间学习好、传达好、贯彻好此次会议精神，特别是要认真学习好志强同志的工作报告，深刻领会讲话内容。要紧密联系各自工作实际，围绕当前地税系统的重点工作以及存在的问题，深入开展讨论，努力把此次会议精神理解清、领会透，切实把广大干部职工的思想统一到这次会议的精神上来，统一到2015年的各项工作任务中去。要把学习贯彻会议精神与指导本单位、本部门实际工作结合起来，与凝聚人心、激发活力结合起来，使全系统上下的思想进一步解放，以更加振奋的精神、更加坚定的意志，全面推进地税系统各项改革发展工作。

二要突出重点，统筹推进。2015年是全面深化改革的关键之年，是全面推进依法治国的开局之年，也是全面完成“十二五”规划的收官之年，我局推进税收现代化建设和税收征管改革三年行动计划也进入攻关阶段，各项工作任务十分繁重。各单位一定要学会弹钢琴，既突出重点，又兼顾其他，快乐高效工作。要注重抓好组织税收收入、落实依法治税、推进税收现代化建设和税收征管改革等事关全局的重点工作，以点

带面，促进整体工作水平提升。要坚持两手抓、两手硬，特别是加强市局层面的统筹，站在全系统层面统筹整合好各领域资源，统筹好队伍建设和业务工作，统筹好机关和基层，确保各项工作有序推进。各区县局、各处室之间要牢固树立沟通协调的意识，调动一切积极因素，敢于担当，主动工作，相互协作，确保各项工作不留空隙、无缝衔接，形成推动工作的强大合力。

三要强化责任，狠抓落实。当前，各项工作任务已经明确，关键就是要坚定不移地抓好落实。会后，各单位要积极准备，及早研究落实本次会议的具体落实措施，合理安排好2015年的工作任务。各区县局要紧密结合实际，抓紧召开本单位2015年工作会议，把工作布置到部门，把任务细化到岗位，把责任落实到个人，确保会议精神落到实处。市局各处室要在分管局长的领导下，进一步研究细化本部门工作，确定落实的具体措施和完成时限。市局办公室要根据志强局长讲话要求，列出市局2015年的折子工程，排出各项工作的时间表和责任部门。要加大考核督查力度，对于此次会议部署的重点工作，要逐项进行研究、调度、落实，确保各项工作有布置、有督促、有检查。

春节即将来临，关于年底前的几项工作，志强局长已经在去年12月31日的第一党支部会议上提出了明确要求。今天借这个机会，我就有关事项再强调一下。要抓好节前廉政教育，年前，中共中央办公厅、国务院办公厅和中央纪委先后印发了通知，就做好2015年元旦春节期间有关工作，确保务实节俭廉洁过节提出明确要求，市纪委也下发了关于严明纪律、强化监督执纪问责、确保节俭廉洁过节的通知，各单位要认真贯彻落实中央八项规定精神和市委十五条实施意见，认真执行作风建设和廉洁从政各项规定，持续深入反对“四风”，坚决杜绝“节日腐败”。要加强干部日常教育管理，加强干部法制宣传教育，引导广大干部学法懂法守法用法。如果发现税务干部有任何违规违纪的问题，一定要严肃处理，绝不姑息迁就。要抓好安全维稳工作，着力做好信访、信息网络完全、保密管理工作，严格执行值班带班制度，抓好防火、防盗工作，加强交通安全教育和管理，杜绝酒后驾车等违纪违法行为。要开展好两节期间送温暖活动，做好困难职工和老干部慰问帮扶工作，加强对干部的人文关怀和心理疏导。

总之，希望大家认真贯彻落实这次会议的精神，齐心协力，攻坚克难，把各项工作落到实处，确保全面完成今年的各项任务，不断开创北京地税工作的新局面！

在 2015 年北京市地税系统党风廉政建设工作会议上的讲话

北京市地方税务局党组书记、副局长　刘江平

（2015 年 2 月 12 日）

同志们：

刚才，张靖明同志代表市局党组作了一个很好的报告，回顾了一年来的党风廉政建设工作，部署了 2015 年的主要任务，大家要认真贯彻落实。在十八届中央纪委五次全会上，习近平总书记向全党发出了惩治腐败“零容忍”态度不变、决心不减、勇气不泄、尺度不松，持续高压反腐，重构政治新生态的庄严承诺。我们要坚决贯彻落实党要管党、从严治党、依规治党的要求，把中央精神和市委、税务总局的决策部署落到实处。下面，我就做好新形势下地税系统党风廉政建设和反腐败工作讲三点意见。

一、保持清醒头脑，准确把握形势，充分认识加强党风廉政建设和反腐败工作的重要性和紧迫性

党的十八大以来，党风廉政建设和反腐败工作呈现出前所未有的推进态势。党要管党，从严治党的决心前所未有；有腐必反，有贪必肃的力度前所未有；从严要求，从严管理的举措前所未有；创新理念，深化改革的动力前所未有。在十八届中央纪委五次全会上，习近平总书记站在党和国家全局高度，深刻分析了党风廉政建设和反腐败斗争的严峻形势，明确提出了当前和今后一个时期的总体要求和主要任务，要求必须从党和国家生死存亡的高度，以强烈的历史责任感、深沉的历史忧患感、顽强的意志品质推进党风廉政建设和反腐败斗争。在市纪委四次全会上，郭金龙同志强调，全市各级党组织和广大党员干部要把学习贯彻习总书记重要讲话精神作为重要政治任务，切实把思想和行动统一到讲话精神上来，提高思想认识，狠抓工作落实，推动我市党风廉政建设和反腐败工作取得新成效。

从地税系统看，近年来，市局党组、驻局纪检组和全系统各单位在完善制度体系、强化监督管理、加大案件查办力度等方面做了大量卓有成效的工作，取得了一定成绩，但与上级要求和人民群众的期望相比，还存在一定差距。刚才靖明同志提到，去年我们的信访增长率为 73.27%，反映出全系统党风廉政建设还存在一些亟待解决的问题，主要是：有的单位和部门对党风廉政建设的极端重要性认识不够，在落实主体责任上缺乏责任意识和担当精神，对一些重点领域和关键环节的廉政风险防控有待加强。推动工作等通知，靠文件，在一定程度上还存在教条主义倾向；一些党员领导干部对党风廉政建设的复杂性

和艰巨性认识不深刻，对严明纪律、改进作风与惩治腐败的关系理解不到位，对本单位存在的“四风”问题监督不力，在遏止“四风”方面不主动，不发力；个别党员领导干部作风漂浮，抓工作落实不力，习惯于当“甩手掌柜”；纪检监察部门在改进工作方法、创新管理理念上还有待提高。对上述问题，我们要高度重视，认真加以解决。

二、明确工作任务，突出工作重点，不断将地税系统党风廉政建设和反腐败工作引向深入

当前，党风廉政建设和反腐败工作进入新的发展阶段，面对新形势、新任务、新要求，全系统要统筹抓好思想教育、改进作风、查案惩腐、制度保障、严明纪律等重点任务，不断开创党风廉政建设和反腐败工作新局面。

第一，抓教育，筑牢拒腐防变的思想防线。加强党风廉政建设和反腐败工作，首先要在教育上下功夫。只有警钟长鸣，才能警笛不响。要加强各级领导干部教育培训，特别是按照中央、市委的要求，开展好“三严三实”集中学习教育，加强中国特色社会主义理论体系和社会主义核心价值观学习，不断强化思想理论武装，真正做到用权有红线，执法有高压线，做人有底线。要加强干部教育管理，特别是要教育广大税务干部尊法守法，遵规守纪，依法行政，廉洁从税，牢牢守住党纪国法的底线。要进一步发挥廉政教育基地和内外网络廉政教育平台的作用，使广大党员干部从身边人、身边事中汲取教训，引以为戒。

第二，抓纪律，增强守纪律、讲规矩的自觉性。纪律是保持党的凝聚力、战斗力、创造力的聚合剂，也是永葆先进性、纯洁性的保护网。习近平总书记在中央纪委五次全会上，对党的政治规矩进行了系统阐述，列举了当前违反党内规矩的突出现象，提出了遵守政治纪律和整治规矩要做到“五个必须”的要求。在市纪委四次全会上，郭金龙同志强调，全市各级党组织和广大党员干部要有十分清醒的认识、十分鲜明的态度、十分坚定地执行，始终绷紧政治纪律这根弦，自觉成为守纪律、讲规矩的模范。“欲知平直，则必准绳；欲知方圆，则必规矩。”一个松松垮垮的组织是不能干事，也干不成事的。税务部门是国家机关、执法部门和窗口单位，如果没有严明的纪律和严格的规矩，中央和市委的政策方针就难以得到落实，税收职能作用就难以有效发挥，党和政府的形象就会受到损害。目前，地税系统中仍有个别党员、干部不守纪律，不讲规矩，自由散漫，目无组织，更有甚者，打架斗殴，醉酒驾车，严重损坏了税务部门的形象。在此强调，两级党组和纪检监察部门对已发现的苗头性、倾向性问题要及时进行约谈，对各种违纪违法行为要发现一起，查处一起，曝光一起，问责一起。全体党员领导干部，一定要牢记习近平总书记“五个必须”的要求，自觉对照检查，深入查摆问题，时刻警醒自己，使纪律真正成为带电的“高压线”，使中央八项规定真正成为“铁八条”。

第三，抓作风，持之以恒反对和纠正“四风”问题。中央要求我们，要以永远在路上的姿态，驰而不息狠抓作风建设。要横下一条心纠正“四风”，常抓不懈，抓出习惯，抓出成效，在坚持中见常态，向制度建设要长效。在纠正“四风”上，必须抓住一件件实事，不断推进，环环相扣，积小胜为大胜。去年，我们一个节点一个节点地抓，一个问题一个问题地查，由浅入深，循序渐进，集中查处了违反财经纪律、大操大办婚宴等“四风”问题，取得了明显成效。但必须认识到，冰冻三尺，非一日之寒，滴水穿石，非一日之功，“四风”问题有很强的变异性和传染性，纠风难在防止反弹。各单位、各部门要坚决贯彻落实中央八项规定精神，从小事抓起，从身边事抓起，把纠“四风”和树新风结合起来，严格工作考勤，整顿办公秩序，严肃税容风纪，加强税务廉政文化建设，引导税务干部弘扬时代新风。两级纪检监察部门要加强监督检查，铁面执纪，对顶风违纪者，要坚决严肃处理，绝不允许任何人在执行党的纪律、落实中央八项规定等方面打折扣、做选择、搞变通，绝不允许任何有令不行、有禁不止的行为发生。

第四，抓制度，严扎反腐倡廉制度之笼。要围绕腐败行为易发多发的领域、部位和环节，建立健全反腐倡廉各项制度规定，充分发挥制度在惩治和预防腐败中的保障性作用，形成不敢腐的惩戒机制、不能腐的防范机制、不想腐的保障机制，不断提高反腐败工作水平。要不断深化税收征管改革，全面实施纳税服务规范和税收征管规范，从制度和程序上规范税收执法。健全权力制约机制，逐步推出税收执法权力清单，持续推进税务行政审批制度改革。健全选人用人机制，进一步完善干部选拔任用制度，应用好绩效考评结果和各方面监督成果。充分发挥二级电子监察平台作用，积极推进覆盖全市办税服务厅的实时监控系统建设，逐步实现覆盖征管全过程、各环节的痕迹管理，不断提高科技防控水平。

三、加强组织领导，强化“两个责任”，确保党风廉政建设和反腐败工作取得新成效

党的十八届三中全会明确要求，落实党风廉政建设责任制，党委负主体责任，纪委负监督责任。做好新形势下地税系统党风廉政建设和反腐败工作，必须坚持党要管党、从严治党，不断强化“两个责任”。

第一，要落实党组的主体责任。党风廉政建设主体责任，是党章规定的政治责任，是深入推进党风廉政建设的“牛鼻子”，不能高高举起，轻轻落下，不能模糊不清，虚化空转。刚才，靖明同志所作的报告中明确了党组的主体责任，市局即将制定出台领导班子和班子成员的主体责任清单，这不仅是大家今后落实主体责任的抓手，也是必须承担的政治责任。地税系统规模大、人员多、任务重，两级党组要认真贯彻落实《税务系统各级党组落实党风廉政建设主体责任实施办法》，将落实主体责任与推动税收中心工作紧密结合，与推进税收现代化建设与深化税收征管改革有机结合，为地税事业的改革、创新、发展提供坚强政治保证。要牢牢把握组织收入原则，坚持依法征税，坚决防止出现收过头税、空转等虚增收入现象。要不断强化党员领导干部的党性观念、组织意识，不折不扣地落实好“选人用人、明纪纠风、预防监管、支持保障、管理示范”等主体责任。党组书记要履行好惩治和预防腐败的领导责任，落实好每年与各单位、下一级税务机关主要负责人至少进行一次廉政谈话等制度，坚决防止出现选人用人上的不正之风和腐败问题，坚决纠正损害群众利益的行为。党组成员要严格落实“一岗双责”，定期研究、布置、检查和报告分管范围内的党风廉政建设工作情况，把党风廉政建设要求融入到组织人事、议事决策等各项工作中。要严格责任追究，对党风廉政建设领导不力、疏于管理导致发生重大腐败案件和不正之风长期滋生蔓延的，既要追究当事人的责任，又要追究相关领导的责任。

第二，要落实纪检组的监督责任。监督责任是党章赋予纪委的神圣职责，没有了纪检部门的监督，主体责任这个“牛鼻子”也就难以抓住。纪检监察部门履行监督责任，关键是要找准职责定位，聚焦党风廉政建设和反腐败斗争中心任务，转职能、转方式、转作风，协助党组加强党风廉政建设，开展好反腐败工作。要对各单位、各部门落实惩治和预防腐败工作任务开展经常性的监督检查，加强对违反中央八项规定行为及"四风"问题的整治。要抓住重点领域、重要岗位和重要环节，坚决查处违规插手工程建设、买官卖官、腐化堕落案件，坚决查处与中介机构勾肩搭背、搞利益输送案件，坚决查处税收执法中以税谋私、失职渎职等损害国家税收权益案件。要聚焦党风廉政建设中心任务，专司监督职责，做到不越位、不缺位、不错位。进一步完善相关规定，制定切实可行的目标考核和责任追究制度，确保党风廉政建设和反腐败工作各项任务落到实处。

第三，要加强纪检监察干部队伍建设。加强纪检监察干部队伍建设，是深入推进地税系统党风廉政建设和反腐败工作的基础工程。纪检监察干部担负着维护党的政治纪律、推进反腐败斗争的重要职责，其能力、素质和作风，直接关系到党风廉政建设和反腐败工作的成效。习近平总书记强调，广大纪检监察干部要敢于担当、敢于监督、敢于负责，努力成为一支忠诚、干净、担当的纪检监察队伍。我们要坚决贯彻落实习总书记的要求，切实加强自身建设，结合实际开展形式多样、内容丰富的思想教育，引导纪检监察干部牢固树立正确的世界观、人生观、价值观，增强拒腐防变的能力。立足反腐倡廉新形势和税务系统专业性强的特点，加强对纪检监察干部的知识培训，加大与同行之间的交流力度，不断提升纪检监察干部的履职能力。建立健全纪检监察工作制度，在严格管理的同时，关心爱护纪检监察干部，为他们依法履职创造良好条件。

同志们，抓好党风廉政建设和反腐败工作任务艰巨，责任重大。让我们在市委、市政府和国家税务总局的正确领导下，以"踏石留印，抓铁有痕"的精神，扎实工作，攻坚克难，为加快推进首都地方税收现代化建设、服务首都改革发展做出新的更大贡献！

深入学习践行“三严三实”做忠诚干净担当的首都税务干部

北京市地方税务局党组书记、副局长 刘江平

（2015年5月25日）

同志们：

根据中央、市委和国家税务总局的部署和要求，在县处级以上领导干部中开展“三严三实”专题教育，是党的群众路线教育实践活动的延展深化，是持续推进党的思想政治建设和作风建设的重要举措，是严肃党内政治生活、严明党的政治纪律和政治规矩的重要抓手，对于进一步增强党的创造力、凝聚力、战斗力，协调推进“四个全面”战略布局，实现中华民族伟大复兴的中国梦，具有重大而深远的意义，对于我们全市地税系统紧跟中央、市委和国家税务总局的决策安排，加强作风能力建设，深入推进税收现代化建设和税收征管改革，提供了重要的发展契机。

按照中央有关要求，开展专题教育活动，以领导干部讲党课启动开局，5月8日，市委书记郭金龙同志以“深入学习践行‘三严三实’，以良好作风做好新时期首都工作”为主题，为全市党员领导干部讲党课，并对全市的专题教育进行了动员部署。5月19日，国家税务总局党组书记、局长王军同志以“践行‘三严三实’，打造税务铁军”为主题，为全国税务系统处级以上干部讲党课，对全国税务系统开展好专题教育提出了明确要求。就我们地税系统而言，5月20日，市局党组下发了关于在全系统处级以上领导干部中开展“三严三实”专题教育实施方案，把领导干部讲党课作为专题教育的“关键动作”之一。今天我围绕“深入学习践行‘三严三实’，做忠诚干净担当的首都税务干部”这个主题，从五个方面，与大家交流一些思考和体会。

一、学习践行“三严三实”的重大意义

2014年3月9日，习近平总书记在十二届全国人大二次会议安徽代表团参加审议时提出，各级领导干部都要树立和发扬好的作风，既严以修身、严以用权、严以律己，又谋事要实、创业要实、做人要实。习总书记“三严三实”的重要论述，质朴凝练、内涵深刻，贯穿着马克思主义政党建设的基本原则和内在要求，体现着共产党人的价值追求和政治品格，明确了领导干部的修身之本、为政之道、成事之要，为加强新形势下党的思想政治建设和作风建设提供了重要遵循。其重要意义主要体现在四个方面：

（一）“三严三实”是推进“四个全面”战略布局，检验全面从严治党能力的重要标准。

今年2月2日，习近平总书记在省部级主要领导干部专题研讨班上，集中阐述了“全面建成

小康社会、全面深化改革、全面依法治国、全面从严治党”的战略布局。“四个全面”战略布局思想深刻，意义深远，确立了新形势下党和国家各项工作的战略方向、重点领域、主攻目标，是有机联系、相互贯通的顶层设计。其中，全面建成小康社会是处于引领地位的战略目标，全面深化改革与全面依法治国，被视为“鸟之两翼”“车之双轮”，是上下贯通的“姊妹篇”；而全面从严治党，则是锻造坚强的指挥中枢，为“鸟”之飞行、“车”之前进提供正确的方向指引，是协调推进“四个全面”的根本保证。推进“四个全面”，关键在党，关键在人，迫切需要有一支思想上、政治上、作风上全面过硬的执政骨干队伍，迫切需要领导干部树立抓党建是最大政绩的意识，迫切需要领导干部对照“三严三实”查摆问题，聚焦忠诚、干净、担当，实现“强身健体”。

（二）“三严三实”是深化作风建设，巩固党的群众路线教育实践活动成果的重要延伸。

党的群众路线教育实践活动开展以来，在大家的共同努力下，“四风”蔓延势头得到有效遏制，党风政风呈现出许多新变化、新气象。大家都能感受到。我们地税系统作为第一批党的群众路线教育实践活动单位，从5月初刚刚结束的自查情况来看，两级领导班子抓整改落实的力度是大的，是有效果的，在解决基层关注、纳税人期待的作风方面突出问题上是有力的，在发挥税收职能作用，扎实推进“三个服务”上是有为的，但是也要清醒地看到，“四风”问题的病原体还没有根除，违规违纪现象还时有发生，许多深层次问题还需要进一步解决。一些党员干部对“四风”问题仍停留在“不敢”“不能”上，“不想”的自觉尚未形成。开展“三严三实”专题教育，就是要在我们已有成果基础上，再添把火、再加把力，巩固和拓展党的群众路线教育实践活动成果，把作风建设的好态势保持和发展下去，使好的作风成为全系统领导干部的思想自觉和行为习惯，积极营造良好的政治生态。

（三）“三严三实”是地税部门适应、服务首都发展新阶段，发挥好税收职能作用的重要遵循。

当前，我国经济发展进入新常态，既蕴含着新机遇，也面临着新挑战。在首都经济、税收由超常快速增长转变为持续稳健增长的新常态下，经济下行压力带来组收压力加大，地税部门肩负的责任更加重大。我们在工作中，要紧紧围绕非首都功能疏解、构建高精尖产业结构、推动京津冀协同发展等首都战略部署，将税收工作纳入首都经济发展新常态中谋划布局。新常态要求税务干部有新状态，要求税务干部保持奋发有为、敢于担当的精气神。以“三严三实”为遵循，促进领导干部提振精气神、锤炼好作风、展现新作为，才能使我们更好地认清经济社会发展的新特征、新趋势，勇于直面和解决发展中的矛盾和问题，切实发挥好税收筹集财政收入、调节分配、促进结构优化的职能作用。

（四）“三严三实”是推进依法治税和税收现代化建设，锻造过硬税务干部队伍的重要保证。

当前，面对税收增长速度放缓、税种税源结构调整、纳税服务需求多元，税收征管质效提高，税收法治建设加强等新的税收发展态势，需要我们勇于创新，矢志不渝、持之以恒地推进税收现代化建设和税收征管改革，不断提高依法治税的能力和水平。要确保提前实现国家税务总局提出的税收现代化目标，我们依然面临着很多难关，对此，我们要树立打硬仗的思想准备，对照“三严三实”这面镜子和标尺，进一步加大治庸治懒治散力度，解决“乱作为”“慢作为”“不作为”的问题，更好地履行职责、勤奋敬业、依法行政。通过抓住领导干部这个“关键少数”，以上率下、示范带动，使广大党员学有标杆、行有指引，发挥好团结鼓劲的正向激励作用，形成稳中有进、扎实有序、奋发进取的工作氛围。

二、“三严三实”的深刻内涵和丰富内容

准确把握“三严三实”的深刻内涵，就要坚持知行合一、提升认识高度，不仅把“三严三实”当成一般意义上的准则规范，而且作为共产党人高尚的价值追求和政治品格。

第一，从思想内涵来看，“三严三实”是一个有机整体。

紧扣“严”和“实”，是开展好“三严三实”专题教育的关键。在“三严三实”要求中，“三严”是根本、是出发点，“三实”是目标、是落脚点；“三严”讲的是主观世界的改造，只有思想认识严起来了，行动和实践才能有科学的认识基础；“三实”是行为取向，讲的是客观世界的改造，只有行为方式与行动求真务实了，“三严”的要求才有价值，才能真正得到实践体现。“三严”和“三实”相互联系、相辅相成，唯有做到“三严”，才能结出“三实”之果；唯有“三实”落到实处，“三严”才能内化于心。对于税务部门和税务干部来讲，既要有“严”的要求，认真履行“为国聚财、为民收税”的神圣使命；又要有“实”的行动，在税收改革发展中脚踏实地、真抓实干，敢于担当责任，创造一流业绩。

第二，从文化渊源来看，“三严三实”是历史意蕴和时代价值的高度融合。

“三严三实”是中华优秀传统文化的传承和创新，同我们党历来的作风要求一脉相承，反映了新形势下党的建设的内在规律和本质特征，体现了世界观和方法论的统一、做人做官做事的统一、内在规律和外在约束的统一。

一是蕴含着中华传统文化中从政修养的精华。在“严”的方面，中国传统以孔子为代表的儒家思想认为，从政者要始终坚持“正己”“克己”的修身习惯。“正己”即要使自己端正，“克己”即克制自我不符合道德规范的欲望和行为，以达到“仁”和“礼”的要求。在“实”的方面，中华文化具有注重现实、经世致用的悠久传统。《论语》里要求从政者“敏于行而讷于言”，即勤勉实干，不尚空谈。明代的思想家、军事家王阳明则提出“知是行的主意、行是知的功夫，知行合一”的主张，强调不但要思想自觉，还要行动自觉，要将认识和实践统一起来，将动机和效果统一起来。“三严三实”正是对这些从政修养精华的创造性继承、创新性发展。

二是传承着我们党的优良传统。中国共产党在长期的革命斗争中，形成了“严”与“实”的优良传统。从“严”的方面看，毛泽东同志在革命战争时期就提出：“加强纪律性，革命无不胜。”邓小平同志根据党的历史经验指出：“一靠理想，二靠纪律，才能团结起来。”从“三大纪律八项注意”“两个务必”、中央八项规定等要求中，可以看到我们党在严明党风党纪上的一贯要求。“实”是中国共产党在复杂艰巨的革命斗争中、在血与火的考验下总结出来的宝贵经验，既表现为实事求是的思想路线，也表现为艰苦奋斗的实干精神。“三严三实”体现了我们党的核心价值，是对党组织和党员干部本真要求的回归。

三是体现了时代价值。“三严三实”是党员干部的精神标识、价值追求和行为准则。中国特色社会主义新的实践对领导干部提出既严又实的

要求，即：在信念上坚持马克思主义信仰，坚持共产主义远大理想和中国特色社会主义信念的统一，坚持理想和实干的统一；在人格上坚持党性原则、宗旨观念和高尚情操的统一；在行动上坚持守纪律、讲规矩和为官有为、敢于担当的统一，从而创造经得起历史和人民检验的实绩。

第三，从行为标准看，“三严三实”的要求各有侧重。

严以修身重在坚定信念、提升境界。做官先做人，做人必修身。对于我们系统党员干部来说，修身做人就是要做合格的共产党员，做社会的先进分子。应当像毛泽东同志在《纪念白求恩》中提出的，要成为一个高尚的人，一个纯粹的人，一个有道德的人，一个脱离了低级趣味的人，一个有益于人民的人；要像习近平总书记强调的，“信念坚定、为民服务、勤政务实、敢于担当、清正廉洁”，要做到“忠诚干净担当”、心中有党、心中有民、心中有责、心中有戒。

严以修身，从根本上讲，是要提高党性修养，筑牢理想信念之根，更加自觉地接受严格的党内生活锻炼。要有一种持之以恒、不断改造自己的精神，任何时候都不搞特殊化。毛泽东同志的老师，“延安五老”之一的徐特立先生堪称党的历史上的传奇人物，他43岁时随一批青年赴法国勤工俭学，给自己立下了要读懂法文科学书籍的目标，克服了年龄大、记忆力不如年轻人的困难，学会了法语；57岁踏上两万五千里长征，是红军队伍中年龄最大的老兵，硬是凭着顽强的毅力走完了全程。毛泽东曾评价他比许多青年壮年党员还要积极，还要不怕困难，还要虚心学习新的东西。新中国成立时，徐特立已经72岁，建国后曾担任中宣部副部长，尽管职位很高、学识渊博，但始终严格要求自己，他对好友谢觉哉说：“人一天没有停止前进，就没有老，一旦停止前进，就老了”。徐特立先生秉持的那种“时刻以为不足”的学习劲头和反躬自省、实实在在、一丝不苟的做人态度，非常值得我们党员干部效仿借鉴。

严以用权重在遵规守矩、公私分明。要树立正确权力观，按照税收法律法规行使权力，处理好公与私的关系，时刻对权力心有所畏、言有所戒、行有所止，真正做到权为民所用。李克强总理在一次答记者问时，说道：“自古有所谓‘为官发财，应当两道’。既然担任了公职，为公众服务，就要断掉发财的念想。”这句话需要我们每名领导干部谨记在心。

在任何时候，权、钱、名都是一把“双刃剑”，既会带来鲜花也会带来罪恶，既会带来荣誉也会带来镣铐，既能把人推向高峰也能使人跌入深渊，关键在于怎么对待。红军长征期间，江西省苏维埃主席刘启耀负责保管省苏维埃政府留下的价值万元的黄金，在极度穷困下靠乞讨度日也不动用毫克，被战友们称为“腰缠万贯的讨米人”。相比而言，前几年我们系统一些干部因贪污受贿被判刑，就是因为有的人手中有权力就昏昏然、飘飘然，对待权力随意任性，放松了纪律观念，没有管好亲属和身边人，最终因触犯党纪国法而受到惩罚。他们的教训告诉我们，党员干部要做到清正廉洁，必须牢记党纪国法的“高压线”，时刻保持警钟长鸣。

严以律己重在慎独慎行、自重自省。慎独、慎微，是古代先贤修身律己的好传统，对共产党员加强自身修养也具有重要意义，其中关键是把握好一个“独”字，一个“微”字。所谓慎独，就是在独处时、没有人监督时能够自省自制、谨言慎行。慎微，就是在细微之处保持警惕、警觉、警醒，以“吾日三省吾身”的精神警戒自己、鞭策自己，防微杜渐、严防一念之差、一时糊涂，严防不知不觉变质，不断增强自我净化、自我完善、自我革新、自我提高的能力。

俗话说：胜人者力，自胜者强。自律是一种领导素质，也是一种领导能力。周恩来总理注重自重、自省，曾制定了“十条家规”，其中包括：外地亲属进京看望他，一律住招待所，住宿费由他支付；一律到机关食堂排队就餐；在任何场合都不能说出与他的关系，不要炫耀自己；不谋私利，不搞特殊化等。正是因为周总理严格的自我约束，把自己当作群众中的普通一员，永远做人民的勤务员，使他赢得了人们的深深爱戴。“文化大革命”时期周总理一直佩戴着“为人民服务”的徽章，这也是他一生践行为人民服务宗旨的真实写照。

谋事要实重在遵守规律、实事求是。我们党的根本工作方法是一切从实际出发，实事求是，这是我们克服各种困难、不断从胜利走向胜利的思想法宝。毛泽东同志说过“没有调查就没有发言权”。1937 年，针对解决党内教条主义和经验主义的问题，他写成了《实践论》，提出：要想知道梨子的滋味，就得变革梨子，亲口吃一吃。这是在告诉我们，要注重实践，在实践找到解决问题的正确方法。1953 年 12 月，焦裕禄同志调到饱受风沙、盐碱、内涝之患的兰考县工作，从第二天起就深入基层调查研究，一年多时间他跑遍了全县 140 多个大队中的 120 多个。风沙最大的时候，他带头去查风口，探流沙；大雨倾盆的时候，他带头趟着齐腰深的洪水查看洪水流势，作出并实施了治理“三害”的科学决策。他走到哪里，就把实干苦干的标杆树到哪里，直到生命的最后一刻，这是多么高的精神境界！

谋事要实，还要求从群众中汲取智慧，把要做的事情谋划得更实些，依靠群众把各项为民的实事好事办实办好，真正解决好“最后一公里”的问题。习近平同志在福州工作期间提倡“马上就办”的工作态度，讲求对工作闻风而动，雷厉风行、提高办事效率，使少讲空话、狠抓落实在福州市进一步形成风气、形成习惯、形成规矩，把对老百姓的承诺落到实处、抓出实效，体现出共产党人求真务实、高度认真的科学态度和实践品格，我们对待税收工作也应该有这种“马上就办”的态度，抢抓时间、抢抓机遇，才能更好地服务中心、服务大局。

创业要实重在敢于担当，真抓实干。敢于担当是共产党人的政治品格，党员干部作为党和人民事业的骨干，在其位就要谋其政、尽其责，就要想干事、能干事、干成事。邓小平同志在“文革”结束后再度出来工作时讲：“我出来工作，可以有两种态度，一个是做官，一个就是做点工作。我想，谁让你当共产党人呢？既然当了，就不能够做官，不能够有私心杂念，不能够有别的选择。”这一番意味深长的话，展现了一个共产党人的精神境界和宽广胸襟。习近平总书记在纪念邓小平同志诞辰 110 周年座谈会上的讲话中高度评价邓小平同志具有“求实、务实、踏实的实干家”的精神风范。邓小平同志的实干精神，为我们干事创业树立了光辉榜样。

党员领导干部，除了要有敢于担当的精神，还要有真抓实干的精神。谷文昌同志一心一意为人民，大事小情想到群众心底里，干到群众心坎里，率领福建东山人民苦战十几载，遍植木黄麻，筑起绿色长城，硬是治服了“神仙都难治”的风沙。沈浩同志始终坚守共产党员的高标准、严要求，和小岗村村民同劳动、同吃苦，带领群众踏上“二次改革”的征程，使百姓过上了幸福美好的新生活。这些榜样的身上，集中体现了事不在大小，关键要做实，真正把事关群众切身利益的事情做好、做到位的政治担当和价值追求。

做人要实重在忠诚老实、表里如一。党员领导干部，应当是实实在在做人的楷模。宋代著名理学家，程朱理学的创立者程颢、程颐兄弟，他们在《二程集》中曾提出“欲当大任，须是笃实”，就是说，要想担当重要的职位，必须忠诚务实，为官者，必须比一般老百姓具有更高的忠诚、老实的道德要求。我们的《党章》中明确规定，“对党忠诚老实，言行一致”是党员必须履行的义务。

党员干部要干出一番事业，造福人民群众，就要勇于做他人不想做的困难事、棘手事，敢于走别人不敢走的创业路、创新路，做到这一点离不开不计名利得失、甘于奉献牺牲的“老实人”精神。周恩来同志曾经说过“世界上最聪明的人是最老实的人。因为只有老实人，才能经得起事实和历史的考验。”这句话告诉我们，以忠诚老实为本的人，俯仰立信于天地，行止无愧于良心，是一种美德，一种智慧，也是一种超越。

一个地区、一个部门、一个单位，领导班子特别是“一把手”自己本身老实、正派、坦荡，就会带动大家老实、正派、坦荡，就会发挥良好的表率作用。

三、地税系统领导干部“不严不实”问题的表现和危害

根据中央和市委部署，开展“三严三实”专题教育，要强化问题导向，突出“三个着力解决”：即着力解决理想信念动摇、信仰迷茫、精神迷失，宗旨意识淡薄、忽视群众利益、漠视群众疾苦，党性修养缺失、不讲党的原则等问题；着力解决滥用权力、设租寻租，官商勾结、利益输送，不直面问题、不负责任、不敢担当，顶风违纪还在搞“四风”、不收敛不收手等问题；着力解决无视党的政治纪律和政治规矩，对党不忠诚、做人不老实，阳奉阴违、自行其是，心中无党纪、眼里无国法等问题。税务总局王军局长也对税务系统不严不实的表现进行了列举，从我们北京地税系统来说，党员领导干部在“严”和“实”的方面总体上是好的，特别是党的群众路线教育实践活动开展以来，工作作风和廉政效能得到有效提升，但是对照“三严三实”的要求和人民群众的期望，还有不少差距。可以说，全系统开展“三严三实”专题教育，既要剖析、改进“三个着力解决”中的共性问题，又要查找、反思在地税工作中存在的、特别是基层干部和纳税人反映的各种“不严不实”问题。

今年5月初，市局结合党的群众路线教育实践活动自查工作，成立了5个专项检查组，集中2周时间，对各单位整改落实情况开展重点互查，召开基层科级领导干部、党员、群众座谈会，共征集了79项对市局工作的意见建议。问题集中体现在：布置工作时不能合理统筹，不分轻重缓急，不考虑税收征期等实际情况，增加了基层的忙乱和负担，导致税收管理员变成了“电话员”；有的考核缺乏针对性，导致基层被动应付、徒劳无功；有的部门对基层请示的业务问题反馈不够及时，答复不够清晰明确，更有甚者，一件事情在部门中推来推去，让基层干部无所适从；有的会议时间长、内容多，原则性强指导性差，基层反映“无法领会上级意图，耽误正常工作”。

根据纳税服务热线、局长信箱的情况看，纳税人比较关注的、需要亟待解决的问题体现在：部分纳税服务岗位干部业务水平不高、服务意识不强，处理涉税咨询时存在“急”“浮”“虚”的问题，即：做事急躁，把纳税人的咨询当成工作负担，不耐心听清就急于回答，对于不熟悉的业务不认真弄清楚，而是敷衍搪塞；有的处理问题治标不治本，涉税诉求反馈机制不健全；有的纳税服务与税收征管衔接不够紧密，新政策的涉税培训和服务保障不够及时等等。这些问题看似表现在下面，其实很多根子在上面，尤其是在机关作风上面、在领导干部上面。

在准备党课的过程中，通过征求多方意见，我将全系统“不严不实”的问题归纳为以下三个方面：

一是理想信念淡漠，党性观念不强。有的党员领导干部不主动学习，不重视思想理论武装，对于最新的理论知识学习不及时、认识不深刻、指导税收工作效果不明显；有的党性修养不够，“为人民服务”的宗旨意识不强，对纳税人和基层税务干部多年来持续反映的问题熟视无睹，求稳怕事，拖拖拉拉；有的领导干部政治责任心不强，对党建工作不热心，重视业务工作、轻视党建工作，一手硬、一手软，党内政治生活不严格，经常是只知道自己的行政职务，忘记自己的党内职务；有的对党的理论、路线、方针、政策缺乏全面、深刻、正确的理解，不主动维护党的权威，爱党、忧党、兴党、护党的意识不强，受社会上众说纷纭的“杂音”影响较大；有的对干部从严管理、监督不到位，系统内故意伤害、醉酒驾车、大办婚宴、套取发票等违法违纪现象仍有发生；有的不严格遵守党的政治纪律和政治规矩，热衷于传播小道消息、转发不良信息、妄议上级决策；有的不能按照共产党员的标准严格要求自己，不是脚踏实地谋划税收工作、身体力行抓好任务落实，而是摆“花架子”，搞“关系学”，带坏了工作风气；有的放松了世界观、人生观、价值观的改造，对己对人两套标准，关注个人得失多，关心他人感受少，强调个人享受多，强调艰苦奋斗少，对领导缺乏尊重、对同事缺乏合作、对纳税人趾高气扬。

二是权力观、事业观、政绩观存在偏差。在权力观方面，有的领导干部存在特权思想，追求进步的目的不是为了得到更大的干事创业平台，不是为了更好地为人民服务，而是沽名钓誉、盲目攀比；有的信奉“有权不用，过期作废”，不懂得敬畏手中的税收执法权力，而是一朝权在手，便把利来谋；有的不讲原则和规矩，把一些内部议定的事情，不该对外讲的到处乱讲，甚至以此为手段收买人心、互换人情。更有甚者，有的基层党员干部利用跟纳税人打交道的便利，与纳税人进行“灰色交易”，搞变通执法、随意执法。在事业观方面，有的领导干部谋划税收事业、推进税收管理时底数不清、情况不明，没有从实际出发，没有从客观规律出发，经常“拍脑袋”作决策、派任务、要结果；有的对税收现代化建设的攻坚克难环节顾虑较多，遇到困难绕着走，改革创新的精神不够，敢闯碰硬的劲头不足；有的“只要不出事、宁愿不做事”、抓落实不力，服务基层意识不强，对待工作被动应付、不敢担当；有的对待事业私心有余、公心不足，眼里有自己、有家人、有小圈子的利益，唯独没有单位和纳税人的利益；有的“只扫自家门前雪，哪管他人瓦上霜”，对基层布置工作时不主动积极沟通，任务多头下达、重复布置，使基层疲于应付。在政绩观方面，有的领导干部没有搞清楚“为谁干事、怎么干事”和“追求什么政绩、如何追求政绩”的问题，不以群众满意为出发点，面对矛盾视而不见，把功夫花在虚政绩、求表扬上；有的把自己的想法置于工作任务之上，若上级布置的任务不符合自己的想法，不干、缓干、应付干，自己想做的事再大都敢不报告、不请示；有的不能用长远的眼光看待事业、看待政绩，决策朝令夕改、只顾短期应付，没有功成不必在我的观念，不能“一张蓝图绘到底”。

三是机关作风庸、浮、散、拖问题严重。李克强总理讲要大众创业、万众创新，现在社会创新的活力越来越强，但是我们有的领导干部却因循守旧、墨守成规，面对经济新常态、组织收入难度加大等现状缺乏紧迫意识和创新动力，用新思路、新手段谋划工作的意识不强，坐等上级出政策、下级想办法。有的领导干部只关注本部门的“一亩三分地”，围绕税收中心工作、服务大局的能力不强，会议讨论议题触动自己或部门的一点点利益，就简单说“不”。有的领导干部年初务虚时思路很多，信心很满，实际中遇到困难就找借口搁置，不能持之以恒抓落实，导致一些工作部署虎头蛇尾，只发芽不开花更没有结果。有的领导干部对待工作松紧无常，上级领导重视一下就推进，不过问就束之高阁，把其他部门协办的事情“一拖再拖”，临到期限的时候草草应付交差。有的党员干部强调自我不讲规矩，机关作风纪律执行不严格，迟到早退现象还没有杜绝；有的在工作中不能及时总结经验、开动脑筋、避免二次犯错，以机关公文审核情况举例，公文中出现的错误花样百出，错误重复率高；有的对待工作挑肥拣瘦，出彩的事情抢着干、求表扬，花费精力打基础的工作却一拖再拖，把任务布置飘在文件上，落不到行动上；有的对待同事不是团结友好的伙伴关系，而是竞争提防的敌对关系，信奉“事不关己高高挂起”，看到问题想的不是怎么为大家提醒、补台，而是想的怎么把自己的责任推卸干净；有的对待工作的失误，明知后果严重，不及时认错补救，而是搪塞隐瞒和稀泥；有的对待工作不尽心尽责，“当一天和尚撞一天钟”，还对外兜售自己的“处事”哲学，说只干“对得起工资”的事。

这些“不严不实”问题，背离了党的优良传统和作风，对工作造成了很大的负面影响。一是引起了政策执行的“中梗阻”，一方面导致很多政策不能及时落实到基层和纳税人，或者在落实的过程中出现延误、打了折扣，起不到既定的效果；另一方面导致基层的意见和建议反映不上来，不能及时掌握和了解最新的实际情况，影响科学有效的决策。二是损害了地税机关的良好形象。“不严不实”现象的存在，影响了服务基层和纳税人的“最后一公里”，同一税务机关，不同部门答复不一样；同一部门，不同人员答复不一样；同一干部，不同时间答复不一样；门好进、脸好看、事难办等问题，根源就是在于作风上缺乏“严”的标准、监督和问责，缺乏“实”的态度、担当和质效，直接影响了上级机关在基层的形象，税务部门在纳税人中的形象。三是带坏了干部队伍的风气。上级领导干部不严不实，会给下级传达错误的信息，使得下级没有干事创业的动力和朝气，在虚假空、慵懒散等问题上推脱责任、没有愧疚感，老同志发挥不好对年轻干部的“传帮带”作用，给地税事业的长远发展造成损害。

出现“不严不实”问题的原因是多方面的，既有客观原因，也有主观原因；既有外部因素，也有内部因素。从客观和外部因素来讲，随着经济发展进入新常态，财税体制改革深入，组织收入形势复杂，干部工作压力较大。北京高新企业、总部经济聚集，纳税人知识层次高，人民群众期待高，对干部能力素质不断提出更高要求。而目前考核激励手段单一，使干部对职务看得越来越重，容易使工作动力受到影响。从主观和内部因素来讲，少数领导班子和领导干部不注意政治理论学习，理想信念不坚定，精神上“缺钙缺氧”，理论联系实际不紧密。少数领导干部责任心不强，表率作用发挥不明显，对一些错误言行不批评、不纠正、不教育，怕得罪人，管理上失之于宽、失之于软。部分党员干部存在的攀比心理、从众心理、弥补心理、侥幸心理、对“不严不实”的危害缺乏足够清醒的认识。

作风问题遗患无穷，任由“不严不实”问题发展，势必会导致“四风”问题反弹回潮，巩固、拓展党的群众路线教育实践活动成果就无从谈起，甚至会影响党风政风税风，影响首都地税事业的健康发展，必须要引起高度重视。

四、全系统要按照“忠诚干净担当”的标准，自觉践行“三严三实”要求

把握“三严三实”专题教育的实践要求，核心是自觉身体力行。“三严三实”要在北京地税落地，在系统每名党员干部心里扎根，总的要求就是要做到“忠诚干净担当”，把“三严三实”内化于心、外化与行、固化于制。贯彻“三严”，关键是要始终牢记“为国聚财、为民收税”的神圣使命，弘扬社会主义核心价值观，落实中央、市委、国家税务总局关于作风建设的任务要求。贯彻“三实”，关键是要统筹做好组织收入和服务发展“两篇文章”，确保税收收入持续稳定增长，确保税收现代化建设和税收征管改革的目标顺利推进。全体党员干部要把思想认识和工作干劲统一起来，争做“三严三实”的好干部，聚神、聚焦、聚力抓作风、促改革、谋发展。

首先，在领导班子层面，要坚持党要管党、从严治党的方针和实事求是的思想路线，实现作风持续提升。

一是要以贯彻“三严三实”助推中心工作。在当前“四个全面”的战略布局下，我们地税系统要全面落实中央、市委和国家税务总局的要求和部署，不断提高政治敏锐性和科学决策能力。各级领导班子要以“三严三实”为对照标尺，从严治税、从严带队、从严自律，用务实态度、踏实工作和扎实业绩，确保税收任务圆满完成，发挥税收职能作用，不断把首都地方税收现代化建设推向前进，更好地服务国际一流的和谐宜居之都建设，服务京津冀协同发展。

二是要落实党建工作责任制。各级领导班子要将思想和行动统一到“三严三实”要求上来，发挥好党组在党风廉政建设上的主体责任，落实纪检监察部门在党风廉政建设上的监督责任，规范税收执法权和行政管理权运行监督，坚持“一岗双责”“一案双查”，强化责任追究，抓早抓小、有错必究、有责必问，以零容忍的态度，坚决惩治腐败。要办好职能转变上的“实事”，大力推进服务型党组织建设，落实党员直接联系群众制度，以“便民办税春风行动”为载体，以落实便民措施为抓手，推进纳税服务标准化、规范化，提升地税部门公信力。

三是要巩固作风建设长效机制。习近平总书记指出，作风建设是永恒课题，要标本兼治，经常抓、见常态，深入抓、见实效，持久抓、见长效。俗话说，从善如登，从恶如崩，当前转作风、改作风正处在一个节骨眼上，乘势而上、持续用力，就能巩固和扩大成果；稍有放松、稍有懈怠，就可能故态复萌、前功尽弃。各级领导班子要通过“三严三实”专题教育为作风建设再添把火、再加把力，把良好态势保持和发展下去。要继续贯彻中央八项规定，市委实施意见要求，落实市局十六条措施，建立健全可监督、可检查、可追究、可问责的制度，发扬“钉钉子”的精神，扎紧制度笼子，确保制度执行有力、长期管用。

其次，在领导干部层面，要把“三严三实”作为座右铭，打造过硬作风，发挥示范作用。

要使全系统在践行“三严三实”上见实效，关键是领导干部要树立标杆、发挥带头作用，一级做给一级看，一级带着一级干，身体力行做表率。作为部门领导干部，首要的任务是抓好落实，把精力用于上级决策部署以后的具体实践和实际行动上。要把贯彻落实上级决策部署作为工作目标，把狠抓落实作为不懈追求，把落实效果作为衡量工作的标尺。

一是要坚持修身立德之本。领导干部要把增强理想信念作为立身之本，提高“千磨万击还坚劲，任尔东西南北风”的政治定力，带头践行社会主义核心价值观，以优良的职业道德、社会公德、家庭美德和个人品德树形象、赢口碑。要坚持忠诚老实、自警自省、胸怀坦荡；坚持说的和做的一个样，言而有信，言而有行；坚持人前和人后一个样，高调干事，低调为人；坚持八小时内和八小时外一个样，在约束中工作，在阳光下接受监督。要当老实人，说老实话，办老实事；用严格的要求，严密的组织，严肃的态度，严明的纪律推动各项事业善始善终、善做善成。

二是要坚持廉洁规范用权。领导干部要心怀“举头三尺有神明”的敬畏，谨慎用权，做到追求事业成功用加法，主动为民服务用乘法，谋求个人利益用减法，权钱交易用除法，时刻牢记职权法定，依法合规行使公权力，做到法定职责必须为，法无授权不可为。领导干部要提高依法治税能力，做尊法学法守法用法的模范，养成按法律和规章说话、办事的习惯，做到心中有法、虑必及法、言必合法、行必依法。要常修为政之德，常思贪欲之害，常怀律己之心，用党性规范言行，用反例警醒自己。要严格纪律意识和规矩意识，力戒享乐主义、奢靡之风，保持艰苦朴素，过好权力关、金钱关、亲情关、社交关、生活关，保持清醒头脑，绝不逾越红线。

三是要培育求真务实态度。领导干部要在其位、谋其政，提振干事创业的精气神，从实际出发，不唯上，不唯书，只唯实，深入基层一线，弄清税收工作的实际情况、善摸问题要害，善谋实招，善借他山之石，找到解决问题的有效方法。要在大事难事中见担当，在困境逆境中显襟怀。拿出一种不落实不撒手、不抓出成效不罢休的劲头，推动地税事业向前发展。要以“三严三实”为标准发挥主观能动性，认识把握税收征管、税源管控、纳税服务、税务稽查以及行政管理等方面的工作规律，找准定位、大胆创新、推动发展。

最后，在党员干部层面，要对照“三严三实”和社会主义核心价值观，发挥先锋模范作用。

当前我们全市地税系统共有在职党员5400多人，占在职干部职工总数的73.2%，是服务全市地税事业发展，推进税收现代化建设的主体力量。广大党员干部要坚持按照“三严三实”，以“严”的标准修身，以“实”的要求做事，向模范人物看齐，做焦裕禄式的好党员、好干部。

一是坚定理想信念。北京地税党员干部，既要树立共产主义的远大理想，又要坚定中国特色社会主义的共同理想，还要忠实践行首都地方税收现代化这个看得见、摸得着的理想事业。在困难挑战、问题难题面前要不怕吃苦、勇挑重担；在大是大非、多元思想、物质诱惑面前要头脑清醒、心有底线；在私下里、无人时要慎独慎微、严格自律。要对照“三严三实”，脚踏实地、勤奋进取，多一些责任心、谦和心，少一些功利心、攀比心，把自己的生命价值融入到实现“中国梦、地税梦”和税收现代化的光荣实践中，使人生越走越开阔，越干越出彩。

二是增强党性修养。认真学习习近平总书记系列重要讲话精神特别是对北京工作的指示精神，自觉按照党章规定，落实习近平总书记提出的“五个必须”工作要求，切实遵守党的政治纪律和政治规矩。加强党员干部党性分析，解决好世界观、人生观、价值观这个“总开关”问题，熟悉党章、党性原则，对照“三严三实”进行自我学习、自我锤炼和自我改造，切实做到习近平总书记提出的“坚持绝对忠诚的政治品格，坚持高度自觉的大局意识，坚持极端负责的工作作风，坚持无怨无悔的奉献精神，坚持廉洁自律的道德操守”，在实践中传承优良传统，塑造精神风范。

三是筑牢宗旨意识。党员干部要牢记全心全意为人民服务的宗旨，带着对党和国家、对事业的责任工作，带着对群众、对纳税人的感情服务，以税收任务是否完成、纳税人是否满意作为检验工作的基本标准。要坚持弘扬社会主义核心价值观，培养“诚实敬业、诚信待人”的职业道德，“关爱他人、奉献社会”的社会公德，“助老护幼、和睦邻里”的家庭美德和“贤达高尚、修身感恩”的个人品德，以敬业心、公益心和感恩心塑造人格风范，传播地税正能量。

五、对全系统开展“三严三实”专题教育进行动员部署

深入开展“三严三实”专题教育是一项重大政治任务。全系统要树立高度的政治责任感和强烈的大局意识，切实加强组织领导、明确责任、统筹安排、狠抓落实，实现专题教育和地税事业协调推进、同步发展。

（一）加强组织领导。市局、区县（分）局党组书记要承担起专题教育第一责任人的责任，亲自研究、亲自安排，带头参加、示范带动，班子成员各负其责，抓好落实。要把开展专题教育作为履行党建主体责任的重要任务，融入领导干部经常性的学习教育，纳入党建工作述职评议考核和绩效管理的重要内容。

（二）抓好规定动作。落实党组书记带头讲党课，在今天党课之后，市局领导班子其他成员还要在适当范围内讲党课。区县（分）局党组书记、市局处室、直属单位党支部书记也要讲党课。要抓好3个专题的党组中心组学习研讨，组织好“三严三实”专题民主生活会和组织生活会，以“三严三实”专题教育为契机，把党内政治生活严格起来、规范起来。要强化整改落实和立规执纪，加大治庸治懒治散力度，强化制度约束。在开展好规定动作的同时，鼓励、提倡全系统各单位在专题教育的形式和内容上创新更多的自选动作。

（三）强化督促指导。市局层面成立“三严三实”专题教育工作协调小组，我和志强同志担任组长，元广同志担任常务副组长，靖明同志等3位局领导班子成员担任副组长，工作协调小组负责统筹推进全系统“三严三实”专题教育工作，下设综合组、宣传组、联络组，由市局7个部门组成，负责具体工作实施。工作协调小组将加强对全系统各单位开展“三严三实”专题教育的督促指导，适时成立检查组进行专项检查，确保专题教育不走过场、取得实效。各单位要结合实际，从严从实抓好专题教育，及时宣传专题教育中的好做法、好经验，及时纠正“不严不实”的苗头性、倾向性问题。

（四）坚持统筹兼顾。要把开展“三严三实”专题教育与推进党的群众路线教育实践活动整改落实工作结合起来，与组织收入、依法治税、税制改革、征管改革、纳税服务和队伍建设结合起来，做到专题教育与日常工作有机融合、相互促进，两手抓、两不误，以专题教育成效为全系统各项工作提供思想保障和作风保障！

在市局党组中心组“三严三实”专题教育第二专题学习研讨会上的主持讲话

北京市地方税务局党组书记、副局长　刘江平

（2015年9月1日）

同志们：

根据中央和市委部署，按照市局党组中心组“三严三实”专题教育第二专题学习安排，今天我们召开学习扩大研讨会，对“三严三实”专题教育第二专题学习成果进行交流和研讨。这次会议同时也作为市局第一党支部的一次集体学习，三位局领导将围绕“如何做一个守纪律、懂规矩的领导干部”的主题进行重点发言，大家可以在重点发言的基础上相互学习、相互借鉴，从而进一步提升认识、凝聚共识，更好地将“三严三实”专题教育引向深入，推动北京地税各项工作的顺利开展。

下面，请三位局领导进行重点发言。

首先请王炜同志发言。

下面请沈永奇同志发言。

最后请杨志强同志发言。

同志们，刚才王炜、永奇同志围绕“严以律己”的主题，谈了自己的认识和体会，结合工作实际，把自己摆进去，剖析了存在的问题和不足，明确了整改的措施和方向，谈的都很好，也很深刻，相信大家会受到深刻的教育和启发。

志强同志从落实巡视要求，保持政治定力，严守政治规矩和工作规矩方面谈了学习体会，提出了具体措施和要求，特别是对系统内个别领导班子和党员干部，特别是党员领导干部当中存在的知情不报、违规操作、明知故犯、欺瞒组织、懒政不为、不敢担当、问责不力等不守纪律、不讲规矩的问题进行了深刻的剖析，语重心长，发人深省。这些不严不实的问题，就发生在我们身边，就存在于我们的日常工作中，是熟视无睹、任其发展，还是防微杜渐、立行立改，考量着我们两级领导班子和领导干部的政治品质，也决定了我们开展“三严三实”专题教育能否取得实实在在的成效。因此，大家一定要警醒起来，不能再看惯不怪、麻木不仁，既要看到成绩，更要看到不足，不能因为税收收入任务完成得好，就一美遮百丑，用成绩来掩盖问题。对于这些不严不实的问题，每个单位、每个部门、每名同志都要照照镜子，有针对性地制定出整改措施。

通过三名同志的发言，可以感受到，我们这次学习研讨收到了较好的效果，主要表现在三个方面：一是思想认识进一步提高。会前，通过集中学习、参观学习、专家辅导、观看教育片等形式，大家认真学习了中央、市委、国家税务总局规定的书目和相关文件精神，切实提高了开展“三严三实”专题教育的思想自觉和行动自觉。

会上，大家聚焦严以律己，把思想摆进去，把职责和工作摆进去，深入查摆问题，深刻剖析根源。通过学习研讨，大家对“严以律己，严守政治纪律和政治规矩，自觉做政治上的明白人”的认识更加深刻；对贯彻落实习近平总书记要求的“五个必须”，防止和遏制“七个有之”现象的行动更加自觉；对违反党的政治纪律和政治规矩的严重危害，剖析反面典型严重违纪违法的思想根源，查摆问题、检身正己的态度更加端正，进一步坚定了理想信念，强化了责任担当，明确了努力方向。二是查摆问题进一步深入。在学习研讨中，大家坚持问题导向，对照党章党规、国家法律，对照正反两方面典型，联系分管工作和个人思想、工作、生活、作风实际，联系党的群众路线教育实践活动个人整改措施落实情况，深入查找单位和个人存在的“不严不实”、为官不为、不守纪律、不讲规矩等问题，有针对性地制定整改措施，强化责任，抓好落实，使专题教育的过程成为校正“不严不实”的过程。目前，市局领导班子和领导干部“不严不实”问题清单正在梳理汇总，下一步将召开党组专题会议进行集体“会诊”，建立台账，明确责任，对号入座，积极整改。三是互融互促进一步深化。在学习研讨中，大家注重在知行合一上动脑筋、下功夫，把“三严三实”要求全面贯穿于税收工作之中。一方面深入查摆税收工作中的不严不实问题，筑“墙”扎“篱”，查漏补缺；一方面围绕中心、服务大局，以“严”的标准和“实”的要求，推动税收工作，做到“两不误、两促进”。

学习严以律己，研讨严以律己，归根结底还是要践行严以律己。下面，结合个人的学习和体会，我再强调几点：

一是要头脑清醒、信念坚定，做政治上的明白人。今年6月30日，习近平总书记在会见全国优秀县委书记时，对县委书记提出四点要求，其中第一点就是“要做政治的明白人”。什么是政治的明白人？简而言之，就是对党绝对忠诚，心中有党、心中有民、心中有责、心中有戒，在思想上当明白人，在行动上做清白事，坚定自觉地同以习近平同志为总书记的党中央在思想上、行动上保持高度一致。做政治上的明白人，不是一句空洞口号，而是具体的、直观的，看得见、摸得着的。作为党员领导干部，需要有更多约束、更多奉献、更多担当，有些话一般人可以说，但你不能说；有些事一般人可以做，但你不能做，有些地方一般人可以去，但你就不能去。对于这些，都应该清清楚楚，明明白白。纵观那些先进典型，无一不是首先做到政治上明白，始终保持一份清醒、恪守一份理智，从思想上摆正了姿态、找准了方位、稳住了定力，以“讲政治”的实际行动树起了正气、聚起了人心、推动了事业。反观那些反面典型，贯彻中央精神时“我的地盘儿，我做主”，对待群众诉求时“事不关己，高高挂起”，用起手中权力时“始于私欲，终于私利”，遇到法纪约束时“不拘一格，另辟蹊径”。对照正反两面镜子，道理不摆自明：只有政治上明白，时刻绷紧“讲政治”这根弦，才能为政清明、为官清廉、为人清白。只有做好政治上的明白人，以淡泊之心对待名和利、以敬畏之心对待权力和地位，才能不为私欲所动、不为私利所惑，在干事创业的道路上立得住、行得远。

二是要心存敬畏、手握戒尺，做守纪律、讲规矩的带头人。守纪律、讲规矩是我们党的光荣传统和优良作风。毛泽东同志曾讲过，铁的纪律和规矩“比孙行者的金箍棒还厉害”，他曾提议立下不做寿、不送礼等“六不”规矩。邓小平同志指出：我们这么大一个国家，怎样才能团结起来、组织起来呢？一靠理想，二靠纪律。党的十八大以来，习近平总书记多次发表重要讲话，深刻阐明了守纪律、讲规矩的极端重要性。我们地税系统有近7000名干部，加上职工1万多人，500多个基层党组织，200多个税务所，点多、线长、面广，如果没有铁的纪律和规矩约束，任由刚才志强同志所列举的那些不守纪律、不讲规矩的现象泛滥，我们的队伍就会成为一盘散沙，依法治税、从严带队就会成为一句空话。党的纪律和规矩涉及党内生活方方面面，首要的是严守党的政治纪律和政治规矩。严守政治纪律和政治规矩最根本的是对党忠诚，核心是坚持党性原则，切实做到习近平总书记要求的“五个必须”，即，必须维护党中央权威，在任何时候任何情况下都必须在思想上政治上行动上同党中央保持高度一致；必须维护党的团结，坚持五湖四海，团结一切忠实于党的同志；必须遵循组织程序，重大问题该请示的请示，该汇报的汇报，不允许超越权限办事；必须服从组织决定，绝不允许搞非组织活动，不得违背组织决定；必须管好亲属和身边工作人员，不得默许他们利用特殊身份牟取非法利益。我们各级领导干部要坚持以身作则、以上率下，带头严守政治纪律和政治规矩，坚决防止和遏制“七个有之”现象，自觉遵守中央八项规定，反对“四风”。任何人都不能拿政治纪律和政治规矩当儿戏，对纪律熟视无睹，不按规矩办事，逾越底线、触碰红线，就要付出代价，就要被严肃追究政治责任。明朝开国皇帝朱元璋曾经给臣僚讲过一个“一口井”的比喻。他说：一个人老老实实地当官，守着自己的俸禄过日子，就好像守着“一口井”。井水虽不满，但可天天汲取，用之不尽。这个比喻十分形象，富有哲理。古往今来，那些被法办、被惩处的贪官污吏的最大教训，恰恰在于守不住自己该守的那口“井”。这些人，总是贪欲膨胀，欲壑难填，总嫌“井水”不够满、不够多、不够甜。于是，利用职权，不择手段地攫取私利，而当他们的不义之财滚滚而来之时，也往往就是身败名裂之日。不仅绞尽脑汁攫取来的大量钱财享受不到，就连原来拥有的“一口井”也丧失了。用《红楼梦》里的一句名言来说，这就叫“机关算尽太聪明，反误了卿卿性命”。这方面，我们系统也是有深刻教训的，大家一定要时刻警醒，引以为戒。

三是要务实勤政、为民服务，做群众的贴心人。习近平总书记在《做人民群众的贴心人》一文中指出：“一个党员，如果与群众的距离远了，就与党拉开距离；心中没有群众，就不配再做共产党员。”是否真正做群众的贴心人，这是一个对党员干部，特别是党员领导干部的试金石考验。在日常工作、学习和生活中，群众评价党和政府，主要看的是党员干部的言行，党员干部的形象直接影响着群众对党和政府的评价指数。做群众的贴心人，关键是能不能和群众掏心窝子，能不能和群众打成一片，想群众之所想、急群众之所急，及时发现和纠正工作中的不足。唯有如此，我们的工作才会获得群众的信任，得到群众的支持。作为首都税务部门，我们的服务对象是全市广大纳税人，全心全意为纳税人服务是我们应尽的职责。便民、提速、减负、增效，让纳税人少跑一趟腿、少等一分钟、少犯一点难，使纳税人办税更方便、更快捷、更满意，这是我们工作的目标和努力方向。党组提出全面深化征管改革，加快推进税收现代化建设，正是奔着这一目标开拓前进，需要全局上下齐心协力，心往一处想，劲往一处使。但是也有个别单位和干部不作为、拖后腿。刚才志强同志讲的，5000人排队等待缴税，有的纳税人等待3个多月仍未约到号，部分工作人员涉嫌与“黄牛”勾结，高价倒号，群众反应强烈、投诉不断，反映出我们税收征管、服务以及“两个责任”落实上还存在不严不实问题，相关部门和单位要深刻反省，坚决整改。同时，对于我们各级领导干部来说，下级干部职工也是服务对象，也要我们耐心细致做好教育、管理和服务工作。我们身处改革不断深化和经济快速发展之时，工作在北京这座国际化大都市之中，干部压力大，诱惑也比较多，对待干部既要严管又要善待。不仅要注重办税环境、税容税貌，更要注重思想教育、日常管理、行为约束。最近一段时间，个别单位出现一些违纪违法的问题，反映出我们管理上有漏洞，工作中存在薄弱环节，没有真正“严”起来。在这一点上，我和志强同志及党组同志的态度是：绝不护短、绝不遮掩，坚决严查到底”。刚才志强同志列举了一些事例，对我们系统中存在的一些问题提出了批评，不讲规矩的问题，表明了我们严格整肃的决心。各级领导干部要进一步强化“严管善待”观念，坚持抓早抓小抓细，做好经常性的思想工作和管理工作，教育引导干部向上向善。当干部出现“不严不实”苗头时，既要及时“咬咬耳朵”“扯扯袖子”，给予善意的提醒，又要严肃批评、大胆管理、依规处理，营造从严从实、从善如流的政治生态。

四是要检身正己、敢于担当，做党风廉政建设的责任人。党的十八届三中全会《决定》明确提出，落实党风廉政建设责任制，党委负主体责任，纪委负监督责任，制定实施切实可行的责任追究制度。今年初，市局党组制发了我们地税系统落实“两个责任”的实施办法和任务清单，明确了“两个责任”职责分工和任务分解。这是全系统党风廉政建设的指导性文件，具体工作怎么开展，责任怎么落实，出现问题怎么追究，等等，还有很多不尽完善之处，配套制度还不健全，很多工作还在探索和实践之中。近段时间，我和靖明同志到区县（分）局调研，与不少同志进行了交流，了解了一些情况，感觉有的单位和干部还比较迷惘，不知道怎么干？有的单位虽然划分了职责，但很多具体工作还是绑在一起干。改革难免会出现这样那样的问题，这并不可怕，发展中的问题通过发展最终会得到解决。在这里，我想强调两点，第一是责任落实。我们在座的都是党风廉政建设责任人。党组书记是第一责任人。第一责任就是主责、首责，出了问题，我们要负责任，我们要充分发挥领导、组织和表率作用，坚持守土有责、守土负责、守土尽责，亲自挂帅、亲自出征、以上率下。班子成员要落实“一岗双责”，按照分工承担起职责范围内抓党风廉政建设的责任，定期研究、布置、检查和报告分管范围内的党风廉政建设工作，加强对分管单位、部门党员干部的经常性教育管理，做到业务工作覆盖到哪里，党风廉政建设就深入到哪里。纪检部门要切实履行好监督责任，纪检组长要承担起第一责任人的职责。第二是责任追究。不久前，湖北省地税局原党组书记、局长和原党组成员、纪检组组长因落实“两个责任”不力，被湖北省委严肃追责，予以免职，在全国税务系统产生了强烈震动。这起事件，对我们最大的启示是，少数领导干部不敢担当、不愿负责、为官不为等行为已经不再平安无事，即便没有违反党纪国法，也会受到责任追究。中央已经出台了领导干部能上能下的若干规定，这是全面从严治党、从严管理干部的一项重要举措。最近，市委出台了《关于全市各级领导班子和领导干部以奋发有为的精神状态全力推动京津冀协同发展的意见》，明确要求，对协同发展中不担当不作为的领导干部进行严肃问责。紧箍咒已经念起，如果还不警醒，继续不想作为、不敢作为、不真作为、不善作为，等待你的就是挨板子、丢面子、挪位子、摘帽子。因此，我们各级领导班子和领导干部要认真贯彻落实中央和市委的要求，真正让纪律严起来、把规矩立起来，从严从实抓好各项税收工作。同时，要根据总局统一部署，学习借鉴其他省市先进经验，加强内控机制建设，推进内控机制信息化防控廉政风险，用“制度＋科技”扎牢笼子、管控权力，让那些为官不正、为官不为、为官乱为现象无处遁形、无处藏身，打造具有北京地税特色的“廉洁税务”。

“三严三实”专题教育第二专题学习研讨到今天暂告一段落，下一步将开展第三专题“严以用权”的学习研讨，党办已经起草了学习研讨意见，经党组会研究后下发执行，各单位、各部门要认真贯彻落实。

凝心聚力　奋发有为
努力开创北京地税青年工作新局面

北京市地方税务局党组书记、副局长　刘江平

（2015 年 10 月 28 日）

各位代表、同志们：

今天，我们在这里隆重举行共青团北京市地方税务局第一次代表大会。首先，我代表市局党组，对系统团委的成立，表示热烈的祝贺！对多年来给予我局关心、指导的团市委，表示衷心的感谢！向全系统广大青年同志们表示诚挚的问候！

今年，中央和市委先后出台了《关于加强和改进党的群团工作的意见》，为新形势下开展群团工作指明了方向。我局成立系统团委，正是贯彻落实中央和市委群团工作意见的重要举措之一。当前，我们地税系统正在全面改革创新、攻坚克难，朝着税收现代化的宏伟目标奋力前行。如何以时不我待的紧迫感汇聚起更多的青春正能量，团结带领广大青年干部适应、引领税收工作新常态，主动服务大局，助力税收现代化建设，是我们的党团工作应当重点关注的问题。正是在这样的背景下，系统团委应运而生，这是全系统广大团员青年政治生活中的一件大事，对于市局党组进一步加强青年干部思想政治工作，充分发挥青年生力军作用、促进青年人成长成才，具有十分重要的意义。

在此，我代表市局党组，讲两点意见。

一、充分认识成立系统团委的重要意义

（一）系统团委是党组开展青年工作的有力抓手。中央指出，群团工作是党组织动员广大人民群众为完成党的中心任务而奋斗的重要法宝，而青年工作正是群团工作的重要组成部分。系统团委作为市局党组联系广大青年干部的桥梁和纽带，它把党组的各项政策、部署和要求在青年干部中贯彻落实，把党组的关怀和温暖送到青年干部中去。它是青年人自己的组织，根植于青年干部之中，倾听呼声和意愿，传导声音和能量，切实把党组的决策部署变成广大青年的自觉行动。

（二）系统团委是凝聚青年力量的有效载体。目前，我们系统共有 69 个团组织。长期以来，这些团组织开展了大量卓有成效的工作，为地税事业的发展做出了积极贡献。但是，如何把各个团组织的工作统筹协调起来，集中力量做出工作实绩，还需要我们从市局层面加强对各区县局、分局的指导和考核。系统团委就是一个很好的组织载体，利用这个载体，我们可以集中统一开展团的工作，充分调动全系统青年干部的积极性、主动性、创造力，更好、更多地把青年力量凝聚起来。

（三）系统团委是促进青年成长的重要平

台。习近平总书记指出，“青年最富有朝气、最富有梦想，青年兴则国家兴，青年强则国家强。”在我们地税系统，青年干部学历较高，专业性强、接受力强、进取心强。系统团委为广大青年干部成长成才提供了重要平台，在这个平台上，青年干部可以尽情地迸发热情、贡献力量、发挥作用。利用这个平台，我们也可以很好地锻炼青年、发掘人才。让有能力、有担当的青年站出来、走上去，我们的事业才会有未来，我们的前景才会更光明。

二、对系统团委的工作提几点要求

（一）提升站位，谋在高处。站位高远，才能看大势、识全局，才能在识全局中谋一域之发展。系统团委作为市局党组开展青年工作的抓手，是全系统青年工作的发动机和方向盘。这就要求系统团委的工作必须要不断提升站位。

心中要有大局。当前，我市正在加快落实首都城市战略定位、推动京津冀协同发展，朝着建设国际一流的和谐宜居之都稳步迈进。我们地税部门，面临着深化征管改革、加快推进税收现代化建设的艰巨任务。系统团委要团结带领广大青年干部积极投身到服务首都发展和服务税收中心工作的大潮中来，顺应大势，服务大局，争立大功。

肩上要有责任。系统团委的成立是我局共青团工作的一个组织创新。横向比较，北京各个系统鲜有尝试；纵向来看，这在全国税务系统也是一次有益探索。系统团委的成立，团市委和市局党组寄予殷切希望，全系统广大青年干部更是满怀深切期待。系统团委要以此为动力，敢于负责、勇于担当、主动作为，努力把这份希望和期待转化为实际工作成果。

头脑要有思路。思路是我们谋事、干事的路线图。只有谋定而后动，我们的工作才能有的放矢，事半功倍。系统团委要找准自身定位，结合工作的客观实际和发展变化，勤学勤思，在学习和思考中谋划好工作思路，谋到点子上、谋到核心处、谋到事业发展的制高点。

（二）凝聚青年，干在实处。青年是我们系统的重要力量，35 岁以下青年占到我们总人数的近 1/3。我们成立系统团委的主要目的就是为了更好地凝聚起全系统的青年才俊，引导广大青年干部同心同德、同向同行，为地税事业的发展提供不竭动力和坚强保障。

凝聚青年，关键在于服务青年。共青团是党领导的青年人自己的组织，为青年服务是共青团的天职。只有实实在在地服务青年，实实在在地帮助青年排忧解难，共青团才会成为青年信得过、靠得住、离不开的知心人、贴心人。也只有这样，共青团才能在青年中一呼百应，发挥好党团结广大青年的桥梁和纽带作用。

干在实处，关键在于着眼难处。共青团是党的助手和后备军。在急难险重的紧要关头，我们总能看到共青团员冲锋在前、勇于奉献的身影。当前，地税事业发展正处在下硬功夫、啃硬骨头的关键时刻，这就需要我们全系统干部职工，特别是广大青年干部，着眼难点、办好难事、解决难题。系统团委要始终保持不放松、不懈怠、不动摇的劲头，团结带领青年干部，迎难而上、破难而进，变压力为动力，化挑战为机遇。

（三）与时俱进，立在新处。改革创新是我们发展进步的不竭动力。当前，首都经济发展进入新常态，社会结构进一步调整，“互联网 +”的趋势不断影响和改变着我们，各种新情况、新问题层出不穷，这就要求我们立足基本定位，坚持与时俱进，把握工作规律，适应形势发展和社会变化，通过改革创新增强发展活力。

要不断增强自我革新的勇气。系统团委本身就是我们构建纵横交织网络化组织体系的有益探索。我们要继续保持和增强这种自我革新的勇气，适应基层工作、群众工作的需要，改变不适宜的工作方式，在机构设置、管理模式和运营机制上不断改革和改进。

要顺应“互联网＋”的发展趋势。当前，“互联网＋”已经席卷了各行各业，更是蕴含着无数可能。特别是面对网络已经如阳光、空气一样让青年须臾不能分离的新形势，我们必须主动作为，顺势而为。要有效利用新媒体平台，坚持网上网下良性互动，拓宽网络阵地，发出网络声音，传播正能量，让青年干部能在网上找到自己的组织，参加组织的活动。

要打造“有主题、接地气”的活动品牌。团组织活动是活跃团工作的主要方式，是团组织的传统优势。系统团委要着力打造一批有地税特点、接基层地气的品牌活动，增强吸引力，扩大影响力，提高战斗力。要通过活动发现、培养、表彰和宣传优秀税务青年，让更多年轻向上、朝气蓬勃、真才实干的青年从这里脱颖而出。

（四）团要管团，走在前列。系统团委要坚持从严治团，管好团的组织、团的干部和青年队伍。要领导各级团组织不断增强政治性、先进性和群众性，带领广大青年提升政治觉悟，增强业务本领，力争在各项工作中走在前列。

要加强团干部的管理。严把团干部的入口，民主选才，任人唯贤，把优秀青年干部吸收到团干部的队伍里来。注重团干部的培养，加强培训，提升水平，将团干部打造成一支素质过硬、能力突出的优秀队伍。市局党组也会加强研究，疏通团干部的出口，不断将优秀的团干部交流到重要的岗位上使用锻炼。

要带好青年队伍。充分调动青年的聪明才智、青春热情，带领更多的青年走到首都税收改革发展的前列。要不断创新方式了解青年需求和特点，加强与青年干部的沟通交流，让青年干部真正感受到组织的存在和温暖。要分类建立系统青年人才库，设置后备干部储备库，让优秀的青年随时接受组织的挑选。

要营造奋发有为、积极向前的干事氛围。系统团委要以时不我待的紧迫感开展工作，影响他人。不断发掘、树立、宣传优秀税务青年的先进典型，用一贤人则群贤毕至，见贤思齐则蔚然成风。通过青年干部的成长，优秀团干部的进步来树立鲜明正确的用人导向。

青年是我们促进事业发展的生力军。市、区（县）两级党组要高度重视青年工作，加强对共青团的领导，加大支持力度，促进改革创新，不断提升共青团各项工作的水平。要关心青年干部的成长，注重团干部的培养和使用，政治上爱护、工作上支持、生活上关心，营造拴心留人的良好环境。同时，区（县）局党组要继续加强同属地团区（县）委的联系，深入沟通、细化交流，多请示、常汇报，争取得到他们更多的支持。

各位代表、同志们，系统团委的成立揭开了地税系统共青团工作的新篇章。新当选的系统团委班子富有朝气、充满活力，相信你们一定能够履职尽责，发挥团结、凝聚青年力量的桥梁和纽带作用，完成好市局党组和上级党团组织交给的各项任务。希望广大青年干部立足本职岗位，继续发扬勤干、实干、开拓、创新的精神，用青春谱写未来，用激情创造明天，为地税事业发展和首都经济社会发展奉献自己的青春、智慧和力量。

在市局党组中心组“三严三实”专题教育第三专题学习研讨会上的主持讲话

北京市地方税务局党组书记、副局长　刘江平

（2015 年 11 月 11 日）

同志们：

根据中央和市委部署，按照市局党组中心组“三严三实”专题教育第三专题学习安排，今天我们召开学习扩大研讨会，对“三严三实”专题教育第三专题学习成果进行交流和研讨。今天交流研讨的主题是“如何谨慎用权、廉洁奉公、恪尽职守，创造经得起实践、人民、历史检验的实绩”，四位局领导将进行重点发言，大家可以在重点发言的基础上相互学习、相互借鉴，进一步统一思想、凝聚共识，更好地确保“三严三实”专题教育取得实效。

下面，请四位局领导进行重点发言。

首先请吕兴渭同志发言。

下面请张靖明同志发言。

下面请郭筑明同志发言。

最后请周上序同志发言。

同志们，刚才兴渭、靖明、筑明、上序四位同志围绕“严以用权”的主题，结合自己的思想实际和工作实际，谈了自己的认识和体会，谈的都很好，也很深刻，志强同志最后传达了市委领导两个讲话的精神，并对当前的工作进行了布置和要求，我们大家也从中受到了教育和启发。我们要把思想和行动统一到市委的要求上来，结合实际，抓好落实，做好税收工作。

我们这次学习研讨取得了积极的效果，主要表现在三个方面：一是思想认识进一步提高。会前，通过集中学习、参观学习、专家辅导、个人自学等形式，大家认真学习了中央、市委、国家税务总局规定的书目和相关文件精神，特别是认真领会了习近平总书记关于党风廉政建设的重要论述，打牢了思想根基。交流研讨时，大家聚焦严以用权，以宪法、法律和党的纪律为镜对照自己，把思想摆进去，把职责和工作摆进去，认清了特权思维、大权独揽、以权谋私的严重危害，强化了政治意识和责任担当。通过学习研讨，大家对“如何谨慎用权、廉洁奉公，实实在在谋事创业做人”的理解更加深刻；对坚持用权为民、为政清廉，按规则、按制度、按法律行使权力的态度更加鲜明，对坚持民主集中制、自觉接受监督的行动更加自觉，进一步提升了党性修养，明确了努力方向。二是立行立改进一步推进。在“三严三实”专题教育中，大家坚持问题导向，对照党章党规、国家法律，对照正反两方面典型，联系分管工作和个人思想、工作、生活、作风实际，深入查找单位和个人存在的“不严不实”、为官不为、不守纪律、不讲规矩等问题，

有针对性地开展整改，取得了良好效果。在此基础上，市局党组结合市委巡视组开展巡视工作，从落实党风廉政建设“两个责任”、严守政治规矩和工作规矩、防控行政管理与行政执法风险等方面完善工作措施，强化制度约束，使地税系统的作风能力不断提升。三是以知促行进一步深化。在学习研讨中，大家注重在知行合一上动脑筋、下功夫，把“三严三实”要求贯穿于北京地税工作之中，结合分管领域工作进行了深入思考。刚才的交流中，兴渭同志提到：要加强用权监督，把行使权力和履职尽责结合起来；靖明同志提到：纪检干部要做到“五个围绕”，在严以用权上走在前做表率，为税收工作提供保障；筑明同志提到：要依法依规履职，不断创新稽查工作；上序同志提到：落实“三严三实”要敢于担当、与时俱进，通过真抓实干来创造实绩。这些积极有效的工作思路和工作举措，体现了“严”的标准、“实”的要求与税收工作的紧密融合，是推动北京地税事业发展的有力保障。

同志们，开展“三严三实”专题教育，不论是严以修身，还是严以律己，最终体现在立党为公、执政为民的行动上，体现在“严以用权”上。可以说，严以用权是领导干部为官从政的基本准则，也是根本考验。下面，结合个人的学习和体会，我再强调几点：

一、锤炼坚强党性，敬畏权力有定力

王岐山同志指出，党规党纪严于国家法律，申请加入共产党意味着主动放弃一部分普通公民享有的权利和自由。这句话值得我们深思，更要清醒地意识到：党员领导干部必须始终坚持党性原则，对自己的要求更严、标准更高、约束更多，带头遵纪守法，带头维护宪法和法律权威。

自古以来，权力从来都是一把“双刃剑”，既会带来鲜花也会带来罪恶，既能把人推向高峰也能使人跌入深渊，关键在于在权力面前有没有定力。我曾在讲党课时提到过，红军长征期间，江西省苏维埃主席刘启耀负责保管省苏维埃政府留下的价值万元的黄金，在极度穷困下靠乞讨度日也不动用毫克，被战友们称为“腰缠万贯的讨米人”。相比而言，前几年我们系统一些干部因贪污受贿被判刑，就是因为有的人有了权力后就昏昏然、飘飘然，既放松了自我约束，又没有管好亲属和身边人，最终因触犯党纪国法而受到惩罚。一正一反的对比告诉我们，党员干部要做到清正廉洁，就要增强抵制诱惑、守住底线、廉洁自律的定力，用淡泊、敬畏之心对待“名、利、位、权”，始终做到心中有党、心中有民、心中有责、心中有戒。

二、坚持正确的权力观，秉公用权不谋私

李克强总理曾说过，“政府的一切权力来自人民，源自法授”。我们党员领导干部要牢记税务部门的执法权力是人民赋予的，是税法授予的，行使权力就意味着担当责任、履行使命。只有这样，我们才能常怀公仆之心、敬畏之心，时时刻刻保持清醒，不搞特权、不以权谋私，做自警自律的“清白人”。

常言道：“为官发财，应当两道”。试想一下，如果我们税务局的领导干部担任公职是以发财为目的，就势必会运用手中的权力为自己谋利益，那么损害的就是国家的税收利益和纳税人的合法权益，最终也会因身败名裂而一无所得。要想正确处理好公与私的关系，就要从党性品格修起，做到坚持党的原则第一、党的事业第一、人民利益第一；就要想清楚“严管就是厚爱”的道理，经常拿起“公与私”这把尺子督促提醒自己，坚决摒弃特权思想；就要以反面典型为镜

鉴，过好金钱关、亲情关、社交关，算好“政治账”“利益账”“良心账”，慎微慎独、不徇私情，真正做到心有敬畏、手握戒尺、行有所止。

三、严守权力的边界，依法用权不任性

党员领导干部坚持“严以用权”，核心就是要严守权力的边界，依法合规地行使公权力，确保法定职责必须为，法无授权不可为。税务系统作为行政执法部门，应在践行依法治国基本方略上作表率，不断提高依法治税水平，带动和促进广大纳税人乃至全社会提高税法遵从度。

当前我们正处在全面深化税收征管改革，加快推进税收现代化建设的关键时期，必须用法治规范和约束权力，实施税收执法责任制，加强税收执法督察，强化税务稽查管理，确保执法过程中做到严格、规范、公正、文明。具体来说，要使广大干部做到“心中有法”，牢固树立法治意识和法治思维，牢记权力行使有界限、有红线、有底线，带头依法行政、依法办事；要做到“虑必及法”，切实破除“官本位”等特权思想，切实防范税收执法权和行政管理权运行风险；要做到“言必合法”，自觉做遵法学法守法用法的模范；要做到“行必依法”，养成按法律办事、按程序执法、按规定履职尽责的习惯，在征收管理、税务稽查、纳税评估等工作中，做到执法规范、程序严密、手续齐备。

四、加强对权力的监督，阳光用权不妄为

阳光是最好的反腐剂，公开透明是对权力最好的监督。刚才大家在发言中也提到，要加强税务部门“两权”运行监督，就是要坚持用制度管权、管事、管人，利用内部监督和外部监督相结合，完善“阳光用权”的制度机制，积极推进权力运行公开化、规范化。领导干部必须习惯于在“聚光灯”下行使权力，在“放大镜”下开展工作，自觉接受广大干部和纳税人的监督，不搞暗箱操作，以公开促公平，以便民促亲民。我们要根据总局统一部署，学习借鉴其他省市先进经验，加强内控机制建设，推进内控机制信息化，防控廉政风险，用“制度＋科技”扎牢笼子、管控权力，让那些为官不正、为官不为、为官乱为现象无处遁形、无处藏身，打造具有北京地税特色的“廉洁税务”。

五、坚持有权必有责，廉洁用权不放纵

当前，经济下行压力持续加大，全面深化改革进入深水期，全面从严治党向纵深推进，给税收工作提出了更高的要求。党员领导干部要强化“守土有责，在其位则谋其政”的责任观念，敢于担当、务实创新，以踏石留印、抓铁有痕的劲头和力度狠抓落实，推动各项工作不断取得新进展、实现新突破。党员领导干部要把廉洁用权作为刚性要求，把纪律挺在前面，严格落实“一岗双责”，既要管好自己，也要管好下属，打造一支守纪律、讲规矩、干净干事的税务干部队伍，为税收现代化建设保驾护航。

最近，中央刚刚颁布了《中国共产党巡视工作条例》，这是以习近平为总书记的党中央深化党的建设制度改革的重要成果，是进一步提升党的建设和执政水平的重要举措，体现了中央从严治党、制度治党、依规治党的坚强决心和切实行动。近期颁布的《中国共产党廉洁自律准则》（以下简称《准则》）和《中国共产党纪律处分条例》（以下简称《条例》），这两项党内法规的印发，是党中央在新形势下推进全面从严治党的治本之举，是管党治党制度创新的重要成果。市局已经在党组中心组学习中集体学习了两部党内法规，下一步还将邀请专家学者对法规内容进行

详细解读。各党支部也要把《准则》和《条例》纳入党员学习教育规划中，组织广大党员干部逐条进行学习，熟练掌握文件要求，带头践行廉洁自律规范，带头遵守好“六大纪律”，确保《准则》和《条例》在地税系统的贯彻执行。

同志们，“三严三实”专题教育第三专题学习研讨到今天告一段落，下一步大家要继续认真学习习近平总书记提出的践行“三严三实”要立根固本、落细落小、修枝剪叶、从谏如流的新要求，切实抓好贯彻落实。要突出问题导向和目标导向，结合巡视工作反馈问题的整改工作，狠抓执纪问责，强化跟踪问效，确保专题教育的整改成果落到实处。要及早谋划开好专题民主生活会和组织生活会，把专题教育形成的好作风转化为推动工作的强大动力，全力以赴、狠抓落实，确保圆满实现各项工作目标。

统筹安排扎实工作 在全面推进依法治税中实现收入目标

北京市地方税务局副局长 卜祥来

（2015 年 1 月 20 日）

同志们：

刚才，杨志强局长代表市局党组作了工作报告，我们要在组织收入工作中认真贯彻落实。下面，我就组织收入工作讲几点意见。

一、2014 年组织收入工作成绩来之不易

全系统在市局党组的正确领导下，扎实开展各项税收工作，凝心聚力、奋勇争先，克服了首都经济下行压力和结构性减税的不利影响，实现了税收收入稳定增长。各项税费收入达到 3431.7 亿元，增长 10.7%；税收收入达到 3209.4 亿元，增长 10.8%，税收规模居全国地税第 6 位，增速超过全国平均水平 2.3 个百分点；地方公共财政预算收入达到 2519.1 亿元，增长 8.6%。我们不仅完成了市政府和税务总局年初下达的收入任务，更是圆满完成了追加近百亿元的收入任务。

在过去的一年里，我们整体统筹、精心谋划，实现税收收入精确制导。面对复杂多变的国际环境、国内经济“三期叠加”、结构性减税持续推进的形势，市局党组把组织收入工作提高到前所未有高度，先后召开了 3 次全系统收入形势分析会和多次专题会，充分了解情况，精准把握形势，周密安排部署，全面督导落实。印发了《关于加强组织收入工作的意见》，进一步强化横向到边、纵向到底的工作制度和机制建设。全系统紧紧盯住税源变化，密切关注政策动向，准确分析税收形势，及时进行目标调整，使全年收入结果与预期目标的误差只有 4‰。

在过去的一年里，我们主动作为、扎实推进，组织收入工作稳中提效。全系统坚决贯彻落实组织收入原则和市、区、所三级收入目标责任制，细化工作方案，确定工作时限，确保工作成效。重点推进税收现代化建设和税收征管改革，强化税种税源管理，堵塞征管漏洞；主动推进改革创新，以国地税联合分析为起点广泛开展各项联合工作，集中力量加强税收分析；开展税收风险管理，加大评估、稽查、清欠力度，全年共增收 68.6 亿元，带动增长 2.2 个百分点。各局全面落实市局工作要求，特别是收入任务压力较大的局，全员停止休假，强化组收措施，确保全市地税收入任务的圆满完成。

二、充分认识经济发展新常态下的税收新常态

去年底召开的中央经济工作会议对经济新常态作了全面描述，市委全会也全面分析了首都经

济新常态，不久前召开的全国税收工作会议深入分析了经济新常态与税收新常态。充分认识首都经济新常态下的地税工作，对于做好当前乃至今后一个时期的组织收入工作具有极其重要的意义。

深刻认识经济发展新常态。经济发展进入新常态是中央作出的重大战略判断。从全国看，2015 年经济增长预期目标为 7.5%，财政预算安排增长 7.3%，税收收入增长目标为 6.9%，近年来首次低于财政预算增长目标，体现了财税体制改革全面深化、结构性减税持续推进的总体要求。我市将按照“四个中心”的首都城市战略定位要求，努力构建“高精尖”经济结构，着力推进京津冀协同发展，坚决疏解非首都核心功能，经济发展主要预期目标增速较 2014 年有所调低，地区生产总值增长 7% 左右，这是经济发展新常态的客观反映。

做好税收新常态下的组织收入工作。税收新常态既有阶段性特征又是一个长期过程，过去那种“不愁增长”的状况很难再现，传统税源发展缓慢、新兴税源不断涌现、征管难度日益增大是我们面前的新挑战。如何认识、适应、引领税收新常态，确保税收收入持续平稳增长，是我们需要努力破解的发展难题。这要求我们既要传承以往好的经验，更要主动适应新情况新变化，不断丰富、发展、完善组织收入工作，研究建立具有北京地税特色的科学高效的税收收入管理体系。总的想法是，以依法治税和税收现代化为根本要求，以计划编制、组织实施、目标调整、考核督导为主要手段，以规范化、集约化的数据信息保障体系为支撑，聚焦首都经济发展重点，着力提高税收收入管理的科学化和精细化水平，充分发挥税收职能作用，服务好经济社会发展。

三、科学合理地确定收入目标

税务总局下达我局 2015 年税收收入增长目标为 5.9%，其中，中央级税收收入增长 7.4%，地方级税收收入增长 5.4%。市局以充分发挥地方税收职能作用、服务首都经济发展为根本目标，以严格贯彻组织收入原则为准绳，科学编制各项税费收入（含工会经费）目标和地方公共财政预算收入目标，合理下达各税费、各局收入目标。

根据税务总局下达的收入目标，市局初步安排 2015 年各项税费收入目标 3635 亿元，增长 5.9%，税务稽查和日常检查纳入总体目标安排，共安排 110 亿元，占各项税费收入的 3%；安排地方公共财政预算收入目标 2750 亿元，同口径增长 5.4%。这个目标是综合考虑新常态下经济增长、税制改革等因素确定的，通过努力是能够完成的。市人代会将于 1 月 23 日召开，市政府按照今年下半年实施“营改增”总体减负 127.5 亿元测算，初步安排财政预算增长 7% 以上，若不考虑“营改增”实际增长 10.1%，分解给地税的增长目标将高于我们今天下达的指标，我们面临的组织收入工作形势将更加严峻。

充分考虑税种税源特点安排各税费收入目标。主要税费收入目标为：营业税增长 3.7%，个人所得税增长 10%，企业所得税规模与同期持平，“一税两费”增长 6.1%，印花税增长 19%，土地增值税增长 5.9%，契税增长 1.3%，工会经费增长 8.8%。

充分考虑区域税源差异安排各局收入目标。市局下达各局各项税费收入和地方公共财政预算收入两项增长目标。其中，11 个局地方公共财政预算收入增长目标在 5% 以上，8 个局增长目标在 0% ~5%，考虑第一直属分局重大税源转移影响安排负增长。

需要说明的是，按照新修订的预算法规定，将地方教育附加、文化事业建设费、残疾人就业保障金纳入地方公共财政预算收入口径一并下达。

四、以扎实的工作实现全年收入目标

为做好今年的组织收入工作，需从以下五个方面强化工作措施：

一是坚持依法治税，严格落实组织收入原则。在全面推进依法治国的大背景下，必须坚持依法治税，要认真贯彻以依法征税、应收尽收为主要内容的组织收入原则，正确认识、妥善处理依法治税和完成收入目标的关系，不断提高依法治税的能力和水平，规避执法风险，确保在依法的前提下完成收入目标。

二是加强组织领导，切实将收入目标落到实处。市局、区县（分）局两级领导班子“一把手”要负总责，分管领导、班子成员各负其责，靠前指挥，研究谋划，安排部署，指挥调度，强有力地推动组织收入工作。要坚决落实市、区、所三级收入目标责任制，将市局下达的两级收入目标细化分解、层层落实。

三是提高管理水平，抓牢组织收入工作主动权。研究建立税收收入应急保障机制，提高组织收入工作的科学化和精细化水平，确保目标落实有保障、组织收入有抓手、协调推进有安排。综合分析税收形势，加强重点领域税收研究，落实好市局党组提出的20条组织收入措施，不断提高税收增长质量。

四是强化部门协同，巩固组织收入工作合力。市局各相关处室横向上要通力配合，加强信息沟通和工作协同，整体把握好收入进度和工作进度；纵向上要各负其责，分头落实收入目标，强化对口督导，确保将收入目标和措施落到实处，收到实效。各局要努力提高征管质效，保证存量税源征收，培育和挖掘增量税源，不断夯实税源基础，确保完成市局下达的两级收入目标。

五是加强沟通协调，争取政府及相关部门支持。2015年，中央、市、区级收入目标协调的难度较大，市局正在与市财政局沟通协调部门间的收入目标分解。各局要把本次会议精神和本局的收入形势及时向区县党委政府汇报，争取更大的支持；也要与本级财政部门算细账、算实账，充分阐明结构性减税等因素对地税收入的影响，增强组织收入工作的主动性。

同志们，让我们在市局党组的坚强领导下，坚定信心，周密安排，精心组织，狠抓落实，努力实现收入目标，为促进首都经济社会发展做出新贡献！

坚持首善标准　强化责任担当
在新的起点上推进党风廉政建设和反腐败工作

——在2015年北京市地税系统党风廉政建设工作会议上的报告

北京市地方税务局纪检组长　张靖明

(2015年2月12日)

同志们：

这次会议的主要任务是：深入贯彻党的十八大、十八届三中、四中全会、十八届中央纪委五次全会和全国税务系统党风廉政建设工作会议、市纪委十一届四次全会精神，总结2014年市地税系统党风廉政建设和反腐败工作，部署2015年工作任务。江平书记将作重要讲话，我们要认真学习领会，抓好贯彻落实。下面，我受市局党组委托，向大会报告工作。

一、一年来工作回顾

2014年，全系统在市委市政府和国家税务总局的领导下，认真学习贯彻中央纪委、市纪委以及驻国家税务总局纪检组关于党风廉政建设和反腐败工作的新部署新要求，牢牢抓住依法治税、从严治队这一主线，全力推进惩防体系建设，注重落实“两个责任”，强化纪律观念，抓好作风建设，加强权力监督，惩治违纪违法问题，着力构建不敢腐、不能腐、不想腐的工作机制，党风廉政建设和反腐败工作取得明显成效。

(一) 认真落实“两个责任”，构建齐抓共管工作格局

市局党组高度重视主体责任的落实，坚持把党风廉政建设工作作为事关全局的大事来抓。党组主要负责人多次主持召开会议，研究部署全系统党风廉政建设工作；领导班子成员坚持“一岗双责”，抓好分管范围内的党风廉政建设工作，不断加强协调、督促、落实，带队深入分管单位和部门，采取听取汇报、查阅资料等形式，对主体责任11项内容、监督责任7项内容的落实情况进行监督检查，切实做到抓税收业务工作与抓党风廉政建设相结合。

驻局纪检组围绕税收中心工作，转职能、转方式、转作风，强化主责主业，认真履行监督责任，协助市局党组将2014年党风廉政建设和反腐败工作重点任务分解为7个方面24项内容；制定出台《北京市地税局关于加强纪检监察工作的意见》，要求纪检组长专注主业，不再分管其他业务工作；同时，将驻局纪检组承担的“全面清理各类行政许可事项及非行政许可审批项目”工作和绩效审计工作交还主责部门。

目前全系统在落实“两个责任”方面，已经形成党组抓、主要领导抓、班子成员抓，部门各负其责，一级抓一级、层层抓落实的良好局面。首都之窗和北京市纪检监察网就我局落实主体责任情况进行在线访谈，市纪委《是与非》杂志以整版篇幅刊发了我局开展党风廉政建设工作的经验。

（二）严明党的纪律，“四风”问题得到有效整治

市局党组始终把严明党的政治纪律放在首位，把纪律建设作为首要政治任务抓紧抓实，自觉同党中央保持高度一致。开展广泛的学习教育活动，不断提升党员干部的组织纪律性。同时，支持纪检监察部门严格执纪，对违纪违法人员不姑息、不迁就，维护纪律的权威性和严肃性。2014 年，对 2 名干部给予党内警告处分，对 3 名干部给予开除党籍、行政开除处分，在全系统通报处理了 3 起违纪问题，诫勉谈话 7 人，谈话提醒 21 人次，使纪律成为真正带电的“高压线”。

坚持纠正“四风”不放松。截至 12 月 31 日，共精简会议 356 个，精简各类文件 496 个，清理评比达标表彰项目 11 个，压缩“三公”经费 500 多万元，工作作风进一步好转。强化监督执纪，抓住春节、五一、中秋、国庆等关键时间节点，出台加强节日期间廉政纪律要求的通知，明确提出“九个严禁”的要求，坚决制止公款送礼、奢侈享乐等不正之风。组织全系统副处级以上领导干部签订不出入私人会所承诺书，11 位局级领导干部、248 位处级领导干部、1338 位科级领导干部做出书面承诺。结合“便民办税春风行动”，深入开展“两规范一提高”工作。组织特约监察员对全系统 24 个区县（分）局的服务场所进行了明察暗访，促进基层地税机关政风行风建设。

（三）认真处理信访举报案件，持续强化高压震慑

市局党组始终保持反腐败高压态势不放松，党政主要负责人旗帜鲜明、态度坚决地反对腐败，做到重要工作亲自部署、重大问题亲自过问、重点环节亲自协调、重要案件亲自督办。驻局纪检组对查处范围内的案件，严肃处理、严格处置。2014 年通过信、访、电、网等不同渠道，驻局纪检组共收到各类信访件 175 件（不含重复件），其中纪检监察信访件 139 件，本级直接核实 53 件。配合中纪委、市纪委、国家税务总局监察局以及检察院等单位协查案件 43 件，选派 4 名干部直接参与市纪委有关案件的调查工作。

（四）加强内控机制建设，全面推进廉政风险防控工作

结合税收现代化建设和深化税收征管改革，大力推进权力结构科学化配置体系、权力运行规范化监督体系、廉政风险信息化防控体系建设，实现痕迹化管理和廉政风险预警，确保严格依法行政，从源头和机制上防控廉政风险。完善并落实集体领导和分工负责制度，实行主要领导不直接分管人事、财务、工程建设等事项制度。规范税收行政行为，组织开展行政审批制度改革工作，共取消行政审批事项 26 项，保留行政审批事项 23 项。编制税务行政处罚权力清单，完善自由裁量权基准制度，会同市国税局修订《税务行政处罚裁量权实施办法》及执行标准，形成科学有效的权力制约和协调机制。加大税务行政审批、行政许可、行政处罚等信息公开力度，提高工作透明度。完善存量房征收管理模块的开发设计，将个人非自住房交易和赠与等行为的纳税征收管理纳入模块功能，实现了对个人住房交易征管的全覆盖，有效降低了征收过程中的廉政风险发生几率。建成二级电子监察平台，将“残疾人减免”纳入

二级监察平台监控项目。对政府采购项目公开招标过程进行监督，涉及17个大项27个子项，预算金额7740.96万元，中标金额7450.21万元，节约金额290.75万元，节支率3.76%。

（五）加强廉政教育和文化引领，努力营造良好氛围

在全系统深入开展反腐倡廉警示教育，2014年共组织系统各级干部6千余人参观警示教育基地，参观人数占全系统干部总人数的近9成。对系统214名新录用大学生和军转干部、331名基层科所长进行廉政教育培训。积极推进网络教育平台建设，内网和外网廉政教育平台均已搭建完毕并投入使用，党风廉政教育效果进一步强化。深入开展“北京廉政故事”“廉政微短剧”文化作品创作征集活动和“中国梦、公仆情”书画比赛，在全系统努力营造不敢腐、不能腐、不想腐的良好氛围。

（六）加强纪检监察队伍建设，创新工作机制

创新纪检监察工作机制，成立联合纪检监察组，强化对直属稽查局权力运行的监督。配合市纪委增加了驻局纪检组人员编制，为10个区县局配齐配强纪检组长，使纪检干部队伍力量大幅度增强。通过以案代训、以干代训、集中辅导等方式，加大纪检监察干部培训力度，其中8人次参加总局、市纪委组织的纪检监察专业培训，7名新任纪检组长和10名监察科长接受任职培训，99名纪检监察干部进行了更新知识培训，纪检监察干部队伍整体素质明显提升。

党的十八大以来，市地税系统两级党组和纪检监察部门认真贯彻落实党中央的新精神、新部署、新要求，党风廉政建设和反腐败工作取得明显成效，也积累了宝贵的经验。在工作实践中，我们的体会是：党风廉政建设是关系党和国家前途命运的大事，是关系到加强党的执政地位的大事，必须从讲政治的高度，从全局、大局的高度来认识和推进。要坚决做到讲政治纪律、政治责任、政治定力，并致力于构建良好政治生态。讲政治纪律，就是要坚决与党中央保持高度的一致，始终坚持把党风廉政建设作为党的建设的重要任务来抓；讲政治责任，就是要落实好“两个责任”，把主体责任和监督责任，记在心上、扛在肩上、抓在手上，落实在行动上；讲政治定力，就是毫不动摇、毫不迟疑、毫不松懈，抓工作落实要态度不变、决心不减、勇气不泄、尺度不松地落实中央关于党风廉政建设和反腐败工作的各项部署；构建良好政治生态，就是要根据税收工作规律、干部队伍现状，紧贴地税工作实际，把不断强化“不敢腐”的氛围、“不能腐”的制度、“不想腐”的信念，作为北京地税系统党风廉政建设的治本之策、根本任务来抓，通过不懈努力真正实现北京地税系统“干部清正、政府清廉、政治清明”的根本目标。

在肯定去年工作成绩的同时，也必须清醒地看到，当前地税系统党风廉政建设工作与中央精神和上级要求相比，还存在一定差距和不足。主要表现在：一是有的单位主体责任仍未完全落实到位，对党风廉政建设工作的安排部署不够具体；二是系统内违纪违法问题仍时有发生，“吃拿卡要报”现象仍然存在，特别是延庆县地税局两名处级干部利用职务便利为子女结婚大操大办宴席，顶风违纪，在社会上造成不良影响，并被上级单位通报；三是纪检监察部门实行“三转”后，如何聚焦主责主业，履行好监督职责，仍有待深入的研究和探索，利用现代化手段开展监督仍有差距，纪检监察干部队伍素质仍有待提高。对于以上问题，我们必须高度重视，切实加以解决。

二、2015年主要任务

2015年是全面推进依法治国的开局之年，

是地税系统全面推进税收现代化和征管改革的攻坚之年，也是抓好新时期党风廉政建设和反腐败工作承上启下的关键一年。总体要求是：深入贯彻党的十八大、十八届三中、四中全会精神和习近平总书记系列重要讲话精神，坚决落实全国税务系统党风廉政会议和市纪委第十一届四次会议工作部署，坚持从严治党、依规治党，牢牢把握依法治税、从严治队基本要求，强化首善标准，落实“两个责任”，严明党的纪律，严守党的规矩，持之以恒落实中央八项规定精神、市委实施意见和市局党组各项要求，坚持围绕税收中心工作、服务税收工作大局，坚决惩治腐败，强化监督执纪，坚定不移地推进地税系统党风廉政建设和反腐败工作，努力营造风清气正的良好氛围。重点抓好以下七个方面工作：

（一）加强地税系统纪律建设

党的十八大以来，党中央多次强调，党员干部必须严守党的纪律。市委强调，北京作为首都，必须以首善标准全面落实从严治党要求，模范执行党的各项纪律，这为我们开展工作指明了方向、确立了目标。坚持首善标准，就是要在思想上、政治上、行动上始终与以习近平同志为总书记的党中央保持高度一致，以更高的标准、更严的纪律、更有力的举措，在贯彻落实中央、市委市政府、国家税务总局和市局党组决策部署上作出表率，在守纪律、讲规矩上树立典范。

要把纪律建设作为反腐败治本之策，摆到更加重要的位置。要严明政治纪律和政治规矩，绝不允许结党营私、拉帮结派、培植亲信，搞人身依附，绝不允许自行其是、阳奉阴违、上有政策、下有对策，确保政令畅通。要严明组织纪律，增强组织观念，严格执行民主集中制，自觉做到“四个服从”，绝不允许违背组织程序，重大问题不请示、不报告，虚报瞒报，目无组织的行为。要严格工作纪律，加强对市局党组全面推进税收现代化和税收征管改革发展一系列重大部署、依法治税、从严治队一系列纪律要求落实情况的监督检查，特别是要加大对税务行政审批制度改革、税收优惠政策执行情况的监督力度。要完善党风廉政建设相关制度，贯彻落实《北京市地方税务局关于全面推进惩治和预防腐败体系2013—2017年工作规划》，完善惩治和预防腐败、廉政风险防控、领导干部报告个人有关事项等规章制度。纪检监察部门要加强对党的纪律执行情况和各项法规制度落实情况的监督检查，加大执纪力度，维护党规党纪的严肃性和权威性，使各项纪律真正成为触碰不得的硬约束、高压线。

（二）全面落实“两个责任”

党风廉政建设主体责任和监督责任是党章赋予各级党组和纪检监察部门的政治责任。各级领导班子和领导干部要认真学习、深刻领会习近平总书记系列重要讲话精神，把思想和行动统一到中央对党风廉政建设和反腐败形势的判断和任务要求上来。要抓住主体责任不放松，做到主体不虚置，责任不空转，各级领导班子和领导干部真正把教育、制度、监督等日常工作承担起来，落实到位。要抓住监督责任不放松，纪检监察部门既不越位错位，也不缺位空位，真正把力量集中到主责主业上来，执好纪、问好责、把好关。要研究制定《北京市地方税务局各级党组落实党风廉政建设主体责任实施办法》和《北京市地方税务局各级纪检监察部门落实党风廉政建设监督责任实施意见》；细化、深化主体责任和监督责任，建立主体责任和监督责任清单，明确领导班子的集体责任，明确主要负责人、分管领导以及纪检组长和纪检监察部门的工作任务和目标要求，把笼统的责任变成指向明确、操作性强的任务清单，以明确事项解决好“不会干”的问题。

要强化责任担当，加强检查督导，对上，实行党组、纪检组定期报告、述责述廉等制度；对下，实行约谈督促、领导班子成员带队考核，形成一级抓一级、层层抓落实的责任链条。强化倒查追究，严肃问责。依照责任追究实施细则，对顶风违纪以及抓党风廉政建设工作不力、瞒案不报、压案不查的，同时追究主体责任和监督责任，用严格的要求解决好“不愿干”的问题。在全系统构建起主要负责人亲自抓、领导班子成员自觉抓、纪检监察部门强力抓，各负其责的工作新格局，真正使“两个责任”落实到位。

（三）驰而不息纠正“四风”

作风建设永远在路上。要保持常抓的韧劲、长抓的耐心，在坚持中见常态，向制度建设要长效。严格执行制度，继续抓好中央八项规定精神和市委十五条实施意见的贯彻落实，恪守执法禁贪、服务禁懒、管理禁散各项要求，严格落实市局党组六个严禁要求，紧盯一个个时间节点，解决一个个具体问题，特别是干部队伍中存在的“慵懒散”“为官不为”等问题，促进作风进一步转变。加强对厉行节约、干部住房、公车配备、职务消费等制度规定落实情况的监督检查，坚决查处公款吃喝、公款旅游、公款送礼等问题，紧盯“四风”新形式、新动向，防止“四风”问题反弹回潮。要充分发挥特约监察员和第三方机构社会监督作用，加大明察暗访力度，重点整治滥用职权、刁难群众、吃拿卡要报等问题。继续实行零申报、“双签字背书”等责任制度，把违反中央八项规定精神列入纪律审查重点，作为纪律处分的重要内容。要加大执纪监督力度，对顶风违纪者，绝不姑息迁就，不仅要严肃处理，还要点名通报曝光，同时还要对所在单位“两个责任”主体进行问责，使中央八项规定精神成为“高压线”“铁八条”，使作风持续向好，违纪违规问题越来越少，干部群众满意度越来越高。

（四）严惩违纪违法行为

保持惩治腐败的高压态势不放松，坚持无禁区、全覆盖、零容忍的态度不改变，坚决遏制腐败蔓延势头，形成持续震慑。要加强对反腐败工作的领导和支持，进一步完善查办违纪案件组织协调机制，确保案件查办工作顺利开展。今年纪律审查的重点是违反党的政治纪律、组织纪律、保密纪律的行为，主要是严查领导干部违规插手基建工程、信息化建设、买官卖官的案件，严查问题线索比较集中且还可能提拔的干部，严查违反中央八项规定精神等顶风违纪以及税收征管中内外勾结、以税谋私、失职渎职等行为。落实税收违法案件“一案双查”制度，稽查、督察内审等部门要及时向纪检监察部门移送在日常工作和监督检查中发现的有关问题。加大信访举报核查力度，提高信访核查质量，强化综合分析，把推进信访监督作为教育、挽救、保护干部的重要手段。强化问题线索的管理，严格按照中央纪委规定的拟立案、初核、谈话函询、暂存、了结五类标准分类规范处置，定期进行清理。完善案件查办机制，强化转办信访案件的督查督办，提高调查和办案质量。严格遵守审查工作纪律，依规依纪进行审查。建设标准化谈话室，规范办案工作。开展案件查办知识培训，提高系统纪检监察干部办案能力。

（五）强化廉政风险防控管理和内控机制建设

把深入推进廉政风险防控管理和内控机制建设作为税收现代化建设和深化税收征管改革的重要内容，纳入顶层设计加以部署和推进。要巩固完善以往行之有效的做法，全方位深化廉政风险防控和内控机制成果运用。要加强和改进对领导干部行使权力的制约和监督，认真落实《税务系统领导班子和领导干部监督管理办法》及其实施细则。加强对税收执法权的监督，重点对减免税、发票管理、企业注销等事项开展执法监察和执法督察。深入开展利用涉税中介机构牟取不正当利益问题专项整治。加强对选人用人过程监督，建立“带病提拔”等问题追究机制，重点整治跑官要官、买官卖官、拉票贿选以及形式上走程序、实质上“暗箱操作”等问题。加大对重点工程建设、重大采购事项的审计力度，防止资金滥用。联合纪检监察组要继续深化对直属稽查局“两权”运行的监督。

加快推进内控信息化建设步伐，提升地税系统廉政风险防控信息化、科学化水平。认真落实总局《关于全面推进内控机制信息化升级版建设的意见》，突出重点领域、关键岗位、重要环节，进一步梳理风险点，动态校正风险防控指标，升级改造内控功能，按照总局部署和时间节点要求，上线应用内控信息化管理平台，实现税收执法领域和行政管理领域的“两覆盖”“两优化”“两提升”，扎牢制度之笼，规范权力运行，堵塞管理漏洞。

（六）强化源头预防治理

要持续深化反腐倡廉教育，在全系统营造不敢腐、不能腐、不想腐氛围。要针对税务干部思想实际，继续抓好党纪法规、典型示范、警示案例、思想道德等教育活动，使每一名税务干部从内心深处明白如何做人、怎样做事，认识到自己对家庭和国家应承担的责任，分清可为与不可为的界限。要加强北京地税警示教育基地建设，以警示教育基地为平台，深入开展警示教育活动，提高税务干部守纪律讲规矩的自觉性和主动性。要进一步推进网络廉政教育平台建设，对内开展网上廉政学习教育，重点开展党纪法规、警示案例等教育；对外传播廉洁从政理念，交流廉政工作经验，展示地税良好风貌。要加强法治文化和廉政文化建设，发挥文化引领、教化作用，要坚持崇德重礼与遵纪守法相结合，大力倡导时代新风，让秉公执法、清正廉洁成为广大税务干部的共同价值理念。要抓好廉政文化阵地建设，打造地税廉政文化品牌。

（七）打造过硬的纪检监察队伍

系统广大纪检监察干部要进一步统一思想、聚焦中心，持续做好转职能、转方式、转作风工作，挖掘自身资源和潜力，把更多的力量投入到监督执纪问责上来，守住主责主业不发散。打铁还需自身硬。纪检监察干部是党纪党规的捍卫者、国家利益的忠诚卫士，要履行好肩负的责任和使命，必须抓好学习，认真学习习近平总书记系列重要讲话和中央、市委、国家税务总局关于党风廉政建设工作的重要指示和部署，认真学习征管、稽查、服务、票证等税收业务知识，提高纪检监察干部队伍素质。必须敢于执纪，敢于担当，做党的纪律的坚定拥护者、模范执行者和有力监督者，为推进税收现代化建设和深化征管改革，提供强有力的纪律保障。必须加强协调，增强工作主动性。必须严于律己，自觉践行“三严三实”，在培养严、细、深、实工作作风上下功夫，在守纪律、讲规矩方面做出表率，强化自身监督，防止“灯下黑”，始终保持忠诚、干净、担当的政治本色，以实际工作成效赢得税务干部的信赖。

同志们，做好党风廉政建设和反腐败工作责任重大、使命光荣。我们要按照中央、市委和税务总局要求，保持政治定力，坚定立场方向，盯住目标任务，扎实工作，改革创新，锐意进取，不断把党风廉政建设和反腐败斗争引向深入，为全面推动北京地税税收现代化建设和税收征管改革发展提供坚强有力的保证。

精诚合作 开拓创新
推动国地税合作工作迈上新台阶

——在北京市地方税务局、北京市国家税务局第二次合作工作会上的讲话

北京市地方税务局副局长 王 炜

（2015 年 7 月 15 日）

各位领导、各位同仁：

近年来，北京国税、地税两局不断加强工作沟通配合。2014 年 4 月 17 日，两局首次召开领导班子座谈会，共同研究两局协调配合工作。2014 年 8 月成立了由两局主要负责人任组长的“北京市国家税务局北京市地方税务局协调税收工作领导小组”，在税源管理、税收分析、评估稽查、法制宣传、纳税服务、京津冀一体化、后勤保障等方面，确定开展了 7 大类 45 个合作事项，全部按计划顺利开展，取得了明显成效，为首都经济社会发展做出了突出贡献，受到了市委、市政府和税务总局主要领导多次批示肯定。

一、首次联合召开年度工作会议

2015 年 2 月 5 日，北京市召开 2015 年税务工作会议，这也是北京市国税系统、地税系统首次联合召开年度工作会议。北京市常务副市长李士祥、国家税务总局总审计师顾炬出席会议并作重要讲话。北京市政府副秘书长徐熙主持会议，市发展改革委、市财政局、市统计局主管负责同志，各区县政府、北京经济技术开发区管委会主管负责同志，全市税务系统处级以上领导干部参加会议。李士祥常务副市长指出，全市国税、地税系统联合召开税务工作会议，这是一个创新，很有意义。税务总局顾炬总审计师表示，北京国、地税局在各项工作中相互支持、相互协作，攻克难点、打造亮点，在推进税收现代化的新征程中走在了前列，起到了很好的示范作用。希望两局继续齐心协力，服务首都经济发展大局，取得更加突出的业绩。

二、联合推出北京市税务部门简政放权、优化服务 15 项举措

为贯彻落实国务院关于简政放权放管结合优化服务的总体部署和要求，发挥北京作为全国科技创新中心的示范作用，激发创新创业活力，北京市国税局、地税局针对纳税人办理频次高、耗费时间长的日常涉税事项，加强协同配合，联合推出北京市税务部门简政放权、优化服务 15 项举措。实现了国地税联合办理税务登记、企业所得税 6 大类 89 个事项网上办理、简化“一税两

费”申报缴税程序等，并为大企业和小微企业分别提供了有针对性的服务举措。

三、加强双方税源管理，共享基础数据信息

两局从税源管理基础工作着手，逐步推进数据共享，及时通报“营改增”后纳税人及相关行业纳税情况，以“便民办税春风行动”为出发点，探索创新服务方式。

（一）协同创新，推出“一税两费”委托代征和联合税务登记

成立市国、地税局推进“一税两费”委托代征和联合税务登记工作领导小组，共同制定工作实施方案。联合发布《北京市地方税务局、北京市国家税务局关于城市维护建设税、教育费附加、地方教育附加委托代征有关事项的公告》《北京市地方税务局、北京市国家税务局关于进一步加强联合税务登记管理有关事项的公告》，并在系统开发和测试、业务流程及系统操作培训、对外宣传辅导等方面，联合开展了一系列准备工作。

自2015年1月1日起，在全国税务系统创先推出了两项便民服务举措：一是市地税局委托市国税局对“一税两费”进行代征，1—5月征期全市委托代征“一税两费”户数74.25万户，代征率达95%，代征相关税费73.47亿元。二是由市地税局统一办理设立税务登记，截至5月31日，办理联合税务登记户9.29万户，取得明显成效。一是堵塞征管漏洞。“一税两费”有税申报户同比增长7.14%；入库金额同比增长8.57%。二是提高纳税服务质效。将原来在国、地税局分别申报的增值税和“一税两费”，改为在国税局的网上一次申报完成，相关税费自动计算，精简了申报流程。三是节约征纳双方资源。两局合并政府综合行政服务大厅税务登记窗口，统一办理纳税人的设立税务登记手续，实现“一站式”办理，国税局减少了35名工作人员。纳税人无须重复排队，平均每户缩短了10分钟录机操作时间。四是共享征管基础信息。市地税局从源头上掌握了市国税约70万网上申报纳税人的“一税两费”信息和登记信息，经过对税源基础数据的深层比对，发现了两局基础登记信息不一致、在国税申报而未在地税登记等情况，为开展信息核实工作明确了重点和方向。

（二）协作落实，推进“营改增”扩围后续管理工作

两局积极配合市财政局做好典型调查和数据支持工作，双方协作做好税源户的筛选、确认及移交工作；共同就“营改增”有关文件所涉及的税政、征管、票证等问题进行沟通，明确适用政策，联合发布相关公告，明确我市在税制衔接上的安排、部署及相关要求，确保纳税人正常履行纳税义务，保障其合法权益；按照市税改办有关财政扶持资金的政策要求，两局积极落实，共同做好财政相关审核工作。

四、联合开展税收分析，提供首都税收收入整体数据参考

为全面反映首都税收实际情况，两局建立了以定期形势分析和定项专题分析为主要内容的联合税收分析机制，进一步深化税收分析效能，紧扣发展重点、转型亮点和问题焦点，发挥税收分析的“显微镜”作用，全力打造税收分析“拳头”产品。在全国省级税务部门率先实现数据整合，深挖税收大数据潜力，展现首都经济和税收发展全貌，为税务总局和北京市委、市政府决策提供了更加科学准确的信息，得到了税务总局王军局长、丘小雄副局长和北京市委书记郭金龙、市长王安顺、常务副市长李士祥等领导的高度评价和肯定。2014年，两局已经按季度完成了4篇

定期税收分析，2 篇定项联合分析。

五、建立评估稽查协作机制，推进风险应对和联合稽查

联合开展大企业管理和纳税评估，加强纳税评估和日常检查数据分析，推进税收遵从风险管理工作，落实大企业和总部企业税收管理与服务工作，研究探索大企业个性化服务。

六、加强推进税收法制宣传，建立规范税收保障制度

两局结合首都经济社会发展的新形势和税收征管改革、税收现代化工作实际需要，加强与政府各部门的沟通联系，以加强涉税信息共享和执法协助工作保障为突破口，积极开展地方税收保障制度研究，完善北京地方税收法规库，认真清理税收规范性文件。精简、合并行政审批事项，编制税务行政处罚权力清单，修订《税务行政处罚裁量权实施办法》及执行标准。

（一）共同努力，推动出台《北京市人民政府办公厅关于加强税收保障工作的意见》

报请北京市政府出台了《北京市人民政府办公厅关于加强税收保障工作的意见》，推动地方税收保障工作取得了阶段性成果。《意见》改变原有简单分散的配合机制，统一规范了保障制度，拓展了信息交换和执法协助的广度和深度，进一步扩大税收保障范围。

（二）联合宣传，国地税共创《税收天地》专栏

2014 年 10 月 18 日，两局共同制作的税务普法专题栏目《税收天地》在北京电视台财经频道正式开播，目前已播出 19 期节目。两局不断增强栏目宣传效果，联合发布重要税收资讯，统一答复热点、难点问题。

七、联合开展纳税宣传辅导，携手提供更全面的纳税服务

结合深入开展“便民办税春风行动”，两局印发了《关于联合开展纳税服务工作的意见》，联合开展税收宣传、纳税辅导、办税服务、信用管理、中介管理、纳税人权益保护等八方面工作，并建立了长效合作机制。丰富了纳税服务内容，提升了纳税服务效果，整合了纳税服务资源，各项工作衔接有序。

两局共同在百度网推出北京税务微网页，以“发挥税收职能作用，服务首都经济发展”为主题，延伸服务触角，打造“北京税务”宣传服务品牌；指导各区县国、地税局联合开展纳税辅导，促进实体纳税人学校建设；联合推出《纳税服务承诺》，在部分条件成熟的区县国、地税局办税服务厅互设服务窗口；实现纳税人需求的收集和共享。2014 年 12 月底，两局完成了 12366 纳税服务热线业务的整合工作。

八、推进京津冀一体化，协同研究税收发展建设问题

两局积极合作，共同参与首都产业疏解和京津冀协同发展相关工作。按照市领导指示，市地税局牵头 8 部门共同研究起草了《关于北京市不宜发展产业的政策措施》。按照税务总局重点科研项目安排，地税局牵头承担《京津冀协同发展税收问题研究》调研课题，联合北京国税等三地六局提出税收服务京津冀协同发展 6 方面 33 条政策建议。加强三地国、地税局沟通协调，对风险管理一体化进行了有益探索。

九、联合加强个体工商户和有形市场税收管理

为积极配合首都城市战略定位调整，疏解非

首都功能产业，结合全市税收征管实际，市国税局牵头提出一手抓小微企业的税收政策落实，一手抓个体工商户的税收征管调控的工作思路，充分发挥税务机关工作职能，协助做好非首都功能调整疏解工作。

（一）摸清家底，科学核定定额。通过工商、国税、地税等部门的全面配合做好全市个体户、有形市场主办方及产权方的摸底工作。重点对有形市场内未办理税务登记和税务登记信息不准确的摊位，开展一对一的核实、清理，确保三部门个体工商户登记信息的一致性。将百荣定税的成熟经验在全市推广，对市场内定额核定户，从主办方收取的业户租金入手，主管税务机关以租金为依据，按照摊位租金、行业销售毛利率倒推营业收入，以准确核定个体户定额。

（二）加强两局与工商部门的配合。一方面，两局建立个体工商户征税信息交换机制，定期比对摊位租金信息和定额核定信息，丰富两局个体工商户定额核定的信息来源，确保国税局核定的增值税定额与地税局核定的个人所得税定额信息一致性。另一方面，与市工商局密切协作，掌握以商贸公司形式存在，出租摊位为主营的800余户企业的基础信息，以便以此为切入点推行集中收银和单一法人征税。

十、整体规划机关办公设施维护，做好后勤保障工作

由于两局在一座楼内办公，两局商定共同改造地下车库，改造正门上方玻璃雨搭，共同维护办公区，处置突发事件，办理楼内通道门禁卡，处理治安问题。

近年来通过共同努力，北京国、地税两局已经在工作合作上建立了良好机制，打下了坚实基础。今年以来，两局领导和有关处室层面，就2015年两局合作事项进行了沟通，充分交换了意见，形成了“北京市国家税务局、北京市地方税务局2015年合作工作要点”，对《合作工作规范》（1.0版）中5个方面32个合作事项，逐项明确了责任处室和责任人。下一步，两局将进一步精诚合作，开拓创新，共同抓好各项合作事项的落实，推动国地税合作工作迈上新台阶，为首都经济社会发展做出更大贡献。

税收政策

收入规划核算

【综述】2015年收入规划核算部门紧紧围绕贯彻落实党的十八大、十八届三中、四中、五中全会和习近平总书记系列重要讲话精神，贯彻落实市委、市政府、国家税务总局工作要求，以及市局党组具体工作部署，主动适应税收发展新常态，主动融入税收现代化建设，主动推进各项改革创新，全面提高服务全局、服务领导决策的能力，提前谋划“十三五”开局之年。全面协调做好组织收入工作，加强保障，克服困难，圆满完成收入任务。截至12月31日，累计完成各项税费收入3868.2亿元，增收436.5亿元，同比增长12.7%；完成地方公共财政预算收入2872.9亿元，增收264.6亿元，同比增长10.1%；完成税收收入3622.7亿元，增收413.3亿元，同比增长12.9%，完成两次调整后收入任务3590亿元的100.9%，收入规模由全国省级地税部门第6位上升到第4位，收入增速位居第3位，为首都改革发展提供了有力保障，为全国中央级收入稳定增长做出了积极贡献。形成多篇税收分析精品，为领导决策提供了有力支持，全面开展税收形势分析、经济运行分析、风险分析、政策效应分析，反映全市税收运行和组织收入工作成效，全年，共完成各类税收分析报告110余篇，其中，获得省部级领导批示6篇，发表调研文章23篇。积极开展部门合作，建立良好协作机制，进一步加强与国税、财政、国库、统计等部门的合作，为组织收入和统计分析工作奠定坚实基础。大力夯实、优化核算基础工作，获得报表会审优秀单位称号。进一步落实完善业务工作制度，组织修订税收票证管理规程，强化票证管理与检查，推进减免税核算管理。进一步优化三项调查，积极为基层和纳税人减负。强化内部管理与人才培养，打造系统分析团队效果显著，绩效管理考核成绩突出，收入规划核算处获得市局机关处室排名第一的好成绩。

【税收特点】2015年，北京市“高精尖”产业税收规模达到2042亿元，增长18.8%，占比由50.1%上升至52.8%，其中，金融业762.9亿元，增长27.3%；高新技术企业479亿元，增长9.5%；文化创意产业429.7亿元，增长12%；商务服务业370.3亿元，增长24.1%。房地产业税收持续低速增长，开发、交易、保有三个环节共完成1266.3亿元，增长5.5%。制造业、批发和零售业双双减速，分别完成税收206.3亿元和230.1亿元，分别增长9.8%和3.4%，增速较上年分别回落1.8个和5.8个百分点。2015年，中央与地方共享税快速增长，个人所得税和企业所得税分别完成1195.3亿元和374.1亿元，分别增长24.7%和12%，合计占比达到40.6%。地方税中，营业税完成1186.1亿元，增长11.1%；城市维护建设税、教育费附加、地方教育附加完成368.2亿元，增长9.7%；印花税、房产税和契税分别完成68.6亿元、152.1亿元、210.2亿元，分别增长

11.9%、8.4%和9.2%。

【收入目标动态管理】坚持收入目标动态调整，按照市局党组提出的“保中央、稳地方”的要求，整体统筹征管、检查、清算、退税进度，三次对各局收入目标进行调整，按日监控各单位、各税费收入进度，预调微调工作进度，确保圆满完成各级收入任务。全年，中央级收入增长21.3%，高出全国平均增速2.6倍，地方级收入增长10.1%，与全年收入目标误差小于1‰。

【税收分析】创新联合税收分析工作机制，着力打造系列分析拳头产品。与市国税局共同完成8篇联合形势分析和4篇联合专题分析。围绕京津冀协同发展战略，完成《京津冀税收呈现融合发展良好态势》分析，拓展与高校合作，实现“强强联手”，与中央财经大学合作完成《北京市城镇土地使用税纳税能力估算》和《存量房交易税收优惠政策效应分析》。全年，共完成各类税收分析报告110余篇，其中，获得省部级领导批示6篇，发表调研文章23篇；编报并被采用税收信息140余条；利用电视、网络、报刊等媒体开展税收宣传40余次。创新开展收入核算、减免税、欠税等领域分析，提出的加强新增税源管理、调整印花税完税方式、优化契税征缴程序等建议，均被采纳。

【收入核算】进一步提高收入核算工作质量，加强日常和专项税收会计监督，提高会计核算和报表编报数据质量，在全国年报会审工作中再次获得优秀等级单位。全年共组织编报税收计划、会计、统计相关报表76种、8060张。加强税收会计检查，从后台调取疑点数据查找税收资金安全风险，全年共下发疑点数据2万余条，纠正票证交接手续不规范、税收票款结报不规范等行为。全面开展减免税精细化核算，修改和完善减免税申报表，对减免税申报情况进行核实，及时发现问题，客观反映全系统落实各项税收优惠政策的情况。

【制度建设】制定《税收收入应急保障预案》，并于2015年5月对收入负增长的5个局启动预案，其中4个局上半年收入“由负转正”。印发《关于加强关于联合开展税收分析工作的意见》，指导全市国税、地税广泛开展联合税收分析工作，全方位展示首都税源税收发展状况，得到了市、区党委政府领导的高度关注和肯定。组织修订税收票证管理规程，强化票证管理与检查。协同财产和行为税管理处，制定调整北京市印花税完税方式工作方案；会同市局相关部门及市住建委、中国人民银行营业管理部制定优化完善契税征缴程序的工作方案，防范风险，优化完善契税征缴程序。

【分析团队建设】围绕“集中力量出精品、深入培养造人才”的目标，强化税收分析培训，共开展两期累计13周脱产培训，团队成员、收入核算科科长及市局处室分析骨干共130人次参加培训。按照税务总局提出的“税收形势分析、税收风险分析、政策效应分析、经济运行分析”的要求，确定4个工作小组，在实干中培养人才。一年来，由团队参与完成了税务总局3项全国性研究课题，25项全市层面的分析课题。

【三项调查】从数据质量、风险分析和人员培训等方面完善重点税源监控工作机制；安排部署2015年税收调查工作，先期导入市局已掌握的相关调查数据，纳税人仅就40%的税收调查数据进行填报；全面落实2015年减免税统计调查，梳理清洗核心征管系统中减免税申报数据，首次实现全部调查数据由后台提取，取消了延续数年的减免税调查全系统动员部署工作，并积极做好税务总局改版后减免税软件的测试工作，获得了基层和税务总局的一致好评。

【电子缴税】加强与中国人民银行营业管理部合作，对12家商业银行财税库银横向联网业务进行测试，截至2015年底，全市开展电子缴税业务的商业银行达到50家。协调中国人民银行营业管理部修改完善工商银行自助打印凭单机具，研发缴税专用的自助缴税机，在通州区局服务大厅试点使用，同时在试点过程中解决了缴款5万元限额和跨行刷卡费用等难题。

【绩效管理】积极完成考核任务指标，加强与税务总局对口司局的业务沟通，点对点解决实际工作中和绩效考评工作中存在的问题；强化对区县（分）局的绩效考核和市局处室的绩效考核，积极落实个人绩效工作，提高整体工作水平。收入规划核算处获得2015年市局机关处室绩效管理考核总分排名第一的成绩。

（周非平）

营业税管理

【综述】2015年市区两级税政干部紧紧围绕地税中心工作，积极进取、勇于担当，在确保营业税各项工作正常运转的前提下，全面完成市委市政府和国家税务总局交办的各项工作任务：一是“营改增”试点工作顺利开展。加强与市国税局沟通，联合开展“营改增”扩围测算工作，召开“营改增”工作座谈会，按行业规模及税额占比联合部署调查任务，分批次筛选千余户纳税人开展“营改增”测算，确保测算工作的圆满完成，为下一步税改工作奠定基础。二是优惠政策落实到位。2015年，全市共计减免营业税154.04亿元，比2014年同期的52.81亿元增加101.23亿元，增长191.69%。本年度减免营业税主要集中在个人销售已购住房、一年期以上返还性人身保险和安置残疾人就业三个项目，三项共计减免营业税153.64亿元，占全市减免营业税的99.74%。三是开展调查研究工作。围绕“营改增”这一税制改革给地方税体系建设带来的新课题，以及给地税税收征管模式提出的新挑战开展调研，从“营改增”对地方税收的影响入手，分别从税收风险管理、信息管税、国地税合作三个方面提出征管模式应对思路和策略，并在市局《调查研究》上刊登。四是服务小微企业发展。积极落实小微企业优惠政策，切实履行税务机关职责，加强宣传力度，为61.5万户纳税人减免营业税9.2亿元，占全部营业税总户数的83%，从行业上看，受益最多的是服务业，占小微企业免征营业税税额的85%，其次是娱乐业和建筑业。五是及时应对二手房新政。在加强房地产税收一体化进程中，市局积极走访区县局，了解个人存量房交易流程，研究纳税人丢失发票如何办理过户问题，以及向特定亲属关系人无偿赠与不动产等涉税问题，研提政策调整建议，得到税务总局肯定性答复和政策支持，有效化解征纳矛盾。同时顺应时代潮流，及时应对二手房营业税免税由5年改为2年的新政，完善后台程序改造，确保优惠政策平稳落地。新政实施后，我们大力宣传政策变化，及时上报有关数据，着重分析落实情况，得到税务总局局长王军的充分肯定。六是规范税种管理职责。2015 年，在强化重点行业风险管理过程中，与稽查处联合草拟《关于债券买卖业务税收管理实施方案》，将 3 年内按金融商品转让税目申报的企业名单推送区局，开展债券买卖业务的专项检查；同时，与监察处联合开展促进残疾人就业优惠政策执行情况的检查，加班加点及时上报检查结果。此外，还对部分企业开展了评估约谈等工作。

【税收政策调整】 为加快对外文化贸易、养老服务等行业发展，2015 年 2 月 12 日，北京市财政局和北京市地方税务局以京财税〔2015〕230 号联合转发《财政部、国家税务总局关于支持文化服务出口等营业税政策的通知》（财税〔2014〕118 号），明确自 2015 年 1 月 1 日起：一是对纳税人为境外单位或个人在境外提供文物、遗址等的修复保护服务和纳入国家级非物质文化遗产名录的传统医药诊疗保健服务，免征营业税。二是对现行养老机构提供的养老服务免征营业税政策明确如下：养老机构是指依照《养老机构设立许可办法》（民政部令第 48 号）设立并依法办理登记的为老年人提供集中居住和照料服务的各类养老机构。养老服务是指上述养老机构按照《养老机构管理办法》（民政部令第 49 号）的规定，为收住的老年人提供的生活照料、康复护理、精神慰藉、文化娱乐等服务。三是将《财政部、国家税务总局关于加强教育劳务营业税征收管理有关问题的通知》（财税〔2006〕3 号）第 1 条第 3 项“提供教育劳务取得的收入是指对列入规定招生计划的在籍学生提供学历教育劳务取得的收入，具体包括：经有关部门审核批准，按规定标准收取的学费、住宿费、课本费、作业本费、伙食费、考试报名费收入”调整为“提供教育劳务取得的收入是指对列入规定招生计划的在籍学生提供学历教育劳务取得的收入，具体包括：经有关部门审核批准并按规定标准收取的学费、住宿费、课本费、作业本费、考试报名费收入，以及学校食堂提供餐饮服务取得的伙食费收入。学校食堂是指依照《学校食堂与学生集体用餐卫生管理规定》（教育部令第 14 号）管理的学校食堂”。四是对中国金融期货交易所代收的期货市场监管费准许从其营业税计税营业额中扣除。为继续支持农村金融发展，解决农民贷款难问题，2015 年 2 月 27 日，北京市财政局和北京市地方税务局以京财税〔2015〕201 号联合转发《财政部、国家税务总局关于延续并完善支持农村金融发展有关税收政策的通知》（财税〔2014〕102 号），明确规定：一是自 2014 年 1 月 1 日—2016 年 12 月 31 日，对金融机构农户小额贷款的利息收入，免征营业税。二是自 2014 年 1 月 1 日—2016 年 12 月 31 日，对金融机构农户小额贷款的利息收入，在计算应纳税所得额时，按 90% 计入收入总额。三是自 2014 年 1 月 1 日—2016 年 12 月 31 日，对保险公司为种植业、养殖业提供保险业务取得的保费收入，在计算应纳税所得额时，按 90% 计入收入总额。四是本通知所称农户，是指长期居住在乡镇行政管理区域内的住户，还包括长期居住在城关镇所辖行政村范围内的住户和户口不在本地而在本地居住一年以上的住户，国有农场的职工和农村个体工商户。位于乡镇行政管理区域内和在城关镇所辖行政村范围内的国有经济的机关、团体、学校、企事业单位的集体户；有本地户口，但举家外出谋生一年以上的住户，无论是否保留承包耕地均不属于农户。农户以户为统计单位，既可以从事农业生产经营，也可以从事非农业生产经营。农户贷款的判定应以贷款发放时的承贷主体是否属于农户为准。本通知所称小额贷款，是指单笔且该户贷款余额总额在10万元以下贷款。本通知所称保费收入，是指原保险保费收入加上分保费收入减去分出保费后的余额。五是金融机构应对符合条件的农户小额贷款利息收入进行单独核算，不能单独核算的不得适用本通知第1条、第2条规定的优惠政策。为促进房地产市场健康发展，经国务院批准，2015年3月30日，财政部、国家税务总局以财税〔2015〕39号联合下发《关于调整个人住房转让营业税政策的通知》，明确自2015年3月31日起：一是个人将购买不足2年的住房对外销售的，全额征收营业税；个人将购买2年以上的非普通住房对外销售的，按照其销售收入减去购买房屋的价款后的差额征收营业税；个人将购买2年以上的普通住房对外销售的，免征营业税。二是上述普通住房和非普通住房的标准、办理免税的具体程序、购买房屋的时间、开具发票、差额征税扣除凭证、非购买形式取得住房行为及其他相关税收管理规定，按照《国务院办公厅转发建设部等部门关于做好稳定住房价格工作意见的通知》（国办发〔2005〕26号）、《国家税务总局财政部建设部关于加强房地产税收管理的通知》（国税发〔2005〕89号）和《国家税务总局关于房地产税收政策执行中几个具体问题的通知》（国税发〔2005〕172号）的有关规定执行。三是《财政部、国家税务总局关于调整个人住房转让营业税政策的通知》（财税〔2011〕12号）同时废止。

为促进中国农业银行“三农金融事业部”管理体制改革的全面推开，支持县域经济发展，经国务院批准，2015年6月11日，财政部、国家税务总局以财税〔2015〕67号联合下发《关于中国农业银行三农金融事业部涉农贷款营业税优惠政策的通知》，明确中国农业银行“三农金融事业部”涉农贷款有关营业税政策：一是自2015年5月1日—12月31日，对中国农业银行纳入“三农金融事业部”改革试点的各省、自治区、直辖市、计划单列市分行下辖的县域支行和新疆生产建设兵团分行下辖的县域支行，提供农户贷款、农村企业和农村各类组织贷款取得的利息收入减按3%的税率征收营业税。二是本通知所称农户贷款，是指金融机构发放给农户的贷款，但不包括按照《财政部、国家税务总局关于延续并完善支持农村金融发展有关税收政策的通知》（财税〔2014〕102号）规定免征营业税的农户小额贷款。本通知所称农户，是指长期居住在乡镇范围内或者城关镇所辖行政村范围内的住户，包括户口不在农村而长期在农村居住的住户、国有农场的职工和农村个体工商户。农户以户为单位，既可以是从事农业生产经营的，也可以是从事非农业生产经营的。但位于农村的国家机关、社会团体、学校、国有企业和事业单位的集体户，或者有农村户口但举家长期外出谋生的住户，无论是否保留承包耕地，均不属于农户。本通知所称农村企业和农村各类组织贷款，是指金融机构发放给注册在农村地区的企业及各类组织的贷款。三是中国农业银行纳入“三农金融事业部”改革试点的县域支行，应当按照《中华人民共和国营业税暂行条例》（国务院令第540号）第9条及其他相关规定，单独核算享受营业税减税政策的贷款利息收入；未单独核算的，不得享受本通知第一条规定的营业税政策。四是《财政部、国家税务总局关于中国农业银行三农金融事业部涉农贷款营业税优惠政策的通知》（财税〔2014〕5号）自2015年5月1日起废止。为切实减轻纳税人负担，2015年6月29日，国家税务总局以公告2015年第50号《关于简化个人无偿赠与不动产土地使用权免征营业税手续的公告》，明确自2015年7月1日起，个人无偿赠与不动产、土地使用权免征营业税手续简化办理：个人以离婚财产分割、赠与特定亲属、赠与抚养人或赡养人方式无偿赠与不动产、土地使用权，符合《财政部、国家税务总局关于个人金融商品买卖等营业税若干免税政策的通知》（财税〔2009〕111号）第2条免征营业税规定的，在办理营业税免税手续时，无需提供房产所有人“赠与公证书”、受赠人“接受赠与公证书”，或双方“赠与合同公证书”。此前尚未进行税务处理的，按照本公告规定执行。《国家税务总局关于加强房地产交易个人无偿赠与不动产税收管理有关问题的通知》（国税发〔2006〕144号）第1条中“属于其他情况无偿赠与不动产的，受赠人应当提交房产所有人‘赠与公证书’和受赠人‘接受赠与公证书’，或持双方共同办理的‘赠与合同公证书’”同时废止。根据《国务院关于取消非行政许可审批事项的决定》（国发〔2015〕27号），中小企业信用担保机构免征营业税审批已取消，为明确后续管理事项，2015年8月13日，工业和信息化部、国家税务总局以工信部联企业〔2015〕286号联合下发《关于中小企业信用担保机构免征营业税审批事项取消后有关问题的通知》，明确规定：一是符合条件的担保机构从事中小企业信用担保或再担保业务取得的收入3年内免征营业税。上述免征营业税政策涉及的审核批准工作程序取消，改为备案管理。二是第一条所称“符合条件”是指同时符合下列条件：（1）已取得监管部门颁发的融资性担保机构经营许可证，依法登记注册为企业法人，实收资本超过2000万元。（2）平均年担保费率不超过银行同期贷款基准利率的50%。平均年担保费率＝本期担保费收入/（期初担保余额＋本期增加担保金额）×100%。（3）连续合规经营两年以上，资金主要用于担保业务，具备健全的内部管理制度和为中小企业提供担保的能力，经营业绩突出，对受保项目具有完善的事前评估、事中监控、事后追偿与处置机制。（4）为中小企业提供的累计担保贷款额占其两年累计担保业务总额的80%以上，单笔800万元以下的累计担保贷款额占其累计担保业务总额的50%以上。（5）对单个受保企业提供的担保余额不超过担保机构实收资本总额的10%，且平均单笔担保责任金额最多不超过3000万元人民币。（6）担保责任余额不低于其净资产的3倍，且代偿率不超过2%。三是担保机构免征营业税政策采取备案管理方式。符合条件的担保机构应到所在地县地方税务局和同级中小企业管理部门履行规定的备案手续，自完成备案手续之日起，享受3年免征营业税政策。3年免税期满后，符合条件的担保机构可按规定程序办理备案手续后继续享受该项政策。具体备案管理办法由国家税务总局另行发布。四是此前已列入工业和信息化部和国家税务总局下发的免征营业税的中小企业信用担保机构名单的担保机构，在剩余的免税期限内继续免征营业税；2014年10月1日以后新办或免税期限已满但仍符合免税条件的，纳税人可以按照本通知规定到所在地县主管税务机关及同级中小企业管理部门履行规定的备案手续。五是本通知自发布之日起实施，《工业和信息化部、国家税务总局关于中小企业信用担保机构免征营业税有关问题的通知》（工信部联企业〔2009〕114号）同时废止。9月21日，国家税务总局以公告2015年第69号《关于中小企业信用担保机构免征营业税审批事项取消后有关管理问题的公告》明确了审批事项取消后有关备案管理的问题：一是符合工信部联企业〔2015〕286号文件规定的免税条件的担保机构，按照以下规定，分别向所在地县地方税务局及同级中小企业管理部门办理免征营业税备案手续：（1）纳税人在享受税收优惠政策的首个申报期内，将备案材料送所在地县（市）地方税务局及同级中小企业管理部门备案。（2）纳税人在符合减免税条件期间和免税政策期限内，备案材料内容未发生变化的，无须再行备案。（3）纳税人享受免税的有关情况发生变化，变化后仍符合免税条件的，应在发生变化的次月申报期内，向所在地县地方税务局及同级中小企业管理部门进行变更备案；变化后不再符合免税条件的，应当停止享受免税，按照规定进行纳税申报。二是纳税人提交的备案材料包括：（1）免税的项目、依据、范围、期限等；（2）营业执照和公司章程复印件；（3）《中小企业信用担保机构免征营业税备案登记表》。三是纳税人对报送材料的真实性和合法性承担责任，并应当完整保存本公告第二条要求的各项资料。纳税人在税务机关后续管理中不能提供上述资料的，不得继续享受本公告规定的免税政策，对已享受的减免税款应予补缴，并依照税收征管法的有关规定处理。四是纳税人所在地县地方税务局及同级中小企业管理部门对纳税人提供的备案材料的完整性进行审核，不改变纳税人真实申报的责任。五是在本公告施行前，已列入工业和信息化部和国家税务总局下发的免征营业税中小企业信用担保机构名单的担保机构，不再办理免税备案手续。在本公告施行后，上述担保机构的经营情况发生改变，改变后仍符合免税条件的，应按本公告规定，向所在地县地方税务局及同级中小企业管理部门办理免税备案手续；改变后不再符合免税条件的，应及时向税务机关报告，并自发生改变之月起停止享受营业税免税优惠，按照规定进行纳税申报。六是各省、自治区、直辖市和计划单列市地方税务局，可以按照本公告规定，补充制定本地区中小企业信用担保机构免征营业税审核工作程序取消后的后续管理实施办法。七是中小企业信用担保机构免征营业税政策的其他有关备案管理事项，按照《国家税务总局关于发布〈税收减免管理办法〉的公告》（国家税务总局公告2015年第43号）规定执行。八是本公告自公布之日起施行。此前按规定应办理免征营业税备案手续但尚未办理的中小企业信用担保机构，按照本公告规定执行。为贯彻落实国务院关于简政放权的要求，完善人身保险产品营业税政策，简化和规范政策执行，2015年9月8日，北京市财政局和北京市地方税务局以京财税〔2015〕1766号联合转发《财政部、国家税务总局关于一年期以上返还性人身保险产品营业税免税政策的通知》（财税〔2015〕86号），明确自2015年9月1日起：一是对保险公司开办的一年期以上返还性人身保险产品取得的保费收入免征营业税。一年期以上返还性人身保险，是指一年期及其以上返还本利的人寿保险和养老年金保险，以及一年期及其以上的健康保险。人寿保险，是指以人的寿命为保险标的的人身保险。养老年金保险，是指以养老保障为目的，以被保险人生存为给付保险金条件，并按约定的时间间隔分期给付生存保险金的人身保险。养老年金保险应当同时符合下列条件：（1）保险合同约定给付被保险人生存保险金的年龄不得小于国家规定的退休年龄；（2）相邻两次给付的时间间隔不得超过一年。健康保险，是指以因健康原因导致损失为给付保险金条件的人身保险。一年期及其以上，是指保险期间为一年及其以上。二是保险公司应当对免税的人身保险产品单独核算，未单独核算的，不得享受营业税免税政策。三是通知第1条规定的免税政策实行备案管理。具体备案管理办法由国家税务总局另行制定。四是《财政部、国家税务总局关于对若干项目免征营业税的通知》

（财税字〔1994〕2号）第1条和《财政部、国家税务总局关于人寿保险业务免征营业税若干问题的通知》（财税〔2001〕118号）第1、2条规定同时废止。已列入此前财政部和国家税务总局发布的免征营业税名单的一年期以上返还性人身保险产品，继续免征营业税。保险公司在2014年10月1日及其之后开办的一年期以上返还性人身保险产品，符合免税条件的，可向主管税务机关办理备案手续。人身保险产品的开办时间，以中国保险监督管理委员会出具的备案回执或批复文件上注明的备案日期为准。按照本通知适用免税政策的一年期以上返还性人身保险产品，已经缴纳营业税的，相应营业税税款由主管税务机关予以退还。9月18日，国家税务总局以公告2015年第65号《关于一年期以上返还性人身保险产品免征营业税审批事项取消后有关管理问题的公告》明确了审批事项取消后有关备案管理问题：一是保险公司开办符合财税〔2015〕86号文件规定免税条件的一年期以上返还性人身保险产品，按以下规定向主管税务机关办理免征营业税备案手续：（1）保险公司应在保险产品享受税收优惠政策的首个纳税申报期内，将备案资料送主管税务机关备案；（2）在符合减免税条件期间，若保险产品的备案资料内容未发生变化，保险公司不需要再行备案；（3）保险公司提交的备案资料内容发生变化，如仍符合减免税规定，应在发生变化的次月纳税申报期内，向主管税务机关进行变更备案；如不再符合减免税规定，应当停止享受免税，按照规定进行纳税申报。二是保险公司提交的备案资料包括：（1）保监会对保险产品的备案回执或批复文件；（2）保险产品的保险条款；（3）保险产品费率表；（4）主管税务机关要求提供的其他相关资料。三是保险公司对备案资料的真实性和合法性承担责任。主管税务机关对保险公司提供的备案资料的完整性进行审核，不改变保险公司真实申报的责任。四是在本公告施行前，保险公司开办的一年期以上返还性人身保险产品，已列入财政部、国家税务总局发布的免征营业税名单的，不再办理备案手续。在本公告施行后，上述保险产品的内容发生改变，改变后仍符合免税条件的，按本公告规定，向主管税务机关办理免税备案手续；改变后不再符合免税条件的，应及时向税务机关报告，并自发生改变之月起停止享受营业税免税优惠，并按照规定进行纳税申报。五是一年期以上返还性人身保险产品免征营业税的其他有关备案管理事项，按照《国家税务总局关于发布〈税收减免管理办法〉的公告》（国家税务总局公告2015年第43号）规定执行。六是本公告自公布之日起施行。此前按规定应办理免征营业税备案手续但尚未办理的一年期以上返还性人身保险产品，按照本公告的规定执行。为继续支持小微企业发展、推动创业就业，2015年9月23日，北京市财政局和北京市地方税务局以京财税〔2015〕1890号联合转发《财政部、国家税务总局关于继续执行小微企业增值税和营业税政策的通知》（财税〔2015〕96号），明确小微企业营业税政策，继续执行至2017年12月31日。为落实国务院关于简政放权、方便群众办事的有关要求，进一步减轻纳税人负担，2015年11月10日，国家税务总局以公告2015年第75号《关于进一步简化和规范个人无偿赠与或受赠不动产免征营业税、个人所得税所需证明资料的公告》，明确简化和规范个人无偿赠与或受赠不动产免征营业税所需证明资料：一是纳税人在办理个人无偿赠与或受赠不动产免征营业税、个人所得税手续时，应报送《个人无偿赠与不动产登记表》、双方当事人的身份证明原件及复印件、房屋所有权证原件及复印件。属于以下四类情形之一的，还应分别提交相应证明资料：（1）离婚分割财产的，应当提交：①离婚协议或者人民法院判决书或者人民法院调解书的原件及复印件；②离婚证原件及复印件。（2）亲属之间无偿赠与的，应当提交：①无偿赠与配偶的，提交结婚证原件及复印件；②无偿赠与父母、子女、祖父母、外祖父母、孙子女、外孙子女、兄弟姐妹的，提交户口簿或者出生证明或者人民法院判决书或者人民法院调解书或者其他部门出具的能够证明双方亲属关系的证明资料原件及复印件。（3）无偿赠与非亲属抚养或赡养关系人的，应当提交：人民法院判决书或者人民法院调解书或者乡镇政府或街道办事处出具的抚养关系证明或者其他部门出具的能够证明双方抚养关系的证明资料原件及复印件。（4）继承或接受遗赠的，应当提交：①房屋产权所有人死亡证明原件及复印件；②经公证的能够证明有权继承或接受遗赠的证明资料原件及复印件。二是税务机关应当认真核对上述资料，资料齐全并且填写正确的，在《个人无偿赠与不动产登记表》上签字盖章，留存《个人无偿赠与不动产登记表》复印件和有关证明资料复印件，原件退还纳税人，同时办理免税手续。三是各地税务机关要不折不扣地落实税收优惠政策，维护纳税人的合法权益。要通过办税服务厅、税务网站、12366 纳税服务热线、纳税人学堂等多种渠道，积极宣传税收优惠政策规定和办理程序，及时回应、准确答复纳税人咨询，做好培训辅导工作，避免纳税人多头找、多头跑，切实方便纳税人办理涉税事宜。有条件的地区可探索通过政府部门间信息交换共享，查询证明信息，减少纳税人报送资料。四是本公告自公布之日起施行。《国家税务总局关于加强房地产交易个人无偿赠与不动产税收管理有关问题的通知》（国税发〔2006〕144 号）第 1 条第 1 款“关于加强个人无偿赠与不动产营业税税收管理问题”的规定同时废止。2015 年 12 月 25 日，国家税务总局以公告 2015 年第 92 号《关于明确若干营业税问题的公告》，明确规定：一是企业集团或企业集团中的核心企业以发行债券形式取得资金后，直接或委托企业集团所属财务公司开展统借统还业务时，按不高于债券票面利率水平向企业集团或集团内下属单位收取的利息，按照《财政部、国家税务总局关于非金融机构统借统还业务征收营业税问题的通知》（财税字〔2000〕7 号）和《国家税务总局关于贷款业务征收营业税问题的通知》（国税发〔2002〕13 号）的规定，不征收营业税。二是《中华人民共和国营业税暂行条例》第 6 条所称符合国务院税务主管部门有关规定的凭证，包括法院判决书、裁定书、调解书，以及仲裁裁决书、公证债权文书。按照《国家税务总局关于公开行政审批事项等相关工作的公告》（国家税务总局公告 2014 年第 10 号）等相关规定，2015 年 12 月 31 日，北京市地方税务局以北京市地方税务局公告 2015 年第 11 号《关于废止部分税收规范性文件条款的公告》明确规定：《北京市地方税务局转发国家税务总局关于政府收回土地使用权及纳税人代垫拆迁补偿费有关营业税问题的通知》（京地税营〔2009〕271 号）中的补充内容第 1 条、第 2 条、第 3 条废止执行。

【营业税改征增值税】自 2012 年 9 月 1 日北京市推行“营改增”试点以来，改革工作平稳推进。申报缴纳营业税户数始终处于递减趋势，从 2012 年的 26.2 万户减至 2015 年的 11.6 万户，共减少 14.2 万户，降幅达 55%。2015 年暂无新增“营改增”扩围行业，为保证后续“营改增”试点顺利开展，研判改革影响，防范税制转换风险，市地税局注重加强与市财政局、市国税局的合作，按照北京市相关行业的收入规模及税额占比，选择4000余户企业开展典型调查工作。并与市财政局、市国税局等委办局联合对未纳入“营改增”的重点企业进行座谈，了解企业经营模式，及对后续“营改增”政策的期盼，适时上报财政部、国家税务总局及北京市政府。此外，为进一步了解建筑、房地产、金融和生活服务业等行业的经营情况及财务收支数据，根据财政部、国家税务总局《关于开展特定行业涉税数据调查的通知》要求，先后数次对特定行业纳税人开展涉税数据调查工作，经与市财政局、市国税局密切合作，精心部署，北京市按时完成调查任务，为后续“营改增”试点方案提供了第一手数据。针对部分企业在税制转换过程中税负增加的问题，市局积极配合财政、国税部门落实过渡性扶持政策，全市拨付扶持资金7.73亿元。

【营业税管理】2015年在加强营业税征收管理过程中，市局完成了如下工作：一是为促进房地产市场健康发展，财政部、国家税务总局对个人销售已购住房营业税免税政策从5年调整为2年。为确保基层区县分局政策落地，市局及时与财政局进行沟通，研究政策变动尺度和掌握原则，通过内网向区县营业税科下发财政部文件，并就政策宣传辅导、后续管理、减免税统计和纳税服务等具体工作对各级税务机关提出明确要求，保证政策贯彻到位。同时，加班完成后台程序改造、系统测试工作，确保政策执行当日二手房交易系统完整切换，一线征收工作正常开展。受新政刺激作用，2015年全年二手房共成交19万套，比2014年10万套的成交量，增加近一倍，朝阳、海淀、丰台等城市功能拓展区，分别成交5.5万套、2.5万套和1.8万套，成交量占全市一半以上。全年免征营业税共127亿元，比2014年增加75亿元，增长1.5倍。二是为有效化解征纳矛盾，维护首都和谐稳定，及时解决纳税人向特定亲属关系人无偿赠与不动产办理免征营业税时，需要花费高额公证费问题，市局在获得国家税务总局政策支持后，结合财税〔2009〕111号文件和国税发〔2006〕144号文件精神，及时研究下发《关于简化个人无偿赠与不动产、土地使用权免征营业税手续的补充通知》，解决基层征管问题，得到纳税人信任和肯定。三是召开处所联系会议，了解联系所和税政科室的政策落实情况、存在的问题和营业税工作开展情况，并就最新政策、当前营业税收入形势、“营改增”进展等问题进行介绍。会上紧密围绕当前热点和难点问题，统一现行政策口径，对实际工作具有很强的指导意义，为基层依法行政、保障税收政策落实创造了有利的条件。四是就部分区县局反映的融资性售后回租等有关营业税纳税问题多次召开专题会，并以会议纪要的形式推送区县局，为基层开展风险管理工作提供政策支持，并对北京长电创新投资管理有限公司、阿尔派电子（中国）有限公司等企业开展评估约谈；将按金融商品转让税目申报的企业名单和部分减持股票的企业信息推送给区县局，各局由此安排核查工作，共查补税款1.3亿元。

【营业税收入及特点】2015年，北京市11.6万户营业税纳税人共计申报缴纳营业税1186.13亿元，增收118.21亿元，同比增长11.07%。营业税占全系统各项税费收入3824.92亿元的31.01%，占税务总局口径税收收入3622.69亿元的32.74%，占地方公共财政预算收入2872.90亿元的41.29%。北京市营业税收入主要集中在东城、西城、朝阳、海淀、石景山、丰台六个城区，六城区入库营业税868.08亿元，占全市营业税总额的73.19%。2015年营业税收入特点有：一是经济状况对税收的影响。2015

年北京资本市场异常活跃，证券业市场交易剧增，个人住房转让营业税优惠年限的调整，带动了个人住房转让市场的交易量同比上升较为明显，上述政策导致金融业、销售不动产营业税同比出现较高增长，其中金融业增长34.68%，直接拉动全市营业税实现近五年收入最高值。二是税源管理因素。北京市生活服务业营业税纳税人占据了营业税纳税人总数的绝对份额，其次是建筑业，而居营业税收入比重首位的金融保险业和位居第二的房地产业申报缴纳营业税纳税人数量却很少，且2015年与2014年对比变化也较小。三是分税目增减变化。2015年金融保险业入库453.98亿元，占营业税收入总额的38.27%，增收98.77亿元，同比增长27.8%。生活服务业入库335.9亿元，占营业税收入总额的28.32%，增收2.52亿元，同比增长0.76%。房地产业入库239.78亿元，增收24.78亿元，同比增长11.53%。建筑业入库151.09亿元，增收11.10亿元，同比下降9.84%。

【"营改增"后征管模式探讨】"营改增"是党中央深化经济体制改革的一项重大决策，随着"营改增"进程的推进，地税部门将面临诸多问题：一是"营改增"对地方税收的影响。"营改增"导致地方财税矛盾凸显及地方税体系发生变化。二是"营改增"后原征管模式出现困境。主体税种的变化带来征管困境，以组织收入为导向的模式导致征管不力，不利于降低征纳成本和执法风险，不利于提高纳税人满意度和纳税遵从度。三是以发票管理为手段的模式难以满足税源监控的需求。管辖权变化、税源变化、经济社会的发展，均对发票管理提出挑战。后"营改增"时代，地税部门要紧紧围绕上述问题开展如下工作：一是推行以风险管理为导向的专业化管理。建设"以风险管理为导向"的税收管理体系，全面收集信息，逐步完善信息化平台，开展风险识别，设计有效的风险指标体系和风险识别模型，组织风险应对，规范差异化应对的层级、部门和程序，注重过程监控，建立健全考核评价机制。二是加强以信息管税为主导的信息化建设。以信息管税是风险管理的基本要求，以信息管税是提高征管水平的有效路径。落实"互联网+税务"行动计划，切实提高征管的信息化水平。三是探索以国地税联合办税为主的多维度征管新路。加强内外部协调协作，优化纳税服务，搭建征纳双方沟通桥梁。此项调研在2015年北京地税《调查与研究》第62期刊发。

（邢志红）

企业所得税管理

【综述】2015年度，全市地税系统共组织企业所得税收入374.1亿元，增收40.2亿元，同比增幅12.03%，其中，预缴收入265.8亿元，增收23亿元，同比增幅9.4%，汇缴收入90.5亿元，增收19.9亿元，同比增幅28.2%，完成年度计划334亿元112%。采取的主要措施：一是加强组织收入。对以前年度汇算清缴入库金额较大的企业加大监控力度，提高申报率。完善汇算清缴、季度预缴数据比对两套系统报表，加强申报管理，开展催报催缴。加强收入预测分析和税源监控，及时把握收入进度及增减变化情况。二是有效推进政策落实。采取有效措施落实高新技术企业、固定资产加速折旧、企业重组改制、小型微利企业税收优惠政策，提高政策落实效果。三是加强征收管理。加强优惠事项管理、推动企业所得税优惠事项无纸化办理、研究制定汇算清缴申报数据调整工作制度、加强企业所得税风险管理、实施新版企业所得税纳税申报表，全面提高企业所得税管理水平。四是提高政策服务水平。开展政策宣传辅导、提供税收政策服务，开展养老产业、小微企业、天使投资税收政策调研。

【税收优惠政策调整】 一是鼓励集成电路产业发展企业所得税政策。2015 年 3 月 31 日，北京市财政局、北京市国家税务局、北京市地方税务局、北京市发展和改革委员会、北京市经济和信息化委员会转发《财政部、国家税务总局、发展改革委、工业和信息化部关于进一步鼓励集成电路产业发展企业所得税政策的通知》（京财税〔2015〕988 号），明确对于符合条件的集成电路封装、测试企业以及集成电路关键专用材料生产企业、集成电路专用设备生产企业，在 2017 年（含 2017 年）前实现获利的，自获利年度起，第 1 年至第 2 年免征企业所得税，第 3 年至第 5 年按照 25% 的法定税率减半征收企业所得税。二是企业工资薪和职工福利费等支出税前扣除政策。2015 年 5 月 8 日，国家税务总局发布《关于企业工资薪金和职工福利费等支出税前扣除问题的公告》（国家税务总局公告 2015 年第 34 号），明确企业福利性补贴支出、企业年度汇算清缴结束前支付汇缴年度工资薪金、企业接受外部劳务派遣用工支出税前扣除问题及施行时间。三是小型微利企业所得税优惠政策。2015 年 10 月 9 日，北京市财政局、北京市国家税务局、北京市地方税务局转发《财政部、国家税务总局关于进一步扩大小型微利企业所得税优惠政策范围的通知》（财税〔2015〕99 号），明确自 2015 年 10 月 1 日起至 2017 年 12 月 31 日，对年应纳税所得额在 20 万元到 30 万元（含 30 万元）之间的小型微利企业，其所得减按 50% 计入应纳税所得额，按 20% 的税率缴纳企业所得税。四是完善固定资产加速折旧企业所得税政策。2015 年 11 月 4 日，北京市财政局、北京市国家税务局、北京市地方税务局转发《财政部、国家税务总局关于进一步完善固定资产加速折旧企业所得税政策的通知》（京财税〔2015〕2149 号），明确将轻工、纺织、机械、汽车等 4 个领域重点行业的企业纳入固定资产加速折旧税收优惠政策范围。五是中关村扩围政策。2015 年 7—12 月期间，北京市财政局、北京市国家税务局、北京市地方税务局先后转发《财政部、国家税务总局关于高新技术企业职工教育经费税前扣除政策的通知》（京财税〔2015〕1164 号）及《财政部、国家税务总局关于将国家自主创新示范区有关税收试点政策推广到全国范围实施的通知》（京财税〔2015〕2471 号），明确将高新技术企业发生的职工教育经费支出税前扣除标准、有限合伙制创业投资企业法人合伙人企业所得税优惠政策及居民企业转让 5 年以上非独占许可使用权取得的技术转让所得企业所得税政策推广至全国范围实施。

【企业所得税管理】 一是加强优惠事项管理。贯彻落实国家税务总局关于发布《企业所得税优惠政策事项办理办法》的公告（2015 年第 76 号）。结合工作实际，做好新老办法的衔接，明确程序规定、修改完善业务流程、研究制定减免税后续管理制度、提出系统修改需求等。与北京市国税局联合下发《北京市国家税务局、北京市地方税务局关于2015年度企业所得税优惠政策事项办理的公告》（北京市国家税务局、北京市地方税务局公告2016年第3号），细化了优惠事项目录，明确了备案方式等内容；对内下发《北京市地方税务局关于做好2015年度企业所得税汇算清缴优惠政策事项办理工作的通知》（京地税企〔2016〕19号），明确了备案及后续管理工作要求。二是实现企业所得税涉税无纸化事项办理。对涉及市局35项企业所得税减免税优惠事项以及企业重组、资产损失、政策性搬迁、非货币性投资等12项申报类管理事项全部推行无纸化网上办理，纳税人只需要通过互联网地税局上传电子化文档资料即可完成资料报送工作，办理完成后税务机关通过网上给予回执，对不符合条件的纳税人予以提示。纳税人无须再到税务机关提交纸质资料，大幅简化了纳税人申报程序，同时主管税务机关可以迅速查阅涉税资料的电子文档，开展企业所得税后续管理工作，取消纸质资料在申报大厅与主管税务所之间的移交环节，提高了后续管理的工作效率。三是研究制定汇算清缴申报数据调整工作制度。为解决多年以来稽查检查后，申报数据未同步进行修改的问题，在深入调研的基础上，梳理各个工作环节存在的问题，与相关处室协商确定具体工作步骤，组织制定并发布《北京市地方税务局关于加强企业所得税汇算清缴申报数据调整工作的通知》，确定稽查、日常检查及退税等环节中，监督修改企业所得税年度申报数据的主责部门，明确工作步骤与环节，确保企业年度申报数据能够同步修改，为企业所得税后续管理工作提供真实可靠的数据。四是加强企业所得税风险管理。开展汇算清缴数据质量核查。利用企业所得税综合查询系统、企业所得税减免税备案台账系统、税务总局汇算清缴系统对汇算清缴数据和减免税备案数据进行比对分析，共计下发各类疑点企业12000户，涉及疑点问题22000条，提高汇算清缴数据质量，确保完成100%数据准确率的指标。开展减免税数据核查。按照《北京市地方税务局减免税申报情况核查工作方案》文件要求，从2015年10月开始组织开展减免税核查工作，梳理出企业所得税减免税风险点共计120个，并分别编制每个风险点数据查询规则，汇总出申报数据查询需求，共生成疑点数据3623条，推送到区县局进行核查。经主管税务机关核查后，确定有问题数据1845条，并要求企业修改申报数据，补缴税款332万元。开展税收约谈工作，直接约谈5户存在纳税疑点企业，其中不征收收入申报情况存在风险的企业一户，限售股转让收入申报存在风险的企业3户，土地转让收入存在风险的企业1户。约谈后确认有问题企业3户，补交税款1802万元。

【企业所得税收入及特点】一是房地产、租赁商务服务、金融三大行业并驾齐驱，增幅明显。2015年，房地产业企业所得税收入135.8亿元，增收10.3亿元，增幅8.25%，收入占比36.32%；租赁和商务服务业企业所得税收入55.3亿元，增收18.1亿元，增幅48.38%，收入占比14.76%；金融业企业所得税收入42亿元，增收12.8亿元，增幅43.6%，收入占比11.25%。二是首都产业结构继续升级，企业所得税收入结构逐渐分化。近年来，北京市政府积极调整疏解非首都功能，构建高精尖经济结构，着力统筹促改革、调结构等各项工作。由于政府的相关政策倾斜，市局企业所得税分行业情况也逐渐发生了变化。如金融业在市局企业所得税收入占比逐年提高，2014年占比为8.7%，2015年占比为11.2%；同时原收入占比一直位居前三位的批发零售业收入占比逐年下降，2014年占比9.9%，2015年占比下降到6.8%，位居第五，占比同比减少3.1个百分点。三是预缴收入占比保持稳定。2015年市局企业所得税预缴收入265.8亿元；汇算清缴入库90.5亿元，预缴收入占比（剔除缴纳以前年度欠税）75%，近年市局预缴率一直稳定在72%以上。

【所得税优惠政策效益分析】2015年，采取有效措施落实好各项优惠政策，取得良好效果。一是落实高新技术企业优惠政策。享受优惠1194户，增加167户，减免32.08亿元，增加6.67亿元，主要分布在科学研究、技术服务和地质勘查业、制造业。二是落实软件企业优惠政策。享受优惠186户，减少51户，减免9.04亿元，减少4.46亿元，主要分布在信息传输、计算机服务和软件业、科学研究、技术服务和地质勘查业。三是落实小型微利企业优惠政策。享受小微减免政策的企业105873户，减少1232户，受惠面为100%，实际享受减免税额2.77亿元，增加0.68元，增幅24.55%，主要分布在租赁和商务服务业、科学研究业。四是落实加速折旧政策。享受政策1804户，减少12175户（其中90%以上的企业在2014年度汇算清缴时为一次性扣除户，今年不再重复享受政策），减免4.11亿元，减少4.03亿元，主要分布在专用设备制造业。

【小微企业政策效益分析】通过网站、微信、12366平台以及开展“税收、创客、圆梦”主题活动等，提高政策宣传效果；通过简化备案手续、建立电子档案，方便纳税人办理减免税事宜；通过完善信息化系统，对符合条件的企业自动提示减免税款，对未享受政策的通知其享受政策；通过完善管理措施，把落实工作作为市局“一号督查”和绩效考评事项，确保政策落实取得实效。2015年享受小微减免政策的企业105873户，减少1232户，受惠面为100%，实际享受减免税额2.77亿元，增加0.68亿元，主要分布在租赁和商务服务业、科学研究、技术服务和地质勘查业。

【实施新版纳税申报表】一是积极落实新版申报表文件。转发税务总局文件，对实施新版申报表提出具体要求。对现行文件进行梳理，对需废止的文件或条款进行废止并发布公告，对现有征管业务流程进行修改调整，适应新版申报表需要。二是完善信息化系统。配合相关部门进行新版申报表系统的修改完善，确保系统保质保量按时上线。细化企业所得税减免税季度预缴申报项目，并与税务总局减免税政策代码建立对照关联，准确统计企业所得税度季度预缴申报分项目减免税数据。三是加强新版申报表宣传培训。组织基层干部参加税务总局举办的新申报表培训，设置申报表辅导专栏，录制13个小时的专题培训视频，发布在市局官网供纳税人和税务干部学习使用。

【提高政策服务水平】一是开展政策宣传辅导。对外，通过印制辅导材料、利用网络和平面媒体以及送政策上门等多种渠道，广泛宣传政策，提高纳税人的纳税遵从。对内，通过集中面授、视频、微信、以培代训等方式，加强对基层干部业务知识培训，全年培训干部约2000人次。特别是与中央财经大学联合举办企业所得税业务知识培训班，对会计准则与税法差异处理、企业重组税收、房地产企业所得税等重点、难点知识的培训，取得良好效果，受到基层干部的好评。二是提供税收政策服务。针对北京市委办局出台政策涉及的税收问题，研提建议，全年反馈政策建议100余条。通过问题反馈和纳税服务平台及时解决纳税人问题，全年回复问题120余件。

三是开展调查研究。对养老产业、小微企业、“天使投资”税收政策开展调查调研，撰写调研报告，研提政策建议，为领导和上级机关的决策服务。

（白建平 王素江 李云峰
陈 楠 李 斌 牛泽厚）

个人所得税管理

【综述】2015年，全系统个人所得税工作在北京市地方税务局党组的正确领导下，按照工作计划和部署，坚持改革创新，开放合作，夯实基础，依法行政，全面落实税收政策，积极发挥税收职能作用，切实加强对高收入者的征收管理，持续优化纳税服务，服务首都改革发展和京津冀协同发展，扎实推进个人所得税各项工作，实现个人所得税收入平稳持续增长，圆满完成全年各项工作任务。

【税收政策调整】强化政策宣传辅导，贯彻落实非货币性资产投资分期纳税政策，细化工作流程和办理时限。会同市财政局、中关村管委会联合出台中关村科技型中小企业资格确认管理办法，开展中关村先行先试税收政策实施效果评估，向市政府和税务总局进行专题汇报。会同市财政局、保监局等部门对北京市商业健康险市场运营情况进行摸底，建立部门间沟通交流和信息对接机制，分析商业健康保险个人所得税政策试点对北京市的影响，研究起草并向市政府报送《北京市商业健康险个人所得税试点工作实施方案》。调整实现创业的毕业年度内高校在校生办理《就业创业证》的程序、个人无偿赠与或受赠不动产免征个人所得税所需证明资料。指导区县局受理全市首例限售股捐赠税前扣除税收优惠申请。协助稽查部门对北京现代、德勤会计师事务所开展检查，研究探索中国境内习惯性居住的判定标准。

【个人所得税收入及特点】2015年，全年累计完成个人所得税收入1195.3亿元，完成年度计划的103.5%，增收236.5亿元，同比增长24.7%；占北京地税各项税费收入的31.1%，税收规模居全市第一位；占全国个人所得税总收入的14%，位居全国第二。从税日来看，工资薪金所得实现税款936.3亿元，占全市个人所得税收入的78.3%，同比增收143.1亿元，增幅为18%。工薪所得税款增收额占个人所得税增收总额的60.5%，是拉动个人所得税增长的主要因素；财产转让所得实现税款120亿元，同比增收58.4亿元，增幅为94.8%，成为个人所得税收入增长的第二大来源；利息、股息、红利所得实现税款45.3亿元，同比增收9.6亿元，增幅为26.8%，居全市个人所得税收入第三位。从行业分布看，金融业、租赁和商业服务业、科学研究和技术服务业、居民服务、修理和其他服务业分列全市个人所得税收入前4位，共缴纳税款646.4亿元；其中，金融业缴纳税款214.9亿元，占比为18%，居各行业之首。2015年1—12月，全市外籍个人共缴纳个人所得税83.7亿元，减收2.7亿元，同比减少3.2%。其中，申报缴纳工资薪金所得个人所得税81.4亿元，占外籍个人总税额的97.3%，减收2.3亿元，减幅为2.7%；申报缴纳劳务报酬所得个人所得税1.1亿元，占外籍个人总税额的1.3%，减收1081万元，减幅为8.9%；申报缴纳财产转让所得个人所得税4487万元，占外籍个人总税额的0.5%，减收4596万元，减幅为50.6%。

【税种税源调查分析】按照市局深入开展调查研究、强化税种税源管控的要求，全面开展个人所得税税种税源调查分析工作。一是开展重点项目分析。在已开展的个人所得税11个税目税源状况调研分析的基础上，重点对工资薪金所得、财产转让所得和稿酬所得等重点项目的税源现状进行调研。根据市公安局户籍信息，开展与申报纳税信息的关联比对，完成全市1800万纳税个人户籍、地域、行业等方面的专项分析。二是开展重点人群分析。针对2015年全市每月约95万户扣缴单位为1200万名自然人办理明细申报的现状，结合2014年度年所得12万元以上个人自行纳税申报的增幅比例，开展个人所得税全员全额明细申报数据与12万申报数据的比对工作，对从两处取得工资薪金但未办理年所得12万元以上自行申报的纳税人进行重点评估约谈，补缴税款800万元。三是开展重点领域分析。完成对在京四级党政机关的摸底调查，就党政机关扣缴个人所得税情况向市政府和税务总局做出专项报告。指导区县局启动对教育行业、医疗行业、文化演出市场等重点领域的专项调研。会同法制建设研究会开展养老服务业及民办教育两项税收政策研究。

【加强高收入税源管理】应对日趋活跃的资本交易市场和不断创新的股权转让形式，结合北京实际情况，明确、细化股权转让个人所得税申报纳税流程和办理时限，并与中关村管委会建立跨部门、跨层级的工作机制，共同研究解决执行中出现的热点问题。通过政策与案例相结合进行调查研究，总结股权对赌、股东股权赠与员工持股、股权转让无现金、现金分期支付、股权转让限售股转让、非居民境外转让个人股权、VIE构架及解除VIE个人股权转让等实际征管中遇到的各类问题，利用税法精神妥善解决并向税务总局提出意见建议。2015年，全市共受理个人股权转让交易69426件，增加34051件，增幅为49.05%；累计征收个人所得税43.99亿元，增收20.69亿元，增幅为88.8%。

【探索税源管理新模式】开展书画家销售个人作品有关个人所得税适用税目的研究，研究制定对个人取得书画作品所得加强个人所得税管理的通知，进一步统一、规范了书画家销售个人作品征收个人所得税适用税目、计税方法，提供更加公平、合理的税收安排，促进文化生产和文化消费的良性循环，实现调研成果的转化。尝试开展市级处室专项约谈工作，重点约谈部分中央部委、有代表性的文化演艺公司和发生股权转让金额较大、过程复杂的企业，向企业进行风险提示，掌握各经营项目的运营程序。通过开展中关村转增股本企业的重点约谈，研究解决历史遗留问题，补缴税款约6000万元。

【深入参与研究税制改革】通过OECD国家个人所得税税制的研究学习，专人参与财政部、税务总局组织的个人所得税税制改革，向税务总局提交个人所得税税制改革建议方案，承接2015年度税务总局个人所得税家庭课税制度研究的分报告编写，完成《个人所得税课税模式选择研究》调研文章，并利用市局个人所得税明细申报信息，为税务总局税改研究提供数据测算参考。

【加大政策研究力度】有效梳理政策调整要点，总结经典案例经验。一是完成年度8个调研课题、业务汇编、调研文集、税源分析，贯穿政策连接，完善征管措施。二是研究政策的空白地带，提出解决方案并报备税务总局。对于税务总局没有否定回复的，北京先行进行个案突破。三是邀请税务总局参加市局个案政策会商，以会议纪要的方式解决日常征管中遇到的疑点和难点问题。

【开发调整信息系统功能】开发上线申报数据处理、明细申报管理、税源分类管理等模块，实现明细申报查询、税源综合查询、企业申报信息查询、个人申报信息查询等功能，完善信息管理系统，方便纳税人和税务干部使用。根据税务总局的要求，修改个人所得税相关报表，2016年初上线启用个人所得税新客户端软件，通过各种方式做好上线推广工作。按照金税三期工作总体部署，开展金税三期工程个人所得税部分差异化分析。建立个人所得税督办平台。

【服务首都经济社会发展】围绕加强股权转让所得税收征管、网络红包和足球俱乐部缴纳个人所得税情况等方面内容，向税务总局提供信息核实和意见建议。围绕服务中关村和首都金融业发展、京津冀一体化发展、人才战略实施、一带一路建设、房地产调控等工作，研究政策执行潜力，服务首都改革发展。围绕纳税人关心的热点难点问题，先后为德国商会、欧盟商会、医疗机构、保安协会、台资企业、市团委创业青年志愿讲堂等单位开展个人所得税专题专项业务培训；录制《税收大讲堂》两期；制作北京新闻广播咨询早八点税收小贴士个人所得税部分；印制年所得12万申报宣传手册10万套；截至11月底共为纳税人开具个人所得税完税证明108万份。

（李京宇）

城镇土地使用税、房产税、契税、土地增值税、车船税、印花税、耕地占用税、资源税、城市维护建设税（九税）管理

【综述】2015年，财产和行为税管理处紧紧围绕税收中心工作，积极推进地方税制改革和税收征管改革，强化税种管理，深化信息管税，深入调查研究，加强队伍建设，较好地完成了各项工作任务。2015年，主要完成了以下工作：贯彻落实资源税改革和宏观调控税收措施，加强土地增值税差别化预征和清算管理，落实契税差别化优惠政策；认真落实节约能源车船税、企业改制重组等各项优惠政策，服务科学发展；加强税种管理，研究修订土地增值税清算规程和旧房及建筑物评估模板，推进以地控税以地节税工作，加强印花税专项检查和印花税票监督代售单位清

理，开展财行税管理风险应对工作，加强存量房交易税收征管；深化信息管税，全面实行财产行为税明细申报，加强数据比对，实施风险监控。深入开展房产税、城镇土地使用税、印花税等政策调研。

【财产行为税税收收入】全年累计组织财产和行为税“九税”收入867.2亿元，同比增长2.2%，占地方公共财政预算收入的30.2%。“九税”收入完成情况见表1。

表1　北京地税系统“九税”收入完成情况（2015年）　单位：万元

税　种	年度目标	本期收入	同期收入	占年度计划（%）	比上年同期累计		占“九税”（%）
					增减额	增减（%）	
资源税	8000	9131	7814	114.1	1317	16.9	0.1
城市维护建设税	2010000	2086798	1893719	103.8	193079	10.2	24.1
房产税	1516000	1520565	1402182	100.3	118383	8.4	17.5
印花税	670000	686418	613264	102.5	73154	11.9	7.9
土地使用税	178000	178766	177553	100.4	1213	0.7	2.1
土地增值税	1725000	1748606	2143289	101.4	-394683	-18.4	20.2
车船税	288000	293879	277197	102.0	16682	6.0	3.4
耕地占用税	45000	45348	46891	100.8	-1543	-3.3	0.5
契税	2060000	2102319	1925241	102.1	177078	9.2	24.2
累　计	8500000	8671830	8487150	102.0	184680	2.2	100

【税收政策调整】北京市财政局、北京市地税局联合转发《财政部、国家税务总局关于企业改制重组有关土地增值税政策的通知（财税〔2015〕5号）》（京财税〔2015〕730号），明确了企业改制、企业合并、企业分立和改制重组时以国有土地、房屋进行投资等情形的土地增值税政策。执行期限为2015年1月1日—2017年12月31日。《财政部、国家税务总局关于土地增值税一些具体问题规定的通知》（财税字〔1995〕48号）第一条、第三条，《财政部、国家税务总局关于土地增值税若干问题的通知》（财税〔2006〕21号）第五条同时废止。北京市财政局、北京市地税局联合转发《财政部、国家税务总局关于进一步支持企业事业单位改制重组有关契税政策的通知（财税〔2015〕37号）》（京财税〔2015〕786号），明确了企业改制、事业单位改制、企业合并、企业分立、企业破产、资产划转、债券转股权等情形的契税政策。执行期限为2015年1月1日—2017年12月31日。北京市财政局、北京市地税局联合转发《财政部、国家税务总局关于调整铁矿石资源税适用税额标准的通知（财税〔2015〕46号）》（京财税〔2015〕863号），规定自2015年5月1日起，将铁矿石资源税由减按规定税额标准的80%征收调整为减按规定税额标准的40%征收。北京市财政局、北京市地税局、北京市经济信息化委联合转发《财政部、国家税务总局、工业和信息化部关于节约能源、使用新能源车船车船税优惠政策

的通知（财税〔2015〕51号）》（财税〔2015〕997号），规定对节约能源车船减半征收车船税，对使用新能源车船免征车船税。明确对纯电动乘用车和燃料电池乘用车不征车船税。财政部、国家税务总局、工业和信息化部不定期联合发布《享受车船税减免优惠的节约能源、使用新能源汽车车型目录》，对符合减免税标准的车型予以公告。列入《目录》的节约能源、使用新能源汽车，自《目录》公告之日起享受车船税减免优惠。通知自发布之日起执行。《财政部、国家税务总局、工业和信息化部关于节约能源使用新能源车船车船税政策的通知》（财税〔2012〕19号）同时废止。北京市财政局、北京市地税局联合转发《财政部、国家税务总局关于继续实施物流企业大宗商品仓储设施用地城镇土地使用税优惠政策的通知（财税〔2015〕98号）》（财税〔2015〕2025号），规定自2015年1月1日起至2016年12月31日止，对物流企业自有的大宗商品仓储设施用地，减按所属土地等级适用税额标准的50%计征城镇土地使用税。符合减税条件的物流企业需持相关材料向主管税务机关办理备案手续。北京市地税局制发《关于进一步下放城镇土地使用税、房产税困难减免税审批权限有关事项的公告》（北京市地方税务局公告2015年第6号），将城镇土地使用税、房产税困难减免的审批权限进一步下放，简化审批流程，提高工作效率。政策的主要变化：一是修订了减免税的申请条件，纳税人因严重自然灾害或其他不可抗力因素遭受重大损失、从事国家鼓励和扶持产业或社会公益事业等情形，且纳税确有困难的，可以申请困难减免；二是全面下放了减免税的审批权限，将原先由市局承担的审批权限全部下放至区局；三是明确了对从事国家限制或不鼓励发展产业的纳税人不予办理城镇土地使用税困难减免税。公告自2015年8月1日起施行。《北京市地方税务局关于下放城镇土地使用税、房产税困难减免税审批权限有关事项的公告》（北京市地方税务局公告2014年第1号）同时废止。北京市地税局制发《关于发布财产和行为税纳税申报表及有关事项的公告》（北京市地方税务局公告2015年第7号），规定自2015年7月1日起在全市范围内正式启用新的涉及城镇土地使用税、房产税、印花税、土地增值税、资源税、城市维护建设税、教育费附加、地方教育附加、契税等9个税（费）种的纳税申报表。新启用的纳税申报表范围包括：《城镇土地使用税纳税申报表》《城镇土地使用税税源明细表》《房产税纳税申报表》《从价计征房产税税源明细表》《从租计征房产税税源明细表》《印花税纳税申报表》《土地增值税纳税申报表（一）（从事房地产开发的纳税人预征适用）》《土地增值税纳税申报表（二）（从事房地产开发的纳税人清算适用）》《土地增值税纳税申报表（三）（非从事房地产开发的纳税人适用）》《资源税纳税申报表（一）》《资源税纳税申报表（二）》《城市维护建设税、教育费附加、地方教育附加税（费）申报表》《契税纳税申报表》。公告自2015年7月1日起执行。《北京市地方税务局关于印发〈北京市地方税务局印花税纳税申报试行办法〉的通知》（京地税一〔1996〕540号）和《北京市地方税务局关于调整印花税纳税申报期限的通知》（京地税地〔2003〕45号）同时废止。北京市地税局制发《关于调整北京市城镇土地纳税等级分级范围的公告》（北京市地方税务局公告2015年第10号），对城镇土地纳税等级范围进行调整。公告自2016年1月1日起执行。纳税人应根据公告公布的《北京市城镇土地纳税等级分级范围》，按规定期限申报缴纳城镇土地使用税。《北京市地方税务局关于印发〈北京市城镇土地纳税等级分级范围〉的通知》（京地税地〔2007〕229号）同时废止。

【贯彻国家宏观调控税收措施】 继续加强土地增值税差别化预征和清算管理。抑制定价过高，价格上涨过快的房地产开发项目，进一步巩固房地产市场调控成果。2015年全市累计有111个房地产开发项目上报了预计增值率，其中适用2%、3%预征率的项目数量分别为77个、18个，占项目总数的85.6%，共计预征土地增值税87.5亿元，引导房地产企业合理定价效果明显。加强土地增值税清算管理，受理完成房地产开发清算项目104个，入库税款60.7亿元。落实契税差别化优惠政策，利用市住房城乡建设委房屋权属信息系统，严格查核纳税人家庭唯一住房情况。2015年，受理个人购买90平方米及以下家庭唯一普通住房的契税13万件，减税35.36亿元。

【用足用好税收优惠政策】 配合疏解非首都核心功能，服务京津冀协同发展的国家战略，落实房产税、城镇土地使用税等优惠政策，减免税款1.93亿元。全市共有27.36万辆节约能源、使用新能源汽车享受车船税优惠政策，共计减免税款1.2亿元。

【存量房交易税收征管】 制发个人存量房交易业务征收工作规范，参与推动实施存量房交易业务区域通办，深化信息共享，提升"先税后证"审核把关质量。于2016年1月1日上线个人存量房交易税收征管系统，增加数据共享、税额自动计算、网上预审等功能，优化存量房交易计税价格计算软件，提升征管质效，防范执法风险。

【委托代征】 加强城市维护建设税、外地进京施工企业印花税的委托代征管理工作，提升征管质效。2015年，国税部门累计代征城市维护建设税103.58亿元，北京市建设工程专业劳务发包承包交易中心等两家单位累计代征印花税6743万元。

【财行税各税种明细申报】 于2015年7月1日正式上线运行财行税各税种明细申报系统。此项工作的开展，实现了北京市财行税全税种的明细申报，特别是房土两税税源明细信息采集和动态管理、印花税网上申报缴纳等功能，为落实税务总局统一明细申报表，推进信息管税，实现各税种精细化管理打下了基础。

【财行税管理风险应对】 结合财产行为税各税种特点和当前重点工作情况，分税种梳理了49个风险事项，制定67项应对措施。争取利用两年左右的时间，有效防范、控制和化解财产行为税管理风险，进一步堵塞税收征管漏洞，形成制度健全、控管有力、便捷高效的财产行为税管理工作新局面。

【房产税管理】 对部分商业地产项目开展房土两税纳税调查，选取10户较具代表性的大型商业地产项目作为调查对象，由企业提供相关情况、主管税务机关进行入户座谈、稽查处以入户稽查方式配合调查。研究调整北京市房产税计税依据及纳税地点，在测算政策调整的税负差异、借鉴外省市经验和多次征求法制部门立法建议的基础上，起草了废止北京市房产税施行细则、明确北京市贯彻落实房产税暂行条例有关意见的文件，上报市政府法制办，为今后政策调整做好前期准备工作。

【城镇土地使用税管理】 调整城镇土地纳税等级分级范围，优化土地纳税等级分级范围示意图软件，便于基层税务干部查询适用。推进以地控税、以地节税工作，与市国土局共同制定《北京市深化以地控税、以税节地工作实施方案》，明确进一步深化以地控税、以税节地的工作范围、目标任务和具体安排，加强土地税收源头控制，促进土地节约集约利用。

【土地增值税管理】研究修订土地增值税清算规程，结合征管实际，更新、细化相关规定和业务标准，进一步规范清算管理工作。研究制定土地增值税扣除项目评估指导意见，结合新版基准地价标准，制作旧房及建筑物土地增值税评估模板，以进一步规范相关涉税评估工作，化解征管风险。

【印花税管理】重点开展汽车销售4S店核定征收、金融机构同业拆借合同、企业资金账簿的印花税核查工作，全市新确定核定征收4S店404户，补缴资金账簿印花税1.01亿元。调整印花税完税方式，纳税人可采取网上申报方式缴纳印花税，简化征管程序，解决基层税务机关印花税票管理环节多、流程繁琐、售花资金管理风险高等实际问题。加大印花税票监督代售管理力度，全市注销了除住房城乡建设委以外的印花税票监督代售单位资格，进一步规范纳税行为。

【资源税管理】加强煤炭资源税从价计征后的效果监控。2015年北京市煤炭资源税收入3085万元，增收2006万元，同比增长186%，综合清费情况，与改革前相比，煤炭企业税费负担总额有所下降。开征地下热水、矿泉水、叶腊石资源税，调整石灰石资源税税额标准，落实铁矿石减税政策，在引导企业资源节约、转型发展，促进首都“两型社会”建设方面发挥了推动作用。

（杨　頔）

非税收入管理

【综述】自2015年5月12日起，原残保金管理处更名为非税收入管理处，接管了外商投资企业土地使用费、教育费附加、地方教育附加、文化事业建设费的征管职能。2015年非税收入管理处认真学习贯彻中央重要会议精神，以及国家税务总局、市委、市政府的各项工作部署，紧紧围绕市局党组总体要求，重点推进残疾人就业保障金（以下简称保障金）代征工作及信息化建设，继续做好外商投资企业土地使用费（以下简称土地使用费）、教育费附加、地方教育附加、文化事业建设费的征管工作，紧密联系实际，加强政策调研，保障全年各项工作任务有序开展。

【非税收入管理】非税收入管理工作主要包括组织实施教育费附加、地方教育附加、土地使用费、文化事业建设费的征收管理工作，拟定征收管理办法，并对有关法律法规在执行中的一般性问题进行解释和处理；分析及预测有关非税收入，监控收入任务完成情况；组织办理非税收入减免及其他具体事项；组织实施保障金的代征管理工作，负责保障金数据的统计分析、问题反馈、档案管理和移交等工作。

【非税收入特点】2015年教育费附加、地方教育附加、土地使用费、文化事业建设费和保障金（以下简称四费一金）收入共计完成196.09

亿元，增收 17.88 亿元，同比增幅 10.03%，完成年度计划 187.97 亿元的 104.32%，占全局各项税费收入完成数 3868.24 亿元的 5.07%，占全局地方公共财政预算收入 2872.92 亿元的 6.83%。收入特点是：教育费附加、地方教育附加受“营改增”的影响较小，总体收入保持逐年稳定增长；文化事业建设费受到自 2012 年 9 月 1 日以来北京市广告业“营改增”的影响很大，缴费户数和金额均大幅下降；土地使用费收费范围窄，费源比重小，费源户数和缴费收入逐年下降，收入来源的区域和用地类型相对集中；保障金月收入增减波动较大，用人单位、征缴金额呈增长趋势，征缴大户增加带动收入增长。四费一金收入完成情况详见表 2。

表 2　北京地税系统四费一金非税收入完成情况（2015 年）　单位：亿元

项　目	年度计划	年度收入	四费一金占比（%）	占计划比重（%）	同比增减额	同比增减率（%）
教育费附加	93	95.81	48.86	103.03	8.09	9.2
地方教育附加	62.12	63.71	32.49	102.56	5.10	8.7
外商投资企业土地使用费	0.96	1.12	0.57	116.42	-0.16	-12.6
文化事业建设费	0.39	0.54	0.27	137.98	0.15	39.8
残疾人就业保障金	31.5	34.91	17.8	110.83	4.69	15.5
合　计	187.97	196.09	100	104.32	17.88	10.03

【税收政策调整】《北京市财政局　北京市国家税务局　北京市地方税务局关于小微企业免征有关政府性基金的通知》（京财综〔2015〕159 号）明确对符合规定条件的缴纳义务人免征教育费附加、地方教育附加、文化事业建设费，并对符合条件的小微企业免征保障金。《财政部　国家税务总局　中国残疾人联合会关于印发〈残疾人就业保障金征收使用管理办法〉的通知》（财税〔2015〕72 号）要求自 2015 年 10 月 1 日起对现行征收规定进行调整，主要包括：一是调整征收机关，明确地方税务局为保障金的征收单位，改变了原有“残联审核、地税代征”的模式；二是调整征收标准，明确保障金按照上年用人单位在职职工年平均工资计算缴纳，改变了原来按照“上年全市在职职工年平均工资”计算缴费标准；三是建立公示制度，明确用人单位安排残疾人就业情况、缴纳保障金情况、申请困难减免情况和保障金支出情况均需要向社会公示，接受社会监督。

【文化事业建设费管理】自 2012 年 9 月 1 日起北京市广告业“营改增”以来，提供广告服务应缴纳的文化事业建设费由国税部门征收，提供娱乐业劳务应缴纳的文化事业建设费仍由地税部门征收。受上述“营改增”影响，地税部门的文化事业建设费缴费户数和金额均大幅下降。其中缴费户数从 2012 年的 12678 户逐年下降为 2015 年的 878 户，下降了 13 倍之多，年均降幅为 55%；缴费金额从 2012 年的 21.65 亿元下降为 2015 年的 5381 万元，年均降幅为 32.5%。2015 年收入同比大幅增长的主要原因是大额补缴入库，剔除该不可比因素后，收入明显呈现减收趋势。

【教育费附加、地方教育附加管理】按照《北京市地方税务局　北京市国家税务局关于城市维护建设税、教育费附加、地方教育附加委托代征有关事项的公告》（2014 年第 11 号）规定，自2015年1月1日起对网上申报缴纳增值税、消费税的纳税人、扣缴义务人，委托国税机关代征其相应的教育费附加、地方教育附加。2015年共计代征教育费附加、地方教育附加79.46亿元，占当年教育费附加、地方教育附加合计入库金额的49.81%。

【外商投资企业土地使用费管理】为积极落实市局党组年初提出的“完善外商投资企业土地使用费征管措施”的要求，非税收入管理处制定土地使用费调查提纲到部分区局科所开展实地调研，针对调查了解情况及征管实际突出问题，继续提出暂停征收北京市土地使用费的建议，并积极与市局法制处沟通研究，多次向市局领导及市政府法制办报送建议材料，推进相关工作。加强收入完成情况监控力度，做好全年收入分析工作，2015年北京市缴纳土地使用费的外资企业1751户，占地税部门外资企业登记户数的比重不到6%；近两年收入中都有查补以前年度大额欠费的情况，2014年补缴3034万元、2015年补缴1180万元，剔除不可比的补缴因素后，收入总体上呈现下降趋势。

【残疾人就业保障金管理】2015年北京市有44.2万户（次）缴费单位缴纳当年或补缴以前年度保障金，缴纳单位同比增加超2.5万户（次），入库户率和入库额率分别达到了96%和98%；全市审核用人单位53.3万户（次），核定金额35.3亿元，同比增长3%和15%。实现了自2006年代征以来连续十年代征收入的稳定增长，十年共代征保障金199.3亿元。在2015年代征工作中，非税收入管理处组织全市地税系统召开2015年度保障金代征工作视频会议，全面总结北京市2014年度代征工作情况，重点部署2015年度工作任务。继续加强与北京市残联、北京市财政局的密切配合，主要包括与北京市残联、北京市财政局召开第三次联席会议，向北京市残联申请专项经费为代征工作提供保障，以及与北京市残联共同做好宣传辅导，制定北京市2015年代征通告，改版编发了缴费指南20万册，印制一般缴款书10万份和宣传海报300张，开展Tax861在线访谈及其他宣传活动；强化收入统计分析工作，在征期结束后及时撰写当年收入分析报告，抄送市财政局，大大提高时效性，多措并举，转变作风，上下联动，内外协调，全力确保完成2015年保障金代征工作。

【残疾人就业保障金代征并入财税库银联网】2015年继续按照时间计划做好升级改造保障金代征系统并入财税库银联网的信息化建设工作，通过召开项目协调会、项目启动会、专题工作协调会、项目例会等与市局相关部门、北京市残联进行密切协商，征求区分局意见补充修改完善业务需求，积极配合做好系统开发和联调测试工作，组织召开全系统业务培训会，就新系统操作进行全员培训等，确保2015年6月底前顺利实现功能上线运行，有利于减轻基层和用人单位负担，积极为基层和用人单位服务。

【研究转变残疾人就业保障金征缴方式】为积极贯彻落实2015年9月9日《财政部　国家税务总局　中国残疾人联合会关于印发〈残疾人就业保障金征收使用管理办法〉的通知》（财税〔2015〕72号）中的新征缴规定，非税收入管理处主动与北京市残联、北京市财政局进行沟通座谈，研究提出政策执行建议；参加国家税务总局专题集中调研，与河北、天津、江苏等省市地税部门交流意见，学习兄弟省市的先进经验；到西城、海淀、燕山等区分局开展调研，积极反映基层工作问题；测算北京市2016年保障金收入情况等，积极做好政策落实的相关准备工作。

【小微企业优惠政策调研】为支持小微企业

发展，国家相继出台了一系列优惠政策，因此研究完善小微企业保障金优惠政策具有重要的现实意义。非税收入管理处在严格执行现行优惠政策的同时，与西城局联合开展调研工作，系统梳理了小微企业划分口径和涉税优惠政策，对保障金优惠政策与涉税优惠政策加以比较和借鉴，分析政策执行问题，提出完善政策的意见和建议。

（王红艳）

工会经费税务代收管理

【综述】2015年，全市累计代收工会经费总额49.2亿元，比计划代收任务47.7亿元增收1.5亿元，比2014年同期代收总额43.9亿元增收5.3亿元、增长12.04%。自2011年1月1日—2015年12月31日，全市共累计代收工会经费总额达168.4亿元。

【工会经费管理】工会经费管理处按照相关政策文件规定，负责对全市除中央所属单位及实行财政划拨工会经费单位以外的企业、事业单位和其他组织代收工会经费（筹备金），负责工会经费（筹备金）的申报受理、缴费提示和代收情况的统计分析与问题反馈，协助工会开展工会经费（筹备金）代收政策宣传辅导、信息维护等工作。

【召开代收工作推进会】2015年9月15日，市局工会经费管理处与市总工会经费代收管理部联合召开2015年北京市工会经费税务代收工作推进会，通过阶段性工作小结和工作经验交流，进一步密切部门间的合作、强化管理、优化服务，以确保2015年工会经费税务代收工作任务的圆满完成。市地税局总经济师沈永奇、市总工会副主席王永浩参会并围绕全系统代收工作进行总结提出指导意见。

【清理无效费源户】累计清理“长期不申报和不属于代收范围”等应撤销费源户总计4306户。通过无效费源户清理工作，删除了工会经费代收系统中的大量垃圾数据，夯实了代收工作费源基础，提高了基层税务代收工作效率。

【加强分析深入调研】工会经费管理处强化收缴期内业务指导工作，主动与基层沟通，联系走访30个基层科所，全面掌握代收进度，指导基层有针对性地加强各项代收工作；收缴期结束后，定期走访区局科所，深入东城、西城、丰台、平谷、昌平、密云、开发区等局开展调研工作，共召开座谈会14次，调研13次，听取基层关于做好代收工作的意见建议，对工作中的问题进行深入分析，提出解决问题的对策办法，不断提高代收工作水平；完成了2015年《关于深化工会经费税务代收工作的探索》调研报告，保障了工会经费税务代收工作稳步推进。

【重视舆情和谐发展】工会经费管理处多次联合市总工会相关部门召开有区局、分局和区总工会参加的工作协调会，加大工会职能、经费使用等方面的宣传力度，帮助缴费单位正确认识工会组织，自觉履行缴费义务，共同促进代收环境和谐发展，从而确保代收工作顺利进行。与此同时，为确保全市代收工作平稳有序开展，要求区局、分局站在维护社会稳定的高度重视舆情工作，加强与工会沟通，及时反馈，按照职责依法、规范地做好舆情处理工作。全年未出现工会经费税务代收相关不良舆情事件。

（李春霞）

国际税收

【综述】 2015年，国际税收工作紧紧围绕税收中心任务，加强非居民税收管理，积极开展税务约谈和加强对外支付管理，落实税收协定备案、审批要求，认真做好关联申报和反避税广泛宣传大力推进“走出去”服务与管理，积极开展税收情报交换，强化全系统国际税收机构和队伍建设。

【反避税工作】 上线关联申报及查询系统，形成以申报、查询、统计、分析为一体的关联交易信息系统，建立全覆盖、网络化反避税管理工作机制。2015年，全市关联申报企业共272701户，关联交易总金额2680亿元。通过关联申报审核，发现股权转让、资本弱化、成本分摊、受控外国企业等避税线索，为反避税调查工作储备案源。对关联审核发现的疑点企业按照风险等级分别实施管理，对低风险企业及时督促自行调整，对高风险企业进行重点调查。经税务总局批准正式立案1户，自行调整企业7户，补缴税款1.71亿元，平均个案补税金额达到2442万元。

【非居民税收管理】 全年非居民企业实现税收收入39.09亿元，其中外国企业常驻代表机构税收收入18.08亿元；外籍人员缴纳个人所得税83.74亿元，查补外籍个人所得税4.58亿元；对外支付11973户次，税收协定备案、审批44件，开具居民身份证明222份。完善非居民企业所得税源泉扣缴系统，强化技术支撑。落实国家税务总局工作要求，开展非居民企业取得来源于中国境内的特许权使用费、利息所得的专项核查，补缴税款、滞纳金68.83万元。印发的《非居民纳税人享受税收协定待遇管理办法》和《非居民纳税人享受税收协定待遇管理规程》要求，制发文件，明确职责，分解任务，确保工作落实。完善管理台账，规范后续监督、抽查要求，实现从事前备案管理向事中、事后风险管理方式的转变。积极开展外籍人员个人所得税风险管理。制定工作方案，明确工作要求，编发《外籍个人所得税政策指引》，向区（分）局推送风险点，全系统共辅导、核查企业6978户，发现有问题企业381户，共补缴个人所得税3.88亿元，滞纳金0.7亿元，共计4.58亿元。落实市局工作要求，全面开展税务约谈，尝试与市国税局开展联合约谈。全年共约谈5户企业，入库税款2860.46万元。积极指导各局处理高校外籍教师享受协定教师条款、外籍个人八项补贴适用、常设机构外籍个人补税等重点个案。在税务总局的指导下，探索研究以住所标准判定外籍个人的中国税收居民身份，对完善税收管理进行了有益的尝试。对非居民个人间接股权转让进行风险评估和实施约谈，补征税款4651万元，为完善非居民个人所得税管理制度积累经验。

【国际税收征管协作】全年共办理国际税收情报22份，其中外来自发情报11份，专项情报请求11份，涉及日本、法国、新西兰、葡萄牙等缔约国，查补税款及滞纳金共计62.64万元。全系统发出情报交换2份，其中，专项情报请求1份。开展建局以来首次自动情报交换工作，共向日本、加拿大、澳大利亚、德国、西班牙5个国家提供1468条信息，所得类型涉及股息、特许权使用费、非独立个人劳务等7项所得。此外，还参与国家税务总局自动情报制度建设。

【跨境税源信息核查】加强跨境税源信息管理，规范跨境税源信息的采集、核查程序。积极挖掘各类境外税源线索，信息来源覆盖到国际税收征管协作、政府部门信息共享、京津冀协同发展、媒体权威发布以及日常税收管理等渠道。全年共下发核查信息207份，查补税款352.24万元。核查某企业自然人股东股权转让案件，确认个人所得税2.18亿元，适用相关政策，分五年缴纳入库。

【境外税收服务与管理】认真开展基本情况调查，通过填报《北京市“走出去”企业信息表》《“走出去”企业税收数据统计表》，收集企业基本信息、经营现状、境外投资国别分布情况、境外投资经营情况、享受协定待遇情况、企业外派员工情况以及近四年纳税情况等信息。截至2014年底，北京市市属“走出去”企业境外投资项目1760个（不含中央企业境外投资项目），涉及1094户企业，实际到境外投资的企业共675家，企业所得税由地税管辖的企业319家。境外投资涉及119个国家和地区，中国香港、美国、日本、新加坡是北京市对外投资较为集中的地区。积极探索实施“一户一档”管理模式，逐户建立《“走出去”企业信息档案表》，为226户企业建立《“走出去”企业信息档案表》。不断创新“走出去”服务，联合北京市商务委、北京市国税局召开“走出去”企业座谈会，帮助“走出去”企业提高风险防控意识，明确税收遵从义务，52家企业参加座谈讨论。经济日报、中国税务报、千龙网等6家新闻媒体对此次税收宣传活动进行了详细报道。通过网络、微信、广播、电视等媒体广泛宣传境外投资税收政策，在北京电视台录制《让“走出去”的步伐更快更稳》及《重构国际税收　利好“一带一路”》专题片。通过北京人民广播电台录制的“地税小贴士栏目”普及中国居民身份证明开具、境外所得的申报、缴税等相关国际税收知识。

【2022年冬季奥运会税务服务】印发《2022年冬季奥运会税务服务办公室成立工作方案》，正式成立2022年冬季奥运会税务服务工作领导小组及其办公室，奥运税务服务办公室设在国际税务管理处。全面收集北京申办2022年冬奥会的相关资料，初步了解冬奥会筹办思路及有关内容。组织召开2022年冬季奥运会税务服务工作协调会议，办公室、人事处、征科处、纳服处、企业所得税处、营业税处、个人所得税处、财产行为税处、非税收入管理处等处室参加，征集合理的意见建议，明确做好冬奥会税务服务的思路。

【加强外部协作】继续加强外部协作，完善与市国税局、出入境管理部门、商务委、投促局、外汇管理等部门的合作机制。明确合作内容，共同开展管理、服务工作，协调出入境管理部门协助查询外籍个人、中国公民出入境信息及证件办理情况225人次。

【涉台税收工作】2015年8月25日，海峡两岸关系协会与台湾海峡交流基金会在福建福州举行“两岸两会”第11次高层会谈，正式签署《海峡两岸避免双重课税及加强税务合作协议》。此前我国已加入《多边税收征管互助公约》，正式签署101个避免双重征税协定和10个税收情报交换协定，与香港、澳门两个特别行政区签署了避免双重征税安排，与多个国家签订了包含税收条款的海运、空运协定。两岸税收协议的正式签署，不仅为两岸民生和经贸往来带来福祉，也为我国税收条约体系新增一极，使税收协调和合作机制具有更强的代表性和更广的覆盖面，使国际税收规则更加完整和健全。国际处一是及时研究新签税收协议，组织全系统学习研讨，发表相关文章；二是参与录制北京电视台《税收天地》加强两岸合作专题栏目；三是配合法制建设研究会承办台盟中央“大江论坛”；四是借助市台办召开的对台工作会议，宣传两岸税收协议，并以此为契机部署全系统关注涉台税收工作动向，妥善处理有关涉税事宜。

【第10届税收征管论坛（FTA）大会筹备保障工作】税收征管论坛大会是全球税收征管领域最高级别会议，也是该领域合作范围最广、层次最高的国际平台。2016年在中国北京召开的第10届税收征管论坛大会是我国首次承办的全球性税务大会，是2016年G20杭州峰会的支持性配套会议。按照国家税务总局要求，为做好2016年第10届税收征管论坛大会筹备工作，市局自2015年年初开始配合税务总局筹备本届大会。年内，一是协调北京市旅游委及饭店业协会询价，陪同税务总局相关部门领导同志实地考察7个备选会议场地的设施和服务情况，配合选定会址；二是抽调人员赴税务总局专职参与大会筹备事务；三是与市国税局一起参加税务总局筹备工作领导小组历次会议，参与大会整体预算、会务保障等事项研究；四是启动市局中英文外事宣传册编纂工作。

（王秉明　张清松　李　响
周　松　黄　姝　李运玲）

征收管理

税收征管

【综述】2015年，征管科技部门在市局党组的正确领导下，紧紧围绕征管改革和税收现代化建设目标，凝心聚力，攻坚克难，深化改革，落实加强税收征管20条措施，通过采取纳税提示、清理欠税、日常检查等措施，完成127亿元的税收入库任务，带动税收增长4个百分点，税收征管呈现新格局。截至2015年底，全市地税系统共有税务登记户1494620户，其中正常户1437327户。分别增加134731户和146503户，同比分别增长9.91%和11.35%。第四季度平均纳税申报率为99.62%，税款入库率为99.33%，继续保持较高水平。截至2015年12月31日，全市共有非正常户40587户，比2014年同期的45024户减少了4437户，降低9.9%。有税申报率达到76.29%，纳税人税法遵从度进一步提高。

【深化征管体制改革】推进征管改革和税收现代化建设。按照征管改革的整体目标、分项目标和路线图、时间表，统筹协调各分小组工作，坚持定期例会、专刊机制，指导各局形成改革合力。各项工作进展顺利，已完成32项，正在办理96项；制发征管改革专刊78期、召开改革例会7次；组织开发互联网地税局《征管改革工作任务进度情况》展示模块。立足征管改革需要，积极配合人事处等部门制定机构职责调整方案。联合国税局代市委市政府起草《北京市关于贯彻落实〈深化国税、地税征管体制改革方案〉的意见》，制定了市局落实改革要求的具体工作方案，明确改革路线图和时间表。围绕四项专项改革试点工作，细化了5方面23个具体事项，力争打造专项试点的“北京样板”。

【京津冀协同发展】落实有关征管措施，做好非首都功能疏解，促进经济结构转型，推动京津冀协同发展。积极协调发改委、国税、工商等部门，研究制定加强有形市场管理的措施。加强拟疏解的商品交易市场税收征管工作，严格个体工商户税收定额核定管理。研究便利纳税人在京津冀范围内跨省市迁移管理措施，探索加强非正常户管理合作，配合市国税局制作京津冀综合税务服务网。

【国地税合作】开展联合税务登记。合并政府综合行政服务大厅税务登记窗口，实现税务登记“一窗式办理”，切实减轻纳税人负担，新办税务登记20.2万户。委托代征“一税两费”。从2015年1月1日起，开展委托市国税局代征“一税两费”工作，全年委托代征92万户，代征相关税费183亿元，带动增收5亿元。这种模式得到了税务总局的高度认可，并拟在全国范围推广。共同落实《国家税务局、地方税务局合作工作规范1.0》。形成“一把手”负总责、分管领导配合、各部门“无缝隙”对接的工作机制。召开国地税合作工作会议，联合开展21类80项合作事项，合作范围不断向纵深拓展。

【征管基础工作】加强税务登记管理。严格落实新的《税务登记管理办法》，制定落实具体措施，明确落实事项。组织全系统征管科长、办税服务厅所长40余人开展培训，推动新办法顺利实施。规范非正常户认定管理措施。制定下发《北京市地方税务局关于加强非正常户认定管理的通知》，对非正常户认定依据、认定流程、工作要求进行明确，防范执法风险。研究制定《税务登记注销管理办法》。落实简政放权要求，针对个体工商户等小微企业、未使用发票户等纳税人实行简化注销程序。研究制定无照户管理措施。组织各区县局，联合工商部门对7079户无照户进行排查，研究制定了《北京市地方税务局临时税务登记管理办法》，重点对办结税务登记手续后经营收入在3万元以上的纳税人加强有税申报管理。探索在全市范围内推广通州“画家村”无照户办理临时税务登记模式。加强申报征收管理。加强申报未入库核实清理。组织排查了2010—2014年申报未入库问题，实现了对历史遗留不良数据的清理，共追缴入库5162户次，追缴税款2403.55万元，加收滞纳金297.68万元；核销重复申报26923户次，核销金额55920.52万元。做好分税种明细申报。组织各相关处室进行分税种明细申报业务需求分析和开发，上线了财行税明细申报系统，取消综合申报和无税申报，上线税种登记功能。依据“农家乐”经营规律，简化申报缴税手续。实行简并征期，按年一次性核定淡、旺季生产经营收入和汇总申报各月税款。

【征管制度创新】 开展“无税申报纳税提示”。开发“无税申报提示”功能，通过逐月阶梯式、递进化的纳税提示，19.5万户长期无税户转化为有税户，近乎零成本，带动增收32.6亿元，全市有税申报率从年初的41%提高到76.29%，增长35.29%。强化欠税清缴力度。运用短信、公告、文书等多渠道开展迟报催缴，强化非正常管理和不良信用监管。加大对欠税人联合执法惩戒，扩大阻止出境范围，共清缴陈欠2.14亿元，清缴新欠6.82亿元，合计8.96亿元。规范退税和减免税管理。起草完善退税管理办法和税收减免管理实施办法，建立减免税和退税的大额税款集体审议制度。开发建设延迟缴纳和退税事项网上办理功能，为纳税人办税提供便捷服务，防范执法风险。

【金税三期工程】 启动金税三期工程建设。组织人员开展前期考察，借鉴兄弟省市经验。制定工作方案，明确责任分工和时间安排。抽调各处室及各区（分）局百余名业务骨干组成团队集中攻关。组织召开动员会，安排部署推广实施、工程建设以及上线保障工作。用时10天完成差异化分析，在同批上线的6个省市中耗时最短。开展初始化和数据迁移，扎实推进各项任务按计划完成。

【“三证合一、一照一码”登记制度改革】 协同推进“三证合一”工作。落实国务院“三证合一”改革要求，助力“大众创业、万众创新”，建立信用数据共享、统一发布、软件嵌套的深度合作机制，北京市“三证合一、一照一码”新增市场主体累计51439户，补充信息户数22058户，补充信息率43%。

【信息管税】 落实“互联网+税务”行动计划，以“互联网+”思维推动科技信息化工作实现创新发展。推进互联网地税局建设。实现了74个涉税事项网上全程无纸化办理，规范了工作流程、方便了纳税人、提高了征管质效，为2015年实现涉税事项全市通办打下了坚实基础。推广“手机版互联网地税局”建设，为税务干部提供移动征管服务，实现便捷的移动办公体验。完成督查督办、2014年版企业所得税年报、财行税明细申报和Tax861新版办税流程及时上线，整合个人所得税申报和企业所得税申报客户端，完成残保金并入财税库银联网。积极推进办税服务厅音视频监控系统建设，加速实施连起来工程。在持续整合网上办税大厅和内部管理平台的基础上，开发税信通功能，努力构建政企互动体系。取消 CA 数字证书收费，减轻纳税人负担。协调推进 CA 证书向全体纳税人免费发放工作，奠定“互联网 + 税务”各种应用的法律基础，已免费发放 39 万张。推进银税合作。与北京银联签署合作框架协议，为全市 98 个税务所配备 227 台 POS 机，实现直接在办税服务厅的 POS 机和自助终端上刷卡缴税，研究开通网上支付和移动支付功能，实现随时随地快捷缴税。

【税收风险管理】 以风险管理为导向，加强日常检查和风险防控。完善制度建设。制定《税收遵从风险管理办法（试行)》《税务约谈管理办法（试行)》《日常检查实施办法（试行)》等一系列配套制度，完善风险管理和日常检查工作的制度体系，厘清风险管理、纳税评估、征管、稽查的关系。开展税务约谈。建立约谈室，努力推动市、区、所三级税务约谈，首次开展国地税联合税务约谈。在全市部署开展对外商投资企业、欠税企业、外籍个人及股权转让等风险事项的专项约谈。全年共约谈纳税人 13770 户，补缴税款 28.5 亿元。强化日常检查。组织开展风险管理、日常检查业务培训会，开展企业所得税、个人所得税、房产税、城镇土地使用税、土地增值税、城市维护建设税及附加等税费种管理风险和零申报、金融业中间收入、建筑项目等事项风险的识别、应对任务推送，通过定期向所有纳税人推送或发布风险提示和组织开展日常检查工作，提高纳税人税法遵从度。全年完成风险应对 26566 户，查补税款、滞纳金 61.4 亿元。推进风控建设。完善风险监控指标库，设置指标、模型维护功能，保证了风险监控指标建设的统一规范。探索市、区两级风控办职能建设，逐步实现风险推送环节扎口管理。

【区域通办】 二手房缴税实现区域通办。增设 130 处办税场所、167 个办理窗口，解决纳税人缴税难题。按照“网上预审、审批互认、信息共享”的工作思路，组织开发二手房交易信息系统，推动北京市二手房征收向简便快捷、降低风险的方向发展。

（王志杰）

大企业税收管理

【综述】 2015 年，大企业税收管理部门认真落实国家税务总局、北京市政府、北京市地税局党组工作部署，坚持个性化服务与专业化管理并重，着力推进大企业税收管理体系建设，市、区两级工作领导小组、专家团队和人才储备机制初步建立，工作有序开展，完成了各项工作任务。风险管理工作，在组织、实施、统筹方面开展新的探索，按照联合协同、异地组合、统一调度的原则，首次采取市级团队集中办公的工作方式，实行跨区域的力量组合，筹划目标，组建团队，统一指挥，实战锻炼，进一步积累了经验，形成了开展大企业风险管理的基本格局与方法。开展个性化服务工作，与北京粮食集团有限责任公司签订《合作框架协议》和《税收遵从合作协议》；召开总部企业联席会议，解决企业涉税诉求；与企业集团联合开展税务体检，组织针对性的税收业务培训。

【大企业税收管理体系】 对国家税务总局和北京市地税局党组的整体部署和改革要求，通过明确监管范围和服务对象，建立健全组织架构，调整、理清部门职责，规范和完善工作制度、业务流程，积极探索和实践大企业税收管理与服务工作。一是逐步形成了按照行业进行横向管理和按组织架构进行纵向管理相结合的大企业分类管理模式；二是形成了包括数据采集、风险自查、内控测试、风险分析、任务推送、风险应对、反馈提高等多个阶段的全流程闭环风险管理手段；三是形成了跨层级、跨区域、跨部门组建工作团队，集中力量开展管理的组织形式；四是形成了市区两级国地税联合开展大企业风险管理的长效合作机制；五是形成了以业务培训和实战锻炼相结合，打造大企业管理业务骨干力量的人才培养方式；六是形成了强化税企合作，通过个性化服务手段有效促进税收遵从的管理方法。

【大企业税收风险管理】 对国家税务总局联系企业、国有总部经济企业、非国有总部经济企业实施分类税收管理，并及时进行经验总结，转化工作成果，为全市风险管理工作提供有效资源。对国家税务总局联系大企业，按照国家税务总局要求开展全流程、分事项风险管理等工作；对签订合作协议的总部企业，通过联合税务体检、跟踪重大事项进展、提供个性化业务服务等方式引导企业完善内控机制；对其他总部企业，选取代表性企业开展行业风险管理，汇总风险特征和核查重点，适时延伸开展行业风险管理。2015年，按照国家税务总局要求开展中国海洋石油总公司等6户国家税务总局联系大企业全流程风险管理，确认税款1.9亿元。2015年年底，与北京市国税局联合对中国民生银行股份有限公司、中国国电集团公司等8个企业集团组织开展“运用大数据开展大企业税收服务与监管”试点工作，首次实施各集团全国口径辅导自查和财务数据采集工作，年底前已完成在京企业初步风险识别工作，待国家税务总局部署下一阶段工作方案后继续开展后续工作，预计整体工作于2016年6月完成。工作期间，采取调查问卷等形式实施税务风险内控调查，整理行业税收风险特征信息，完成《大企业税收风险特征表》，对行业风险领域、风险识别和审计方法、涉及会计科目、税收政策依据等内容进行补充完善。按照北京市税源行业特点，组织开展10户金融业企业、6户制造业企业风险管理试点工作。对20户大额减收总部企业开展税务约谈，核实排除税收风险点。开展北京首都旅游集团有限责任公司、北京一轻控股有限责任公司、北京二商集团有限责任公司3户签订合作协议企业集团的专项风险管理工作。

【大企业个性化纳税服务】 与签订合作协议的北京首都旅游集团有限责任公司、北京一轻控股有限责任公司、北京二商集团有限责任公司集团总部建立联系人机制，对企业组织架构、主营业务、财务核算特征、资产状况等进行了解，联合开展集团税收风险特征分析，共同制定风险管理方案，重点风险点核查提纲，以自查为主，联合开展税务体检。及时从资产管理、流程设置、制度规范等方面提出针对性的税务管理建议，由点带面，使全集团所属企业相同涉税风险得到及时纠正，降低征纳成本。企业通过完善内控制度、优化管理流程，实现规范化税务管理，从而提升社会声誉和信用商誉，促进国有企业市场竞争力的提高。不断扩大签署协议企业范围，2015年底与北京粮食集团有限责任公司开展了战略与遵从合作。积极响应北京市政府关于研究首都经济结构特征、有效巩固总部税源的相关决策，与北京市商务委员会联合开展首都总部经济相关工作调研，及时关注总部税源税收波动情况和发展趋势。通过座谈、走访等形式，征集和解决企业涉税诉求。成立市、区两级总部经济税收管理工作领导小组和两级专家团队，为及时应对大企业复杂诉求提供有力保障。通过联合税务体检、跟踪重大事项进展、帮助协调解决历史遗留问题和改制过程中的复杂涉税诉求、开展专题政策辅导培训等方式，引导企业完善内控机制，支持国有企业改革。

【大企业人才储备与培养】建立分行业、分事项日常工作团队。选派干部参与到国家税务总局工作团队，得到国家税务总局高度评价和多次通报表扬。以抽调基层业务骨干联合组建市级工作团队，集中办公模式开展税务审计，突破区域管理、层级管理的局限性，汇总各单位的工作经验，发挥专业化团队的工作效能，以实战锻炼方式培养大企业管理业务骨干力量，部分业务骨干已经具备带队开展大型企业集团风险管理工作的能力。

【国地税合作】市区两级国、地税大企业部门建立沟通渠道和联合工作机制，采取提前沟通、统一口径、统一时限、统一部署的方式，联合开展国家税务总局大企业风险管理等工作，实现全市国地税系统大企业工作的一致性，避免对纳税人的重复打扰。

【信息化建设】根据大企业管理的显著特点和紧迫需要，立足当前、着眼长远，组织市区两级业务骨干，编写完成大企业管理系统业务需求，已提交科技部门按照信息化建设流程进行系统开发建设。

（张冬梅）

发 票 管 理

【综述】2015年，票证管理中心认真贯彻市局党组的整体部署，紧紧围绕税收中心工作，主动适应发票管理新格局，迎接“营改增”新任务，努力发挥职能作用，积极、稳妥、安全地做好发票供应和发票制度管理工作，做好“营改增”过程中涉及的票证工作，按期圆满完成全年各项任务。

【保障普通发票、税收票证的印制和供应】发票印制工作面对“营改增”实施时间不确定给发票供应带来的新情况、新困难，认真落实市局主要领导提出的“保证供应，减少浪费”指示精神，缜密细致做好“营改增”工作对全市发票用量的预测工作，合理制定发票印制计划；加强与区局的沟通，监控发票库存数量变化情况；“小批量多批次”安排印制，大力压缩市局库存，在保证税收票证正常供应的前提下，努力将“营改增”因素造成的发票损耗降到最低。经统计，2015年共安排印制普通发票5.17亿份，减少0.49亿份，同比下降9%。各区局申请调拨出库发票5.1亿份，减少0.46亿份，同比下降9%，各区局发放普通发票5.42亿份，减少0.12亿份，同比下降3%。截至2015年12月31日，市局发票库存约为1.37亿份，比2014年的2.05亿份减少0.68亿份，同比下降33.2%。

【2015年票证印刷供应商选定工作】2015年上半年，按照政府采购招标程序和竞价程序，会同市政府采购中心对市局2015年度税收票证印刷供应商进行竞价，经过三轮共27次，最终确定北京中融安全印务公司、北京东港安全印刷有限公司、北京伊诺尔印务有限公司、北京邮票厂、北京朝阳印刷厂有限责任公司和北京宝旺印务公司6家企业为普通发票印制企业；北京印刷集团有限责任公司、北京东港安全印刷有限公司和北京伊诺尔印务有限公司3家企业为税收票证印刷企业，此项工作的完成为市局税收征管工作提供了有力保障。组织完成中标供应商《合同》签订、颁发《发票准印证》以及行政许可事项等工作；完成对新中标承印企业安全检查工作，组织新、旧中标企业进行印刷资料交接，保证了市局税收票证印制工作的顺利开展。完成未取得税收票证资质企业的善后处理工作，保证了普通发票印刷数据的安全。

【自印票印制保障企业业务需求】2015年共下达企业冠名发票印制通知单317份，安排印制冠名发票6.21亿份，比2014年同期的7.64亿份，同比下降19%。

【税收票证印制保障征管工作】2015年共安排印制税务登记证66.5万张，税收票证119万份，各类申报表1069.3万份，业务印刷品64.7万份。

【有奖发票兑奖经费的统计分析】定期加强与上年同期兑奖情况比对分析，及时掌握各区县（分）局兑奖进度和资金结余情况，经统计，2015年共兑付有奖发票29022张，兑付奖金合计160.66万元，比2014年下降95%，截至2015年12月31日，有奖发票兑奖经费结余3292.29万元。随着有奖发票数量的减少，预计有奖发票兑付奖金继续呈下降趋势。

【票证经费结算】按照财务处的经费管理办法，加快2015年票证印制经费的支出进度，依法合规使用票证印制经费。2015年，票证印制经费共支出4564.87万元，其中普通发票印制经费共支出3993.47万元，表册账卡经费支出356.2万元；业务印刷品经费支出205.5万元，行政印刷品经费支出9.7万元。

【提前启动2016年票证印刷定点供应商竞价】2015年10月，国家税务总局调整推迟“营改增”改革工作进程，对市局发票印制工作产生影响。市局对2015年发票印制经费的测算与“营改增”基本同步，因“营改增”的延期启动，导致2015年四季度出现发票印制经费短缺约1000万元，面临无法安排发票印制，影响2016年一季度发票供应的困难情况。市局及时做好分析研究，就2015年票证印刷定点供应商竞价执行情况及“营改增”推迟后2016年票证印制、供应等方面面临的问题与市政府采购中心进行充分的沟通。为保证2016年票证印制、供应的连续性和税收征管工作的正常进行，市局党组会研究决定，在2016年预算未正式下达前以“资金承诺”的方式提前启动2016年票证印刷定点供应商竞价工作，由新的中标供应商承印2016年一季度发票。此项工作保证了全系统发票供应的连续性，保障了征管工作的顺利进行。

【推广应用电子发票取得阶段性成果】2015年以来，金融保险业纳税人纳入北京市电子发票试点应用范围，市局共受理中国人寿北京分公司、中国人保财险北京分公司、中国平安人寿北京分公司、中国平安财产保险北京分公司、平安养老保险北京分公司、中华联合财产保险北京分公司、泰康人寿北京分公司、中国太平洋人寿北京分公司、泰康养老保险北京分公司、恒安标准人寿北京分公司、太平人寿北京分公司11家保险公司电子发票试点申请。其中，寿险企业8家，财险企业3家。上述11家申请电子发票企业中，中国人寿、中国人保财险、中国平安财险和太平人寿保险有限公司的四家北京分公司提交了电子发票系统验收报告，可以开具电子发票。截至2015年12月底，四家保险公司开具发票合计约114.77万份，开具金额约28亿元。推广应用电子发票是市局税收现代化工作项目之一，是市政府对市局的绩效考核项目，被列入北京市国地局协作管理项目。鉴于“营改增”持续推进的大背景，市局与市国税局协商采取共用国税电子发票管理平台管理地税电子发票的模式推广应用金融保险行业电子发票，目前运行良好。

【发票安全管理和税控服务管理】2015年，两次召开发票印刷安全专题会议：一是针对冠名发票出现质量问题的情况，强调消除安全隐患，坚决杜绝不合格发票流向社会，责令监督问题企业停产整改。二是对新一轮票证印刷定点供应商强调抓好制度落实、保证票证印刷质量和管理安全的要求。召开税控服务商会议，要求企业在当前“营改增”的关键时刻，认真落实税控服务规定，善始善终地做好全市税控服务工作。研究专车服务税收征管问题，摸清专车平台运营模式、缴纳情况和发票领用等情况，提出进一步加强专车服务税收征管问题的建议。

【发票税控安全检查】下发《关于配合做好“营改增”加强发票税控管理工作的通知》，就保障发票供应、强化库房安全、做好“营改增”有关工作以及加强组织领导等方面提出具体要求；重点对六个区局进行了发票及税控机具安全检查，检查情况基本良好，市局同时听取了各局对发票管理纳服规范和征管规范的建设性意见。

【发票鉴别工作】积极配合公安机关严厉打击制售假发票和非法代开发票违法犯罪活动，经统计，市局2015年共查验各类普通发票3088份，涉及开票金额13.61亿元，根据发票鉴别工作中发现的问题，及时向稽查部门和主管税务机关移交发票鉴别工作中发现的发票违法线索，为打击发票违法犯罪提供依据。

（吴　澄　丛树茂　安宏志　朱　宁
刘　嘉　姜惠丽　程艳琳）

业务档案管理

【综述】2015年，档案处加强完善税务档案管理制度，积极推动税务档案电子化建设，部署并对新税务档案系统进行升级改造，认真开展档案入库工作并做好借阅利用服务，完成了印花税票册入库等工作，圆满完成了年度工作任务。

【完善税务档案管理制度】针对地税系统二

手房交易税收征管业务暴露出的系统性问题，及时启动应急措施对全系统二手房档案进行封存，并与督察内审处等相关处室配合对各局二手房档案管理情况进行重点督察检查。以此为契机，在深入基层调研、广泛征求各局、相关业务处室意见的基础上，制定了《北京市地方税务局二手房交易档案管理办法》并认真抓好落实。结合全系统减免税和税务档案借阅工作实际情况，加强源头管控，完善管理制度，制定了《北京市地方税务局税收减免档案管理办法》和《北京市地方税务局税务档案借阅管理办法》，进一步完善了档案管理制度，提高了档案规范化水平，有效地降低了风险，确保了档案安全，使税务档案能更好地服务征管、服务纳税人。

【税务档案电子化建设】根据税收现代化建设和征管改革的总体要求，积极开展税务档案电子化建设研究。一是深入到朝阳、海淀、石景山、门头沟、顺义、怀柔、通州、密云等局开展调查研究，认真听取基层单位的意见和建议，解决互联网地税局建设中涉税事项的税务电子档案归档工作有关事宜。二是积极协调征科处、信息中心、立思辰公司研究解决“三证合一”工作中税务登记档案的电子化存储问题。三是在通州等局的配合支持下，积极开展税务档案无纸化研究，完成了《税务档案管理无纸化研究》调研工作。

【部署税务档案管理系统】全面使用新税务档案管理系统并进行系统的后续完善和优化。完成新系统市局应用部分的测试和全面运行，对各局原扫描系统数据进行迁移，共迁移档案信息记录1548.43万条、档案数字化副本6260.34万页；结合《北京市地方税务局二手房交易档案管理办法》和《北京市地方税务局税收减免档案管理办法》的落实和各局意见，对系统进行了4次修改，保证市局有关工作要求的落实和各局工作的正常开展。

【档案入库及利用服务】按年度计划组织完成各局2010—2013年度缴款书和检查类档案的接收入库工作，共接收档案103769卷。积极开展档案利用工作，全年共接待各局来馆借阅档案34次，借阅税务档案3980卷，复印1622页，为税务机关开展征管、稽查工作和公检法调查取证工作提供了重要的凭证和依据。

【印花税票册封存入库】针对印花税票册管理出现的问题，按照局领导工作要求，积极协调办公室、资产处、计财处、票证中心，严密组织，周密部署，认真交接，完成了全系统印花税票册移交入库工作，共接收56个单位3470箱，87088册北京印花税票册和个性邮票册、邮资封，确保了票册安全。

（岳首群）

《公告》编辑发行

【综述】2015年北京地方税务公报编辑部认真贯彻市局年初税务工作会议精神，以党的十八大及十八届三中、四中、五中全会精神为指导，认真落实市局党组确定的各项工作思路、要求、措施，坚持以宣传、服务纳税人为中心的原则，做好《北京地方税务公告》(以下简称《公告》)编辑、赠阅、发行工作。全年共出刊12期，编辑法规性文件64件，完成了年度出刊任务。全年累计向纳税人免费赠阅发行《公告》25.7万册，印刷《公告》合订本3720册，发布电子版《公告》12期，为市级重点税源单位免费投递《公告》2.7万册。在税法宣传、服务纳税人、服务基层方面发挥了重要作用。

【《公告》编辑情况】2015年《公告》出刊12期，编辑税收法规性文件64件。其中刊登税务总局公告22件、北京市局公告14件，市局对外发布的规范性文件7件、联合发文21件，基本完成了全年出刊任务。印制合订本《公告》3720册。在出刊质量上，坚持按照编辑工作规程和编辑出版物“三校一读”工作制度，认真做好筛选、编辑、审核、校对工作，做到保质保量按时出刊。

【《公告》赠阅发行】为加强《公告》赠阅发行管理工作，更好地服务基层，公报编辑部开展了调研工作，落实了各区局、直属分局对免费索取《公告》数量的需求工作。2015年每期印刷2.14万册，全年累计向纳税人免费赠阅发行25.7万册，其中，全年为市级重点税源单位2258户免费投递《公告》2.7万册；发布电子版《公告》12期；根据基层的实际需求2015年合订本印制3720本。赠阅工作基本满足了纳税人和税务干部的需要，为他们提供了税收政策支持和服务。

（王国军）

税收法治

税收法治工作

【综述】2015年，在市、区两级党组的正确领导下，全系统税收法治工作稳步推进，法治观念基本树立，工作制度不断完善，工作机制运转有序，执法标准愈加严格。法制部门为北京市政府办公厅《关于加强税收保障工作意见》上升为政府规章建言献策。开展北京市房产税实施细则修订准备工作，积极参与环境保护税立法研究工作。配合疏解非首都功能要求，向北京市政府提出暂停执行禁止和限制新增产业目录涉及税收优惠政策的建议。参与重大事项研究，为领导决策提供法律支持。认真办理税收规范性文件审查及备案工作，开展合同的合法性审核。认真落实行政审批制度改革要求，制定权力清单。制发税务行政处罚裁量基准，制定《税收业务答复工作规程》。率先在全国税务系统建立税务行政复议庭，大力推行听证审理。召开行政复议委员会。依法办理行政复议和应诉案件。与北京市高级人民法院就税收破产债权保护问题签署会议纪要，制定《企业破产案件税收债权保护工作规程（试行）》。明确人民法院出具调查令的法律效力。积极开展法治税务示范基地建设。督察内审部门紧紧围绕市局党组关于“全面贯彻落实党的十八大和十八届三中、四中全会精神，坚持稳中求进工作总基调，主动适应经济和税收新常态，狠抓改革攻坚，突出创新驱动，全面推进依法治税和税收现代化建设，持续深化税收征管改革，为促进首都经济社会发展和京津冀协同发展做出积极贡献”的工作部署，突出重点，求真务实，加大执法督察工作力度，推进执法责任制，落实过错责任追究，督促问题整改落实，进一步规范税收执法权。

【统筹推进依法治税】一是制定《关于全面推进依法治税工作的意见》，明确指导思想、总体要求和实施路径，有效推进系统法治工作。二是认真开展法治税务示范基地建设，发挥示范引领作用。为切实推进基层依法治税工作，巩固基层法治税务建设，树立依法治税工作典型，提升系统依法治税能力和水平，全系统认真开展法治税务示范基地建设。市局围绕税收法治基础工作、重点工作和创新工作及社会评价等3部分制定工作方案和评价标准，成立评估小组。符合申报条件的区（分）局认真对照评价标准，积极进行申报。经公正全面的评估，西城局、东城局、房山局、石景山局、顺义局和门头沟局等6家单位被评为法治税务示范基地。三是深入开展法治宣传培训，营造法治氛围。全系统圆满完成六五普法工作，强化普法教育培训。四是规范税务行政处罚工作，促进规范执法。为进一步规范行政处罚行为，解决全系统处罚工作部门不统一、管理不到位问题，印发工作指导文件，明确市、区两级各部门的职责分工，规范行政处罚行为。完善核心征管系统中的“行政处罚”模块，实现所有违法行为均可通过该模块实施处罚。以处罚权力清单为基础，制定《北京市地方税务局税务行政处罚裁量基准（2016 年版）》，明确违法行为裁量定档、分阶原则及从重、从轻处罚的适用情形等内容。对 70 项处罚权力逐一制定裁量基准，进一步解决处罚材料不明确、不统一的问题。相关裁量基准自 2016 年 1 月起在全市范围内正式实施。五是加强税收规范性文件管理和合同审查，保障规范执法。认真落实《税收规范性文件制定管理办法》，严格执行制定和发布程序，认真开展税收规范性文件合法性审查，及时向税务总局和北京市政府备案。组织对税务总局制定的 954 个税收规范性文件进行清理，提出清理的意见建议。配合市财政局做好清理规范税收优惠政策工作。修订合同管理办法，认真开展各类合同的合法性审核。2015 年，共制发税务行政处罚裁量基准等 8 份税收规范性文件，审核合同 183 件。六是优化规范税收业务请示答复程序，提升执法效能。制定《税收业务答复工作规程》，明确市局对各区（分）局上报的业务请示答复程序及原则等内容，有效规范业务请示及答复程序，确保答复内容合法合理。

【主动参与税收立法】 一是为北京市政府办公厅《关于加强税收保障工作意见》上升为政府规章建言献策。二是针对《北京市施行〈中华人民共和国房产税暂行条例〉的细则》中部分内容与上位法要求不相符合的问题，积极与市政府法制办沟通，向其提出废止的立法建议，并起草本市贯彻落实房产税暂行条例的意见。三是认真研究提出关于改进和完善环境保护税草案内容的意见建议。四是研究提出暂停执行部分税收优惠政策建议。为充分发挥税收在调节产业结构方面的职能作用，配合疏解非首都功能，有力推动京津冀协同发展，根据《北京市新增产业的禁止和限制目录（2015 年版）》，梳理相关产业涉及的税收优惠政策。针对所有税收优惠政策逐一提出调整建议，并报送市政府。2015 年 11 月 16 日，市政府召开专题会议讨论审议通过。

【落实行政审批制度改革要求】 按照税务总局统一部署，逐步取消非行政许可审批事项，下放城镇土地使用税、房产税困难减免税审批权限，及时更新行政审批目录。严格执行工作流程，对部分已取消的行政审批事项开通网上办理，加强事中监管。加大督查督办力度，加强风险管控，强化事后监管。经多次调整，共取消税务行政审批项目 14 项，保留行政许可事项 4 项，非行政许可审批事项 5 项。成立推进职能转变协调小组，制定工作方案，深入做好简政放权、放管结合、优化服务的工作。组织开展对行政审批工作情况的自查。

【推行权力清单制度】 以税务行政处罚权力清单和行政许可清单为突破口，按照职权法定、权责一致、公开透明的原则，全面梳理系统现有的行政职权，确定部门职责权限，编制权力清单。经梳理确认，市局共有行政权力 165 项，市政府已统一对外公布。

【复议应诉工作】 一是切实发挥行政复议委员会的作用。为防止和纠正违法或不当的税务行政行为，有效化解税务行政争议，市局成立由市局领导班子、相关部门负责人及专家学者、律师顾问组成的行政复议委员会，建立"部门主导、专业保障、社会参与"的复议案件集体审议机制，明确案件审理会议议事规则。2015 年，共组织召开 2 次行政复议委员会，集体研究讨论 3 起重大疑难复杂的复议案件，取得良好的效果。二是率先设立税务行政复议庭。为弥补书面审查方式的不足，提升复议决定的公信力，积极借鉴司法机关审理案件形式，率先在全国税务系统建立税务行政复议庭，大力推行听证审理方式。要求除涉及国家秘密、商业秘密、个人隐私以及当事人要求不得公开审理的案件外，全系统发生的所有复议案件均需在税务行政复议庭审理，以便更好地维护纳税人合法权益，提高复议决定的合法性、合理性和公正性。2015 年，共审理 3 起复议案件。三是做好复议应诉工作。修订税务行政复议文书式样，规范行政复议工作。组织编写复议诉讼案例汇编，深入分析争议焦点，及时总结经验教训。依法办理行政复议和应诉案件，积极履行复议应诉职能。2015 年，全系统共办理行政复议 28 件，同比增加 53%，受理 24 件，办结 24 件。28 件已办理的案件中，市局收到行政复议申请 10 件，各区（分）局收到 17 件，区县政府收到 1 件。共办理行政诉讼案件 25 件，同比增长 39%，结案 23 件。23 件已结案的案件中，判决驳回原告诉讼请求 5 件，裁定驳回起诉 9 件，原告撤诉 4 件，同时作出多项判决 1 件，判决复议决定违法同时驳回原告诉讼请求 4 件。

【加强与司法机关的业务联系】一是有效解决税收债权保护问题。为解决人民法院与税务机关在处理破产企业涉税问题时面临的缺乏程序规定和法律冲突问题，积极主动与市高级人民法院建立密切联系，就破产债权保护及涉税案件移送问题深入交换意见，并与其共同签署会议纪要。该会议纪要明确要求各级法院及时告知税务机关申报税收债权，并督促破产管理人及时到税务机关办理破产企业注销登记。制定《企业破产案件税收债权保护工作规程》，明确税务机关债权申报责任及程序，确保税务机关在获悉企业破产事宜后，能够迅速启动申报债权工作。2015 年，共收到 5 个法院 12 份申报债权通知书，实现入库税款 10.8 万元。二是明确相关司法文书和调查令的效力。推动税务总局财行税司与市高院就二手房交易中相关司法文书效力问题进行探讨研究，解决人民法院判决书、执行裁定书、调解书等司法文书在办理契税中的效力问题。妥善指导基层税务机关应对申请执行人委托的代理律师调查收集证据等事项。

【法律支持】参与党组会、局长办公会、专题会有关重大事项研究，为领导决策提供法律支持。2015 年，共参加市局党组会、局长办公会、专题会等会议 45 次，参与研究议题 101 项。依法办理各类征求意见工作，协助办理政府信息公开案件，参与重大税务案件审理工作。

【税收执法督察】2015 年市局开展了 14 项重点督察项目，其中税务总局督察项目 11 项，市局督察项目 3 项，采用全面自查与集中评查相结合、案卷检查与实地核查相结合的方法实施督察。全系统共发现执法问题 28579 个，绝大多数属于纳税人未按规定办理税收事项以及办税人员疏忽产生的问题，已整改问题 26345 个；执法过错数 841 项次，多数属于文书填制类过错；已补税款 1381.7 万元，加收滞纳金 307 万元。通过开展执法督察，各级税务机关税收执法水平得到了进一步提高。

【过错责任追究】2015 年，根据税务总局执法督察结果和市局税收执法督察中发现的问题，判定 841 项次执法过错，全系统对 200 人次进行了责任追究，其中：批评教育 113 人次，通报批评 29 人次，其他形式 58 人次。同时对 42 个单位进行了限期整改、通报批评等形式的责任追究。通过开展责任追究工作，强化了执法人员的责任意识。

（李钰瑾　晋春辉）

案 例 举 要

关于依申请政府信息公开若干问题之思考
——某公司申请政府信息公开案

【案件类型】 申请政府信息公开

【案件来源】 复议、诉讼

【基本案情】 (1) 北京市地方税务局（以下简称市局）第一次作出政府信息公开答复情况

某公司于2013年8月3日向市局邮寄《关于北京某某公司的举报信及政府信息公开申请书》，要求书面邮寄公开："企业不进行税务登记、偷税漏税、伪造发票、违规税务登记、违规开具发票的法律法规内容；北京某某公司的税务登记资料、年检资料及从2009年以来开具的培训费的数额；对北京某某公司的查处结果"。

市局于2013年8月27日作出并向申请人邮寄了《政府信息公开申请答复告知书》，就某公司的政府信息公开申请事项逐项进行了答复。答复内容及理由如下：

关于某公司要求公开"企业不进行税务登记、偷税漏税、伪造发票、违规税务登记、违规开具发票的法律法规内容"的事项，由于相关政府信息属于主动公开信息，根据《中华人民共和国政府信息公开条例》（以下简称《政府信息公开条例》）第二十一条第（一）项，市局告知某公司到市局的官方网站法规政策栏目下进行查询。

关于某公司举报涉税违法行为并要求公开查处结果的事项，由于被举报人北京某某公司的主管税务机关为北京市海淀区地方税务局，根据《税收违法行为检举管理办法》（国家税务总局令第24号）第十四条的规定，市局于2013年8月14日将举报信转海淀区地方税务局进行处理。相关查处结果的告知将根据举报答复相关规定进行处理。

关于某公司要求公开"北京某某公司的年检资料"的事项，由于税务机关对纳税人不进行年检，因此没有年检资料，根据《中华人民共和国政府信息公开条例》第二十一条第（三）项，市局告知纳税人没有年检资料。

关于某公司要求公开"北京某某公司的税务登记资料以及从2009年以来开具的培训费的数额"的事项，市局认为：税务登记资料是纳税人办理税务登记时提交的全部资料，根据《税务登记管理办法》及相关规定，包括法定代表人居民身份证明复印件、注册地址及生产经营地址证明的产权证或租赁协议复印件、《税务登记表》、公司章程、组织机构代码证书副本复印件等。除企业基础信息以外，其他内容涉及纳税人的商业秘密。而相关基础信息涉及该企业工商登记地与税务登记地不一致的问题，因此市局对公开相关信息存有顾虑。纳税人2009年以来开具的培训费数额涉及其生产经营情况，也属于纳税人商业秘密。根据《政府信息公开条例》相关规定，市局于2013年8月21日向北京某某公司征求意见，询问其是否同意公开其涉及商业秘密的信息。北京某某公司书面回复表示不同意公开。根据《中华人民共和国政府信息公开条例》第二十三条，市局对上述信息未予公开。

（2）某公司不服政府信息公开答复并提起第一次行政复议和行政诉讼

某公司收到市局作出的政府信息公开答复后表示不服，向国家税务总局（以下简称总局）申请行政复议。

在税务总局复议审理期间，市局于2014年1月9日对某公司进行了补充告知，公开了北京某某公司税务登记的相关基础信息。

2014年1月，税务总局作出《行政复议事项告知书》，以告知的形式代替行政复议决定，答复某公司：市局原来的答复虽存在瑕疵，但已对某公司进行了补充答复，因此维持市局政府信息公开告知行为。

某公司不服税务总局作出的《行政复议事项告知书》，向北京市第一中级人民法院起诉。

2014年7月28日，北京市第一中级人民法院判决税务总局行政不作为，责令税务总局30日内作出行政复议决定。税务总局于2014年9月9日作出维持市局政府信息公开答复的行政复议决定。

2014年10月22日，某公司以不服市局的政府信息公开告知为由向北京市西城区人民法院（以下简称西城法院）提起行政诉讼。

2015年2月5日，西城法院作出一审判决。一是认定市局告知书不予公开北京某某公司的税务登记资料违法，但市局后续已补充告知，故作出确认违法判决；二是认定市局告知书仅告知将某公司的举报交海淀区地方税务局举报中心处理，未告知相关行政机关的名称、联系方式，作出确认违法判决；三是认定市局告知书以某公司申请公开的“2009年以来开具的培训费数额”信息涉及第三方信息，且第三方不同意公开为由不予公开，属于认定事实不清，故作出撤销判决，责令市局在判决书生效之日起15个工作日内重新作出处理；四是驳回原告其他诉讼请求。

（3）市局再次作出政府信息公开答复情况

市局鉴于一审判决认定事实清楚、符合法律规定，决定不提起上诉，履行法院判决。第一，市局经审查认为，某公司要求公开的北京某某公司相关培训费发票数据信息，属于北京某某公司的经营性信息，不为公众所知悉，且该公司已采取了保密措施。根据《反不正当竞争法》第十条第三款、《国家工商行政管理国家税务总局关于禁止侵犯商业秘密行为的若干规定》第二条等规定，该信息属于商业秘密，且不涉及公共利益。根据《政府信息公开条例》第二十三条规定，市局于2015年2月28日征求了北京某某公司是否同意公开相关信息的意见。该公司于2015年3月9日进行了书面回复，认为相关信息属于商业秘密且不同意公开。根据《税收征收管理法》第八条第二款及《国家税务总局关于印发〈纳税人涉税保密信息管理暂行办法〉的通知》（国税发〔2008〕93号）第二条第一款的规定，该信息属于税务机关应当为纳税人保密的范围。根据《政府信息公开条例》第二十一条第二项，市局认为北京某某公司相关培训费发票数据信息属于不予公开范围，决定不予公开。因此市局于2015年3月17日在《政府信息公开条例》规定的时限内，作出《政府信息公开告知书》（市地税局2015年第3号公告）并邮寄给某公司，就上述内容向某公司进行了告知。

（4）某公司不服市局政府信息公开答复第二次提起行政复议和行政诉讼

2015年4月，某公司对市局政府信息公开告知书（市地税局2015年第3号公告）有异议，向国家税务总局提起行政复议。在其复议申请书中，某公司提出的事实和理由主要包括：一是认为北京某某公司因开展培训业务受到工商部门处罚，因此其开具培训费发票涉嫌违法，不属于涉税保密信息范围；二是认为市局在认定北京某某公司培训费发票信息是否为商业秘密时，援引《反不正当竞争法》及《国家工商行政管理局关于禁止侵犯商业秘密行为的若干规定》中的相关条款存在法律法规适用错误。

2015 年 6 月，税务总局作出复议决定，维持了市局作出的政府信息公开告知行为。

2015 年 7 月，某公司不服税务总局行政复议决定，以国家税务总局和市局为共同被告，再次向西城法院提起行政诉讼，要求确认税务总局复议决定书违法并撤销，要求确认市局政府信息公开告知行为违法并撤销。

在一审开庭之前，某公司于 2015 年 11 月向西城法院申请撤回起诉。西城法院于 12 月 29 日裁定准许其撤回起诉，本案就此结束。

【争议焦点及法理分析】（1）税务登记资料是否属于政府信息公开的范围。根据《中华人民共和国政府信息公开条例》，申请人申请公开的政府信息属于国家秘密的不予公开，属于商业秘密、个人隐私的，行政机关应就是否公开征求权利人的意见，权利人不同意公开的不予公开。不属于国家秘密、商业秘密和个人隐私的政府信息，应予以公开。政府信息可以部分公开的应予以部分公开。根据上述规定，市局应对北京某某公司税务登记资料信息进行甄别，对于不涉及商业秘密和个人隐私的部分予以公开；对于属于商业秘密和个人隐私的部分，经征求权利人意见，权利人不同意公开，且不公开不会对公共利益造成重大影响的，应不予公开。

《税收征收管理法实施细则》第二十条规定："纳税人应当将税务登记证件正本在其生产、经营场所或者办公场所公开悬挂"，因此北京某某公司税务登记证上登载的相关信息为公开信息，不属于商业秘密。市局告知书中以其涉及第三方信息为由不予公开，违反了《政府信息公开条例》的上述规定，此做法确有不当之处。虽然市局后续进行了补充告知，但根据《最高人民法院关于执行〈中华人民共和国行政诉讼法〉若干问题的解释》（法释〔2000〕8 号）第五十条规定"被告改变原具体行政行为，人民法院经审查认为原具体行政行为违法的，应当作出确认其违法的判决"，因此，法院就市局此前的告知行为作出确认违法判决。

（2）商业秘密应如何进行认定。市局告知书中将"2009 年以来开具的培训费数额"描述为"第三方信息"，并以第三方不同意公开为由作出不予公开的答复，不符合上文所述《政府信息公开条例》规定的不予公开条件。虽然市局在庭审答辩中主张培训费数额为商业秘密，但法院认为告知书并未将此作为理由，故判定市局认定事实不清，予以撤销，并责令重新作出处理。根据《政府信息公开条例》第二十三条"政府信息涉及商业秘密、个人隐私，公开后可能损害第三方合法权益的，应当书面征求第三方意见；第三方不同意公开的，不得公开"的规定，市局在政府信息公开征求意见及答复中，首先应对相关政府信息进行审查，如果认定为"商业秘密"后，再行征求第三方的意见。而市局未先行认定，直接征求第三方意见，并仅凭第三方意见即认定相关信息属于"商业秘密"，该做法存在程序性问题。

（3）不属于本机关公开或信息不存在应如何告知。本案中，某公司将举报信和政府信息公开申请写在一起，要求公开对其举报案件的查处情况。由于从收到举报材料到形成案件查处结果并向当事人告知，需要一定周期，市局对政府信息公开申请进行答复时，举报案件查处情况的信息尚未形成，因此可根据《政府信息公开条例》第二十一条第（三）项作出政府信息公开不存在的答复。但市局实际做法是告知某公司，已将其举报转交海淀区地方税务局举报中心处理，且未告知海淀举报中心的联系方式，该做法不符合《政府信息公开条例》第二十一条第（三）项“依法不属于本行政机关公开或者该信息不存在的，应当告知申请人，对能够确定该政府信息的公开机关的，应当告知申请人该行政机关的名称、联系方式”的规定，故法院确认其违法。

（4）复议决定能否以《行政复议事项告知书》为载体。《行政复议法》第三十一条规定：“行政复议机关应当自受理申请之日起六十日内作出行政复议决定……行政复议机关作出行政复议决定，应当制作行政复议决定书，并加盖印章。”税务总局受理的某公司的行政复议申请，依法应在法定期限内作出书面行政复议决定并向某公司送达。税务总局以行政复议改革为由不作行政复议决定，仅作《行政复议事项告知书》，明显违反法律规定，故法院判决其行政不作为，并责令作出行政复议决定。

（5）市局是否为某公司申请政府信息公开的主体。《政府信息公开条例》第十七条规定：“行政机关制作的政府信息，由制作该政府信息的行政机关负责公开；行政机关从公民、法人或者其他组织获取的政府信息，由保存该政府信息的行政机关负责公开。法律、法规对政府信息公开的权限另有规定的，从其规定”。由此可见，《政府信息公开条例》确立了“谁制作、谁公开”“谁保存、谁公开”的原则，明确了制作机关和保存机关的责任。

实践中，由于全国各地税务机关普遍建立了跨地区、多层级数据采集信息系统，使得上级机关能够十分方便地获取下级机关掌握的纳税人信息。在此情况下，是该认定上下级税务机关都负有信息公开责任，还是可以本着“制作优先于保存”的原则，由制作信息的下级机关自行履行公开责任，《政府信息公开条例》及配套制度并未作出明确规定。

本案中，某公司申请公开的北京某某公司的税务登记资料信息，最初是由北京某某公司的主管税务机关海淀地税局在日常征管工作中获取。市局作为上级税务机关，通过数据采集信息系统能够查询到此信息。对于某公司申请公开的北京某某公司2009年以来开具培训费发票数额的信息，市局通过数据采集信息系统，未能查询到此信息。但是市局在办理政府信息公开案件过程中，经调查，得知海淀地税局在对北京某某公司进行税务稽查时，从北京某某公司获取了开具发票的信息，市局于是从海淀地税局获取的此项信息。基于上述原因，市局在办理政府信息公开案件时，获取并保存了相关信息，依法向某公司进行了政府信息公开告知。

对于市局的政府信息公开告知行为，税务总局作出的行政复议决定予以维持。西城法院一审判决，未对市局作为政府信息公开的主体提出异议，并要求市局就北京某某公司2009年以来开具培训费发票数额的信息重新作出处理。

对于西城法院作出的判决，市局未提起上诉并决定履行。按照判决要求，市局就北京某某公司2009年以来开具培训费发票数额的信息，对某公司重新进行了政府信息公开告知。基于第一次办理某公司政府信息公开申请的实际情况以及履行西城法院判决的情况，市局实际已经具有了第二次办理某公司申请政府信息公开案件的法定职责，具有政府信息公开告知的主体资格，即市局为该行政诉讼案件的适格主体。

【点评】（1）准确认定申请公开政府信息的性质，是做好政府信息公开工作的前提

从本案可以看出，判断申请人申请获取信息的性质，是政府信息公开工作的基础之一。申请人所申请的信息属于政府信息的，才能纳入政府信息公开法律法规调整的范围。在收到政府信息公开申请后，首先要准确界定信息的性质，不属于政府信息的及时告知申请人；属于政府信息的，要严格依照《政府信息公开条例》第二十一条的规定，根据不同的情况分别作出答复。可以说，对信息的性质作出准确认定，是行政机关正确作出政府信息公开答复或告知的前提。

（2）政府信息公开案件处理难度较大

目前在政府信息公开申请和涉及政府信息公开的行政复议、诉讼案件中，存在着以政府信息公开为名推动投诉、举报、信访申诉或其他案件处理的倾向。某些申请人利用法律赋予的权利，将要求政府信息公开作为推动其他案件的突破口，甚至引发新的行政复议和行政诉讼，造成行政成本的浪费，客观上增加了政府信息公开案件的办理难度。这些情况需要引起行政机关高度注意和妥善处理。

（3）政府信息公开与纳税人信息保护之间的冲突亟待解决

《政府信息公开条例》施行前，税务机关一直严格按照《税收征收管理法》关于“税务机关应当依法为纳税人、扣缴义务人的情况保密”和《税收征收管理法实施细则》关于“《税收征管法》第八条所称为纳税人、扣缴义务人保密的情况，是指纳税人、扣缴义务人的商业秘密及个人隐私”的规定，积极履行保密义务，非因法定原因或法定情形，不向纳税人、扣缴义务人以外的第三人披露纳税人、扣缴义务人的信息。但是，《政府信息公开条例》施行后，该做法已悄然发生改变。对于在履行职责过程中制作或者获取的，以一定形式记录、保存的信息，税务机关必须根据《政府信息公开条例》规定，并结合《税收征管法》及其实施细则，依法进行审查和处理。然而，上述法律、法规在具体执行过程中还存在以下突出问题，需要引起各方高度重视：

一是《政府信息公开条例》关于保密审查的规定过于原则，对“商业秘密”“个人隐私”缺乏明确的认定标准。《政府信息公开条例》第十四条规定：“行政机关在公开政府信息前，应当依照《中华人民共和国保守国家秘密法》以及其他法律、法规和国家有关规定对拟公开的政府信息进行审查”；“行政机关不得公开涉及国家秘密、商业秘密、个人隐私的政府信息。但是，经权利人同意公开或者行政机关认为不公开可能对公共利益造成重大影响的涉及商业秘密、个人隐私的政府信息，可以予以公开”。实践中，税务机关只能引用《反不正当竞争法》及《最高人民法院关于审理不正当竞争民事案件应用法律若干问题的解释》（法释〔2007〕2号）来判断相关信息是否涉及商业秘密。但这种做法是在上位法明显不足的情况下，被迫采取的应对手段，明显不具备合理性和可操作性。《反不正当竞争法》及相关司法解释关于“商业秘密”的规定①，旨在规范民事领域内从事商品经营或者

---

① 根据《反不正当竞争法》等相关法律规定，商业秘密是指“不为公众所熟悉，能为权利人带来经济利益、具有实用性并经权利人采取保密措施的技术信息和经营信息”。所谓“不为公众所知悉”是指“有关信息不为其所属领域的相关人员普遍知悉和容易获得”；所谓“能为权利人带来经济利益、具有实用性”是指“有关信息具有现实的或者潜在的商业价值，能为权利人带来竞争优势”；所谓“保密措施”是指“权利人为防止信息泄露所采取的与其商业价值等具体情况相适应的合理保护措施”，包括：限定涉密信息的知悉范围，只对必须知悉的相关人员告知其内容；对于涉密信息载体采取加锁等防范措施；在涉密信息的载体上标有保密标志；对于涉密信息采用密码或者代码等；签订保密协议等。

营利性服务的公民、法人和其他经济组织的经营行为，防止其采用不正当手段从事市场交易、侵犯竞争对手商业秘密、损害竞争对手利益。而税务机关掌握的政府信息大多是对纳税人生产生活、财务收支及纳税情况的客观反映，与经营者的商业秘密有本质上的不同，信息本身并不能为纳税人带来直接的“经济利益”，不具有“实用性”特点，且大多未“采取保密措施”，或者根本不可能由纳税人单方采取保密措施即被税务机关所掌握，如纳税人的缴税信息等。相关信息不在《反不正当竞争法》规定的保密范围，却事关纳税人及其生产经营者、从业人员、合作伙伴等众多主体的切身利益，如不当披露会为其带来严重不利影响，应当依法予以保护。同理，由于现行法律缺乏对个人隐私的明确定义，使得税务机关在办理涉及个人隐私的政府信息公开申请时，也缺乏明确的法律依据，对诸如办税人员身份信息、电话号码等信息能否公开，处理方式不一。

二是现行《税收征管法》将税务机关信息保密范围严格限定在“商业秘密”和“个人隐私”领域的错误做法，使得税务机关在处理政府信息公开申请与纳税人信息保密的关系问题上处于十分被动的局面。笔者认为，“商业秘密”和“个人隐私”确属税务机关的保密事项，但并非全部。纳税人基于对国家强制力的配合、对税务机关的信赖提供的信息，包括商业秘密、个人隐私以及其他涉及纳税人生产经营、纳税情况有关的信息，应当得到全面有效的保护，不得随意向他人进行公开。事实上，世界各国对于纳税人信息保密问题都极为重视，其保密范围并不限于商业秘密或个人隐私[①]。对比来看，我国的《税收征管法》及其实施细则规定的保密范围过于严苛，不符合实际需要，需要在今后修法时予以适度拓展。

三是《政府信息公开条例》确立的“以公开为原则、不公开为例外”的立法思想与《税收征管法》确立的税务机关依法为纳税人保密的立法精神不一致，且两者的法律层级不同，前者为政府规章，后者为税收法律。两者之间如何遵照适用、是否存在一般法与特殊法的关系等问题，一直困扰着基层税务机关。实践中，税务机关既要执行《税收征管法》及其实施细则和税务总局关于纳税人涉税信息保密管理制度等规定，积极履行为纳税人保密的义务，又要根据《政府信息公开条例》和相关司法解释及以往发生的众多司法判决，一路摸索着办理政府信息公开案件；既担心不公开信息引起申请人异议，又担心信息公开后面临相关纳税人的质疑，其处境极为尴尬。

因此，在税务实践中，涉税信息公开与第三方信息保护的矛盾不可避免地存在，税务机关如何平衡两者之间的冲突，需要立足我国基本国情，注重政府信息公开制度的价值，扩大主动公开范围，严格申请公开范围；建立统一兼容的法律体系，对可能引起争议焦点的概念进行进一步界定；同时提升政府信息公开水平。政府信息公开制度的完善与实施必将是一个漫长的过程，不会一蹴而就，也不会停止不前，需要各方面积极

① 如美国《国内收入法典》规定：国内收入局不得以任何理由将纳税人提供给国内收入局的纳税相关信息透露给其他任何人，除非得到法律明确许可；《联邦税法典》第6103条规定：除该条规定的13种情形外，纳税申报书和纳税申报信息应当保密。加拿大《情报自由查询和隐私权法案》《纳税人权利宣言》以及《所得税法》规定纳税人享有保密权，有权要求税务机关对其个人信息和财产信息进行保密，除非税务机关是出于法律许可的目的而使用。新西兰《内地税宪章》规定：内地税务局尊重纳税人的隐私并将有关纳税人的所有信息以私人秘密处理，仅在法律允许的范围内使用或者披露。日本1986年的《纳税人权利宣言》规定：纳税人有权要求个人相关信息和秘密不受侵犯。

主动配合与探索，为我国政府公开化进程、国家法治化推进而不懈努力。

4. 做好政府信息公开工作的建议

依法实施《政府信息公开条例》是税务机关推进依法行政、保障公众知情权、参与权、监督权的重要举措。《政府信息公开条例》施行以来，税务机关的政府信息公开工作取得显著成效。但是与公众期望相比，仍存在一定差距。税务机关还应当从多个方面入手，努力做好政府信息公开工作，增强公开实效。

一是加强组织领导。税务机关要把做好政府信息公开、提高信息公开实效提上重要工作日程。成立由多方面人员参加的、类似于复议委员会的常设机构，建立快速研究和答复机制，及时指导政府信息公开工作。要加强政府信息公开工作的人才建设，把具有较强法律、税收等专业知识背景、业务水平高、责任心强的人员配置到位，确保税务机关能够依法依规开展信息公开工作。

二是强化业务培训。建立培训工作常态化机制，组织开展面向信息公开工作人员的专业培训，及时总结交流经验，提高相关人员的政策把握能力、舆情研判能力、解疑释惑能力。要把政府信息公开工作列为公务员培训内容，进一步加大培训力度，扩大培训范围。

三是要改进政府信息主动公开机制。针对公众关切的问题，主动、及时、全面、准确地发布权威的政府信息，增进公众对税收工作的了解和理解。统筹运用官方网站、政务微博、微信、广播、电视、报刊等信息发布渠道，扩大发布信息的受众面。同时，进一步加大网络舆情监测工作力度，对重要舆情及时予以关注。

四是认真做好政府信息依申请公开工作。探索建立涉税信息分类公开管理制度。及时总结经验，切实做好案情分析。深入开展专题调研工作，总结政府信息公开工作规律，进一步明确政府信息公开的范围、程序、标准等内容，努力夯实政府信息公开工作基础。

五是积极主动做好与各级人民法院、各级人民政府及上级税务机关之间的沟通与协调，及时就政府信息公开工作涉及的有关重大问题开展专题研究，力争就关键性问题达成一致意见，尽量减少税务机关与其他部门之间的认识差异，尽量避免出现案件败诉现象。

（杜　鹃）

个人购买房屋时间确认的案例——二手房买卖以契税缴纳时间判定居住是否满5年的条件案

【案件所属行业】房屋买卖

【案件类型】是否享受税收优惠政策

【案件来源】复议、诉讼

【基本案情】桑某于1998年与开发商签订购房协议，购买位于海淀区的商品房，购房发票载明日期为1997年7月22日。并于当年实际入住，由于种种原因桑某当时未缴纳契税，也未办理房产证。2014年4月1日，桑某到海淀地税局第二税务所缴纳了契税，同年9月办理了房产证。

2014年11月，桑某将该商品房出售，房屋交易价格500万元，经海淀二所核定价格为5180583.11元。按照相关税收政策的规定，如果将购买满5年的家庭唯一住房对外出售，在税收上能享受免征营业税及个人所得税的优惠政策，但按照相关规定认定房屋是否满5年的标准，是以房产证或契税完税证上注明的日期孰先原则确定。按照此规定，海淀二所认定桑某房屋未满5年，不能享受税收优惠政策，向其征收营业税及附加、个人所得税共计797165.22元。

桑某对海淀二所征收营业税及个人所得税的征税行为不服，先后申请行政复议、提起行政诉讼。桑某认为，其于1998年11月签订了购房合同，至2014年转让该房屋时，实际居住已满5年，且该房屋是其家庭唯一住房，应享受免交营业税及个人所得税的优惠政策。并且通过购房发票、购房合同等均能证明是1998年的商品房，按照财政部和国家税务总局的文件规定，公房以收据和合同即可判断是否满5年，而商品房以发票、购房合同等一系列证据链却无法被判定为满5年，明显不公平。

【争议焦点】本案争议的焦点是：个人住房购房日期的认定标准。

【法理分析】为了加强房地产税收征管，促进房地产市场的健康发展，财政部、国家税务总局等部委出台了一系列文件，其中一些文件规定了个人住房购房满一定期限可以享受一定的税收优惠政策。如《国家税务总局、财政部、建设部关于加强房地产税收管理的通知》（国税发〔2005〕89号）第三条第（二）项规定：2005年6月1日后，个人将购买超过2年（含2年）的符合当地公布的普通住房标准的住房对外销售，应持该住房的坐落、容积率、房屋面积、成交价格等证明材料及地方税务部门要求的其他材料，向地方税务部门申请办理免征营业税手续。《国家税务总局关于个人转让房屋有关税收征管问题的通知》（国税发〔2007〕33号）第三条规定：根据《财政部、国家税务总局、建设部关于个人住房所得征收个人所得税有关问题的通知》（财税字〔1999〕278号）的规定，个人转让自用5年以上，并且是家庭唯一生活用房，取得的所得免征个人所得税。因此，认定个人住房购房的日期主要是为了判定个人住房转让能否享受相应的税收优惠政策。

国税发〔2005〕89号文件第三条第（四）项规定：个人购买住房以取得的房屋产权证或契税完税证明上注明的时间作为其购买房屋的时间。《国家税务总局关于房地产税收政策执行中几个具体问题的通知》（国税发〔2005〕172号）第二条规定，“契税完税证明上注明的时间”是指契税完税证明上注明的填发日期。第三条规定，纳税人申报时，同时出具房屋产权证和契税完税证明且二者所注明的时间不一致的，按照“孰先”的原则确定购买房屋的时间。第五条规定了个人购买公有住房的时间，即以购房合同的生效时间、房款收据的开具日期或房屋产权证上注明的时间，按照“孰先”的原则确定。国税发〔2007〕33号文件第三条第一项对个人购买公有住房之外的其他住房的时间作出了规定，即以房屋产权证注明日期或契税完税凭证注明日期，按照孰先原则确定。

从上述规定来看，对个人购房时间认定的规定较为清晰。本案桑某所购房屋为非公有住房，应当按照非公有住房购房时间的规定进行判定，即应以房屋产权证注明日期或契税完税凭证注明日期孰先原则确定。桑某于2014年4月缴纳了契税，9月办理了房产证，那么契税完税凭证注明日期在先，应以契税完税凭证注明日期作为购房日期。桑某的契税完税凭证上有两个日期，一个是税款所属期1998年11月12日，另一个是填发日期2014年4月1日，按照规定契税完税证明上注明的时间是指契税完税证明上注明的填发日期，因此桑某的购房日期应认定为2014年4月1日。

【处理结果】（1）复议情况

2015年1月20日，桑某向海淀区地税局申请行政复议，请求按照“满五唯一”的税收政策规定，退还个人所得税、部分营业税等税款。海淀区地税局经过复议听证审理，于5月15日作出维持原行政行为的行政复议决定。

（2）诉讼情况

2015年6月2日，桑某向北京市海淀区人民法院（以下简称海淀法院）提起行政诉讼。海淀法院于8月24日开庭审理，于9月17日作出一审判决，驳回原告桑某全部诉讼请求。

海淀法院认为，对于个人住房转让所得可以免税的规定，并非由《个人所得税法》及《营业税暂行条例》等法律、法规及规章予以规定，而是由财税主管部门经国务院批准制定的规范性文件予以规范。规范性文件对于个人住房转让所得可以免税的规定中均以“购买房屋的时间为5年”作为是否享受税收优惠政策的分界线，在法律、法规、规章对上述问题未予规定的情况下，认定税收意义上的购房时间也应以相应的规范性文件为准。只有这样才能确保我国财税政策的连续性和稳定性，促进公民积极、主动履行纳税义务，避免在税收征管过程中出现认定标准不一致、不统一的现象，造成税收征管工作的无序和混乱。税务机关根据规范性文件的相关规定，确定桑某的购房时间为契税完税凭证的注明日期，并以此作为征收个人所得税及营业税的依据，并无不当。桑某因其个人原因未积极、主动缴纳购房相应税款，并办理房屋所有权证的情况下，主张其购房时间超过5年，在转让时应享受免交个人所得税及营业税的优惠政策的诉讼主张，缺乏法律规范依据，法院不予支持。

【点评】由于本案涉及的相关税收政策由上级机关制定，税务机关作为执行机关，无权突破相关规定。但本案反映出以下问题：

（1）公房与私房购房时间认定标准有别，有违公平原则

个人购买公有住房的时间，以购房合同的生效时间、房款收据的开具日期或房屋产权证上注明的时间，按照“孰先”的原则确定，而个人购买公有住房之外的其他住房的时间，以房屋产权证注明日期或契税完税凭证注明日期，按照孰先原则确定，购房合同、房款收据等不能作为认定材料。如此，在判断购房时间上，因为房屋性质不同而给予不同的标准，有违公平原则。

（2）在认定购房时间时应遵循实质重于形式的原则

根据物权法的规定，不动产物权的设立、变更、转让和消灭，经依法登记发生效力，未经登记不发生效力。房屋作为不动产，其权利归属的确认标准是产权证。由于从购买房屋到实际产权登记之间会有一定时间，因此购买时间和产权登记时间并不完全一致。国家税务总局文件中关于购房时间的规定就考虑了这个问题，在判断购房时间时不仅看房屋产权证上的时间，还要考虑其他凭据的时间，按照孰先原则进行确定。结合本案，如果当事人提供的购房发票、贷款合同、物业费发票等资料能够证明其是1998年购买的房屋，有权部门应按照实质重于形式的原则对其购房时间予以确认。

（杜　鹃）

房屋买卖合同实际无法履行后的契税退税问题案

【案件所属行业】房屋买卖

【案件类型】退税

【案件来源】申请

【基本案情】何某通过与王某签订房屋买卖合同，将房屋转让给王某。王某于2009年10月20日实际承担房屋交易相关税款（包括契税）71227.31元。随后何某又将该房屋卖给第三人，

并办理了房屋过户手续，导致原买卖合同实际无法履行。2013年1月，经人民法院调解，由何某赔偿王某已纳税款损失71227.31元，王某将相关税票原件交何某，何某向税务机关申请退税，王某对何某申请退税事宜应予协助。何某、王某于2013年5月到税务所申请办理退税，税务所告知二人其申请退税已超过《税收征管法》第五十一条所规定的3年时限，不予办理退税。何某、王某不服，认为法院调解后才知道原合同实际无法履行可以向税务机关申请退还相关的税款，不应从其缴纳税款时起计算退税时限。

【争议焦点】本案争议的焦点是：王某申请契税退税是否超过退税的申请期限。

【法理分析】关于契税的退税问题，财政部、国家税务总局出台了一系列文件。《国家税务总局关于办理期房退房手续后应退还已征契税的批复》（国税函〔2002〕622号）规定，交易双方已签订房屋买卖合同，由于各种原因最终未能完成交易的，如果购房者已按规定缴纳契税，在办理期房退房手续后，对其已纳税款应予以退还。《国家税务总局关于无效产权转移征收契税的批复》（国税函〔2008〕438号）规定，按照现行契税政策规定，对经法院判决的无效产权转移行为不征收契税。法院判决撤销房屋所有权证后，已缴契税款应予退还。《财政部、国家税务总局关于购房人办理退房有关契税问题的通知》（财税〔2011〕32号）规定，根据《中华人民共和国契税暂行条例》（国务院令第224号）及其细则的规定，对已缴纳契税的购房单位和个人，在未办理房屋权属变更登记前退房的，退还已纳契税；在办理房屋权属变更登记后退房的，不予退还已纳契税。这些文件规定的精神在于，契税的纳税人应为房屋产权的实际承受人，如果缴纳契税后最终未实际承受产权，那么契税税款应当退还纳税人。但这些文件均未对退税的申请时限作出规定，致使出现符合文件规定的契税退税申请时，如何计算退税申请时限仍存在争议。

根据《税收征管法》第五十一条的规定，纳税人申请退税的期限应为自结算缴纳税款之日起3年内，关键问题是如何理解“结算缴纳税款之日”。一种观点认为是税款入库的时间，另一种观点认为是税款确定的时间。基于该两种观点，对王某是否超过退税申请期限，有两种意见：依据应按照“税款入库时间”观点的认为，王某缴纳契税的时间即入库时间是2009年10月20日，申请退税的时间是2013年5月，申请退税时间从缴纳税款时起计算已经超过3年，不能申请退还税款；依据“税款确定时间”观点的认为，从财政部和国家税务总局出台的关于契税退税的文件精神可以看出，纳税人应否缴纳契税与最终是否实际承受产权有关，“结算缴纳之日”不能完全等同于缴纳税款的时间，因此，申请退税的起始时间不能从缴纳税款的时点计算，而应从房屋权属确定之日起计算。

综上，本案法院调解生效后才确定王某不能承受产权，因此，应从法院调解生效后起算申请退税的3年期限。王某申请退税的时间是2013年5月，从法院调解生效后起算，显然未超过3年，王某有权依法提起退税申请，税务机关应当依法核实后予以退还税款。

【处理结果】税务机关考虑到该案件的特殊性，认为以超过3年时限为由不予退税不甚合理，遂依照《税收征管法》第五十一条规定“纳税人超过应纳税额缴纳的税款，税务机关发现后应当立即退还”，将相关税款退还何某与王某。

【点评】正因为本案反映的一些问题存在争议，税务机关在接到退税申请时，避开了当事人申请退税的程序规定。通过适用《税收征管法》第五十一条“纳税人超过应纳税额缴纳的税款，税务机关发现后应当立即退还”，将税款退还当事人。虽然目的是为了维护当事人的权益，但案件的处理程序并不十分严谨。这种处理方式只能个案适用，否则将使《税收征管法》有关退税期限的规定失去意义。

（杜　鹃）

纳税服务

概 况

2015 年，在市局党组的正确领导下，全系统各级纳税服务部门以推进纳税服务现代化建设为目标，围绕帮助和引导纳税人依法履行纳税义务，深入开展“便民办税春风行动”，进一步加强制度建设、创新服务举措、规范服务行为，较好地完成了各项工作任务，在国家税务总局开展的 2015 年纳税人满意度专项调查中，北京市地税局在全国地税系统中排名第 6 位。

“便民办税春风行动”

【综述】 2015 年，北京市地税局积极贯彻落实国家税务总局 2015 年“春风行动”部署，围绕便捷提效，着力推进简政放权，切实提升办税效率，有效减轻办税负担等方面深入研究，积极创新，4 月 15 日，印发《北京市地方税务局深入开展“便民办税春风行动”实施方案》（京地税纳〔2015〕70 号），将税务总局四类 11 项工作任务细化为四类 37 项具体工作措施。依托互联网地税局建设，持续推出系列创新服务措施，打好“组合拳”，切实做到为纳税人办实事、为基层税务人减负担。2015 年全系统共收到感谢信 183 封，锦旗 168 面。

【规范税收执法】 全面落实《全国税务机关纳税服务规范》，组织编制北京地税版《纳税服务规范》电子指导手册，做好与《征管规范》的衔接。在互联网地税局建设和深化部门联办等创新工作中，对部分事项的流程进行优化和完善，实现 132 项涉税事项前移至办税服务厅受理。进一步加强专项业务的政策指导，修订北京地税重大税收违法案件审理工作办法，就个体工商户个人所得税计税管理、股权转让个人所得税管理等工作制发系列文件规定。有效推进税收执法权力清单，编制第一批税务行政处罚权力清单及税务行政处罚权力运行流程图。持续推进税务行政审批制度改革，制发《关于取消和调整部分非行政许可审批事项的公告》（北京市地方税务局公告 2015 年第 5 号）和《关于取消部分非行政许可审批事项的公告》（北京市地方税务局公告 2015 年第 8 号）。成立推进职能转变协调小组，制定《2015 年推进简政放权放管结合优化服务工作方案》。

【服务区域发展】 一是贯彻落实小微企业税

收优惠政策。在办税服务厅设立“小微企业咨询服务岗”，开展“小微企业税收优惠政策宣传周”活动，编印小微企业税收优惠政策宣传手册，加速投诉处理，建立小微企业12366反映诉求平台，接收投诉当日转办。二是扎实推动京津冀区域协作。研究起草《京津冀协同发展三地税务机关协作事项》，建议京津冀三地六局的税务机关在三方面18类36个具体事项上开展协作。推动非首都功能产业疏解，撰写《税收服务北京疏解非首都功能问题研究》，与北京市国税局联合发文明确加强有形市场税收征管的具体要求。推进三地六局联合开展税收分析，主笔完成2015年上半年京津冀联合税收分析，得到税务总局局长王军的批示肯定。配合做好三地六局一体化网络平台建设，完成该网站的第一期开放建设工作。三是不断优化大企业服务。落实《北京市地方税务局大企业税收管理和服务办法（试行）》《北京市地方税务局总部企业税收管理和服务工作方案》。对签订遵从协议企业建立联络员机制。部署开展总部企业和税务总局定点联系企业风险管理工作。

【加强“走出去”企业服务支持】与市国税局联合举办“走出去纳税人税收政策”宣讲会，邀请著名会计师事务所对如何避免境外投资风险进行讲解，52户企业参加讨论。在北京地税官网宣传专题开设“税收协定助力企业走出去”及“走出去税法宣传”两个专栏。向“走出去”企业发送《北京市“走出去”企业信息表》及《“走出去”企业税收数据统计表》，全面收集企业基本信息、经营现状、境外投资国别分布情况、境外投资经营情况、享受协定待遇情况、企业外派员工情况以及近4年纳税情况等信息，探索实施“一户一档”管理模式，对企业开展针对性服务。

【创新纳税服务举措】试点办税服务一卡通，打造“一卡在手，税事无忧”服务品牌。推行履约服务措施，选取朝阳、海淀局为试点，在重点税源户实行先办后审。探索区域通办和免填单，已实现83%涉税事项执行升级规范，37个事项免填单。开展网上预约和反向邮寄服务试点，在石景山局试点网上预约和纳税人办税结果邮寄。启用纳税服务大厅综合管理系统，依托互联网地税局，试点应用纳税服务大厅综合管理系统，开发实时监控功能，方便服务厅进行业务调配与应急处置，提高办税效率。印发《北京市地方税务局纳税服务需求征集分析响应办法（试行）》（京地税纳〔2015〕62号），开通“纳税服务调查”网上管理平台，收集纳税人评价近4000条。回应纳税人关切的税务问题，在10月实行二手房交易全市范围内区域通办。

【密切国税地税合作】落实《国地税合作规范》，联合打造纳税人学堂，推行“一税两费”委托代征。积极推行“三证合一”，搭建工商、地税、国税三方信息共享平台。探索共建办税服务厅，以房山国地税为试点，在房山区综合行政服务大厅建立“一人双系统”联合办税服务模式。加大数据共享工作力度，建立完善的工作协同机制，实现双方的信息数据资源全方位共享。联合开展2014年度纳税信用等级评价工作。

【打造宣传品牌】与北京人民广播电台合作，开播《地税小贴士》宣传春风行动的各项举措，全年共播出239期，听众覆盖人群140万。在北京地税网站开设《税收大讲堂》栏目，向纳税人提供“普惠型”视频辅导课件，全年共播出大讲堂52集，访问量15万余人次。举办纳税人网上税收知识竞赛，近1500纳税人参加比赛。通过北京交通台“我爱北京”栏目，介绍基层一线先进典型人物，宣传北京地税服务形象。《中国税务报》整版刊发《便民春风让纳税服务花开烂漫》《温情传递：我们的税收好声音》文章，深入报道北京地税春风行动做法。创刊《纳税服务专刊》，打造北京地税系统内部交流平台，及时总结、宣传区县（分）局工作亮点举措，促进春风行动举措有效落实，弘扬纳税服务正能量，2015 年全年共刊发《纳税服务专刊》14 期。

【加强督查考核】 将“便民办税春风行动”实施情况纳入绩效考核指标，根据“春风行动”进展情况对区县（分）局进行考核。加强服务督查，2015 年 4 月初，制定《市局机关处级领导听取办税服务厅和集中办税服务场所汇报工作方案》，截至 7 月底，92 名处级领导干部历时 45 天，组织实地督查，听取了 48 个办税服务厅和集中办税服务场所的工作开展情况汇报，收集亮点工作，听取意见建议，有效地促进了各项工作的顺利开展。

网站建设情况

【北京地税网站建设】 第一时间快速准确发布重要信息，对公众关注的涉税热点问题迅速做出回应。提升公众互动回应能力，为纳税人提供多种诉求渠道。通过整合栏目、完善内容，以图解、音频、视频、文字等形式建立政策发布、解读、咨询、在线访谈和媒体评论于一体的宣传链条，在省级网站率先实现信息发布跨平台传播。积极推进市区两级网站建设，加大区（分）局网站更新工作力度，提升信息发布质量。2015 年，市局网站访问量达 1266 万人次，发布各类信息 1.3 万余条，区（分）局更新信息 11831 条。北京地税网站被中国社会科学院和国脉互联公司评为中国“互联网 + 政务”优秀实践案例 50 强。

【全国政府网站普查工作】 制发普查方案，成立工作小组，加强工作联系和提示。全面动员协调，认真开展自查，建立定期通报机制。开展省市互查，组织“网民纠错”问卷调查活动。北京地税网站被税务总局和北京市政府推荐为“政府优秀网站”，在中央人民政府网站和税务总局内、外网发布了网站建设经验材料。在 2015 年税务总局全国税务网站普查工作及更新建设评估通报中，位列全国税务系统第一名。

12366 纳税服务热线情况

【咨询服务电话规范化管理】 按照市局咨询服务辅助平台和基层分局咨询电话集中管理同步推进的原则，加快市局平台建设，成立筹建工作组，统筹加快推进各项建设工作。加强区（分）局咨询服务电话资源整合，2015 年已全部实现区（分）局咨询服务电话集中接听全覆盖。全年区（分）局咨询服务电话接听总量达 176 万次，接通率均在 80% 以上。

【国地税 12366 纳税服务热线共建】 全力做好 12366 纳税服务热线现场业务支持，发挥网站、微信等多渠道业务辅助支撑作用。建立应急联系人和热点问题突发反馈工作机制，加强沟通反馈和预警提示。开展 12366 纳税服务热线话务分析，持续做好知识库维护、宣传和推广。全年共受理现场求助 2.5 万余次，处理业务工单 2000 余件，通过地税网站更新税收政策 143 期，地税微信推送系列专题 8 期。

其他纳税服务工作

【分层次分类型纳税辅导】 2015 年 1 月 7 日，印发《北京市地方税务局关于进一步加强北京地税系统纳税辅导工作的意见》（京地税纳〔2015〕2 号），进一步规范纳税辅导管理。根据纳税人需求和税收政策热点、难点，针对不同层级、不同行业、不同经济类型纳税人，开展有针对性纳税辅导。2015 年全市共组织纳税辅导 915 场，培训 12 万余人次。

【制定针对性改进措施】 2015 年 1 月 13 日，印发《北京市地方税务局关于进一步加强纳税服务工作的通知》（京地税纳〔2015〕7 号），针对国家税务总局 2014 年纳税人满意度调查结果，制定了涵盖强化税收宣传辅导、优化办税服务厅建设、提升咨询电话工作水平、优化网上办税服务、简化办税服务流程、完善个人所得税完税证明开具、落实税收优惠政策、加强廉政建设 8 方面 25 项工作措施，加快推进纳税服务现代化建设，促进纳税人满意度和遵从度提升。

【推行《全国税务机关纳税服务规范》】 2015 年 3 月 1 日，国家税务总局推行《全国税务机关纳税服务规范（2.0 版）》（以下简称《纳服规范》），5 月 1 日推行《全国税收征管规范

(1.0 版)》(以下简称《征管规范》)。北京地税以推行两个《规范》为契机，建立征管、税政、信息化、宣传等多部门协作机制，做好《纳服规范》与《征管规范》的衔接，统一规范“前台”的同时，抓好“后台”征收管理，确保前后台流转顺畅。在扎实推行纳服规范的基础上，实现升级规范 35 项，推行“免填单”服务 37 项，实现纳税人发起事项区域通办，其中发票真伪鉴别、有奖发票兑奖、自然人纳税人个人所得税自行纳税申报、个人所得税完税证明开具、通过保险机构缴纳车船税的完税凭证开具等事项实现全市通办。

【“办税服务一卡通”新闻发布会】2015 年 4 月 1 日，借全国第 24 个税法宣传月之际，北京市地税局以“新常态、新税风”为引领，在大兴区地方税务局办税服务厅召开了“办税服务一卡通”新闻发布会。国家税务总局、北京市地税局、纳税人代表，以及人民日报、经济日报、中央电视台、中国税务报、北京日报等 16 家新闻媒体记者参加了发布会。北京市地方税务局“办税服务一卡通”的研发，是以“北京一证通”为载体，将服务纳税人多项便利措施与“北京一证通”进行融合，依托互联网税务局建设，开通网上办税功能，开展分级分类纳税人服务，为法人提供“电子身份证”，打造“一卡在手，税事无忧”服务品牌。

【纳税服务研修班】为提升系统纳税服务干部队伍素质，不断推进北京地税纳税服务现代化，2015 年 6 月 8 日—19 日，与中国人民大学财政金融学院合作，在昌平干部培训中心举办了为期 10 天的 2015 年度纳税服务研修班，全系统 150 名纳税服务骨干参加。通过对综合基础知识、纳税服务理论知识、纳税服务专业知识和纳税服务工作实务四方面共计 15 门课程的学习和参观实践，拓宽了视野，开阔了思路。培训期间，学员共撰写学习体会 156 篇，感悟 56 条。

【强化纳税人权益保护】2015 年 9 月 9 日，印发《北京市地方税务局纳税服务投诉管理工作规程》(京地税纳〔2015〕168 号)，坚持多措并举维护纳税人合法权益。2015 年全年共处理纳税服务投诉 117 件，其中核实属实投诉 30 件，22 件投诉已追责。实行纳税服务投诉按月通报，制定《北京市地方税务局纳税服务投诉易发风险点分析与防控说明》，加强对区县局的指导监督。利用音视频实时监控系统，实现对全市办税服务厅的实时监控，便于办税服务厅开展应急处置、减少服务纠纷。开通“纳税服务调查”网上管理平台，自 5 月该平台上线以来，收集纳税人评价近 4000 条，为提升服务质效提供依据。积极做好涉税舆情和公众焦点问题的收集与分析，对北京市二手房交易过户预约难、无税申报提示等纳税人反映强烈的诉求，实现了及时发现和有效提醒。

【纳税服务岗位技能大赛】北京市地税局和北京市总工会联合举办了 2015 年北京市“职工技协杯”职业技能竞赛暨北京地税系统岗位技能大赛。纳税服务岗位技能大赛以《全国税务机关纳税服务规范》和涉及纳税服务相关规范性文件为考核范围，主要考察税务干部对涉税事项办理、文明服务规范和突发事件应急处置的掌握情况。大赛通过咨询问答、上机实务操作两个环节，多角度、全方位地展现了地税干部的服务技能和工作风采，选拔出了纳税服务岗位的优秀专业人才。经萍荣获一等奖和“纳服标兵”称号，安洪滨、郭东旭、路静、逄博 4 人荣获二等奖和“纳服能手”称号，赵瑾、王听、郑仕佳、工艳红、赵永涛 5 人荣获三等奖和“纳服能手”称号。

【纳税信用等级评定】 按照国家税务总局《纳税信用管理办法（试行）》和《纳税信用评价指标和评价方式（试行）》的新标准新要求，按时圆满完成了北京市2014年度纳税信用等级评价工作，与市国税局共同对383741户（含纯地税管户）企业纳税人作出纳税信用等级联合评价，其中纳税信用A级企业24823户，占比6.47%；B级企业277363户，占比72.28%；C级企业62704户，占比16.34%；D级企业18851户，占比4.91%，实时开展纳税信用补评、复评工作，与市国税局共同对217户企业纳税人进行补评或复评操作，并及时向社会公示北京地区纳税信用A级企业名单。

【“银税互动”试点工作】 认真落实税务总局“银税互动”相关文件精神，积极探索推动纳税信用信息在金融领域的增值应用。2015年9月30日，北京市地税局联合海淀区人民政府在中关村展示中心举行了“银税互动”启动及签约仪式，面向中小高新科技企业开展“税银互动”试点。在仪式现场，海淀区地税局与海淀区金融办共同签署了“银税互助”金融合作协议，金融业代表发布了“税银通”信贷产品，并与20家企业签署了“税银通”首批授信协议，签约金额达4400万元。随后试点逐步扩大，目前已拓展至门头沟、石景山、顺义、平谷、通州等区分局。截至2015年底，已有143户纳税信用A级企业在“税银互动”工作中与商业银行对接成功，已贷款总额达到107300万元，惠及企业就业人数8273人。其中面向116户中小微企业放贷14356万元，惠及企业就业人数7687人。中央电视台、《人民日报》《中国税务报》《北京青年报》《法制晚报》、中国广播网等多家媒体对此进行了专题报道。

【“涉税中介”管理服务工作】 按照税务总局文件要求，2015年在全系统组织开展了两次自查清理活动，在清理过程中，坚持逐人逐项，不留死角，自查覆盖面100%，确保全系统没有发生违规插手涉税中介经营活动的行为，进一步强化了对税务干部的监督，规范了涉税中介服务。

（王小虎　李树弘　林　娜　薛　青
张　红　夏天下　郑仕佳　李　勇）

税务稽查

税务稽查工作

【综述】 2015年，全市稽查系统在市局党组的正确领导下，进一步推进稽查体制机制改革，优化稽查资源、完善工作机制、促进任务落实、优化信息系统，切实开展重大涉税案件查处、税收专项检查和区域专项整治、重点税源企业检查和打击发票违法犯罪活动等工作。坚决贯彻落实市局“实现日常检查和税务稽查覆盖到全市注册企业、单位的2%，入库收入完成全年税收收入任务的3%”的工作要求，确定了“检查户数4000户、日常检查和税务稽查入库收入110亿元”的目标任务，明确了“直属稽查局任务单独下达、区县税务局任务整体下达”的原则，并将检查户数和入库收入任务分解到局，确保全市任务的有效完成。2015年，全市稽查系统共实施检查4341户，查补收入38.4亿元。

【深化稽查机制体制改革】 按照2013年底稽查体制机制改革方案，结合2014年试点工作情况，制定下发《关于进一步推进税务稽查市级全覆盖工作的意见》，从明确组织关系、划分管辖范围、设定职责权限、完善工作机制、优化稽查队伍、调整考核模式等方面对“市级全覆盖”工作给予指导并提出要求；进一步完善稽查机构。设立专业直属稽查局，为17个区（分）稽查局加挂直属分局牌子，全市正式形成“6个直属稽查局、17个直属稽查局分局、18个区（分）稽查局”的稽查组织体系；优化区县（分）稽查局人员，为实现“市级全覆盖”做好人员准备。全市共调减人员41人，平均年龄减小1岁，硕士学历增加3人，注册会计师增加1人。

【重大税收违法案件查处】 按照中纪委、税务总局等上级机关部署和要求，依法开展重大案件的查办工作，2015年共受理各级部门督办（交办）案件32件涉及73户企业。各稽查局共上报查补收入百万元以上案件241件，同比增长22.34%，查补收入合计32.83亿元，同比增幅60.9%，户均查补1362.24万元。

【税收专项检查】 按照税务总局工作要求，结合目前征管现状，开展专项检查和专项整治工作。一是抽调基层人员成立联合选案小组，对房地产开发项目和金融商品转让线索进行人工集中选案；二是结合检查发现问题制定详细的培训提纲，联合相关处室对稽查常见、难点问题进行讲解；三是对新生业态（私募股权）和较少触及领域（外资金融）主动开展调研式检查；四是加大对中心城区低端有形市场专项整治，纾解非首都功能；五是引入社会中介专业力量协助稽查办案，提高对土地增值税清算稽查技能。2015年，全市专项检查共立案实施检查3702户，组织186户企业开展税收自查，立案检查和自查补税两项合计33.2亿元，占总体查补收入的86.5%。

【重点税源企业检查】 统筹协调直属稽查局和片区内稽查力量，落实稽查全覆盖要求；梳理重点税源企业集团组织构架、经营项目、核算形式基础上统一归集涉税疑点，全面规范和纠正集团性涉税问题；深入推进国地税合作，共同拟定检查方案、联合组成检查团队、相互推送涉税疑点，探索完善合作内容和协作方式。一是按照税务总局部署的税收抽查工作，对130户集团企业开展自查辅导工作，对其中28户企业开展重点检查；二是按照税务总局随机抽查工作，组织各直属稽查局对八家集团及其下属企业、国地税联合抽取重点税源企业开展随机抽查工作；三是按照市局领导指示精神及稽查工作安排，组织对大企业集团专项检查，分两批对税务总局定点联系企业开展税收专项检查。

【打击发票违法犯罪活动】深入贯彻落实全国打击发票违法犯罪活动工作协调小组第五次会议精神，严格按照国家税务总局有关工作要求，积极研究新常态下发票违法犯罪的新趋势、新特点，以及税收工作面临的新机遇、新挑战，结合打击发票违法犯罪活动的目标任务，转变思想观念、创新方式方法、提高工作质效，有效开展虚假发票“卖方市场”和“买方市场”整治工作。2015年，共查处非法代开、虚开以及非法取得发票企业867户，查处非法发票份数42692份，查补税款44659.29万元，加收滞纳金9558.52万元，罚款14863.15万元。

【税收违法行为检举】一是根据市局税收现代化和征管改革工作要求，紧密结合税务稽查体制机制改革工作，依据稽查市级全覆盖工作特点，开展工作；二是制定《北京市地方税务局关于推进税收违法行为检举工作改革的意见》，按照“集中受理、统一分办、分类处理、部门联动”的工作机制分阶段推进改革举报工作改革；三是对网上检举信箱进行优化完善，增加身份登记、事项告知、证据上传、答复查询等功能，有效引导涉税检举行为，上线后网上受理检举数量环比下降59%。

2015年，全市共受理涉税检举事项4911件，同比上升22.3%，对受理的71件检举事项实施立案检查，1784件检举事项实施征管核查，共查办有问题案件441件，有问题率28%，查补金额23753.56万元，入库金额20161.45万元。共对15名检举人进行了奖励，支付检举奖金9.8万元。

【税收协查】按照税务总局统一部署，2015年全市共收到受托协查426户次，涉及发票1144张，完成426户次，平均回复率100%。顺义区稽查局定期分析、总结协查工作，及时反馈协查结果。

【提升打击震慑力度】一是在市政府社会信用体系建设联席会议上通报21部委联合惩戒措施，联合转发《合作备忘录》；二是积极与市公安局、市边检总站等部门协调，实施了北京市首例因企业欠缴税款法定代表人被阻止出境的案例，并进一步加大惩戒力度。共对69户欠税企业法定代表人采取阻止出境措施，实施拦截17人，已结欠款1.15亿元，其中8户企业已结清全部欠款，阻止出境工作取得显著成效；三是根据北京市开展联合惩戒工作的要求，市局将5户纳税人的涉税违法信息向相关部门推送，中国银监会北京监管局按照市局推送信息，将欠税企业列入黑名单通报给各大银行暂停信贷合作，联合惩戒工作取得初步成效；四是利用北京电视台《税案追踪》专题节目，以及《北京日报》《北京晚报》《法制日报》等新闻媒体，对59户偷逃税的典型案件进行曝光和深入报道。

【部门协作】一是与市国税局联合下发文件，建立联席会议制度和重大案件联合查办、专项检查联合开展、共同实施联合惩戒等工作机制，进一步规范税务机关进户执法，提高稽查办案质量及效率，防范税款流失；二是为深入贯彻落实党中央、国务院关于深化国税、地税征管体制改革要求，进一步深化稽查体制机制改革、深化国地税协作、深化区域税收合作，京津冀三地六局携手，共同签署《京津冀税务稽查协作备忘录》，以京津冀协调发展为契机，加强横向联系，建立跨区域、跨国地税的稽查协作机制，加速三地税务稽查工作的全面发展；三是与市公安局、市国税局联合下发《关于建立打击涉税违法犯罪联合工作机制的意见》，设立税警联合办公室，加强与市公安局出入境管理总队、人口管理总队、经侦总队和市交管局的信息共享，加大联合办案力度。

【清理未结案件】 一是通过逐户分析成因、梳理疑难问题、探索清理方法、完善工作机制等方式，有针对性地提出2010年底前未结案件分类处置意见，确保全面完成清理工作；二是制定《清理2011—2013年稽查未结案件工作方案》指导清理工作。截至2016年1月15日，已完成对2011—2014年738件未结案件完成逐案清理工作，其中已清理完结的案件485件，累计入库4.81亿元。

（杨　帆）

案 例 举 要

某房地产公司少缴企业所得税案

【案件所属行业】 房地产

【案件类型】 应缴未缴

【案件来源】 专项检查

【基本案情】 涉案北京某房地产公司在完工年度未按照《国家税务总局关于印发〈房地产开发经营业务企业所得税处理办法〉的通知》（国税发〔2009〕31号）（以下简称国税发〔2009〕31号文）的规定进行完工开发产品的成本清算，未对已销完工产品实际毛利额和预计毛利额进行调整。检查组以此为突破口，深入调查、细致计算，最终使企业补缴税款1.4亿元。

该案件系市局专项检查案件，立案检查年度为2012—2013年。北京某房地产公司成立于2000年，注册资本1.68亿元人民币，经营范围为房地产开发、销售自行开发的商品房，房地产信息咨询等，主营业务为房地产开发和销售。检查年度2012—2013年间有开发位于通州区的商品房住宅项目。

该房地产项目主体2007年开工建设，占地面积为24万平方米，规划建筑面积为108万平方米，其中可售面积为94万平方米，规划主体为商品房住宅。由于是在2007年开工建设，企业开工前未在税务机关做相关项目备案。整个开发项目于2009年底开始取得预售许可证，2010年开始取得竣工备案，截至2013年底共取得41个竣工备案，竣工面积为60万平方米。企业未对检查年度完工开发产品按照国税发〔2009〕31号文件第三十五条的规定，在完工年度企业所得税汇算清缴期结算计税成本，未对已销完工开发产品预计毛利额和实际毛利额进行调整。

【查办过程】（1）检查预案

了解基础情况，确定检查重点。检查人员利用税收征管系统查询了该企业的基本情况、检查年度的历年各税种纳税情况，重点对营业税和土地增值税的缴纳情况以及企业所得税历年纳税申报情况进行细项比对分析，初步判断该企业有房地产开发项目预售但没有进行企业所得税实际毛利额和预计毛利额调整。另外，检查人员登录市住建委网站对该公司名下房地产开发项目情况进行了详细查询，对该开发项目工程施工、预售以及竣工备案等情况做了明细统计。通过查询发现，该开发项目在检查年度历年都有工程竣工备案信息。根据国税发〔2009〕31号文第三十五条的规定，结合案情，检查人员初步明确检查思路，将检查重点放在了完工开发产品计税成本的确定以及已销完工开发产品实际毛利额和预计毛利额调整上。随后，检查人员通过实地勘察，向企业财税人员了解情况，初步确定检查重点为企业所得税完工清算。

收集外围数据，了解行业特点。为清楚了解该项目的开发成本，详细了解房地产开发行业的开发成本、行业利润等情况，检查组利用网络等渠道查阅了大量的房地产行业数据和资料。首先，通过查询近十家房地产企业上市公告，了解房地产企业近几年营业利润率情况，准确把握房地产行业利润率区间分布；其次，经过查询统计部门网站，了解A股房地产行业平均毛利率分布区间；此外，通过网络查询、向征管一线和中介服务机构询问情况，了解相同地块相同规模房屋的建筑安装成本情况，做到心中有数。通过数据收集和分析，结合该公司的房地产项目实际开发销售情况，对该公司完工开发产品成本的确定区间和实际毛利额与预计毛利额的调整区间有了比较清晰的把握。

（2）检查方法及发现问题

检查组在检查中采取全面检查与重点检查、账面检查与实地检查相结合的方法，以企业所得税为重点检查税种，采用调账检查、抽查法、逆查法、分析法等方法展开检查。

检查组充分运用《房地产开发经营业务企业所得税处理办法》（国税发〔2009〕31号）的相关条文对企业的纳税行为是否违反税法相关规定进行仔细甄别，确定企业存在未对完工开发产品进行成本确认，未调整已销完工开发产品企业所得税实际毛利额与预计毛利额的税收违法行为。该公司开发的房地产项目于检查年度（2012—2013年）均有竣工备案，但在企业所得税汇算清缴时未按照国税发〔2009〕31号文件的规定，确认计税成本并对已销完工开发产品实际毛利额与预计毛利额的调整计入当年度应纳税所得额。

【违法事实】通过检查，该公司在检查年度未按规定确定完工开发产品计税成本，未对已销完工开发产品进行实际毛利额与预计毛利额调整，导致少缴企业所得税的税收违法事实明确。检查组按照国税发〔2009〕31号文件的规定，对项目开发资料、账簿、记账凭证、销售台账、建筑合同等资料数据进行分析、归集和分配，最终确定了检查年度已完工开发产品的计税成本，并计算出了检查年度已销完工产品实际毛利额和预计毛利额的差额，对检查年度的企业所得税应纳税所得额进行了调整。经过计算，该公司应补缴企业所得税1.36亿元。

【处理结果】（1）企业所得税

根据《企业所得税法》第一条第一款、第三条第一款、第四条第一款、第五条、第八条、第二十二条、第五十四条第三款以及《国家税务总局关于印发〈房地产开发经营业务企业所得税处理办法〉的通知》（国税发〔2009〕31 号）第三条第一项、第六条第一项、第二项和第三项、第十一条、第十二条、第十四条、第十七条第一项、第二十七条、第三十二条第一项和第二项的规定，该单位应补缴企业所得税 1.36 亿元。

（2）滞纳金

根据《中华人民共和国税收征收管理法》第三十二条的规定，对该公司加收企业所得税滞纳金 421 万元。

以上款项合计 1.4 亿元。

【点评】（1）用大数据说话，企业心服口服

在检查初期，检查组利用网络等渠道查阅了大量行业数据和资料，对被查企业的行业情况有了准确把握。首先，通过查询近十家房地产企业上市公告，了解房地产企业近几年的营业利润率情况。其中国内某著名房地产上市公司 2013 年公告显示其当年营业利润率为22%；其次，经过查询统计部门网站了解近几年 A 股房地产行业平均毛利率情况；此外，通过网络查询、向征管一线和中介服务机构询问情况，了解相同地块相同规模房屋的建筑安装成本情况，做到心中有数。

（2）准确应用税收政策，破解清算难题

检查过程中，检查组面临开发初期资料保存不完整、人员交替导致财税人员对开发情况不清楚、既有已完工开发产品又有已开工未完工开发产品、分地块开发但滚动式记账等实际困难。在整个清算过程中，为克服这些实际困难，检查组通过实地核查、检查五证、抽查账簿、凭证、合同、销售台账等相关资料，摸清项目情况，注重实际，深刻理解相关税收文件，准确适用国税发〔2009〕31 号文件，逐个破解清算难题，具体包括确定计税成本核算终止日、成本对象和成本分配方法等。

（3）打破常规，检查工作顺利运行

在检查过程中，考虑到该案被查对象是上市公司、案件影响大、政策难点多、取证过程复杂等实际情况，稽查三局抽调专门审理人员跟进整个检查过程，为检查人员提供政策支持，对检查过程中的取证和数据计算进行指导，避免了“拉抽屉”，提高了检查效率和质量，减轻了审理环节压力，使检查环节和审理环节有效衔接。

（杨　帆）

某投资基金公司未缴税款案

【案件所属行业】投资基金管理

【案件类型】税前减免

【案件来源】稽查

【基本案情】目前我国实行的是企业申报备案制度，加强事后的监督与核查工作十分重要。本案就是在对某公司企业所得税申报资料的事后审查发现疑点并转入稽查。本案的检查人员，从公司的投资流程入手，剖析其投资的实质，以确定其性质。通过对企业资料的审核及其投资方的外调，确定了“其投资收益”不能在企业所得税税前减免的涉税问题。

1. 案件来源

2015 年 7 月 18 日，某区稽查局综合科根据区局评估科提供的对某投资基金管理公司（以下简称 A 公司）在 2013 年、2014 年的企业所得税申报中申请投资收益税前减免 5600 多万元情况，确定对该公司立案稽查。

2. 纳税人基本情况

该公司成立 2010 年 3 月 4 日，注册资本 1000 万元，属其他股份有限公司（非上市）。主要经营非证券业务的投资管理和咨询。该公司主要通过其投资注册的有限合伙公司对房地产项目进行投资，并取得从有限合伙公司分回的投资

收益。

【查办过程】（1）检查预案

检查组根据评估资料对该公司的基础资料进行分析。发现，该公司在确定投资项目后，不是直接投资于某一个具体的项目，而是通过其投资注册的有限合伙公司对该项目进行投资，取得的投资收益也是从有限合伙公司获得，这就使获得收益的性质难以判定。为此区稽查局确定了以投资合同为基础，以投资流程为入手点，以调账进行为基础，以外调核实为辅助的检查方法。

（2）检查的具体方法

认真分析资料，确定案件突破口。检查组依法调取了该公司2012—2013年的账簿、记账凭证及相关资料，在分析资料后发现，该公司的投资对象全部是房地项目投资，从而将案件的突破口放在其投资的形式及收入的来源上。经分析其投资的形式是在项目确定后或之前，签订“合伙协议”，成立有限合伙公司，对项目公司进行直接或间接股权投资或与股权相关的投资，其投资收益全部来源于其投资注册的有限合伙公司。

以分析业务流程为基础，以外调实际为佐证，确定“投资收益”的真实性。根据现行政策，该投资管理公司的投资收益为居民企业来源于有限合伙企业的投资收益，不符合企业所得税法规定的居民企业直接投资于其他居民企业取得的投资收益的免税规定，不能享受税收减免。但该公司提出了其投资收益虽来源于有限合伙公司，但其源点是来源于所投资项目公司的税后分红。为了更加清晰地反映其取得投资收益的过程，检查组根据掌握的资料绘制了该投资管理公司的投资流程图，全面掌握了其投资的形式、取得收入的方式、取得收入的时点、退出的方式及相关约定，同时为了确定其投资收益的真实性，依法采用协查方式，对其通过其控股的有限合伙公司投资的项目公司的相关财务报表及账务处理进行了调取和分析，并得出了其取得的“投资收益”，不是项目公司税后分红的关键性结论。

【违法事实】该公司主要从事房地产业投资。在2013年1月—2014年12月期间，其“投资收益”全部取得于其投资注册成立的B投资中心、C投资中心、D投资中心，经地税系统内部核查，其经济性质全部为有限合伙企业（不属于居民企业）。具体检查情况如下：

该公司2013年度账面企业所得税应纳税所得额12682104.76元，已缴纳企业所得税3170526.19元。检查发现该公司投资收益为居民企业来源于有限合伙企业的投资收益，不符合企业所得税法规定的居民企业直接投资于其他居民企业取得的投资收益免税的规定，金额46080324.03元；公司未按规定取得发票3张（经检验不通过），且公司又无法证明其业务的真实性，发票涉及金额共计57400元，根据相关规定，不能作为公司的合法费用在企业所得税税前扣除，应调增企业所得税应纳税所得额。调整后，该公司2013年度应补缴企业所得税为11534431.01元。

该公司2014年度账面企业所得税应纳税所得额37935137.44元，已缴纳企业所得税9483784.36元。检查发现该公司投资收益为居民企业来源于有限合伙企业的投资收益，不符合企业所得税法规定的居民企业直接投资于其他居民企业取得的投资收益免税的规定，金额10670745.93元。公司未按规定取得发票1张（经检验不通过），且公司又无法证明其业务的真实性，发票涉及金额为4330元，根据相关规定，不能作为公司的合法费用在企业所得税税前扣除，应调增企业所得税应纳税所得额。调整后，公司2014年度应补缴企业所得税2668768.98元。

该公司2013—2014年度应缴纳企业所得税26857510.54元，已缴纳企业所得税12654310.55元，应补缴企业所得税14203199.99元。

【处理结果】该公司在2013—2014年期间取得投资收益46080324.03元、10670745.93元不符合免税规定；同时其未按规定取得发票4张（经检验为不通过），且其又无法证明其业务的真实性，发票涉及金额共计57400元，根据相关规定，不能作为公司的合法费用在企业所得税税前扣除，应调增企业所得税应纳税所得额。根据《中华人民共和国企业所得税法》第一条、第二条、第四条、第八条、第二十六条第二项及《中华人民共和国企业所得税实施条例》第八十三条的规定，应调增企业所得税应纳税所得额。调整后，该公司2013年度应缴纳企业所得税为14704957.20元，已缴纳企业所得税3170526.19元，应补缴企业所得税11534431.01元；2014年度应缴纳企业所得税为12152553.34元，已缴纳企业所得税9483784.36元，应补缴企业所得税2668768.98元。

根据《中华人民共和国税收征收管理法》第三十二条的规定，对该公司2013年未按规定缴纳的税款自税款滞纳之日起按日加收5‰的滞纳金，经计算共缴纳企业所得税滞纳金2358791.14元；对该公司2014年未按规定缴纳的税款自税款滞纳之日起按日加收5‰的滞纳金，经计算共缴纳企业所得税滞纳金58712.92元。

【点评】（1）企业所得税法对“居民企业之间的股息红利所得”免税的政策解读和适用

《企业所得税法》第二十六条规定：“符合条件的居民企业之间的股息、红利等权益性投资收益可作为企业的免税收入。”在《企业所得税法实施条例》第八十三条同时明确了：《企业所得税法》第二十六条第二项所称符合条件的居民企业之间的股息、红利等权益性投资收益，是指居民企业直接投资于其他居民企业取得的投资收益。根据上述规定，企业要申报免税必须同时符合两个条件：一是居民企业直接投资于其他居民企业取得的投资收益；二是取得股息、红利等权益性投资收益可作为企业的免税收入。就此案看该公司取得的“投资收益”两个条件都不符合。首先从来源上，其取得的“投资收益”不是来源于居民企业，而是来源于非居民企业的有限合伙公司；二是其“投资收效”的真实性质，如果只从表面去判断，该公司的投资收益全部来源于有限合伙公司，由于有限合伙公司法上规定的“先分后税”的特殊性，只就这个环节无法判定其收益的真实指向，无法判定是否符合“股息、红利等权益性投资收益”的规定，为此，稽查局以外调的形式，对有限合伙公司投资的项目公司进行了调查核实，从调取的资料上看，项目公司在支付投资收益时，未发生预售行为，利润为负数。综上可得出所谓投资收益，不是税法规定的“股息、红利等权益性投资收益”，而是项目公司支付的高额贷款的利息。

对案件的查检不能只局限在表面上，要尽量深入地分析其深层次原因，从本案看，除企业对税法理解不够之外，同时也反映了部分企业利用“概念”以达到少缴税款的目的。因此在今后的稽查工作中，要全部、认真，既要看清收入的来源，更要看清收入的真实性质，这样才能做到“依法治税”之目的。

（2）由该案件引出对投资基金管理公司税收管理的几点启示

①加强免税事项的后续管理工作，防止滥用、误用免税政策，减少税款流失，确保实现政策的有效性及对经济的调节作用。

②尽快出台关于有限合伙制私募股权基金相关税收政策。国内外基金之所以大量采用有限合伙制的组织形式，其中一个重要原因就是有限合伙制在所得税层面避免了双重征税。自20世纪90年代引入私募股权投资以来，我国就推出了多项税收政策，对我国私募股权投资的发展发挥了重要的促进作用。其中关于所得税的相关规定对有限合伙制私募基金来说是最重要的。有限合伙制私募股权基金实行的是“先分后税”的原则，即在基金层面不需缴纳企业所得税，而是由基金的合伙人在取得分成收益时分别纳税，从而避免了公司制私募股权基金存在的“双重征税”问题。但是本案对于合伙制私募股权基金企业所得税征税的判定，一方面对长期未明确的政策问题进行了明确，另一方面，对于有限合伙制私募基金整体税负的影响巨大，直接影响到投资基金的组织形式、注册地点、法律架构设计等。但就目前针对合伙企业的所得税税收政策来讲，存在诸多滞后和不明确，以致造成税企双方对相同业务的不同判定。以本案涉及的两个政策规定为例，《国家税务总局关于〈关于个人独资企业和合伙企业投资者征收个人所得税的规定〉执行口径的通知》（国税函〔2001〕84号，以下简称国税函〔2001〕84号）的主要规定为：合伙企业对外投资分回的利息或者股息、红利，不并入企业的收入，而应单独作为投资者个人取得的利息、股息、红利所得，按“利息、股息、红利所得”应税项目计算缴纳个人所得税。国税函〔2001〕84号文首次就自然人合伙人就合伙企业“利息、股息、红利”等对外投资收益分配所得可以保留其原有法律属性计算缴纳个人所得税，同时部分地确定了合伙企业“先分后税”的原则，在一定程度上体现了合伙企业所得税“透明体”的特点，这也是投资人采用合伙制经营模式的主要原因。但是，国税函〔2001〕84号文对合伙企业除“利息、股息、红利”等对外投资收益以外的其他收入在分配时是否同样保留其原有法律属性没有明确。再如《财政部、国家税务总局关于合伙企业合伙人所得税问题的通知》（财税〔2008〕159号，以下简称财税〔2008〕159号文）第2条进一步规定：合伙企业以每一个合伙人为纳税义务人。合伙企业合伙人是自然人的，缴纳个人所得税；合伙人是法人和其他组织的，缴纳企业所得税。财税〔2008〕159号文首次针对法人和其他组织作为合伙企业合伙人的所得税问题做出原则性规定，并正式确定“先分后税”的原则。但是，财税〔2008〕159号文就合伙企业从被投资企业取得的不同类型的所得在向合伙人分配时其性质是否保持不变这一问题仍未给出明确答案。因此，在合伙人是法人和其他组织的情况下，是否必须就合伙企业从被投资企业取得的股息、红利等权益性投资收入进行分配时的所得缴纳企业所得税，似乎并不明确。而且财税〔2008〕159号文笼统地规定“合伙人是法人和其他组织的，缴纳企业所得税”，是否意味着法人和其他组织从合伙企业取得的所有收入（包括股息、红利等权益性投资收益）均应缴纳企业所得税？这在理论和实务上都造成了一定的困惑。

同时，《企业所得税法》第二十六条的规定，“符合条件的居民企业之间的股息、红利等权益性投资收益”为免税收入，不计入应纳税所得额。但是该法第一条又明确说明“合伙企业不适用本法”，因此对于合伙制基金从被投资企业获得股息收益并再次分配时，境内法人合伙人是否依然可以享受免税待遇，仍没有给予明确。

从以上相关政策来看，对于从有限合伙企业分回的投资收益，如果是真实的税后利润的分红，是否可以保留其原有法律属性，法人合伙人收到该形式的收入是否应该缴纳企业所得税，以及是否符合免税条件，都没有明确的规定。根据本案的判定，可以表明目前税务机关采取了偏严厉的税收政策。即：否定了合伙企业“税收透明体”，在合伙企业收到被投资企业分回的投资收益再次进行分配后，在法人合伙人层面上，对此部分收入没有认定保持原有的法律属性，从而不属于直接投资所得。

（杨　帆）

某大学未按规定缴纳税款案

【案件所属行业】教育

【案件类型】应缴未缴

【案件来源】专项检查

【基本案情】根据市局检查工作部署，市局于2013年9月开始对某高等院校开展调研式检查。此次检查发现的涉税问题不仅揭示了高校这一特殊群体纳税的普遍性问题，也折射出了我国高等院校目前的整体纳税状况，不论对行业管理还是税收征管都具有一定启示作用。

（1）案件来源

该案件为市局专项案件，鉴于某大学在高等教育和学术研究领域中较高的社会影响，市局和分局领导高度重视，2013年6月成立了以市局主管局长任组长，稽查处、第二稽查局领导牵头指导案件，第二稽查局和海淀稽查局共同办案的高校专案组。

（2）该校财务核算情况

该大学的财务核算形式是按照教育部统一的事业单位预算会计核算形式。实行“一级核算、二级管理、财力集中、财权下放”的财务管理体制。在地税局缴纳的税种有营业税、城市维护建设税、教育费附加、地方教育附加、个人所得税、印花税、房产税。

【查办过程】（1）检查预案

针对在初步接触中该校表现出来的对此次检查的不重视、不理解态度，专案组统一思想，积极应对，认真研究制定检查方案，制定详细的检查预案。

①根据工作需要并按主要税种划分检查小组，各小组各司其职，主动采取多种措施努力推进工作。

②专案组领导多次带队与校方进行检查事项沟通，说明检查目的、促进检查进度。

③在核实各税种纳税情况的同时，积极开展外调，了解大额款项往来对象的业务情况和拥有房产情况。

④集中审核收入、费用重点科目，筛选存疑的大额收入及费用支出，统一归集涉税疑点。

（2）检查方法及发现问题

面对该校业务量巨大、管理松散等客观因素，以及校方配合程度差这些不利因素。专案组及时召开会议进行磋商，从该校各个纳税环节进行分析，要求各组从负责的税种出发寻找突破口。经过各小组的不懈努力，终于从该校发票的使用、取得等几个方面得了突破性的进展。专案组对该校几年来近万张开具、取得的发票逐一进行了上网审核，同时对存疑的发票进行列表统计，然后根据统计情况对涉及的30余家企业开展外调核实。

通过大量的审核发票使用、真伪情况及外调核实业务真实性工作后，专案组在收入科目发现该校存在大量收入不按规定开具发票，不进行纳税申报的情况；在费用科目发现该校各院系及独立核算单位普遍存在使用大量假发票入账报销相关费用的情况，并且存在虚假业务。专案组在掌握了确切的证据资料后，对该校有关领导就这部分问题进行了询问，终于引起了校方有关领导的关注，意识到了问题的严重性，从而转变了初期的抵触情绪，开始逐步配合检查工作。专案组在艰苦细致的工作中抓住了关键问题，使后期调查取证工作能够顺利开展。

经查，该校在营业税及附加、个人所得税和房产税申报缴纳方面存在突出问题。

①营业税及附加问题

该校收入主要包括财政拨款、上级补助收入、教育事业收入、事业单位经营收入、附属单位上缴收入、其他收入六大类。

纵向科研经费收入问题。经对该校2010—2012年“纵向科研经费收入”明细账审核，发现2010—2012年账载纵向经费收入40.23亿元，该校仅对其中的2.47亿元进行了纳税申报。记载纵向科研经费的科目资金来源为财政部、文化部、教育部、国家自然科学基金会等以及其下属部门，同时存在其他高校、企业、事业单位拨付的款项，科研种类繁杂，无法区分应税及免税收入。该校认为纵向科研收入中存在该校承接相关科研单位所承担国家财政资金设立的科技项目的情况，该校虽非课题承担单位，但是与相关科研单位签订了合作协议，收取科研单位支付的劳务费用，承担部分科研任务。这部分款项的来源其性质为国家科研项目拨款，不属于应税收入，应属于非税收入。已申报纳税的部分是因为来款单位需要发票入账，因此在开具发票以后，该校将这部分收入进行了纳税申报，同时相关合同未按照相关税收文件要求到税务部门进行免税备案。

横向科研收入问题。该校2010—2012年共取得横向科研经费收入4.24亿元，其中1.72亿元开具了发票并进行了纳税申报，3500万元为免税收入，剩余的1.94亿元未开具发票，以开具收据的形式入账，这部分收入的合同未去主管税务机关进行免税备案，也未获得科技市场免税认定，该校未进行纳税申报。

其他收入科目问题。专案组在该校此科目中发现存在大量未开具发票的经营收入，经过逐笔翻看凭证及原始单据，认定该校2010年1月—2012年12月，在“其他收入”科目共有24053739.03元各类应税收入未按规定开具发票，未申报缴纳营业税及附加，包括场租收入、住宿费收入、房屋租赁收入、会议费收入等。

二级核算单位问题。该校除财务部进行核算以外，还有其他8个二级核算部门及17个三级核算部门单独设置账簿进行核算，这些部门单独设计账簿进行管理，分别有各自的税控机，每月自行计算应税收入，计税口径为开具发票数，然后报送“营业税及附加纳税统计表”及相应税款支票到财务部，由财务部一并缴纳营业税及附加。

经查，该校有7个分部分别存在未按规定将取得的对外租金收入、住宿收入、会场收入开具发票申报缴纳营业税及附加问题。

捐赠收入问题。经审核，发现该校“捐赠收入”科目2010—2012年共记载取得各类捐赠收入、赞助费收入4.1亿元。经逐笔审核相关记账凭证、原始单据、捐赠协议及合同，发现相关捐助企业在捐助资金的同时都会与该校签订合作合同，要求该校提供冠名、调研报告、安排提供场地供捐赠企业高层在该单位举办讲座、举办会议等应税劳务，属于带有商业性质的服务，因此，专案组认为此类收入不属于捐赠收入应属赞助费类应税收入。

综上，该校2010年1月—2012年12月共存在12952386.62元应税收入未申报缴纳营业税及附加，共计应补缴营业税20647619.33元、城市维护建设税1445333.35元、教育费附加619428.58元、地方教育附加 108807.55 元。

②房产税问题

该校存在大量对外经营、出租的房产，但由于该校内设部门多，房产管理不规范，大量房产无法提供相关信息，财务部门账簿中也没有这部分房产的明细情况。因该校属于税法中规定的“其他单位”，该校房产税应按照房产对外经营取得的租金收入 12% 征收房产税。经审核，该校 2010 年 1 月—2012 年 12 月共应补缴房产税 2848627.93 元。

③个人所得税问题

通过查看电子账及该单位人事部门提供的相关数据，发现该校存在未按规定代扣代缴离退休人员、高级专家离退休期间个人所得税，对外赠送礼品未代扣代缴个人所得税，劳务未合并代扣代缴个人所得税的问题。

④印花税问题

该校 2010—2012 年有租赁合同未贴花完税，应按 1‰补缴印花税。

按照有关工作部署，专案组以《税务事项告知书》通知该校对捐赠收入、印花税及个人所得税问题进行自核，并由主管税务局监督该校限期自行补缴。

【处理结果】（1）营业税

根据《中华人民共和国营业税暂行条例》第一条、第二条、第四条、第十一条、第十二条、第十四条的相关规定，该单位应补缴营业税 20647619.33 元。

（2）城市维护建设税

根据《中华人民共和国城市维护建设税暂行条例》第一条、第二条、第三条、第四条第二款，《北京市实施〈中华人民共和国城市维护建设税暂行条例〉的细则》（京政发〔1985〕86 号）第二条、第三条、第四条第二款的有关规定，该单位应补缴城市维护建设税 1445333.35 元。

（3）教育费附加

根据《征收教育费附加的暂行规定》（国发〔1986〕50 号）第一条、第二条，《北京市人民政府转发国务院关于教育费附加征收问题文件的通知》（京政发〔1994〕18 号）第一条的有关规定，该单位应补缴教育费附加 619428.58 元。

（4）地方教育附加

根据《北京市人民政府关于印发北京市地方教育附加征收使用管理办法的通知》（京政发（2011）72 号）第一条、第二条、第三条的有关规定，该单位应补缴地方教育附加 108807.55 元。

（5）房产税

根据《中华人民共和国房产税暂行条例》（国发〔1986〕90 号）第一条、第二条、第三条、第四条、第七条、第九条以及北京市施行《中华人民共和国房产税暂行条例》的细则（京政发〔1986〕165 号）第四条的规定，该单位应补缴房产税 2848627.93 元。

（6）滞纳金

根据《税收征管法》第三十二条的规定，对该单位滞纳税款的行为加收营业税滞纳金 5676124.05 元、城市维护建设税滞纳金 397328.68 元、房产税滞纳金 364083.42 元。

【点评】（1）高校纳税行为急待规范

①税收知识匮乏，判断标准简单、主观。该大学六大类收入中均不同程度存在税收应税收入，但该校在取得这部分收入后，存在仅就收入中开具了发票的部分进行纳税申报。同时，基于对发票的需求，该校长久以来未间断过向税务机关申请领购、使用发票，却仅就对外开具发票的部分收入申报缴纳了营业税及附加，对符合免税情形的收入，该校也以申报手续繁琐、办理时间较长为由，未去技术合同登记机构进行技术合同

认定登记，未到税务机关办理营业税免税备查手续，未按照法定程序履行相关规定，接受科技部门和税务机关的审核监管。在纳税申报方面存在诸多不规范的行为。

②高校教师的工薪收入多为校方代扣，校内收入中的工资、课时费和校外讲课收入已成为高校教师的三大收入来源，但教师的校外劳务报酬所得却流失严重，甚至根本没有任何人向税务机关申报过。

（2）高校的管理方式急待改善

在管理上，由于缺少内外部的监管方式，学校财务管理部门应有职能缺失，学校的整体运行、资产管理、业务管理等重要事项都不同程度存在隐患，该校运营管理方面存在诸多急待解决的现实问题。

①管理方式松散粗放，流于形式

以横向科研经费为例，专案组在审核该校费用支出时发现：该校科研、教育经费各项支出庞大，各类餐费、会议费、考察费、服务费、广告费、工程费支出频繁。经询问了解到，因大量的科研项目为各院系教授、老师通过个人声望及人际关系拉来，校财务部门对其使用各类费用发票报销的行为无法控制。通过对支出类发票的真伪和业务真实性审核，发现存在大量假发票和虚构会议支出购买购物卡的情况。

此外，该校内各个部门各自为政，各院系、行政管理机构均未对签订的合同进行明细管理，导致少缴印花税问题严重，但无法统计；同时房屋管理混乱，也无法准确提供对外经营建筑物所使用的土地面积，造成征纳双方都难以核实的困境。以房产税为例，由于该校建造、改造房产较多，且部分房产年代久远，房产权属转移不清、管理混乱等问题突出，该校大量的自用和经营用房产无土地证、房产证。因此房产税成为此次检查的难点之一，体现在：一是无法通过该校房产管理部门掌握学校房产真实数量；二是房产管理部门掌握的建筑面积数据与下属单位不一致；三是关联企业无租使用该校房产，存在关联企业未申报缴纳房产税的问题；四是二级、三级独立核算单位占用、出租大量学校房产，房产税缴纳情况复杂。

②业务混淆的财务核算方式，因此不能真实反映其运营状况

该校收入种类繁杂，财务核算业务量较大，虽然现行的高等学校会计制度和税收法律对高校的会计核算有相关规定，但该校实际会计核算办法对收入按款项来源、支出按用途进行了分类并分别核算，但未将应税收入、免税收入和非税收入加以区分或单独核算，并且由于混淆记账导致无法区分。同时，会计科目设置较多，各项费用支出名目繁多，审批管理不严格，检查发现有虚列相关成本费用的情况。

（3）税收征管手段有待进一步完善

在日常征管中，高校事业单位的身份使其本身和税务机关双方容易忽略其实际存在的应税行为和所得，以及依法应履行的纳税义务，加之现行对高校的税收政策数量有限且概念模糊，导致税务机关在实际征管中或存在误区、或难以执行、或监管乏力，有关涉税问题的处理与学校也容易产生较大分歧。而现实中，高校参与社会经济活动形式的多样化带来了越来越多的涉税事项，产生了更多的征收管理、政策适用和税款缴纳问题。

综上，税务机关需要进一步完善对高校的日常征管手段和措施，不断提高服务质量，保障高校充分享受税收优惠政策，同时，应加强有针对性的纳税辅导，切实提高高校的纳税意识，规范其纳税行为。

（杨　帆）

北京市地方税务局检查情况表

表 1 　**2015 年税务稽查机构查处税收违法案件情况统计表**　单位：万元

项目		查处税收违法案件合计	项目			查补总额合计	实际入库合计
检查户数（户）		4246	合计			383607	301956
立案户数（户）		4341	稽查机构查补收入	税款		273496	221928
有问题户数（户）		4227		其中：	千万元案件	115823	95117
其中：	千万元案件（户）	46			百万元案件	56909	54393
	百万元案件（户）	190			偷税案件	2496.15	1122.06
	偷税案件（户）	35		滞纳金		51786	36289
结案户数（户）		4327		没收非法所得			
其中：	千万元案件（户）	58		罚款		25625	11039
	百万元案件（户）	249		其中：	偷税罚款	614.82	524.25
	偷税案件（户）	35		小计		350907	269256
稽查机构组织企业自查户数（户）		358	稽查机构组织企业自查收入			32700	32700

表 2 2015 年税务稽查机构查处税收违法案件情况统计表

单位：户、万元

项目	户数	查补税款	滞纳金	罚款	没收违法所得	合计	实际入库额		项目	查补税款	入库税款	项目	户数	税款	金额
栏次							合计	其中：税款	栏次			栏次			
类别	14	15	16	17	18	19	20	21	类别	22	23	类别	24	25	26
合计	4350	273496	51788	25623	0	350907	321897	258549	合计	273496	258549	—	—	—	—
偷税	35	7154	146	6937	0	14237	13276.66	8137.16	增值税	—	—	调减留抵税额	—	—	—
逃避追缴欠税	—	—	—	—	—	—	—	—	消费税	—	—	不予抵扣税款	—	—	—
骗取出口退税	—	—	—	—	—	—	—	—	营业税	65896	64730	不予免、抵、退税	—	—	—
抗税	—	—	—	—	—	—	—	—	企业所得税	121455	113167	调整应纳税所得额	—	—	—
编造虚假计税依据	—	—	—	—	—	—	—	—	个人所得税	11906	11303	其中：弥补亏损	—	—	—
不进行纳税申报	191	59066	16185	6898	0	82149	73834.82	66451.34	其他	74239	69349				
发票违法	783	24130	5283	1050	0	30463	27585.87	22462.3							
其他	3341	183146	30174	10738	0	224058	207199.65	161498.2							

注：1. 空格表示没有此项数据。

2. “—”代表不涉及该项内容。

表 3　2015 年税务稽查机构行政强制措施及移送司法机关案件情况统计表

单位：户、万元

项　目	税收保全措施		强制执行措施					其他行政措施				项　目	移送司法机关案件		
栏　次	户数	金额	户数	金额合计	税款	滞纳金	罚款	户数	人数	金额	欠缴税款	栏　次	件数	人数	金额
类　别	1	2	3	4	5	6	7	8	9	10	11	类　别	12	13	14
合计	1	147	4	5	4.9	0.1	0	80	64	10610	18106	本期移送司法机关处理案件	—	—	—
冻结存款	1	147	—	—	—	—	—	—	—	—	—	其中：不予立案退回	—	—	—
扣押查封财产	—	—	—	—	—	—	—	—	—	—	—	公安机关提前介入及联合办理案件	—	—	—
扣缴税款	—	—	4	5	4.9	0.1	0	—	—	—	—	免于起诉或予以驳回	—	—	—
依法拍卖或变卖	—	—	—	—	—	—	—	—	—	—	—	已判决案件	—	—	—
责成提供纳税担保	—	—	—	—	—	—	—	4	—	10215	11	判决情况 管制	—	—	—
暂停出口退税	—	—	—	—	—	—	—	—	—	—	—	判决情况 拘役	—	—	—
收缴或停售发票	—	—	—	—	—	—	—	11	—	—	—	判决情况 有期徒刑	—	—	—
行使代位权、撤销权	—	—	—	—	—	—	—	—	—	—	—	判决情况 无期徒刑	—	—	—
阻止出境	—	—	—	—	—	—	—	64	64	111	18094	判决情况 死刑	—	—	—
提请人民法院强制执行	—	—	—	—	—	—	—	1	—	284	1	判决情况 罚金	—	—	—
												判决情况 没收财产	—	—	—

注：“—”代表不涉及该项内容。

信息化建设

概　况

信息化部门按照税收现代化和征管改革的部署要求，以建设互联网地税局为主线，完善建设“网上办税服务平台、综合管理工作平台、税企互动平台”，以及手机版互联网地税局，开发建设电子税务登记证、74个涉税事项；充分发挥各区局科技信息部门的主观能动性，上下联动，形成合力，整体推进，实现全流程电子化、无纸化和全市通办，全面提升纳税服务水平和税收管理质效；切实加强系统运行维护和安全管理，在确保信息系统安全稳定运行的基础上，按照科学规划、兼容并蓄的原则，统筹推进金税三期工程基础设施建设、数据迁移、特色业务改造对接、系统优化等工作；加强数据管理制度建设，强化数据采集和数据质量管理，提高数据服务能力；在确保信息系统安全稳定运行的基础上，稳步开展互联网地税局建设，保障金税三期工程工作顺利推进。

信息化管理系统建设和应用情况

【“互联网＋税务”行动计划】以“互联网＋”思维推动科技信息化工作实现创新发展。一是推进互联网地税局建设。2015年3月，北京互联网地税局平台软件（桌面版）在北京市地方税务局互联网网站和市局内部同步上线，该系统为打造网上办税大厅和税务机关综合管理工作平台提供了基础环境支持。通过移动端互联网地税局软件平台的上线，探索实现移动办税的有效途径。完成互联网地税局三大平台中的最后一个平台——税企互动平台建设，分别以有线互联网、无线互联网为载体，通过短信、文字、图片、音频、视频等方式，实现纳税人和税务机关实时的、多渠道的、个性化的全方位沟通。实现了74个涉税事项网上全程无纸化办理，规范了工作流程、方便了纳税人、提高了征管质效，为2015年实现涉税事项全市通办打下了坚实基础。推广“手机版互联网地税局”建设，为税务干部提供移动征管服务，实现便捷的移动办公体验。完成督查督办、2014版企业所得税年报、财行税明细申报和Tax861新版办税流程及时上线，整合个人所得税申报和企业所得税申报客户端，完成残保金并入财税库银联网。积极推进办税服务厅音视频监控系统建设，加速实施连起来工程。在持续整合网上办税大厅和内部管理平台基础上，开发税信通功能，努力构建政企互动体系。调整基于互联网地税局的权限管理系统，解决目前存在的角色混乱，授权繁琐的问题；建立岗位模板，提出以岗定责的概念，明确每个岗位所包含的角色职能；实现市局、区局分级管理。二是取消CA数字证书收费减轻纳税人负担。协调推进CA证书向全体纳税人免费发放工作，奠定“互联网+税务”各种应用的法律基础，已免费发放39万张。三是推进银税合作。与北京银联签署合作框架协议，为全市98个税务所配备227台POS机，实现直接在办税服务厅的POS机和自助终端上刷卡缴税，研究开通网上支付和移动支付功能，实现随时随地快捷缴税。

【金税三期工程建设推广工作】2015年按照国家税务总局部署，依据市局《推进税收现代化建设和征管改革三年行动计划》，正式开展金税三期工程基础设施建设的调研和项目立项。11月金税三期工程项目推广工作领导小组正式成立，并完成第一阶段系统差异化分析，与税务总局进行代码差异化交互，完成新旧系统物理表比对，并进行业务口径确认。同时加强互联网地税局与金税三期工程对接，建立以金税三期工程系统为主、北京地税特色软件为辅的信息化支撑系统，努力实现税务总局2016年5月双轨运行，7月单轨运行的总体目标。同时做好金税三期工程数据迁移工作，加强第三方信息应用管理，规范税务信息对外共享流程。为确保金税三期工程上线工作顺利开展，已初步完成金税三期工程所需的网络环境、安全体系、计算存储环境、系统软件、中间件等各项基础设施的建设工作。

【办税厅音视频系统建设】实现连接市局、20个区局、29个办税服务厅的高清音视频监控，并与现有互联网地税局系统、移动政务系统、展示屏管理控制系统进行集成对接。

【完善基础设施】完成涉及20个区局、所的ups改造项目；完成市局办公区及马甸办公区320块ups电池更换工作；完成马甸ups机房空调更换工作。

【互联网链路改造工作】为了给纳税人提供更好的网上纳税服务，规避各运营商网间互联造成的访问延迟、缓慢等问题，2015年年初，信息中心对Internet链路结构进行改造，将之前2条电信的链路调整为移动、联通、电信3条链路互相热备的结构，改造提升外网带宽，规避网络互联瓶颈。为保证外网安全，在现有条件下，外网配备了防火墙、抗DDOS设备、防病毒网关、WAF（应用防火墙）等安全设备。

【“-My Beijing-”无线网建设】2015年7月，为了配合经信委《关于在本市主要公共场所为公众提供免费无线接入服务工作的通知》要求，市局开展了在全系统服务大厅为纳税人提供免费的互联网接入服务工作——“-My Beijing-”无线网建设。市局从经信委提供的入围网络服务商中选择了北京移动、北京歌华、北京电信通三家运营商，作为该项工作的线路提供商，各区局可根据自身需求任意选择，并于2015年8月，召开了该项目的项目启动会，会上明确了工作内容、工作职责及分工。此项工作分三个阶段，一是项目准备阶段，2015年9月，共有14个局与网络服务提供商签署了协议，10月信息中心将已签署好的协议汇总，并向经信委报送了《公共场所无线局域网接入平台申请表》。二是项目建设阶段，经过1个月的施工，截至2015年12月24日，共计14个区局（76个服务大厅），其中已有25个服务大厅建设完成。三是验收阶段，根据经信委的要求，2015年12月25日，组织了第一次验收会，25 个点全部验收通过。

【信息系统适应性开发工作】完成新版个人所得税明细申报系统开发工作，按照税务总局要求，完成个人所得税申报表的更新，新个人所得税系统作为互联网地税局的组成部分，实现与核心征管系统的整合；完成固定资产系统升级改造，结合北京市地税局的管理和业务实际，开发日常资产管理、数据正确上报等功能，完成查询、审批下级单位资产情况，汇总分析资产统计报表；在核心征管系统取消综合申报、无税申报，将原综合申报中的有税申报和减免税申报变更为通用申报和通用减免税申报。取消电话申报和银行端申报缴款；在核心征管系统增设税（费）种认定功能，确定各税种的应申报基数，实现各税种明细申报；完成二级监察软件平台建设，通过监控“残疾人减免”事项各状态、全过程的时间点，实现对该事项过程的监控，逐步实现监察工作的电子化；完成档案管理系统升级改造工作，在市局集中存储和管理全市的税务档案数据，并通过网络面向全市内部人员提供电子档案信息服务及纸质档案利用服务；开展个人存量房交易系统建设，重新构建存量房交易流程，消除征税过程中的漏洞风险，解决区局存量房交易拥挤排队现象；开展公文无纸化办公系统升级改造，提高公文流转效率，达到节约资源、信息共享和协同办公的效果。将内网办公系统中的公文管理子系统与“北京互联网地税局”进行集成，实现办公室正式公文和内部文书的收发、登记、签批、办理和查阅的电子化，随时掌握公文的流转和办理情况信息；建设个人所得税财政集中扣缴系统，加强全市市级党政机关个人所得税的征收管理，实现系统自动接收数据、计算税款、传输数据的财政集中扣缴个人所得税的功能；开展移动政务系统建设，构建移动版互联网地税局软件平台，实现对税务干部移动办公的支持；完成督查督办系统建设，实现督查督办工作电子化。新建电子查账功能和检查证信息管理功能，为稽查工作提供技术支持。

【及时调整信息系统应用软件】根据税收政策变化，及时调整信息系统应用软件。落实税务总局纳税服务规范的要求，对现有申报系统进行改造。实现城市维护建设税、城镇土地使用税、房产税、印花税、土地增值税、资源税、契税和教育费附加、地方教育附加明细申报；满足企业所得税年度报表、季度报表和减免税报备管理工作，完成企业所得税 2014 年企业所得税纳税申报表年报项目的开发和上线推广；加强国际税收管理，完成国际处核心征管系统关联申报升级改造项目的开发和上线；完成残保金代征并入财税库银横向联网建设，在互联网地税局中新建规费代征子系统，实现残保金系统和互联网地税局的整合，为减轻基层负担和方便缴费人提供有力支持；配合征科处，开展纳税人无税申报提示信息的上线；配合征科处，开展核心征管系统优化申报未入库功能；配合营业税处进行个人住房转让营业税政策调整。

信息系统运营维护及安全保障情况

【信息系统现状】目前全市运行着9类47个应用系统。其中主要的有核心征管类业务系统、个人所得税类业务系统、发票业务类系统、纳税服务类系统、行政办公类系统。核心征管类业务系统，是支撑各项税收征管工作最基本的信息系统，实现了基本税收征管流程、与外部的业务协同和数据交换；个人所得税类业务系统，是支撑个人所得税明细申报和个人所得税年所得12万元以上申报的管理信息系统；发票业务类系统，是满足发票管理，实现发票税控管理和国标发票税控管理的信息系统；纳税服务类系统，是在互联网上为纳税人提供各类涉税服务的窗口，集成了各应用系统的对外服务功能；行政办公类系统，是实现税务机关内部工作管理和信息系统管理的应用系统。

【信息化效能】截至2015年12月底，信息系统为全市约149.23万纳税单位、130多万自然人、8000余名税务干部提供服务。通过信息系统征收各项税费3872.51亿元，同比增长14.77%；日均征收16.27亿元，同比增长18.16%；网上征收3023.58亿元，同比增长17.5%，占总入库数的78.08%。通过信息系统平均每月完成申报100.81万户，同比增长16.64%，信息化集约高效作用得到充分发挥。

【税收信息化管理维护】截至12月底共完成各类工作单487单；完成顺义、房山、通州等共计约11个区局、分局共计71万税源户及自然人的后台迁移工作；日常设备监控331万多台次、维修设备345台次、日常维护520台次、预防性维护429台次；消磁硬盘36块；完成了各区县分局提交的新建专线、撤销专线、移机申请和提速申请共计28单；共进行各层级网络维护318次；技术保障与市政府、国家税务总局及市局内部电视电话会议共计85次；制定防病毒、入侵检测系统安全周报、月报、通报共计129期；发布135个微软安全公告，同时针对这些漏洞的补丁已及时更新并下发到全局；监控违规外联16次。

【软件正版化清查】根据上级单位关于软件正版化工作的指示精神和要求。本着“高度重视，明确职责，全面推进，优化制度，强化管理”的原则，以《北京市地方税务局软件正版化工作实施方案》为基础，在建立工作责任机制、保证经费预算、深化软件资产管理、加大宣传教育力度、加强监督检查，强化部署监管等方面，分为自查、整改和检查三个阶段，对受检范围内的2000台台式机设备、笔记本和服务器全面开展了市局2015年软件正版化工作，并于2015年12月4日接受了上级有关单位的软件正版化检查。

【制定、梳理相关运维管理工作制度】一是制定《项目采购管理办法（试行）》《信息中心文档管理办法》和《北京市地方税务局办公计算机安全管理办法（试行）》。从制度上规范采购和文档管理工作。二是为加强市局终端安全管理，规范办公计算机使用管理行为，信息中心制定《北京市地方税务局办公计算机安全管理办法（试行）》。该办法对个人、部门和单位在终端安全上责任及义务进行了明确，对违反“管理办法”造成违规外联、病毒传播、敏感信息泄露等事件的个人和单位不但要作出书面检讨，还要按照市局绩效考核的相关规定进行处罚。三是依照税务总局信息安全要求对《北京市地方税务局信息系统突发事件总体应急预案 V2.0》进行修订，对应急组织机构、应急处置流程等方面的内容进行了完善和补充。四是清理信息中心管理制度共计 31 个，其中正式发文共计 29 个，通知 1 个，中心内部流程 1 个。在 31 个制度中建议保留 10 个，修改 2 个，废止 18 个。

【配合上级单位的网络安全检查工作】按照上级信息安全主管单位要求，开展安全检查工作：一是配合北京市公安局网安总队对市局安保系统进行自查报备；二是配合国家税务总局对市局进行现场安全检查；三是根据市经信委、北京市保密局对门户网站和非涉密网络的安全检查要求，开展安全自查并提交自查报告；四是配合人民银行对部署在我局的金融城域网系统进行安全巡检。通过上述安全检查，进一步降低了市局的网络安全风险。

【安全测评工作】按照 2015 年工作安排，北京信息安全测评中心于 6 月开始对市局重要信息系统开展现场测评工作。信息中心在市局组织召开北京地税信息系统安全风险评估项目工作启动会，会上由北京信息安全测评中心技术人员介绍了本次评测的具体方案，信息中心领导阐述了此次评测工作的背景，强调了评测工作的延续性，并对具体工作安排提出了明确要求，安排专人专程负责。根据测评报告及安全检查反映的问题，信息中心召开了信息系统安全评测研讨会，对所发现的问题逐一分析，提出整改方案。完成市局、区局及直属分局每年一次的信息系统安全风险评估，同时开展整改，并完善相关制度措施。

【安全管理系统建设】完成瑞星防病毒系统、移动介质管理系统、网络准入系统的部署工作。完成档案馆、老干部活动中心、昌平培训中心网络准入系统实施部署工作。完成重要业务系统的 Windows 系统服务器防毒系统的替换工作，将之前的诺顿防病毒系统替换为瑞星防病毒系统。从 1 月开始，多次召开移动介质管理系统培训、部署会。对移动介质管理系统进行功能性和稳定性测试，并在丰台、昌平局进行了试点，截至 5 月，信息中心已在全局完成移动介质系统的部署工作，在各区县分局的共同努力下，各系统稳定运行。

【应用系统应急演练工作】按照 2015 年工作计划及国家税务总局相关要求，信息中心于 2015 年 10 月 21 日—23 日进行了应急演练工作，并将演练工作实施情况汇总为《北京市地方税务局 2015 年度灾备演练实施报告》，上报国家税务总局。本次演练模拟北京地税统计分析数据库和中心数据库由于磁盘存储异常损坏，导致数据库系统崩溃，数据全部丢失，造成与统计分析数据库和中心数据库相关联的业务系统全部中断，无法提供服务，需使用备份数据对数据库系统进行全库恢复。通过此次对灾备中心统计分析数据库和中心数据库备份数据的恢复和验证，确保了统计分析数据库和中心数据库的备份数据切实可用。并且通过模拟灾难发生时的数据恢复操作，验证数据恢复流程的有效性，为今后系统故障的快速处置工作提供经验支持。

【联网银行测试工作】按照《中国人民银行营业管理部关于商请协助法国兴业银行（中国）

有限公司等十二家商业银行开展财税库银横向联网系统测试的函》（银管函〔2015〕11号）的要求，由信息中心牵头，会同征管和科技发展处、收入规划核算处对12家商业银行在2015年6月8日—19日进行相关业务测试。

【规范采购项目工作】 2015年信息中心成立项目组，严把项目采购各环节，提高了采购工作效率，为信息系统安全稳定运行提供了保障。截至12月，开展了信息化升级改造项目总计18个，系统运维项目总计9个。同时建立采购项目台账，重点关注采购项目的预算、状态、采购方式、协办处室进度、合同签订、支付款项和归档等关键环节，及时和准确掌握每一个项目的推进情况，避免错项和漏项情况的发生。通过采购项目台账的使用，积极推进中心各采购项目，促进采购项目实施和管理工作有序开展。

【信息化绩效考核】 按期完成对区局信息安全的绩效考核工作。对区局数据质量绩效考核指标进行优化调整，筛选出6项指标作为考核依据，按月对区（分）局进行数据质量考核；按时向税务总局上报信息安全绩效考核指标，加大对绩效考核要求的落实力度，积极开展个人绩效考核与信息化实际工作相结合。在国家税务总局的信息安全通报中，市局防病毒系统和桌面管理系统的安装率达到100%，安全基线符合度高于税务总局考核标准17个百分点，门户网站安全评估中未发现高风险漏洞，违规外联逐步下降，且未被扣分。为此，杨志强同志批示“信息中心工作扎实，措施得力，在全国名列前茅，给予表扬，望再接再厉，取得新成绩。”

数据处理应用

【数据管理制度建设】 印发税收数据后台查询管理办法和税收数据后台处理管理办法，制定数据质量管理和第三方信息采集两项业务流程。

【落实市政府办公厅加强税收保障工作意见】 与市工商局等18个委办局建立信息共享工作联络机制并签署信息共享合作协议。从市公安局等17个委办局采集纳税人户籍、土地权属登记等20余类共2300余万条第三方信息。向市民政局等14个委办局提供税收数据1300余万条，服务社保核实、非首都核心功能疏解等多个涉及民生的重要领域。

【历史数据清理工作】 研究梳理94项数据质量评价指标，并在市局中心数据库基础上开发数据质量管理模块，对全市税务登记数据进行筛查。筛查出疑点户419442户、疑点数据1624472条，组织全市开展历史数据清理工作。截至2015年12月31日，全市清理疑点户414512户，完成率98.8%；清理疑点数据1611606条，完成率99.2%。

【国地税协作】 加大两局数据交换力度，交换税收数据近1100余万条，其中包括全部“营改增”企业国税增值税纳税信息和企业减免税信息等重要税收数据。联合开展第三方信息采集工作，与市公安局等16个委办局建立了信息共享工作机制。

【数据手册编制发放工作】继续完善数据手册内容，做好《税收数据手册》和《队伍建设数据手册》的编制和发放工作，并组织研提了《税收数据手册》电子化项目业务需求。

【完善信息系统数据字典】依托中心数据库集中核心征管、个人所得税及发票系统的1248张数据表，整理数据字典数据项15185个，并向中心数据库补充13个委办局的37张第三方数据表，整理相关数据字典数据项531个。

【数据查询与处理工作】完成市局各处室及各区（分）局的数据后台处理单4577份，处理量同比增长1倍；完成数据后台查询单592份，查询量同比增长11%。为市局全体干部开通中心数据库3个功能模块、10个查询功能点的查询权限，以及互联网地税局7个功能模块283项查询权限。

区局、直属分局信息化工作成绩

东城地税局自建本局机房监控系统，实现对主机房及外围机房环境实时视频监控，极大地提高工作效率和监控效果；西城区地税局开展对全局计算机类固定资产实地核查和机房建设情况摸底调查工作，取得实效；通州地税局积极发挥“试点局”作用，推进核心征管系统权限管理系统升级改造工作。并对现有的文档管理系统进行升级改造，建设接地气、可复制、可推广的基层工作平台；石景山地税局采取加强对重点时间突发事件的报告和应急处置准备，开展以机房、重要设备为重点的安全检查，并将关键事项列入绩效考核措施，切实将“被动运维”转变为“主动运维”；昌平地税局组织干部参加“互联网+时代的信息和资金安全”主题讲座；房山局创新工作服务思路，建立二维码“便民服务贴”；怀柔地税局对计算机机房实施了标准化、规范化的改造施工；顺义地税局开发免填单软件、信息交换和权限管理等系统，提高日常办公效率；开发区地税局迎难而上，妥善处理各类突发事件的发生，确保信息系统进入正常的运行状态；第四稽查局积极推广市局新开发的案管系统，充分发挥信息化部门技术支持作用，为确保系统的2016年全覆盖奠定良好基础。

（张　鹏　王志杰　张　伟）

队伍建设

党团建设

【综述】2015 年，在市局党组的正确领导下，全系统党团建设工作坚持“围绕中心、建设队伍”的工作总要求，着力加强地税系统党的思想建设、组织建设、作风建设、反腐倡廉建设和制度建设，为税收中心工作提供了坚强的思想和组织保障。

【“三严三实”专题教育】根据中央、市委和国家税务总局的要求，深入开展“三严三实”专题教育。制定下发涵盖 4 大专题 16 项具体任务的专题教育实施方案，明确了目标任务、方法措施和工作要求。成立市局党组“三严三实”专题教育工作协调小组，市局主要负责同志担任组长，下设综合组、宣传组、联络组，加强对全系统开展专题教育的督促指导。开设“三严三实”专题教育专栏，组织专题讲座、实地调研、交流研讨、专家辅导等多种形式的学习活动，使领导干部进一步增强听党话、报党恩、跟党走的坚定信念。党组中心组先后开展了 12 次集中学习，市局第一党支部以 12 个党小组为单位，采取统一部署、分组落实、汇总上报的形式，开展经常性的党小组学习和座谈活动。结合党的群众路线教育实践活动自查工作，市局领导亲自挂帅成立 5 个专项检查组开展重点互查，征集基层对市局工作建议 79 项。领导干部带头梳理、查找“不严不实”问题，坚持举一反三、自查自改、立行立改，整理归纳列入边查边改项目清单问题 90 个，提出整改措施 40 项，建立和完善制度 80 项。组织开展“三严三实”专题民主生活会和组织生活会，进一步严明政治纪律、政治规矩，严格、规范党内政治生活，营造良好政治生态。

【学习型党组织建设】认真贯彻市委和市局党组要求，不断推进学习型党组织建设。一是深入学习贯彻党的十八届历次全会精神和习近平总书记系列重要讲话精神，以党组中心组理论学习为龙头，多载体多渠道提升学习效果，扩大学习覆盖面。举办两期全系统处级以上领导干部专题教育研讨班，市局领导班子成员以普通党员身份，和 230 余名处级领导干部一起参加学习。为机关各级党组织政治理论学习书籍近万册，增强了党员干部的党性修养、宗旨意识和道德品行。二是坚持把学党章、学《中国共产党纪律处分条例》、学《中国共产党廉洁自律准则》作为各级党组织的学习重点、作为党员干部的必修课，教育引导广大党员干部坚定理想信念、强化党性修养、严守党的政治纪律和政治规矩。党组中心组每半年安排廉洁从政专题学习一次，坚持党组书记每年讲一次党课制度。通过首都之窗在线访谈，全面介绍市局近两年来在党风廉政建设领域，落实主体责任、深入开展工作的情况。三是依托“地税大讲堂”，邀请专家、IT 界人士举办专题讲座；到歌华有线、中关村智能硬件梦工场学习考察，将时事前沿、专业教育和道德教育的学习内容结合起来，坚持上下联动、前后衔接、点面结合的工作方法，体现了实用性、时代性、互动性的特点，已成为市局学习型党组织的活动品牌。四是调研成果转化成效明显，市局第一党支部在还原“一把手”的普通党员意识，落实党要管党、从严治党，增强党内生活政治性、原则性、战斗性等方面带头开展调查研究，党组书记牵头撰写的《抓住“关键少数”加强对“一把手”的教育监督管理》，在《前线》等党建刊物上发表。

【基层党组织建设】按照中央和市委要求，制定市局发展党员工作细则办法，按“控制总量、优化结构、提高质量、发挥作用”的总要求，严把党员入口关，全年累计发展党员5名，转正党员17名。大力推行党务公开制度，接受党员和群众监督，建立健全政治上关心、工作上支持、生活上关爱党员机制。做好党内激励、关怀和帮扶工作，不断完善谈心、走访和慰问制度。春节、七一前夕，开展党员谈心、走访慰问活动，共慰问困难党员、老党员和老干部共28名，建立并落实市局机关帮扶资金。建立健全市局志愿服务组织，网站志愿注册党团员300余人，为天安门阅兵、世锦赛等重大活动提供安全保障。积极组织开展“共产党员献爱心活动”，党组班子成员率先捐款，市局机关和各分局839名党员干部共捐助款项58555元。

【反腐倡廉建设】深入贯彻十八届中央纪委五次全会精神，坚持“三重一大”事项集体决定，班子成员按分管职责抓好落实。起草制定了《北京市地方税务系统落实党风廉政建设主体责任实施办法（试行）》《北京市地方税务局党组主体责任清单》和《市局党组落实党风廉政建设主体责任任务分工表》，将主体责任明确为7个方面24项内容，进一步探索创新党建工作机制体制，逐步搭建两个风险防控平台，严格强化责任追究机制。结合“三严三实”专题教育，把严明党的政治纪律和政治规矩作为从严治党的基础来夯实强化，加强对中央八项规定、市委十五条实施意见，印发《中共北京市地方税务局党组学习贯彻〈中国共产党廉洁自律准则〉和〈中国共产党纪律处分条例〉实施方案》，凝练核心内容制作宣传板，引导党员干部增强党性意识、组织观念和规矩意识，严守党的政治纪律红线。市局落实“两个责任”情况进行自查检查，通过自查自纠、明察暗访、信访受理、重点抽查等方式，做到压力层层传导、责任层层压实，推动“两个责任”工作的落实。会同监察处组织召开党风廉政建设座谈会，市纪委相关部门同志参加会议，共同研究探讨建立“横向到边、纵向到底”的责任网络，形成强大合力，确保党风廉政建设各项任务落实到位。分层次召开党风廉政建设座谈会，交流经验做法和存在的主要问题。定期组织反腐倡廉专题教育讲座，提升广大税务干部廉洁自律意识。

【团组织建设】随着近年来地税系统青年干部队伍的结构发生较大变化，系统团员人数比例较小并且人数逐年递减。面对加快推进税收现代化建设的艰巨任务和团员结构的严峻态势，积极探索双重管理单位青年工作新思路，得到了团市委的大力支持。2015年5月，团市委肯定市局在落实党的群团工作会议精神、有效发挥青年骨干作用方面做出有益探索，批准成立北京地税系统团委。10月28日，市局召开第一次全系统团员代表大会并选举产生了第一届委员会。团市委黄克瀛副书记，市直机关工委景玉宝副书记和国家税务总局机关团委负责人出席了会议。系统团委的成立，为进一步有效发挥青年骨干作用、带领地税青年助力税收事业奠定了基础。组织开展“我为改革献一策”“大众创业，万众创新”“正能量传递”等活动，参加市级“青年公务先锋网络正能量传递活动”获得“正能量达人”长效能量奖。积极参加北京市机关青年技能大赛，获得“最佳组织奖”。全系统26个单位参赛，在各委办局中综合排名第一。

【精神文明建设】进一步加大全系统精神文明创建工作力度，坚持以典型引路，把培育和践行社会主义核心价值观作为党建教育的重点。结合巩固党的群众路线教育实践活动成果，组织各基层党组织挖掘树立地税系统先进典型，广泛开展精神文明创建活动，以互联网地税局和《北京地税》为阵地，在系统内大力宣传先进集体和个人，并依托互联网地税局人事管理系统，初步建立起系统荣誉库；同时，借助广播、电视、报刊和微信平台等媒体，加大先进典型的社会宣传力度。全系统有1个单位荣获“全国三八红旗集体”、1人荣获“全国巾帼建功标兵”、1人成功进入“北京榜样”月榜；有5个集体和12名个人在北京市劳动模范集体和先进工作者表彰大会上受到表彰。

【第一党支部建设】第一党支部始终坚持“三会一课”制度和党组书记带头讲党课制度，坚持“五必谈、四必讲”的组织生活会要求，围绕“学习教育、党内监督、作风建设、调查研究”等主题，组织集体学习6次，参观学习3次，编写《第一党支部专刊》3期。按照市直机关工委基层党建工作述职述廉述党建的工作要求，分2批组织了各区（分）局党组书记述职评议考核。截至2015年6月，各区（分）局相继成立了第一党支部，逐步成为立足地税实际，加强对“一把手”教育管理监督的有力载体，有效发挥了两级党组全面从严治党的联动作用。

【配合市委巡视工作圆满完成】2015年7月20日—9月20日，市委第八巡视组对市局进行了巡视。为配合市委第八巡视组工作，市局积极组建工作小组，协调做好巡视组入驻、材料准备、后勤保障等相关工作。组织完成巡视动员大会、专项汇报、座谈等19次会议，协调安排160人开展个别谈话共计206次。提供巡视组所需的材料合计709项共计4000余份，协助调阅各类档案资料420余份。对于巡视工作中发现的问题，市局党组高度重视，成立巡视整改工作领导小组，制定、修改完善整改方案和任务分解表，对照巡视组工作标准，主要领导逐一列出不守工作规矩的7大主要现象，制定15项立行立改措施。同时，按照市局党组从严从实深化整改的要求，广泛征求党员群众的意见和建议，多次召开部署会、协调会、座谈会，对巡视组反馈意见逐项逐条深入研究，针对巡视组32项反馈意见，制定整改措施，落实责任清单和任务分工，治标治本统筹推进。

（孙方芳）

基层建设

【综述】2015年，北京市地方税务局坚持统筹兼顾、因地制宜的原则，把抓税收工作与抓基层建设结合起来，进一步完善制度，狠抓落实，全面推进基层税务所规范化、标准化建设；以人为本、提升素质，扎实推进基层队伍能力建设；拓展渠道，了解基层干部思想动态，解决基层困难，切实增强基层干部队伍的凝聚力和战斗力。

【基层班子建设】按照基层科、所长轮岗工作要求，组织基层领导干部进行岗位轮换。在充分考量干部自身优势和岗位特点匹配度后进行轮岗交流，不仅优化了基层领导班子人员配置，更带动班子成员打破思维定势、激发出更大潜能，促进了基层班子工作效能的整体提升。此外，与中央财经大学联合举办所长专题培训班，充分发挥中央财经大学资源优势，科学设置课程，邀请名家授课，使基层税务所长提升了站位，拓展了视野，增强了主动作为意识，并将学习成果自觉应用到本职工作中，对全面推进基层建设起到了良好的带动作用。

【机关处室联系基层科所】根据《国家税务总局关于加强税务系统基层建设的指导意见》（税总发〔2015〕89号），制定具体实施方案，整体谋划，对市局机关各处室联系基层科所进行部署安排，定时收集意见建议，并集中反馈。通过部门协调，强化督办落实，确保对联系基层工作开展过程中收集到的基层意见件件有答复，切实为基层解决难题。同时，编写《基层建设专报》，定期向市局领导汇报机关联系基层工作的开展情况，为领导决策提供参考。以定期出版《基层建设专刊》和编印问答选编的形式，对基层反映的普遍问题，在全系统范围内集中进行明确。

【精神文明建设】一是组织召开了全系统正科级以上领导干部参加的全系统精神文明建设工作大会，部署了工作，明确了要求。二是2015年，指导全系统各单位广泛开展文明单位、青年文明号、巾帼文明岗、模范集体和先进工作者等多项创建活动，取得了较好成绩。全年全系统共有111个集体、29名个人获得省部级以上荣誉称号。三是充分利用系统内部现有文字刊物《北京地税》和《基层建设专刊》《党建信息》等电子刊物，在系统内部进行宣传报道。同时，通过电视、广播电台、报刊杂志、微信公众号等媒介，积极开展多种形式的对外宣传报道，并通过向国家税务总局、首都文明办等相关部门积极报送信息、材料，参与到这些部门组织开展的评比宣传等活动中，扩大北京地税先进典型的社会影响力。四是依托互联网地税局人事管理系统建立北京地税系统荣誉库，将建局以来全系统获得市级以上（含市级）荣誉的集体和个人信息全部入库，进一步统一标准，加强管理。五是开展形式多样的学习交流活动，全年通过组织召开现场会、观摩会、座谈会，在系统内外宣传推广先进集体工作管理中好的经验和做法、先进个人的优秀事迹，从而推动系统整体创建工作水平。

【系统岗位技能大赛】 与市总工会第一次联合举办岗位技能大赛。大赛围绕征管、稽查和纳服三个重要岗位、通过初赛和决赛两个阶段展开，近5000名干部参加了初赛，占系统总人数的60%。经过层层优选，最终选拔出3名岗位标兵和27名岗位能手。通过举办大赛，以赛促学，以赛促能，全面提升了北京地税干部队伍整体业务水平，真正树立起一批来自基层、业绩突出的典型榜样，推进了地税学习型组织建设。

【远郊干部到城区局调训】 抽调延庆局10名年轻干部到海淀稽查局调训锻炼半年。经过半年锻炼，10名同志从稽查入门到能够独立办案，开拓了视野，增强了责任，共参与检查案件92件，涉及案件查补税款6654万元。通过组织调训，既帮助远郊局干部开拓了视野、提升了能力、增强了责任，又整合了系统人才资源，实现了两局人力和业务优势互补，提升了全系统稽查业务水平，有效地拓展了“市级全覆盖”的工作范围和配合深度。

【机关处级领导听取办税服务厅和集中办税服务场所工作汇报】 为深入了解《推进税收现代化和税收征管改革三年行动计划》和《全国税务机关纳税服务规范》的落实情况，切实掌握纳税服务场所干部职工的工作情况和思想状态，有针对性地帮助纳税服务场所解决问题，进一步提升北京地税整体纳税服务水平，市局组织机关的92名处级领导干部分成24个工作小组，分赴全市48个办税服务厅和集中办税服务场所听取了汇报。通过对走访情况进行汇总，形成了相关工作报告，提出了三大类11条建议。同时，针对基层反映的需市局层面解决的问题进行了集中梳理，形成四大类44个问题，涉及责任处室15个。除对个别涉及政策法规暂时不能解决的问题已做出说明解释外，其他所有问题已全部解决。

【基层思想动态调研】 为摸清基层干部队伍的思想现状，选取了城区、近郊和远郊有代表性的7个区局，对其中89个基层税务所、1338名基层干部的思想状况开展了问卷调查，并与个别干部进行了谈话，最终形成了关于系统基层干部队伍思想现状分析与思考的调研，为加强系统思想教育工作针对性打下了坚实基础。

【税务所和税收管理员工作职能大讨论】 为配合税收征管改革，在系统内组织开展了“如何调整税务所和税收管理员工作职能，推进税收现代化建设”的大讨论活动，系统上下广泛参与，共收集研讨文章6篇，意见建议237条，并将研讨文章和意见建议汇编成册，为领导决策提供依据。

【基层环境建设】 按照基层办税服务厅规范化建设要求，完善电子屏、自动查询机、自助终端机等硬件设备配备，明确划分区域，规范服务标准，逐步统一办税服务厅外观形象和内部功能。同时，通过听取基层意见、收集基层建议等方式，深入了解基层需求，科学统筹，合理安排，将重点放在工作和生活区域相对独立的远郊税务所，充分利用现有资源，推广应用节能技术，对生活保障、取暖、供电、饮食加大投入，因地制宜，统筹推进，逐步改善基层办公、办税环境，为基层干部职工提供良好的生活配套设施。

（程立龙　黎　阳）

廉政建设

【综述】2015年，北京市地方税务局党组和两级纪检部门认真学习贯彻中央纪委、国家税务总局及北京市委关于党风廉政建设和反腐败工作的部署和要求，落实主体责任和监督责任，强化纪律和规矩意识，加强廉政教育，抓好作风建设，坚决惩治违纪违法问题，着力构建不敢腐、不能腐、不想腐的工作机制，党风廉政建设和反腐败工作取得明显成效。

【学习贯彻《准则》和《条例》】北京市地方税务局党组高度重视、精心组织，认真学习贯彻落实《中国共产党廉洁自律准则》（以下简称《准则》）和《中国共产党纪律处分条例》（以下简称《条例》）。召开党组中心组扩大学习会，邀请中纪委研究室领导做学《条例》、学《准则》专题讲座，教育引导广大党员干部坚定理想信念、强化党性修养、严守党的政治纪律和政治规矩。将学《条例》、学《准则》作为系统各级党支部的学习重点、作为党员干部的必修课，制作宣传展板、为系统全体党员发放学习书籍，教育引导全体党员用党纪政纪法律法规严格要求自己。

【落实"两个责任"】北京市地方税务局认真学习贯彻习近平总书记在中纪委五次全会上的重要讲话精神，严格落实党风廉政建设主体责任和监督责任。对落实党风廉政建设责任制提出总体部署和安排，多次专门听取汇报，提出指导意见，将党风廉政建设工作与税收业务工作相结合，推进党风廉政建设和反腐败工作开展。一是制定印发《北京市地方税务局系统落实党风廉政建设主体责任实施办法（试行）》和《2015年北京市地方税务局党组落实党风廉政建设主体责任任务分工表》，将主体责任明确为组织统筹、教育引导、选人用人、明纪纠风、预防监管、支持保障、管理示范等7个方面24项内容；制定印发《中共北京市地方税务局党组关于纪检监察部门落实党风廉政建设监督责任的实施意见（试行）》及清单，把监督责任明确为协助推动、教育预防、监督检查、执纪办案、问责追究等5个方面24项内容。二是召开系统党风廉政建设工作会。层层签订党风廉政建设责任书，落实"一岗双责"，强化责任追究。三是分层次召开由区（分）局主管党建工作的副局长和基层工作科科长参加的落实党风廉政建设主体责任工作座谈会，交流经验做法和存在的主要问题。四是组织召开党风廉政建设座谈会，邀请市纪委相关部门同志参加会议，共同研究探讨建立"横向到边、纵向到底"的责任网络，形成强大合力，确保党风廉政建设各项任务落实到位。五是由市局领导带队到各区（分）局对"两个责任"落实情况进行调研督导，组织开展专项检查，对年初41项工作任务清单进行梳理，督导各责任处室落实所负责的工作，推动"两个责任"有效落实。

【落实中央八项规定精神】严格执行中央八项规定精神和市委十五条实施意见，恪守执法禁贪、服务禁懒、管理禁散各项要求，紧盯干部队伍中存在的“慵懒散”、不作为、慢作为等问题，促进地税系统工作作风进一步转变。加强对厉行节约、办公用房、公车使用、职务消费等制度规定落实情况的监督检查，坚决查处公款吃喝、公款旅游、公款送礼等问题，防止“四风”问题反弹回潮。局领导亲自阅批党风廉政建设信访案件。搭建特约监督员工作微信平台，召开特约监察员工作专题会，充分发挥全系统200余名特约监察员和第三方机构的社会监督作用，加大对各区地税局办税服务场所明察暗访的力度，重点整治滥用职权、刁难群众、吃拿卡要报等问题。继续实行零申报、双签字背书等制度，把违反中央八项规定精神列入纪律审查重点，2015年驻局纪检组共查实违反中央八项规定精神的问题4起，严肃处理13人，其中给予党纪政纪处分5人。

【监督执纪】坚持把纪律挺在前面，强化正风肃纪，驰而不息纠正“四风”。每逢重要节点，下发廉洁过节的通知，并向系统处级以上领导干部发送廉政提醒短信，防止节日期间出现违反纪律规定的问题。注重加强对领导班子及其成员落实党的方针政策、贯彻民主集中制的监督，驻局纪检组全年对提交党组会讨论的31项涉及“三重一大”事项的议题进行监督。开展“为官不为”问题专项治理工作，积极介入违规插手涉税中介经营活动的专项整治活动。紧盯税收执法权和行政管理权运行的重要领域和关键环节，加强对选人用人的监督，驻局纪检组全年参与党组会人事议题讨论28个，开展干部廉政会审1203件。监督政府采购招标项目10个大项24个子项，节约金额318.001万元，节支率3.42%。加大监督执纪力度，对顶风违纪者，不仅要严肃处理，点名通报曝光，同时还要对所在单位“两个责任”的主体进行问责。

【纪律审查】把严明党的政治纪律放在首位，强化纪律约束，加大纪律审查力度。2015年驻局纪检组共处置案件线索133件，立案6件，初步核实107件，谈话函询12件。给予8名违纪人员党纪政纪处分，移送司法机关7人，追究主体和监督责任7人，协助纪委和检察院等单位调查案件45件，通报违规违纪问题6起，谈话16人次，澄清反映失实的举报案件88件。在市纪委的领导下，积极配合朝阳区纪委和朝阳区检察院，严肃查处了朝阳地税局第六税务所的腐败窝案。组织开展跨地域交叉办案，提高办案质效，充分运用警示谈话、函询、组织处理等手段严肃责任追究。认真查处了市委第八巡视组转办的34件信访件和巡视整改问题，按期完成了全部整改任务，共研究提出问责意见建议46条。

【内控机制】结合税收现代化建设和深化税收征管改革，大力推进权力结构科学化配置体系、权力运行规范化监督体系、廉政风险信息化防控体系建设，努力实现痕迹化管理和廉政风险预警，从源头和机制上防控廉政风险。完善存量房征收管理模块的开发设计，将个人非自住房交易和赠与等行为的纳税征收管理纳入模块功能，实现了对个人住房交易征管的全覆盖，有效降低了征收过程中的廉政风险发生概率。继续拓展二级监察平台的风险处置、预警信息收集反馈、后台配置管理和查询统计等功能。

【廉政教育】按照中央和市委部署要求，结合地税工作实际，牵头制定印发贯彻落实中共中央《建立健全惩治和预防腐败体系2013—2017年工作规划》实施细则、制定《中共北京市地方税务局党组加强和改进党组中心组学习实施办法》，两级党组将党风廉政教育纳入学习型党组织建设，党组中心组每半年安排廉洁从政专题学习一次，坚持主要领导干部每年讲一次党课制度。通过首都之窗在线访谈，全面介绍市局近两年来在党风廉政建设领域，落实主体责任、深入开展工作的情况。定期组织反腐倡廉专题教育讲座，继续组织税务干部参观廉政警示教育基地，向各基层单位发放警示教育光盘，积极建设内外网廉政教育平台，有效提升税务干部的廉洁自律意识，营造清廉为税、和谐向上的良好氛围。

【深入推进“三转”】按照“转职能、转方式、转作风”的要求，驻市地税局纪检组把握北京市纪委派驻机构改革契机，有序推进纪检体制改革。紧密结合地税实际，研究制定《北京市地方税务系统深化纪检体制机制改革实施方案》，力求通过内涵式改革方式，内部挖潜、盘活存量、优化结构、整合力量、创新机制、完善制度，取得改革效益的最大化。此次改革方案提出了 13 项改革措施，2015 年已经启动的两项改革措施得到了市委常委、常务副市长李士祥同志的肯定。改革从市局机关、区（分）局两个层面，分三个阶段循序渐进实施，由易到难逐项落实。联合纪检组对直属稽查局落实“三重一大”决策制度开展专项检查，发现存在问题 45 个，提出整改意见 12 条，进一步提升纪检工作质效。选用 6 名区（分）局纪检组长为驻局纪检组成员，参与研究重要工作事项，增强了驻局纪检组决策的科学性，促进市局机关与基层工作的有效衔接。筹建巡察工作领导小组办公室。

【人才队伍】驻局纪检组通过听取汇报、开展调研、纪检组长亲自授课等方式加强对基层纪检工作的业务指导。先后组织多名纪检干部参加中纪委、国家税务总局组织的纪检业务培训，抽调东城、西城、海淀局干部参与市纪委有关案件的调查，组织全系统纪检干部对廉洁自律准则和党纪处分条例集中脱产学习，通过以案代训、以干代训、集中辅导等方式，不断拓展纪检干部视野，提升纪检干部队伍的综合素质。

【自查自纠】对落实“两个责任”情况进行自查自纠，通过自查检查、明察暗访、信访受理、重点抽查等方式，做到压力层层传导、责任层层压实。两级纪检监察部门对照巡视反馈问题，开展全面自查，积极反思警醒，制定具体措施，加大监督力度，促使北京地税系统工作作风持续向好，干部群众满意度持续提升。

（赵　博　孙方芳）

内部审计

【综述】2015 年，督察内审部门充分发挥内部审计查错纠弊、防范风险、促进管理、服务大局的职能作用，不断健全制度体系，加大内部审计工作力度，开展领导干部经济责任审计和专项审计，协调配合外部监督机关开展工作，促进整改落实，进一步规范行政管理权。

【制度建设】2015 年市局在广泛开展调查研究，总结实践经验的基础上，依据审计署及国家税务总局对领导干部经济责任审计的工作要求，修订印发了《北京市地方税务局领导干部经济责任审计办法（试行）》（京地税审〔2015〕101号），进一步明确职责分工、审计程序、时限要求、结果运用等内容，为进一步加强对领导干部的管理监督提供了制度与程序保障。

【领导干部经济责任审计工作】2015年为加强对领导干部的管理监督，推进党风廉政建设，市局对稽查一局、密云局、平谷局、开发区分局、朝阳局、门头沟局、顺义局、石景山局、西城局、大兴局、燕山分局11个单位的11名处级领导干部开展了经济责任审计，发现领导干部负有领导和主管责任问题119项次，涉及金额849.28万元，被审计领导干部及单位针对审计发现问题积极整改，按要求向市局书面报告整改情况，并对42个责任人开展了通报批评、书面检查、告诫谈话等形式的责任追究。

【专项审计】2015年市局选取“纳税服务、业务培训、调研课题”3个购买服务项目作为审计重点，审计金额610.79万元，审计发现问题2条，提出审计建议3条；对会议费使用情况开展审计，审计金额142.08万元，审计发现问题2条，提出审计建议2条，为加强内部管理，起到了促进作用。

【维修改造项目审计工作】2015年市局委托中介机构对8个维修改造项目开展了竣工结算审计，送审金额1843.1万元，审定金额1667.26万元，审减金额175.84万元，审减率为9.5%，保障财政资金规范、高效、安全使用。

【积极配合外部审计监督】围绕审计署延伸审计发现的关于高尔夫球场土地使用税、土地增值税清算、高新技术企业资格认定及市局清查高尔夫球场土地使用税缴纳等问题，督促补缴税款4243.74万元，加收滞纳金908.37万元；围绕北京市审计局稳增长促改革调结构惠民生防风险政策措施落实情况跟踪审计及北京市城镇保障性安居工程跟踪审计工作，核实、反馈审计问题；围绕北京市委巡视组巡视要求，进行专题汇报并提供相关材料、提出整改措施。按照北京市政府法制办的要求，报送5卷行政处罚案卷参加案卷评查工作，并及时沟通、申辩，最终取得优良成绩。据统计，2015年向外部监督机构提供材料46份，调取数据705.87万条，协助审计署对6户企业开展延伸审计工作。

（晋春辉）

人 事 管 理

【处级干部选拔和班子配备】坚持科学统筹，妥善制定方案，把握工作节奏，稳妥推进系统处级干部选拔任用和调整工作。以配齐配强区（分）局和市局机关处室处级领导班子为重点，破除求全责备、论资排辈观念，“不唯分、不唯票”，选拔充实优秀处级领导干部。坚持对有发展潜力、各方面表现突出的处级副职，采取先放在正职岗位上锻炼，适应岗位要求提拔使用的方式，为市局机关3个处室、3个区（分）局配备“一把手”；坚持改进和完善处级班子民主决策机制，增强领导核心力量，为区（分）局配备13名党组副书记。为规范区县（分）局处级领导班子权力运行、提升集体领导水平，研究出台《区县（分）局处级领导班子成员职责分工暂行办法》。注重发挥好职数的激励作用，根据空缺职数情况及时提任处级非领导职务干部；对曾经担任过科级领导职务、各方面表现突出、群众公认、年龄较大的老同志提任处级非领导职务，充分调动各年龄段干部的积极性。持续深入开展系统处级领导班子配置性、调整性交流和处级干部培养性交流，其中，区（分）局之间交流16人，区（分）局交流到市局机关9人，市局机关交流到区（分）局9人，市局机关处室间交流17人。制定出台《北京市地方税务局正处级领导干部交流工作暂行办法》，为规范系统正处级领导干部的交流任职提供了制度支撑。另外，东城、朝阳、石景山、昌平、延庆、第二稽查局6个区（分）局共8名科级领导干部交流到系统外提任副处级领导职务。全年共讨论决定处级干部任免271人次。其中，提拔干部58人（正处级领导6人、党组副书记13人、副处级领导1人、调研员6人、副调研员32人），轮岗交流52人（含1人交流到市总工会）。

【干部培养选拔】研究制定《中共北京市地方税务局党组关于加强和改进地税系统优秀年轻干部培养选拔工作的实施意见》，推动健全完善务实管用的优秀年轻干部培养选拔机制，建设来源广泛、数量充足、结构合理、素质优良的年轻税务干部队伍。选派3名处级领导干部到中央金融机构挂职锻炼，23名区（分）局科级及以下干部在团市委、区党政机关、街道乡镇和国有企业等挂职；继续推进市局机关年轻干部到基层锻炼和遴选具有基层工作经历的年轻干部到市级机关工作，全年共选派19人到税务所锻炼，为直属分局遴选51人。认真做好选调应届优秀大学毕业生到基层锻炼工作。着眼于地税事业未来5到10年的发展需要，完成了系统处级后备干部集中调整工作。按照市委组织部要求，此次调整坚持简化程序，不搞会议推荐，全程保密、只做不说，名单由组织掌握，更加强调党组的领导和把关作用，更加注重干部的一贯表现和群众口碑，切实让所有干部都有压力、有动力、有希望、有奔头。

【干部管理与监督】严格执行干部监督工作有关规定，对干部坚持从严教育、从严管理、严明纪律。强化干部选任过程监督，在初始提名阶段，突出民主推荐人员的代表性，保证干部群众的知情权、参与权、选择权和监督权；坚持处级领导干部在全系统范围内进行考察预告和任前公示的“双公开”，实行市区两级廉政会审；坚持建立干部选拔任用文书档案，按照市委组织部新印发的《北京市干部选拔任用工作纪实办法》，进一步细化和规范纪实内容，并做好干部选拔任用纪实监督系统录入工作。组织完成年度系统处级领导班子、领导干部考核测评和干部选拔任用“一报告两评议”工作，及时反馈结果，纳入绩效管理考核。认真做好系统2015年领导干部报告个人有关事项工作，全系统符合报告条件的498名处级以上干部均按要求填报了个人有关事项报告表，对其中51名处级干部个人有关事项报告进行了随机抽查核实；对62名拟提拔为副处级以上职务的干部进行了重点抽查核实。对随机抽查和重点抽查的43名存在漏报或不规范填报、不如实填报的干部均由本人写出情况说明，并责成单位负责人进行批评教育，其中对4名在重点抽查中不如实填报的干部终止了选拔任用工作程序，不予提拔任用。认真做好涉及人事方面的来电、来访和信访的处理和回复。落实领导干部离任经济责任审计。严格按规定做好系统干部在社会团体兼职工作。针对市委第八巡视组专项巡视后反馈的选人用人和干部管理监督方面的问题，深入分析问题产生的根源，组成专项整改工作小组，对存在问题逐项进行调查核实，及时研究解决整改过程中的难点问题，制定整改措施，研究建立完善干部选拔任用和干部日常监督管理长效机制。整改期间，共制定12个具体整改措施，研究出台了3项制度办法。

【考核奖励】2015年度全系统应参加年度考核7378人（不含局级），43人因病事假半年以上或其他原因未参加考核，实际参加考核的7335人。从考核奖励结果看，评为优秀等次的1454人、称职等次的5733人，不定等次的148人。共奖励1878人，其中记三等功418人，给予嘉奖1460人。

【机构编制和公务员管理】2015年4月经市机构编制委员会办公室批准，将财产和行为税管理处承担的教育费附加、地方教育附加、外商投资企业土地使用费的征收管理职责以及营业税管理处承担的文化事业建设费的征收管理职责划入残保金管理处，并将残保金管理处更名为非税收入管理处。非税收入管理处的主要职责是“组织实施教育费附加、地方教育附加、外商投资企业土地使用费、文化事业建设费的征收管理工作，拟定征收管理办法，并对有关法律法规在执行中的一般性问题进行解释和处理；分析及预测有关非税收入，监控收入任务完成情况；组织办理非税收入减免及其他具体事项；组织实施残疾人就业保障金的代征管理工作，负责残疾人就业保障金数据的统计分析、问题反馈、档案管理和移交等工作”。2015年5月经市机构编制委员会办公室批准，同意撤销市局所属北京市地方税务局干部培训中心。遵循公开、公正、竞争、择优原则，采用职位竞争考试方式，全部职位限定招录与税收工作紧密相关的经济、公共管理、工商管理、法律、计算机类专业。2015年实际录用公务员136名，其中考试录用71名，补充录用65名。经过国务院军转办统一笔试、专业能力测试、体检、审档、政审、指令性安置等环节，共接收安置41名军队转业干部。组织开展直属分局公务员遴选工作，经笔试、面试、考察、公示程序，共为第一稽查局、第二稽查局等7个直属单位遴选公务员51人。继续做好选派市级机关年轻干部赴基层锻炼工作，为年轻干部提供了解基层的平台，丰富干部成长经历。2015年安排19名干部赴基层锻炼。落实党组要求，加大工作力度，严格管理赴基层锻炼干部工作。选派3名原纳税服务中心调入市局干部基层锻炼。圆满完成北京税务档案资料管理中心（北京税务博物馆）纳入工资规范过渡工作。经市人保局批准，开展事业单位招考工作，为博物馆招录3名事业编制干部。

【工资收入分配管理】一是做好工资相关调整、测算、核定等工作。根据2014年度的考核结果，对市局机关符合条件的人员进行工资调整及奖金发放：正常晋升级别工资73人，晋升级别工资档次60人，增加工作性津贴（职务）40人，增加工作性津贴（年功）78人，核发年终一次性奖励金481人，核发公务员优秀奖励120人。按照北京市统一要求，结合机关事业单位养老保险制度改革，为市局机关497名工作人员调整了基本工资、为176名离退休人员增加了基本离退休费，并指导直属分局做好相关工作。按照市人力社保局要求，为市局机关263名工作人员发放2014年应休未休年休假补贴；发放2014年度政府绩效管理奖金和工作性津贴剩余部分，共涉及1030人次。完成市局机关处级以上干部个人重大事项报告中涉及年度收入的申报工作。统计核对市局机关473名工作人员2014年度的社保基数。填写约630张市局机关工作人员《工资变动审批表》，盖章归档；完成系统《2015年度北京市机关、事业单位工作人员工资统计报表》的审核、汇总、上报工作；完成系统处级干部和市局机关工作人员退休待遇审批工作。二是做好系统基础工作规范管理。对系统工资台账、工资变动审批表等基础资料填写、填报要求进行了规范，并进行了抽查、检查。三是做好服务基层工作。对直属单位及其他工资管理人员变更的单位，进行上门服务，对工资政策，日常工作规范进行指导、答疑。四是组织开展自查检查。落实市人力社保局在全市各单位开展规范工资管理、执行工资纪律等情况联合检查的文件要求，组织指导全系统各单位对相关情况自查检查。五是做好事业单位相关工作。指导干部培训中心完成工资总额执行情况及总额调整申请等工作。

【人事基础工作】一是加强考勤管理。在做好日常考勤管理及假期政策解答的基础上，制发了《关于进一步加强机关工作纪律规范行政管理的通知》（京地税人〔2015〕56号）。2015年第一次实施年休假未休补贴政策，对2014年全年考勤进行统计，最终形成263人次年休假应休未休天数明细。二是加强出入境管理。做好日常出入境报备及因私出国（境）审批工作，全年办理因私出国（境）审批39人次；办理出入境报备123人次。按照市委组织部、市公安局出入境管理总队违规办理和持有因私出国（境）证件专项治理工作要求，在全系统开展专项治理工作。在系统内下发《关于进一步加强因私出国（境）及证件管理的通知》。三是加强社会保险管理。办理8人次养老保险一次性补贴；办理3人在职转退休的基本医疗保险视同缴费年限认定；办理5人次医疗保险延期手续；办理18人次生育津贴申领，并按照市人社局、市财政局联合下发的《关于市级规范收入单位生育保险有关问题的补充通知》（京人社医发〔2014〕290号）要求，核算并发放了2012—2014年期间申领生育津贴的38人生育津贴金额。办理2人次工伤、生育保险补缴工作。办理2人次养老保险预扣金额退还及协调工作。重新核定调入市局机关24人养老保险缴费金额，并逐步完善养老保险正式启动前的各项准备工作。四是根据市委组织部全市干部人事档案专项审核工作会议精神，按照从严管理干部人事档案的有关要求，结合地税系统实际，集中开展干部人事档案专项审核工作，统一部署、分级负责，自上而下、分批实施，通过严格审核，确保干部人事档案真实、准确、完整、规范，维护干部人事档案工作的严肃性和公信力，充分发挥干部人事档案在干部工作中的重要基础作用。

【干部任免】2015年1月5日　市局党组第1次会议研究决定：免去高甲同志北京市朝阳区地方税务局调研员职务，并办理退休手续。免去刘志江同志北京市顺义区地方税务局调研员职务，并办理退休手续。免去王学慧同志北京市平谷区地方税务局调研员职务，并办理退休手续。免去王中林同志北京市东城区地方税务局副调研员职务，并办理退休手续。免去张海泉同志北京市怀柔区地方税务局副调研员职务，并办理退休手续。免去梅静慧、柳素苓同志北京市地方税务局燕山分局副调研员职务，并办理退休手续。

1月16日　市局党组第2次会议研究决定：根据北京市机构编制委员会办公室《关于同意调整市地税局内设机构设置的函》（京编办行〔2014〕148号），市局征收管理处更名为征管和科技发展处，纳税评估处（大企业税收管理处）

更名为大企业税收管理处，科技信息处更名为资产管理处。原北京市地方税务局征收管理处、北京市地方税务局纳税评估处（大企业税收管理处）和北京市地方税务局科技信息处的处级干部职务自然免除。李龙江同志任北京市地方税务局征管和科技发展处处长；王磊同志任北京市地方税务局大企业税收管理处处长；郭海福同志任北京市地方税务局资产管理处副处长、调研员、主持工作；郑奕同志任北京市地方税务局残保金管理处副处长；乔游、郑鹏、赵伟、王秉明、蒋宁、张波同志任北京市地方税务局征管和科技发展处副处长；孙永田同志任北京市地方税务局大企业税收管理处副处长、调研员；王敬丰、李任斌同志任北京市地方税务局大企业税收管理处副处长；何媚、何林同志任北京市地方税务局资产管理处副处长；王磊、罗拥军同志任北京市地方税务局征管和科技发展处副调研员。

根据北京市机构编制委员会办公室《关于同意调整市地税局所属部分事业单位机构编制事项的函》（京编办事〔2014〕133 号），市局信息系统安全保障中心更名为数据处理中心。原北京市地方税务局信息系统安全保障中心的处级干部职务自然免除。刘振声同志兼任北京市地方税务局数据处理中心主任；雷京同志任北京市地方税务局数据处理中心副主任（任职试用期时间连续计算，至 2015 年 8 月 15 日）；赵小军同志任北京市地方税务局数据处理中心调研员。

根据北京市机构编制委员会办公室《关于同意调整市地税局直属机构的函》（京编办行〔2014〕149 号），北京市地方税务局第一直属税务分局加挂北京市地方税务局第五稽查局牌子。撤销中共北京市地方税务局第一直属税务分局党组，北京市地方税务局第一直属税务分局处级干部的职务自然免除；成立中共北京市地方税务局第一直属税务分局（北京市地方税务局第五稽查局）党组。薛礼同志任北京市地方税务局第一直属税务分局（北京市地方税务局第五稽查局）党组书记、局长；唐敬春、向丽、陈鑫同志任北京市地方税务局第一直属税务分局（北京市地方税务局第五稽查局）党组成员、副局长；滕凯宝同志任北京市地方税务局第一直属税务分局（北京市地方税务局第五稽查局）党组成员、副局长（任职试用期时间连续计算，至 2015 年 4 月 25 日）。郎培东同志任北京市地方税务局第一直属税务分局（北京市地方税务局第五稽查局）副调研员。

根据北京市机构编制委员会办公室《关于同意调整市地税局直属机构的函》（京编办行〔2014〕149 号），北京市地方税务局燕山分局加挂北京市地方税务局第六稽查局牌子。撤销中共北京市地方税务局燕山分局党组，北京市地方税务局燕山分局处级干部的职务自然免除；成立中共北京市地方税务局燕山分局（北京市地方税务局第六稽查局）党组。张亚平同志任北京市地方税务局燕山分局（北京市地方税务局第六稽查局）党组书记、局长；田贵远、安庆宪同志任北京市地方税务局燕山分局（北京市地方税务局第六稽查局）党组成员、副局长；李广生同志任北京市地方税务局燕山分局（北京市地方税务局第六稽查局）党组成员、纪检组长；吴芳同志任北京市地方税务局燕山分局（北京市地方税务局第六稽查局）党组成员、副局长（任职试用期时间连续计算，至 2015 年 8 月 15 日）。王立英同志任北京市地方税务局燕山分局（北京市地方税务局第六稽查局）副调研员。

黄健同志任北京市地方税务局档案处处长；王立水同志任北京市地方税务局离退休干部处处长；华方同志主持北京市地方税务局稽查处（税

务违法案件举报中心）工作；张毅同志任北京市地方税务局保卫处副处长、主持工作；王珊同志任北京市地方税务局研究室副主任；刘文龙同志任北京市地方税务局督察内审处副处长。

免去杨晓东同志北京市地方税务局稽查处（税务违法案件举报中心）处长职务，改任调研员；免去邹永欣同志北京市地方税务局档案处处长职务，改任调研员；免去王立水同志北京市地方税务局保卫处处长职务；免去黄健同志北京市地方税务局离退休干部处处长职务；免去何媚同志北京市地方税务局收入规划核算处副处长职务；免去何林同志北京市地方税务局计划财务处副处长职务；免去王珊同志北京市地方税务局督察内审处副处长职务；免去张毅同志北京市门头沟区地方税务局党组成员、纪检组长职务；免去刘文龙同志北京市密云县地方税务局党组成员、副局长职务。

1 月 27 日　市委决定，免去卜祥来同志中共北京市地方税务局党组成员职务。市委建议，免去卜祥来同志北京市地方税务局副局长职务。

2 月 2 日　市局党组第 4 次会议研究决定：宗立元等 6 人结束试用期。宗立元同志任北京市地方税务局财产和行为税管理处处长；李娜同志任北京市地方税务局国际税务管理处处长；邵凌同志任北京市地方税务局办公室副主任；邓晖同志任北京市地方税务局国际税务管理处副处长；郭淼、孙东晖同志任北京市地方税务局数据管理处副处长。以上 6 人的任职时间从 2013 年 12 月 10 日起计算。李强同志结束试用期，任北京市地方税务局第一稽查局党组书记、局长，任职时间从 2013 年 12 月 10 日起计算。苏雷同志结束试用期，任北京市地方税务局第四稽查局党组成员、副局长，任职时间从 2013 年 12 月 10 日起计算。

同意杨肖东同志提出的提前退休申请，免去杨肖东同志北京市地方税务局第二稽查局党组成员、副局长、调研员职务，并办理退休手续；同意王震同志提出的提前退休申请，免去王震同志北京市海淀区地方税务局副调研员职务，并办理退休手续。免去赵小军同志北京市地方税务局数据处理中心调研员职务，并办理退休手续；免去崔玉英同志北京市西城区地方税务局调研员职务，并办理退休手续；免去赵进良同志北京市密云县地方税务局调研员职务，并办理退休手续。

2 月 26 日　市人民政府第 72 次常务会议决定：免去卜祥来的北京市地方税务局副局长职务。

3 月 2 日　市局党组第 7 次会议研究决定：刘建平同志任北京市地方税务局离退休干部处调研员，免去北京市监察局驻北京市地方税务局监察处副处长、调研员职务。

3 月 12 日　市局党组第 8 次会议研究决定：免去王阿鸣同志北京市门头沟区地方税务局党组成员、副局长职务，改任副调研员。免去赵善福同志北京市密云县地方税务局副调研员职务，并办理退休手续。

3 月 17 日　市局党组第 9 次会议研究决定：武立煌同志任北京市地方税务局计划财务处处长；李强同志任北京市平谷区地方税务局党组书记、局长；丁锦宁同志任北京市地方税务局开发区分局党组书记、局长；郭海福同志任北京市地方税务局第一稽查局党组成员、副局长、调研员（主持工作）；张之乐同志任北京市地方税务局资产管理处副处长（主持工作）；张秀娟同志任北京市朝阳区地方税务局调研员。

免去张兴明同志北京市地方税务局计划财务处处长职务，改任调研员；免去张秀娟同志北京市平谷区地方税务局党组书记、局长职务；免去丁锦宁同志北京市密云县地方税务局党组书记、局长职务；免去武立煌同志北京市地方税务局开发区分局党组书记、局长职务；免去李强同志北京市地方税务局第一稽查局党组书记、局长职务；免去郭海福同志北京市地方税务局资产管理处副处长、调研员职务，不再主持北京市地方税务局资产管理处工作；免去张之乐同志北京市海淀区地方税务局党组成员、副局长职务。

4月2日　市局党组第10次会议研究决定：邹生春同志任北京市怀柔区地方税务局副调研员。

同意张宏同志提出的提前退休申请，免去张宏同志北京市地方税务局第二稽查局副调研员职务，并办理退休手续。

4月18日　市局党组第11次会议研究决定：免去王福利同志北京市西城区地方税务局调研员职务，并办理退休手续。免去杨连波同志北京市大兴区地方税务局调研员职务，并办理退休手续。免去宁福友同志北京市怀柔区地方税务局副调研员职务，并办理退休手续。免去陈贺维同志北京市昌平区地方税务局副调研员职务，并办理退休手续。

4月20日　北京市人民政府第78次常务会议决定：郭筑明、周上序任北京市地方税务局副巡视员。

4月28日　市局党组第12次会议研究决定：胡建荣同志任北京市地方税务局机关党委办公室主任；张翅同志任北京市朝阳区地方税务局党组书记、局长；郭文武同志任北京市海淀区地方税务局党组书记、局长；江聚祥同志任北京市门头沟区地方税务局党组书记、局长；张卉同志任北京市地方税务局基层工作处副处长（主持工作）；郑鹏同志任北京市顺义区地方税务局党组成员、副局长（主持工作）；姜学东同志主持北京市密云县地方税务局工作；余浩同志结束试用期，任北京市丰台区地方税务局党组成员、纪检组长，任职时间从2014年4月11日起计算；余浩同志任北京市监察局驻北京市地方税务局监察处副处长；吴鲁平同志任北京市东城区地方税务局调研员。

免去胡建荣同志北京市地方税务局基层工作处处长职务；免去江聚祥同志北京市地方税务局机关党委办公室主任职务；免去郑鹏同志北京市地方税务局征管和科技发展处副处长职务；免去张卉同志北京市地方税务局人事处副处长职务；免去郭文武同志北京市朝阳区地方税务局党组书记、局长职务；免去郭筑明同志北京市海淀区地方税务局党组书记、局长职务；免去吴鲁平同志北京市门头沟区地方税务局党组书记、局长职务；免去张翅同志北京市顺义区地方税务局党组书记、局长职务；免去余浩同志北京市丰台区地方税务局党组成员、纪检组长职务。

5月18日　市局党组第13次会议研究决定：王海鹏同志任北京市门头沟区地方税务局党组成员、副局长；单允霞同志任北京市东城区地方税务局副调研员；张世发同志任北京市西城区地方税务局副调研员；曹慧同志任北京市朝阳区地方税务局副调研员；赵京华同志任北京市石景山区地方税务局副调研员；赵伟同志任北京市平谷区地方税务局副调研员。

免去王炯宁同志北京市地方税务局开发区分局调研员职务，并办理退休手续；免去邹生春同志北京市怀柔区地方税务局副调研员职务，并办理退休手续。

6月10日　市委决定，唐学军同志任中共北京市地方税务局党组成员。市委建议，唐学军同志任北京市地方税务局副局长（试用期一年）。

6月18日　市局党组第14次会议研究决定：

根据北京市机构编制委员会办公室《关于同意调整市地税局内设机构的函》（京编办行〔2015〕89 号），北京市地方税务局残保金管理处更名为非税收入管理处。原北京市地方税务局残保金管理处的处级干部职务自然免除。韩松同志任北京市地方税务局非税收入管理处处长；赵丽娟、郑奕同志任北京市地方税务局非税收入管理处副处长；李海燕同志任北京市地方税务局非税收入管理处调研员。

王庆同志任北京市朝阳区地方税务局调研员；路宝莲同志任北京市东城区地方税务局副调研员；张德全同志任北京市西城区地方税务局副调研员；刁克同志任北京市丰台区地方税务局副调研员；李成本同志任北京市怀柔区地方税务局副调研员；周玉清同志任北京市大兴区地方税务局副调研员；侯月香同志任北京市地方税务局开发区分局副调研员。

6 月 25 日　市人民政府第 83 次常务会议决定：唐学军任北京市地方税务局副局长（试用期一年）。

6 月 26 日　市局党组第 15 次会议研究决定：岳占军同志任北京市东城区地方税务局调研员；王星辰同志任北京市朝阳区地方税务局调研员；李乐中同志任北京市大兴区地方税务局调研员；汉敬学同志任北京市东城区地方税务局副调研员；宋丛越同志任北京市朝阳区地方税务局副调研员；喻才同志任北京市海淀区地方税务局副调研员；何英杰同志任北京市丰台区地方税务局副调研员；宋喜平同志任北京市石景山区地方税务局副调研员；盖慧东同志任北京市门头沟区地方税务局副调研员；刘桂利同志任北京市通州区地方税务局副调研员；陈淑军同志任北京市昌平区地方税务局副调研员。

免去赵辉同志北京市东城区地方税务局党组副书记、副局长职务。同意黄淑蓉同志提出的提前退休申请，免去其北京市地方税务局老干部活动中心副调研员职务，并办理退休手续。

7 月 2 日　经市人民政府同意，王炜、沈永奇同志结束试用期，王炜任北京市地方税务局副局长，任职时间从 2014 年 3 月 25 日起计算；沈永奇任北京市地方税务局总经济师，任职时间从 2014 年 3 月 25 日起计算。

7 月 13 日　市局党组第 16 次会议研究决定：免去赵兰钟、单允霞同志北京市东城区地方税务局副调研员职务，并办理退休手续；免去张世发同志北京市西城区地方税务局副调研员职务，并办理退休手续；免去曹慧同志北京市朝阳区地方税务局副调研员职务，并办理退休手续；免去赵京华同志北京市石景山区地方税务局副调研员职务，并办理退休手续；免去李建平同志北京市通州区地方税务局副调研员职务，并办理退休手续；免去赵伟同志北京市平谷区地方税务局副调研员职务，并办理退休手续。

7 月 16 日　市局党组第 17 次会议研究决定：赵凤江同志结束试用期，任北京市地方税务局老干部活动中心副主任，任职时间从 2014 年 4 月 11 日起计算。曹志刚、刘建华同志结束试用期。曹志刚同志任北京市地方税务局干部培训中心党组副书记；聘任为北京市地方税务局干部培训中心主任，聘期 3 年，聘任时间从 2014 年 3 月 28 日起计算。刘建华同志任北京市地方税务局干部培训中心党组成员；聘任为北京市地方税务局干部培训中心副主任，聘期 3 年，聘任时间从 2014 年 4 月 11 日起计算。石秀军同志结束试用期，任北京市东城区地方税务局党组成员、纪检组长，任职时间从 2014 年 4 月 11 日起计算。王勇超同志结束试用期，任北京市西城区地方税务局党组成员、纪检组长，任职时间从 2014 年 4 月

11 日起计算。范思永同志结束试用期，任北京市大兴区地方税务局党组成员、纪检组长，任职时间从 2014 年 4 月 11 日起计算。祝天文同志结束试用期，任北京市密云县地方税务局党组成员、纪检组长，任职时间从 2014 年 4 月 11 日起计算。金琦同志结束试用期，任北京市地方税务局开发区分局党组成员、纪检组长，任职时间从 2014 年 4 月 11 日起计算。叶利军同志结束试用期，任北京市地方税务局第二直属税务分局（北京市地方税务局西站分局）党组成员、纪检组长，任职时间从 2014 年 4 月 11 日起计算。

7 月 24 日　市局党组第 18 次会议研究决定：高源等 23 人结束试用期。高源同志任北京市地方税务局法制处副处长；邢志红同志任北京市地方税务局营业税管理处副处长；张波同志任北京市地方税务局征管和科技发展处副处长；杨冬瑞同志任北京市地方税务局收入规划核算处副处长；王小虎同志任北京市地方税务局纳税服务处副处长；白殿卿同志任北京市地方税务局人事处副处长。李龙同志任北京市东城区地方税务局党组成员、副局长。付晓彬同志任北京市西城区地方税务局党组成员、副局长。韩立新、冯悦军同志任北京市朝阳区地方税务局党组成员、副局长。肖卫同志任北京市海淀区地方税务局党组成员、副局长。杨建中同志任北京市石景山区地方税务局党组成员、副局长。王华同志任北京市通州区地方税务局党组成员、副局长。张巨武同志任北京市顺义区地方税务局党组成员，北京市顺义区地方税务局机场分局局长。闫双印、赵建军同志任北京市平谷区地方税务局党组成员、副局长。徐永利同志任北京市房山区地方税务局党组成员、副局长。白爱柱、刘程同志任北京市延庆县地方税务局党组成员、副局长。滕凯宝同志任北京市地方税务局第一直属税务分局（北京市地方税务局第五稽查局）党组成员、副局长。李亚庆、王大庆同志任北京市地方税务局第一稽查局党组成员、副局长。左春锋同志任北京市地方税务局第二稽查局党组成员、副局长。以上 23 人的任职时间从 2014 年 4 月 25 日起计算。

8 月 7 日　市局党组第 19 次会议研究决定：免去王庆同志北京市朝阳区地方税务局调研员职务，并办理退休手续；免去刘义同志北京市地方税务局第二直属税务分局（北京市地方税务局西站分局）调研员职务，并办理退休手续；免去路宝莲同志北京市东城区地方税务局副调研员职务，并办理退休手续；免去田玮同志北京市西城区地方税务局副调研员职务；免去郑建生同志北京市海淀区地方税务局副调研员职务，并办理退休手续；免去李成本同志北京市怀柔区地方税务局副调研员职务，并办理退休手续。

8 月 28 日　市局党组第 21 次会议研究决定：丛树茂同志任北京市地方税务局票证管理中心副调研员。

9 月 15 日　市局党组第 23 次会议研究决定：免去张康同志北京市地方税务局离退休干部处调研员职务，并办理退休手续；免去王春义同志北京市门头沟区地方税务局副调研员职务，并办理退休手续；免去周玉清同志北京市大兴区地方税务局副调研员职务，并办理退休手续。

9 月 24 日　市局党组第 24 次会议研究决定：郭顺民同志任北京市地方税务局办公室主任；王宝明同志任北京市地方税务局收入规划核算处处长；李娜同志任北京市石景山区地方税务局党组书记、局长；王秉明同志任北京市地方税务局国际税务管理处副处长、主持工作；乔游同志任北京市地方税务局财产和行为税管理处副处长；李宏同志任北京市地方税务局人事处副处长；段宁轩同志任北京市地方税务局企业所得税管理处调研员；赵丽娟同志任北京市地方税务局非税收入管理处调研员；韩庆玲同志任北京市地方税务局宣传教育处调研员；韩敏同志任北京市西城区地方税务局副调研员；侯会明、张强国同志任北京市石景山区地方税务局副调研员；崔宏兆、张景刚同志任北京市门头沟区地方税务局副调研员；鲁国杰同志任北京市顺义区地方税务局副调研员；王冕同志任北京市房山区地方税务局副调研员；贺友华同志任北京市密云县地方税务局副调研员；刘华同志任北京市延庆县地方税务局副调研员。

免去：周上序同志北京市地方税务局办公室主任职务；郭顺民同志北京市地方税务局收入规划核算处处长职务；李娜同志北京市地方税务局国际税务管理处处长职务；王宝明同志北京市石景山区地方税务局党组书记、局长职务；赵丽娟同志北京市地方税务局非税收入管理处副处长职务；王秉明、乔游同志北京市地方税务局征管和科技发展处副处长职务；李宏同志北京市地方税务局计划财务处副处长职务；韩庆玲同志北京市地方税务局宣传教育处副处长职务。

10 月 19 日　市局党组第 25 次会议研究决定：免去张德全同志北京市西城区地方税务局副调研员职务，并办理退休手续；免去刁克同志北京市丰台区地方税务局副调研员职务，并办理退休手续；免去侯月香同志北京市地方税务局开发区分局副调研员职务，并办理退休手续。

11 月 1 日　市局党组第 26 次会议研究决定：谢锋同志任北京市丰台区地方税务局党组副书记、调研员；安宝华同志任北京市石景山区地方税务局党组副书记、副局长、调研员；樊京虎同志任北京市怀柔区地方税务局党组副书记、调研员；王国强同志任北京市密云县地方税务局党组副书记、副局长、调研员。

免去：安宝华同志北京市石景山区地方税务局纪检组长职务；王国强同志北京市顺义区地方税务局党组成员、副局长职务。

11 月 11 日　市局党组第 28 次会议研究决定：施宏同志任北京市西城区地方税务局局长；张亚平同志任北京市西城区地方税务局党组书记、副局长；万国喜同志任北京市大兴区地方税务局党组书记、局长；牛皖军同志任北京市平谷区地方税务局党组副书记、调研员；徐坡同志任北京市大兴区地方税务局党组副书记、副局长、调研员；王治国同志任北京市延庆县地方税务局党组副书记、副局长、调研员；田贵远同志任北京市地方税务局燕山分局（北京市地方税务局第六稽查局）党组副书记、调研员；徐京来同志任北京市地方税务局开发区分局党组副书记、调研员；李广生同志任北京市地方税务局第二直属税务分局（北京市地方税务局西站分局）党组副书记、副局长、调研员；毛江同志任北京市地方税务局个人所得税管理处副处长，主持工作；钱丽换同志任北京市地方税务局燕山分局（北京市地方税务局第六稽查局）党组成员、副局长，主持工作；王岩同志任北京市地方税务局法制处调研员；冯守利同志任北京市大兴区地方税务局调研员。

佟云飞等 15 人结束试用期。佟云飞同志任北京市地方税务局企业所得税管理处副处长；田敬文同志任北京市地方税务局个人所得税管理处副处长；孙玉洁同志任北京市地方税务局稽查处（税务违法案件举报中心）副处长；朱莉同志任北京市地方税务局纳税服务处副处长；刘丽同志任北京市地方税务局宣传教育处副处长；苏佳同志任北京市地方税务局督察内审处副处长；朱志刚同志任北京市地方税务局纳税服务中心副主任；雷京同志任北京市地方税务局数据处理中心副主任；张靖同志任北京市地方税务局机关后勤服务中心副主任；田鸿雁同志任北京市昌平区地方税务局党组成员、副局长；雒轶同志任北京市房山区地方税务局党组成员、副局长；李苹同志任北京市怀柔区地方税务局党组成员、副局长；方书涛同志任北京市密云县地方税务局党组成员、副局长；路宝庭同志任北京市平谷区地方税务局党组成员、副局长；吴芳同志任北京市地方税务局燕山分局（北京市地方税务局第六稽查局）党组成员、副局长。以上15人的任职时间从2014年8月15日起计算。

免去：施宏同志北京市地方税务局个人所得税管理处处长职务；万国喜同志北京市西城区地方税务局党组书记、局长职务；冯守利同志北京市大兴区地方税务局党组书记、局长职务；张亚平同志北京市地方税务局燕山分局（北京市地方税务局第六稽查局）党组书记、局长职务；徐坡同志北京市地方税务局第二直属税务分局（北京市地方税务局西站分局）党组副书记、副局长、调研员职务；钱丽换同志北京市东城区地方税务局党组成员、副局长职务；毛江同志北京市怀柔区地方税务局党组成员、副局长职务；王治国同志北京市昌平区地方税务局党组成员、副局长职务；李广生同志北京市地方税务局燕山分局（北京市地方税务局第六稽查局）党组成员、纪检组长职务；宋榜捷同志北京市地方税务局法制处调研员职务，并办理退休手续；王岩同志北京市海淀区地方税务局调研员职务；丛树茂同志北京市地方税务局票证管理中心副调研员职务，并办理退休手续；崔宏兆同志北京市门头沟区地方税务局副调研员职务，并办理退休手续；鲁国杰同志北京市顺义区地方税务局副调研员职务，并办理退休手续。

11月23日　市局党组第31次会议研究决定：李志刚等9人结束试用期。李志刚同志任北京市地方税务局法制处处长；史小军同志任北京市地方税务局工会经费管理处处长；胡建荣同志任北京市地方税务局机关党委办公室主任；邹彭同志任北京市地方税务局信息中心主任；王劲松同志任北京市地方税务局机关后勤服务中心主任；门杰同志任北京市地方税务局老干部活动中心主任；饶梦阳同志任北京市地方税务局北京市税务档案资料管理中心（北京税务博物馆）主任（馆长）；邓荣华、邹红姣同志任北京市地方税务局北京市税务档案资料管理中心（北京税务博物馆）副主任（副馆长）。以上9人的任职时间从2014年9月28日起计算。

12月4日　市局党组第33次会议研究决定：王敬丰同志任北京市西城区地方税务局党组副书记、副局长、调研员；关宇航同志任北京市海淀区地方税务局党组副书记、副局长、调研员；张争同志任北京市地方税务局第一稽查局党组副书记、副局长、调研员；文竟同志任北京市地方税务局第三稽查局党组副书记、副局长、调研员。

免去：张争同志北京市地方税务局稽查处（税务违法案件举报中心）副处长职务；王敬丰同志北京市地方税务局大企业税收管理处副处长职务；关宇航同志北京市地方税务局人事处副处长职务；文竟同志北京市地方税务局国际税务管理处副处长职务。

12月11日　市局党组第34次会议研究决定：佟云飞同志任北京市地方税务局财产和行为税管理处副处长；孟刚同志任北京市地方税务局非税收入管理处副处长；王京、刘丽同志任北京市地方税务局稽查处（税务违法案件举报中心）副处长；黄长文同志任北京市顺义区地方税务局党组成员、副局长；董立彤同志任北京市昌平区地方税务局党组成员、副局长；但启明同志任北京市地方税务局第一直属税务分局（北京市地方税务局第五稽查局）党组成员、副局长；滕凯宝同志任北京市地方税务局第四稽查局党组成员、副局长。张尚书同志任北京市顺义区地方税务局调研员；宋海红同志任北京市西城区地方税务局副调研员；王静同志任北京市丰台区地方税务局副调研员；崔国臣同志任北京市怀柔区地方税务局副调研员；孙德忠同志任北京市大兴区地方税务局副调研员；李保忠、齐春生、郭生有、裴军4人任北京市密云县地方税务局副调研员；刘建华同志任北京市地方税务局开发区分局副调研员。

张之乐同志任北京市地方税务局资产管理处处长；张卉同志任北京市地方税务局基层工作处处长；张毅同志任北京市地方税务局保卫处处长；季大捷同志任北京市地方税务局监察处副处长。以上4人试用期一年。郑鹏同志任北京市顺义区地方税务局党组书记、局长，试用期一年；姜学东同志任北京市密云县地方税务局党组书记、局长，试用期一年；郭海福同志任北京市地方税务局第一稽查局党组书记、局长，试用期一年。

免去：佟云飞同志北京市地方税务局企业所得税管理处副处长职务；孟刚同志北京市地方税务局稽查处（税务违法案件举报中心）副处长职务；刘丽同志北京市地方税务局宣传教育处副处长职务；黄长文同志北京市石景山区地方税务局党组成员、副局长职务；董立彤同志北京市通州区地方税务局党组成员、副局长职务；王京同志北京市密云县地方税务局党组成员、副局长职务；滕凯宝同志北京市地方税务局第一直属税务分局（北京市地方税务局第五稽查局）党组成员、副局长职务；但启明同志北京市地方税务局第一稽查局党组成员、副局长职务；侯会明、张强国同志北京市石景山区地方税务局副调研员职务，并办理退休手续；张景刚同志北京市门头沟区地方税务局副调研员职务，并办理退休手续；王冕同志北京市房山区地方税务局副调研员职务，并办理退休手续；刘华同志北京市延庆县地方税务局副调研员职务，并办理退休手续。

12月28日　市局党组第36次会议研究决定：免去韩敏同志北京市西城区地方税务局副调研员职务，并办理退休手续；免去贺友华同志北京市密云县地方税务局副调研员职务，并办理退休手续；免去李华斌同志北京市地方税务局第一直属税务分局（北京市地方税务局第五稽查局）调研员职务，并办理退休手续。

（张　鑫　张力伟　王晨曦　翟　敏　屈轶坤　马啼旭　陈艳庆）

离退休干部管理

【综述】离退休干部工作认真贯彻习近平总书记在全国离退休干部“双先”表彰大会上重要讲话和北京市老干部工作会精神，坚持为党的事业增添正能量的价值取向，以加强“两项建设”和落实“两个待遇”为重点，积极探索创新老干部服务管理方式，不断健全完善工作机制，狠抓各项工作落实，保证老干部队伍的和谐稳定，老干部工作保持了良好的发展态势。

【离退休干部基本情况】 全系统离退休人员基本情况：截至2015年12月31日，全系统共有离退休人员1159人。其中：离休干部9人，退休干部1058人，工人92人；局级干部11人，处级干部417人，科级及以下干部639人。党员780人，建立离退休干部党总支1个，离退休干部党支部20个。2015年新增退休干部156人，去世离退休干部7人。市局机关离退休人员基本情况：截至2015年12月31日，市局机关离退休人员190人。其中：离休干部6人，退休干部171人，工人13人；局级干部11人，处级干部129人，科级以下干部50人；80~89岁：21人，70~79岁：26人，60~69岁：75人，60岁以下：68人。党员151人，建立离退休干部党总支1个，离退休干部党支部6个。2015年新增退休人员21人，去世离退休人员2人。

【"两项建设"】 一是强化思想政治引领，进一步加强离退休干部思想政治建设。抓好理论学习，分别于3月和7月举办了离退休老同志春季、暑期集中学习班。深入学习全国离退休干部"双先"表彰大会和习近平总书记接见会议代表时的重要讲话精神、中央组织部老干部局编写的为党的事业增添正能量《宣传提纲》、北京市老干部工作会精神等重要内容。坚持情况通报和形势报告制度，引导老同志了解形势、支持发展、发挥作用、促进和谐，自觉在思想上、政治上和行动上与党中央保持高度一致，始终保持政治坚定、理想永存，激励老干部职工为党的事业增添正能量。二是加强老干部党组织建设。组织市局机关离退休党总支和六个老干部党支部的换届选举工作。一批年纪较轻、身体较好、责任心强的老干部职工进入到新的党总支和支部班子，为进一步推动老干部党建工作奠定了组织基础。全年召开党总支会议4次，各党支部也坚持过好组织生活，在加强老干部思想政治建设上发挥了重要作用。

【落实"两个待遇"】 落实政治待遇。一是组织了离退休老干部新春团拜会。市局领导班子与老干部共迎新春，并通报国内外政治经济形势和我局税收工作情况。二是抓好理论学习。坚持集中学习制度，学习习近平总书记系列讲话和中央、北京市重要文件、会议精神。三是为老干部统一订阅了《北京老干部》《支部生活》《中国健康报》等学习报刊，在老干部学习活动室摆放学习资料，促进老干部个人自学。四是组织参观学习。先后组织参观了APEC会址、北京税务博物馆和市局廉政教育基地等。五是听取老干部意见建议。通过召开座谈会、个别交流等形式，广泛征求对老干部工作的意见建议，并在工作中加以改进。落实生活待遇。坚持重大节日走访慰问老干部。市局机关元旦春节、七一、十月"敬老月"活动期间，先后开展了三次集中走访慰问活动。市局班子全体领导亲自分别带队对局级离退休干部、抗战老兵以及生活困难、孤寡失能、高龄的老党员老干部进行慰问。坚持普遍慰问和重点慰问相结合，全年上门走访慰问共计100余人次。二是坚持生病、住院慰问制度。全年看望生病、住院干部12人次。三是做好日常服务工作。协助部分老干部办理更换医疗机构和现金医药费报销手续，全年服务保障老干部兴趣活动小组开展活动，及时做好老干部补贴发放、工资调整等政策的宣传通知工作。四是配合医务室组织市局机关老干部的健康体检工作。五是机关党办、基层工作处和离退休干部处共同开展党团员志愿服务离休干部活动，建立落实党团员志愿帮扶离休干部机制。六是认真做好离退休干部去世后的丧葬优抚工作。七是市局对困难老党员老干部给予困难补助，春节、七一发放补助共计26人次，金额3万元。

【组织开展各种有益活动】 按照北京市老干部局统一部署，积极推进为党的事业增添正能量活动。组织老干部参加市直机关工委在老干部中开展的以“勿忘国耻，振兴中华——同心共筑中国梦”为主题的纪念抗日战争胜利70周年书法绘画作品征集和“讲传统话作风——职责是这样履行的”征文活动，选送11篇书画作品和4篇文章，其中5篇书画作品入选作品展览，并在老干部活动室举办市局机关离退休干部纪念抗日战争胜利70周年书画展；开展“展示阳光心态、体验美好生活、畅谈发展变化”主题活动；组织举办市局机关离退休干部棋牌比赛活动和“重阳节”参观活动。在全系统组织开展“敬老月”系列尊老敬老活动，为老年人办实事、做好事、献爱心，以实际行动营造尊老敬老的社会氛围，取得良好效果。

【加强自身建设】 一是注重理论学习，强化思想作风建设。认真落实理论学习制度，深入开展“三严三实”教育，加强党支部建设、党风廉政责任落实和监督检查，干部的服务意识、责任意识不断增强。二是注重培养业务素质，提高服务管理能力。举办全系统老干部工作者培训班，组织各区（分）局开展老干部工作交流，日常注意抓好老干部政策和专业知识学习，积极开展调查研究，全系统离退休干部工作水平得到提高。三是严格处室绩效管理。落实市局绩效管理规定，用规范的制度和流程来开展工作、规范干部的行为，保证了全年各项工作安全顺利完成。

（孙丽莉）

干部教育培训

【综述】 2015年干部教育培训工作坚持大培训工作机制，面向领导干部、业务骨干、全体干部三个层次组织分级分类培训，深入开展岗位实训，不断拓展培训平台，强化规范培训管理，为税收中心工作提供人才保障和智力支持。

【领导干部培训】 请进来，借用外脑，邀请高校、科研机构和社会知名专家、学者授课讲座。全年共组织专题讲座3次，300余人次参训。走出去，选送优秀领导干部参加上级调训，组织新任职处级领导干部任职培训。全年组织领导干部调训79人次，处级任职培训28人次。

【业务骨干培养】 组织领军人才脱产集训2期，2名同志入选全国税务领军人才。组织税务稽查、收入分析、纳税服务等业务骨干培训5期，504人次参训。9名同志被人大税务专业硕士研究生班录取，634人次参加注册会计师、税务师、司法和职称考试培训。52人取得高级职称。

【全员培训】 将集中脱产学习与岗位技能综合实训相结合，深入推进全系统岗位大练兵，发放《税收法治通论》复习资料、视频课件，组织全系统3500余人次开展考试验收。把好培训入口关，将脱产培训与执法资格考试相结合开展初任培训。

【拓展培训平台】深化与高等学校和科研院所之间的合作开展专业化培训；落实远郊局干部到城区局调训锻炼制度，探索岗位实践锻炼的新模式；与国税联合开展中青年业务骨干培训班，开创全国省级国地税联合开展教育培训的先河。探索“互联网+培训”模式，开展职称、“三师”培训，解决工学矛盾突出问题。2015 年，全系统共举办各类培训班 397 期，60630 人次参训，市局举办培训班 62 期，培训 8089 人次，各区、分局举办各类培训班 335 期，培训 52541 人次。

【培训规范管理】梳理相关文件，明确培训纪律，按照巡视组和市局党组相关要求，认真开展工作自查，并对全市 24 个区、分局教育培训工作开展督导检查，重申中央、税务总局及北京市关于学风建设、培训班管理以及培训经费使用等相关规定，要求将“三严三实”和中央八项规定的有关要求贯穿教育培训工作的始终，切实加强管理，严肃培训纪律。开发上线“人事管理信息系统教育培训模块”，实现干部参加各类培训的全过程记录。推广国家税务总局“税务干部培训管理软件”，加强培训工作流程的动态信息化管理。把干部教育培训情况纳入单位年度绩效考核，推动教育培训考核由“零散式”向“系统化”转变。

（秦　一）

工会活动

【综述】2015 年，市局机关工会在市局党组和市直机关工会的正确领导下，坚持以服务中心、凝聚队伍、构建和谐为出发点和落脚点，充分发挥桥梁纽带作用和支部战斗堡垒作用，努力为促进干部队伍建设发挥积极作用。

【文体活动】一是积极备战市级大型文化活动。在第十届首都职工文化艺术节“五月的鲜花”职工歌咏合唱比赛中，市局合唱团代表市直机关参赛，取得一等奖的好成绩。积极征稿组织参加“中国梦·劳动创造幸福·我的岗位我最美”摄影展，共选送优秀摄影作品 11 幅。二是积极组队参加各项体育赛事和活动。在市直第九届“和谐杯”乒乓球赛中，市局选手夺得个人三、四、九名的好成绩。在市直机关第三届羽毛球赛中，市局 10 名队员，在有 92 个大单位近 500 名选手的比赛中，团结一致，奋力拼搏，最终取得了第八名的好成绩。由一名局领导带队，选派 6 名队员组队参加北京市“工体杯”职工三人制篮球比赛。按照市直工委统一部署，市局承担了 100 名“世界田径世锦赛”挑战赛固定观众任务，为组织好此次活动，我们逐级做好人员的信息采集、审核及报备工作，提前集合做动员、提要求，并演练有关动作，按要求做好食品、饮用水及雨具配买等有关服务工作，以良好的精神面貌和团队精神安全圆满完成任务。积极组织职工参加市总工会“健步走 121”活动，发放宣传材料800多份，绝大部分职工下载安装了软件并进行了自主锻炼。

【推进系统体育单项赛】先后举办系统第四届“友谊杯”桥牌赛、第三届“健康杯”乒乓球赛和第三届“和谐杯”羽毛球赛。2015年4月10日，第四届“友谊杯”桥牌赛在干部培训中心举行，全系统11个单位近80人参加活动。吕兴渭副局长、沈永奇总经济师参加活动，延庆区地税局、西城区地税局、门头沟区地税局分别获得前三甲。5月23日，第三届“健康杯”乒乓球赛在光彩体育馆举行。共17个单位近200名干部职工参加比赛。

【“送温暖”系列活动】截至2015年底，慰问看望各类人员170余人次，发放困补、丧葬慰问金共计26.33万元；为1150名会员办理重大疾病保险，为315名女职工办理特殊疾病保险630份；为机关会员18岁以下子女办理医疗统筹报销工作。做好生日慰问和影评活动，开展生日送祝福和影评活动1100余人次。建立“妈咪屋”，为哺乳女职工提供方便。按照市总工会、市直工会在机关范围内建立“妈咪屋”的要求，在机关8层瑜伽室辟出一角建立“妈咪屋”，配置了冰箱、消毒柜、饮水机、储物柜，摆放了母婴书籍杂志以及乳垫、奶袋、湿纸巾、免扰牌等日常用品，为备孕期、怀孕期和哺乳期女职工提供方便。

【“送健康”系列活动】一是在马甸办公区筹建“首都紧急救援志愿服务站”。积极参加由红十字会主办的培训，并参加“防灾减灾从我做起——超大型城市人员密集场所突发事件应急演练暨首都紧急救援志愿服务站启动”活动，为提高干部职工自救互救应急能力奠定基础。二是做好职工体质测试工作。及时下发通知、组织报名、发放手册，主动与市总体质测试中心预约，组织近百名会员参加测试，测试中心出具的体质健康评估报告，对会员今后的营养膳食、运动锻炼等给予了针对性指导，促进了会员健康，受到广大会员的欢迎。三是协助市直工会举办“健康大讲堂——心理健康知识流动课堂”健康知识讲座，邀请中国青年政治学院心理研究所所长、教授田万生为大家讲课，近300人参加听课，增加了心理健康知识，提高了健康意识。四是做好系统优秀职工北戴河疗休养工作。从2015年5月18日启动至9月25日结束，历时4个多月，共安排16批次约1800人（包括市局合唱团和20余名处正副处长），休养覆盖到全系统所有单位。今年继续采取“统一协调、分级组织”的模式，与往年不同的是，在批次和时间安排上由市局工会统一协调安排，在管理上更加统一规范。在整个过程中，周密计划，制定详细的实施方案和安全措施，合理的安排批次和时间，做到一级抓一级，责任落实到位，精心化管理到每一个人，确保安全顺利无事故，达到了鼓励先进，调动干部职工积极性的目的。五是安排好直属机关劳模休养工作。共安排3批5人参加市直系统年度劳模外地疗休养活动。

【“送文化”系列活动】一是改造机关图书室，为会员创造更好的读书休闲环境。根据年度工作计划，拟定机关图书室改造方案，对原图书室进行功能性扩展改造，改造工程于10月底完工，计划于年底前重新开放，增设了借阅区、休闲上网区和阅览区，服务功能得到扩展，并根据会员的需求，改善图书期刊种类，增加借阅开放时间，改进服务质量和水平，使机关会员又多了一个阅读充电、更新知识和休闲放松的好场所。经申报，机关图书室被评为2015年北京市工会“职工书屋”示范点。二是组织机关节庆文化活动。春节前夕，举办了一场兼有文艺节目表演和趣味游戏的小型新春联欢会，全体机关干部与局领导一起欢聚一堂，共迎佳节；以电影招待会的形式开展了庆元旦和“三八”节活动；以世界读书日为契机，在全体会员中开展“书香机关”读书和有奖读后感征文活动。

【创先争优取得新成绩】始终把“创先争优”作为增强工会组织和会员队伍创造力、凝聚力和战斗力的重要手段，按照市总、市直和市妇联的要求，积极开展劳模（先进工作者）选树、“两模一优”评选和专业技能大比武等活动。一是创先争优取得新成绩。按照市总、市直工会的要求，积极开展劳模（先进工作者）选树、“两模一优”评选活动，涌现出一批新典型，其中市局直属机关工会荣获“全国模范职工之家”荣誉称号，稽查二局人教科荣获“北京市模范职工小家”称号，2 人被评为市先进工作者，1 个家庭被评为“首都最美家庭”光荣称号。二是岗位建功成效明显。在北京市总工会、北京市直机关工会的指导和支持下，与北京市总工会联合开展北京市“职工技协杯”职业技能竞赛暨北京地税系统岗位技能大赛。北京市地税系统 25 个单位 4546 名职工参与了征管、稽查和纳税服务三个专业的比赛，参赛率为 65.5%。经过初赛、半决赛和决赛三轮比赛，每个专业的前十名荣获“岗位能手”称号，并纳入北京市在职职工职业发展助推计划和职工技术协会技能人才库，每专业的第一名荣获“岗位标兵”荣誉称号，并优先推荐评选首都劳动奖章、全国五一劳动奖章。这种规模大、专业性强、奖励规格高的岗位技能比武形式，有效提升系统专业化能力和水平，极大促进专业化人才队伍的建设，营造了争当标兵、争当劳模的氛围，激发了广大干部立足本职争优秀的干劲。

【基层工会达标创优活动】通过调查问卷、座谈会等形式对地税全系统职工之家现状进行摸底调查，起草《关于加强北京地税系统职工之家建设的思考》调研报告，分析当前系统职工之家建设的现状、查找存在的问题，提出改进建议。按照市直工会有关建家活动的标准，结合市局实际，制定出台《北京地税系统职工之家建设推进办法》，推动基层工会开展达标创优活动。

【职工之家建设】一是依法做好组织建设。做好本级工会届中调整，增补主席和委员，并依法指导 3 个新单位及时选举成立工会“两委”，1 个任期届满单位换届改选；新建小组 29 个，新吸收会员 214 人；及时为会员办理转入会手续，对借用人员及时纳入所在小组活动，实现建会入会两个 100%。二是加大硬件建设力度。在原有职工之家健身房、瑜珈室、乒乓球室等的基础上，2015 年又新建棋牌室、妈咪屋等设施，改造了图书室。8 个直属单位也都相继建立了健身活动室，并配备了健身设备，为会员健身娱乐创造条件。三是落实全总工会、市总工会经费管理使用规定，聘请专业审计公司对工会经费使用情况进行审计，强化财务规范管理，管好用好工会经费。

（文德生）

北京市地方税务系统2015年度立功受奖人员名单

荣立三等功人员（418人）

李　龙　北京市东城区地方税务局副局长

秦　中　北京市东城区地方税务局办公室主任

柏竹梅　北京市东城区地方税务局法制科科长

赵志新　北京市东城区地方税务局督查内审科科长

王京华　北京市东城区地方税务局景山税务所所长

马　特　北京市东城区地方税务局第十税务所副所长

王　昕　北京市东城区地方税务局人事科（保卫科）主任科员

张　杰　北京市东城区地方税务局第九税务所主任科员

田建国　北京市东城区地方税务局朝阳门税务所主任科员

韩　军　北京市东城区地方税务局景山税务所主任科员

曲　曼　北京市东城区地方税务局法制科副主任科员

王小红　北京市东城区地方税务局稽查局检查六科副主任科员

傅艳伟　北京市东城区地方税务局第一税务所副主任科员

赵文萍　北京市东城区地方税务局第六税务所副主任科员

李　娟　北京市东城区地方税务局第八税务所副主任科员

周秀淳　北京市东城区地方税务局东方广场税务所副主任科员

倪　伟　北京市东城区地方税务局科技信息科科员

王　萍　北京市东城区地方税务局监察科科员

范经纬　北京市东城区地方税务局稽查局检查五科科员

王　悦　北京市东城区地方税务局稽查局检查十科科员

黄训文　北京市东城区地方税务局第三税务所科员

李　静　北京市东城区地方税务局第四税务所科员

樊渝竹　北京市东城区地方税务局第五税务所科员

周　平　北京市东城区地方税务局第十税务所科员

安　萌　北京市东城区地方税务局交道口税务所科员

朱　莉　北京市东城区地方税务局建国门税务所科员

曹　岩　北京市东城区地方税务局和平里税务所科员

张玉英　北京市东城区地方税务局和平里税务所科员

高瑞清 北京市东城区地方税务局安定门税务所科员
赵江娜 北京市东城区地方税务局前门税务所科员
陈胜利 北京市东城区地方税务局龙潭税务所科员
孙欢宇 北京市东城区地方税务局永外税务所科员
李　忠 北京市东城区地方税务局机关后勤服务中心工人
付晓彬 北京市西城区地方税务局党组成员、副局长
王献波 北京市西城区地方税务局副调研员兼征收管理科科长
宋海红 北京市西城区地方税务局副调研员
徐　超 北京市西城区地方税务局办公室主任
何全荣 北京市西城区地方税务局法制科科长
许建民 北京市西城区地方税务局税政管理二科科长
沈宗文 北京市西城区地方税务局税政管理三科科长
孙秀杰 北京市西城区地方税务局收入核算科科长
胡敬超 北京市西城区地方税务局基层工作科（党办）科长（主任）
谢成奔 北京市西城区地方税务局国际税务管理科科长
周凤斌 北京市西城区地方税务局稽查局副局长
王　帆 北京市西城区地方税务局稽查局检查四科科长
王德志 北京市西城区地方税务局稽查局检查六科科长
刘　伟 北京市西城区地方税务局稽查局检查八科科长
经　萍 北京市西城区地方税务局第三税务所所长
李丽娟 北京市西城区地方税务局第四税务所所长
秦　驰 北京市西城区地方税务局税政管理一科副科长
付　伟 北京市西城区地方税务局纳税服务科副科长
余　皓 北京市西城区地方税务局督查内审科副科长
杜　敏 北京市西城区地方税务局宣传教育科副科长
李新颜 北京市西城区地方税务局人事科（保卫科）副科长
赵红程 北京市西城区地方税务局监察科副科长
蒲修怀 北京市西城区地方税务局第六税务所副所长
张　珺 北京市西城区地方税务局新街口税务所副所长
卞　羽 北京市西城区地方税务局牛街税务所副所长
郑　杰 北京市西城区地方税务局税政管理一科副主任科员
齐俊杰 北京市西城区地方税务局税政管理二科副主任科员
石瑞娟 北京市西城区地方税务局稽查局检查七科副主任科员
杨振华 北京市西城区地方税务局展览路税务所副主任科员
齐　文 北京市西城区地方税务局西长安街税务所副主任科员
刘雯雯 北京市西城区地方税务局征收管理科科员
齐玉荣 北京市西城区地方税务局收入核算科

科员
牛晓峰 北京市西城区地方税务局督查内审科科员
程 旭 北京市西城区地方税务局国际税务管理科科员
杨 琨 北京市西城区地方税务局稽查局检查三科科员
谢黎明 北京市西城区地方税务局第一税务所科员
陈卫华 北京市西城区地方税务局第二税务所科员
孙 晗 北京市西城区地方税务局第三税务所科员
孙 岩 北京市西城区地方税务局展览路税务所科员
耿 华 北京市西城区地方税务局天桥税务所科员
朱晓峰 北京市西城区地方税务局牛街税务所科员
李 晶 北京市西城区地方税务局牛街税务所科员
丁国珍 北京市西城区地方税务局广安门内税务所科员
刘兆冬 北京市西城区地方税务局机关后勤服务中心工人
王 翔 北京市西城区地方税务局机关后勤服务中心工人
隋庆梅 北京市朝阳区地方税务局副局长
侯鹏浩 北京市朝阳区地方税务局办公室科长
李 峰 北京市朝阳区地方税务局第三税务所所长
王 琪 北京市朝阳区地方税务局监察科主任科员
安春茹 北京市朝阳区地方税务局稽查局检查四科主任科员
马福全 北京市朝阳区地方税务局第三税务所主任科员
梅 红 北京市朝阳区地方税务局第四税务所主任科员
刘福梅 北京市朝阳区地方税务局呼家楼税务所主任科员
秦亚峰 北京市朝阳区地方税务局税政管理一科副科长
雷继红 北京市朝阳区地方税务局征收管理科副科长
李 波 北京市朝阳区地方税务局稽查局综合科副科长
王瑞强 北京市朝阳区地方税务局十里堡税务所副所长
李 方 北京市朝阳区地方税务局法制科副主任科员
颜洪立 北京市朝阳区地方税务局国际税务管理科副主任科员
魏 欣 北京市朝阳区地方税务局税政管理一科副主任科员
李云龙 北京市朝阳区地方税务局纳税服务科副主任科员
詹大友 北京市朝阳区地方税务局第五税务所副主任科员
张玉霞 北京市朝阳区地方税务局双井税务所副主任科员
刘美利 北京市朝阳区地方税务局双井税务所副主任科员
赵海洲 北京市朝阳区地方税务局酒仙桥税务所副主任科员
高雪松 北京市朝阳区地方税务局酒仙桥税务所副主任科员
张建萍 北京市朝阳区地方税务局十里堡税务所

副主任科员

张　惟　北京市朝阳区地方税务局税政管理二科科员

杨洪瑞　北京市朝阳区地方税务局征收管理科科员

杜彩丽　北京市朝阳区地方税务局征收管理科科员

谷博学　北京市朝阳区地方税务局收入核算科科员

任　芊　北京市朝阳区地方税务局督查内审科科员

李　鹏　北京市朝阳区地方税务局基层工作科科员

刘　峰　北京市朝阳区地方税务局稽查局综合科科员

李春莲　北京市朝阳区地方税务局第三税务所科员

赵群立　北京市朝阳区地方税务局第七税务所科员

杨囡娃　北京市朝阳区地方税务局第八税务所科员

吕同俊　北京市朝阳区地方税务局第九税务所科员

赵广为　北京市朝阳区地方税务局酒仙桥税务所科员

陈玉坤　北京市朝阳区地方税务局双井税务所科员

王春菊　北京市朝阳区地方税务局小关税务所科员

孔　军　北京市海淀区地方税务局党组成员、纪检组长

田艳春　北京市海淀区地方税务局国际税务管理科科长

单荣艳　北京市海淀区地方税务局税政管理一科科长

柏　华　北京市海淀区地方税务局稽查局检查一科科长

强国华　北京市海淀区地方税务局永定路税务所所长

郭淑红　北京市海淀区地方税务局人事教育科（保卫科）副科长

王　超　北京市海淀区地方税务局第四税务所副所长

鞠　丽　北京市海淀区地方税务局翠微路税务所副所长

刘红艳　北京市海淀区地方税务局四季青税务所副所长

霍爱英　北京市海淀区地方税务局第二税务所主任科员

张铜海　北京市海淀区地方税务局北下关税务所主任科员

黄晓晖　北京市海淀区地方税务局青龙桥税务所主任科员

鲁海波　北京市海淀区地方税务局羊坊店税务所主任科员

高振安　北京市海淀区地方税务局知春里税务所主任科员

刘志杰　北京市海淀区地方税务局税政管理二科副主任科员

李　昆　北京市海淀区地方税务局稽查局检查一科副主任科员

于雪雁　北京市海淀区地方税务局稽查局检查一科副主任科员

陈　立　北京市海淀区地方税务局第三税务所副主任科员

刘　静　北京市海淀区地方税务局学院路税务所副主任科员

郝志斌　北京市海淀区地方税务局温泉税务所副

主任科员
翟德置 北京市海淀区地方税务局中关村税务所副主任科员
樊　涛 北京市海淀区地方税务局办公室科员
洪　蕊 北京市海淀区地方税务局国际税务管理科科员
朱奇颖 北京市海淀区地方税务局税政管理一科科员
薛　岩 北京市海淀区地方税务局征收管理科科员
赵　磊 北京市海淀区地方税务局数据管理科科员
张琪伦 北京市海淀区地方税务局基层工作科（机关党委办公室、工会）科员
杨　亮 北京市海淀区地方税务局监察科科员
蔡　玢 北京市海淀区地方税务局第一税务所科员
王菁菁 北京市海淀区地方税务局第二税务所科员
陈莉萍 北京市海淀区地方税务局第三税务所科员
边占英 北京市海淀区地方税务局第四税务所科员
高　月 北京市海淀区地方税务局第四税务所科员
王珊娜 北京市海淀区地方税务局第四税务所科员
王姗姗 北京市海淀区地方税务局科技园税务所科员
李希玲 北京市海淀区地方税务局清河税务所科员
郭红亮 北京市海淀区地方税务局四季青税务所科员
李爱玲 北京市海淀区地方税务局温泉税务所科员
仝　欣 北京市海淀区地方税务局永定路税务所科员
张　燕 北京市海淀区地方税务局中关村税务所科员
杜新立 北京市丰台区地方税务局副局长
孔雪梅 北京市丰台区地方税务局税政管理二科科长
刘占京 北京市丰台区地方税务局征收管理科科长
任　崴 北京市丰台区地方税务局收入核算科科长
谢　超 北京市丰台区地方税务局科技信息科科长
高　虹 北京市丰台区地方税务局基层工作科科长
王　静 北京市丰台区地方税务局副调研员兼人事教育科科长
宋继忠 北京市丰台区地方税务局卢沟桥税务所所长
陈　曦 北京市丰台区地方税务局铁营税务所所长
王朝辉 北京市丰台区地方税务局南苑税务所所长
吴　卫 北京市丰台区地方税务局机关后勤服务中心主任
任秀英 北京市丰台区地方税务局稽查局综合科主任科员
徐　庆 北京市丰台区地方税务局丰台税务所主任科员
杜为东 北京市丰台区地方税务局铁营税务所主任科员
陈　雷 北京市丰台区地方税务局南苑税务所主任科员

郝奎英 北京市丰台区地方税务局数据管理科副主任科员

于晓云 北京市丰台区地方税务局纳税服务科科员

刘李豪 北京市丰台区地方税务局稽查局检查三科科员

赵晨然 北京市丰台区地方税务局第一税务所科员

赵　嘉 北京市丰台区地方税务局第二税务所科员

黄长文 北京市石景山区地方税务局党组成员、副局长

吕春涛 北京市石景山区地方税务局税政管理二科科长

吕朋元 北京市石景山区地方税务局稽查局综合科科长

居　芳 北京市石景山区地方税务局第一税务所所长

翟　鹏 北京市石景山区地方税务局八大处园区税务所所长

王　利 北京市石景山区地方税务局办公室副主任

杨雪松 北京市石景山区地方税务局征收管理科副科长

高继红 北京市石景山区地方税务局人事教育科主任科员

张　军 北京市石景山区地方税务局八角税务所主任科员

王桂平 北京市石景山区地方税务局八大处园区税务所主任科员

吴淑娥 北京市石景山区地方税务局稽查局综合科副主任科员

夏尔安 北京市石景山区地方税务局第一税务所副主任科员

郭　玲 北京市石景山区地方税务局第二税务所副主任科员

朱　江 北京市石景山区地方税务局八宝山税务所副主任科员

李长有 北京市石景山区地方税务局税政管理二科科员

唐　薇 北京市石景山区地方税务局征收管理科科员

陈天培 北京市石景山区地方税务局古城税务所科员

沈迪会 北京市门头沟区地方税务局副局长、调研员

范文书 北京市门头沟区地方税务局办公室副主任

张红鑫 北京市门头沟区地方税务局税政管理一科科长

杜　彪 北京市门头沟区地方税务局税政管理一科副科长

靳小妹 北京市门头沟区地方税务局税政管理一科科员

齐　振 北京市门头沟区地方税务局税政管理二科副科长

刘宇辉 北京市门头沟区地方税务局征收管理科副科长

王荣春 北京市门头沟区地方税务局征收管理科科员

李　娟 北京市门头沟区地方税务局收入核算科科员

张岩松 北京市门头沟区地方税务局科技信息科副科长

程　燕 北京市门头沟区地方税务局稽查局综合科副科长

王　时 北京市门头沟区地方税务局第一税务所所长

王　宇　北京市门头沟区地方税务局第一税务所副所长

毛　宇　北京市门头沟区地方税务局石龙税务所副所长

韩　燕　北京市门头沟区地方税务局石龙税务所科员

胡星月　北京市门头沟区地方税务局永定税务所副所长

沈海涛　北京市门头沟区地方税务局大峪税务所主任科员

郭忠旗　北京市门头沟区地方税务局潭柘寺税务所所长

李占利　北京市门头沟区地方税务局潭柘寺税务所副所长

王秋平　北京市通州区地方税务局基层工作科（机关党委办公室、工会）科长

王建全　北京市通州区地方税务局稽查局检查二科主任科员

安立波　北京市通州区地方税务局玉桥税务所主任科员

白宝林　北京市通州区地方税务局人事教育科（保卫科）副科长

孟旭凤　北京市通州区地方税务局督查内审科副科长

高雅怡　北京市通州区地方税务局宋庄税务所副所长

裴艳春　北京市通州区地方税务局宋庄税务所副所长

李晓东　北京市通州区地方税务局漷县税务所副所长

郭立新　北京市通州区地方税务局永乐店税务所副所长

李　彬（女）　北京市通州区地方税务局张家湾税务所副所长

牛　艳　北京市通州区地方税务局第一税务所副主任科员

迟宝中　北京市通州区地方税务局第二税务所副主任科员

李芯蕊　北京市通州区地方税务局第二税务所副主任科员

徐朝辉　北京市通州区地方税务局马驹桥税务所副主任科员

颜松筠　北京市通州区地方税务局西集税务所副主任科员

杨　淼　北京市通州区地方税务局法制科（国际税务管理科）科员

郝俪瑄　北京市通州区地方税务局税政管理一科科员

朱建辉　北京市通州区地方税务局数据管理科科员

韩秀云　北京市通州区地方税务局稽查局综合科科员

赵　伟　北京市通州区地方税务局玉桥税务所科员

杨　扬　北京市通州区地方税务局永顺税务所科员

杜　鹏　北京市通州区地方税务局马驹桥税务所科员

刘学慧　北京市顺义区地方税务局征收管理科科长

胡　月　北京市顺义区地方税务局税政管理一科副科长

蔡祥彬　北京市顺义区地方税务局征收管理科副科长

李德勇　北京市顺义区地方税务局稽查局综合科副科长

牛连富　北京市顺义区地方税务局稽查局检查三科副科长

崔建民　北京市顺义区地方税务局第四税务所副所长
冯新颖　北京市顺义区地方税务局第六税务所副所长
孟昭辉　北京市顺义区地方税务局张镇税务所副所长
王玉杰　北京市顺义区地方税务局机场分局机场第一税务所副所长
何先颖　北京市顺义区地方税务局牛山税务所主任科员
董　学　北京市顺义区地方税务局第一税务所副主任科员
裴亚丁　北京市顺义区地方税务局第四税务所副主任科员
王　昕　北京市顺义区地方税务局机场分局机场第二税务所副主任科员
郑　岩　北京市顺义区地方税务局收入核算科科员
李秋平　北京市顺义区地方税务局基层工作科科员
李　莉　北京市顺义区地方税务局第一税务所科员
王　涛　北京市顺义区地方税务局第二税务所科员
吕延程　北京市怀柔区地方税务局副局长
徐进义　北京市怀柔区地方税务局法制科（国际税务管理科）科长
张玖喜　北京市怀柔区地方税务局基层工作科（机关党委办公室、工会）科长
于春伶　北京市怀柔区地方税务局人事教育科（保卫科）科长
曹春霞　北京市怀柔区地方税务局怀柔镇税务所所长
刘书方　北京市怀柔区地方税务局税政管理二科主任科员
王德永　北京市怀柔区地方税务局庙城镇税务所主任科员
李艳丽　北京市怀柔区地方税务局收入核算科副科长
绿春萍　北京市怀柔区地方税务局第一税务所副所长
付中喜　北京市怀柔区地方税务局法制科（国际税务管理科）副主任科员
薛华锋　北京市怀柔区地方税务局监察科副主任科员
刘柯群　北京市怀柔区地方税务局第五税务所副主任科员
许　超　北京市怀柔区地方税务局稽查局检查一科科员
崔馨予　北京市怀柔区地方税务局第二税务所科员
李德山　北京市怀柔区地方税务局雁栖镇税务所科员
李洪生　北京市怀柔区地方税务局雁栖镇税务所科员
张成才　北京市平谷区地方税务局税政管理一科科长
杜新育　北京市平谷区地方税务局税政管理一科科员
陈宏亮　北京市平谷区地方税务局征收管理科副科长
唐兴晔　北京市平谷区地方税务局纳税服务科副科长
李桂琴　北京市平谷区地方税务局计划财务科科员
霍志杰　北京市平谷区地方税务局基层工作科科员
高海建　北京市平谷区地方税务局人事教育科

科员
王晶晶 北京市平谷区地方税务局第一税务所科员
张立元 北京市平谷区地方税务局第二税务所所长
王智兵 北京市平谷区地方税务局第四税务所副主任科员
佟 锦 北京市平谷区地方税务局开发区税务所科员
韩桂君 北京市平谷区地方税务局城关税务所科员
黄明辉 北京市平谷区地方税务局峪口税务所科员
张桂明 北京市平谷区地方税务局大华山税务所科员
王成龙 北京市平谷区地方税务局金海湖税务所科员
高 平 北京市平谷区地方税务局机关后勤服务中心主任科员
赵 合 北京市平谷区地方税务局机关后勤服务中心工勤
齐自胜 北京市平谷区地方税务局机关后勤服务中心工勤
刘晓松 北京市平谷区地方税务局稽查局综合科科长、稽查局副局长
秦树永 北京市平谷区地方税务局稽查局检查三科副科长
徐永利 北京市房山区地方税务局副局长
雒 轶 北京市房山区地方税务局副局长
刘德辉 北京市房山区地方税务局办公室主任
张亚琴 北京市房山区地方税务局收入核算科科长
方海涛 北京市房山区地方税务局第一税务所所长
安洪滨 北京市房山区地方税务局第三税务所所长
张 硕 北京市房山区地方税务局第四税务所所长
徐 睿 北京市房山区地方税务局征收管理科副科长
蔡子龙 北京市房山区地方税务局第二税务所副所长
逄 博 北京市房山区地方税务局督察内审科科员
董婷婷 北京市房山区地方税务局第一税务所科员
赵永鑫 北京市昌平区地方税务局副局长
张振国 北京市昌平区地方税务局监察科科长
房永飞 北京市昌平区地方税务局稽查局检查三科主任科员
郑海峰 北京市昌平区地方税务局办公室副主任
杨贵明 北京市昌平区地方税务局第二税务所副主任科员
李树人 北京市昌平区地方税务局昌平税务所副主任科员
王 刚 北京市昌平区地方税务局南口税务所副主任科员
张梦娇 北京市昌平区地方税务局税政管理一科科员
杨小菲 北京市昌平区地方税务局收入核算科科员
吕慧敏 北京市昌平区地方税务局监察科科员
李 旻 北京市昌平区地方税务局第一税务所科员
魏 凯 北京市昌平区地方税务局第一税务所科员
刘 佳 北京市昌平区地方税务局第四税务所科员

谢雨含 北京市昌平区地方税务局回龙观税务所科员
张 宁 北京市昌平区地方税务局东小口税务所科员
曹 军 北京市昌平区地方税务局机关后勤服务中心科员
熊绍军 北京市大兴区地方税务局法制科科员
王少丰 北京市大兴区地方税务局税政管理二科科长
谷 建 北京市大兴区地方税务局征收管理科副科长
麻国印 北京市大兴区地方税务局收入核算科副科长
王 艳 北京市大兴区地方税务局计划财务科科员
刘 宏 北京市大兴区地方税务局人事教育科科长
崔海燕 北京市大兴区地方税务局稽查局综合科副科长
孙连国 北京市大兴区地方税务局稽查局检查一科副主任科员
邢友军 北京市大兴区地方税务局稽查局检查四科副主任科员
许 颖 北京市大兴区地方税务局第一税务所副主任科员
彭梅芳 北京市大兴区地方税务局第一税务所副主任科员
余 宏 北京市大兴区地方税务局第三税务所科员
刘洪涛 北京市大兴区地方税务局开发区税务所副所长
刘宏伟 北京市大兴区地方税务局黄村税务所所长
李永生 北京市大兴区地方税务局黄村税务所副主任科员
李延威 北京市大兴区地方税务局北臧村税务所副所长
肖 涛 北京市大兴区地方税务局北臧村税务所副主任科员
石 岩 北京市大兴区地方税务局榆垡税务所副所长
李 强 北京市大兴区地方税务局安定税务所所长
赵 健 北京市大兴区地方税务局采育税务所副主任科员
王占国 北京市大兴区地方税务局西红门税务所科员
赵德武 北京市大兴区地方税务局机关后勤服务中心主任、副调研员
娄英伟 北京市大兴区地方税务局机关后勤服务中心副主任
高贺举 北京市密云区地方税务局办公室主任
李春明 北京市密云区地方税务局征收管理科科长
刘高扬 北京市密云区地方税务局第一税务所所长
席亚利 北京市密云区地方税务局基层工作科（机关党委办公室、工会）副科长
李亚松 北京市密云区地方税务局人事教育科（保卫科）副科长
孙贵兰 北京市密云区地方税务局稽查局检查一科副科长
董立超 北京市密云区地方税务局科技信息科科员
娄大晶 北京市密云区地方税务局督察内审科科员
王小兵 北京市密云区地方税务局第三税务所科员

崔吉阳 北京市密云区地方税务局第四税务所科员

彭海军 北京市密云区地方税务局鼓楼税务所科员

罗荣旺 北京市密云区地方税务局十里堡税务所科员

沈辉彬 北京市延庆区地方税务局第三税务所主任科员

李海涛 北京市延庆区地方税务局征收管理科副科长

尤文富 北京市延庆区地方税务局稽查局综合科副主任科员

范云霞 北京市延庆区地方税务局稽查局检查二科副主任科员

耿 玮 北京市延庆区地方税务局第一税务所副主任科员

黄坚翔 北京市延庆区地方税务局办公室科员

闫明征 北京市延庆区地方税务局第六税务所科员

杨晓明 北京市延庆区地方税务局延庆税务所科员

安庆宪 北京市地方税务局燕山分局（第六稽查局）副局长

王彩燕 北京市地方税务局燕山分局（第六稽查局）工会副主席

曹丽娟 北京市地方税务局燕山分局（第六稽查局）办公室主任科员

史 迪 北京市地方税务局燕山分局（第六稽查局）业务二科主任科员

尹卫东 北京市地方税务局燕山分局（第六稽查局）税源管理所所长

扈寒梅 北京市地方税务局开发区分局党组成员、副局长

李 楠 北京市地方税务局开发区分局征收管理科主任科员

胡 屹 北京市地方税务局开发区分局稽查局检查科科长

石其军 北京市地方税务局第一直属税务分局（第五稽查局）纳税服务所副所长、主任科员

刘 畅 北京市地方税务局第一直属税务分局（第五稽查局）检查三科主任科员

李 斌 北京市地方税务局第一直属税务分局（第五稽查局）审理科副主任科员

张志广 北京市地方税务局第二直属税务分局（西站分局）办公室主任

张慧卿 北京市地方税务局第二直属税务分局（西站分局）业务一科科长

陈三和 北京市地方税务局第二直属税务分局（西站分局）人事政工科科长

张利志 北京市地方税务局第一稽查局业务科科长

金 维 北京市地方税务局第一稽查局审理科副科长、主任科员

于 薇 北京市地方税务局第一稽查局检查六科副主任科员

李 萌 北京市地方税务局第一稽查局检查十科副科长、主任科员

王 珅 北京市地方税务局第二稽查局审理科主任科员

马 光 北京市地方税务局第二稽查局检查二科科长

关宏宇 北京市地方税务局第二稽查局检查四科副科长、主任科员

孙毅珉 北京市地方税务局第二稽查局检查五科主任科员

李成飞 北京市地方税务局第二稽查局检查五科副主任科员

胡柏群　北京市地方税务局第二稽查局检查七科主任科员
赵建斌　北京市地方税务局第二稽查局业务科主任科员
郭元兴　北京市地方税务局第三稽查局检查二科主任科员
高　蕾　北京市地方税务局第三稽查局检查四科主任科员
黄建达　北京市地方税务局第三稽查局人事政工科主任科员
汪中立　北京市地方税务局第四稽查局检查一科副科长、主任科员
聂　欣　北京市地方税务局第四稽查局检查六科副科长、主任科员
袁　莹　北京市地方税务局第四稽查局检查四科副科长
龙　莹　北京市地方税务局第四稽查局办公室副主任科员
张萌生　北京市地方税务局第四稽查局审理科副主任科员
马　琳　北京市地方税务局营业税管理处主任科员
龙周青　北京市地方税务局纳税服务中心主任科员
冯翔宇　北京市地方税务局基层工作处副调研员
吕建光　北京市地方税务局工会副调研员
朱　宁　北京市地方税务局票证管理中心主任科员
刘全成　北京市地方税务局征收管理处主任科员
那静恩　北京市地税局机关后勤服务中心工人
苏　佳　北京市地方税务局督查内审处副处长
李卫勇　北京市地方税务局个人所得税管理处主任科员
李龙江　北京市地方税务局征管和科技发展处处长
李树弘　北京市地方税务局纳税服务处副调研员
李　科　北京市地方税务局纳税服务中心副主任科员
李　勇　北京市地方税务局纳税服务中心主任科员
杨振忠　北京市地方税务局机关后勤服务中心工人
吴黎淳　北京市地方税务局机关党委办公室副调研员
谷　静　北京市地方税务局大企业管理处主任科员
冷文娟　北京市地方税务局宣传中心副主任
张文沂　北京市地方税务局稽查处（税务违法案件举报中心）主任科员
张　辉　北京市地方税务局机关后勤服务中心主任科员
张　鹏　北京市地方税务局信息中心主任科员
陈双格　北京市地方税务局法制处主任科员
陈昶君　北京市地方税务局计划财务处副主任科员
陈艳庆　北京市地方税务局人事处主任科员
罗丽华　北京市地方税务局办公室副主任
周非平　北京市地方税务局收入规划核算处副调研员
赵　靖　北京市地方税务局纳税服务中心副主任科员
钱　进　北京市地方税务局征管和科技发展处主任科员
钱　峰　北京市地方税务局督查内审处主任科员
董雪涛　北京市地方税务局人事处处长
窦秀芳　北京市地方税务局机关党委办公室副主任科员

嘉奖人员（1461 人）

北京市东城区地方税务局（128 人）

赵百军 孙文军 石秀军 周 敏 王京军
马国富 范东伟 贺惠君 何健辉 李建华
张伟琦 王振松 魏 杰 鄢为公 段海军
汤月霞 李 炜 孙怀启 王 伟 许至江
陈明燕 房峥嵘 浦洁晶 何 红 马训博
胡 源 孙 鹰 何永平 侯 悦 孙 伟
席小芬 张彦均 王 慧 阎 鹏 刘少林
左 东 倪运政 张继林 梁洪英 高文燕
王素花 马春梅 贾肇琴 贾长起 李军华
段兴荣 隗和宝 白桂玲 刘 怡 龙海文
于凤琴 于晓蕾 赵 华 杨志洁 林 奕
宋晓靖 战 钧 李 欣 谢立新 宋朝亭
郭 刚 胡 然 王启增 王 佳 黄 浩
张 怡 王 晶 戴旭华 纪冬云 张 睿
张彦韬 陈 硕 岑 明 赵京伟 罗 春
汪勇华 孙 敏 刘 妍 杨 光 魏长军
江和国 张晓刚 陈 宏 郑仕佳 韩 越
施 阳 李 健 王 琳 范 蕾 殷 琦
韩 露 程增银 王 勇 潘北虎 何 菁
李 宁 毕晨亮 任 飞 谢 松 吴京勇
魏 晨 段文新 庄 燕 丁 欣 安 婧
黄志勇 李 佳 刘 静 赵 洁 段海全
张释元 徐宝苹 付梅芳 袁学林 周 卉
贾树梅 闫 玥 李艳征 王瑞颖 王 烁
孟 梦 韩立强 刘雪娟 张宝山 李洪刚
马丰宝 郑 刚 张 伟

北京市西城区地方税务局（139 人）

赵俊杰 王勇超 陈春颐 冯建义
王 威（大） 郝 颖 张敬力
王 威（小） 曹 丽 蔡志兵 马恩庆
刘清龙 王卫平 王 岩 邵 贺 宁 勇
刘 江 王丽曼 孙 冈 佟 农 吴 京
周 敏 贾小林 王月茹 王铁良 马 涌
吴 炬 王春兰 顾海云 冯雅碧 路 静
吉文峰 杨 光 初树东 李 霖 丁 红
张朝晖 冯炜明 罗晓煜 王 霁 蔡 军
侯 雯 汪智红 张向阳 刘德健 王春芝
杨晋芳 孟靖北 高青月 宋 威 李 倩
高秋菊 徐兆梅 薛淑芬 王冬梅 杨 楠
何秀洁 马 欣 安卫华 关 圆 刘凤霞
李德林 刘炳惠 刘 晨 王桂英 冯 宁
李德红 苏 建 霍艳丽 史 彩 刘 煜
田红洁 赵红欣 康 颖 解 桐 郭 剑
钱 兵 石文正 高昕予 何庆红
张 燕（小） 雷永刚 桂 丹 李聪颖
张 娜 高秋玲 李红梅 贾秀琴 李云山
王 东 刘 颖 赵 瑞 刘金贵 李银长
金云墨 张慧兰 丛 梅 董 佳 徐 喆
张建芬 郝治国 赵志强 田丰琰
张 燕（大）刘 薇 郑 茜 温爱玮
许立新 王立新 付学军 郭艾成 陈 媛
王 萍 刘光建 吴 雪 安 悦 龚 冰
闫立维 李红艳 庄晶晶 杨 静 杨慧格
马正杰 韩英子 李亚楠 吕 娜 龚春梅
靳 颖 徐 旺 张 鸣 何启丰 唐 谦
唐红山 王广元 赵国庆 魏延凯 曹满存
李兴健 沙元春

北京市朝阳区地方税务局（124 人）

郑 颖 王皖平 尚志诚 宋建华 关 旭
杨显强 周 震 薄晓霞 王 婧 张 丽
刘雯艳 刘京朋 王 轩 张一坤 宋 达
史蓓蓓 刘 玮 刘亚军 王 丹 刘京铃
姚利军 李 晔 史雨红 李生河 谢红菊

刘晓晖 王思檬 马占安 李连成 韩望春
乔俊玲 孟学燕 齐琳琳 郭 蕊 郝 岩
王秀昭 孙 青 王 伟（68） 祝 伟
闫 超 付占平 钱六云 李奇志 张 军
孙亚藕 刘春杰 陈 悦 赵 娟 刘卫东
金艳红 杨莉洁 刘立群 宁唯玲 肖 燕
杜建忠 厉明超 李伟博 徐进文 王建中
徐思祁 陈 旭 杨少民 杨权才 郝维龙
康 洁 王岳鹏 王 洋 房梦娇 杨柏林
封致海 郑 丽 王 莹 董 莹 王一玎
姚 亮 周文政 李 昀 王晓莉 米伟群
郭淑丽 王亦文 谷继玲 朱英魁 解建宏
黄文辉 张春旺 郑 志 常兴梅 刘亚红
刘忠杰 谷玉森 高宗琼 夏光富 郭志平
党国荣 刘德洪 卢宇阳 杜茂武 王 静
柴晨杰 梁 媛 童保平 杨绪华 韩小冬
苏 立 杨 英 毛桂兰 黄晓红 李海燕
马志勇 班 斑 何芸芸 张 颖 杨宏梅
常 欣 沈长栋 王 伟（86） 赵敏君
席少华 陈 伟 严 璐 侯晓晨 王璐西
李 康

北京市海淀区地方税务局（127人）

崔 健 吉文晖 刘 海 杨 庆 申 骏
汪 焰 陈金保 程晓选 王越男 张 强
赵洪斌 隗 捷 蒋艳君 袁 媛 刘 明
杜 晶 宋立凡 蒋 颖 王毅鹏 张玉友
汪 菲 郝 鹏 邢 舟 叶大鹏 王 欣
白 新 杨志力 杨晓红 王小霞 武金凤
李树凡 盛 莉 常艳霞 李统一 王 静
宋沈燕 周宁平 陈志平 杜宇鸿 陆建强
雷 俊 李 芳 陈宋军 李俊红 肖 千
白小刚 徐冬柏 娄苏湘 李福香 周 杰
刘小贤 段玉琴 许梅珍 张 杰 田 力
赵 莹 郭晶莹 赵小玲 贾桂君 李继红
王紫嫣 尹冬梅 赵 震 何 轶 王 宾
杨林宏 刘风雷 刘 飒 梁 意 邵丽梅
魏秋霞 李 瑶 张 弛 王 轲 李静伟
刘山良 笪苏军 唐月忠 宋晓纲 刘思捷
郑 莉 王丽华 周 婷 杨金然 范文彬
王 征 顿晓琦 刘大江 李 妍 郭 宇
王 宏 张 颖 马晓梅 朱 雯 胡全发
王庆心 辛 红 单 娟 孙秀红 杨 征
程 蓉 张金科 王 莉 吴光权 王顺田
段荣慧 王柏松 王 莉 张 舒 刘秀兰
张海荣 赵东升 鲁秀丽 孟君辉 张 莉
何 雯 高希帼 熊 炜 陈 樟 邓力威
牛春丽 贺 涛 祁 利 王红宇 陈 香
杨晓光 剧 芳

北京市丰台区地方税务局（82人）

蒙广林 王润泽 陈敬东 裴晓南 弓 静
史锦春 张 瑜 张昌明 李昌喜 李旭东
周 凯 高 立 王 芳 关美荣 张冬雁
顾 华 石冬冬 谭 磊 曲仕佳 李 征
柳 涛 王维民 田亚蕾 李 希 闫 薇
柏平芝 何 玲 侯艳明 潘久来 齐安慧
王 磊 李振伟 吴延涛 于秋萍 董胜凯
朱海军 白 羽 王 真 方华民 姚天尧
张诗哲 侯凤玲 符晓婧 祁彩云 王小燕
费 韬 于圣睿 于新春 蒋 涛 陈济民
任 妍 赵 丽 吴 思 李凤霞 苏跃明
郭海燕 巫晓琴 薛 涛 赵东革 周淑琴
韩建新 韩常琴 梁鄂荣 耿广利 房 臻
李少杰 姚 敏 王 燕 张 震 武西民
周有元 郭长山 曾芃芃 杨耀辉 安丽娟
李丽娟 于常义 戴建兵 李庆来 李尊刚
隋国富 吕海燕

北京市石景山区地方税务局（53 人）

杨建中　陈孟光　梁丽鹃　叶　阳　刘纯彦
杨　坡　高　艳　赵卫红　李琛捷　魏凯东
唐　颖　杨　燕　李　涛　赵玉钢　梁小军
张进伟　宫春霞　杨　萍　朱建红　李玉芬
臧　洁　韩旭阳　赵广利　朱　枫　黄　燕
王媛媛　韩文红　王跃东　聂洪宝　李　元
唐懿杰　许淑君　陈鸿飞　苏　婧　吴金华
李延芬　刘华英　安建华　李新文　石存军
李凤娟　张俊良　高云鹏　吴　鹏　毕祥林
修　明　李　亮　马玉祥　王维然　张梦煊
姜福仁　张立新　刘宗海

北京市门头沟区地方税务局（49 人）

王桂富　王海鹏　杜宝仲　胡雪晴　李有武
王笑影　李为民　杨春光　白小妹　刘博璇
闫世红　谭　炜　陈学明　王洪明　周忠华
安文忠　刘振国　裴稚盼　李　凡　连维芝
陈　辉　宗晓菲　李全来　周晓东　孟祥杰
王博然　刘晓清　尹立志　尤影秋　孙树才
赵　东　石继羿　梁建新　刘德强　张海青
苗宗宪　李欣然　张　强　王朝祥　李彩虹
李　萌　杜　涛　刘洪杰　王兆军　肖　宇
杨朝霞　王生玉　杨春岩　杨　建

北京市通州区地方税务局（73 人）

杨玉杰　董立彤　毕文余　张红安　杨传良
何　龙　高　颖　胡丛茂　李　伟　孙　宇
孙士伟　唐建光　李红英　隆　静　李　京
高红建　王晓华　李万营　杨国贤　高金锋
刘　伟　李洪梅　徐　国　周立德　居秀楠
马剑波　贾玉婷　田静娜　王　洋　郭洪艳
毛京源　王　磊　宋　雪　白　杨　张　硕
王　烨　富莹莹　张国荣　曹洪霞　曹　悦
于广兵　陈永博　翟天骄　张志清　翁　磊
李维娜　王　超　王欣欣　计　渊　王一莎
李明杰　马京玲　孙华佳　朱玉凯　韩　兵
张　军　李宝佳　陈　岩　石立伟　姜开生
马秋伶　杜春强　王丽丽　尚存灿　周　心
周军伟　田　婧　李亚芳　王雪梅　吴兴福
张福志　魏　鹏　付京通

北京市顺义区地方税务局（71 人）

刘东升　宋永伟　赵学武　周海龙　李文华
董清松　郝永生　赵　明　欧阳建军
孙　建　赵月平　陈国政　员丽伟　冯向东
岳志国　孙潇聘　魏红涛　赵艳龙　王　颖
邓慧敏　李晓洋　胡玉芬　吴安生　王　冉
任　俊　李向雨　于贞妮　苏　顺　徐福江
刘宝锁　徐　牛　周　杰　陈　阳　崔　艳
赵　冲　邢玉坤　董春梅　孟　羊　史洪春
陈　功　郭　浩　路　佳　李国孝　陶晓蕊
李　博　聂永国　赵洪旺　单翠竹　佟　霞
方　磊　张　辉　张雅男　高雪成　周海东
李连富　王晨灿　蒋妍珏　李马力　柯静源
王春耕　高永刚　李　祎　钟　艳　于家刚
刘合欢　王　娟（小）　吴前钧　王金华
王志刚　刘　煜　李胜森

北京市怀柔区地方税务局（54 人）

马占亮　伏礼刚　彭云涛　杜春生　蒋学颖
毛仲刚　郭士峰　王晓东　高满强　崔贤良
周立杰　吴长熹　曹冬生　王艳红　芦　然
陈国平　刘秀兰　廖凤芹　于春丽　陈春生
王国政　张军红　陈克亮　彭晓红　陆景波
王克春　高　阳　王翔宇　谢建军　龚　威
杨　超　段文银　西庆华　李　妍　李保所
孟先会　付蓓蓓　申政立　朱乐萌　杜少春

王建国　王　晰　彭静侠　何水英　吕红书
宋文珠　王翠敏　岳　刚　窦　逗　卢国钦
孟国利　王伯华　张宝和　赵胜利

北京市平谷区地方税务局（54 人）

牛广荣　李兴华　邢红艳　邢　东　董金石
邢佳伟　付记平　张永利　张丽荣　贾军胜
杨明华　林艳海　张　途　郑春来　陈　雷
王海旺　芮凤霞　张艳香　穆东霞　刘海燕
于海月　徐占合　马骁尧　陈　放　唐　玉
徐　静　赵秋成　韩广利　耿东玉　张雅君
王海军　杨玉凤　杨文元　刘守峰　任克俗
杨红印　闫国旺　张斐然　梁景敏　杜春光
王永波　姜　山　王春立　卢春启　刘贺壮
宋学鹏　杨保国　杜怀国　任国龙　韩国际
王立娟　孙国良　刘治国　胡君华

北京市房山区地方税务局（53 人）

谭巨科　张　飒　张长红　王艳荣　邵玉贤
晋长兴　马铁柱　荆丹妮　杨　声　何　芳
王　浩　蔡子龙　刘建强　朱文杰　王凤水
李　臣　刘玉英　田建华　王世军　唐　俊
于齐山　齐晓燕　王文生　马立民　张凤新
皮建军　徐　中　齐安忠　赵连增　李　伟
王晶晶　尹娅丹　林　虎　杨则凤　于立峰
缴文雯　张　斌　董婷婷　安立川　辛东云
隗功勤　刘　伟　张文辉　陈彦君　王艳超
胡徐进　刘俊祥　于洪路　穆希星　刘志刚
隗婵娟　杨京京　雷　忠

北京市昌平区地方税务局（65 人）

陈友林　宋云飞　于永红　刘进军　刘文志
邹玉涛　陈石生　许　萍　刘亚伶　张　杰
王会清　秦利山　陈宗岳　曹艳娟　崔京军
苑晓伟　赵慧娟　张海祥　赵英哲　王　红
史国华　李文昌　刘建栋　杨照辉　郭东旭
陈　林　王昌俊　王　蕾　陈　都　盖闹良
蒋风中　查　林　王　健　崔　飞　张　舸
史惠东　苑建伟　刘凤利　邢万明　李广伦
张建恒　陈新国　崔晓姣　何　蕾　邱　瑞
张海山　沙　宁　董永生　谭博文　张晓曦
王翠丽　李　虹　牛长萍　周　芳　巩　颖
郄俊珺　谷秋颖　高　朋　赵　斌　袁　伟
孔祥玉　杨　杨　王　锐　安　莉　王建萍

北京市大兴区地方税务局（67 人）

田凤霞　翁筱玲　刘德鹏　张卫彬　李　强
刘学云　仪纪标　郑文哲　曾文赓　多葛廷
彭　伟　魏会君　戚卫东　张雪宾　王　凯
马英杰　周海波　毕晓婕　方　兴　巴洪瑞
王守洁　贾智海　郝起凤　方建刚　刘海波
张　群　周艳平　刘　捷　周玲玲　路明军
李　扬　郭武军　代　伟　巩振涛　张　京
王云丽　张　兴　李春玲　刘秀菊　冯　杰
韩宏伟　张　琳　杨雅丽　王伟宇　张亚丽
郭秀云　崔　剑　左传森　金意庆　钱桂法
王剑英　张　昊　张　娜　李　阳　郭均平
李兴国　张晓健　杨爱忠　魏善权　陈云强
赵金兵　耿兴伟　刘亚静　满　欣　张　静
王凌明　韦　惠

北京市密云区地方税务局（54 人）

方书涛　李景深　谢仲民　张晓芬　李万德
孙长立　贾福仁　张宝华　齐春生　王纪伟
程海春　江　凌　崔雪斌　肖瑞东　刘云龙
曹冬山　何春志　席艳凤　高秋慧　吕凤秋
戈录锋　陈海云　师光红　赵淑芝　曹新颖
冯晓勇　钱保生　任子墨　武学军　赵玉良

尹成罡 康小梅 张春舫 于立新 王 鹏
高 娜 吴喜欧 付玺安 赵革坚 刘 杰
陈 乾 曹 雨 王海源 潘 攀 吴军波
王晶晶 王海立 汪雅雯 王进武 王 娟
蔡建华 张春林 赵志杰 李长新

北京市延庆区地方税务局（42 人）

丁 振 赵丹宁 訾秀伶 许青山 刘宪军
张良宗 谷晓杰 王建军 耿宗泽 席建国
聂彦东 李红星 赵 伟 韩老四 王新立
沈文涛 陈春义 李树兰 王再文 程学明
吕九苓 李玉华 胡满峰 周宏华 林杜娟
朱文苑 冯春长 胡爱民 赵 鑫 武勇坤
崔纪书 吴晓静 胡 琴 杨 岭 胡顺全
段艳超 周健康 涂阁阁 席维利 聂永政
常 巍 谭 军

北京市地方税务局燕山分局
（第六稽查局）（16 人）

赵 军 孙宝辉 刘 军 李德红 王金辉
姬志伟 赵 展 廖朋业 陈 昕 陈 宁
李 劲 晋秀娟 苏海燕 孙 曦 田 胜
张田宝

北京市地方税务局开发区分局（18 人）

韩 波 安 娣 高 峥 叶 婉 杜剑非
庞振生 许石权 王灵玲 马 达 章巧云
许 智 刘宏超 高 颖 刘旭萍 容 亮
乐嘉宁 陈 旭 张 莹

北京市地方税务局第一直属税务分局
（第五稽查局）（15 人）

李 源 王俐美 兰 京 葛 玮 茅云鹏
周艳梅 朱炜立 陈 昱 王国军 郭 琳
张 婷 刘明辉 王珊珊 陈松岭 秦德生

北京市地方税务局第二直属税务分局
（西站分局）（14 人）

杨 宁 王 剑 裴立雪 苑仲凯 王宗惠
侯燕玲 张兴余 于 滢 廖 廓 刘淑萍
李淑卿 黄艳红 燕 英 崔 新

北京市地方税务局第一稽查局（27 人）

王大庆 李建春 王晓牧 颜 岩 车 毅
吴 瑾 史 捷 徐 民 张继颖 刘 涛
杨 淏 魏铁功 王雅楠 蔡 坤 温媛媛
毕 岩（小） 黄斌生 易守权 于 兰
王云芳 郑长妹 毕 岩（大） 高 峰
李青昕 刘 斌 彭 静 宋 航

北京市地方税务局第二稽查局（19 人）

鲍秋苓 刘桂森 靳 辉 高 琦 于 静
梁瑞红 黄 坤 郭锡森 武 妍 周 澎
王 烨 赵昱尧 刘鸿敏 任 为 徐 静
席丽丽 乔 蕾 崔小旭 张树森

北京市地方税务局第三稽查局（13 人）

庄祁玮 陈来滨 宋 潇 耿 伟 周 晶
陈月明 刘维兵 李晓晖 刘 悦 高亮亮
王 苏 刘文博 李 晶

北京市地方税务局第四稽查局（16 人）

石 斌 张红松 姚 婷 蒋 蓓 曹心怡
牛海艳 郭仕成 金大勇 冯 辉 张 谧
张 研 张 皓 叶 雯 陈京京 张 英
刘京津

市局机关（83 人）

丁　琳　王一夫　王　玉　王利平　王　哲
王　强（收规处）　王锦昆　牛泽厚
毛　杰　付　思　付晨光　白建平　冯西玲
朱志刚　刘　成　刘寄洲　刘　超　刘　雄
关　芯　安　剑　许燕羽　孙东晖　孙丽莉
杜　鹃　李云峰　李文芳　李运玲　李志刚
李　欣（计财处）　李　欣（内审处）
李宗定　李思峰　李家斌　李　猛　李章会
杨建宁　杨　巍　邱春会　何　媚　邹红姣
邹　彭　宋　迎　宋海华　张　宁　张连勇
张　玥　张春生　张　彬　张　博　张智慧
张皓晨　张　然　张瑞玲　张　麟　陈　芳
陈　涛　邵　凌　武立煌　欧阳晓娴
周　松　郑　奕　屈铁坤　赵凤江　赵卉竹
赵　欣　胡志娟　胡建荣　胡　媛　柳昌荣
饶梦阳　姜　华　胥子清　贾玉敏　贾忠华
徐以超　徐先甫　高　婧　郭天明　康子文
谢　云　满保红　蔡春坡　薛　青

事业单位先进工作者（7 人）

张　雷　张慧漫　王淑花　李立功　赵攀利
赵　斌　韦保财

（殷　佳）

行政管理

绩效管理

【综述】2015年，北京市地方税务局高度重视国家税务总局和北京市政府绩效管理工作，多次在党组会、局长办公会、系统工作会、局长专题会等重要会议上研究绩效管理工作，要求全系统合理分解、有效落实上级下达的绩效指标，加强与上级绩效考评部门的沟通，结合实际科学编制绩效指标体系，统筹推进市、区两级税务机关的绩效管理工作，切实将绩效管理作为促进工作持续改进的有效抓手。加强绩效管理制度建设、强化绩效工作过程管理、组织开展专项调研，采取多项措施，稳步推动各项任务在全系统有序开展。在全国税务系统34个省市地税局绩效考评中，指标得分989.187，排名第1，加减分68.74，排名第2，总成绩1057.93分，排名第2。在北京市政府58个委办局绩效考评中，得94.54分，排名第14，在20个执法单位中排名第2。

【绩效管理部门调整】北京市地方税务局绩效管理工作领导小组下设办公室（以下简称市局绩效办），将原来由办公室和基层工作处分工管理，调整为设在基层工作处统一负责，由基层工作处主要负责人担任市局绩效办主任，进一步整合市局绩效办主要职责，配备专职工作人员，组织实施全系统绩效管理日常工作。

【绩效管理制度建设】按照税务总局绩效管理制度办法的变化特点，市局修订了《北京市地方税务局绩效管理办法》《北京市地方税务局机关绩效管理实施细则》《北京市地方税务局对区县（分）局绩效管理实施细则》和《2015年北京市地方税务局绩效考评加分减分项目》等文件制度。

【税务总局绩效管理】全年税务总局围绕改革发展、行政效能、队伍形象、满意服务四大类绩效内容，对省地税系统考评了7项一级指标、21项二级指标、61项三级指标。处室主动承接税务总局指标，建立日常工作责任制，明确关键性节点和阶段性目标认真执行，并注重与司局的沟通联系；科学分解税务总局指标，逐级向下分解重点任务，推进指标在基层落地。强化绩效工作过程管理，局领导多次主持召开绩效专题会议，研究绩效考评指标情况，分析存在问题，查找差距，研提措施，改进不足，充分发挥了绩效管理指挥棒作用；建立月度报送提醒制度，绩效办逐项提醒处室按时报送；建立季度绩效分析讲评通报机制，按季度开展考评情况汇总讲评，将绩效考评分析作为提升税收工作质效的手段和方法；关注绩效考评中的新情况、新问题，及时向税务总局绩效办报送绩效工作信息。全年在组织税收收入持续稳定增长的基础上，全面推进依法治税和税收现代化建设，持续深化税收征管改革，服务京津冀协同发展，积极参与财政部、税务总局组织的税制改革研究，深入开展“便民办税春风行动”，积极推进税收法治工作，持续加强党建和干部队伍建设，各项工作稳步推进，多次得到了税务总局领导的肯定性批示。

【市政府绩效管理】2015年市政府绩效考评体系由年终考评和日常考评两部分组成，权重分别占60%和40%。其中，日常考评包括日常专项考评6项指标和服务评价考评4方面内容。北京市地方税务局年终述职考评成绩55.83分，日常考评成绩38.71分。召开工作协调会，征求处室意见建议，将市政府15项绩效考评任务细化成38项具体任务，分解到17个主办责任处室；组织有关处室学习市政府绩效考评体系和实施细则等制度文件，讲解分析考评体系调整变化情况。高度重视上年度市政府绩效考评报告中指出的问题和改进建议，制定了27项整改措施并逐项落实。积极反馈意见并与市政府绩效考评部门的沟通，统筹安排、同步推进市政府绩效与税务总局绩效工作，确保全年市政府各项绩效任务顺利完成。

【市局机关绩效管理】市局机关35个处室、直属单位参加考评，全年共考评共性指标19项、满分600分，包括时点指标5项，季度指标5项，半年指标2项和年度指标7项；个性指标544项、满分400分，涵盖年度税务总局重点工作、市政府重点任务和市局折子工程等税收工作任务。32个部门有加分情形，加分覆盖率超过90%，合计加分项目930项，共464.48分。其中，表彰表扬类135项，132.01分；荣誉称号类47项，64.5分；税收宣传类510项，165.7分；信息报送类31项，23.85分；调查研究类205项，76.42分；其他加分项2项，2分。根据考评成绩，排名前10位的是收入规划核算处、征管和科技发展处、法制处、办公室、宣传教育处、研究室、基层工作处、企业所得税管理处、纳税服务处、机关党委办公室。

【市局对区（分）局绩效管理】全年市局对24个区（分）局考评指标共87项，包括时点指标16项，季度指标17项，月度指标3项，半年指标10项，年度指标41项，满分1000分。其中，西城、海淀、门头沟、通州、怀柔、房山等6个区地税局分别被考评86项，东城、朝阳、丰台、石景山、顺义、平谷、昌平、大兴、密云、延庆等10个区地税局分别被考评85项，燕山分局、开发区分局、第二直属税务分局等3个局分别被考评84项，第一直属税务分局被考评76项，第一稽查局、第二稽查局、第三稽查局、第四稽查局等4个局分别被考评36项。24个局均有加分情形，合计加分项目1590项，共848.98分。其中，表彰表扬类70项，189.55分；荣誉称号类130项，115分；税收宣传类925项，315.2分；信息报送类122项，102.41分；调查研究类335项，120.35分；其他加分项8项，6.5分。5个局发生减分情形，其中，安全事故5项，减4分；监督检查1项，减10分。根据考评成绩，排名前7位的是海淀、东城、朝阳、通州、西城、房山、延庆区地税局。

【个人绩效管理】全系统在抓好组织绩效管理的基础上，围绕税收中心工作和重点任务，立足岗位实际，坚持组织绩效与个人绩效“双轮驱动”。在学习借鉴兄弟单位个人绩效管理工作经验的基础上，市局自行研究个人绩效考评方法，制定了《北京市地方税务局机关个人绩效管理实施细则》和《北京市地方税务局对区县（分）局领导班子成员个人绩效管理实施细则》。召开全系统个人绩效管理工作推进会，规范讲解个人绩效管理制度和考评流程。不断优化个人绩效指标体系和考评标准，健全激励约束机制，引导广大干部职工在重点工作上狠下功夫，持续推进，激发干部职工干事创业的内生动力。

全年全系统个人绩效共考评7197人，参与考评人员覆盖率为96.85%。35个机关处室、直属单位实施了个人绩效考评，共考评454人，参与考评人员覆盖率为96.60%。市局机关32个部门实施差异化打分，占91.43%，28个部门实施加减分考评，占80%。24个区（分）局实施了个人绩效考评，共考评6743人，覆盖423个科室、233个税务所，科级单位考评覆盖率为100%，人员覆盖率97.06%，24个局均实施了差异化打分，占100%，23个局实施加减分考评，占95.83%。

【绩效管理基础工作】成立绩效考评委员会，分析评估绩效管理运行工作，裁定争议事项，审议绩效考评成绩，确保绩效考评的客观公正。建立市局绩效办例会制度，由分管局长每周主持召开绩效工作例会。全系统各单位均配备专兼职绩效管理人员，确保绩效工作有序运转。编写并刊发《绩效管理工作专刊》35期，发布“每周工作志”，反映工作动态和问题建议。在办公内网中开设“绩效管理”模块，更新维护相关文件资料，方便各单位查询。建立由系统130多名干部加入的绩效管理工作微信群，加强实时交流，缩短信息传递时滞，提高工作效率。多次组织绩效管理工作培训会议，学习交流工作经验，对实际操作问题现场答疑，促进绩效管理工作质量提升，引导全系统干部深入理解绩效管理理念，积极参与绩效管理。

（冯翔宇　马　洁）

政府信息公开

【综述】2015年，北京市地方税务局在国家税务总局的领导和北京市人民政府的统一指导、协调下开展政府信息公开工作；依法组织税收收入，着力推进首都地方税收现代化建设和税收征管改革，各项重点工作取得积极进展。严格执行《政府信息公开条例》和《北京市政府信息公开规定》，积极落实《北京市2015年政府信息公开工作要点》，政府信息公开工作体制机制逐步完善，主动公开持续深化，依申请公开稳步推进，渠道场所畅通便捷，圆满完成各项任务。

【主动公开】按照《政府信息公开条例》有关规定，北京地税不断深化主动公开内容，拓展首都之窗北京地税政府信息公开专栏、北京地税tax861网站政府信息公开专栏、《北京地方税务公告》、办税服务大厅、新闻发布会等主动公开渠道，强化监督管理，扎实推进主动公开工作。自《政府信息公开条例》施行以来，北京地税累计向社会公开信息23527条。2015年通过北京地税Tax861网站专栏定期向社会公开税制改革和税收政策措施、税收行政权力清单、税收征管和服务规范、税收收入统计数据、纳税信用信息和重大税收违法信息、财政资金使用、重大项目、政府采购、税收信息化建设、干部队伍建设等方面信息。2015年通过首都之窗北京地税政府信息公开专栏向社会公开信息4707条，全文电子化率100%。其中机构职能类信息213条，占总数的4.53%；法规文件类信息164条，占总数的3.49%；规划计划类信息49条，占总数的1.04%；行政职责类信息4条，占总数的0.08%；业务动态类信息4277条，占总数的90.86%。2015年制作并发布《北京地方税务公告》12期。2015年向北京市政府信息公开查阅大厅、北京市档案馆、首都图书馆及北京地税政府信息公开场所等移送税收规范性文件等纸质文件11件33份，自《政府信息公开条例》施行以来累计移送159件2283份。北京市地税系统全年接受政府信息公开咨询共计856人次，包括现场咨询以及通过市局、区县（分）局政府信息公开专线和政策咨询服务热线、政府信息公开专用电子邮箱接受的咨询。2015年以来共召开新闻发布会13次，策划组织宣传活动90余次，在中央、省市级主要媒体发表稿件475篇（不含各类转载）。全年通过北京地税官方微博微专栏、微话题、微答疑等形式普及税收基础知识、发布地方税收新政、介绍申报缴税指南、提供纳税权益保护，发布信息5101条，粉丝总数超过232万人，在全国税务系统官方微博中排名第2位。

【依申请公开】 按照《政府信息公开条例》有关规定，北京市地方税务局认真受理公民、法人或者其他组织根据自身生产、生活、科研等特殊需要提出的政府信息公开申请。全年共受理政府信息公开申请25件，其中，北京市地方税务局受理3件，区县地方税务局受理22件。在受理的25件申请中，当面申请8件，占总数的32%；以信函形式申请的17件，占总数的68%。2015年受理的25件申请共涉及申请事项31项，全部在法定期限内予以答复。其中："已经主动公开"3项，占9.68%；"同意公开"8项，占25.81%；"不予公开"1项，占3.22%；"非本机关掌握"8项，占25.81%；"信息不存在"7项，占22.58%；"申请内容不明确"4项，占12.90%。

【复议和诉讼情况】 北京地税发生针对政府信息公开行政复议案件2件，维持具体行政行为2件；针对政府信息公开行政诉讼案件1件，败诉案件1件。

【重点领域信息公开】 做好京津冀协同发展相关信息公开工作。加强与北京市发展改革委、市经济信息化委沟通交流，重点关注京津冀区域产业升级转移等重点领域相关政策的变化引起的税源转移和税收变化情况，及时撰写信息上报北京市委市政府的同时，加大相关政策信息的公开力度，实现为上级决策服务、为企业政策指导的目的。做好创新驱动发展战略相关信息公开工作。积极配合北京市科委、市发展改革委、中关村管委会做好文化创意和设计服务与相关产业融合发展税收政策的公开解读工作，组织税收政策进校园等活动，北京地税主要领导与中国人民大学师生面对面解答公众参与创新行动计划、大学生创业等相关税收政策问题；各区（分）局组织创新创业系列宣传活动，现场发放宣传材料逾万册。做好构建"高精尖"经济结构相关信息公开工作。联合北京市发展改革委、市经济信息化委、市工商局、市国税局、区县政府共同推进战略性新兴产业发展，促进高新技术产业基地建设，走访调研区域内重点企业并提供相应税收政策支持，积极落实"互联网+税务"发展规划，促进本市生产性服务业和生活性服务业发展。

【政策解读】 自2015年以来，北京地税法制部门共接到提交审查的规范性文件5件，分别是：《北京市地方税务局关于发布财产和行为税纳税申报表及有关事项的公告》《北京市地方税务局关于进一步下放城镇土地使用税、房产税困难减免税审批权限有关事项的公告》《北京市地方税务局重大税收违法案件信息公布办法（试行）》《北京市地方税务局关于废止企业所得税纳税申报表有关文件的公告》《北京市地方税务局关于修订和废止部分执法文书的公告》，严格按照《国家税务总局办公厅关于进一步做好税收政策解读工作的通知》（国税办发〔2012〕4号）要求，对税收政策的解读稿进行审查，未发现问题。

【制度机制建设】 一是细化公开范围和目录。重新修订《北京市地方税务局政府信息主动公开工作办法》和《北京市地方税务局政府信息公开目录编制规范》，阐述政府信息公开的范围限定和程序要求，细化类目设置级次、增加核心元数据范围、重新编制政府信息公开目录结构及内容规范标准、明确系统内部各部门的责任分工。二是完善保密审查机制。重新修订《北京市地方税务局政府信息公开保密审查办法》，明确办理流程和责任落实、突出保密审查的工作重点、完善保密审查工作的监督检查机制。三是健全源头管理机制。重新修订《北京市地方税务局政府信息主动公开工作办法》《北京市地方税务局政府信息依申请公开工作办法》《北京市地方税务局政府信息公开保密审查办法》，明确公开属性认定标准和责任归属，对于涉密信息和依法解密信息，制定了关于确定公开属性的具体执行规则。制作或者获取政府信息的各责任部门是承办依申请公开的责任部门，负责提出依申请公开政府信息的保密属性、政策依据和初步的答复意见。四是打造依申请公开促进依法行政机制。重新修订《北京市地方税务局政府信息依申请公开工作办法》，阐述了受理依申请公开的工作要求、细化了依申请公开的办理程序、分解了各个工作环节的时间表、创新建立了北京地税办公室与部门之间紧密联系协调工作机制、拓展了申请人提出政府信息公开申请的渠道、规范了文书填报中字号编制与内容。

【政府信息公开工作培训】 加强本系统政府信息公开工作培训，积极构建多层次培训机制，组织召开全系统培训会的同时，各区（分）局结合工作实际，开展政府信息公开培训宣传等工作，强化内部协调，明确责任落实。

【加强与区县政府沟通交流】 要求各区（分）局与区县政府及各委办局密切联系，了解区域发展情况，完善政府信息公开内容，提升信息公开质效。

【指导区（分）局依申请公开】 建立依申请公开情况监测机制，各区（分）局定期上报案件受理情况和办理进程，严格办理时限、规范办理程序，对于内容复杂、办理程序繁琐的案件，通过召开联席会的方式讨论案情，按照法制部门意见制作法律文书，并按时送达申请人，提升依申请公开办案质效，降低诉讼风险。

（张佳会）

会议管理

【综述】2015年办公室本着厉行节约、务实高效、规范管理、充分挖掘本单位资源的原则合理安排会议，严格控制会议的数量和规模，能够以通知形式安排的工作不召开会议，能够以视频形式召开的会议不召开现场会议，能够利用市局自身资源召开的会议不租赁外单位场地召开会议。着重提高会务组织协调能力，加强会议分口管理，严肃会议纪律，全年各单位会议参会率达到100%。联合市国税局召开北京市税收工作会议，统筹部署全市税收工作，为全国首创。全年共承办全局性会议20次，局长专题会125次，服务局领导外出调研55次，接待外单位来市局指导工作22次。在确保会议质量的同时着力提高会议费使用效率，使用局级会议费较2014年下降87.98%，圆满完成了精简会议、改进会风的工作任务。

【改进会风提高会议质量】严格按照计划召开会议，各处室根据党组会议审议通过的会议计划组织召开会议，计划外会议不批准会议预算；严格会议纪律，因出差、出访、生病、休假等原因不能出席会议的，提前向办公室请假，未经同意不得由他人替会，所有会议原则由主要领导汇报，分管领导可以适当补充，会议期间一律不得接打手机，保密会议将手机提前保存，不携带手机进入会场。

（解　民）

信访工作

【综述】2015年全年，市局办公室接受来信168件，同比增长5.20%，主要涉及人事类12件次（7.14%）、违纪类22件次（13.09%）、建议类5件次（2.98%）、税务举报60件次（35.71%）、业务咨询23件次（13.70%）、申诉类1件次（0.60%）、其他45件次（26.78%）；其中，属于信访范畴的信访来信17件次，主要涉及干部选拔任用、纳税争议等方面。市局办公室接受来访17件，同比下降11.76%。主要涉及人事类7件次（41.18%）、违纪类0件次、建议类4件次（23.53%）、税务举报0件次（0.00%）、业务咨询6件次（35.29%）、申诉类0件次（0.00%）、其他0件次（0.00%）。其中，属于信访范畴的信访来信

5件次，主要涉及干部选拔任用、职务晋升等方面。2015年全年，局长信箱接受来信454件，同比增长21.08%，主要涉及人事类7件次（1.54%）、违纪类7件次（1.54%）、建议类97件次（21.37%）、税务举报74件次（16.30%）、业务咨询220件次（48.46%）、申诉类0件次（0.00%）其他类49件次（10.79%）；其中，属于信访范畴的信访来信7件次，主要涉及干部选拔任用、职务晋升等方面。

【夯实制度基础】逐步建立完善信访工作基本制度体系，规范信访工作流程。根据国务院《信访条例》《北京市信访条例》《全国税务机关信访工作规则》《税务系统信访工作规定》《北京市信访办信访办理、复查、复核文书文本要素与格式规范（试行）》，结合市局工作实际，对2012年印发的《北京市地方税务局信访工作办法》进行修订，并于2015年11月30日印发《北京市地方税务局关于印发〈北京市地方税务局信访工作办法〉的通知》（京地税办〔2015〕232号），明确信访、舆情、应急管理工作联席会议、矛盾纠纷排查化解、协调联动、应急处理等相关配套规定，切实规范信访工作程序。

【强化信访工作基础建设】配备专职信访员1名，兼职信访员1名，坚持AB角工作机制。依照信访工作要求，安排一男一女两名干部职工接待来访。设立专门的信访接待室，并配备了取证照相机、两部录音电话和一个录音笔。信访接待室安装监控录像、录音、报警设备等安全防范措施，对信访人及有可能存在的安全隐患，同步进行音像采集工作，确保接访人员安全和取得有效证据材料。

【实行诉讼与信访分离制度】将应通过仲裁、诉讼、行政复议等法定途径解决的诉求从普通的信访事项中分离出来，引导信访人按照法定程序进行办理，维护法治权威；对信访事项本身进行批评建议、利益诉求（申诉、求决）、投诉（举报）等分类处理，强化责任认定与落实。例如，近日市局接受一起关于二手房交易的来访，主要涉及因合同争议引起的退税问题。信访处在充分了解情况后，根据案件复杂性与关联性，采取引导纳税人寻求法律救济的途径维护自身合法权益，有效做到诉访分离。

【畅通群众反映诉求和问题解决渠道】本着方便信访人就地提出信访事项的原则，以为信访人解决困难为出发点，市局设立了信件、电话、电子邮件、走访等多种渠道，方便信访人反映诉求。北京地税官方微博正式启动后，纳税人可以通过“私信”的方式提出诉求，为纳税人又开辟了一条方便快捷的问题解决渠道。及时通过市长信箱查看由市政府信访办转来的“税务信访转办件”，每月初，通过市政府信访数据汇总系统收集市局上个月的信访量和信访情况，并按照规定及时办理完毕。

【信访宣传】以“阳光信访、责任信访、法治信访”为主题，结合税收工作实际，采取主题宣传活动与日常信访工作相结合的方式开展《北京市信访条例》宣传月活动。制作信访知识宣传展板摆放在市局机关门口；在市局机关信访接待室内摆放《北京市信访条例》等宣传资料，供信访人来访时自由索取；组织机关干部及区县（分）局信访干部开展网上答题竞赛活动等等，确保宣传的效果和宣传覆盖面以及渗透力。

【信访工作培训】加强本系统信访工作培训，积极构建多层次培训机制，组织召开全系统培训会，邀请北京市信访矛盾分析研究中心领导为全系统处级以上干部授课，集中学习信访的概念、区分信访事项的方法以及信访事项的办理原则，着重强调诉访分离的信访工作理念；邀请市信访办办信处领导开展题为“规范程序 强化责任”工作培训会，集中学习信访内容的界定技巧、信访事项的分类方法、网上办信注意事项等内容，做到提高思想站位，服务首都经济发展大局，增强信访工作的责任感、紧迫感；把握工作细节，服务国家税务总局、市政府领导决策，提升信访工作的风险意识、大局意识；转变工作思路，服务群众日益增长的多元需求，提高工作的严谨性、创新性。

（张佳会）

公文管理

【综述】 2015年，市局办公室不断规范公文处理工作，通过开展公文培训、修订制度规范等一系列措施，提高公文管理工作的质量和效率，提升以文辅政水平。

【完善政务制度体系】 进一步修订完善公文、信息和内部文书等管理规定，建立《北京市地方税务局机关公文考核办法（试行）》，修订《北京市地方税务局工作规则》《关于加强请假审批和组织外出活动管理工作的通知》等10项规定，政务管理体制日渐完备，有效推动了各项工作规范开展。

【提升公文运转效率】 建立上级文件办理情况定期反馈机制，公文处理率达到100%；建立考核通报机制，设定公文质量和运转效率两方面44项对市局机关和区（分）局的考核指标，按季度考核、通报存在问题，市局机关公文差错率下降60%，区（分）局公文质量有较大进步。

【筹建公文无纸化办公平台】 积极筹建无纸化办公平台，提出无纸化办公需求，力争实现上级文件办理情况的全程记录、运行透明、痕迹可查、效果可评。

【日常公文管理】 2015年，市局收文3768件，发文810件；机要文件收文1375件；落实非局内会议通知920件；收发局内处室签报1177件；机要交换文件7173件；排版、印制各类文件材料2118件，26447份。

（郑光义）

督查工作

【综述】2015 年，办公室不断加大督查工作力度，创新工作方法，狠抓工作落实，全年各类督查事项 685 项，办结率 96%，督查工作在推动各项工作优质高效开展中发挥了积极作用，在税务总局 2015 年度“督查任务落实”绩效考评中获得满分，得到市局主要领导的充分肯定。

【完善督查工作制度】转发税务总局关于进一步抓好工作落实的意见、系统督查管理办法等文件，修订完善《北京市地方税务局督促检查工作办法》。

【实现督查工作创新】市局督查信息管理系统于 2015 年 4 月 1 日上线试运行，实现接收督查事项、反馈办理结果、到期提醒、查询统计等功能。根据使用情况对系统功能进行了升级，并分三批实现 24 个区（分）局督查系统上线运行。建立国地税联合督办机制，联合对《市国税局市地税局 2015 年合作工作要点》35 项合作事项进行督办。

【加大督办工作力度】严格督查反馈时限，加强过程管理，全程督促办理情况。积极配合税务总局对市局小微企业等税收优惠政策落实情况的专项督查，制定督查整改方案和措施，按要求上报整改情况。按月通报督查工作进度，编发《地税督查》12 期，通报督查工作进度，确保各类事项有效落实。

【督查队伍建设】成立督查工作组，定期召开小组会议，推进督查工作任务落实。建立市区两级督查管理员队伍，搭建延伸到基层科室、税务所的督查工作人员网络，保障各类督查事项在基层得到及时督促办理和反馈。组织开展督查业务培训和督查系统操作培训，提升全系统督查管理员的督查工作水平。

（谢东明）

信息工作

【综述】2015 年，北京市地税局信息工作紧扣推进税收征管改革和服务京津冀一体化建设主题，聚焦民生反馈、政策效应、数据分析等情况报送，积极展现工作成果，反映工作问题，为服务决策和推动工作运转提供有力支持。2015 年，全系统各单位共向市局报送信息 4500 余篇，市局办公室经加工、整理、汇总、共刊发《北京地税信息》专报 690 期，推进税收现代化和征管改革等专题刊物153期，普刊46期，增刊17期，编辑内网图片信息1442篇。在市政府办公厅2015年度北京市政府系统政务信息工作考评中，北京市地税局被评为信息工作优秀单位，市局办公室赵卉竹、海淀局办公室樊涛同志被评为优秀信息工作者。市局办公室赵卉竹、曹佳同志名列市委办公厅2015年度信息工作业务考核成绩突出人员名单。

【服务领导决策】加大调研力度，在税收和经济形势研判、政策执行效应分析和企业需求调查等方面积极组织报送稿件，共上报市委、市政府和国家税务总局信息850篇，552篇被上级单位采用。其中《北京市落实小微企业税收优惠政策情况及相关问题建议》《北京市积极开展工作满足大学生创业资金需求》《北京市贯彻落实国家房地产新政有关情况》等10篇信息被国务院办公厅采用；《北京市反映纳税人高度评价小微企业减税减费新政》《"三证合一，一照一码"实施以来的税收管理问题和建议》信息被国家级领导批示；《创新创业主体希望进一步为"双创"清障》被市政府办公厅转发全市各单位学习参考；《工商登记制度改革对政府能力提出新挑战》被市委办公厅评为优秀调研信息。

【国地税信息联合报送机制】在深化国税、地税征管体制改革和"营改增"的推进过程中，信息工作全面转换视角，建立无缝衔接机制，联合选题、联合调研、联合采编、联合报送。2015年共联合上报信息350余篇，近90%的信息被上级部门采用，并推出《北京国地税专报》，专题反映国地税联合工作取得的成绩，得到上级领导的认可。市委、市政府和国家税务总局领导多次在信息刊物上对市国税局、地税局联合创新开展工作给予重要批示和表扬。

【信息刊物动态调整机制】在刊物设置上建立按照阶段性重点工作定期调整子类别及栏目工作机制，全方位展现系统工作运转情况。已有专报、特刊、专刊、普刊、增刊5类信息刊物，下设多个子刊物，系统报道各单位在征管改革、纳税服务、服务区域经济发展等方面的工作进展情况、经验举措、业绩成果及反馈的问题建议，推动工作持续创新开展。2015年共发布《推进税收现代化和征管改革工作专刊》40期、《经验交流专刊》48期、《普刊》46期、《区县领导关心指导地税工作专刊》8期、《市局领导批示摘要》6期；按照市局主要领导要求，增设《专题会议特刊》并发布36期，将市局党组工作部署第一时间传达给全系统，确保基层税务干部能够了解市局重点工作进展情况及近期主要工作任务，为各级领导决策和各单位工作开展提供前置参考。

【反馈基层心声】通过信息报送，及时将工作执行中遇到的情况和苗头性、倾向性问题传递给决策层，进一步加大问题信息的刊发力度，基层反映问题积极性显著提升。2015年共刊发《问题建议专刊》17期，建议74条，全部列入督查事项，有效推动了工作改进和完善，也促使处室为基层服务工作落到实处。

【信息培训】采取集中培训、点对点辅导和一对一"以干代训"方式加强信息员队伍的培养。2015年共组织全系统信息培训会1次；对4个区局科所人员进行信息写作专题辅导，4个区局专职信息员到市局"以干代训"，有效促进了信息队伍综合能力的提升和信息质量的提高。

【完善考核制度】针对市局处室信息报送相对薄弱的问题，在市局机关绩效考评中增加了政务信息工作年度考核指标。从实施效果看，处室信息报送积极性逐步提高，信息意识逐渐加强，信息报送质量明显提升。

（赵卉竹）

税收宣传

【综述】2015年的税收宣传工作，以习近平总书记在全国税收宣传工作会上的重要讲话精神为指导，坚持服务大局，聚集中心，积极构建“大宣传”工作格局，找准定位，搭建平台，创新方法，规范管理，为深化征管体制改革，推进税收现代化提供良好的舆论保障。

【构建大宣传格局】修订完善税收宣传管理办法，明确领导职责、程序规范、纪律要求，建立市局党组统一领导，税收宣传管理部门统筹，全系统各单位、各部门积极参与的“大宣传”格局。建立税收宣传联席会议制度，每季度召开一次，定期总结交流，统筹布置工作，明确工作要点。

【全角度税收宣传】以《求是》杂志、新华网、经济日报、《紫光阁》杂志、北京电视台、北京日报、中国税务报等主流媒体为阵地，围绕国地税携手合作、京津冀协同发展、打造互联网地税局、推行纳税服务新规范等内容策划专题性、系列化、集群式宣传报道，《京津冀一体化：需要一系列先行先试税收政策》《忠诚、干净、担当，努力践行三严三实》《“秒时代”：大数据平台上演绎的现代化税收管理》等报道得到多家网站转载。其中，央广网发布的《二手房新政首周北京房屋交易营业税免征近1.6亿》、“新常态、新税风”系列新闻报道得到了税务总局局长王军的肯定和表扬。2015年市局共组织召开新闻发布会19次，在中央、省市级主要媒体发表稿件500余篇。

【打造税收宣传品牌】《税收天地》栏目立足演播室高端访谈，根据财税时政热点，精心筹划节目内容，节目影响力和关注度不断提升，得到了国家税务总局及市领导的批示和表扬。《北京地税》杂志全新改版，由单月刊48页增加到56页，增加中彩页，内容重深度，栏目重创新，排版重美观。全年杂志共出刊12期，组织编辑稿件1200余篇，200余万字，刊发稿件300余篇，70余万字，刊登摄影、书法等作品400余幅。打造新媒体平台，加强微博、微信、网站的联合互动，实现素材一次性采集、内容多平台产生、信息多渠道发布、效果全方位呈现。全年，北京地税官方微博发布信息5479条，与网友互动31020余次；地税网站共发布全系统重要会议、重大活动工作动态124条、税务要闻373条。北京地税发展陈列展全面展示首都地税事业科学发展的光辉历程，全年共接待局参观人员35批969人次。

【提高税收宣传影响力】以“新常态、新税风”为主题，深入开展第24个全国税收宣传月活动，组织宣传活动50余项，印发税收宣传材料8万余册。制作《税收宣传新常态　春风服务新税风》（PPT）在北京市机关第二届青年技能大赛上获得二等奖。深入实地走访基层税务所，挖掘、推广工作中涌现的先进典型，发挥典型宣传的激励鼓舞作用，《北京地税》杂志刊登“北京地税榜样”系列报道，制作“北京地税榜样”公益短片，在北京电视台、北京城市电视播出，并将在全系统纳税服务大厅显示屏展示推广。

【妥善处理涉税舆情】修订《北京市地方税务局舆情管理制度》，构建宣传部门牵头，相关方面协调联动、共同应对的舆情管理机制。全面收集舆情信息，安排专人实时监测，及时准确报告，加强分析研判。全年舆情总体平稳，共监测到负面舆情15起，均得到了及时、有效的处置。

（秦　一）

调 研 工 作

【综述】2015年，全市地税系统认真贯彻落实市委市政府和国家税务总局关于调研工作的决策部署，积极推进精品调研战略，调研服务大局的作用显著提升，在全国税务系统调研工作绩效考核中位列第一。

【调研成果转化取得突破】全年实现各类成果转化307项（次），增加126项，同比增长69%。其中，外部成果转化224项，包括省部级及专业学术奖项4项，省部级领导肯定性批示10项，省部级以上刊物及核心期刊刊登74项，市局领导及区县领导批示101项，形成制度规范8项，编写出版书籍4本，其他外部刊物刊登23项。编印《北京地税》税收与法治专题调研专刊，电子内刊《调查与研究》发刊83期。《税收法治通论》《京津冀地区税收收入情况分析》分别获全国税务系统优秀科研成果一、二等奖，《京津冀协同发展税收问题研究》在税务总局重点科研课题评审中被评为优秀等次，《关于房地产税制的国际比较研究报告》获全国国际税收优秀科研成果特等奖。《工商登记制度改革对税收征管工作提出新挑战》等4项课题得到市领导批示，《京津冀三地税收呈现融合发展的良好态势》等2项课题得到税务总局局长王军批示。5篇文章被新华社国内动态清样采编刊用。

【领导示范带头作用进一步增强】市局党组高度重视调研工作，多次召开会议听取调研工作情况汇报，审议年度课题计划和重点调研课题管理办法。市局领导共完成重点调研课题12项，各部门、各单位主要负责人开展专项调研课题58项。市局领导围绕京津冀协同发展、非首都功能疏解、国税地税征管体制、税收法治建设、互联网+税务、工商登记制度改革、个人所得税改革、党风廉政建设等领域深入开展课题攻关，共实现成果转化32项。其中，杨志强局长主持的税收服务京津冀协同发展、服务北京疏解非首都功能等课题获市领导批示，完善国税、地税征管体制研究得到税务总局领导肯定。刘江平书记主持课题第一党支部思考与实践在《前线》杂志发表。

【调研推动全局工作效果更加显著】全系统围绕税收中心工作，聚焦重点难点问题深入开展调查研究，积极为领导决策提供理论支持。针对个人所得税课税模式选择、推进税收管理现代化、服务非首都功能疏解、税收保障办法立法研究等课题，系统地提出了相关政策建议。优秀年轻干部培养选拔、破产企业税收债权保护、税务机关政府信息公开等课题为制定规范性制度提供了决策依据。推进纳税服务标准化建设、办税服务一卡通、市级稽查全覆盖、加强地税职工之家建设等课题，明确了相关工作思路。

【调研管理工作逐步完善】制定《北京市地方税务局重点调研课题管理办法》，强化过程管理，规范经费使用。认真落实税务总局精品绩效考核办法，向税务总局报送优秀调研文章43篇、研究报告7篇，多次获税务总局通报表扬。加强全系统调研绩效考评，细化考核标准，发挥导向作用。建立系统调研骨干资料库，为组建市局调研团队做好人才储备。组织系统调研培训，邀请知名专家就北京市“十三五规划”、税制改革、“互联网+”等问题做专题讲座。

【外部合作水平持续提升】积极与北京税收法制建设研究会、北京市国际税收研究会、北京市地方税务学会及市局战略合作单位开展课题合作，完成税收政策、税收征管、税收法治等方面课题14项。与中国社科院财经院合作开展《税收管理现代化理论与实践》《税收案例法理评析》等重点课题研究。与中央财经大学合作开展房地产税收政策、土地使用税纳税能力估算研究。与中国政法大学签订战略合作协议，联合开展涉税法律问题研究。

（黄建达）

外事工作

【综述】2015年，北京市地税局外事工作从服务税收中心任务的目标出发，明确出访责任，完善外事工作制度，严控出访团组和人员合理安排公务活动，严格执行因公出访公示制度，切实提高出访质量，加大成果转化力度，规范审批程序，在确保重点课题调研团组顺利出访的同时完成了降低出访总量和减少出国经费支出的目标。全系统因公出访39人次。通过学习交流，开阔了视野，增长了见识，解决了税收工作中的实际问题，为税收征管改革提供了有益的思路和借鉴，收到了良好效果。

【外事管理】出访团组实行团长负责制，自组团组和双跨团组的出访日程均经团长本人亲笔签名确认。出访前采取集中形式邀请市外办主管领导开展行前教育，提高出访人员在境外期间的安全意识、法制意识和政治敏感性。修订《北京市地方税务局外事工作管理办法》（京地税办〔2015〕12号），进一步明确适用范围、工作职责、工作流程，注重办法的合法性、合理性、可操作性，保证制度流程有据可查、不留死角、便于操作。严格执行控制并降低总量的要求，39名出访人员均以“因事定人”为原则选派出访。在市局自组团组中，按照应邀出访的规定，确保出访国家与任务内容严格契合，从严控制出访国家和在外停留天数，实质性公务活动时间占在外日程的2/3以上。39名出访人员的相关信息均在人员所在单位公示栏如实公示，公示期限为5个工作日，自觉接受群众监督。

【赴墨西哥、巴西调研】根据年度外事工作计划，由杨志强局长带队，组成重点课题调研团组，就墨西哥和巴西税收制度的总体框架及税制改革情况、税收征管制度设计、跨境税源管理与服务、房地产税收制度与征管，以及税收优惠政策相关问题进行调研，分析借鉴墨西哥及巴西在税源管理的制度设计及征管实践方面的经验，形成《税源管理的现代化——模式比较与制度设计》调研报告，就经济全球化及简政放权背景下如何构建科学严密的现代化税源管理模式提出意见和建议，并将调研成果运用于北京市地方税源管理之中。

【香港税务学会来访】2015年7月7日，北京市地方税务学会常务副会长吴鼎与来访的香港税务学会会长邱贤君一行进行座谈，双方介绍了各自的工作开展情况，并对目前的收入形势、房产税开征立法进度和重组业务的个人所得税相关政策交换了意见。

【加强成果转化】所有出访团组和人员在回国后均按规定完成出访报告，形成《北京市地方税务局2014年出访报告文集》，对促进税收工作起到积极作用。同时在内网办公系统发布，方便系统学习交流和成果转化。

（解　民）

2015年度北京市地税系统政务信息工作考评通报名单

一、信息工作优秀单位（19个）

北京市地方税务局收入规划核算处
北京市地方税务局征管和科技发展处
北京市海淀区地方税务局
北京市顺义区地方税务局
北京市朝阳区地方税务局
北京市昌平区地方税务局
北京市房山区地方税务局
北京市大兴区地方税务局
北京市通州区地方税务局
北京市东城区地方税务局
北京市西城区地方税务局
北京市丰台区地方税务局
北京市怀柔区地方税务局
北京市石景山区地方税务局
北京市门头沟区地方税务局
北京市延庆区地方税务局
北京市密云区地方税务局
北京市平谷区地方税务局
北京市地方税务局开发区分局

二、优秀信息员（24个）

北京市地方税务局收入规划核算处　周兵化　解　琦
北京市地方税务局征管和科技发展处　崔　宏　李　旸
北京市海淀区地方税务局　樊　涛
北京市顺义区地方税务局　王英丞

北京市朝阳区地方税务局 王思檬

北京市昌平区地方税务局 韩晓君

北京市房山区地方税务局 马宏伟

北京市大兴区地方税务局 李维维

北京市通州区地方税务局 郑云鹤 王 烨

北京市东城区地方税务局 李 静

北京市西城区地方税务局 刘海琳

北京市丰台区地方税务局 石冬冬

北京市怀柔区地方税务局 张佳会 王艳红

北京市石景山区地方税务局 李 元 贾晓磊

北京市门头沟区地方税务局 王梓璇

北京市延庆区地方税务局 赵文杰

北京市密云区地方税务局 董佳奇

北京市平谷区地方税务局 李冬莲

北京市地方税务局开发区分局 李春澍

（赵卉竹）

税务博物馆建设

复建北京税务博物馆

【综述】2015 年，在市局党组和主管局领导的正确领导下，在系统内外的大力支持下，博物馆全体干部紧密团结、扎实工作，深入研究税史资料，全力推进文物征集、场馆建设、装修布展等工作，顺利完成了税务博物馆的复建。2015 年 9 月 19 日，北京税务博物馆隆重举办开馆仪式，启动对税务系统和部分社会团体开放试运行。截至 2015 年底，接待系统内外参观 105 批次、4000 余人次，为对社会开放积累了宝贵经验。

【签订四方协议】按照市局党组要求，博物馆起草了《市地税局、市国税局、朝阳区政府、中央财经大学合作建设北京税务博物馆框架协议》，征求各方意见，于 2015 年 8 月完成了四方协议的签订工作。四方协议的签订确保了税务博物馆最大限度利用各方资源，为今后税务博物馆的长远发展奠定了基础。

【税收文物史料征集】规范文物征集工作，制定文物征集办法，请专家帮助鉴定估价，严格按程序和制度使用征集经费。调动系统内力量，广泛动员系统内各单位、各级领导和全体干部深入挖掘，捐献税收文物史料。建立半月通报制度，督促各单位加大征集力度。扩大系统外渠道，赴河北发票博物馆、延安革命根据地等地进行实地考察、学习和开展征集工作，联系清史馆、故宫博物院、中央档案馆、延安革命纪念馆、市财政局、市档案局、造币总公司、一轻集团、二商集团、中加集团、普华永道、泰康人寿等单位及个人文物收藏家，联系荣宝斋、同仁堂等老字号，与收藏家、企业和相关单位深入交流，联系捐赠、借展或购买一大批极具历史价值的税收文物史料，极大地丰富了博物馆馆藏，提升展示档次。经过一年多的努力，共征集文物史料和书籍 6 千余件。截至 2015 年底，税务博物馆藏品数量已经突破 2. 5 万件。

【场馆装修和运行维护】博物馆入驻场馆办公后，在市局后勤中心和朝阳地税局的协助下，妥善解决二层办公区和地下室渗水、漏雨等突发问题。向财政局报审博物馆布展项目，协助市局计划财务处完成公开招标。与中标的北京天图设计工程有限公司深入沟通，反复修改，经多方论证后形成布展设计方案。按照博物馆运行专业要求改造展厅，完成了机电配置、消防、安防等项目的改造。加强安全监督和质量控制，实行 7 × 24 小时领导带班、干部值班制度，安全高效地完成了展厅装修工作。2015 年 9 月，自来水、燃气等接入，职工食堂正式启用。

【展厅展陈布展】认真编写、多方征求意见、投入大量精力，科学编写了展陈大纲和布展脚本。精心挑选文物，科学设计展线，让观众在古与今的对比中体会赋税与国运兴衰的密切联系。广泛收集资料，认真研究、精心设计制作崇文门税关场景、民国时期北京城税务机构沙盘模型设计、序厅浮雕，拍摄制作《税史春秋》短片，邀请雷军、俞敏洪、马未都等拍摄《取之于民、用之于民》短片，制作《口述税史》短片，剪辑《皇粮国税》短片，制作《崇文门税关》幻影成像、税收360度全息影像、虚拟展柜，设计税史知识问答。反复审核修改上展标题牌、说明文字、讲解词，多次召开专家论证会，邀请不同领域的专家对博物馆的布展进行论证，在细节上进行推敲，确保展示内容在专业性上准确无误。2015年上展文物和图片共2941件，馆藏中仍有约3000件具备上展价值，为今后换展和开展学术研究奠定了基础。

【宣传工作】与中央电视台合作拍摄了两期《国宝档案》——《清代印花税票之谜》和《清朝的房租与房价》节目，与北京电视台合作拍摄了《走进税务博物馆，走近税收历史》节目，制作《税务博物馆复建历程》短片。招聘讲解员，邀请专家对讲解员进行培训。编印《北京税务博物馆藏品鉴赏》。联系中国集邮总公司，设计制作了开馆纪念邮册、邮折和纪念封。

【开馆仪式】经过精心策划，上报市局党组审议通过，确定了2015年9月19日开馆日期和开馆仪式方案。与朝阳地税局和市局各相关处室部门密切配合，提前对各项准备工作进行了周密安排与分工。四次召开开馆仪式动员部署会和落实汇报会，逐一确认了各项工作的部署和落实情况。邀请合作共建单位北京市国税、中央财经大学、朝阳区政府主要领导，四方共同为北京税务博物馆揭牌，并为新聘任专家及捐赠代表发放了专家委员会聘书和捐赠证书。邀请在博物馆筹建过程中给予极大帮助的相关单位和社会各界人士、老领导及有关媒体等100余人，共同见证了北京税务博物馆落成暨开馆仪式。

接待参观试运行

【综述】2015年9月19日开馆以后，开始启动对系统内的有序参观，安排了税务系统内部和部分社会团体参观，同时接受各研究、科研团体的调研和考察，互相促进税史研究事业，建立试运行工作日志，记录参观人次，总结经验，征集意见，并及时作出调整。

【有序接待系统内参观】2015年10—12月，北京税务博物馆启动对税务系统的参观，得到了北京地税、北京国税的鼎力支持。同时，广泛向系统内的税务人员征求意见，获得了税务干部的肯定，同时得到了极为有用的意见和建议。截至2015年底，新馆接待系统内外参观105批次、4000余人次，为2016年对社会开放积累了宝贵经验。

【接待社会各界研究考察团体】开馆以来，接待了国家税务总局科研所、中国国际税收研究会、法制税收研究会、中国社会科学院来北京税务博物馆参观，中国社会科学院学部委员、财经战略研究院院长高培勇教授对北京税务博物馆的展示给予了高度评价，并题词“让中国税收历史直达人心”。中国国际税收研究会会长王力、顾问卢仁法一行向北京税务博物馆捐赠了国际税收研究会近年来编印的国际税收书籍。北京市地方税务局局长杨志强接受捐赠，并向中国国际税收研究会颁发了捐赠证书。中国国际税收研究会会长王力对北京税务博物馆的陈列内容给予了高度评价，并指出，北京地税局和国税局共同复建税务博物馆意义重大，国际税收研究会将继续支持税务博物馆的文物征集、文物研究、税史研究工作。

【接待企业、单位和学生团体参观活动】博物馆在有序安排系统内参观的同时，面向社会接待相关企业、单位和学生团体接受预约参观。安永（中国）企业咨询有限公司、北京市政路桥集团、北京人民广播电台先后到北京税务博物馆参观和座谈，并协助开展北京市地税局纳税服务处与北京人民广播电台的联合支部活动。对学生团体的参观接待也是我们传承、发展税收历史的重要一环，中华女子学院会计学专业学生一行40人、社科院研究生院学生一行30人来馆参观，国家税务总局领军人才培训班一行20人也将北京税务博物馆作为学习和考察交流基地。

【接待外宾参观交流】博物馆不仅适应中国观众的需求，同时不断完善接待外宾参观的能力，可以进行中、英文的双语现场讲解接待工作。2015年10月29日，中央电视台综艺频道（CCTV－3）《有朋远方来》栏目组到北京税务博物馆录制节目。来自法国的节目嘉宾张思安表示，通过参观，感受到中国税收历史文化源远流长、博大精深，并表示今后将向国际友人大力宣传北京税务博物馆。

加强制度建设和干部队伍建设

【综述】博物馆坚持集体领导，民主集中，严格按照制度办事，凡属重大事项坚持报局党组会、局长办公会审议。加强干部培训，建立定期学习制度，每月组织干部开展政治学习和业务讨论，邀请孙翊刚、王文素、毕志夫等专家教授给全体干部讲授税史知识，提升干部政治素养和业务能力。注重通过抓好经常性的思想教育来引导和培养干部的使命感和责任意识，确保队伍的团结和稳定。

【完善制度建设】加强各项规章制度的规范化建设是打造具有专业型税务博物馆的基本要求。为此结合北京税务博物馆实际工作需要，研究税务博物馆的具体职能和发展方向，借鉴其他专业博物馆的经验，修订了《北京税务博物馆章程》《文物征集管理办法》《专家委员会章程》《保密工作制度》《出入文物库房人员须知》《保安人员工作纪律》《监控室操作人员职责》《消防中控操作人员职责》《库房管理制度》和《处理突发事件应急预案》等10个制度及管理办法。

【完善干部队伍建设】2015年6月，博物馆经朝阳地税局协助向社会陆续招聘了3名讲解员，1名本科生和2名专科生，平均年龄25岁。三名讲解员到岗后，博物馆邀请了税史专家孙翊刚、王文素、发票专家毕志夫、钱币专家杨君等到馆讲解税收历史知识，邀请语言讲解艺术和态势语言艺术专家于延俊、杨丹丹和杜伟等专业讲解老师进行讲解知识和技巧培训，提高了博物馆干部的专业知识和职业素质。截至2015年底，博物馆共有干部14名，其中正式编制9人，借调5人。干部中有硕士7名、本科7名，平均年龄32岁。

（郑薇薇　周怡然）

后勤工作

财务管理

【综述】2015 年，在市局党组的正确领导下，在主管局长的大力指导下，全系统财务干部努力工作、依法理财、健全制度、加强服务，推动了各项财务工作的稳步开展，为保障全市地税工作任务的圆满完成发挥了重要的基础与保障作用。

【加强经费保障】根据市财政局的部门预算改革要求，市局全面贯彻财政政策规定，坚持实事求是、勤俭节约、量力而行和效益最大化原则，扎实做好系统部门决算、预算编制和批复工作，严格控制“三公”经费等一般性支出，重点保障税收征管改革和税收现代化发展经费，全年经费收入 4.6 亿元。资金支出安排做到有保有压，突出重点，确保了资金效益的发挥，有力地保障了各项工作的顺利开展。按照国务院、市政府关于盘活存量资金相关精神，多次统计系统沉淀结余资金，为盘活存量资金做好基础准备工作。

【加强财务指导与监督】按照北京市审计局工作要求，组织开展了 2014 年度预算执行情况自查自纠工作。计财处及时拟定了自查自纠工作计划，按照自查自纠范围逐条进行了梳理，对预算管理基础工作、支出预算执行情况、财务管理情况、存量资金情况以及行政经费支出情况进行了全面自查。按照市财政局《关于清理检查市级行政事业单位银行账户的通知》要求，组织各单位开展此项工作，制定清查方案，并对存在银行账户管理的 8 个行政单位、1 个事业单位和 4 个其他单位合计 32 个账户进行了认真细致的单位自查和主管部门复查，对清理检查出的问题及时总结并整改，有效的强化了资金监管，防范了资金安全风险。通过自查自纠工作，促进和规范了财务管理，提高了财政资金使用绩效，促进中央八项规定、国务院“约法三章”及北京市关于中央八项规定的 15 条实施意见的贯彻落实，严格厉行节约，推进廉政建设，不断强化财务监督工作。

【财务内控机制建设】市局在充分研究的基础上，调整完善了《北京市地方税务局机关经费支出工作规程》《北京市地方税务局公务卡管理办法》等工作流程与制度，新制定了《北京市地方税务局关于进一步加强财务管理严肃财经纪律的通知》和《北京市地方税务局关于认真学习贯彻财经法律法规的通知》，切实提高了各单位对加强财务管理严肃财经纪律重要性和紧迫性的认识，督促各单位健全内部财务监督检查机制，强化监督检查和责任追究，保障各项支出依法合规。同时，开展对各类财务制度进行分类汇编工作，有效地服务于财务人员执行、查询、开展工作。通过对财务制度的完善和工作流程的优化，对财务工作各环节的流程进行了科学地梳理，规范了工作程序，提高了服务质效，进一步推进了财务工作法制化、规范化、科学化的进程。

【预算管理】加强预算执行管理工作，按月通报预算执行情况，及时召开不同层面会议，贯彻落实财政政策和财务制度，督导预算执行情况，确保各项支出依法合规，为规范执行2015年预算奠定了基础。提升预算绩效管理质量，提高财政资金使用效益。在预算执行过程中，进一步加强评审工作管理。积极与市财政局相关处室沟通，督促市局项目处室做好提供评审所需项目资料、申报依据和实施方案等前期准备工作；制定项目评审工作管理规范，将送审资料、时间要求、工作流程等工作内容制度化，明确评审流程，规范工作标准，提高评审效率。

【支出管理】结合市财政局各项新颁布的财务制度相关要求，进一步加强对各处室、二级预算单位和各区局、分局财务人员的指导，明确了预算管理、财务报销等日常财务管理工作要求和程序。改进项目支出管理，参照市财政局加强和改进项目支出管理的有关要求，结合中期财政规划管理要求，优化项目统计分类，整合项目预算信息，并按照整合后的项目类型实施分类管理，2015年加强了项目库的建设，为编制2016年部门预算打下坚实基础，避免项目过碎、过散和交叉重复。配合市财政局对市局“2014年打击发票违法犯罪活动专项经费”实行全过程预算绩效管理，项目绩效评价结果为“良好”，进一步强化了项目支出绩效目标编制管理工作。

【国库集中支付和财政转移支付管理】市局按照新的行政单位会计制度有关规定使用会计科目，严格核算，纳入国库集中支付范围的支出全部按照规定履行支付手续，支付方式合规。积极与市财政局沟通，协调推进专项经费财政转移支付工作，于2015年初与市财政局联合下发《北京市税收征管奖励补助经费管理暂行办法的通知》和《代扣、代收和代征税款手续费资金管理办法（试行）的通知》。自2015年起，各区局（含燕山分局）涉及的“三代”手续费专项经费、“以奖代补”专项经费由市局拨付改为通过财政部门转移支付，并列入各区局部门预算管理。2015年，通过财政转移支付的资金共计17.12亿元，其中：“三代”手续费16.38亿元，“以奖代补”经费7380万元。

【财务服务】一是做好公车改革后交通费报销、交通补贴发放工作，根据中央《车改总体方案》及北京市《开展公务活动交通费有关问题的通知》精神，结合市局实际，制定并对各处室和直属单位下发了《北京市地方税务局关于开展公务活动交通费报销有关问题的通知》，明确了公务活动交通费报销按月申报、公示、报销的工作流程，保障了车改后市局工作人员到城六区以外单位进行公务活动的交通补贴经费的落实。二是做好供暖费、物业费改革发放工作，北京市对机关事业单位职工供暖费、物业费进行了改革，明确了供暖费自2015—2016年采暖季、物业费自2015年1月起，各机关事业单位停止向职工报销和发放供暖费和自采暖补贴，不再承接公有住房物业服务费，改为发放供暖补贴与物业补贴。计财处按文件要求及发放标准，积极向市财政局申请预算指标，及时足额为市局职工发放供暖与物业补贴，全年发放供暖补贴152.28万元，物业补贴155.48万元。三是做好住房公积金、医保、个人所得税和养老保险代扣工作，全年共办理支取住房公积金、住房补贴175人次，支取金额679.23万元。全年代扣职工医保费106.37万元，代扣个人所得税130.58万元。实行养老制度改革，计财处积极配合相关部门，计算审核全局干部养老保险扣缴额，并足额完成扣缴工作，全年共扣缴养老保险648.58万元。

【公务卡管理】稳步推行公务卡结算方式改

革，切实加强公务卡改革的指导，贯彻落实公务卡制度改革的通知精神，认真宣传公务卡制度改革的重要性、必要性，明确公务卡制度改革的总体思路、总体目标、实施步骤，制定了市局公务卡管理办法，在所有部门全面推广应用公务卡，办卡率达80%。通过定责任、定进度、切实将公务卡制度改革工作作为加强财务管理和反腐倡廉的重要环节抓实、抓好、抓出成效。

【培训中心转制】按照市政府关于全市培训中心整改工作部署和市局党组对干部培训中心转制工作要求，计财处与资产、人事、法制等部门共同组成了工作组就转制中涉及的人员安置、债务清偿、资产交接等事项积极协调稳步推进，目前已按要求基本完成转制整改工作，进入扫尾阶段，市局将继续抓紧与相关部门进行沟通协调，将干部培训中心转制工作全面落实到位。

【预决算公开】顺利完成2014年部门决算和2015年部门预算公开工作，按照预决算信息公开的有关规定，经过积极准备，认真核实数据，报请党组会审议通过后，按照统一格式、统一口径、统一时间将预决算信息、“三公”经费支出和行政经费支出等信息，分别于2015年3月和8月在北京市政府信息公开网站上进行公开，主动接受社会监督。

【财务宣传与培训】加强对各项财经法律法规的宣传与培训，将中央、北京市出台的相关财务制度作为市局会前学法的内容进行培训和推广，将财务制度的核心精神与要求，以及与之前的变化点进行系统的归纳总结。同时，加强了对市局各处室及二级预算单位的辅导力度，组织召开相关培训会，及时在内网办公系统发布最新的财政政策。联合纳服处对三个学会召开了关于纳税辅导经费使用的座谈会，进一步说明了纳税辅导经费的支出标准和程序，并对政府购买服务事项的要求和程序进行了讲解。对财务政策的宣传注重针对性和实用性，收到了良好的效果，使全系统财务人员提高了履职能力和专业水平，保证了各项财政政策的准确执行。

【经费垂直管理调研】进一步完善系统经费垂直基础调研，通过统计报表、征求意见等形式全面掌握了系统经费结构、规模、问题、建议等，通过借鉴其他省局模式，提出了实行系统经费垂直管理的具体意见，并与市财政局进行了座谈交流沟通，为实现系统经费垂直管理奠定了基础。

（徐　翀）

资产管理与政府采购

【综述】资产管理处负责市局机关本级及二级预算单位固定资产管理工作和市局机关政府采购工作。政府采购工作具体包括市局采购的组织协调和综合管理；制定、修改和解释市局采购工作的规章制度和工作流程；组织协调政府采购项目招标文件的论证工作；政府采购项目档案的管理；处理政府采购有关质疑、投诉问题；办理政府采购信息公开工作；协调采购中的其他事项。

通过严格执行政策和程序，提高了固定资产使用效益，节约了财政资金。

【固定资产管理】资产管理处严格执行《北京市市级行政事业单位国有资产处置管理办法》（京财资产〔2015〕33号）、《北京市市级行政事业单位国有资产配置管理办法》（京财资产〔2015〕129号）、《北京市地方税务局固定资产管理办法》（京地税资产〔2015〕132号）和市财政局其他有关文件要求，积极做好固定资产管理工作。全面加强固定资产日常管理，摸清底数。截至2015年底，全系统固定资产规模约34亿元，其中：市局为6.6亿元，直属分局为2亿元，区县局约25.4亿元。严格按标准配置资产，加强固定资产调拨和调剂，提高资产使用效率。截至2015年12月底，市局共分配、调剂固定资产2673件；处置固定资产2261件，涉及金额4569万元；维护固定资产账务变动信息152笔、4346条。重点加强日常办公设备配置管理，按规定处置超年限使用设备316件，与市财政局沟通确认专用和其他配置设备300件，使日常办公设备管理进一步趋于规范。开发建设新的固定资产管理信息系统，市局及直属分局于2016年1月1日正式运行，为有效实现固定资产管理精细化打下坚实基础。

【政府采购】资产管理处严格执行《政府采购法》及其实施条例、北京市财政局《北京市2015年政府采购集中采购目录及标准》（京财采购〔2014〕2081号）、《政府采购竞争性磋商采购方式管理暂行办法》（京财采购〔2015〕171号）、《北京市地方税务局采购实施办法》（京地税资产〔2015〕135号）相关文件要求，依法履行政府采购程序。资产管理处由专人负责政府采购工作，设有协议供货岗和公开招标岗。对于重要或复杂项目，编制招标文件时组织专家论证。发售招标文件前由法制处进行审核，并由分管资产管理局领导和分管项目局领导共同审批。严格实行回避制度，凡与供货商有利害关系的人员，均不得参与招标、谈判、磋商、询价和评估工作。抽取评标专家、开评标等关键环节由监察处派人参与，实行全程监督。2015年，资产管理处完成北京互联网地税局建设及电子签名升级改造项目、2015年北京互联网地税局移动征管服务费用项目、2015年北京市地方税务局普通发票税收票证印刷项目、北京市地方税务局2015年《税收天地》电视栏目项目等15个项目政府采购招标，预算金额16655.33万元，中标金额16072.56万元，节约金额582.77万元，节支率为3.5%。其中，委托市政府采购中心进行的批量集中采购金额为12280.06万元，中标金额11828.43万元，节约金额451.63万元，节支率3.68%。履行政府采购协议供货程序84批次，申请金额854.39万元，合同金额822.15万元，节约金额32.24万元，节支率3.77%。主要设备为台式计算机、笔记本电脑、打印机、多功能一体机、照相机、空调、监控设备及UPS电源等。通过严格履行政府采购程序，有效节约了财政资金。

（闫小荣　张俊豪）

后勤管理

【综述】2015年，后勤服务中心认真贯彻落实局党组总体工作部署和要求，在主管局领导的具体指导下，在机关处室的支持配合下，以服务好机关工作，服务好职工生活为原则，坚持“保证运转、强化监管、完善服务”的工作目标，紧扣服务和管理的两条主线，努力在为地税事业的科学发展和完成税收中心任务上提供到位的服务和必要的支持，坚持为机关干部、职工创造安全、舒适、整洁的工作环境，圆满完成了各项服务保障工作。

【办公用房清理】以标准为依据，进一步做好办公用房达标整改工作。按照市委、市政府相关通知要求和市局党组的决策和部署，机关后勤中心对系统及机关超标使用办公用房进行不断的整改落实。按照就近、方便、节约的原则，共调整办公用房6间。并结合巡视工作情况，11月再次协助监察处落实办公用房标准，严格将通知精神落实到位、监督到位。

【机关维修改造工程】加强基建管理，根据市局党组相关部署，对博物馆多功能厅和接待室进行维修改造，满足办公及向公众开放的需求；与国税局机关后勤服务中心协商，对市局办公楼地下一层停车场进行整体维修改造；为有效加强税源管理，提高纳税人税务遵从度，设置约谈室；为进一步提高市局税务行政复议案件办案质量和工作水平，筹建行政复议厅；设立公安税务联合办公室；启动马甸办公楼高压配电室增容改造项目，完成马甸办公区纳服中心房间立项申请和工程设计等工作。

【节能减排】继续深入抓好物业安全管理。做好各类设备设施的安全检测和维修工作，确保消防、水电、供暖、电梯等设备的安全运行。响应节能办公，强化节能管理。周六日实行电梯单梯运行。严格节水、节电和节气管理。根据局领导的指示精神，机关后勤中心对马甸办公楼照明系统进行升级改造，改造完成后提高办公室和会议室等公共区域的照明度，同时降低55%的能耗，改造后半年时间以来同比2014年节约电费22万多元。

【优化服务】2015年1—10月，洗衣房共清洗衣物11814件（个人衣物5594件，物业1196件，食堂5024件），按工作日计算，平均每天洗53.7件，得到干部职工的好评。全年累计为32个处室采购办公用品1262项2万件，采购金额约90万元。针对办公用品使用过程中的质量问题，及时与供应商进行沟通，协调并及时调换不符合要求的办公用品。加强与供应商沟通协调确保供货流程顺畅高效。同时定期公布办公用品购置目录，为机关各处室按需采购提供便利。以食品安全为底线，做好餐饮服务保障。10月，市局决定取消食品外卖后，多次与餐厅管理人员协商调整、并保证了餐饮质量；每季度对职工餐饮经费情况进行检查防止发生问题，对职工餐厅管理中出现的不文明等现象，按照局领导要求及时下发通知落实，以规范管理；注重将职工对控油、控盐等意见反馈给食堂加以落实。

【车辆管理】 周密部署，严格管理，按时限要求和封存比例完成车辆封存任务。按车辆封存要求，封存车辆83辆（市局机关58辆，直属分局25辆），封存后保留车辆106辆（市局机关51辆，直属分局55辆），于2015年10月28日18：00前完成83辆封存车辆的集中封存工作（市局机关院内封存23辆，马甸办公区封存30辆，第四稽查局办公区封存30辆），坚决落实市车改革办对公车封存工作要求，完成市车改办对市局车辆封存的检查验收。配合市车改办工作，细化车辆管理措施；同时，规范办公区地上地下停车位，解决干部职工私家车停放问题。

【服务保障】 继续做好医疗保健、基本医疗保险管理、计划生育、体检、献血等各项工作。全年门诊量2万人次左右，人民医院远程预约挂号1500人次。全年共接待外省市考察16批次，87人。圆满完成《京津冀协同发展的税收问题》课题开题会的接待工作，及对口单位新疆生产建设兵团来京参加《北京市政府举办的第十八届北京科技博览会》等相关接待工作。

【细化管理方面】 一是落实《北京市控制吸烟条例》，做好市局机关各办公区的控制吸烟工作。机关后勤中心制订了《北京市地方税务局机关办公区禁烟管理规定》并公布执行，定期对市局机关及马甸办公区落实情况进行检查，及时通报检查结果。目前，楼内几乎见不到烟头，取得较好的效果。二是落实中央八项规定，进一步明确接待管理办法。办公室和机关后勤服务中心对市局机关公务接待管理办法进行修订。三是根据北京市公务用车制度改革领导小组办公室通知要求，结合市局机关实际，制定《北京市地方税务局机关公务车辆使用管理暂行办法》。四是积极完成洗衣房运行管理工作，制订《机关洗衣房管理办法》并公布实施。

【干部队伍建设】 一是深入贯彻落实科学发展观和“三严三实”专题教育活动，按照市局党组的整体部署，后勤中心一是认真学习，深刻领会。二是全员参与，统一思想。制定学习计划，做到重要文件全员学习，全面领会，为各项工作的开展打好理论基础。三是求真务实，狠抓制度落实。不断规范工作流程，不断增强制度意识，牢固树立严格按制度办事的观念，养成自觉执行制度的习惯。继续努力打造一支符合后勤工作要求的、和谐的、专业化的后勤保障队伍。后勤服务工作也得到相关部门和局领导的肯定。连续十四年获得“北京市交通安全先进单位”荣誉称号。

（魏　欣）

安全保卫

【综述】 2015年，认真贯彻首都综治委全会精神，全面落实系统工作会议部署，围绕税收工作中心，服务征管改革和税收现代化大局，坚持安全第一、预防为主、综合治理的方针，落实安全责任，完善安全制度，大力加强安全教育、安全管理和安全检查，进一步完善人防、物防、技防措施，不断推进平安北京地税建设，有效地维护了全系统安全稳定。

【明确任务落实责任】召开安全保卫工作会议，传达贯彻首都综治委全会精神，全面落实系统工作会议部署，紧密结合系统实际，将《首都社会管理综合治理责任书》确定的各项任务细化、分解、落实到基层。市局主要领导与65个单位和部门的主要负责人签订安全工作责任书，将安全维稳的领导责任、主体责任和监管责任落实到具体的部门、岗位和人员。

【完善体制夯实基础】一是调整市局综治领导小组成员和职责，加强对综治工作的组织领导。二是建立、充实安全员和保安队伍，市局建立了34名安全员队伍，增强安保力量，确保安全工作落到实处。三是结合新形势需要，对安全工作制度进行重新梳理，修订《北京市地方税务局安全工作规定》，提高安全工作制度化、规范化水平。四是保卫处深入17个区（分）局开展调查研究，推动全系统建立安全工作档案，进一步夯实安全工作基础。五是对系统安全工作的检查考核办法进行修订，采取区县局自查和市局督查相结合的方式，明确检查内容和标准，确保各项安全工作落实到位。六是采取走访、座谈等多形式加强与公安、交通、街道综治部门的沟通协调。

【重大决策风险评估】按照重大决策社会稳定风险评估实施办法，年初组织市局各部门对2015年拟出台的重大决策和拟实施的重大项目进行认真梳理。健全审核机制，把重大决策社会稳定风险评估作为党组会、局长办公会前置程序，严把上会关口，做到应评尽评，从源头上减少影响社会稳定的因素。

【安全教育培训】在市局机关举办交通安全知识讲座，邀请市交通安全委员会专家介绍首都交通安全形势，讲解最新交通安全法规，明确交通违章处罚标准，为减少交通违章，防范交通事故打下坚实基础。“5·12”前夕，在全系统组织开展以“科学减灾、依法应对”为主题的防灾减灾宣传活动，广泛宣传防灾减灾的重要意义，全面普及防灾减灾知识和技能，努力提升防御和应对突发灾害的能力。结合“119”消防宣传日，在市局机关举办消防安全知识讲座，开展消防疏散演习，进一步增强干部职工的消防安全意识，提高遭遇火灾时自救和安全逃生的能力。适时召开车公庄、马甸和博物馆办公区保安人员会议，对做好安保工作加强组织教育。

【内部安全管理】一是严格执行消防法规，完善消防设施，加强检查监督，严防发生火灾事故。二是严格落实交通法规，加强公务车辆安全管理，减少一般违章，严防交通事故。三是结合反恐防暴，加强机关内部治安管理，市局机关对442名干部和255名外聘人员进行身份识别和登记查验，完善人防、物防、技防措施，把各种不安全因素阻挡在门外，营造安全稳定的内部环境。四是国、地税车公庄办公区实现车辆统一“西进东出”，优化了行车路线、规范了停车秩序。五是加强对重点人的教育和管理，落实管控责任和措施。六是针对少数单位编外人员涉嫌违法犯罪的情况，下发通知加强对编外人员的教育和管理。七是推进监控系统升级改造工作，提高科技创安效果，确保防范到位。八是明确安全责任，加强现场管理，确保市局机关十四层展厅、税务博物馆、开发区、西客站、房山等施工现场安全。

【安全检查监督】一是做细经常性安全检查。强化安全工作人人有责的理念，调动广大干部职工的积极性、主动性，使安全自查成为自觉行动。二是做好重大节日、重点时期安全部署和检查，在全系统开展有针对性的安全大检查，堵塞漏洞、排除隐患，确保了春节、全国“两会”、重点时期安全稳定。三是在单位自查的基础上，组织市局机关处室深入区县（分）局，开展一对一督查，确保安全维稳工作落实到位。四是重大节日市局主要领导、主管领导带队检查市局车公庄、马甸办公区和博物馆的安全情况。五是突出抓好重点部位、用火用电用气设施和消防技防设施的检查，严防安全事故发生。

【确保重大活动期间安全稳定】一是落实市委、市政府和国家税务总局的决策部署，制定工作方案，完善防控措施，加强应急值守，全力以赴做好田径世锦赛和纪念抗日战争胜利70周年阅兵期间内部安全稳定工作，为重大活动顺利进行营造安全的社会环境。二是及时传达贯彻上级会议精神，提出工作要求。三是开展有针对性的安全检查，完善安防措施，消除安全隐患。

【服务首都综治大局】认真完成首都综治委、市应急办、市维稳办部署的各项任务，积极发挥税收职能作用，服务首都综治工作大局，积极主动开展综治帮扶，支持新农村建设，市局领导多次带队到顺义区大孙各庄镇南聂庄村看望老党员和贫困户，关心他们的生产、生活，筹集20余万元资金帮助村里解决实际困难。

（林丽丽）

干部培训中心工作

【综述】北京市地方税务局干部培训中心位于昌平区昌平镇水库路东侧，距市区30公里，由北京市财政局投资兴建，1994年8月开始运营，原为北京市财政局干部培训中心，于1996年2月调整建制划归北京市地税局，为财政差额拨款事业单位。培训中心占地35亩，房屋建筑面积2.65万平方米，有各类客房144间套，288张床位，大餐厅1个，小餐厅5个，报告厅1个，中会议室2个，小会议室10个，计算机培训教室1个，除乒乓球活动室外，其他康体设施已关闭停用。培训中心内设办公室、财务科、接待部、客务部、餐饮部、康乐部、设备科、行政科、采购部等9个部门，编制63人。其中在职职工35人，退休职工21人。根据市政府对全市培训中心整改工作的部署，2015年5月22日撤销培训中心编制（京编办事〔2015〕58号），于7月1日全面停业。

【转制工作】2015年9月21日，北京地税局与中国建设银行正式签订《北京市地方税务局干部培训中心整体转让协议》，培训中心被中国建设银行收购，双方对债权债务、资产转让价款支付、双方权利与义务等达成了共识，围绕整体转让协议内容，双方转制工作小组在共商互通的基础上，按照各阶段的工作要求，逐步完成转制相关工作。一是维护中心安全稳定。转制前后，培训中心党组认真贯彻执行上级党组的决定，做好职工的思想工作，广泛听取职工意见，制定可行补偿方案，力求职工利益不受损，让职工满意。同时加强管理，加强安全防范，要求职工服从大局，坚守岗位，各负其责，做到有序不乱，确保中心人、财、物的安全。二是解除与编外合同工的劳动关系。本着“合法、合理、合情”的原则，综合了职工、市局、中心、中国建设银行各部门、双方律师的意见，结合实际人员情况、待遇情况、历史遗留问题、周边培训中心的做法等，对编外合同工终止劳动合同补偿费用进行了测算，制定了《北京市地方税务局干部培训中心整体转让编外员工补偿方案》，按照方案内容，培训中心于11月25日召开编外合同工终止劳动合同会议，与编外合同工签订终止劳动合同协议书等系列文书并办理解除劳动关系手续。三是清查交接固定资产。依据培训中心专项审计报告和资产评估报告，11月30日—12月3日，培训中心与中国建设银行党校对固定资产进行了盘点、交接。除四个实物库和办公楼外，房屋、车辆和其他固定资产已经封存，三个院落已经整体移交给中国建设银行。四是做好善后事宜。培训中心与中国建设银行就人员安置、债务负担、资产处置、房产证办理和有关费用支付等问题未完全解决，培训中心留守工作人员已搬离培训中心到昌平胡庄六区临时办公，主要办理有关善后事宜。

【物业管理】按照市局党组决定，鉴于培训中心转制，市局职工食堂不再由培训中心管理，2015年6月8日，培训中心与华裕鑫物业公司就市局职工食堂的管理事宜进行了交接。10月31日，培训中心代管六区灾备中心物业合同到期，至此，培训中心不再负责六区的物业管理工作。

（刘建华）

老干部活动中心工作

【综述】2015年，老干部活动中心以党的十八大、十八届三中、四中、五中全会和习近平总书记系列重要讲话精神为指导，严格贯彻落实市局党组各项工作要求，坚持以服务保障工作为中心，深入开展“三严三实”专题教育活动，创新思路，健全机制，强化管理，转变作风，不断优化工作流程、提高服务技能，全面提升中心服务接待水平，全心全意为系统老干部及干部职工服务，推动中心建设再上新台阶。全年共计接待系统老干部学习、会议等各类活动13批次，126人次，圆满完成了全年各项工作任务。

【党员队伍教育管理】中心党支部从党员干部队伍的学习入手，强化党员、干部队伍的管理，努力提高干部职工队伍的整体素质；通过开展优良传统教育、党日活动、党员民主生活会等主题教育活动，提高党员队伍思想素质，推动中心党支部建设和党员队伍建设。中心党支部认真履行职责创先进、全体党员立足岗位争优秀，积极开展“身边的优秀党员”评比活动，通过身边人、身边事等模范典型的先进事迹，激励感染党员干部自觉遵守、模范履行党员义务，发挥好党员先锋模范作用。

【“三严三实”专题教育】“三严三实”专题教育活动作为党的群众路线教育实践的延展深

化，是严肃党内政治生活、严明党的政治纪律和政治规矩的重要抓手。中心党支部积极引导全体党员干部对照“三严三实”的要求，聚焦对党忠诚、个人干净、敢于担当，真抓实干等方面进行自我剖析，着力解决“不严不实”问题。通过组织主题为“让‘三严三实’成为领导干部的行为自觉”的专题党课活动，深刻理解“三严三实”的丰富内涵及重大意义，切实增强践行“三严三实”要求的思想觉悟和行动自觉，努力深化、巩固拓展党的群众路线教育实践活动成果。在遵章守纪、营造良好的工作氛围上见实效；在真抓实干、推动工作上见实效。2015 年 6 月，全体党员和入党积极分子积极参与党员献爱心活动，共计捐款 1050 元。

【依托制度抓管理】中心结合开展“三严三实”专题教育活动，认真落实市局各项工作要求，结合中心工作实际，加强管理，不断提升管理水平。在梳理完善各项工作制度的基础上，进一步规范了各岗位工作流程，依托制度、狠抓管理，不断强化履职环境的监督制约，堵塞工作漏洞、提高工作效率。针对中心聘用合同制工人较多的实际情况，规范合同制职工聘用及日常管理，坚持依法用工、依法管理，维护员工切身利益，调动全体员工的工作积极性。

【基础设施改造】为了更好地满足系统离退休干部及系统干部职工学习、会议的需求，中心扎实推进基础设施 3 年维修改造规划的落实。按照“求安全、抓重点、量入为出、整体推进”的思路，将已到报废年限且多年闲置的保龄球馆改造成了含有乒乓球、棋牌室、台球室等项目的综合活动馆，更加适合老干部的需要；为保障中心安全，完成了客房楼、综合楼、康乐楼的消防喷淋设施的安装改造。在此基础上，还完成了办公区改造，大院绿化，库房、保安室、传达室的修缮以及自来水、热水管道抢修等工作，较好地保障了中心安全运行。

【加强全员培训】针对中心合同制工人较多且流动性大的特点，中心班子利用维修改造施工期的空档时间，围绕提高员工队伍的服务意识及岗位技能进行了职业道德教育和全员培训。全年先后组织职业道德培训 1 次、服务礼仪培训 4 次，并指导各部门结合本职工作组织开展岗位练兵活动，引导全体员工牢固树立服务意识，自觉文明服务，员工队伍岗位素质及服务水平有了明显提升。

【公务用车管理】2015 年 11 月，按照市局关于公务车改革有关规定，完成了车改工作。为加强公务车管理，在严格执行《市局公务车辆使用管理暂行办法》的同时，结合中心工作实际，制定了《老干部活动中心公务车管理规定》。

【综合治理】严格落实平安北京地税建设活动各项要求，及时修订中心安全保卫工作制度及消防应急预案，组织安全培训、加强安全检查、组织安全演练，定期分析安全形势，认真排查、消除安全隐患，确保中心安全。

（赵凤江）

基层工作

东城区地方税务局

【概况】 东城区位于北京市中心城区东部，面积41.84平方公里。2015年，实现地区生产总值1857.8亿元，按现价计算，比上年增长7.2%。；人均GDP3.2万美元。金融业、批发和零售业、租赁和商务服务业、信息传输、软件和信息技术服务业增加值占全区GDP的比重超过10%，这四大行业合计实现增加值1017.6亿元，占全区GDP的58.7%。区级一般公共预算收入完成164.56亿元，增长5.5%。完成全社会固定资产投资235.2亿元，比上年增长9.5%。社会消费品零售总额985.9亿元，比上年增长7.9%。居民人均可支配收入61764元，比上年增长7.6%。居民人均消费支出40865元，比上年增长5.7%。成立推进京津冀协同发展领导小组和产业转移升级、市场疏解提升、人口调控等7个专项小组，制定落实京津冀协同发展的行动方案和2015—2017年工作要点。中关村东城园积极打造创新孵化生态体系，培育上市公司19家。前门文化体验式消费街区初具规模，20家文化体验品牌入驻。国家文化和科技融合发展示范基地建设取得实质性成果，文化创意产业增加值占GDP比重预计达到14%左右，旅游综合收入同比增长5%左右。

【地方政府支持税收工作】 东城区政府积极落实《北京市税收保障办法》，采纳东城区地税局的建议，由区政府牵头，在全区范围内建立协税护税体系。全区相关单位与地税部门紧密协作，将市政府税收保障办法在东城区进行了有效宣传。与区国税局联合撰写的《关于2014年税收完成情况的报告》得到了区长的肯定性批示。两名科级领导干部经过在区里近一年的挂职锻炼，被提任为副处级领导。

【税收收入情况】 东城区地税局面对电信业实施“营改增”、保险企业寿险大额退税等影响，在坚持依法治税的前提下，以组织收入为中心，准确把握重点税源情况，制定税务所税收预测准确率按月通报制度。2015年，累计完成各项税费收入349.5亿元，完成地方公共财政预算收入262.3亿元，完成市局最终调整目标数260亿元的100.9%；累计完成区级公共财政预算收入92.8亿元，完成区级调整目标数92亿元的100.9%。

【税收收入特点与分析】 营业税、个人所得税、契税是东城地税局的主体税种，规模占比超过80%。其中，营业税减收13.6亿元，同比下降13.9%，契税减收8.4亿元，同比下降11.6%，是造成东城区地税局地方公共财政预算收入同比减收的主要因素。营业税大幅减收，其中全年寿险业减免退税10.7亿元，电信业“营改增”因素减收3.2亿元。金融业、租赁和商务服务业、房地产业与批发零售业合计完成各项税费收入191.1亿元，规模占比为55.5%。其中，金融业受寿险业减免退税影响，减收10.6亿元；租赁和商务服务同比大幅增收11.3亿元；批发零售业、房地产业同比小幅减收。

【税收法治】积极开展“法治税务示范基地”创建工作。局领导亲自听取各税务所行政处罚裁量权执行情况汇报。制发《法制工作建议》文书，高度关注和防范可能存在的问题和风险。对3户破产清算案件跟踪执行；其中，北京市隆福电梯空调设备服务公司一案成功收回税收债权10.8万元。积极开展市局、区局两级税务约谈，建立了3个约谈室，共约谈760户。

【税收政策落实】规范和完善存量房征税相关流程，增设了服务窗口和审核岗位，增强二手房涉税征管和监督力度。认真贯彻落实小型微利企业政策，共发放政策宣传短信通知11000条。组织开展个人独资合伙企业个人所得税查账征收年度汇算清缴工作，累计入库税款3.7亿元。做好企业所得税汇算清缴数据维护和核对工作，2014年度申报率达到100%，在全市地税系统位列第一名。

【税种管理】做好“营改增”测算及财政扶持资金审核。组织开展资源税扩征工作。开展房产税从租计征税源调查统计工作。做好土地增值税清算新鉴证报告试点。开展财产行为税明细申报上线工作。圆满完成2015年度残保金代征及工会经费（筹备金）收缴工作。

【纳税服务】东城区地税局主要领导带队到金隅股份有限公司、中国农业银行、北京同仁医院、红桥市场等19家重点企业走访调研。在市局主要领导的指导支持下，为肯德基公司解决了税务登记问题。在税务总局和市局的协调下，为光大永明人寿保险有限公司及时办理近9亿元的寿险退税事项。认真贯彻《全国税务机关纳税服务规范》，编写总局规范、市局规范对比表并下发到每名干部。针对2014年度纳税人满意度调查结果提出具体整改措施。定期对纳税服务热线运行情况进行测评及通报，全年累计接听电话4万余个。

【税收征管】制定国税、地税《联合办税工作方案》。顺利实现“三证合一”，并实施国、地税、工商联合新户管理。在税务总局开展的对民生银行、神华集团等6集团的现场审计工作中，联合召开大企业现场审计辅导会。联合下发《税务现场审计通知书》，制定《国地税联合开展法规服务、执法督察工作方案》以及《税务稽查联合办案工作方案》。联合撰写《关于2014年税收完成情况的报告》得到区长的肯定性批示。向市局提出科学计算零申报率计算口径的建议和意见并被采纳。通过开展长期无税申报户清查，有税申报率提升到76%。

【大企业税收服务与管理】开展对一轻、二商和首旅3户集团及下属61户企业的风险管理工作，发现有问题户5户。对烟草、大唐、工行3户企业集团在京成员单位开展税收风险管理后续工作。开展对税务总局定点联系的中海油、中国兵器、中国神华、中国人寿、中国联通和中建总集团6户企业集团及下属41户企业的风险管理工作。

【国际税收管理】对2040家企业、13000余名外籍个人进行个人所得税纳税情况调查，共补缴税款及滞纳金3856万元。组织开展特许权使用费及利息所得专项核查。审核东城区关联交易金额排序在前30名的企业。多层次开展“走出去”企业宣传辅导，并开展跨境税源信息管理工作。

【税务稽查】积极调整职能设置，在全系统第一个完成稽查人员调整。与市局第五稽查局联合开展对“11·17”专案的检查。全年结案户数和发现案件有问题户数两项指标在全系统名列第一。举全局之力清理57件2010年底以前实施检查未结案件。深入开展打击发票违法犯罪活动。查处发票违法案件71件。

【电子税务管理】东城区地税局与区相关单位联系协作，为区工商局、产业促进局、中关村东城园等部门及时提供涉税数据。按时完成全市安全专用U盘推广部署工作。积极配合市局，完成互联网地税局，新上线模块的授权工作。积极配合市局，完成体育馆路办公区和地兴居办公区大厅音视频监控系统的安装、调试工作。及时做好服务大厅My-beijing的建设工作。

【政务管理】发挥信息辅助领导决策、服务税收一线的作用。全年共刊发信息377篇，被市局采用105条，被市委市政府采用36条。全年共接收市局行政公文282件、党组公文159件，制发本局行政公文44件、党组公文39件，全部符合市局及区委区政府的各项规范和要求。通过与区委区政府文件交换渠道，接收、流转机要文件共计78份。形成政府信息公开四级管理网络。全面落实市局督查系统上线工作。严格执行会议管理相关规定。做好局印章及领导印章的日常使用管理。

【绩效管理】制定并落实绩效管理工作季度研判制度，将其列入局长办公会定期分析通报。在税务总局、市局及东城区下发的绩效相关文件的基础上，制定东城区地税局绩效相关文件，从内容框架、考评周期、运行程序等方面制定规则。2015年，绩效工作共发文3个。共组织分解指标、征集意见建议与讨论6次，召开关于绩效培训类会议共5场。

【财务管理】制定《经费支出管理办法》《政府采购管理办法》。完善会议费、公务接待费报销流程，制定会议、公务接待签报及报销流程暂行办法，进一步规范召开会议以及公务接待活动的审批程序，以及按标准核算会议费、公务接待费支出金额。对“三公”经费以及会议费、培训费、差旅费共“六费”进行按季度明细统计，加强对“六费”支出总额及明细项目的统计核算，加大对“六费”支出情况的监控力度。

【政府采购】组建政府采购工作小组，重大政府采购项目均有监察、审计、法制部门参加。全年共办理政府采购项目16项，金额76.05万元，为全局各相关部门工作的正常运转提供了物质保障。

【人事管理】东城区地税局下设20个职能科室、1个稽查局（内设11个科）、24个税务所、1个机关后勤服务中心、1个地方税务学会。截至2015年12月，有公务员有643人，工勤编制27人。2015年度，共计12名同志晋升为上一级非领导职务。认真组织提任科级领导职务干部试用期满考核工作，2015年共考核6人。全年共计交流正科级领导干部5人。

【教育培训】鼓励干部积极参加继续教育培训和职业资格考试，为首次首门报考注册会计师、司法、中、高级经济师、会计从业资格等考试的干部开通中华会计网校的考前辅导课件。分三个层次开展以《税收法治通论》为重点的税收业务知识考试培训工作。对各业务科室组织实施的基层一线干部培训和专门业务培训。

【执法督察与内部审计】在全系统率先建立房产原值与房产税比对执法督察模型。该模型通过整合国、地税企业所得税申报数据，能自动实现以房产原值为计税依据，计算出企业应交房产税，与实际入库房产税相比对，快速发现疑点数据，共生成2013年和2014年比对疑点1636条。开展专项执法督察工作，抽查各类案卷417份。编写《督察内审制度汇编》，提高督察内审法制化水平。

【党团建设】深入开展“三严三实”专题教

育。成立第一党支部。严格落实“三重一大”制度，进一步规范党组会、局办会的议事范围、程序，创新局长办公会直接听取基层科所意见建议制度，全年组织召开局党组会41次、局长办公会35次。组织全体干部职工召开建局以来规模最大的精神文明建设工作会。局领导班子成员坚持进行中心组学习及会前学法逾40次。编制《东城地税文明礼仪手册》，得到刘江平书记的肯定性批示。

【纪检监察】 制定落实党风廉政建设主体责任、监督责任实施办法，全年党组会和局长办公会共研究党风廉政工作19次。完善《党风廉政建设工作手册》。配合区纪委建立反腐联动机制，提供16000余条发票信息，为发现和遏制腐败行为确立依据。开展“为官不为”“为官乱为”专项治理，对区局118项涉权事项进行梳理。一名同志借调市纪委并受到表扬。

【后勤管理】 完成体育馆西路办公楼三层、五层会议室的维修、楼顶防水维修、标准约谈室改造的小型工程项目20余项。利用法律手段成功解决和平里办公楼立体停车库安装合同纠纷。在严重污染天气、APEC会议期间、庆祝建国70周年活动期间，严格执行停驶停放规定，圆满完成保障任务。

【税收宣传】 深入开展“便民办税春风行动”，与区国税局、中关村科技园区（东城园）联合开展“税收优惠政策助力小微企业发展”税收宣传活动，近百家小微企业参加。为13家中央在京单位财务负责人举办了税收政策宣讲座谈会。2015年6月9日，《北京日报》刊登了《东城地税12366开通半年解疑过万》的稿件，被人民网、千龙网、凤凰资讯等十几家网站转载，并得到了杨志强局长的肯定性批示。

【税收科研】 完善与西城、朝阳、通州等兄弟局共同承担的《支持首都文化产业发展的税收研究》联合课题，并形成初稿；多篇调研文章被东城区委选定为重点关注课题。《加强税务系统反腐败工作的思考》以及联合区局多个科室撰写的《新常态下东城区税源结构的现状与分析》在市局《调查与研究》上发表。全局调研课题计划的完成率达到100%，择优刊发16期。

【税务文化】 成立“职工之家”。圆满完成“9·3”阅兵期间安全维稳任务。与区国税局联合举办廉政公开课。通过开展“廉政春联”创作、书画比赛、知识竞赛等多种形式丰富廉政文化建设。连续第四次被评为“全国文明单位”，获得了“北京市模范集体”称号，保持了“首都文明单位标兵”的荣誉；第三税务所荣获了“全国巾帼文明岗”和“北京市青年文明号”。第一税务所张晓刚被评为北京市先进工作者。

（姜　喆）

西城区地方税务局

【概况】西城区是首都功能核心区之一，总面积50.7平方公里。年内，实现地区生产总值3270.4亿元，比上年增长7.1%；其中：第二产业实现增加值295.8亿元，比上年下降0.7%；第三产业实现增加值2974.5亿元，比上年增长8%，占地区生产总值的91%。实现财政收入451.4亿元，比上年增长21.1%。全年实现社会消费品零售额912.6亿元，比上年增长5.8%。共有税源户8.8万户，本年新增6981户。

【地方政府支持税收工作】在推动首都核心功能区建设、疏解非首都功能等方面，市、区领导给予高度关注和指导建议。

【税收收入情况】全年组织各项税费收入713.7亿元，增加101.2亿元，同比增长16.5%，完成全年收入任务的106.5%。其中：地方公共预算收入完成543.3亿元，增加71.4亿元，同比增长15.1%，完成全年收入任务的104.9%；区级收入完成253.6亿元，增加28.6亿元，同比增长12.7%，完成全年收入任务的105.4%。

【税收收入特点与分析】收入占比居全市第二，达到18.5%。税源户规模平稳增长，税收集中度高，重点税源户聚集效应明显，全年纳税百万元以上的税源户达到3012户，增加223户，同比增长8%，占全局户数的4.9%，占全市重点税源户26138户的11.53%；重点税源全年入库税款661.5亿元，增加93.9亿元，同比增长16.5%，占整体收入的比重达到93.6%，占全市收入的比重为17%，占全市重点税源收入的比重为20.80%；其中：亿元以上95户，入库405.8亿元，占全局整体收入的比重为57.4%，占全市亿元以上企业收入的30.79%。“两大行业”“一大企业”支撑位置稳固，三大产业中第三产业完成各项税费659亿元，占全局收入的93%；第三产业中占比最高的行业为金融业和房地产业，分别完成337.3亿元和79.7亿元，占比分别为47.7%和11.3%；收入占比最高的企业为北京市建设工程专业劳务发包承包交易中心；全年“两行业”和“一企业”合计完成453.9亿元，占总收比重的63.6%。各税种全面向好，三大主体税种营业税、个人所得税、企业所得税合计入库561.4亿元，增收79.1亿元，同比增幅17.1%，占全局收入比重为78.7%。国有企业增幅最高，港澳台及外资企业增幅下滑明显。功能街区稳健发展，金融街龙头作用稳固。

【税收法治】班子成员集体学法。聘请王家本律师担任法律顾问。完善处罚文书，规范行政自由裁量权。推行网上复议，拓宽纳税人权益救济渠道。坚持依法办案，实行“一案双查”。参照税务总局和市局的审计要求开展自查，规范执法行为，规避执法风险。

【税收政策落实】采取多项措施落实小微企业税收优惠政策，通过外网、电话、短信、QQ群、云盘服务等多种方式做好宣传辅导。召开小型微利企业专题辅导座谈，以互动形式宣传优惠政策，现场答疑解惑。设置小微企业咨询岗，摆放小微企业优惠政策宣传资料，专人解答相关问题。向小微企业发放《小微企业税收优惠政策宣传手册》16700 册。全年，共有 5987 户纳税人享受营业税优惠政策，减免税 101345.3 万元；共有 1190 户企业在企业所得税季度预缴时享受小型微利优惠政策，减免税款 512.1 万元，享受率达到 100%，6296 户企业在企业所得税汇算清缴时享受到小型微利优惠政策，减免税额 1478.7 万元，实际受惠面达到 100%。认真贯彻落实“二手房”新政，全年共受理个人二手住房交易 14041 户，经统计，全区共有 2 年以上（含两年）的普通及非普通住房交易 13141 户，免征营业税 149480 万元；其中，“5 改 2”新政所涉及的 2 年以上、不满 5 年的普通及非普通住房 1512 户，免税额达到 15674 万元。

【税种管理】 对印花税完税方式进行调整，自 7 月 1 日起，采取以税收缴款书完税代替贴花完税的方式，同时取消所有印花税票监督代售单位售花。加大对存量房征收管理的力度，增设存量房交易办税窗口，实现存量房交易全区通办。加大房土税源管理力度，与区房管局、国土局、发改委等单位就如何取得对方相关数据进行沟通，为建立和完善数据交换制度奠定基础。积极落实税制改革要求，对地热资源税征收工作进行政策培训辅导，对每季度征收情况进行比对核实。

【纳税服务】 提速登记办理，增加窗口设置，为纳税人提供电话、网络、上门、书面等多种咨询方式，保障渠道畅通，缩短咨询答复时限。提速多元办税，安装 19 台自助办税机，其中 4 台实现 24 小时全天候服务，为纳税人开具个人所得税证明 10 万余份；进厅业务实现办税服务厅窗口受理，54 项区域通办事项实现区域通办，5 项实现全市通办；积极推进 20 项免填单业务；提供计算机外网无税申报、发票报数、个体户定额征收缴税、发票查询、企业缴税信息查询等 24 小时服务；加强互联网税务局使用管理，扩大办理事项。提速投诉处理，制定《西城地税局加强纳税服务投诉管理办法》，规范投诉处理流程，设立投诉电话，建立快速处理机制。多举措服务不同纳税人群，全年共举办各类培训辅导 84 次，纳税人参加辅导 2 万余人次。加强国地税合作，组建专家团队，为企业提供上门服务，走访亚投行筹备管理有限公司，围绕亚投行筹备工作，帮助企业规避税收风险，服务企业运作发展。强化纳税服务监督力度，切实维护纳税人合法权益，在办税服务大厅专门设立争议调解区。

【税收征管】 全局征管总户数为 88728 户，其中正常户 87222 户，非正常户 1506 户。2015 年新增户数 6981 户，注销户数 1505 户。自 2015 年 10 月 1 日实施“三证合一”，接受工商局数据并完成数据补录的“三证合一”企业户 641 户。加强税源的精细化管理与征管状况分析，制作《税收征管状况分析报告》。围绕税务登记情况、申报情况、税款情况、税种情况开展数据分析。为公安机关、审计部门、国税等执法部门及其他纳税人鉴定发票 3000 余份。

【大企业税收服务与管理】 深化征管改革，实现大企业管理专业化，组织完成中海油等 6 户企业集团现场审计工作。积极抽调人员，组建 6 人工作团队，参加税务总局“运用大数据开展大企业税收服务与监管试点工作”。加强国地税合作，联合开展调查，引导大企业建立、完善税务风险内控机制。

【国际税收管理】 加强外籍个人管理，借力普华永道会计师事务所专业力量，对重点企业开展两次政策辅导。编制自查表单，组织税务所开展外籍个人的个人所得税核查，涉及西城区企业1200余户，外籍个人8000多名。经过税务所对外籍员工境内外保险、奖金、利息股息红利所得等方面进行重点核查，通过约谈督促18户企业查补税款3800万余元，滞纳金2.5万余元。加强反避税工作，对某中资控股境外注册公司开展调查，针对其金融商品买卖行为，依据《税收征管法》《营业税暂行条例》及财务部规范性文件，对其价格进行合理调整，查补入库税金6800万元。

【税务稽查】通过加强绩效考核，建立部门台账，全年立案373件，有问题率98.80%，查补收入26000万元，入库16000万元。成立工作组，加大积案清理力度，原有积案61件，已完成55件（其余正在推进中）。参与疏解非首都功能工作，与国税局合作对“动批”、西单文化广场地下77街联合检查，发现涉税违法金额30600万元，涉及税款7100余万元。

【电子税务管理】成立数据管理科，编制基础数据手册。加大信息化工作力度，积极参与税务总局金税三期工程开发和试点。做好移动存储介质安全管理系统上线。完成电子税务档案归集整理。

【政务管理】推进督查管理系统上线和培训，督办重要事项60件。主动公开政务信息335条，归集各类行政档案902份。

【绩效管理】完善绩效管理，提升队伍工作质效，制定《绩效管理考核办法》与《个人绩效管理考核办法》，将市局、区政府及本局年度重点工作全部纳入考核内容，全局各部门和全体在编人员全部纳入考核范围。建立完善指标体系，努力实现考评工作全覆盖。依托信息化平台开发“绩效指标填报短信提醒”功能，组建培养绩效管理员队伍，建立绩效工作定期汇报制度。

【财务管理】提高资金效率，服务征管一线，更新征管一线的办公环境和设备，为纳税人及时退付手续费3.77亿元。严控行政成本，做好信息公开，严格控制公务用车、公务接待、公费出国（境）经费和会议费、培训费、差旅费、调研费等支出，确保“零增长”。摸清资产底数，加强资产管理，开展两次固定资产自查，并委托事务所进行全局资产盘点，做到账实相符。强化制度落实，降低财务风险，修订本局货币资金管理制度、支出管理制度、预算管理制度、公务卡管理制度、采购管理制度和固定资产管理制度。

【政府采购】完善预算编报，严把采购流程，为重点基建和采购项目合法合规完成采购手续做好审批和协调工作，确保项目手续齐全。严格按照采购管理办法登记采购台账，整理保存采购合同，使采购合同规范化。

【人事管理】设置20个职能科室（工会在基层工作科下，撤销纳税评估科，变更为数据管理科），1个稽查局（内设9个科）、19个税务所，1个机关后勤服务中心（纳入工资规范管理的事业单位），1个学会（编制外社团）。取消纳税评估科，保留机构编制，设立数据管理科，为内设机构。全局共有干部职工701人。其中：公务员671人，事业4人，工勤26人；处级领导干部8人，正处级领导干部2人，副处级领导干部6人；处级非领导干部21人，其中：分管工作的副调研员5人；科级领导干部共114人，正科级领导干部47人，副科级领导干部67人。在公务员考核中，优秀137人，占全局总人数的20%，称职542人，占全局总人数的77%，未定等次10人，占全局总人数的1%；记三等功45人，占全局总人数的6.4%，嘉奖138人，占全局总人数的20%。

【教育培训】分三批组织《税收法治通论》培训。组织213名干部参加中高级职称、注册会计师、税务师职业资格考试网课辅导。组织12名窗口干部参加2015年西城区行政服务体系窗口工作人员培训。组织12名干部参加2014年新录用人员和军队转业干部公务员初任培训。组织市局技能大赛15名入围选手集中培训。

【执法督察与内部审计】配合税务总局和市局开展十二项重点执法督察和二手房、过头税、申报未入库三项专项督察项目。自查数据30477条，配合核查疑点数据14044条，追缴补税101万元，滞纳金10.2万元。独立开展对稽查局和4个税务所的专项执法督察，共调卷95卷，对77卷存在的152个问题，分类归集反馈被督察单位，提出督察建议，督促被查部门整改。

【党团建设】先后两次开展党的群众路线教育实践活动"回头看"，顺利通过市局党的群众路线教育实践活动专项检查组验收。发挥典型示范作用，激励队伍创先争优，2015年，机关党委、第四税务所、牛街税务所党支部被西城区工委命名为"服务先锋"先进基层党组织，5名一线税务干部被推选为"服务先锋"优秀共产党员，西城局被西城区委宣传部评为第三批"学习型党组织示范点"。以党建带团建，继续发挥桥梁纽带作用，完成团委换届选举工作，组成由5名委员构成的新一届团委。组织青年团员开展"五四"青年节主题教育，开展"学雷锋献爱心"活动，长期对口扶助单亲家庭儿童，组队参加区直机关公务员知识大赛、青年岗位技能大赛，积极培养青年税务干部成长成才。

【纪检监察】加强领导班子成员监督，严格执行重大事项集体讨论决定，坚持做到集体讨论、科学决策。全面执行个人重大事项和婚丧喜庆报告制度。坚持正确的选人用人标准，严格按照《干部选拔任用条例》和《干部选拔任用四项监督制度》进行干部选拔任用管理，规范操作，严格程序，综合考察，抓好全过程监督检查，杜绝干部管理中的违规违纪现象。

【后勤管理】认真做好后勤保障工作，在确保交通安全方面，坚持"两重视一督促"工作原则，杜绝事故发生。2015年，对28处办公区域进行维修改造。

【税收宣传】与东城区地税局共同配合市局开展"新常态，新税风，税收助力文化发展"主题座谈会，听取部分文化企业、书画家代表对税务部门的意见和建议，了解经济发展新常态下文化企业发展的税收政策服务需求。到牛街社区开展"税务志愿者送纳税服务进民族社区"活动。联合区国税局分别在大栅栏街和马连道街举办"便民春风行动，优化纳税服务，共建和谐税收"为主题的税法宣传活动。为联大商学院150名大学生举办税收实践课堂"税收为创客鼓春风"活动，帮助大学生打通从校园到工作岗位的"最后一里路"。

【税收科研】参与市局调研课题4项，在主要期刊上发表5篇。

【税务文化】积极开展荣誉争创，精神文明创建取得新成效，2015年，取得国家级集体荣誉5项、个人荣誉1项，市级荣誉6项、个人荣誉4项，在年度绩效考评中"荣誉称号类"加分排名系统第一名；作为西城区唯一一家荣获"全国文明单位"荣誉的政府机关，顺利通过首都文明办检查组的验收与复核，保留了该荣誉称号；新增七个税务所取得"首都文明单位"荣誉，第四税务所被中央文明办评选为"第四届全国文明单位"，全局形成"1+12"的文明创建新格局。积极开展机关文化建设，道德讲堂示范课获区一等奖；组织200名安保志愿者队伍，圆满完成9.3阅兵安全保障工作。组织参加系统岗位技能大赛，全局450多名干部参加地税系统岗位技能大赛，获“优秀组织奖”，4名选手分别获得“征管能手”“稽查能手”“纳服能手”荣誉称号，其中1名选手荣获“纳服标兵”荣誉，位列全系统总评第一名。

（刘海琳）

朝阳区地方税务局

【概况】朝阳区位于北京城区东部和东北部，总面积470.8平方公里，下辖24个街道、19个乡，常住人口392.2万人，是北京市面积最大、人口最多的城区，也是高端要素聚集、服务业发达的重要区域。按照北京城市总体规划，朝阳区被赋予“国际交往的重要窗口、中国与世界经济联系的重要节点、对外服务业发达地区、现代体育文化中心和高新技术产业基地”的功能定位。近年来，朝阳区抓住奥运、CBD、绿化隔离地区建设、土地储备等重要发展机遇，区域城市化、现代化、国际化同步推进，已经成为北京市经济强区和对外交往的重要窗口。近十年，朝阳区GDP年均增长14%，2015年实现地区生产总值4640.2亿元，同比增长7.0%。

【地方政府支持税收工作】主动参与政府经济工作，加强与辖区街道、乡镇、园区管委会等有关部门交流沟通，形成涵养税源、协税护税的联动机制。朝阳区委、区政府对于北京税务博物馆的建设给予了大力支持。吴桂英、甘靖中、张维刚等区领导对朝阳区地税局提出的服务朝阳区经济社会发展各项措施、建议高度重视，多次给予重要批示。

【税收收入情况】完成各项税费收入854.2亿元（含工会经费），增收99.6亿元，同比增长13.25%。其中：完成地方公共财政预算收入619.6亿元，增收57.4亿元，同比增长10.2%，完成市局年度计划595亿元的104.1%，约占全系统1/5；完成区级收入258亿元，增收14.7亿元，同比增长6%，完成区级计划257.6亿元的100.1%。

【税收收入特点与分析】朝阳区税源规模进一步扩大、新增税源户增收贡献率显著，共有正常户285414户，同比增加29198户。高端产业区依然是组织收入的重点区域，但主要受土地增值税汇算影响，呈下降态势，中央商务区完成各项税费收入147.8亿元，减收3.8亿元，同比下降2.5%；电子城园区企业1363家，完成各项税费收入13.2亿元，减收0.3亿元，同比下降2.5%。房地产业，租赁和商务服务业，居民服务、修理和其他服务业，金融业四大主体行业实现全面增收，合计完成519.3亿元，占各项税费收入的61.8%，合计增收46.7亿元，增收贡献率62.9%，增长11.2%。

【税收法治】编写《强制执行措施指导手册》，建立《取消和下放行政审批事项后续管理制度》，制定《合同管理办法》。做好“六五”

法制宣传教育总结验收工作，制作并发放宣传材料上千份。贯彻《行政诉讼法》修正案，加强行政法与刑法衔接平台管理。审理6起行政复议案，依法不予受理1起，与申请人和解1起，维持原具体行政行为4起。参与4起行政诉讼，法院依法审理后不予受理1起，原告撤诉2起，审理中尚未结案1起。

【税收政策落实】深化营业税改征增值税后续管理，“营改增”企业从最初的6.5万户增加到14.78万户。认真落实税收优惠政策，全年减免各项税费164.3亿元。12.18万户小微企业享受营业税优惠政策，免征营业税7287万元；17261户小微企业享受减免企业所得税优惠政策，免征税款4859万元。受理企业所得税安置残疾人事前备案109户，加计扣除2830万元；审批残疾人、孤老人员、军烈属减免个人所得税256份。办理个人二手房退税业务4937笔，退税金额1.48亿元。

【税种管理】完成个人所得税12万元以上自行纳税申报任务指标的115.13%，明细申报率平均达到99%以上。开展限售股转让情况核查，补缴税款1.19亿元。加强股权转让管理，扣缴个人所得税12.57亿元，同比增长3.08倍。巩固企业所得税预缴率管理成果，加大对延迟纳税企业的监控力度。筛选比对财行税平台中的5个模型，补缴房土税705万元；开展税源比对疑点核实，补缴房土税923.7万元。预征115个房地产开发项目税款14.42亿元，完成7个房地产项目清算税款11.62亿元。对14万辆单位车辆进行数据筛选，补缴税款81万元。开展金融业同业拆借印花税情况调查，补缴税款335万元。代征残保金7.67亿元，代收工会经费13亿元。

【纳税服务】落实“便民办税春风行动”，132项依纳税人申请事项全部前移至办税服务厅，建成4个24小时办税服务厅并实现通办，年办理量约38万户次。积极实践咨询热线服务外包，增加至10个接听座席，月接听量18000个，接通率由65%提高至95%。采取购买服务方式，开展授课44次，培训人次8000人。推出定制化培训服务，满足股权转让等复杂涉税事项的培训需求。完成2014年度信用等级评价工作，评定A级企业4948家。全年收到各类锦旗37面，表扬信19封，意见簿表扬信15封，荣誉牌匾1个。

【税收征管】2015年共有税务登记户数295981户，其中内资企业238901户（包括国有企业1634户、集体企业2271户、股份制企业2617户、联营企业67户、有限责任公司93207户、股份有限公司1751户、私营企业134084户；其他企业3270户）；港澳台商投资企业4660户；外商投资企业7117户；个体工商户45303户。开展无税申报专项核实，补缴税款5900余万元，有税申报率达到74.41%。加强新办企业管理，全年新增税源户4.07万户，正常税源户达28.56万户。对51个集中办公区2.6万户企业开展摸底调查，形成税款1.35亿元。加大欠税管理力度，清理欠税2027万元。做好委托代征管理，共计代征税款6.57亿元。建立税务约谈室，出台《税务约谈工作办法》。全年通过风险防控组织入库税款、滞纳金及罚款合计14.93亿元，同比增长11.17亿元。9月14日在全市率先实现二手房交易缴税全区通办，10月8日正式运行。

【大企业税收服务与管理】开展税收风险防控和现场税务审计工作，对神华等6家集团所属7户企业开展全流程风险管理工作。开展国家税务总局定点联系企业名册信息核实工作，完成354户企业的基础信息的核对和录入审核工作。

开展千户企业信息核查工作，分两批对纳税额10亿元以上及纳税额1亿元以上的企业集团开展信息采集工作。对3个集团共计94户企业开展税收风险管理工作，发现应补税款及滞纳金173万元。

【国际税收管理】扩大外籍个人所得税核查范围，补缴税款及滞纳金1.54亿元。使用非居民企业所得税源泉扣缴寻找关联申报疑点，扣缴税款1929万余元。第三方信息核查47件，补缴税款327万元。国际情报信息核查13件，补缴税款15万元。完善非居民个人享受税收协定待遇备案制度和非居民源泉扣缴工作流程。开展“走出去”企业培训工作，推出《跨国课税》双月刊。

【税务稽查】加大税收违法案件查处力度，查补税金2.3亿元，入库2.66亿元。引入第三方外脑协助办案，检查税款及滞纳金13.16亿元。深入开展打击发票违法犯罪活动工作，查补税金1772.85万元。将新滞纳金管理办法落实与欠税清理相结合，入库税款2050.88万元。召开重大案件审理会2次，审议通过案件8件，涉及税金1.79亿元。

【电子税务管理】统计分析税收完成情况，研究税收增长变化规律和发展趋势，为领导决策提供数据支持与模型推导。采集重点税源企业数据，掌握生产经营状况，了解行业特点与经营周期，完成税源分析报告。上线运行个人存量房涉税网上预约系统，开发自助取号系统。上线运行朝阳地税计算机代码管理系统，搭建中心数据库，做好数据归集和分析处理。推广安全U盘，做好电脑的杀毒和安全防护工作。

【政务管理】组织召开“两个服务”会议12次，整合布置工作1176项。积极推进视频会议系统应用，减少基层单位会议往返，提高办公效率。重视网络舆情工作，按照“内增凝聚力，外树好形象”要求，配备专人负责网上舆情监控、处理、督办以及回复工作。正确把握网上舆论导向，营造浓厚的网络舆论氛围。建立健全网络舆情工作机制、制定互联网突发舆情处置预案、加强网络舆情队伍培训学习、及时查办舆情反映的问题。

【绩效管理】制定绩效管理办法和机关层面68项、税务所层面62项考核指标，出台机关和税务所两个层面绩效管理实施细则并开展培训。制定《北京市朝阳区地方税务局个人绩效管理实施细则（试行）》，将绩效考核管理延伸到个人。在2015年度全地税系统绩效考核中，朝阳区地税局总分1037.1分，系统排名第3名。

【财务管理】统筹使用资金，保障重点工作需要。坚持“三重一大”工作规程，经费支出逐级申请、逐级审批。通过日常开支报销的审核把关，控制预算，确保各项资金安全、合理、有效使用。针对年初预算未安排的项目，如建设“减压室”“约谈室”等，在政策允许范围内做好资金保障，为提高税务所征管效率提供了资金支持。

【政府采购】制定采购实施办法，纳入区政府采购目录的货物、服务和工程按照要求进行政府采购，采购目录外的货物、服务和工程按照金额标准进行采购：5万元以下的货物和服务，10万元以下的工程，科室询价自行采购；标准以上的货物、服务和工程，由朝阳区地税局采购小组通过招投标方式完成采购。全年完成定点货物、服务类采购1048.59万元。经朝阳区财政局审批，委托中介机构协查注销税务登记等3个服务类项目以公开招标方式完成采购692.52万元。完成第一税务所维修改造工程采购。经朝阳区发改委审批，通过招标代理公司以公开招标方式完成设计招标采购，金额84万元。

【人事管理】朝阳区地税局有16个科室（含机关后勤服务中心），15个税务所，1个稽查局（下设检查科5个，综合科1个），1个税务学会。合计人数623人，其中干部596人，工人22人，事业编5人。男308人，女316人；中共党员388人，共青团员19人；大专以上文化程度（含大专）611人，大专以下文化程度12人；中层干部107人。按照《北京市地方税务局关于调整区县（分）局机构职责有关工作的通知》（京地税人〔2015〕118号）文件精神，取消纳税评估科，保留机构编制，设立数据管理科，并相应调整征收管理科职能。

【教育培训】组织开展税收业务知识考试岗位大练兵工作，开展脱产培训，组织276名干部参加考试。开展中层干部培训工作，组织全体科级领导干部进行岗位知识培训，交流工作经验，提升凝聚力和工作水平。组织全局干部开展税收业务知识培训，培训内容包括税收政策、窗口业务流程及《税收法治通论》相关内容。组织全局干部开展更新知识培训，提高干部队伍综合素质和知识层次，加强廉政教育及身心健康调节。

【执法督察与内部审计】全面清理3年来税收个案批复情况，制定《北京市朝阳区地方税务局关于清理规范税收个案批复工作实施方案》。制定《2015年度执法督察实施方案》，有序开展内部执法督察。做好外部督察审计的沟通协调工作。成立执法督察领导小组，重点督察税务登记基础信息等9个事项，抽查案卷1972份，限时整改发现的问题。

【党团建设】继续巩固党的群众路线教育实践活动成果，制定27项具体巩固措施。扎实开展“三严三实”专题教育活动，组织局党组中心组集中学习11次，专题学习研讨3次，局主要负责人讲党课2次，收集意见建议50条。邀请专家就“新时期如何当好党支部书记”等3个主题授课。深入开展“守纪律、严执法、讲廉政、强作风——做恪尽职守的公务员”主题教育活动。选举6名团员代表参加共青团北京市地方税务局第一次代表大会；参加系统共青团工作座谈会，反映青年干部心声和诉求。获得系统青年技能大赛优秀组织奖，获PPT设计竞赛、微视频制作竞赛一等奖和硬笔书法竞赛二等奖。开展“书韵青春、以文会友”五四读书活动，开展纪念世界反法西斯战争胜利70周年主题团日活动。

【纪检监察】加强廉政教育，开展“学党纪知党规讲党性守纪律”主题教育活动，组织参观反腐倡廉警示教育基地和太阳村。落实中央八项规定，紧密结合“两规范一提高”和行政效能巡查工作，组织开展“为官不为、为官乱为”专项治理，深入推进政风行风建设。严格落实零申报、“双签字背书”等责任制度。

【后勤管理】建立健全物业管理机制，实行物业项目经理负责制。完成1个约谈室、5个减压室的建设，完成十里堡税务所、第三税务所两个24小时自助办税厅的建设，完成十里堡税务所食堂改造、来广营办公楼维修等多项重点工作。规范全局物品采购工作流程，按固定资产和低值易耗品分类管理。

【税收宣传】深入开展税收宣传活动，与北京交通广播电台联合制作税收宣传特别节目，与首都经济贸易大学联合举办第七届“朝阳地税杯”税收风采展示大赛，与朝阳有线台合作录制《地税你我他》电视专题节目52期，取得良好效果。加强舆论引导，做好正面宣传，在市级以上媒体刊发稿件57件。

【税收科研】紧紧围绕中心工作组织开展税

收调研活动。创新调研方式，与首都经贸大学联合开展调研，通过开展调研课题开题会、交流会以及调研培训等多种方式与高校探讨问题、交换意见。全年共撰写调研文章45篇，确定并完成重点调研课题8项。其中，市局《调查与研究》采用2期，外部省部级以上刊物采用13篇。

【税务文化】开展“道德讲堂”活动，以身边人讲身边事，引导职工爱岗敬业、争创一流。组织开展志愿服务、成立学雷锋税法宣传服务队，税法宣传进社区、进校园、进使馆。积极组织参加捐资助学、帮扶结对、同创共建、济困助残等各种社会公益实践活动，2015年被评为朝阳区群众性创建规范化建设文明单位。积极开展干部职工参与度高的文体活动，举办五人制足球赛，书法讲座班，开展影评等活动。加强“职工书屋”建设，开展读书交流活动。

（杨　超）

海淀区地方税务局

【概况】2015年，海淀区经济社会发展情况良好，工业生产持续低位运行，高技术制造业稳步发展。全年规模以上工作总产值1929.4亿元，同比下降3.4%，其中：高技术制造产值1207.3亿元，占规模以上工业总产值比重62.6%；全年累计完成全社会固定资产投资870.5亿元，同比增长3.4%；区级一般公共预算收入357.5亿元，同比增长13.1%；全区居民人均可支配收入约62325元，同比增长7.6%。

【地方政府支持税收工作】海淀区委、区政府重视税收工作，2月16日，常务副区长穆鹏到学院路税务所走访调研，察看办公条件，了解税源建设情况，并与一线干部职工交流。7月3日，区委书记崔述强、代区长于军、常务副区长穆鹏、副区长傅首清与市地税局局长杨志强、书记刘江平、副局长朱元广、副局长王炜、副巡视员郭筑明、副巡视员周上序，就海淀区提出的数据共享、金融创新政策，落实“京津冀”协同一体化发展，加快疏解非首都功能等，从税收的角度进行座谈。

【税收收入情况】全年累计完成各项收入681.0亿元，增加105.2亿元，同比增幅18.3%，其中：完成中央级收入226.8亿元，增加47.4亿元，同比增幅26.5%；完成地方公共财政预算收入446.9亿元，增加56.9亿元，同比增幅14.6%，完成收入任务的106.4%；完成区级收入177.5亿元，增加13.3亿元，同比增幅8.1%，完成收入任务的101.8%。全面完成市、区两级收入任务，为区域经济社会发展提供了财力保障。

【税收收入特点与分析】税收增速总体高于全市平均水平。总收入和地方公共财政预算收入规模均居全市第三位，总收入占比17.6%，地方公共财政预算收入占比15.5%；总收入增幅高于全市5.6个百分点，地方公共财政预算收入增幅高于全市4.5个百分点。税源规模和质量稳步提高。截至2015年12月31日，本局共有税源户24.1万户，其中本年新登记税源户3.6万户，带动税收增加4.7亿元，增长1.2个百分点。重点税源主体地位稳固，纳税百万元以上企业达到5801户，增加736户，共缴纳税收562.3亿元，收入占比达到83.5%。

【税收法治】编制税务行政处罚权力清单，开展行政处罚裁量权培训；制定《税务约谈工作办法（试行）》，为各项工作提供制度支持；举办“做讲法制守秩序的好市民”网络法律知识竞答活动，分两批组织税务所开展行政处罚业务培训会，提高干部依法行政重视程度；积极稳妥应对行政诉讼案件4起、行政复议案件4起，有效维护税法尊严与纳税人权益。在第二届“大江论坛”——两岸税收法制建设论坛征文活动中分别荣获一等奖和三等奖。

【税收政策落实】全面支持中关村企业创业创新。为小微企业减免税款6945万元，惠及纳税人86786家；落实安置残疾人、大学科技园孵化器企业、企业改制重组等优惠政策，减免房产税2296万元，城镇土地使用税137万元，契税11251万元；加大各项税收新政策培训力度，确保政策落地执行；针对“固定资产加速折旧”等税收政策，累计培训企业3000余家。

【税种管理】创新开展企业所得税后续管理。依据本局《企业所得税事后备案事项的审核要点试行办法》，在汇算清缴期后对优惠备案企业进行核实。加强股权转让审核及评估，办理股权转让8869份，入库税款130907万元。推进印花税核定征收管理，对113户汽车销售4S店开展印花税核定征收，入库税款5522万元；对102户注册资金较大企业开展评估自查，补缴税款5754万元。购买第三方服务，探索土地增值税清算外包，2015年审结27个项目，入库304885万元。进行房土税源基数采集，开展辖区3177户房土免税单位调查，掌握一手数据。

【纳税服务】贯彻落实《全国税务机关纳税服务规范》，纳税人办税时间平均减少1/3。继续开展“便民办税春风行动”，在办税服务厅安装一次性告知单自助打印机，设置小微企业优惠政策咨询岗；建立全局呼叫中心，启用统一咨询电话号码82612366，负责除第一税务所和第二税务所外16个税务所的对外咨询；实现对未按期申报、减免税到期等6个事项的主动告知，共发送各类提示短信10万多条。完善“海税通”网上办税厅功能，推进二手房交易缴税预约服务；增设13处存量房交易税款征收点，实现区域通办。注重纳税辅导质效，建立师资库，增加专题辅导场次，全年共举办现场辅导会56场，参会纳税人超过2万人次，整体满意度达到96%。加强纳税服务投诉管理，制发《海淀区地税局纳税服务投诉管理办法（试行）》和《海淀区地税局关于进一步加强纳税服务投诉管理的通知》，提出14条意见；加大调查和处理力度，推出调查询问、约谈及责任追究机制，将投诉情况纳入税务所季度目标管理考核和干部个人年度考核；利用视频监控系统和委托第三方进行巡查和暗访，发现问题及时处理；代表北京市地税系统参加国家税务总局满意度调查，排名由全国第27名上升至第6名，提升幅度明显。联合区政府和金融机构推出“税银互动”信用贷款服务，助力小微企业发展，签约企业52家，完成签约金额1.06亿元，惠及企业就业人数3520人。“海淀地税”微信公众号、海淀区国地税联办纳税人辅导学校两个项目荣获2015年度海淀区政务服务窗口“十佳便民服务项目”；第一税务所国地税联办窗口荣获2015年度海淀区政务服务“十佳群众满意窗口”称号；第一税务所荣获海淀区综合行政服务大厅“优质服务窗口”称号和“党员先锋岗”称号；第一税务所五名同志获得海淀区“优秀岗位能手”荣誉称号。

【税收征管】 整合税收数据，建设数据图书馆，摸清税源底数。建立税务所税源管理例会制度。印发《海淀区地税务局重点税源监控预警管理办法》，增强组织税收收入工作的预见性和主动性。探索建立未申报、零申报企业管理机制，对连续三个月零申报且有涉税疑点的、对连续六个月零申报的企业，实施税务约谈或实地调查。启动“楼宇经济”税源管理，排查非海淀单位房产情况，实地审核72家集中办公区的场所。做好“一税两费”代征工作后续管理，对6000多户在国税系统未申报或零申报的企业实施催报催缴。有针对性地开展日常检查，查有问题的5441户企业入库税款11.57亿元。对二手房交易涉税流程进行完善，对二手房交易档案开展自查和责任追究工作，确定档案定期抽查制度。

【国际税收管理】 四个重点案件和外籍个人核查专项工作合计收入36367万元，入库14487万元，完成全年收入任务的345%；加强“走出去”企业服务与管理，强化跨境税源信息管理和利用；全面推行企业关联申报，对某企业做出反避税立案报告，实现北京市地税系统反避税案件正式立案零突破。

【税务稽查】 全年共立案351户，结案290户，查补税款14851万元，入库税款14647万元。加大部门合作，形成科室推送案源工作机制，全年推送疑点企业51家，有问题率98%，查补税款1个亿。与朝阳区地税局、延庆区地税局进行稽查先进经验交流，配合第一稽查局落实税务稽查“市级全覆盖”工作。

【电子税务管理】 推进税务综合管理监控指挥平台建设，开发使用免填单系统；着手开发虚拟办公管理软件和纳税人个性化标识系统；推广海淀地税微信公众号，订阅用户数超过2.2万人，微信浏览量近45万人次；扩大网上预约服务范围，全年受理预约5000余次；通过外部网站及时发布税收信息，调整归并网站栏目，全年更新850条网站信息。

【政务管理】 积极发挥参谋助手作用，推动全局重点工作落实。报送政务信息186篇，被市委市政府和国家税务总局采用104篇，3篇被市局领导批示、1篇被李士祥副市长批示。全年编发局内信息31期，刊发《海淀地税局深化征管改革工作简报》19期；提高公文流转效率、规范公文流转程序，健全文件领用、借阅登记制度，全年办理市区两级文件2035件，办理局内发文108件；全年主动公开政府信息110条，办理依申请公开政府信息8件，办理局内外用印用信1150次，接待外部人员沟通工作230人次；加大督查督办力度，努力做到事事有着落、件件有回音。全年办理各类督查事项212件，办理各类信访案件83件。

【绩效管理】 制发《海淀区地税务局绩效管理办法》《海淀区地税局绩效管理实施细则》和《海淀区地税局个人绩效管理实施细则（试行）》；建立绩效管理微信群；按季度分析绩效管理报告，由主管领导对考核成绩落后的部门进行约谈，带动全局工作质效提升，2015年在全市地税系统绩效考核排名中位列第一。

【财务管理】 制定公务员养老保险改革、公务用车改革、物业供暖费货币化补贴等新规定落实方案，保障新政策顺利执行；加强预算的管理执行力度，合理安排全年预算，预算执行率达90%以上；成立固定资产清查领导小组，全面清查全局固定资产，提高固定资产使用效益。

【政府采购】 严格执行财政部门关于政府采

购相关制度规定及招投标程序，全年批量集中采购经费支出592万元，其中货物类采购经费支出412万元，服务类采购经费支出180万元。

【人事管理】严格遵照选拔晋升程序，全年选拔任用正科级领导干部1名，副科级领导干部2名，正科级非领导干部22名，副科级非领导干部8名；推进干部轮岗交流制度化、常态化，全年轮岗44人，顺利完成第一税务所、第二税务所17名窗口干部的交流安置。全年招录应届大学生12人，军转干部11人。

【教育培训】重视干部教育培训，组织全员更新知识培训、中层领导干部培训，在扩大培训覆盖面的同时，增强干部培训的针对性；组织“三师”、职称考试报名，选拔5人参加国家税务总局领军人才考前培训。

【执法督察与内部审计】形成多部门联动的督察机制，制作《税收执法督察任务分解表》，对全局770份案卷资料进行检查，发现问题66项，对相关责任人进行税收执法过错责任追究，全部问题得到整改。确定引入具有法定资质的第三方机构开展基建审计。对结算金额10万元以上的工程项目，全部委托第三方审计。

【党团建设】深入学习贯彻党的十八届三中、四中全会和习近平总书记系列重要讲话精神，巩固、拓展党的群众路线教育实践活动成果，推动形成作风建设新常态；成立由局领导班子成员、各科室、税务所正职领导组成的“第一党支部”，强化领导干部组织生活，提升队伍思想水平；成立“三严三实”专题教育工作协调小组，组织全体干部学习习近平总书记“三严三实”论述，将“三严三实”学习列为局长办公会必谈必讲内容。先后开展党组书记讲党课活动、专家专题讲座活动、中层领导干部“述廉述党建”活动；组织基层党支部开展党员承诺践诺、推荐评选我身边的好党员、党员意识提升、基层展示大赛四项基层党建活动，激发党员干部正能量。加强团建工作，视频作品《青春同路为梦续航》荣获北京市青年技能大赛一等奖。

【纪检监察】贯彻落实党风廉政建设主体责任及监督责任，分别制定实施方案，梳理出七大类22项主体责任、五大类24项监督责任内容及分工，保障责任落实到位；对中央八项规定、“三重一大”和廉洁自律各项规定的落实情况进行监督；制定《内控规范手册》，对各项经济活动流程进行风险点查找及风险防控等级确定，共查找风险点37项，研究制定风险防控措施39条；畅通上下沟通渠道，加大对干部群众反映问题的反馈力度，全年由市地税局转办及本局收到的各类举报案件比2014年下降58%。

【后勤管理】合理调配车辆，全年出车3560次，最大限度发挥车辆效能；加强日常巡查巡检，及时对水、电、气、通信、照明设施、办公家具及办公用房发生的损坏进行维修维护；南部、北部办税服务厅项目建设工程稳步推进；狠抓节能减排工作，完成“公共机构能源消耗管理平台”管理的调试和实地勘察。

【税收宣传】着力宣传中关村创新创业、北京地税先进典型等，在一线主流媒体发稿80篇，特别是围绕“大众创业、万众创新”热点，连续发力，先后在《北京日报》《北京青年报》和北京电视台进行专题宣传报道，有力推动了公众的“双创”热情。本年宣传工作在市地税系统绩效考核中取得第二名。

【税收科研】紧密结合税收工作实际，推动调研成果转化。积极响应市局精品调研战略的要求，实行重点调研课题重点关注，突出调研的及时性和前瞻性，共完成调研文章19篇，实现成果转化30项。其中，获得省部级以上奖项的文章1篇，在省部级刊物发表文章6篇、财经类核心期刊发表文章1篇、得到市地税局或区县领导批示的文章3篇、市地税局《调查与研究》刊登5篇，在其他外部刊物发表文章6篇。

【税务文化】开展基层展示大赛，广泛发动干部运用多种形式展示税务形象；进一步提高干部电子政务技能，引导干部立足本职、岗位建功；组织编印《身边的榜样》主题特刊，宣扬好人好事和先进事迹，营造昂扬向上的良好氛围。

（郝俊强）

丰台区地方税务局

【概况】2015年，丰台区实现地区生产总值1169.9亿元，比上年增长7.2%。其中，第一产业增加值0.6亿元，下降23%；第二产业增加值249.3亿元，下降1.6%；第三产业增加值920亿元，上升9.9%。按常住人口计算，全区人均地区生产总值达到50601元，比上年增长5.7%。全区完成地方财政预算收入94.5亿元，比上年增长9.7%，完成年度预算的93.5%。全区地方公共财政预算支出207.9亿元，增长36%。完成全社会固定资产投资862.3亿元，比上年增长6.2%；其中基础设施投资188.6亿元，下降24.4%。

【地方政府支持税收工作】丰台区委区政府、区人大多次指导协调税收工作。与丰台区发改委、国土局、财政局等部门加强协调，以清查全区从事土地一、二级开发企业的开发及回款情况为重点，全面加大税款征收力度。与丰台区国税局围绕税收宣传、税务稽查、大企业审计等共7类19项内容开展密切合作，逐步解决办税“多头跑”、执法“多头查”等问题。联合丰台区国税局、丰台区投资促进局举办“互联网+纳税服务”营商环境推介活动，320余家重点企业财务高管参加活动。

【税收收入情况】2015年，累计完成各项税费收入185.76亿元，增收21.82亿元，同比增长13.32%；其中地方公共财政预算收入143.07亿元，增收13.54亿元，同比增长10.46%；完成区级公共财政预算收入65.24亿元，增收4.78亿元，同比增长7.91%。

【税收收入特点与分析】2015年，由于持续的减收因素与较多大额一次性入库交互作用，受土地上市、上半年资本市场爆发的影响，增收因素多为不确定因素，收入形势的突出特点是变化快、难预测、保持稳定增长难度大。全局通过积极应对“新常态”下税收形势变化，全面推进税收征管改革和税收现代化建设，在“依法征收、应收尽收”的组收原则下落实各项工作部署，克服困难，最终实现了税收收入稳定高质量的增长。

【税收法治】积极开展税务行政处罚权力梳理工作，编制清单，绘制流程图，共梳理66项行政处罚职权。率先在全系统实行法律顾问制度，努力探索税务行政调解、和解工作新形式、新方法。完善领导干部学法用法制度。认真做好“六五”普法总结验收工作。

【税收政策落实】积极落实税收优惠政策，通过外网政策公告栏、短信平台、播放公益广告片、纳税辅导等多种渠道，广泛宣传固定资产加速折旧、小型微利企业税收优惠政策。全年共有11411户小型微利企业享受减免政策，减免税额1766.32万元；固定资产加速折旧政策惠及980户纳税人，累计加速折旧额9670万元。

【税种管理】强化税种税源管理，积极落实明细申报上线及税种核定工作，通过外网设置专栏、开展培训等措施宣传申报流程的变化及操作步骤，提高申报质效。开展城镇土地使用税纳税级次调整调研工作，摸底调查企事业单位出租房产从租计征税负变化情况。积极探索购买第三方服务，推进土地增值税清算工作。加强印花税管理，全年累计入库4.13亿元。加强企业所得税季度预缴申报管理。对3095户纳税人开展营业税减免申报核查。

【纳税服务】积极开展上门走访企业服务，局领导共带队走访企业30户，解决涉税问题31个。进一步精简办税流程，调整37个备案类事项，扩展免填单服务32项，推行即办即结，降低纳税人办税成本。增设专业咨询人员，严格履行一次性告知，落实好首问责任制。积极落实“便民办税春风行动”要求，采取定期循环、免费培训的形式，聘请税务师事务所专业人士集中授课，组织19场政策培训会，共3600余人次参加。整合设立纳税服务电话咨询中心，为纳税人提供便利、高效的咨询渠道。

【税收征管】加快落实《推进税收现代化建设和征管改革三年行动计划》。优化机构设置，撤销纳税评估科，成立数据管理科。加强申报入库数据监管比对，通过区国税局代征入库“一税两费”7.4亿元，占全部“一税两费”入库税款的43.79%。夯实征管基础，认真落实《全国税收征管规范》，推进“三证合一”改革，将纳税申报作为工商局受理个人股权变更的前置环节，统筹做好改革前后的过渡衔接工作。对无税申报户、减免税户及非正常户加强认定管理，有税申报率达到78.6%。对零申报企业数据进行多层次分析比对，对2781户、3650万元申报未入库数据进行集中清理。

【大企业税收服务与管理】加强税收风险防控，联合丰台区国税局组建大企业税收风险管理团队，开展企业集团税收风险管理。联合对纳税人开展税收政策宣传辅导，先后对90余家纳税申报代理机构和300余家重点税源户召开“三证合一”及“互联网+税务”有关税收政策培训会。

【国际税收管理】开展外籍员工个人所得税核查工作，查找工资薪金、劳务报酬、股息红利等项目税收风险点，补缴税款和滞纳金411.34万元。围绕“一带一路”战略开展税收宣传，邀请普华永道会计师事务所专家为40户“走出去”企业进行政策指导，从税收服务角度为企业拓展经营提供有力支持和帮助。

【税务稽查】通过实行三级审理和严格落实两级重审会制度，强化案件审理职能。通过“黑名单”管理，积极开展稽查宣传和案件曝光，促进社会信用体系建设，提高纳税遵从度。积极稳妥推进清理积案工作，全年共清理积案72户，成功阻止5户企业法定代表人出境。全年共结案248件，查补税滞罚合计8395万元。检查户数完成进度108.9%，居全市前列。

【电子税务管理】开展税务登记历史数据清理工作，疑点数据修正率达到99.9%。保障信息安全，作为试点局在全市范围内率先部署移动存储安全管理系统，增强终端安全防护水平，降低数据泄露风险。配合征管改革工作做好系统部署、人员授权、信息化设备更新等服务支持。完成局机关外办公区办税大厅监控系统建设。

【政务管理】注重发挥信息服务领导决策的作用，编辑信息304条，被市局采用52条、市委市政府、税务总局采用34条。围绕上级机关要求和局党组工作部署对1项工作进行了督查督办。完成政府信息公开330条，处理了1起依申请信息公开事项。加强信访接待和协查工作，协调处理外部协查事项111件。组织协调局内局外各类会议437次，发布内网图片信息58条。密切关注涉税舆情，妥善解决1件负面事件。处理局内发文219件，局外收文904件，整理入库档案1062卷。

【绩效管理】将北京市地税局和丰台区政府的绩效考核指标与丰台区地税局考核指标分解对接，以组织绩效全面落实、个人绩效全员覆盖为重点，设立考评指标80余项，推动税收管理创新。在日常工作中，抓住关键节点，对重点工作、重要节点、关键部门进行督查催办，随时了解工作完成情况和完成进度，监督工作完成质量，实现对绩效管理过程的有效把控。

【财务管理】规范资金使用，积极推行财务软件集中管理系统上线运行。严格执行部门预算，完善预算申请及支出模式，做好决算公开和日常核算，组织开展年度财务管理情况自查。

【政府采购】进一步建立健全“分工明确、职责清晰、相互制约”的工作机制，成立由财务部门、监察部门、内审部门、法制部门、项目部门组成的集体决策工作小组。按照“公开透明、公平竞争”的原则，以“同品牌、同型号、单价最低”为标准选定供货商，规范采购行为，提高资金使用效益。2015年经审批政府采购项目总金额568万元，其中货物类257万元、服务类311万元。

【人事管理】按照干部选拔任用工作四项监督制度和市局党组有关要求，全年共选拔任用科级职务干部9名，提拔任用科级正职3人，共调整交流干部19名，平级交流科级正职2人、科级副职4人，启动晋升科级非领导职务工作，进一步调动基层干部的工作积极性，安排调入和新录用的16名干部到基层一线岗位锻炼。

【教育培训】加大教育培训力度，着力提升干部队伍素质，共开展全员培训、中层培训、专项培训等分级分类培训25项，累计参训1060人次。重视高素质税收专业人才的培养和选拔，组织报考经济师、“三师”、专业硕士等考试人员培训。

【执法督察与内部审计】持续健全内审制度，针对“企业所得税征管权限调整异常”“稽查实施环节超过规定时限”等8类疑点数据、15项重点项目开展督察，检查案卷976份，发现并纠正14类问题，对819户次“申报未入库”企业开展督察整改。

【党团建设】深入开展“三严三实”专题教育，注重强化问题导向。落实全面从严治党要求，着力解决不严不实的问题。明确党组书记为第一责任人，积极履行“一岗双责”，进一步深化拓展党的群众路线教育实践活动成果，制定12项具体措施，把对领导干部的教育放在突出位置，持续扩展廉政教育的覆盖面，不断加强党的作风建设。

【纪检监察】召开党风廉政建设工作会，明确责任清单，制定实施办法和意见，签订责任书分解任务。细化主体责任，建立起自上而下、分级负责、层层抓落实的工作责任体系。主动落实监督责任，突出对中央八项规定的监督检查，强化“四风”监督，开展“为官不为”“为官乱为”问题专项治理。扎实开展警示教育，对新入职干部进行廉政谈话。聘请特约监察员深化外部监督。规范税收违法案件“一案双查”工作，加大查办力度，明确责任，细化流程，定期通报情况，确保工作落实到位。

【后勤管理】严格落实税务总局和市局精神，进一步开展办公用房清理腾退工作。对部分税务所办公用房进行安全维修，消除安全隐患。认真开展安全教育，做好节日和重大活动期间安全保卫工作，确保全局安全平稳。

【税收宣传】积极开展税收宣传，突出宣传实效，在各类媒体共发表稿件74篇。其中电视新闻3篇，报刊采用新闻稿件71篇（中央级媒体8篇，税务总局媒体12篇，市级媒体4篇，区县媒体13篇，《北京地税》杂志34篇）。以税收征管改革和国地税合作为契机，围绕税收中心工作，精心策划，积极组织，开展了形式多样、主题鲜明的税收宣传活动。

【税收科研】深化与首都经济贸易大学财政税务学院的税收理论合作研究，围绕服务区域经济发展、税收征管、纳税服务、队伍建设等开展了13项合作调研。其中，两个课题获得大江论坛一等奖和三等奖；四篇调研成果被区领导批示。刊发局内调研23篇，被市局采用2篇，《北京地税》杂志刊发1篇，外部报刊杂志发表2篇。

【税务文化】持续开展创先争优和文明创建活动，获得2012—2014年度首都文明单位标兵荣誉。组织开展丰富多彩的工会和共青团活动，加强心理疏导和人文关怀，组织全局人员健康体检，为家庭困难干部送温暖，营造温馨的工作氛围。

（尹佳奇）

石景山区地方税务局

【概况】2015年，石景山区区域经济在新常态下保持平稳运行，呈现增长平稳、结构优化、质量提升、民生改善的良好态势，主要指标增速总体高于北京市平均水平，第三产业、公共财政预算收入等部分增速居全市前列。年内，地区生产总值实现430.2亿元，同比增长7.3%，二产、三产结构比为33∶67。其中，第三产业实现增加值288.2亿元，同比增长8.9%；公共财政预算收入45.1亿元，同比增长18.8%；全社会固定资产投资201.3亿元，同比增长9.3%；社会消费品零售额完成266亿元，同比增长10%；城镇居民人均可支配收入增长8.3%，城镇登记失业率控制在2.5%以内。

【地方政府支持税收工作】石景山区区长夏林茂、区人大常委主任岳德顺、常务副区长文献分别到石景山区地税局开展调研指导工作，及时听取组织收入情况汇报，在肯定局工作的同时提出工作要求，即：打造围绕中心、组织收入、科学管理、依法治税、纳税服务、人本治队新优势，为区域经济社会全面协调发展作贡献。针对建立数据信息共享机制、做好主导产业发展分析监测等相关内容，石景山区政府建立健全领导办理责任制度，组织深化税务、工商等相关部门的商事登记制度改革，协调整合相关信息，实现登记事项的全程网上办理。区发改委与区地税局加强交流协作，不断加快合理化产业体系的构建步伐，助力石景山经济持续健康发展。

【税收收入情况】石景山区地税局累计完成各项税费收入92.6亿元，增加16.4亿元，同比增长21.6%。其中：地方公共财政预算收入67.1亿元，增加10.8亿元，同比增长19.2%，完成全年收入任务的107%；区级公共财政预算收入29.4亿元，增加3.6亿元，同比增长14.1%。2015年，石景山区地税局完成市、区两级收入任务，税收收入增长速度位居全市第四位。

【税收收入特点与分析】由于金融业结构趋于合理、房地产业增长乏力、生产性服务业增势迅猛、动漫保险产业园起步和首钢集团转型因素的影响，石景山区地方税收收入呈现如下特点：2015年地方公共财政预算收入增速快，高于全市平均水平9.1个百分点，受大额一次性因素影响，各月增速波动较大；主体税种增速差异明显，营业税增长19.3%，个人所得税增长46.5%，土地增值税增长9.9%，企业所得税同比持平；区域产业结构实现深度转型，高端服务业成为支柱产业，税收结构持续优化。

【税收法治】积极采取措施，努力提高法治思维、规范执法和纳税服务能力，争创“法治税务示范基地”，成为全系统首批获得“法治税务示范基地”荣誉称号的单位。坚持依法行政，树立依法治税意识，组织领导干部学法，做好执法文书修订和废止的落实，开展政策执行情况反馈。畅通行政救济渠道，举行首次行政复议听证，为当事人提供沟通交流平台，增强执法透明度，提高行政复议办案质量，确保行政复议决定的权威性和公正性。

【税收政策落实】落实税收优惠政策，促进科技创新产业、文化创意产业、小微企业和民生事业发展，支持石景山区疏功能、稳增长、促改革、保民生的工作目标。落实地方各税种全面明细申报工作，实现税种精细化管理。加强与区财政局、国税局的无缝隙合作，提高动态分析和预测水平，及时解决纳税人提出的涉税问题，配合开展“营改增”扩围测算工作。推进小微企业税收优惠和固定资产加速折旧政策的落实，做好政策辅导，及时审批办理依法依规的退税申请。

【税种管理】石景山区地税局负责辖区内营业税、企业所得税等二十个税种的管理工作。年内，落实二手房营业税、小微企业优惠和固定资产加速折旧政策，开展形式多样、有针对性的政策宣传、辅导。完成2014年度汇算清缴，制作《汇算清缴指南》和《税政指导》专刊，组织针对金融、房地产企业的政策培训和座谈。推进2015年1月正式启动的“一税两费”代征工作，编制问题解释，应对代征初期的不稳定和不适应情况。编制《汽车服务行业印花税基础数据测算表》，完成27户汽车销售服务行业4S店企业印花税核定征收工作。做好城镇土地使用税纳税等级调整的前期准备和数据测算工作。

【纳税服务】制发《关于进一步加强纳税服务工作的通知》和《深入开展“便民办税春风行动”实施方案》，优化办税服务厅建设，简化办税服务流程，规范纳税服务标准，强化宣传辅导。对纳税信用A级企业推出容缺服务、前置服务等系列激励措施，送达发票218箱，共计4.4万册。在税务登记、发票管理、外管证管理等事项上，提供免填单服务3.5万次。开展“服务区域经济、税法宣传进楼宇”活动，进一步加强集中办公区企业的税法宣传、政策指导。实现二手房交易涉税事项区域通办。制定《网站更新维护管理办法》，完成栏目调整，增加在线问答和网上调查内容，年内外网访问量达到3.5万人次，发布信息667条。

【税收征管】 与石景山区国税局、工商局签订行政执法合作协议，加强集中办公区、无税申报企业和基础数据管理，建立信息交互共享和大要案协查机制，强化“一税两费”委托代征工作及虚拟注册地址管理。联合区属相关部门设立企业“多证联办”办事大厅和网上审查中心，颁发北京市第一张“三证合一、一照一码”工商营业执照。针对重点税源、一般税源、首钢集团、园区企业、金融保险企业、房地产企业、个体及零散税源确定集约管理思路，实现分级分类管理。定期开展无税申报情况分析，制定工作方案，建立虚拟地址负面评价机制。截至2015年底，税源登记户达到47847户，同比增长6.6%，净增2394户。

【大企业税收服务与管理】 强化大企业及总部企业管理，确立国、地税协调机制，做强大企业数据的获取、积累和分析利用。推进税政服务大企业工作，“一把手”带队走访区属重点企业16户，宣传税收政策，解决企业涉税问题。完善风险管理和日常检查制度体系，制作《风险应对核实事项记录单》，开展风险核查工作。启用自主研发的发票批量比对系统，梳理完善发票风险防控流程图，最大限度降低风险。完成税务总局定点企业集团、市局总部企业及税务总局千户集团企业6批次税收风险核实。

【国际税收管理】 制定关联申报方案，编写《企业关联申报填报指引》，开展相关业务培训，完成8675户企业关联申报工作。开展反避税疑点核查、跨境税源信息核查和外籍个人所得税核查，查补税款130万元。建立“走出去”企业台账，核实“走出去”企业基本情况。开展集中辅导，实施“一户一档”管理方式，对企业境外公司名称、国别、经营范围、核准年度等信息实行动态管理。印制《税收协定服务手册》。妥善处理联合国养恤基金退税事宜。

【税务稽查】 加大涉税违法案件的查处力度，全力以赴完成稽查任务，2015年立案153件，完成148件，查补税款、滞纳金及罚款2324万元。按照上级要求，遵循“打击与建设相结合、治标与治本相结合”的原则，制定实施方案，将发票检查与行业税收专项检查同时开展，坚持做到“查账必查票”“查案必查票”“查税必查票”，共查处27户违法受票企业。成立清理工作领导小组，采取查询系统数据、查阅往年档案等措施，顺利完成以前年度未结案件清理工作。合理调配检查人员，开展对重点大企业税收自查辅导，做好稽查市级全覆盖工作。

【电子税务管理】 做好信息系统安全保障与运行维护管理，不断推进信息管税工作顺利开展。认真清理信息化资产，合理利用，不断完善，努力提高工作效率。完成互联网地税局九个模块单轨运行前系统和设备的测试工作，为互联网地税局全系统上线运行奠定基础。免费发放数字证书，降低纳税人办税成本，在全市率先推行互联网办税。加强系统的安全管理，完成移动介质管理系统的上线工作，做到及时部署，明确方案，层层落实。

【政务管理】 按照《机关公文处理办法》《会议管理办法》《信信管理办法》《督促检查工作办法》和《签报管理办法》，不断加强政务管理。年内，起草各类文稿24篇，协调各类会议、活动90余次，发布各类通知165次，发文252

件，收文405件，完成督查督办67项，归档签报164件，未出现差错。制发《2014年北京市石景山区地方税务局政府信息公开工作年度报告》，清理2015年政府信息公开保密审查案卷，对本局主动公开、依申请公开系统信息进行检查，未发现问题。年内，在政府信息公开专栏共发布信息246条。

【绩效管理】制定绩效管理考评指标，开展季度分析，进行成绩通报，切实发挥绩效管理“指挥棒”作用。在16个区县局中，组织绩效考评成绩总分排名第八位，加减分排名第八位，总成绩与上年相比有所提高。充分结合本局实际，制定个人绩效管理实施细则，按季度开展个人绩效考评工作，全面、客观地反映被考评人的工作业绩，充分发挥各项考评指标“指挥棒”的引导效能。参与考评人员覆盖率、差异化打分率均保持在95%以上。

【财务管理】认真落实《中华人民共和国预算法》，对全局预算执行情况进行动态监控，推行《预算执行情况提示单》，对各部门的预算执行进度进行告知。认真做好经费保障、报销工作，确保税收业务工作顺利开展。全力配合领导干部经济责任审计工作和维修改造决算审计工作。进一步完善财务资金和固定资产管理，完善财务管理制度、办法与流程，定期做好财务分析。积极配合有关部门，开展北京市公车改革相关准备工作。

【政府采购】严格落实《中华人民共和国政府采购法》，不断规范石景山区地税局政府采购行为，提高政府采购资金的使用效益，促进廉政建设。2015年，石景山区地税局政府采购项目共计54项，采购金额达400.88万元。包括：协议供货管理39项，金额278.67万元；公开招标定点采购7项，金额17.96万元；车辆定点服务3项，金额54.59万元；会议定点服务3项，金额1.57万元；互联网接入服务2项，金额48.09万元。

【人事管理】石景山区地税局共设14个科室、10个税务所、1个稽查局和1个后勤服务中心，现有干部职工268人，平均年龄43.6岁，其中：处级领导职务5人，科级领导职务58人，大专以上学历258人，研究生学历19人。严格落实《党政领导干部选拔任用条例》《科级领导干部选拔任用工作暂行办法》和票决制等人事管理工作制度，按照民主推荐、组织考察、党组集体讨论决定、任前公示等程序，选拔任用领导干部，切实把能干事、会干事、公信度高、党组信任的干部选拔上来，不断激发干部上进心。年内，石景山区地税局共选拔任用4名正科级领导职务、2名主任科员、1名副主任科员，并对5名干部进行轮岗交流。

【教育培训】通过举办培训班、专题讲座等形式，狠抓“大教育、大培训、大练兵”工作，年内，石景山区地税局举办各类培训班33期，培训1826人次。完善培训考评制度，将学习态度和培训表现纳入考核管理。在中央财经大学，与门头沟区地税局联合举办年轻干部培训班，加强年轻干部队伍建设。建立“微信课堂”学习平台，为干部学习、交流提供服务和支持。在全市地税系统组织开展的税收业务知识考试中，石景山区地税局取得了较好成绩。

【执法督察与内部审计】结合重点工作，落实12项执法督察，调取案卷445卷，通报问题273户次。强化疑点数据分析，核实申报未入库等八类5600余条数据，督促纳税人补缴税款及滞纳金24.6万元。落实税收执法责任制，对6名税务人员开展执法过错责任追究。规范基础工作，加大督察结果转化，制作税务登记等七大类文书模板。建立风险提示库，将监督职能从事后向事前推进。提高稽查人员案卷制作水平，首次开展科室间互查，在区法制办组织的案卷评查工作中取得了优异成绩。

【党团建设】成立石景山区地税局第一党支部，编撰《党支部工作手册》，开展集体学习，提出“党建工作先行介入”理念。以讲党课、专题研讨、专题民主生活会等形式，提升思想修养，强化服务意识，将“三严三实”专题教育落到实处。走访纳税人、基层税务机关、党政机关45次，党支部书记讲党课16人次，党组中心组集中讨论交流6次，党支部集中讨论交流46次。以青年志愿者服务队和青年读书会为载体，开展形式多样的主题活动，推动团总支建设。首钢所、苹果园所被授予市级青年文明号荣誉称号。

【纪检监察】制定《党风廉政建设监督责任实施意见》和《监督责任清单》，细化56项主体责任和监督责任。按季度召开党风廉政专题会，对各岗位廉政风险点、勤政廉政等情况进行分析。开展“虚开纳税证明”自查和“为官不为，为官乱为”的专项治理。开展警示教育活动，组织新毕业大学生和复转军人参观系统廉政警示教育基地，组织收看警示教育宣传片。开展“我身边的好规矩”征文及廉政信息、书法、摄影作品征集活动，营造廉政氛围。

【后勤管理】不断提升后勤保障能力与服务管理水平，将办公房屋、车辆、食堂等各项后勤服务工作精细化。组织年度的房屋安全检查，做好办公房屋的日常维修和改造工作。按照《石景山区关于开展全国健康促进试点区的工作方案》的要求，做好石景山区地税局办公场所控烟的相关工作。从制度建设、车辆管理、安全行驶三个方面入手，做好车辆年检和日常维护，组织交通安全培训和安全例会，荣获2015年度市级交通安全先进单位称号。加强内部食堂管理，及时维护更新食堂设备设施，保障食品卫生安全。

【税收宣传】联合区属国税、工商等部门，开展以“税收新常态，促进小微企业发展”为主题的税法宣传月活动，帮扶小微企业发展。针对“三证合一、一照一码”新闻点，在《新闻直播间》《北京新闻》等媒体报道12次，并被《中国税务报》《北京地税》杂志采用。及时反映税务工作中的创新服务、特色工作，在《北京青年报》《中国税务报》报道石景山区地税局开展的“反向送达”服务工作。年内，石景山区地税局在报刊、媒体刊登稿件21篇，《北京地税》杂志刊登10篇，更新内网图片信息40余条，照片60余张；转发北京地税微博100余篇。

【税收科研】年内，完成处级领导干部调研课题6篇，在《调研与思考》刊物上刊发调研报告12篇，其中获得区委、区政府领导批示的调研报告5篇。完成北京税收法治建设研究会调研课题《我国税收法治建设中的问题与对策》和北京国际税收研究会调研课题《关于我国税收法治建设的若干思考》。在市局《调查与研究》共刊发调研文章5篇。《北京地方税收调研文集》(2014年)刊用调研报告2篇。

【税务文化】以用实际行动践行社会主义核心价值观为宗旨，采取志愿者服务队、青年读书会等形式，打造青年队伍文化品牌。开展警示教育活动，组织新毕业大学生和复转军人参观系统廉政教育基地，组织收看警示教育片，做到警钟长鸣。开展“我身边的好规矩”征文及廉政信息、书法、摄影作品征集活动，营造廉政氛围。坚持通过开展“送温暖”活动，把组织的关怀送给广大干部职工。组织开展全民健身系列活动，努力发挥党、团、工会组织的作用。

（高文玲）

门头沟区地方税务局

【概况】 2015年，门头沟区实现地区生产总值144.1亿元，同比增长7.7%。一般公共预算收入26.1亿元，同口径同比增长18.3%；全社会固定资产投资292.1亿元，同比增长9.1%；社会消费品零售额57.5亿元，同比增长8.4%；高新技术产业产值占工业总产值比重由87.1%提升至88.6%。

【地方政府支持税收工作】 2015年，门头沟区人大、政协以及区委、区政府领导多次到门头沟地税局调研，对门头沟局《关于当前我区财政收入情况的报告》《关于加强组织收入工作情况的报告》《第四轮“营改增”对区域经济的影响与建议》等多份材料作出重要批示。与区财政局、区国税局、中关村门头沟园、工商银行等部门召开经济信息交流和财政收入分析联席会议，为区委区政府进行经济决策提供重要依据和数据支撑。与区委组织部建立干部挂职锻炼机制，第一批两名干部到区发改委和石龙管委挂职锻炼，有效地加强了与区属单位的沟通交流。

【税收收入情况】 2015年，门头沟区地税局共组织各项税费收入41.35亿元，增收5.08亿元，同比增长14.01%，近三年来首次恢复10%以上的增幅。其中：完成市局地方公共财政预算收入32.38亿元，增长11.81%。完成区级地方公共财政预算收入16.1亿元，占区级地方财政收入的70%，增收1.52亿元，同比增长10.43%。

【税收收入特点与分析】 2015年，门头沟区各项投资保持增长，重点工程稳步推进。其中潭柘寺地块上市，净增加税款1.33亿元；棚改项目入库税款2亿元，同比增加0.05亿元。支柱行业房地产业税收完成由区外项目为主体到区内的转换，并保持了较快增长。2015年房地产业税收15.5亿元，同比增长19.2%，占总收入的38.2%，增收贡献率达到50%。区域经济结构调整助力服务、金融等行业快速发展。2015年金融业税收增长14%，租赁和商务服务业增长23%，科学研究和技术服务业增长55%。

【税收法治】 调整依法行政小组名单，聘请专职法律顾问，详细制订学法用法计划，全年分批、分层组织全体领导干部学法。制定《门头沟区地方税务局合同管理办法》，从源头强化法制管理。梳理全局规范性文件，保留658项，修改25项，废止56项。圆满完成“六五”普法验收工作，将2011—2015年相关图片、文档、共计300余份资料进行系统整理，被评为全系统六个法治税务示范基地之一。全年未发生行政复议和行政诉讼案件。

【税收政策落实】 严格贯彻落实“营改增”“小微企业”税收减免等结构性减税政策。宣传小微企业优惠政策，服务成长型企业，全年共有21485户纳税人享受优惠政策，免征营业税668.72万元。帮扶弱势群体，受理安置残疾人减免1户，减免营业税114.8万元。受理残疾人个人所得税减免75件，减免个人所得税9.5万元。积极促进“大众创业，万众创新”，累计为高新技术企业减免企业所得税10150.18万元。

【税种管理】开展房地产开发企业完工产品预计毛利率与实际毛利率差异调整工作，共计补缴企业所得税81.46万元。组织180户行政事业单位开展个人所得税代扣代缴情况的自查，47户企业自查存在问题，补缴个人所得税225.66万元。与区财政共同开展重点工程项目动态监管工作，共收回《门头沟在建工程情况统计表》161份，摸清了后续税源底数。采取政府招标采购服务的方式，引入第三方中介机构，与五家税务师事务所签订服务协议，全年开展土地增值税清算鉴证审核13个项目，完成6个，累计入库税款1.09亿元。

【纳税服务】坚持以纳税人需求为导向，落实《全国税务机关纳税服务规范》，实现了全年纳税服务工作零投诉。联合12家区属职能部门共同发布《门头沟区服务纳税A级企业工作手册》，推出48项差异化服务项目清单，提升纳税信用A级企业的含金量。积极开展深化银税互动活动，联合区国税局、区发改委共同邀请70余家纳税A级企业代表参加银税企交流工作会，助力中小企业发展。全力推进纳税人学堂建设，制定完善《纳税人学堂建设方案》，解决纳税人的疑难问题，辅导纳税人13000余户次。与区国税局联合举办纳税辅导13场，累计辅导纳税人6700余人次。建立小型呼叫中心，提升咨询服务质量。

【税收征管】确定“立足门城、抓住两点、兼顾两线”的税收征管思路。调整山区税务所设置，强化异地经营企业的日常管理和检查，变日常管理模式为征期上山服务、非征期预约服务的管理方式，降低税收行政成本。强化风险防控管理，建立纳税约谈室，成立风险防控管理小组。2015年，组织开展税务约谈1286户次，组织开展日常检查1478户次，检查补税及滞纳金合计6541.04万元，日常检查户数任务完成市局下达年度任务的338.22%，补税任务完成年度任务4950万元的132.14%。其中：有问题770户次，有问题率52.1%。以联席会、交流会的形式加强与工商、质监和国税的沟通协调，及时掌握本区相关单位“三证合一”执行情况，共同协作落实“三证合一”登记制度改革。

【大企业税收服务与管理】成立大企业所——第四税务所，将近3年年纳税额稳定在50万元以上的非房地产和建筑业纳税户进行集中管理，探索实施业务清单、业务标准、业务流转方式、运行程序、风险控制节点等业务要素和内控要素的统一。建立分户管理台账，对占本局收入80%以上的企业进行分户管理，做到“抓住户，管住数”。为大企业提供个性化政策支持与服务，党组班子成员带头走访区内重点企业28户，现场解决涉税问题30余条。

【国际税收管理】对100户企业的603人次进行核查，完成外籍个人所得税核查缴税104.80万元。进一步规范关联申报质量，将需修改企业共计547户推送至税务所，完成了数据质量的全面审核；对10余户企业的申报数据进行比对，确定疑点企业，开展反避税工作。向市局报送自动情报84份，涉及日本、澳大利亚、德国等多个国家，涵盖营业利润、财产收益、非独立个人劳务所得等所得类型。对全区7家“走出去”企业情况根据企业性质、所属行业、境外投资等多个指标进行数据收集，召开“走出去”企业座谈会，提示涉税风险。

【税务稽查】建立征管数据部门与稽查局的工作联动双轨机制，不断提高稽查选案准确率，全年检查有问题率100%，定性偷税案件2起，案件滞纳金加收率47.40%（系统平均指标15.86%）、处罚率18.63%（系统平均指标7.96%）等稽查指标均位于系统前列。承担了对中国电信集团公司所属6户企业，中国移动通讯集团公司所属5户企业和中国铁路总公司所属30家企业进行税收自查的辅导工作，企业累计应查补税费1400万元。与区国税局联合召开稽查工作联席会2次，进一步完善了国地税协作机制，并依法查处了某医疗器械有限公司偷税案件，追缴城市维护建设税、教育费附加、企业所得税等合计347.88万元。

【电子税务管理】加强税收数据运用，编制《门头沟区地税局税收数据手册》，对税收完成情况进行统计分析，研究税收增长变化规律，研判收入形势发展趋势，为领导决策提供数据支持。加强网络安全建设，结合北京互联网地税局平台软件的推广运行，对全局电脑进行保密抽查，以涉密计算机和涉密移动存储介质违规外联为检查重点，积极做好各项安全防护工作。

【政务管理】不断提高政务信息工作水平，2015年，共编发信息刊物235期，市局采用111条，市委、市政府采用18条，国务院办公厅正面采用3篇。编制《机关收文分办制度》，加强文件的收发与管理，努力提高公文的办理时效和质量，共制发公文138件，处理市、区来文733件，办理其他通知事项601件。起草完善了《会议管理办法》《党组会议制度》《局长办公会议制度》《局领导同志一周主要工作安排编发工作办法》等9项制度。

【绩效管理】建立绩效工作领导小组，成立绩效办，按月度、季度和年度不同考核时间分类做考核进度表，确保考核指标的及时性。优化税收业务工作考核指标体系，突出业务科室的考核比重。改进个人绩效考核工作，合理设定加减分项目分值，构建科学公正的个人绩效考评机制。制定《门头沟区地方税务局绩效考评结果运用办法（试行）》，从干部任用、评优评先、年度考核三个方面，理顺评价导向机制，建立科学有效的干部考评工作机制。

【财务管理】修订完善《日常经费报销管理办法》和《公务接待管理办法》，加大经费支出审核力度，夯实会计基础工作。严格落实中央八项规定，不断加大资金使用的审核把关力度，严格执行政府采购、财政评审、合同审核管理等相关工作要求，从源头上把好财务关。

【政府采购】严格执行区财政局政府采购相关管理规定，按照政府采购流程、目录及标准执行政府采购，提高政府采购工作质量和效率。按照当年度《政府采购集中采购目录及标准》，对属于政府采购目录范围以内的支出事项，均通过区财政局政府采购管理信息系统完成立项、审批、备案等手续。

【人事管理】严格按照《干部选拔任用工作条例》开展干部选拔任用工作。开展局内交流轮岗工作，共计轮岗交流干部41人，其中科级领导干部9人。认真落实《选派优秀干部到区属单位挂职锻炼的三年规划及实施方案》，统筹规划局内科级干部到区属单位挂职锻炼工作，为服务区域经济发展发挥了积极的作用。根据市局机构改革撤销纳税评估科，完成门头沟区地税局成立重点税源管理所的请示、报备工作。

【教育培训】围绕“提高干部素质能力”的要求，分批、分层抓好各层次干部培训。采取在岗自学、部门组织学习、封闭培训、阶段测试相结合的培训模式，开展岗位大练兵培训，《税收法治通论》验收考试以较好的成绩在系统排名第4；与北京市财贸干部学院合作，开展了2期2015年全员更新知识培训；组织14名新任职科级领导干部参加门头沟区2015年度第二期国家公务员科级任职培训班；全体干部参加在线学习并按要求完成学时，完成率100%。

【执法督察与内部审计】对2014年市局督察中存在的代开发票、清缴呆账和欠税、办理注销登记等25户次问题进行了整改。对稽查局和10个税务所2014—2015年上半年的10大类税收执法项目220户次企业税收案卷进行了督察，发现问题55户次78个。对4个批次19个疑点项目3466个税收疑点数据进行了核查，发现问题539个，整改问题518个，补交税款6.16万元，退税9.59万元，加收滞纳金3.59万元。认真做好内部审计，对机关食堂1—4月伙食管理情况进行了调研，对相关统计的数据进行了分析，并有针对性地提出合理性改进意见建议。

【党团建设】积极开展“三严三实”专题教育，落实作风建设长效机制。不断加强党风廉政建设，制定《2015年党风廉政建设工作计划》，组织召开党风廉政建设工作大会，逐级签订党风廉政建设责任书，党风廉政责任制覆盖率达到100%。组织团员青年参加“学雷锋，春季环境整治志愿服务”活动，参观抗战名将纪念馆和佟麟阁将军纪念馆，召开2015年第四季度“青年读书季”活动暨《河畔》编辑动员部署会，提升青年干部思想政治水平。

【纪检监察】大力整治“慵懒散拖”，及时制定专项整治工作方案，明确了4条32项问责情形。统筹推进“为官不为”“为官乱为”专项整治活动，共检查“为官不为、为官乱为”情况24次，发现并纠正问题23个。深入开展“一案双查”工作，结合税源实际，对市局“一案双查”的案源标准做了修改，共计开展“一案双查”12户，未发现违法违纪行为。

【后勤管理】对全局固定资产进行全面清查，进一步规范公务用房、公务用车等各项规定，请专业花木公司对各办公区的树木花草进行补种整理，办公环境得到进一步美化。根据季节变化和职工反馈意见共同制订食谱，设立餐饮意见专栏，不断调整或改进饮食结构和质量，受到了干部职工的普遍欢迎。荣获“健康示范单位”“示范食堂”和“花园式单位”等荣誉称号。

【税收宣传】成功举办第24个税收宣传月活动，并对开办纳税人学堂、深化“银税互动”、拓展微信平台功能、国地税共建合作机制等全局重点工作加以宣传，累计接受央视等国家级媒体采访、报道11次；接受《北京日报》等市级媒体采访、报道6次；接受区电视台等区级媒体采访报道6次。宣传稿件被作品被《北京地税》杂志采用21篇。

【税收科研】积极围绕区域经济发展的重点、难点、热点问题，组织骨干力量深入调查研究，提高调研工作质效，完成16篇调研文章，其中11篇获得区人大、区委、区政府和区政协主要领导的重要批示。通过调研反映的问题和建议，及时被区属相关部门采纳。

【税务文化】广泛开展文化活动，举办“三八”妇女节观园主题庆祝活动，积极参加北京第六届国际山地徒步大会，开展踢毽、跳绳秋季健身比赛。纪念“八一”建军节，开展“新常态、新税风、新使命”军转干部征文活动。弘扬地税正能量，组织山区税务所体验活动、到中国人民抗日战争纪念馆参观，并将干部撰写的参观感受专刊发布。被评为“首都文明单位”。在优秀党建创新项目中，“学习型党组织示范点”“服务基层，结对共建”两个项目分别被评为一、三等奖。在“五型机关”创建活动中，分别获得“学习型”“服务性”示范单位和“节约型”达标单位。在区直机关工委组织的迎七一“强党性、守纪律、讲规矩”廉政法规知识竞赛中，荣获二等奖。干部被评为“全国五一巾帼标兵”。

（王梓璇）

通州区地方税务局

【概况】2015年，通州区实现地区生产总值595.4亿元，同比增长8.5%。一般公共预算收入突破70.8亿元，同比增长16.3%。全社会固定资产投资额实现800.8亿元，同比增长16.4%。社会消费品零售额实现355.5亿元，同比增长10%。全区居民人均可支配收入31397元，同比增长9.1%；城镇居民人均可支配收入37608元，农村居民人均可支配收入21648元，分别同比增长9.2%和9%。

【地方政府支持税收工作】2015年，地方政府对地税工作给予了高度的重视与肯定，区人大、政协以及区委、区政府领导多次来通州局指导调研，并对通州局多项工作给予了肯定性的批示。其中，区常务副区长崔志成就通州局《税务服务区域经济发展研究》批示：“区地税局主动提升站位，从服务区域经济大局出发，联合兄弟区县，开展分析合作，以‘区域小联合’推动‘京津冀大协同’，意义重大。”

【税收收入情况】2015年，完成各项税费收入126.38亿元，同比增长23.59%。其中：地方公共财政预算收入104.49亿元，同比增长22.17%；区级公共财政预算收入47.60亿元，同比增长18.80%。

【税收收入特点与分析】2015年，整体收入持续平稳增长。亿元以上重点税源户增至17户，入库税款43.03亿元，同比增长20.82亿元，增收贡献率86.39%。产业结构调整有序推进，一、二、三产完成税收占比为0.42∶16.64∶82.94，与2014年同期的0.27∶20.86∶78.86相比，三产稳步上升。房地产业在市行政副中心建设的推动下，税收规模居各行业首位，完成59.64亿元，拉动全局税收增长16.87个百分点。

【税收法治】积极开展涉税优惠文件清理工作，严格落实取消和下放行政审批事项。全年共受理行政复议申请4件，应诉案件6件。完成“六五”普法总结验收自查工作。加强法治教育，开展新《行政诉讼法》、行政处罚及案卷制作专题法治培训，落实《税务行政处罚裁量基准（2016年版）》。

【税收政策落实】落实小微企业营业税、企业所得税减免税优惠政策，减轻企业负担，扶持和推动小微企业健康发展。2015年，共有16223户次小微企业享受了营业税减免税政策，累计减免营业税1062.33万元。贯彻落实各项税收优惠政策，围绕拆迁、企业改制、企业困难性停工停产、弱势群体帮扶等事由，累计为329户企业减免退税584万元。

【税种管理】自2015年3月31日起，个人销售已购住房免税时限从5年调整为2年。自3月31日—12月31日，两年以上二手房成交

9621套，共计减免营业税71708万元。自2015年1月1日实施《股权转让所得个人所得税管理办法（试行）》，全年共受理个人股权转让业务3737份，征收个人所得税3755.76万元，较2014年同期的3096.55万元增长21.29%。

【纳税服务】落实《全国税务机关纳税服务规范（2.2）》，完善132项业务事项受理、衔接模式，实现“一窗受理、内部传递、一站办结”。探索业务初审受理模式，设置办税服务厅初审岗和初审区。开展税银合作，在办税服务厅启用自助缴税机。深化国地税合作，建成全市首家国地税联合办税服务厅。建成多功能呼叫中心，实现咨询电话集中接听、纳税服务知识库、手机短信推送、移动办公支持、办税服务厅视频监控五大功能。全年共计发放各类宣传资料10万余份，向纳税人推送通知、催报、催缴等各类手机短信12万余条。

【税收征管】2015年全面实现纳税服务与税源管理职能分离，纳税人发起的涉税事项实现全区通办。自6月1日起，实现9个涉税事项网上办理和全程无纸化单轨运行。10月起全面推行“三证合一”。实现存量房交易税收征管工作区域通办。积极探索税源管理新方式，推进税源网格化管理和宋庄画家村临时税务登记管理。截至2015年底，有效税源户101098户，其中正常户99477户，全年新办税务登记14104户。全年累计发售机打发票41603（本\包\卷），发售定额发票面额累计195046万元。全年共开展日常检查2954户，补缴税款2.02亿元。开展7个事项的风险推送及风险应对，对122户房地产企业和228户建筑业企业开展日常检查，实现税款、滞罚收入5585.4万元。累计代收工会经费13068.25万元，较上年同期增长1115.45万元，增幅9.33%。代征残保金12142.94万元，较上年增长869.14万元，增幅7.71%。

【大企业税收服务与管理】2015年，重点税源管理所管户206户，共计组收69.90亿元，占全局总收入的55.31%。监控房地产项目销售进度，加强土增预缴、清算、清算后各环节管理。充分利用“互联网+风控”，多渠道多层次沟通，探索税源管理新途径。建立微信公众号，及时推送新政策、新动态、经典案例等内容，实现微信互动。开展业务座谈、走访调研、政策培训，解决纳税人共性和个性涉税问题，降低税企间对政策理解的差异。打破和企业财务部门的单线联系，建立与人事、销售、预算等重要部门的全方位沟通协作，深入了解企业管理模式和经营状况，提高税源掌控能力。

【国际税收管理】加强非居民企业税源专业化管理和国际税收反避税基础调查工作。全年共审核对外支付税务备案信息334份，缴纳税款947.21万元，审查补税2.27万元，滞纳金0.06万元。开展外籍个人所得税核查工作，补缴税款49.68万元，滞纳金3.43万元。建立8户“走出去”企业档案，开展税收协定服务“一带一路”宣传活动，召开辖区范围内的8家“走出去”企业辅导交流会，提高对“走出去”企业的管理与服务能力。开展关联申报工作，排查861户存疑企业，对60户存疑企业进行重点审核。

【税务稽查】深化稽查选案、审办机制，借助财产行为税平台筛选房产税、土地使用税疑点信息。加强检举案件分类管理，拟定案件审理跟踪制度、稽查局绩效考核责任制，实现稽查各环节有效监管。与第三稽查局开展主办、主检加分级审理试点工作。全年结案244件，同比增长46.99%，查补收入合计5397.46万元，人均办案户数6.1户。开展65件未结案件逐案清理工作，其中已清理结案63件，累计入库320.97万元。全年共查处发票违法案件45件，查处非法发票1545份，查补入库117.33万元。全年受理举报案件189件，同比上升34.04%。根据案件情况主动开展上门协查2次，涉及发票183份；收到协查函15件，已全部完成回复工作。

【电子税务管理】开展税收综合管理平台系统改造和功能升级，整合系统内外数据与系统资源。定期开展专业设备检查、机房环境检查、安全巡检、特殊时期检查。建设部署全局移动存储介质防护策略、环境监控系统、视频监控系统等安全防御系统，提升信息化安防水平。开展信息化创新工作试点，探索信息化服务外包运维新模式。

【政务管理】加强内外沟通协调，确保机关高效运行。全年接收区委办局来文435件，市局电子来文197件，联发文51件，党组收文103件，机要文件8件；本局行政发文80件，党组发文31件。全年共编发普刊43期、专刊18期、增刊4期。主动公开机构职能类、规划计划类和业务动态类信息119条。全年累计下发督查督办件10件，全部按要求完成。全年未出现负面涉税舆情事件。

【绩效管理】制定本局《绩效管理办法》，强化组织领导、专题培训、全员参与和责任落实，全面平稳推进绩效管理工作。全年承接市局考评区县局共性指标86项，组织绩效指标得分1125分，折算得分978.26分。绩效考评实现加分144.7分，折算得分51.84分，无减分情况发生。2015年，通州局绩效考评总成绩为1030.1分，在全市16个区县局中排名第四，在郊区县中排名第一。

【财务管理】强化预算执行力度，严格根据预算编制的计划内容开展单位的各项管理活动，将预算编制的计划指标层层分解，形成全范围的财务预算执行体系。完善财务管理制度，规范财务工作流程和日常审批手续，加强内控机制建设。发挥财务监督作用，强化资金风险防范。开展资产清查，实现资产贴码管理，确保资产清查全覆盖。做到市区两套资产系统有效对接，确保账账相符、账实相符。落实资产归口、分级管理责任，实现资产管理部门与各资产使用部门有效对接。

【政府采购】严格按照政府采购工作要求和程序规定，坚持监察部门全程参与，依法合规稳步实施各项采购工作。加强对达不到政府采购条件的非经常性大额支出管理，实施三方比价程序。严格执行政府采购程序，对政府购买服务和维修改造工程竣工结算引入第三方专业机构进行专项审计。全年共组织政府采购公开招标项目5个，金额449万元；协议供货34批次，合计金额363万元。

【人事管理】落实2014—2016年干部教育培训及人才培养规划，制定《科级及以下非领导职务干部交流调整工作方案》，建立非领导职务干部调整机制，推动干部轮岗规范化、常态化。按照“远近互换、适度倾斜”原则，对在同一部门工作满10年及工作不满3年且无基层工作经历的37名干部进行交流调整。2015年全面完成机构职能调整，形成4个标准化办税服务厅、1个专业税务所、8个专业化税源管理所的税务所功能布局。撤销纳税评估科，成立数据管理科。根据税务所功能布局调整需求，完成税源管理所、纳税服务所岗位人员配备，为征管改革提供组织保障和人才支持。

【教育培训】制定《通州区地方税务局干部教育培训工作统一管理办法》，开展最新法规政策、前沿重点工作专题学习51次。组织全员税收法治通论培训及考试，全局平均成绩位列系统第四名，区县局第二名。全年组织各类业务知识更新培训、科级干部执行力和领导力提升（任职）等培训7个班次，共计700余人次。

【执法督察与内部审计】构建了包括制度保障、工作标准、人员配备、监督途径、过程控制、后续管理“六位一体”的涉税文书零差错管理体系，开展常态化基础检查，对11个税务所的11个涉税事项共计389份执法案卷进行了集中检查。完成12项税收执法督察工作，调取案卷256余户次。开展8项专项督察，对21558条疑点进行核查，查补税款108.58万元，滞纳金22.9万元。完成“三公”经费、会议费、专项资金的内部审计，协调配合外部监督部门的审计工作。

【党团建设】制定落实党风廉政建设主体责任实施意见和责任清单，明确主体责任共七个方面、44项具体内容。全面部署“三严三实”专题教育活动，推进党组主体责任落实到位。进一步夯实基层建设，制定以“税收执法文书规范化、党建工作流程标准化、内务管理精细化”为主要内容的基层税务所建设规划，全面规范税务所基础工作。团委通过举办多项青年主题教育活动，展现了团员青年的活力、激情、融洽与团结的精神。

【纪检监察】制定落实党风廉政建设监督责任实施意见和责任清单，细化监督责任共五个方面、39项具体内容。制定《2015年纪检监察监督工作实施方案》，开展作风建设、机关效能建设和“两权”运行的监督检查，推动监督检查常态化。制定《廉政回访工作办法》，改变廉政回访方式，实现对税务稽查全案件、全人员的监督。制定《纪检监察联络员工作办法》，确定全局联络员29名，有效补充了纪检监察人员力量。强化案件查办，以“零容忍”的态度严厉惩治各种违规违纪行为。

【后勤管理】全方位做好日常水、电、气、零星维修、车辆、餐饮、绿化等各类服务保证工作。对局机关多功能会议室、多功能呼叫中心进行基础性装修。完成第一、第二税务所办税服务厅改造。对新成立的第五税务所进行前期设计、基础性装修并配置办公家具。新建宋庄税务所接连办公楼、库房和食堂的连廊。安装局机关访客管理系统。将全局照明设备全部更换为LED灯。对局办公用房进行全面清查、清理腾退，共腾退办公用房13间，面积296平方米。

【税收宣传】2015年，围绕组收工作、税收现代化和税收征管改革、党的建设等中心任务，采取媒体发布稿件、举行税收宣传月活动、开通和转发微博等形式开展宣传工作。全年共计对外发布稿件63篇，涵盖《人民日报》、中央电视台新闻联播、北京电视台北京新闻等国家级、市级主要媒体。全年共获得宣传类绩效加分66分，在全系统排名第四。

【税收科研】立足区域实际，围绕税收中心工作开展调查研究，做好课题计划制定、进度安排和内容采编等工作。全年共编发《通州地税调研》17期，完成处级领导调研7篇。配合市局研究室开展《“高精尖”经济结构税收分析指标构建研究》调研课题；与朝阳、东城、石景山、西城区地税局联合开展《支持首都文化产业发展的税收研究》调研课题；参与由海淀区地税局牵头的《商事制度改革后的税务登记制度研究》调研课题。全年累计实现省部级刊物成果转化2篇、区级刊物成果转化2篇，获上级领导批示13次。

【税务文化】以申报创建“首都文明单位标兵”为契机，将精神文明创建工作抓到实处，加强职业道德教育，宣传践行社会主义核心价值观，成功争创首都文明单位标兵荣誉称号。收入核算科被全国总工会授予“全国五一巾帼标兵岗”荣誉称号，西集税务所吴少华获得首都先进工作者荣誉称号。积极参与争创全国文明城区活动，开展“2015 通州榜样”、道德讲堂、清洁空气蓝天行动、学雷锋志愿活动、文明餐桌、爱心助学、支部帮扶等活动。

（王　烨）

顺义区地方税务局

【概况】北京市顺义区位于北京市东北郊，城区距市中心 30 公里。全区辖 19 个镇，6 个街道办事处，户籍常住人口 102 万人。2015 年实现地区生产总值 1440.9 亿元，比上年增长 7.6%；全区规模以上工业企业完成工业总产值 2813.3 亿元，比上年下降 5.5%；完成固定资产投资 465.2 亿元，增长 7.6%；实现全社会消费品零售额 410 亿元，同比增长 8.8%。实现地方公共财政预算收入 211.4 亿元，同比下降 31.5%；实现城镇居民人均可支配收入 33394 元，同比增长 9.2%，农村居民人均纯收入 22648 元，同比增长 9.5%。

【地方政府支持税收工作】顺义区政府卢映川区长、于庆丰常务副区长多次对组收等工作进行批示，始终对顺义地税局为全区经济发展和城市化建设提供充足财力保障所做出的贡献给予充分肯定。区政府班子全体成员还在年终慰问了一线税务干部，表达了节日的问候，并对地税工作提出了希望和要求。

【税收收入情况】2015 年度实现各项税费收入 174.1 亿元，完成全年任务 171.1 亿元的 101.7%，增收 13.4 亿元，同比增长 8.4%。其中：地方公共财政预算收入完成 136.4 亿元，完成全年任务 136 亿元的 100.3%，增收 9.3 亿元，同比增长 7.3%；区级一般预算收入完成 63.7 亿元，增收 2.9 亿元，同比增长 4.8%。

【税收收入特点与分析】2015 年，在首都经济发展新常态下，顺义区经济发展呈现出开局较好、平稳发展但后劲不足的势头，区域整体经济下行压力很大。受此影响，税收收入发展形势不够明朗，特别是前期已经出现了负增长势头，组收工作面临着严峻挑战。经过全局各部门的共同努力，下半年扭转了税收负增长的势头，圆满完成了全年收入任务。税入规模在北京市位居第 6，增速位居第 13。排名前三位的营业税、个人所得税、企业所得税合计占总收入的比重为 66.9%。

【税收法治】成功申报“法治税务示范基地”，进一步规范行政处罚，妥善处理纳税人复议案件。推进“两法衔接”，全年向顺义区行政执法与刑事司法信息共享平台上传 138 件处罚案件信息。

【税收政策落实】充分利用北京互联网地税局税源监控平台和自行开发的税种管理台账，建立起税源监控管理体系，跟踪税种税源变动情况，发挥政策支撑作用。定期对全局业务骨干进行专题培训，提高运用税收政策的能力。切实落实营业税、企业所得税等各项税收优惠政策，保护纳税人合法权益。对享受减免税政策的企业加大政策宣传，督促其正确进行减免税申报。

【税种管理】 认真做好分税种核定工作，在“顺义地税综合应用管理平台”中增加税源管理模块，分阶段开展税种核定，为下一阶段分税种管理奠定基础。同时科学开展分税种分析，根据各税种税源分布范围、税收优惠力度、征管难度大小等不同特点，把握各税种税收要素的构成、规模、增减变化趋势，实现税源的源泉控管。

【纳税服务】 完善窗口服务“免填单”业务模板，全年完成5.2万项工作事项。优化咨询热线小呼中心服务功能，全年接听处理电话咨询5.3万件。增设15个房屋交易征税窗口，开展全区通办。筹建国地税联合办税服务厅，前期准备工作正在有序推进中。

【税收征管】 一是进一步完善基础工作。重点调查居民社区底商和无照聚集区的843户无照经营户，研提工作建议。全年组织各税务所对25851户税务登记户的税务登记基础信息、税源信息进行逐户调查核实。重点核实无税申报原因的真实性；对长期无税申报且注册资金较大或有购票记录的企业进行风险推送和调查核实。二是建立税源分类分级管理模式。确定“总分细”的税源管理思路，全面了解顺义税源，对各类税源进行精细化、专业化分类管理，已划分出四类税源单独管理，初步建立了分类分级管理模式。三是实现机场分局管机场。8月1日起将机场集团公司、航空公司，以及与机场、航空直接相关的企业及其下属机构共288户企业统一调整至机场分局管理，落实专业化、系统化、部门化税源管理的新模式。四是开展不间断税务约谈。除局级约谈室外，在7个基层税源管理所建设所级约谈室，实现局级约谈室对所级约谈室的网络监控，形成“一带七”的税务约谈格局。五是强化国地税联合办税。全年联合办理税务登记5697户；委托区国税局代征“一税两费”10.26亿元。

【大企业税收服务与管理】 通过提醒服务，及时将政策宣传辅导、征期提醒等相关信息以电子邮箱、短信等形式传送给纳税人。建立大企业疑难问题快速解决机制，以最简便的程序在较短的时间里帮助企业解决涉税问题。针对大宗业务提供预约服务，最大限度满足纳税人需要，支持企业发展。

【国际税收管理】 不断强化国际税收管理，约谈北京现代韩籍高管，联合国际税务管理处共同召开个人所得税政策宣讲会，向127名韩籍员工送达《税务事项通知书》和《外籍个人所得税政策宣传手册》，责令限期整改，促进全市外籍个人的个人所得税征管工作，切实维护国家税收主权。

【税务稽查】 落实稽查体制改革“全覆盖”要求，协助第二稽查局开展“重点税源企业”自查工作。扎实开展以前年度未结案件的清理工作，已清理完成37件。全年共实施检查196户，有问题率100%，查补税款同比增长9.23%。

【电子税务管理】 突出信息化支撑作用，自主研发“顺义地税综合应用管理平台”，解决纳税人发起办税事项进厅后与税源管理所的衔接不畅问题。一是建立信息交换模块，将人工流转变为系统流转，实现信息实时传递，且系统全程可监控。二是建立税源管理模块，实现新办户分户、信息核实、税种核定和动态监控四大功能。三是建立全局共享的税收风险库，避免因信息不对称造成的征管漏洞。四是建立代开发票模块，可自动对同一纳税人代开票金额按月累加，并对开票人员做出提示。此外，全局三个纳税服务所可共享全区纳税人代开发票数据，降低了税款流失风险。

【政务管理】 一是信息工作成绩突出。全年共编辑、刊发《顺义地税信息》普刊44期，专刊54期；向市局报送各类信息340篇，被市局采用151篇，被市委、市政府采用27篇，获得市局领导批示3篇，获得市委、市政府领导批示1篇。二是保密工作措施到位。要求重点部门的相关人员在上岗和离岗时签订保密承诺书，对保守秘密进行承诺，并结合人员变动情况，及时对签订保密承诺书人员范围进行调整充实，加强保密工作的管理。同时组织重点涉密人员参加保密纪律专题学习，组织15个重点科室兼职保密干部参加市地税局召开的保密培训视频会，并观看相关警示教育宣传片，强化涉密人员保密法纪意识。三是信访工作稳妥开展。年初印制并与各单位正职签订《北京市顺义区地方税务局2015年信访工作责任书》；全年接待受理群众来信来访15件次，均已通过相关科室协调妥善办结并及时予以回复；按照区信访办要求，坚持每月8日、18日、28日做好领导接待日登记；积极向信访办报送局信访排查情况和信息；认真做好相关报表工作，并及时查看市长信箱。四是公文工作细致认真。全年共处理发文218件，登记并传阅市局来文450件，区里各单位来文650件。自全面实行工作签报制度以来，共传阅签报219件。五是政府信息公开工作逐步完善。全年通过政府信息公开专栏主动公开政府信息150条，依申请类文件录入、审核20条，全文电子化率达100%，并于每月10日前，将主动公开政府信息的纸质文本移送至区档案馆、图书馆与经济发展服务中心，方便群众自由索取相关纸质文件。

【绩效管理】 结合市地税局绩效考核的相关指标和工作要求，围绕税收中心工作制定本局绩效考核管理办法，将目标任务落实到人，把握好工作节奏，采取边推进边完善的方式，逐步、系统地提升整体工作质效。

【财务管理】 严格落实各项财务制度，确保各项经费管控措施落实到位。及时对局内闲置资产进行合理分配和再利用，保证固定资产合理利用。做好相关账户的结转和市区两级决算编制工作。

【政府采购】 严格按照区财政局的文件规定对办公用品进行采购。认真履行政府采购程序，更新部分办公设备，对新设置的办公场所按照协议要求施工，确保工程进度。

【人事管理】 加大干部管理力度，按照人员交流暂行办法对不同岗位的干部进行内部轮岗，共交流、轮岗23人；对部分勤勉工作的老同志转任为科级非领导职务。协助市地税局与顺义区签订“互派挂职干部框架协议”，区委组织部选派的一名城管正科级干部已在本局任职，市地税局党组按照市委组织部要求选派本局征收管理科科长任职顺义区西辛庄村“第一书记”。

【教育培训】 一是组织符合条件干部开展专业资格和在职研究生学习的培训及考试报名工作；二是组织新录用大学生和军队转业干部参加公务员初任培训班；三是组织部分干部进行税收业务考试培训，并在最终考试中全系统排名第一，两名干部分别位列第一、第二名；四是选派干部参加全系统岗位技能大赛，两名干部获得三等奖和“岗位能手”称号；五是做好全员在线学习的督学促学工作，全年在线学习完成率100%；六是做好公务员更新知识培训工作。

【执法督察与内部审计】 自行对税务所及委托代征单位税收票证管理、税务登记管理、土地增值税征收管理等13个项目开展督察内审，督促整改发现的问题。对房产交易征税实行轮岗审核制，对“二手房”征税档案开展自查，提前摸底，及时改正发现的问题，降低和规避执法风险。

【党团建设】完成机关委员会换届选举工作。着重加强党组中心组、支部委员、普通党员三个层面思想教育，全年开展47次党组会议和24次党组中心组理论学习活动，提高党员领导干部的思想觉悟。

【纪检监察】严格执行“三重一大”等事项决策机制，制定党组落实党风廉政建设主体责任实施办法、任务分工表，以及纪检监察部门落实党风廉政建设监督责任的实施方案、监督责任清单。认真履行“一岗双责”，落实公车管理、局内会议制度、规范议事规则等。对税收业务大额减免缓退税事项在党组会上通报。组织开展观看“小官巨腐”“警钟长鸣”等警示教育片，多方面征求特约监察员的意见和建议，局领导带队走访年纳税额5000万元以上的企业，发放《廉政建设情况调查表》50份，未发现违规行为。

【后勤管理】对全局公务车辆实施层级管理，进一步加大车辆管理的力度。规范食堂就餐秩序，积极践行“厉行勤俭节约，反对铺张浪费”的就餐要求。坚持每日巡检制度，确保水、电、暖系统的正常运转，保证机关办公秩序正常。

【税收宣传】围绕“区域通办”“个人出租房屋税款委托代征”等热点撰写新闻稿件，制作“扶微促发展　春风暖人心”税收宣传特别节目，在区电视台黄金时段播出；走进顺义广播电台《大家帮助大家》栏目，就税收优惠政策、办税流程等进行实时解答。向全区40余所学校的教师代表讲解了税收政策和办税流程；宣传进社区，利用全区112块LED显示屏，每天滚动播放最新政策法规、办税指南等内容，及时将各类税收信息送到纳税人身边。

【税收科研】在按季开展国地税联合税收分析的基础上，多次开展专项分析，上报的《关于P2P网络信贷公司对顺义区税收发展影响的报告》《关于北京现代汽车有限公司成立外地分支机构对顺义区税收收入影响及对策的意见》等得到区主要领导批示。与国税等部门联合走访北京现代等重点企业，了解疏解北京非首都功能对顺义区税收影响，建立集中归口对接机制，共同推动区域经济转型升级。全年完成重点调研课题计划8项；刊发《顺义地税调研》6篇；上报市地税局《调查与研究》调研报告2篇；外部投稿并采用2篇；参与联合调研2篇。

【税务文化】统筹规划，全面推进顺义地税文化建设。组织干部职工参加市区两级举办的读书、网络知识竞赛、体育比赛等文体活动，多次取得优异成绩。连续八年被顺义区委、区政府评为“一助一”工作先进单位；获评“全国文明单位”和“首都文明单位标兵”，第一税务所李小霞同志获得“北京市先进工作者”荣誉称号。积极开展“一助一”帮扶、救助捐款、冬衣送暖等活动。

（陈　阳）

怀柔区地方税务局

【概况】北京市怀柔区地处燕山南麓，北京市东北部，区域版图呈哑铃状，南北狭长，距市区50公里，全区面积2128.7平方公里，山区占88.7%。区辖12个镇，2个乡，2个街道办事处。2015年末，全区户籍常住人口30万人。年内，怀柔区实现地区生产总值236亿元，比上年增长9%；实现地方公共财政预算收入33.3亿元，增长11%；实现城镇居民人均可支配收入3.3万元，农村居民人可支配收入2万元，分别增长7.2%和11.8%。

【地方政府支持税收工作】起草怀柔区协税护税实施意见，得到怀柔区常卫区长的肯定批示。怀柔区区长常卫、常务副区长彭丽霞、宣传部长胡东、副区长刘久刚先后调研地税税收工作，走访慰问一线工作人员，要求地税部门关注经济形势的变化，关注税制改革推进过程中的变化对区域经济的影响，关注区域产业结构调整，关注经济发展对税收工作的需求，加强管理、严格稽查、强化干部队伍建设、加强国地税协作、增加对政府决策的支持力度，努力完成全面税收任务。

【税收收入情况】全年共组织各项税费收入51.98亿元，增收3.89亿元，同比增长8.08%；其中：组织地方公共财政预算收入38.68亿元，增收2.31亿元，完成市局计划指标37.9亿元的102.05%；组织区级地方财政收入18.67亿元，增收1.22亿元，同比增长7.02%，完成区政府调整后收入目标18.5亿元的100.87%。

【税收收入特点与分析】受宏观经济形势、区域功能调整、2014年同期收入高基数等多重因素影响，前5个月组织收入呈现负增长。怀柔区地税局及时启动组织收入应急机制，凝聚合力，共克时艰，细化落实市局20项加强征管、组收措施，确立“保存量、挖增量”双轮齐动组收策略。全局各职能科室和税务所多点推进，征、管、查等各种措施立体运用，积极加强与国税、工商、国土、住建等部门的开放合作，主动开展与国税局的联合税收分析，加强收入监控，确保存量不漏；另外，局领导带头开展走访活动，挖掘组收潜力，力争增量增收。通过多方努力，在半年节点顺利实现组织收入转负为正，提前15天完成全年收入任务。

【税收法治】多方位加强法制宣传教育，组织干部到法院庭审现场旁听案件，开展新《行政诉讼法》知识培训，积极培养全局税收法治思维和依法治税意识。全年共对1157户纳税人处以行政处罚，没有发生违法处罚问题。对外建立起与区公、检、法部门的长效联系机制，外部执法环境进一步得到优化。

【税收政策落实】全力拓宽地税职能发挥空间，服务区域经济发展。积极落实税收优惠政策，支持大众创业万众创新，促进科技创新产业、文化创意产业、小微企业等区域特色产业发展，全年减免税费51597万元，退税3645万元，有力支持了怀柔区经济转型升级。持续关注社会民生事业，受理了北控集团承接政府任务涉及的房土税审批减免事项，协调解决了怀柔国有资产管理公司04、08街区征地补偿过程中的代开发票问题，帮助解决怀柔田仙峪村33户农民土地被养老机构租赁过程中的租金代开发票问题，妥善做好政策性回迁房、安置房契税批量征收工作，协助政府化解矛盾。

【税种管理】 全面落实“三证合一”“区域通办”等改革新政。强化房地产税收一体化管理工作落实，优化部署房屋产权交易工作，积极增加窗口、人员和设备，在全局设立了9个存量房交易征收办理点。与住建委共同制定《关于建立房地产涉税信息共享意见》，有效堵塞“阴阳合同”等税收流失风险。严格落实管理制度，提升房屋产权交易征管工作质量，顺利通过市局组织的“二手房”交易征管工作专项督导检查。配合开展“营改增”扩围测算工作，为后续试点方案评估提供数据支撑。加强税种税源分级分类分析，推行地方各税种全面明细申报，实现税种精细化管理。2015年地方税种“九税三费”总收入176869万元，同比增长14.21%，完成年度计划的106.25%。企业所得税提前完成全年任务，12万个人所得税申报完成年度任务的113.15%，获得市局绩效考核加分。工会经费和残保金代收代征工作成效显著，增长幅度分别达到31%和11%。

【纳税服务】 按照《全国税务机关纳税服务规范》和《北京市地方税务局办税服务厅（场所）服务行为规范》的要求，对服务厅（场所）的硬件建设、内部衔接、规范服务进行全面升级。积极打造内外标识统一，服务设施完备，窗口设置合理的标准化办税服务厅（场所）。先后增设无障碍通道，更新资料填写台，配备急救医药箱、饮水机等便民设施，搭建纳税人专用WiFi平台，为纳税人提供便捷服务。设立资料交换柜，促进内部职能科室所之间转办业务高效衔接。坚持服务一把尺子、办税一个标准，按照“专、简、快”的原则，简化、合并办税环节，实现依纳税人发起事项进厅受理和区域通办事项134项，全市通办事项5项，免填单事项42项。严格落实首问责任制，积极推行预约服务、延时服务，主动调整外围税务所办公时间，适应纳税人个性化需求，为纳税人提供舒心便捷的办税服务。进一步优化完善网站服务功能，完成网站升级，累计更新外网信息635条，回复纳税人涉税咨询116人次。顺利建成12366小呼中心并投入运行，实现对外咨询电话统一接听，进一步提升怀柔区地税局对外咨询服务的规范性。区局主要领导走进《行风热线》，向广大听众介绍“便民办税春风行动”和纳税服务工作，通过开展税法宣传“进大学”“进社区”等活动，宣传“大众创业，万众创新”，扩大税收政策的宣传面，提升税务机关的良好形象。建立健全巡查制度，统筹利用音视频系统，对办税服务厅（场所）进行规范化管理和常态化监督，进一步加强征纳沟通和互动，及时响应纳税人诉求，妥善处理纳税服务投诉，做到“有诉必接、有接必查、有查必果、有果必复”，促进征纳和谐。怀柔区地税局纳税服务综合满意度调查结果呈逐年上升态势，年度得分比上一年度上升0.8个百分点。年内没有发生一起经认定的服务投诉，办税服务厅（第一税务所）被评为市级青年文明号。

【税收征管】 制定《怀柔区地方税务局税源分级分类管理实施方案》，对税源户进行差别化统计和精准化管理。研究制定《怀柔区地方税务局有税申报工作落实方案》，统一下发工作汇报模板和9张有税申报工作统计表，加强数据比对分析，逐项攻克工作难关，提前半年实现了市局提出的有税申报率70%以上的工作目标，并始终保持有税申报率75%以上。加强集中办公区税源管控。实时更新数据，定期走访和约谈，全区16个集中办公区24945户企业入库税款32.9亿元，比2014年入库税款增加9.9亿元。进一步探索委托代征等社会化管理，对外鉴定委托代征协议17份。联合国税局在喇叭沟门满族乡筹划设立了“税收服务站”。加强国际税收综合管控，对200户涉及外籍个人的企业进行摸底和登记，认真抓好关联企业申报，联合国税局召开了“走出去”政策辅导会，对外支付征收入库税款2193.4万元。

【大企业税收服务与管理】实现重点税源户由分散分户管理变为由所长和业务骨干集中按户管理；加强重点税源管理所建设，加强分级分类管理；采取实地核查、逐户约谈、分户清理等有效措施，强化无税申报、虚拟登记税源户的分类精细管理。圆满完成“中海油”等一批总部企业在怀柔成员单位的风险管理工作。

【国际税收管理】协助市局做好涉外企业税收专项情报核查件。

【税务稽查】规范稽查局内设机构，修订完善《案件初审制度》《一般案件审理办法》，建立一般性案件集体审理委员会。在案件检查中，整合现有稽查力量，探索推行审理和执行前置等工作，稽查办案机制进一步完善。全年共立案检查167户，查补税款4358万元，完成稽查任务4000万元的109%，各指标完成均超出市局规定比率。加强欠税清缴工作，多渠道、多角度采集欠税纳税人信息，完成2010年以前积案清理工作。

【电子税务管理】围绕税务总局金税三期工程和税收现代化征管改革需要，下大力加强信息基础设施建设。圆满完成计算机房标准化改造和相关配套设施配备，搭建无线网络，推广使用安全存储设备，科技信息在征管改革和税收现代化中的作用日益加强。

【政务管理】加大督察督办力度，圆满完成市局和区委区政府督办事项15起，积极推动区局39项折子工程落实到位。稳步推进政府信息公开和信访工作，妥善处理2起依申请公开事项和1起审计署来局事件，主动公开政府信息261条，圆满办理信访事件9起。

【绩效管理】加强绩效管理，逐条分解绩效考核项目指标，将市局81项共计1170分考评指标对接落地，顺利承接并完成个人绩效考核试点任务。

【财务管理】规范财务管理，强化会计核算。

【政务采购】严格政府采购程序，完善经费支出规程，不断降低行政运行成本。

【人事管理】干部人事管理取得“四个一批”的工作成效，即及时到位一批、交流轮岗一批、竞争上岗一批、改任转岗一批。2014年底安排5名副调研员不再兼职正科级实职领导，提任9名正科职领导，轮岗交流26名正科职领导，在2015年1月底前采用双轨运行方式确保工作平稳运转。配合市局提任调研员1人，副调研员4人，招录公务员7人。区局提任主任科员9人，副主任科员2人，竞争选拔10名副科职领导干部，交流轮岗干部102人次。增强大局人才观念，推荐9名优秀干部借调到市局工作，全面培养、锻炼人才。落实从严管理干部要求，在思想上有准备，在工作上有配合，在组织有敬畏，扎实推进人事档案审核工作。

【教育培训】与人民大学合作开展干部培训，干部队伍的精神状态更加奋发有为。在系统开展的技能大赛活动中，怀柔区地税局参考率达到100%，获得5个优秀组织奖之一。

【执法督查与内部审计】创新制定了《怀柔区地方税务局科级领导干部履职评价工作实施办法》，扎实开展11项执法督察，促进了全局税收执法规范，执法案卷在年度抽查中被区法制办评为优秀案卷。

【党团建设】第一时间成立第一党支部，先后对机关党委和基层支部进行改选，三位一体的组织体系作用更加明显。加强思想建设，组织党组中心组理论学习25次，开展3次处级领导干部“三严三实”专题学习交流，一篇发言材料被区委组织部推荐到中组部共产党员网“三严三实”专栏。召开班子民主生活会和支部组织生活会，制定针对性的整改方案。

【纪检监察】深入落实“两个责任”，明确党组落实主体责任40项任务清单，制定纪检组监督责任63项具体落实措施，形成一级抓一级、层层抓落实的责任担当体系。提升廉政工作实效，先后开展以“反腐倡廉扬正气，勤政为民树新风”为主题的廉政文化作品征集活动、“为官不为”“为官乱为”专项治理活动、特邀监察员明察暗访等廉政活动，党风廉政建设得到新的加强。

【后勤管理】顺利推进公车改革和办公用房清理整改，大力提升食堂管理质量，怀柔区地税局先后被评为市级交通安全先进单位和市级健康生活示范单位。在全局范围内更新配备安保技防设施，安全维稳工作进一步加强。

【税收宣传】在宣传教育上积极创设《地税风采》《图文快讯》正能量传播平台，顺利争创全国职工示范书屋。

【税收科研】立足实际撰写《新常态下促进怀柔区域经济发展的税收问题研究》《三证合一对税务登记影响工作的探析》等调研报告，得到区主要领导肯定批示。与区文促中心联合开展支持影视文化产业税收政策研究，与国税局联合调研形成《怀柔区文化创意产业税收形势分析报告》，为区委、区政府领导决策提供积极支持。5篇重点课题组调研全部实现外部成果转化。

【税务文化】加强党建带团建工作，工青妇团队凝聚效应得到全面展现。全年共组织开展群众性活动30余项，看望慰问干部职工33人次，组织60人次参加区工会组织的北戴河疗养活动。圆满完成年度献血工作，全局共有4名正科级领导在内的20名同志进行无偿献血。

（彭云涛　高　阳）

平谷区地方税务局

【概况】平谷区2015年全年实现地区生产总值196.2亿元，年均增长10.7%；公共财政预算收入27.8亿元，年均增长15.4%；固定资产投资146.4亿元，年均增长13.4%；城镇和农村居民人均可支配收入分别达到4万元和2.1万元，年均增幅超过11%，以上几项指标增速均位于全市前列。

【地方政府支持税收工作】2015年，平谷区区委、区政府领导先后8次到区局调研、慰问，了解组织收入、税源结构、纳税服务、队伍建设等情况，并协调区内其他部门配合区局做好税源的征收管理，为区局更好地完成组收任务、助力区域经济发展提供有力支持。

【税收收入情况】全年共完成各项税费收入43.20亿元，增收4.80亿元，同比增长12.5%，完成市局计划的108.0%；完成地方公共财政预算收入33.54亿元，增收3.22亿元，同比增长10.6%，完成市局计划的106.8%；完成区级地方公共财政预算收入16.63亿元，增收1.1亿元，同比增长7.1%，占区财政收入的59.54%，较上年提高了1.05个百分点。

【税收收入特点与分析】平谷区经济呈现稳定向好的发展态势，城乡居民收入大幅提高，财税收入较快增长，经济结构进一步优化，新兴产业培育取得明显进展，传统产业更趋现代化、高端化、新兴化，产业融合发展更加深入，空间布局更加优化，区域经济发展更加协同；全年新办税务登记10099户，较上年增加1094户，增长12.13%；支柱行业增收带动整体收入增长作用明显，房地产业、建筑业、金融业、租赁和商务服务业合计入库32.83亿元，增收2.91亿元，占整体增收额的60.7%，拉动整体收入增长7.6个百分点。个人所得税增收额居首位，完成54917万元，同比增长48.06%；平谷区内房地产开发项目带动营业税和土地增值税增收，本地房地产项目入库营业税30370万元，同比增长119.17%，房地产项目清算完成土地增值税71164万元，同比增长8.83%；稽查带动企业所得税增收，全年完成企业所得税98539万元，同比增长8.89%，其中稽查局查补企业所得税税款入库20248万元，同比增长71.38%。

【税收法治】规范行政权力运行，公布税务执法权力清单和责任清单，做好取消和下放行政审批事项的对接工作；开展法制宣传活动，编制整理“六五”普法工作档案；切实发挥法律监督指导职能，对23份合同进行合法性审核，开展税务所行政处罚和日常检查专项执法督察工作，处理积案，参与重大案件审理2次、涉税案件会商1次；有效开展法律救济工作，充分运用服务、疏导、教育的柔性执法手段化解矛盾，成功处理2起行政争议，避免行政复议案件的发生。

【税收政策落实】从国地税联合办理税务登记过渡到“多证联办”，完成“三证合一”工作，其中国地税联办税务登记9406户，通过“多证联办”系统办理税务登记810件，“三证合一”后，对1355户纳税人进行了信息确认，2639个新办户已划分管辖税务所，全年办理登记10099户，同比增加1094户；统筹安排“一税两费”委托代征工作，共计委托国税代征一税两费1.64亿元；落实存量房区域通办，增设6个“区域通办”办理点，9个业务办理窗口，共办理个人存量房业务658件，同比增长126%，征收各项税款1696万元，同比增加196%；认真落实税收优惠政策，严格按照规定程序操作，4865户小微企业享受税收优惠，减免税额1295.12万元；建立科室联合审查机制，杜绝企业欠税注销现象，得到北京市地方税务局领导肯定。

【税种管理】摸清印花税税源结构，分行业分析税源状况，实现管理前置化，分类管理土地增值税项目，有序推进土地增值税清算进度，共计入库税款51606.9万元，同比增长20%；利用信息数据，加强房产税、城镇土地使用税风险比对，制定风险推送任务，对国土局土地转让，出让，发证信息与房产税入库存在的差异数据进行清理；圆满完成年所得12万自行申报工作，申报人数达到5436人次，完成任务的110.26%。

【纳税服务】 联合银行开展纳税服务，在“纳税人学堂”中设立“金融服务咨询台”，结合纳税信用评价等级，向11户中小企业发放贷款2446万元，受惠企业涉及就业人数1665人；联合银行组织青年企业家座谈会，开展小微税收优惠政策辅导、金融知识讲座，促进青年创业；联合国税局开展纳税人权益保护活动，有针对性的提供纳税服务，化堵为疏，减少投诉；扩大免填单范围至27个事项、表单68种，修改数据库、优化程序界面，使操作更加便捷；实现132项依申请事项集中受理、区域通办，43项依职权事项在办税服务厅执行落地；编写《纳税人便捷办税手册》，使新办登记纳税人尽快掌握地税基本业务；成立小型呼叫中心，开通69912366咨询热线，设立“咨询回复专线”，解答疑难问题。

【税收征管】 制定平谷区地税局试行《全国税收征管规范（1.0版）》实施方案，规范落实198项涉税事宜；调整税务所征管范围、风险管理和数据管理职能配置，逐环节推进税收征管工作；申报环节，加强迟报催缴，核实比对申报未入库数据，申报率、入库率均符合考核要求；找准无税申报原因，通过加强宣传告知、疑点核实、日常检查等措施，提高有税申报率；7月以来，有税申报率保持在70%以上；在管理环节，认真开展日常检查，完成风险应对1310户，有问题796户次，问题率60%，查补税款及滞纳金4645万元，其中约谈218户次，实现入库629.86万元。

【大企业税收服务与管理】 积极完成辖区重点企业2014年企业所得税汇算清缴后续管理工作，督促1户涉嫌关联交易企业调整应纳税所得额160万元，7户企业自查补缴企业所得税80.51万元，滞纳金2.46万元；2015年先后查处北京龙洋房地产开发有限公司、北京中弘投资有限公司两件重大案件，北京中弘投资有限公司少缴税款案查补税款、滞纳金总计1.83亿元，使平谷区地税局个案查补收入记录再创新高；对辖区内重点金融类企业开展走访、座谈形式的个性税法宣传活动，共走访金融类企业7家，提供专业化纳税服务8项，得到纳税人反馈意见3项，税企沟通良好，税法宣传效果显著，为完善专业纳税服务体系迈出坚实一步。

【国际税收管理】 对125户企业的536位外籍员工进行个人所得税专项核查，10户企业，103人补缴个人所得税税款和滞纳金共计176.92万元，得到市局王炜副局长的肯定性批示；完成首次企业所得税关联申报工作，申报率99.4%，促使1户企业自行进行纳税调整；核查14家“走出去”企业基础信息，督促8户“走出去”企业落实报告境外投资和所得信息工作；首次开展对外自动情报交换工作，向国际处报送自动情报7份。

【税务稽查】 完成检查136户，完成年度户数任务100.74%；查补收入总额20564.37万元，增加7081.39万元，同比增长52.52%；入库查补收入总额20184.31万元，增加6548.34万元，同比增长48.02%。人均检查户数、查补税款数额、立案准确率、入库率、结案率等指标都达到或超过了市局考核标准。查补及入库收入创历史新高。

【电子税务管理】 完善内网功能，不断丰富完善区局内网数据应用以及信息发布内容；按照权限管理的使用规定，对调动人员的权限及时进行调整，全年共受理权限审批单130余份，填写上报信息系统后台数据处理单40余份；每月向平谷区国税局信息中心获取增值税、消费税入库数据和税务登记数据，生成异常信息，为征收管理科、税收管理员的日常工作提供数据参考；配合北京市地税局推广使用“互联网地税局”，组织开展新系统应用培训，有效提升工作效率。

【政务管理】积极征求基层科所的意见建议，增加发刊数量，调动干部参与积极性，指导科所抓信息点，在信息修改中注重与作者沟通，保证信息质量；全年上报市局信息205条，被采用89条，其中国办、中办采用3条，市委市政府采用9条，被领导批示14条；向区、乡镇政府及区有关部门主要领导报送《经济信息专刊》11期，向区委区政府信息部门报送信息，反映情况，提出建议，全年报送信息89条，被采用45条。编辑工作简报12期；组织党组会29次、局长办公会26次，例会9次；对公文流转程序、公文格式进行进一步规范，严把公文审核关，全年共收到文件670件，印发文件156件；加大宣传力度，宣传工作局面日趋好转，区级媒体累计宣传报道30次，《北京地税》杂志刊登平谷区地税局稿件33份，《中国税务报》宣传报道11次；未发生失、泄密事件和依申请公开事项，主动公开政府信息156条，其中机构职能类公开信息2条，计划规划类公开信息5条，业务动态类公开信息151条；坚持每日密切监控涉税舆情，保证区局负面舆情零出现率。

【绩效管理】不断规范考评程序、优化考评指标、严格考评标准，按相应权重汇总考评成绩，确保考评结果真实准确。将年度考评成绩及排名结果作为单位评先评优、公务员年度考核、干部选拔任用的重要依据，充分发挥绩效管理工作的激励和导向作用。2015年平谷区地税局绩效管理工作基础指标得分在市局考评中排第4名，总成绩排第15名。

【财务管理】加强“三代”手续费经费管理，全年共退付237户，退付金额449.7万元；严格执行政府采购程序，规范开展采购工作，采购支出共计145.8万元；制定《单位内部控制规范手册》，严格执行预算，控制支出，“三公”经费、会议费、培训费、差旅费等一般性支出实现零增长。

【政府采购】严格按照区财政局政府采购的政策要求和程序规定，稳步实施各项采购工作、规范采购行为，做到应采尽采，有效节约财政性资金，并保障各项业务工作的正常开展。全年通过政府采购程序购置一般设备240件、其他设备4件、办公家具24套，采购金额合计188.02万元。

【人事管理】调整相关科室职能，取消纳税评估科，筹备滨河税务所；招录助征员23人，充实到各税务所窗口岗位工作；共完成实习期满考核2批6人次，试用期满考核2批12人次；选拔任用正科级领导干部1人次、科级非领导干部17人次；做好人才培养工作，共有37人次取得中级职称，8人拥有注册税务师或法律职业资格，18人取得研究生学历或学位，1人考取中国人民大学税务专业硕士，1人入选税务总局专业人才库，平谷区地税局已拥有市级学习之星1人（已调出）、区级学习之星8人、学习型家庭6个。

【教育培训】共组织各类培训33期，培训干部2473人次；《税收法治通论》学习培训平谷区地税局实际参加考试122人，及格率为90.98%，平均分73.21分，在24个区（县）、分局中分别排第8名与第11名，有8人受到市局通报表扬。

【执法督察与内部审计】配合税收征管改革，对组织收入、发票管理、注销清算、税收优惠政策落实等10大项26个子项工作进行税收执法督察，发现问题60项次，提出整改意见和建议63条；对区局后勤服务部门有关财务支出情况实施内部审计，审计后勤伙食采买等支出251万元，提出有关建议6件，有效促进后勤工作的规范化管理；接受市审计局、区审计局、市局税收执法督察等外审工作3次。

【党团建设】 成立第一党支部，制定四项相关组织生活制度，通过第一党支部加强中层“一把手”的学习教育、监督管理；深入开展“回头看”活动，对56项整改任务逐项梳理，立即整改的38项均已整改，需长期整改的18项取得阶段性成果，并修改完善了相应的改进措施；做好党员发展工作，接收发展1名预备党员，预备党员转正2名；开展“共产党员献爱心”捐款活动，全局党员和积极分子208人，捐款22730元。

【纪检监察】 升级改版局内网廉政教育平台，设置工作动态、组织建设、制度规范、警钟长鸣、领导讲话、廉政文化5个主栏目内容；加强廉政文化建设，征集“廉洁颂我身边的好规矩”、廉政书法、格言警句等作品20余篇，在内网平台发布；加强对作风建设的监督，开展联合巡查4次，组织特约监察员明察3次，配合平谷区纪委暗访4次、协查涉税事项20余次；开展“为官不为”“为官乱为”自查，召开座谈会3次，发放调查问卷300余卷，收集意见表500余张，通过汇总，共查摆出问题5条，制定整改措施5条。

【后勤管理】 清理腾退办公用房，将办公面积向基层、向征收服务厅倾斜，清退办公用房18间、338平方米，杜绝了超标用房现象；改善基层税务所的办公环境，对大华山、金海湖、峪口三个税务所外墙进行了保温施工，工程总面积为1950平方米；认真落实“三公”经费管理办法，严格执行《公务接待管理办法》，做到公务接待不出机关、不超标准，开支留痕，严格按规定使用公车，坚持车辆定点加油、定点维修，定期公示车辆修理、油耗、运行公里数等指标数据，接受群众监督。

【税收科研】 顺利完成《税务行政执法与刑事司法的衔接机制研究》《支持平谷经济绿色发展的税收政策研究》《平谷区重点税源现状分析》等调研课题，市局采用2篇，另外，参与国际税收研究会的联合调研1篇被采用。

【税务文化】 倡导社会主义核心价值观，建立完善道德讲堂、荣誉室等八个阵地，为文明创建搭建有效载体；积极参加辖区精神文明创建活动，与平谷区消防队建立共建关系，开展学雷锋志愿服务、节俭养德、情暖职工等活动，提高税务干部综合素质和文明素养，2015年平谷区地税局先后被中央文明委评为“全国文明单位”，被首都文明办评为“首都文明单位标兵”，第一税务所被评为“全国三八红旗集体”，第一税务所、第二税务所被评为“首都青年文明号”。

（李冬莲）

房山区地方税务局

【概况】2015年，房山区实现地区生产总值554.7亿元，比上年增长7.5%，人均地区生产总值8555美元。全区工业总产值实现1032.3亿元，比上年下降12.1%。全区建筑业总产值实现346.3亿元，比上年下降5%。全区区域税收完成242.9亿元，比上年增长19.9%，其中房山地区完成110亿元，增长14.6%；燕山地区完成132.9亿元，增长24.6%。全区财政收入完成109.4亿元，比上年下降19.1%，其中一般公共预算收入完成50.2亿元，增长10%；政府性基金预算收入完成59.1亿元，下降33.9%。城镇居民人均可支配收入36317元，比上年增长9.1%；农村居民人均可支配收入19161元，增长9.2%。

【地方政府支持税收工作】2015年2月16日，房山区常务副区长李江到房山区地税局第一税务所、第三税务所慰问。9月2日，房山区常务副区长吴会杰到房山区地税局调研指导工作。11月26日，房山区委宣传部部长赵佳琛到房山区地税局检查考核党风廉政建设责任制。12月31日，房山区区委书记刘伟、区长曾赞荣到房山区地税局进行慰问。房山区区委书记刘伟先后2次在房山区地税局呈报的工作报告上作出批示，房山区常务副区长吴会杰先后4次在房山区地税局呈报的工作报告上作出批示。

【税收收入情况】房山区地税局全年累计完成各项税费收入68.7亿元，增收1.7亿元，同比增长2.5%。其中：完成地方公共财政预算收入56.6亿元，增收2亿元，同比增长3.7%；实现区级地方公共财政预算收入26.4亿元，增收0.4亿元，同比增长1.5%。

【税收收入特点与分析】房山区地税局坚持组织收入原则，多措并举，挖潜堵漏，全力抓好组收工作，实现了同比增收。从税种上看，营业税增长8.4%，收入贡献突出；土地增值税减收明显，是影响全年收入增速放缓的主要因素；所得税“一增一减”，总体呈现小额减收。从产业上看，第二产业税收完成14.8亿元，税收规模占比增加；第三产业税收完成52.9亿元，传统优势行业减收明显，税收贡献有所降低。从行业上看，制造业、房地产业和建筑业仍为房山区主体税收行业，全年合计入库44.5亿元，占总体税收的65.6%，其中：制造业入库4.1亿元，增收1.6亿元；房地产行业入库30亿元，减收5亿元，建筑业入库10.3亿元，减收0.6亿元。

【税收法治】房山区地税局大力推进税收法治建设，将领导干部学法纳入折子工程，把税法学习和普法教育贯穿各项培训始终，提高干部的法律素养。坚持用法律手段解决征管问题，在全市范围内首次以行政机关为申请人对企业申请破产清算，首次尝试行使“代位权”清理欠税，收到较好清欠效果。被北京市地方税务局评为“法治税务示范基地”。

【税收政策落实】房山区地税局加强减免税

后续管理，细化完善减免税业务流程，开展减免税业务项目风险识别工作。落实“大众创业、万众创新”相关税收政策，以实际行动助力中关村科技园和大学生创业园的发展。继续做好“营改增”试点改革工作，确保税源顺利移交和扶持资金落实到位。积极开展小微企业减免税调查，贯彻落实营业税起征点提高到3万元的优惠政策，为9024户小微企业和个体工商户减免营业税，帮助2879户小型微利企业享受企业所得税优惠。积极助力经济结构转型，为高新技术企业提供政策辅导，为企业解决涉税问题31个，减免企业所得税税款603.2万元。

【税种管理】房山区地税局大力加强企业所得税申报管理，年申报率名列区县局第5名。加强个人所得税12万元申报工作，申报率同比增长26.7%；强化股权转让个人所得税检查，实现股权转让个人所得税征缴入库1.2亿元。做好契税区域通办工作，新增个人存量房征收办理点9个，全年累计入库4.6亿元，同比增长28%。加强资源税改革后续管理，确保资源税政策顺利实施，全年累计入库2199万元，同比增长182.7%。加强印花税管理，完成50户汽车销售企业印花税核定征收工作，全年累计入库7552万元，同比增长46.7%。

【纳税服务】房山区地税局大力促进非首都核心功能疏解，制定疏解关停限制产业税务管理措施，引导企业转型发展。推进国地税合作，与区国税局共同推动窗口业务深度融合，共建办税服务厅，实现60项涉税事项融合办理，纳税人进一个大厅、到一个窗口，即可办理两家业务。工作经验被税务总局推广，并得到市局主要领导的肯定性批示，先后有多个外省市单位前来学习交流；与区国税局共建微信预约系统，联合开办“纳税人学校”，全年开展联合培训11期。深入开展“便民办税春风行动”，全面规范“一次性告知”业务，严格落实“首问责任制”，推行限时服务和延时服务，不断提升服务水平；初步建立“小型呼叫中心”，提升纳税咨询服务质量；设计“便民办税二维码”，方便纳税人，提高办事效率。依法保护纳税人合法权益，主动公开政府信息，提高政务公开透明度；加强投诉管理，妥善处理投诉事项50件，维护了和谐的征纳关系。

【税收征管】房山区地税局持续推进征管改革，落实税源分级分类管理，成立重点税源管理所，规范税源管理所岗位设置，调整税源管理所管辖范围，人均管户数量趋于均衡；优化机构职能设置，将纳税人发起事项进一步集中到办税服务厅，重新调整各服务所窗口工作职能，实施重点业务、重点事项、重点环节专业化管理，形成第一税务所负责前台服务、第二税务所负责后台审批、税源管理所应对中低等级风险、稽查局应对高等级风险的管理模式。大力加强税源基础管理，落实《税收征管规范》，不断加强涉税事项网上办理、明细申报、“三证合一”和个人存量房交易区域通办等工作，有税申报率大幅提升，从2015年6月起，有税申报率均超过70%，同比增长20%；加强欠税管理，采取定期下达催缴欠税通知书、检查账户、限制供票、强制扣款、阻止出境等措施强化欠税催缴，全年清欠入库1.1亿元；加强税收风险管理，积极开展税务约谈，全年组织日常检查2834户次，入库6023万元，组织税务约谈810户次，入库1003万元；继续做好委托代征工作，全年委托国税局代征“一税两费”2.9亿元，委托相关单位代征出租房屋税款1024万元。

【大企业税收服务与管理】房山区地税局加强三级重点户的认定，全年共认定三级重点税源户 1464 户。加强重点户分类监控和动态管理，落实重点税源网上直报制度，加强数据比对分析，实现重点税源跟踪指导、重大建设项目跟踪监控，有效防止税源流失。采取下户走访、日常检查和稽查检查等措施，加强重点户日常管理，确保税收主体的实现，一年来，实现重点户入库 55.1 亿元，占全年总收入的 81.2%。

【国际税收管理】房山区地税局加强国际税收管理，在积极服务 32 家“走出去”企业的同时，重点抓好内资企业反避税工作，在全系统首次产生了企业自行调整销售价格缴纳营业税的成功案例。加强情报交换，向税务总局交换情报 255 份，在全系统名列第一名。认真开展外籍个人调查和非居民企业管理工作。

【税务稽查】房山区地税局积极发挥稽查作用，大力打击税收违法行为。落实市局稽查全覆盖，配合第四稽查局开展企业自查辅导、检查、审理等各项工作。试行重大案件会前预审制度，提高了重大案件的审理质效。采取逐户实地查找、逐户查询银行存款账户、强制扣款、强制执行、阻止法人代表出境等措施，配合清理欠税，对欠税企业形成强大的震慑作用。积极开展国、地税稽查协作，与区国税局达成四项合作协议。全年共立案 162 户，结案 160 户；查补各项税费 7980.2 万元；入库各项税费 4153.5 万元；有问题率 100%，入库率 52.1%。

【电子税务管理】房山区地税局加强信息系统安全管理，做好市局信息系统日常维护和安全检查，针对安全优盘开展专门培训及推广使用工作。顺利完成局机关、第四税务所、房山税务所和河北税务所的信息化网络搬迁工作。

【政务管理】房山区地税局完善督查督办工作机制，针对督办事项开展全程督办，推动工作落实。加强信息编写和报送，及时为领导决策提供服务，有 230 篇信息被上级单位采用，获得全系统绩效考核信息体系外加分第一名。进一步修订完善党组会议、局长办公会议等制度，简化规范局内会议活动安排，规范会议管理，提高办会效率。规范内部文书管理，提高办文效率。

【绩效管理】房山区地税局坚持把绩效管理作为推进工作的有力抓手，结合工作实际，重新制定本局的绩效管理办法和考评指标，通过狠抓各项考评指标落实，有力推进各项工作落实，在市局年度绩效考核中取得第 6 名的好成绩。制定并下发《个人绩效管理实施细则（试行）》，认真开展个人绩效考评工作。

【财务管理】房山区地税局严格控制“三公”经费支出，全局公务接待、公车运行费同比减少。科学合理编制预算，完成 2015 年市、区级两级经费决算。实行公务卡结算制度，制定公务卡具体使用和相关操作流程。加强固定资产管理，做好固定资产的盘点和清查工作。

【政府采购】房山区地税局严格执行《北京市 2015 年政府采购集中采购目录及标准》，按照规定进行招标，抓好供应商履约情况的监督和管理，加强采购各环节的组织、衔接、实施和协调，统筹安排采购计划，降低采购成本，提高采购效率。2015 年共采购货物 517 万元，采购工程 395.7 万元。

【人事管理】房山区地税局成立重点税源管理所（第四税务所），取消了纳税评估科，重新设立数据管理科，截至年底，全局共设置 15 个职能科室、1 个稽查局、13 个基层税务所和 1 个机关后勤服务中心。实有人员 271 人，其中公务员 246 人，工勤人员 25 人。严格领导干部选拔任用程序，认真稳妥地进行干部选拔任用工作，共选拔任用 1 名正科级领导干部和 10 名副科级领导干部。积极开展轮岗交流，共调整人员 39

名。建立科级主要负责人工作簿制度，并作为一项长效机制巩固下来。

【教育培训】房山区地税局认真开展岗位大练兵、分岗位培训、公务员更新知识培训以及职业资格和职称教育，全年共1342人次参加培训。改进业务培训方式，引进社会师资力量教学，取得较好效果，一年来，有2人考取税务专业硕士研究生；在市局组织的《税收法治通论》考试中，总体平均成绩排区县局第3名；在市局岗位技能大赛中，取得征管岗位第1名、纳服岗位第2名和第5名的好成绩，并获优秀组织奖。

【执法督察与内部审计】房山区地税局大力开展税收执法督察，组织对5个方面31个分项进行检查，提出57条整改意见。认真开展税收执法过错责任追究，对干部起到了较好的教育警示作用，税收执法行为得到规范。成立财务审计工作小组，对2014年1月1日—2015年6月30日期间市局拨入的专项资金使用情况进行自查自审。

【党团建设】房山区地税局坚持党组中心组集体学习制度，扎实开展处级领导干部“三严三实”专题教育，梳理出15项边学边改事项，并全部整改落实；严格落实分权制衡各项规定，自觉遵守民主集中制度，做到重大问题集体讨论、集中决策，保证干部选拔任用、工程招投标等重大事项的公正透明；开好领导班子民主生活会，通过开展批评与自我批评、征求基层意见等形式，查找出90个突出问题，并将这些问题的整改作为全年工作的重要抓手，有效促进各项工作落实。加强第一党支部建设，组织主题党日、走访座谈和书记讲党课等活动，在落实“一把手”主体责任上发挥有力作用。积极发挥机关党委和基层党支部的战斗堡垒作用，开展“庆七一”“一案知规”和“抓党风、带政风、促发展，机关党员干部在行动”等活动，提升全体党员的宗旨意识。

【纪检监察】房山区地税局严格落实党风廉政建设主体责任，把主体责任向基层单位延伸，建立健全党风廉政建设责任网络，认真组织党风廉政建设责任考核。支持纪检监察部门履行监督责任，抓好市委巡视组反馈意见整改落实，加强“三重一大”事项和办公用房清理腾退的监督检查，梳理主体责任落实方面存在的问题，提出35条廉政建议。建立中层领导干部廉政谈话制度，深入开展廉政警示教育和“为官不为”专项治理活动。

【后勤管理】房山区地税局加强后勤管理制度建设，制定完善了《禁烟管理规定》《设备、设施管理规定》《浴室管理规定》《职工宿舍管理规定》《卫生管理规定》和《食堂就餐管理规定》。认真落实禁烟管理规定，加强控烟监督。注重抓好交通安全教育，签订车辆交通安全责任书。继续落实季度安全巡检工作，强化重点部位检查，及时消除安全隐患。

【税收宣传】房山区地税局积极开展税收宣传，先后在《人民日报》《中国税务报》等国家级媒体刊发文章14篇，在《北京日报》、北京电视台、《京郊日报》等市级媒体刊发文章33篇，在《房山报》、房山电视台等区属媒体刊发文章15篇，在其他媒体刊发文章5篇，向《北京地税》杂志报送稿件及照片20篇。深入开展税法宣传月活动，共开展进园区、进企业、进景区等宣传活动15场次，覆盖辖区9个乡镇、街道，受益群众2000余人。

【税收科研】房山区地税局积极落实精品调研战略，完成12项重点课题调研报告，参加“大江论坛”和“互联网+”等征文活动，承接北京市国际税收研究会调研课题任务，全年实现各类成果转化16项（次），先后5次得到区领导肯定性批示，1篇被市局转化成制度文件，1篇被市局编入书籍正式出版，2篇分别被《房山调研》和《决策参考》采用，5篇被市局《调查与研究》刊发，2篇在《现代商业》杂志发表，编发电子内刊《房山地税调研》10期。

【税务文化】 房山区地税局以文明创建活动为载体，营造浓厚税务文化氛围，被评为“首都文明单位标兵”，第一税务所被评为“北京市模范集体”。组队参加区直机关工委“社会主义核心价值体系知识竞赛”，获得二等奖；在市局青年技能大赛中，分别获得1个一等奖、3个二等奖和2个三等奖，并获得地税系统优秀组织奖；在北京市机关青年技能大赛中，获得1个二等奖。

（李　伟）

昌平区地方税务局

【概况】 2015年，昌平区经济运行总体平稳：财政税收平稳增长，工业总产值降幅收窄，固定资产投资低位运行，消费市场平稳增长，居民收入稳步增长。2015年，昌平区公共财政预算收入完成73.1亿元，同比增长10.2%。2015年昌平实现地区生产总值657.3亿元，增长8.2%。2015年全年，昌平区全区居民人均可支配收入35306元，比上年同期增长9.1%，全区居民人均消费支出25675元，比上年同期增长8.4%。

【地方政府支持税收工作】 昌平区区长张燕友、昌平区常务副区长周云帆先后就昌平地税局与昌平区国税局联合报送的《税收完成情况报告》《城市发展新区税收分析报告》等7篇报告进行批示。年内，昌平区区委书记侯君舒，昌平区委副书记、区长张燕友等多名领导先后到昌平局就组收工作、党建工作、“三严三实”专题教育活动开展情况等工作进行调研指导。

【税收收入情况】 2015年共组织各项税费收入124.91亿元，增收2.65亿元，同比增长2.2%。组织地方公共财政预算收入100.64亿元，增收2.48亿元，同比增长2.5%。组织区级税收43.69亿元，增收0.26亿元，同比增长0.6%。

【税收收入特点与分析】 上半年累计地方公共财政预算收入增幅波动明显，下半年由负转正、缓中趋稳。由于经济下行压力持续加大和同期高基数的客观影响，全年累计收入增长2.5%，增速较同期放缓4.6个百分点。主要税种营业税快速增长、个人所得税增速放缓、企业所得税和土地增值税减收额较大。主体行业房地产业、建筑业、批发和零售业减收，制造业增速放缓。2015年带动收入增长的主要因素是房地产交易税收，制约收入增长的因素是同期的高基数以及经济下行导致的企业项目减少，利润下滑。

【税收法治】 起草《昌平区人民政府关于加强税收保障工作的意见》（征求意见稿），2015年7月区政府以区政府办公室文件形式正式印发实施。加强法制宣传，开展“国家宪法日暨‘12.4’全国法制宣传日”活动等。积极落实推行税收执法权力清单各项要求，认真梳理并及时公开行政处罚权力事项70项。2015年，全局共做出税务行政处罚决定1189起次，全年入库处罚金额533.8万元。全年无税务行政复议、税务行政诉讼、税务行政赔偿等案件发生。

【税收政策落实】有效落实小微企业免征营业税政策，全方位、多层次地开展宣传工作，积极部署配套工作，确保将税收优惠政策执行到位：一是做好政策宣传；二是积极开展培训、强化日常管理；三是加强监管。全年27970户小微企业累计享受减免营业税1851.36万元。其中：企业15131户，减免税款1292.89万元；个体工商户12839户，减免税款558.47万元。认真落实国家出台的扶持小型微利企业所得税税收优惠政策，千方百计打通政策落实的“最后一公里”，让扶持政策变成“真金白银”，为小微企业减负加油，助力小微企业爬坡过坎、成长壮大。全年7065户小型微利企业享受减免企业所得税1257.57万元。

【税种管理】截至2015年底，在全市20个区县局分局中，昌平局基础信息申报户数分别为房产税12401户，城镇土地使用税11446户，均居全市第一，并且是全市唯一破万户的单位；登记率分别为房产税83.85%、城镇土地使用税78.92%，居全市第二位。非个体登记率房产税100.2%，城镇土地使用税91%。昌平局目前有地下热水21户、矿泉水1户、石灰石1户，全年组收668万元，增收598万元，同比增幅854.3%。昌平局目前有10个个人存量房交易区域通办税务所，2015年，全区征收契税为4.99亿元。

【纳税服务】正式开通昌平地税纳税服务统一咨询热线010－60712366，截至12月底，电话咨询服务中心总呼入电话34585人次，平均接通率78.60%。在全局十个税务所安装自助办税设备，为三个办税服务厅购置完善了排队叫号系统和打分评价系统。与第三方公司合作研发“昌平区地税局涉税信息流转平台”系统，优化涉税资料流转工作。制发《关于开展纳税服务巡查工作的通知（试行）》，建立纳税服务巡查机制。制定《昌平地税纳税服务规范操作手册》，根据实际工作变动情况更新操作手册两次。

【税收征管】开展异地纳税清理工作，全年共清理466户异地纳税企业。加强部门间的协作，依法对市场内64户逾期未办理税务登记的个体工商户提请区工商局吊销营业执照。严格执行非正常户认定工作，全年认定非正常户1425户。截至12月底，全局共有税务登记100113户。贯彻落实委托国税代征“一税两费”工作，全年“一税两费”代征入库税款6.27亿元。与19个街镇签订个人出租房委托代征协议，委托代征基本实现全覆盖。加强有税申报率管理和申报入库不一致处理，有税申报率一直保持在70%以上。加强风险管理，全年开展日常检查共计1841户，查补税款和滞纳金合计2.19亿元。

【大企业税收服务与管理】成立第四税务所服务重点税源企业，方便辖区内重点税源企业日常管理。开展中国海洋石油总公司等6户企业集团税收风险管理，对14户企业开展现场审计工作，累计确认风险点32个，查补税款和滞纳金151万元。开展对一轻、二商和首旅三户总部集团企业在昌平分支企业开展风险管理工作，经核实查补税款3500元。开展对大唐等5户企业集团风险管理工作情况的全面梳理和总结。统一管理与北京市地方税务局签订《合作框架协议》与《税收遵从合作协议》的集团所属合并财务报表的在京成员单位，优化对所辖大企业的纳税服务。

【国际税收管理】加强反避税管理，发现疑点企业两户，通过与企业进行约谈，一户排除疑点，另一户调整收入 57.8 万元，由税务所向企业下达《税务事项通知书》，补缴营业税及附加 3.2 万元。制定《昌平区地税局外籍员工个人所得税专项核查工作方案》，成立领导小组，部署专项核查 106 户，反馈有问题户 19 户，补缴个人所得税 978.5 万元。加强对外支付备案后续管理，全年共领取《备案表》388 份，扣缴税款共计 618.8 万元。组织召开税收协定服务“走出去”政策宣讲会，13 家“走出去”企业参加了会议。

【税务稽查】2015 年，昌平区地税局稽查局共对各类纳税人立案检查 221 户，结案 265 户，结案率 120%；稽查查补收入 7849.33 万元，其中税款 5311.25 万元，滞纳金 2162.13 万元，罚款 375.95 万元；入库 8013.19 万元，入库率 102%。自查 42 户，查补收入 1789.45 万元，已入库 399.99 万元。共计查补收入 9638.78 万元，入库 8413.18 万元。

【电子税务管理】积极响应各部门提出的软硬件维护需求，为进厅事项、呼叫中心建设、第四税务所筹建、存量房区域通办以及各专项工作小组提供技术支持。全年累计维修计算机、打印机等信息化硬件设备 324 台次，配合各系统上线、人员调整等及时做好系统及权限调整上千人次。分批分阶段的完成昌平区地税局软件正版化清查工作。开展北京地税网络安全宣传周活动，通过税务系统网络安全宣传栏、安全手册、宣传动画、主题讲座等多种方式普及安全意识。完成移动介质防护系统全面实施。

【政务管理】做好办文工作，全年共计处理市级来文 446 件次，收发区级纸质来文 316 件次。全年共计办理本局党组发文、行政发文 64 件次。其中，制发《北京市昌平区地方税务局关于抓好新常态下工作落实的实施意见》，有效促进了全局工作的贯彻落实。周密做好办会工作，全年共组织服务各类会议 195 次。务实做好办事工作。全年共收集整理文书类档案 504 件，基建档案 1 卷，实物档案 9 件，图书资料 5 本。

【绩效管理】成立绩效考评委员会，制定组织绩效和个人绩效相关制度及工作方案。抽调 3 人成立绩效办，专职负责全局的绩效考评工作。各部门确定一名绩效联络员，建立绩效办、中层领导以及绩效联络员的三级绩效考核管理网络。为加强工作交流，建立微信联络群。考评税务所方面，指标总数 71 项。考评机关科室和稽查局方面，指标总数 37 项，共性指标 24 项，个性指标 13 项。个人绩效考评覆盖率达到 100%。

【财务管理】制发《北京市昌平区地方税务局采购实施办法》，规范采购工作；制定《北京市昌平区地方税务局现金提取和使用管理暂行办法》，规范零余额现金提取和使用。完成全局固定资产清查工作，逐单位逐屋实地清查，共清查固定资产及低值耐用品七千余件，逐一贴上编码。与建行签订代发协议，对物业补贴等零余额授权支付进行代发。“三公”经费支出符合预算要求。

【政府采购】制定采购实施办法，顺利完成 2015—2016 年度全局物业服务采购。经过区财政局审批，通过昌平区采购中心以公开招标方式完成采购，金额为 4670040 元。完成十三陵税务所和昌平所纳税服务厅的维修改造工程采购。经过区财政审批，通过招标代理公司以公开招标方式完成采购，金额为 4243580.15 元。

【人事管理】以竞争选拔和民主推荐相结合

的方式，完成9名科级领导干部晋升，6名科级非领导干部晋升。2015年，全局共办理工作性调出9人，退休5人；工作性调入2人，录用公务员9人，接受军转干部1人。对全局339名公务员及职工，从德、能、勤、绩、廉五个方面进行年终考评工作。

【教育培训】以岗位练兵为契机，全员脱产开展以《税收法治通论》为主题的更新知识培训。与中华会计网校合作，采取网络培训与集中授课相结合的方式开展职称培训工作。2015年共有17人报考中级经济师，1人报考高级经济师，5人报考计算机应用能力考试，1人报考司法考试，5人报考注册会计师考试，6人报考职称外语考试。

【执法督察与内部审计】全年全面督察共涉及16个项目，共抽查案卷336份，下发执法督察处理意见书11份，精心组织圆满完成“过头税”、个案批复、二手房交易三个专项执法督察工作。通过对申报未入库、有房土信息未缴纳房土税的疑点进行核实，共计催缴2480户次，补缴税款566.5万元，加收滞纳金75.62万元；通过对“三公”经费的检查，对“三公”经费形成制约机制。

【党团建设】召开昌平区地税局第一党支部成立大会，市局党组成员副局长王炜、区委组织部领导、发改委系统领导到会并作重要指示。集中利用两天时间对全局党支83名同志进行党务知识培训。开展共产党员献爱心活动，全局共产党员共捐款32500元。下发《关于加强党的基层组织建设成立党小组的意见》《关于进一步加强基层党组织建设的意见》，全局现有党支部25个，成立58个党小组，加大对党员队伍的管理力度。

【纪检监察】紧紧围绕发挥党组主体责任，深化纪检组执纪、监督、问责的主责主业，完善“两个责任”的落实。持续纠正“四风”，加大监督检查和专项治理工作力度；强化风险防控，加强对税收执法权和行政管理权的监督；以“廉税苑”网上教育平台为抓手，学习贯彻《准则》《条例》，深化廉政教育；认真核查问题线索8起，4人次受到区纪委党纪处理，开展廉政提醒谈话41人次，反思存在问题，强化纪律观念，为全局税收工作的顺利完成提供保障。

【后勤管理】机关后勤服务中心出台与管理相衔接的物业服务和餐饮服务公司相关管理规定共六项，完成物业公司、餐饮服务公司招投标工作及协议事项，完成2015年必改维修改造工程及待完工项目8个。制定《车辆使用管理规定》《交通保卫工作方案及应急预案》，严格车辆使用制度，全年安全行驶48852公里，车辆派遣次数3000台（次）。对全局十四个税务所，一个稽查局下设五个科室，局机关十三个科室及七个局领导办公用房进行全面清理，办公用房没有出现超标现象。

【税收宣传】税收宣传工作取得良好成效，累计获得绩效加分54.5分。加强本局稿件采编，共计在系统内网发布图片新闻52条，被各级媒体采编稿件86篇，其中，中央级媒体8篇；税务总局媒体11篇；市级媒体40篇；区级媒体10篇；《北京地税》杂志17篇。大力开展联合税收宣传工作，与区国税局成功开展回龙观双创社区政务会客厅税收宣传、联合开发手机软件APP等各类联合税收宣传活动，全年共组织配合各部门开展国地税合作12次。

【税收科研】参与撰写的《京津冀协同发展税收问题研究》两篇文章被省部级刊物刊用，一篇形成书籍出版；《“互联网DT标准化”——昌平区地税局实施“互联网税务”的工作思考》

等四篇文章均被刊用；《税收征管模式选择的思考与借鉴》获第十届“环渤海区域法治论坛”三等奖；《关于我国税收法治建设中几个法律问题的思考》荣获“大江论坛”征文活动二等奖；《对北京市地下热水、矿泉水资源征收资源税及调整石灰石资源税税额的调研报告》成为市局制定相关公告的重要依据。

【税务文化】建成党员干部活动室“怡然之家”，购置乒乓球、台球、棋牌、读书等文化用品。与中国人民解放军空军95880部队签订《军民共建协议书》，并于八一前夕向部队送去体感运动机，读书等文体器材，促进双拥工作的开展。2015年上半年分两次组织春季长走活动，下半年组织开展第十三届健康活力杯乒乓球比赛，增进单位的凝聚力。按照市局和市总工会的通知要求，组织开展岗位技能大赛，开展赛前培训，组织预考，培养业务标兵。

（韩晓君）

大兴区地方税务局

【概况】全年大兴区实现地区生产总值510.2亿元，比上年增长7.4%左右；完成公共财政预算收入71.2亿元，比上年增长15.8%；社会消费品零售额完成356.6亿元，比上年增长10.8%；城镇居民人均可支配收入40598元，比上年增长8.1%；农村居民人均可支配收入17796元，比上年增长8.8%。万元GDP能耗、水耗等节能减排指标均达到市级要求，经济社会各项事业保持健康发展态势。

【地方政府支持税收工作】大兴区政府始终高度重视地方税收工作，定期召开区发改委、区财政局、区工商局、区国税局、区地税局、区经信委等单位参加的经济形势分析会，加强沟通交流，共促工作开展。区领导先后11次对地税工作做出肯定性批示，激发广大税务干部工作热情，推进地方税收工作稳步提升。

【税收收入情况】大兴区地税局累计组织各项税费收入118.9亿元，增收4.1亿元，同比增长3.6%，完成市局年度计划的101.2%；其中：地方公共财政预算收入完成97.4亿元，增收0.2亿元，同比增长0.2%，完成市局年度计划的100.4%；区级收入完成45亿元（不含残保金），增收1亿元，同比增长2.2%，完成区级年度计划的101.2%，对区财政收入的贡献率为63.2%，为区域经济发展做出较大贡献。

【税收收入特点与分析】全年税收增长稳中趋缓，营业税、企业所得税、个人所得税、土地增值税、契税等五大税种累计完成98.2亿元，占总收入的82.6%；房地产业、两大服务业、建筑业、制造业等五大行业累计完成89.5亿元，占总收入的75.2%。耕地占用税清缴等各项组收措施成效显著、房地产项目完工拉动企业所得税汇缴增收、多重因素带动个人所得税增长，是最主要增收因素。行业形势持续低迷导致房地产业减收，是最主要减收因素。

【税收法治】不断推进依法行政工作。制定

领导干部学法用法计划，签订税收执法责任书，开展全员依法行政培训。严格落实行政审批制度改革。学习44项非许可类行政审批事项，明确13项已取消的行政审批事项，及时开展自查和执法检查工作。认真开展《行政处罚权力清单》编制工作。明确行政处罚主体，共确定处罚权力70项，并向社会公布。积极开展行政复议和行政应诉工作。

【税收政策落实】积极推进“营改增”工作扩围，深化与区国税局的沟通、协作，加强对已改征增值税纳税人的跟踪服务及现有营业税纳税人的日常管理。多途径扩大政策宣传，多层面加强业务培训，多手段优化后续管理，确保小微企业优惠等各项税收政策的有效落实，全年累计减免营业税4718.5万元、企业所得税1454.3万元。落实金融机构与小型、微型企业签订的借款合同印花税优惠。办理契税企业重组改制减免税额3226.9万元；房屋大修连续超过半年的减免房产税共3户，减免税款252万元，安置残疾人土地使用税共4户，减免14万元。

【税种管理】七项税种政策变化：一是个人住房转让营业税政策调整；二是小微企业优惠政策进一步扩大；三是支持和促进重点群体创业就业政策进一步调整；四是企业所得税年度纳税申报表全面修改；五是财政部、国家税务总局进一步完善支持企业事业单位改制重组有关契税政策；六是自2015年起调整北京市石灰石资源税税额标准，开征地下热水、矿泉水、叶腊石资源税；七是土地增值税由原来的投资、合并免征土地增值税、分立征收土地增值税改为重组改制过程中的投资、合并、分立行为，暂不征收土地增值税。针对变化要点，积极组织政策培训，及时做好宣传、辅导，强化日常管理及指导，完善后续管理体系，加强各税种征收管理。开展“财行税明细申报”新系统上线工作；完成印花税申报改为通过“财行税明细申报”完税工作；落实个人存量房征收区域通办工作；清理十年来未申报耕地占用税的耕地占用批复；开展财产行为税各税种减免税核查。四项税源管理方式、管理办法的变化：一是实行营业执照、组织机构代码证、税务登记证“三证合一”；二是实行分税种明细申报和税务登记；三是将纳税评估方式改为风险管理；四是出台二手房交易、税收减免档案管理办法，加强税务档案分类管理。

【纳税服务】春风行动见实效，推出35项服务举措，经验信息刊发10篇，官方微信刊发14篇，纳税人赠送锦旗21面，表扬信5封。推进纳服规范落实，134项涉税事项全面进厅，实现“区域通办”。创新纳税辅导模式，开展集中辅导164期，辅导纳税人10755人次，发放宣传资料3万份，发送短信48.5万条，发布热点问题12期295条。与北京CA融合，打造全新“办税服务通”。维护纳税人合法权益，处理各渠道诉求27次，编制《纳税服务投诉易发风险点防控与说明》，连续18个月零投诉。成立税务咨询热线受理中心，开通4条座席，实现集中受理。加强网站建设，发布信息904条，访问量达到73806人次。

【税收征管】积极推行“三证合一”，注重登记模式变更后的后续管理工作。加强新办户税务登记管理，编写并下发“新办企业办税指南”。比对地税局与国税局、工商局数据，开展漏征漏管户风险应对工作。规范非正常户的确认流程，有效控制非正常户数量。通过与代征单位签订协议，推进个人出租房屋委托代征管理。科所联动，稳步提升全局有税申报率70%以上。积极开展税务约谈，建立局、所两级税务约谈室，落实税务约谈、风险管理、日常检查试行办法，强化税收风险推送，提高纳税人税法遵从度。

【大企业税收服务与管理】开展大企业个性化服务，由局领导带队开展走访活动，带领科、所干部主动与大企业进行面对面交流、座谈，关注企业诉求，现场解答涉税问题，切实为企业排忧解难。重点开展中海油等6户税务总局联系大企业风险管理任务，积极参与市局制造业风险核实试点工作，加强国地税合作，联合开展现场审计工作，切实减轻纳税人负担。创新税源管理方法，试点分行业管理模式，注重经验积累，促进成果转化和经验推广。

【国际税务管理】探索反避税工作。强化税收疑点分析，做好反避税相关工作，全年共补缴营业税等各项税费32.7万元。落实外籍个人所得税核查工作，明确核查工作的适用政策和范围；坚持双管齐下，同时开展对企业的核查和组织企业自查；深挖疑点，对部分存疑企业开展约谈工作，共补缴税款及滞纳金共计227.4万元。加强非居民企业税收管理。强化合同管理，与国税定期进行动态信息交换，确定个税征收、源泉扣缴等项目的联合把关机制，有效堵塞小额零散付汇的管理漏洞，先后进行对外支付备案98份，征收税款81万元。积极尝试跨境税源信息和情报交换工作，报送专项情报请求1条。

【税务稽查】全年共计立案检查230户，查补税款、滞纳金、罚款合计18814万元，同比增长222.2%。召开重大案件审理会10次，审理13件100万元以上重大案件；召开一般审理会10次，审理11件50万~100万元案件；查处发票违法企业43户，涉及非法发票565份。主要实现四项突破：一是部署有序、狠抓落实，查补收入首次突破亿元；二是注重大案、强化执行，单个案件查补金额创历史新高；三是穷尽手段、集中清理，完成19件积压已久的历史案件；四是依法行政、攻坚克难，充分运用税收保全、强制执行、阻止出境等法律手段，稽查工作质效得到进一步提升。

【电子税务管理】积极推进税收现代化和深化税收征管改革，广泛应用互联网地税局，不断加强电子税务管理，提高机房基础设施建设水平，保证信息系统整体运行安全有序，组织系统管理员业务知识技能培训，全力做好金税三期工程上线前基础环境的准备工作。

【政务管理】强化组织领导，建立工作机制。成立由区局主要负责人任组长的涉税舆情工作领导小组，制定《北京市大兴区地方税务局涉税舆情危机处置预案》。加强日常监控，主动防患未然。建立涉税舆情关键词清单，由专人每日三次利用网络搜索引擎，依照清单进行检索监测，做到防患于未然。加大宣传力度，强化正面引导。利用网站、报刊、新闻发布会、电视、微博、微信等宣传阵地，主动公开信息，加强正面引导，把握舆论导向。对外刊发各类稿件85篇，树立大兴区地税局良好形象。

【绩效管理】在加强组织领导、配强绩效人员、完善制度机制的基础上，严格绩效考评和结果运用，有效提升各项工作水平。取得系统绩效考评较好的成绩（位于系统第9名），连续6年被大兴区委、区政府评为“绩效突出单位”（从2009年算起）。

【财务管理】严格执行《预算法》，按照财政规定制定年度财务预算，完成财务决算和分析工作。在规定时间进行财务预、决算公开工作。完善《北京市大兴区地方税务局财务报销管理制度》，严格财务报销程序。接受市局内审部门的财务审计，并按照审计结果进行整改。将机关后勤服务中心食堂财务工作统一纳入区局财务管理范围，促进财务整体工作的开展。

【政府采购】 严格执行采购程序，坚持先审批后采购。严格按照规定范围采购，坚持不超范围购置。属于政府采购范围的货物和服务，坚持应采尽采。市局委托中介机构对大兴区地税局政府采购工作进行审计，未发现问题。

【人事管理】 大兴区地税局共设13个科室，14个税务所，1个稽查局（科级），稽查局下设5个科，1个机关后勤服务中心（事业单位）。全局共有干部职工340人，其中党员265人，团员6人，民主党派5人。具有大学本科及以上学历的290人。根据工作需要，8月，对内设机构进行调整，取消纳税评估科，设立第四税务所。共推荐选拔出4名正科级领导干部，5名副科级领导干部。共交流轮岗科级领导干部18人，一般干部32人。

【教育培训】 强化税收业务技能培训，合理制订培训计划，分层次开展新录用人员初任培训、军转干部培训、全员更新知识培训、税务知识大讲堂、纳税服务培训、岗位大练兵、基础业务知识学习、纳税服务厅集中受理纳税人发起事项培训、北京干部教育网在线学习、“三师”考试培训以及职称考试培训等。

【执法督察与内部审计】 开展12大项27小项税收业务执法督察工作，累计检查案卷2587卷，发现问题案卷423卷，问题率为16.3%。年内共对19个单位、1名个人在全局范围内进行通报批评，落实税收执法责任制。委托北京中佳誉会计师事务所完成对大兴区地税局2014年度财务及基本建设的审计工作。完成对大兴区地税局2014—2015年度上半年市局拨付专项经费的预算和执行情况审计工作。配合审计署税收征管审计司完成对大兴区1户企业延伸审计调取账簿凭证资料工作。

【党团建设】 深入开展“三严三实”专题学习教育。组织全体党员开展党章党规党纪学习。组织基层21名党支部书记参加党务知识培训，全年发展党员2人，2名预备党员如期转正。成立中共北京市大兴区地方税务局第一党支部。深入展开“党员意识提升行动”。2个党支部、3名党务工作者、7名党员受到区委、发改工委表彰。开展“送温暖、献爱心”活动。全年捐款21425元，捐赠衣物331件。开展党的群众路线教育实践活动“回头看”，深入开展“为官不为，为官乱为”专项整治活动，组织全局副科级以上领导干部签订《不出入私人会所承诺书》。召开共青团北京市大兴区地方税务局第三次团员大会，选举产生第三届团总支委员会。

【纪检监察】 完善内控机制建设，强化“两权”监督，着力构建不敢腐、不能腐、不想腐的工作机制。研究制定纪检监察部门落实党风廉政建设监督责任的实施方案及监督责任清单。逐级签订《党风廉政建设责任书》和《廉政承诺书》。制定税务稽查检查人员下户管理勤政廉政情况反馈制度。利用元旦、春节等重要节点，及时进行廉政提醒。深入开展说法从政道德教育。大力开展“为官不为、为官乱为”专项整治工作。组织特约监察员开展明察暗访工作。强化信访监督作用，坚持以问题为导向，加大问题线索核查力度。

【后勤管理】 加强日常安全管理。做好特种设备维护保养。按市区局要求完成控烟禁烟相关工作。

【税收宣传】 围绕中心，助力重点工作推进，针对北京新机场建设、小微企业税收优惠等税收业务，积极开展政策宣传。立足载体，促进宣传工作开展。在《北京地税》杂志上发表各类文章18篇，刊发图片21张；在《中国税务报》《北京日报》《大兴报》等各类媒体刊载稿件107

篇，充分展示大兴区地税的良好精神风貌。

【税收科研】全方位参与调研工作。本系统内编辑调研文章10篇，向市局推送3篇被刊用，向大兴区推送3篇被刊用，向台盟中央联络部、北京市台湾同胞联谊会、北京税收法制建设研究会推送调研征文3篇，分别荣获一等奖、三等奖和优秀奖。围绕“办税服务一卡通”的研发实现成果转化。4月，市局在大兴区地税局组织召开“办税服务一卡通”新闻发布会，《人民日报》、中央电视台等15家新闻媒体做现场报道，促进“办税服务一卡通”在全市范围内推广。撰写的《研发“办税服务一卡通”的探索与思考》被《北京地方税收调研文集》收录。立足服务区域经济发展谋篇布局。围绕北京新机场开工建设，在市局指导下，成立联合调研领导小组，深入一线调研，撰写《北京新机场临空经济区税收问题研究》，为新机场税收提出前瞻性、合理化建议。

【税务文化】大力开展创先争优活动。大兴区地税局被北京市首都文明办评为“首都精神文明先进单位”，其第一税务所、第二税务所被北京市地方税务局、共青团北京市委员会联合授予“北京市青年文明号”，其第二税务所被北京市大兴区委、区政府评为“大兴区综合行政服务先进单位”；郑文哲、侯杰荣获北京市机关青年技能大赛二等奖。积极组织群众性文体活动。组织参加市局机关工会举办的系统第四届“友谊杯”桥牌比赛及“健康杯”乒乓球赛，大兴区地税局桥牌代表队取得第六名的成绩；代表区总工会参加由市职工体协举办的“六联杯”乒乓球比赛；积极参加区总工会组织开展的书法、摄影、书画培训等活动。通过开展各项活动，丰富干部职工文化生活。

（刘德鹏　周大勇）

密云区地方税务局*

【概况】密云区位于北京市东北部、燕山山脉南麓、华北大平原北缘，是北京至东北、内蒙古的重要门户，有“京师锁钥”之称。全区总面积2229.45平方公里，占全市面积的13.6%，是北京市土地面积最大的区。根据深山丘陵、水库及平原地区比例划分素有“八山一水一分田”之称。全区共辖2个街道、17个镇、1个地区办事处。2015年，全年实现地区生产总值226.7亿元，比上年增长7%（按可比价格计算，比上年增长8%）。全区居民人均可支配收入达27259元，比上年增长8.3%。按常住地分，城镇居民人均可支配收入33878元，比上年增长8.1%；农村居民人均可支配收入19183元，比上年增长9.2%。

【地方政府支持税收工作】密云区政府多次牵头召开组织收入工作协调会、重点企业座谈会，分别听取国税、地税局、财政等单位的税收

---

* 原密云县地方税务局于2015年12月更名为密云区地方税务局。

情况和组织收入情况汇报，密切关注经济形势等因素变化，并对密云区地税局《关于加强基层税收征管工作的几点思考》《促进农家乐发展的税收政策研究》《关于深入优化纳税服务水平的几点思考》等调研材料进行批示，要求相关部门专门研究，制定有效办法和可操作性措施，全面提高管理水平。

【税收收入情况】 全年共组织各项税费收入34.6亿元，增加1.4亿元，同比增长4.1%，完成计划任务的101.9%。其中完成地方公共财政预算收入27.4亿元，增加1.2亿元，同比增长4.4%。完成区级公共财政预算收入14.4亿元，增长0.63%，对区级地方财政收入贡献率达49%。

【税收收入特点与分析】 2015年各月税收收入不均衡，收入起伏波动较大，主要受整体经济下行、“营改增”扩围、结构性减税等因素影响，年初收入下滑明显。经过全局上下攻坚克难，降幅不断收窄，缓慢回升。2015年，税收收入增加1.4亿元，同比增长4.1%。

【税收法治】 制定《密云区地税局取消和下放行审批事项后续管理工作办法》的方案，加强对取消和下放税务行政审批事项的后续管理工作。制定依法治税和争创法治税务示范基地建设相关制度，使依法行政工作有章可循、有法可依。聘请法律顾问，完善重大事项合法性审查制度，进一步规避执法风险。

【税收政策落实】 加强源头管控，与区政府各职能部门共同制定工作措施，建立协税护税工作机制。在外网网站开辟“小微企业税收优惠”专栏、在办税服务厅建立小微企业咨询服务台宣传优惠政策。落实税收优惠政策，全年减税2500万元，为区域经济转方式、调结构、惠民生做出积极贡献。

【税种管理】 探索引入第三方服务机构，配合开展土地增值税清算复审工作，将全区土地增值税业务统一集中到第三税务所，得到北京市地税局杨志强局长的充分肯定和重要批示。做好财政统发工资个人所得税代扣代缴工作。开展汽车销售4S店、规模企业资金账簿等专项核查，查补印花税567万元。做好房产税、城镇土地使用税征收管理，通过核实比对和日常检查查补税款2506万元，同比增长54.2%。认真做好个人所得税明细申报和年所得12万元以上个人所得税自行纳税申报工作。全年代征残保金3955万元，代收工会经费4258万元，分别同比增长17.5%和3.2%。

【纳税服务】 在鼓楼街道设置零散税源代开发票点。扎实开展“便民办税春风行动”，对办税服务厅进行标准化改造，推行税务登记类、发票类、证明管理类等范围的免填单服务，实行午间办税“不间断”，力促办税服务“提速、增效、减负”。与国税局联合举办新办企业培训会和政策解读会，共开展各类培训18场次，培训纳税人2200人次。建立区域电话集中受理中心，提高纳税服务工作质效。做好纳税信用等级评定工作，共有76户纳税人被评定为A级信用纳税人。

【税收征管】 制定税源分级分类管理办法，完善税务所岗位职责设置。合理进行机构调整，成立重点税源管理所和专业化税务所，实现各项工作平稳过渡。加强无税申报管理，采取申报系统及挂号信双重提示，加大对无税申报企业的告知、辅导及管理力度，有税率由2015年年初的48%提高到75%。做好申报入库不一致数据清理，核销重复、错误申报584条。开展税务登记历史数据清理工作，疑点数据修正率达98%。启用税务约谈室，全年共开展约谈254次，补缴税款355万元。狠抓落实，提高效率，稳步推进“三证合一”“一税两费”和存量房区域通办工作，为纳税人提供便利。以稽查检查、日常检查和税种核实比对为突破口，加强管理促进增收。采取银行强制扣款、阻止6名法定代表人出境等措施，加大执法力度，确保税款应收尽收。

【国际税收管理】认真做好企业外籍人员个人所得税核查工作。以“沿一带一路‘走出去’，建合作共赢新格局”为主题，召开“走出去”企业座谈会，对“走出去”企业境外投资面临的常见问题及避免境外投资风险进行讲解。

【税务稽查】强化与第二稽查局的工作对接，与国税稽查部门建立联合办案制度，实现案源共享、检查同步、处理口径一致。加大对涉税违法行为的打击力度，优化稽查资源，安排业务能力强的稽查能手集中力量对重案、要案进行检查。全年共入库税费收入9806万元，同比增长近3倍，实现建局以来历史最高。

【电子税务管理】明确分工、克服困难，为存量房区域通办、三证合一、互联网地税局单轨运行提供技术支持和硬件保障。顺利完成太师屯所回迁的网络设备、硬件设备迁移改造工作。

【政务管理】加大重点事项督查督办力度。规范公文管理。稳步推进政府信息公开，主动公开信息300余条，妥善处理依申请公开事项3件，提高税收工作的透明度。按规定完成密云县改区更换印章、换制牌匾、网站更新等工作。

【绩效管理】将绩效管理工作纳入党组会、局长办公会重要议事日程，定期分析绩效管理形势，制定《密云区地税局绩效管理办法》和《个人绩效实施细则》，加大绩效工作检查督导力度，全力推进绩效工作有效落实，绩效考评成绩取得突破，位列系统第11名。

【财务管理】及时公开“三公”经费使用情况。全面清查全局固定资产。稳妥推进税务所维修改造，太师屯税务所已迁入新址。

【人事管理】严格按照程序，晋升科级非领导职务2人次。完成处级领导考察1人次、处级领导任职试用期满转正考察2人次、处级领导干部离任审查1人次、副调研员职务推荐考察2人次、临退科所长晋升处级推荐考察3人次。采取逐级述职方式，全面掌握中层干部履职情况。配合市局做好处级干部的个人有关事项报告工作，完成全局干部在企业兼职（任职）情况的核查工作。认真做好干部档案专项审核，现已进入档案资料补正阶段。落实交流轮岗制度，内部轮岗交流59人次，有效调动干部积极性。选派1名政治思想过硬、积极向上的年轻干部到团市委挂职锻炼。将5名业务能力强的副科级年轻干部安排到部门负责人岗位进行培养和锻炼，为区局健康、持续发展积聚人才。

【教育培训】组织完成全员更新知识、在线学习及新录用人员任职培训，为干部能力提升打下基础。以学习《税收法治通论》和岗位技能大赛为契机，坚持专家辅导和每月抽考相结合，营造浓厚学习氛围。

【执法督察与内部审计】建立督察内审室，统一部署、集中检查，加大责任追究力度。编制《密云区地税局税收执法督察工作手册》，完善内控机制，增强税务人员风险意识责任。开展公务用车资金使用情况、办公用品采购及领用存情况、固定资产管理等情况的审计工作。

【党团建设】成立第一党支部，使之成为“从严治党”载体和党建工作标杆。通过党组书记讲党课、支部书记述党建等形式，加强对党员干部思想引领。发挥先进示范作用，对5个党支部、18名共产党员进行表彰。与半城子村开展结对共建活动，帮助贫困家庭脱贫致富。党的群众路线教育实践活动整改工作得到市局检查组充分肯定。全年刊发《培育和践行社会主义核心价值观专刊》12 期，以“我的核心价值观”为重点，开展学习交流，使核心价值观内化于心，外化于行。

【纪检监察】有效落实“两个责任”，梳理并执行责任清单。健全制度体系，制定《个人重大事项备案制度》和《轻微违纪干部职工进行诫勉谈话的实施办法》。开展机关作风建设督察工作，被通报人次较 2014 年下降 56%，工作作风得到有效改进。通过主管局领导深入基层廉政巡查、开通“滴水清莲”微信公众号、组织参观廉政教育基地、开展“一封家书”亲情助廉系列活动等形式，全面筑牢廉政防线。

【后勤管理】对全局干部办公用房进行清理、调整，均达到规定标准。加强车辆管理，全力保障基层税务所工作用车。加强对食堂工作人员和食品卫生的管理。对公共设施的维护保养做到日常巡查，确保公共设施的正常运行。认真做好日常安全巡检工作，不定期检查各类安全设施。

【税收宣传】自编、自导、自拍微电影《少年税梦》，改版少年税校教材，制作《少年税校获奖文集》和《少年税校“三字经”》。举办“税收都去哪儿了”——密云区少年税校成立十周年主题宣传活动。中央电视台新闻频道《新闻直播间》《中国税务报》、新华网、人民网等各大媒体纷纷进行相关报道。完善宣传员联系制度，邀请中国人民大学新闻系副教授许向东为干部讲解新闻写作技巧，加强学习互动。

【税收科研】牵头撰写的调研报告《促进北京市养老服务业发展的税收问题研究》分别被《调查与研究》2015 年第 24 期、《北京调研》2015 年第 8 期、《研究报告》2015 年第 31 期刊用。

【税务文化】定期举办税苑文化大讲堂活动。开展“品味书香　我与好书相伴”读书学习活动，发布微信订阅号，开辟读书交流阵地。组织干部职工参加健康体检。对退休老干部、困难职工进行慰问。做好安全保障工作，营造和谐稳定的工作氛围。注重精神文明建设，荣获首都文明单位标兵称号。第一税务所、第四税务所荣获北京市青年文明号称号。9 个税务所和稽查局被评为密云区文明单位。崔雪斌被授予“北京市先进工作者”荣誉称号，《劳动午报》对其事迹进行了专题报道。席亚利同志被授予“北京市孝星”荣誉称号。

（任子墨）

延庆区地方税务局*

【概况】延庆区位于北京市西北部，辖域面积 1993.75 平方公里，人口 31.4 万。年内，地区生产总值超过 107 亿元，同比增长 7.6%。

【地方政府支持税收工作】延庆区政府发挥主导作用，扩展地方税源社会化管理网络，共涵盖区内 40 个职能部门，累计入库税款 7306 万

* 原延庆县地方税务局于 2015 年 12 月更名为延庆区地方税务局。

元。此外，区领导多次到延庆区地方税务局调研指导工作，并多次对税收工作进行重要批示，有力地指引地税工作开展，为全区税收工作开展提供全面的支持。

【税收收入情况】延庆区地方税务局进一步加强征管、优化服务、依法征收，收入进度和规模均创新高。全年共完成各项税费收入28.0亿元，增加14.72亿元，同比增长110.9%；完成地方公共财政预算收入21.97亿元，增加11.88亿元，同比增长117.8%；完成区级地方公共财政预算收入10.61亿元，增加5.63亿元，同比增长113.1%，区级收入首次突破了10亿元大关。

【税收收入特点与分析】全年主体税种均大幅增长，其中营业税完成144715万元，同比增长184.1%；企业所得税完成55110万元，同比增长120.1%；个人所得税完成40985万元，同比增长70.1%。重点纳税人支撑作用突出，2015年入库228210万元，同比增长124.3%，占全局收入的81.5%，比2014年同期的76.6%，增加4.9个百分点。

【税收法治】狠抓全局学法用法工作，组织开展税收法律法规学习培训，开展保密法、预算法、北京市行政调解办法等专项培训。做好法制宣传工作，积极组织税收宣传月、“12·4”法制宣传、“一带一路”相关政策宣传活动。按照规定开展行政审批工作，推进行政审批公开、加强对行政审批工作的要求。严格贯彻执行《北京市地方税务局税务行政处罚裁量基准》，规范执法行为，全年窗口处罚13.6万元，稽查处罚27万元。未发生行政复议、行政诉讼、行政赔偿行为。

【税收政策落实】延庆区地方税务局扎实做好“营改增”工作，认真完成市局下发的2批13户重点企业的“营改增”调查工作，同时与国税部门密切协作，及时交换相关信息。加强宣传，优化服务，贯彻落实小微企业税收优惠政策。全年，共有3157户次小微企业享受税收优惠，减免税款409.85万元。

【税种管理】持续强化税种税源管理，多措并举堵塞征管漏洞。企业所得税汇算清缴申报率达到100%，个人所得税全员全额明细申报率达到99.8%，12万元申报完成市局下达任务的110.58%，与区工商局密切配合，及时交换信息，做好自然人股权转让个人所得税征收工作，共受理自然人股权转让65笔，入库个人所得税9350万元。推进印花税核定征收及汇总缴纳工作，将核定征收工作作为完善印花税管理的一项举措，全年完成核定征收6户（其中新增3户），入库43.3万元；汇总缴纳13户，入库274.6万元。制定土地增值税小组复审制度，提高土地增值税管理水平。

【纳税服务】“便民办税春风行动”持续深化，全力打造“服务零距离，满意全方位”的服务品牌，实现纳税服务零投诉，纳税人综合满意度名列市系统第一；落实《全国税务机关纳税服务规范》，推进进厅事项集中受理，落实“电子免填单”、预约服务等便民服务措施；推广“互联网+”应用，优化“二维码办税服务平台”，开通69112366区域电话集中受理中心，建立健全纳税人快速响应机制；探索国、地税合作，联合开办“纳税人学堂”，开启纳税服务工作新常态。

【税收征管】始终围绕工作主线、细化工作措施、以提升征管质效为目标，协同推进实施“三证合一、一照一码”登记制度改革工作，建立无税申报动态监控机制，有税综合申报率均保持在70%以上，全年排名在系统前列，入库率全年保持在100%。以风险管理为导向，不断加强税务约谈和风险防控，建立区级约谈室1个、所级约谈室6个。科、所约谈205户，补缴税款及滞纳金766.64万元，罚款1.01万元。积极开展税收风险应对工作，注重培养一线日常检查业务能手，及时识别和推送税收风险点、跟进日常检查任务进度、畅通反馈渠道，确保日常检查工作有序开展。全年共入库日常检查税款及滞纳金合计1976.7万元。

【大企业税收服务与管理】在大企业个性化纳税服务方面，以解决实际困难为目标，实现由“管理+服务”向“服务+管理”纳服理念的转变。将服务体现在日常征管工作细节中，渗透到重点税源企业的经营决策、经营活动和重要业务流程中。该局与区国税局相关部门建立“大企业管理工作联系机制”，通过此机制，双方共享管理成果、经验，形成管理合力，有效提高辖区大企业管理质量和水平。

【国际税收管理】高度重视反避税工作，多次进行案源查找、筛选，并针对筛选结果开展调查，全年查补税款24万元。进行非居民税收管理工作，全年服务贸易等项目对外支付税务备案共计46次，合计扣缴税款569万元。进行“走出去”企业一户一档的建档工作，经过调查、汇总，为延庆区地方税务局全部“走出去”企业完成建档工作。开展税收情报交换工作，认真梳理、汇总、翻译相关情报，全年共发出情报15份。

【税务稽查】延庆区地方税务局稽查局通过完善制度抓管理、分解任务保进度、提升效率促增长、学习培训提素质等一系列举措，把握工作进度、明确时间节点，完成好全年工作任务。2015年，检查补税累计入库2592.66万元，结案130件；全面推进2014年以前历史未结案件清理工作；认真落实好全覆盖试点工作；与国税稽查局、公安局经侦队、法制科、征管科共同组织开展打击发票违法犯罪宣传活动。

【电子税务管理】多次组织开展信息化巡检自查工作。从机房系统、网络及安全系统、各项业务支撑系统，以及终端设备管理等四个方面进行检查。完成会议室音视频改造工作。进一步加强机房硬件设备的日常维护工作，确保各业务系统正常运行。对出现的问题及时排查，有效支撑互联网地税局建设。

【政务管理】延庆区地方税务局立足本职，提升水平，政务管理运转顺畅。全年采编政务信息千余条，其中被市政府刊物采用信息14条，被国务院办公厅采用3条，位居生态涵养区第一。修订完善会议管理制度，细化会前、会中、会后管理程序；坚持政府信息公开与“服务基层纳税人”工作相结合，以纳税人需求为导向，全年共公开政府信息307条；规范文书管理工作，加大审核力度，规范内部文书式样，全年收文457件，发文75件。该局被北京市档案局评为档案工作市级优秀单位。

【绩效管理】按照市局工作部署，健全制度，倒排工期，上下联动，建立“党组统一领导、班子齐抓共管、科室各负其责、干部积极参与”的绩效领导体制和工作机制。坚持以绩效为抓手，全面承接绩效指标，落实考评科室责任，不断规范税收执法和行政管理行为，发挥绩效管理的指挥棒作用，着力抓好工作成效与绩效结果运用，坚持问题导向，全面提升整体工作质效。2015年度绩效考核系统排名第七。

【财务管理】坚持“三重一大”事项决策程序规则，集体审议部门预算安排和大额支出。进一步加强内部控制规范建设，明确相关职责，修订经费支出、支票、现金等管理制度。完善《经费报销管理制度》，进一步调整审批权限。严格执行经费支出报销制度，规范财务管理，确保相关支出符合制度规定。加强固定资产管理，组织开展清查固定资产。全面落实固定资产管理制度，按规定购置、调拨、处置各类资产，保证账账相符，账实相符。

【政府采购】依据政府采购文件精神，制定区局《固定资产管理办法》，明确采购固定资产的采购方式、具体程序和工作流程，规范资产采购，促进固定资产管理工作。规范基层税务所维修改造支出，组织各税务所绿化、羽毛球馆维修等项目评审，做到专款专用，保证资金使用安全、合规。

【人事管理】延庆区地方税务局下设14个职能科室、1个机关后勤服务中心，12个税务所、1个稽查局。截至2015年底，该局有干部职工212人（公务员192人，工人20人）。年内，进行干部轮岗5人次。提拔正科级领导干部4名，科级非领导职务2名，副科级非领导职务3名，招录公务员3人，安排部队转业干部1人。

【教育培训】深入贯彻人才兴税、人才强税战略，开展分级分类培训。配合市局做好处级领导干部任职培训、新录用公务员任职培训。并于5月、10月，组织开展税收业务骨干和行政骨干培训，全年组织各类业务培训15次，积极鼓励干部参加注册会计师、律师资格考试，有效提升干部队伍素质。在岗位大练兵活动中，该局成绩在全系统排名第七，其中四名同志成绩优异，受到市局通报表扬。

【执法督察与内部审计】年内，该局制定督察内审工作计划，完善执法督察工作手册的部分内容。实现执法督察关口前移，加强事前监督。制作《执法服务工作方案》下发全局，并开展检查辅导，有效降低文书填写制作方面的问题发生率。严格落实税收执法责任追究，从根本上堵塞工作漏洞。

【党团建设】不断巩固拓展党的群众路线教育实践活动成果，深入开展“三严三实”专题教育活动，与河北崇礼国地税、延庆国税、延庆工商局等部门联合组织各类学习教育活动，开展“党组书记讲党课”和“寻访先烈足迹，培育严实作风”等主题活动，以第一党支部建设带动基层组织建设，创新“四学”形式抓学习，以党建带团建，充分调动发挥青年先锋作用，以党建水平的新提升，促进税收收入的新增长。

【纪检监察】全面推进党风廉政建设，进一步完善党风廉政制度建设。深入开展党风政风监督评议工作。组织开展座谈会、明察暗访等活动，及时发现存在的问题和不足，加强整改，不断提高纳税服务质量。构建大廉政教育格局，与河北崇礼国地税、延庆区国税局、工商局联合开展廉政教育。开办公民道德教育大讲堂；承办延庆区首届党员干部“德蕴清风”公益论坛；创办“德蕴清风”微平台，多途径开展党风廉政教育。

【后勤管理】按照努力建设“满意后勤、和谐后勤、高效后勤”的要求，进一步优化后勤工作流程，创新后勤工作方式，加强创新型、和谐型、节约型的机关后勤队伍建设；扎实完成了后勤保障的各项工作，获得了市级控烟示范单位，区级车辆安全先进单位等荣誉称号。

【税收宣传】三个平台互促共进，税收宣传稳步有序。围绕税收宣传主题，创新宣传形式，全年共在市级以上新闻媒体刊登稿件26篇，有效推进全局各项重点任务的扎实开展。税收宣传月亮点多、渠道广。与张家口市地税局、怀来县地税局在八达岭长城开展以“新常态　新税风　税收助力奥运　诚信铸就未来”为主题的助申奥税收宣传活动，整个活动经《北京日报》《中国税务报》《延庆报》《张家口日报》等多家报刊媒体报道，扩大了宣传范围和社会影响力，取得了京冀两地联合税收宣传助力申冬奥的良好效果。

【税收科研】调研工作围绕中心、服务决策，实现四个联合，搭建“大调研”格局。全年共完成调研41篇，其中《促进新能源产业发展的税收政策研究》先后被市局、《中国税务报》、区委研究室采用，并得到了李先忠区长的批示；《支持首都生态涵养区发展的税收政策研究》被《中国财政》采用，获得各级领导的肯定性批示14篇，为领导决策提供了科学有效的依据。

【税务文化】延庆区地方税务局积极推动各项创建工作，组织各类志愿服务和文体活动，开展送温暖、心理辅导讲座等活动。年内，延庆区地税局被评为“首都文明单位标兵”、档案工作市级优秀单位、2015年“法治延庆”建设先进单位；3个税务所被评为“市级青年文明号”；区局工会被评为“北京市模范职工之家”；在北京地税系统岗位技能大赛中，3名干部获奖并被评为岗位能手。

（李新雪　夏　冰）

北京市地方税务局燕山分局（第六稽查局）

【概况】2015年，燕山地区全年实现工业总产值610.9亿元，其中燕山石化实现557.7亿元，地区企业实现53.2亿元。完成税收132.8亿元，财政收入7.47亿元。固定资产投资完成22亿元，其中燕山石化完成14.2亿元。2015年，石化新材料基地7.37平方公里土地成功纳入中关村国家自主创新示范区扩区范围。

【地方政府支持税收工作】燕山工委副书记、燕山办事处主任王明哲及燕山工委书记翟东多次到燕山分局（第六稽查局）调研，并对分局多年来的各项工作成绩给予肯定，并帮助分局与各职能部门加强协作。

【税收收入情况】2015年，分局累计完成各项税费收入17.92亿元，增收3.86亿元，同比增长27.44%，完成年度各项税费收入目标17.30亿元的103.59%；累计完成地方公共财政预算收入16.67亿元，增收3.83亿元，同比增长29.87%，完成年度地方公共财政预算收入目标16.20亿元的102.9%。

【税收收入特点与分析】2015年，分局“一税两费”合计入库138566万元，增长39762万元，增幅40.2%。其中，消费税城市维护建设税入库58265万元，比2014年同期增长15408万元，增幅35.95%；增值税城市维护建设税入库21927万元，增长9650万元，同比增幅78.6%。主要因素是燕化公司增值税、消费税同比大幅增加。一方面，石油制品销量大幅增加带动销售收入增加。另一方面，消费税在政策影响下入库税款大幅增长，带动了“一税两费”的增长。

【税收法治】一是建立健全税务干部学法用

法制度，保证税收法律知识时时更新。二是定期召开依法行政专题会议，制定行政处罚数据上报制度及流程，确保处罚数据及时、准确上报。三是积极推行税收执法权力清单要求，没有发生超越执行标准的处罚事项，全年没有行政复议事项。四是坚持开展税收普法宣传教育，抓好税收法治文化建设，营造地区法治环境。

【税收政策落实】一是加大服务石化新材料科技产业基地建设力度。对有意入驻的企业实行纳税服务前置，加强税收政策宣传力度，吸引企业落地。二是严格落实小微企业税收优惠。在办税服务厅设置“小微企业优惠政策咨询服务岗”，2015年燕山分局小微企业共239户，税收优惠享受率100%。三是顺利完成企业所得税汇算清缴工作，累计申报609户，申报率达到99.68%。四是做好存量房交易工作，增设办税窗口，实现存量房交易区域通办。

【税种管理】截至2015年12月31日，分局共有税源户4792户，较年初增长139户。为做好地区税源管理，分局积极采取多项举措：一是通过摸清底数、认真核实、细致辅导等措施开展无税申报户管理，自10月开始有税申报率均达到90%以上。二是建设3个约谈室，开展局级及国地税联合纳税约谈，提高纳税遵从度。三是通过制定方案、加强培训、密切配合与国税、工商共同做好“三证合一”相关工作。四是认真做好二手房代开发票自查工作。五是做好非税收入代收代征工作，2015年残保金入库金额947万元，入库率达到99.8%。工会经费申报户数74户，申报率98.64%，申报金额3475.63万元，入库率99.99%。

【纳税服务】实现宣传手段多样化，将《申报办理税务登记报送资料清单》摆放在工商分局服务大厅，方便企业提前了解税务登记资料等内容。大力提升辅导质量，通过宣传会、申报提醒、网站公示、单独咨询相结合，做到税收政策宣传无死角。实现服务举措丰富化，在办税服务厅实现免填单办理，确保服务纳税人的“最后一公里”畅通无阻。严格服务标准，114项业务为纳税人提供“立等可取”服务。完善网站相关工作制度，调整栏目设置，全年共更新栏目内容120条。局领导定期对企业进行走访，实地了解企业生产经营情况。通过不断提升服务水平，改善服务环境，分局连续6年纳税服务满意度在系统保持第1名。

【税收征管】一是两次对全局所有税源户的主管税务所进行调整，累计调整18000多户次，确保征管改革平稳过渡。二是方便纳税人新办税务登记。联合工商局向新登记纳税人发放税务登记办理指南资料，引导纳税人办理税务登记。

【大企业税收服务与管理】积极为燕化公司排忧解困。加班加点为燕化公司房产管理部门办理契税减免申请110份。

【国际税收管理】核实关联申报疑点户，做好企业国际税务工作。

【税务稽查】2015年，分局加挂第六稽查局牌子，正式开展对全市大企业的稽查检查工作。一是打造专业化稽查队伍。将政治敏锐度高，业务能力强，工作作风正，担当精神突出的干部充实到稽查一线，并将检查一科、二科设置在丰台与稽查四局合署办公。年底，再次配齐了8个检查科人员，实现了队伍整齐化、工作规范化。同时，适时组织开展审理规程、新案管系统使用等多类培训，特别是年底与第五稽查局联合开展稽查培训，提高干部实操能力。二是大力开展自查辅导工作。完成税务总局部署的重点税源企业抽查46户、大企业专项检查35户、重点税源企业随机抽查19户、总部非在京单位自查辅导5户及其他自查辅导10户。累计自查辅导115户，自查辅导入库3452.82万元。三是做好深入打击发票违法犯罪活动工作。共发现违法发票931份，累计涉税金额838.97万元，累计查补税款、滞纳金及罚款58.66万元，促进发票管理的规范。四是积极开展金融商品转让核查工作。共对7户涉及金融商品转让企业进行相关税收政策的自查辅导和调查核实，入库税款及滞纳金合计1657.62万元。五是对“一人多照”户开展调查核实工作。共调查核实1200余家企业，发现问题企业28户，自查补税15.4万元，并对其中房地产、私募、餐饮行业的3户典型企业进行立案检查，结案2户，查补入库58.64万元。2015年，第六稽查局全年累计立案58户，结案33户，查补收入合计3589.70万元，入库3589.70万元，入库率100%。

【电子税务管理】一是做好互联网地税局推广工作，在办税服务厅推行使用高拍仪进行扫描，提升工作效率。二是在办税服务厅安装音视频系统10套，实现全程监控无死角。对分局全部计算机操作系统和办公软件正版化情况进行检查。三是加强网络安全管理。在全局推行物理隔离安全U盘，提高数据拷贝安全性。

【政务管理】一是严格执行《党政机关公务接待管理规定》，按程序、按规定标准接待，厉行节约，杜绝公款吃喝。二是严格执行重要工作督查督办制度，促进重要事项的有效落实。三是公文运转顺畅。四是做好病困干部职工及退休干部等慰问工作。参加燕山工委宣传部小品大赛，入围八强，初赛获大众评审第1名，决赛获得三等奖。

【绩效管理】成立分局绩效管理工作领导小组，重新制发《北京市地方税务局燕山分局（第六稽查局）绩效管理办法》，规范内部绩效规范化开展。同时，认真抓好绩效培训工作，全年培训180余人次。2015年，市局对分局共考评85个指标，累计得分402.5分。2015年，分局内部共有科室考评指标和税务所考评指标两大类，其中科室考评指标11个，税务所考评指标39个，所有指标均为共性指标，各部门考核均合格。

【财务管理】坚决落实中央八项规定、建立经费支出的层级审批机制，提高资金的使用效能。

【政府采购】全面落实《政府采购法》，提高政府采购效益。2015年分局政府采购立项38个，立项金额4700000元。

【人事管理】2015年1月，燕山分局加挂第六稽查局牌子并于4月进行全局机构调整。目前分局编制共设16个部门，其中：政工综合科室3科，分别为办公室、人事政工科、监察科；业务科室2个，分别为业务一科（主要职责包括收入核算、信息化、征收管理、法制工作）、业务二科（主要职责包括稽查工作、税政工作）；检查科9个（九科暂空，八个检查科主要负责稽查检查工作）和2个税务所，分别为纳税服务所（主要职责包括办税服务厅业务及全局纳税服务工作）、税源管理所（主要负责燕山地区纳税人的税收管理工作）。12月，分局再次进行人员调整，进一步充实稽查力量，解决检查科两人一科问题，调整后稽查人员达到41人（包括业务二科及8个检查科），占到全局干部实有人数的56.2%。2015年11月，按照市局党组人事安排，分局完成主要负责人更换工作。分局原党组书记、局长张亚平同志调出至西城局工作，由钱丽换副局长（主持工作）负责分局全面工作。2015年分局没有新招录人员和辞职人员，有1人申请并批准提前退休。

【教育培训】完成处级以下公务员培训100学时任务比例达到100%。共有49名干部参加市局处室组织的业务培训，培训总学时达1832学时。共有8名同志参加系统外组织的调训。分局共组织稽查、征管等不同的业务培训7次。参加市局组织的《税收法治通论》岗位大练兵，参考率达100%，成绩排名有所提升。

【执法督察与内部审计】对分局《预算执行大额款项支付项目》、“三公”经费和会议费及专项资金管理进行内部审计。保质保量地完成二手房交易案卷的自查工作，累计自查1364卷，未发现问题。利用服务效能监控平台，对办税流程每天进行监督，确保纳税人权益的同时防范风险。按要求上报《关于清理违规配备使用和租用公务车辆情况汇报》，税务学会履行情况调研的相关材料。

【党团建设】坚决落实党建责任制工作，制发《关于履行党风廉政建设主体责任的实施方案》和《任务分工表》，落实到每一位班子成员。学习党的十八届三中、四中、五中全会精神，习近平总书记系列讲话精神等文件，突出学习效果。扎实开展“三严三实”专题教育，推动理论学习深入开展。坚持实施党支部规范化建设，成立第一党支部，抓好“一把手”党员管理。同时，完善基层党支部制度，选好配齐党总支委员会成员、各基层党支部委员会委员。落实贯彻民主集中制，开好民主生活会。坚持做好社区党员共建，与燕房路社区开展“讲一堂税法、开展一次慰问、解决一件急难事”活动。

【纪检监察】一是坚持党风廉政建设责任制“双签字背书”。按月报送落实中央八项规定精神纠正“四风”情况“月报告”“零报告”。做好节假日等重要时期的廉政教育和监督。二是扎实开展“为官不为、为官乱为”问题专项治理工作。制定《贯彻落实实施办法》并通过设立征求意见箱、召开社会特约监察员座谈会等形式认真听取意见和建议，调查显示纳税人对燕山分局的纳税服务工作的满意度评价较高。三是加强舆情管理，要求党员干部不信谣、不传谣。对拟提上一级职务和参加“岗位技能大赛”进入决赛的税务干部，全部进行廉政会审。在办税服务厅、契税直征点等办税场所设立《政务公开手册》、摆放廉政监督意见箱、公布廉政投诉举报电话和服务投诉电话，自觉接受纳税人的监督。

【后勤管理】做好办公用房清理工作，清退面积89平方米，清退后人均8.64平方米，坚决符合要求。做好办公楼综合物业管理保障，完成供暖、地面、淋浴设备维修更新等工作。做好燕山分局部分检查科室在丰台第二办公区车辆、食堂、通讯等后勤保障工作。

【税收宣传】税收宣传月期间与国税局联合开展税收宣传进校园、进企业、进军营等系列活动，取得良好效果。

【税收科研】完成《经济新常态下对燕山地区经济发展形势的思考》调研并被市局采用。

【税务文化】一是与燕山国税局联合开展以“一封廉政家书”为主题的道德讲堂，被《中国税务报》刊载。二是参加燕山工委纪念反法西斯胜利70周年合唱比赛，获得比赛二等奖及优秀组织奖。三是参加燕山工委社会主义核心价值观征文活动，获优秀奖。积极组织干部参加市局青年技能大赛，书法、PPT制作分获二等奖、三等奖。

（吴　凡）

北京市地方税务局开发区分局

【概况】北京经济技术开发区位于中国北京东南亦庄地区，是北京市唯一一个同时享受国家级经济技术开发区和国家高新技术产业园区双重优惠政策的国家级经济开发区。开发区于1992年开始建设。1994年8月25日，被国务院批准为北京唯一的国家级经济技术开发区。1999年6月，经国务院批准，北京经济技术开发区范围内的七平方公里被确定为中关村科技园区亦庄科技园。2007年1月5日，北京市人民政府批复《亦庄新城规划（2005—2020年）》，明确指出以北京经济技术开发区为核心功能区的亦庄新城是北京东部发展带的重要节点和重点发展的新城之一。

【地方政府支持税收工作】开发区分局充分发挥税收职能作用服务区域经济发展，稳步推进税收环境的协调发展。一是落实向开发区工委、管委汇报工作的联系机制，发挥参谋助手作用，联合财政、国税搭建税收分析平台，前后6期专报得到了开发区主要领导的批示肯定；二是有效落实《国地税合作工作规范》，实现“联合税务登记、新户培训、税法宣传、税务稽查等工作；三是顺利推进“三证合一”“一照一码”工作，加强同工商、国税、统计局等职能部门的沟通联系。

【税收收入情况】开发区分局税收保持稳步增长水平，累计完成各项税费收入137.18亿元，增加18.86亿元，同比增长15.94%，完成全年各项税费收入计划126.6亿元的108.36%，收入规模位列全市第7位；累计完成地方公共财政预算收入109.55亿元，增加14.79亿元，同比增长15.6%，完成全年地方公共财政预算收入计划101.3亿元的108.14%。

【税收收入特点与分析】开发区分局各项税费收入同比增长15.94%，增长水平趋缓趋稳。分税种看，开发区个人所得税、车船税、营业税稳居前三位，税收占比达到61.06%，且增幅相对稳定，是确保各项税费收入稳步增长的基础。地方税费中，一税两费、印花税、土地增值税增幅均超过31%，税收占比提高3.6个百分点，城镇土地使用税、契税、外商投资土地使用费减幅4.35%、33.04%和28.7%，税收占比下降2.43个百分点。营业税在资本市场活跃、房地产业回暖等因素的带动下同比由减收转为正增长20.65%；个人所得税年增长18.45%；契税受土地交易减少影响下降33.04%。分行业看，2015年三次产业均保持较快增长水平，二产增速快于三产。二产在四大主导产业电子信息产业、装备制造产业、生物工程和医药产业、汽车与交通设备产业的带动下增长30.71%。三产在房地产业、批发零售业、租赁和商务服务业、科学研究和技术服务业的带动下增长11.23%。从税源情况看，纳税规模企业逐步增加，2015年纳税千万以上企业139户，同比增加9户。2015年占登记户6%的企业缴纳了91%的税收。2015年新增企业

2925 户，带动当年税款增加 1.1 亿元。

【税收法治】开发区分局通过党组会、中心组理论学习等方式组织领导干部学法用法，落实分局学法用法计划，提高知法、用法和依法决策水平。规范行政处罚行为，所有违法行为均通过核心征管系统“行政处罚”模块实施处罚。完成了市局部署的税收优惠政策清理工作以及区管委会部署的行政审批取消和承接项目文件目录清理工作。认真审核完成分局对外签署的合同协议 12 件。组织召开税务行政处罚听证会两次。探索建立分局法律顾问制度，与北京市英岛律师事务所签署常年法律顾问合同。

【税收政策落实】按照市局对小型微利企业整体工作部署，继续抓好小型微利企业税收优惠政策的落实工作。全年共有 5326 户（次）享受小微企业营业税优惠政策，累计减免营业税 554 万元；共有 435 户企业享受小微企业所得税优惠政策，累计减免税款 120.97 万元。

【税种管理】企业所得税：2015 年所得税应参加汇算清缴 2327 户，实际参加汇算清缴 2327 户，实际应纳税所得税额 112620.3 万元。2015 年与上年同期相比实际参加汇算清缴企业增加 382 户，增长 19.64%，与上年同期相比实际应纳税所得税额增加 49524.77 万元，增长 78.49%。2015 年与上年同期相比查账企业申报增加 382 户，增长 19.64%，查账征收盈利企业增加 97 户，增长 11.16%，实现销售（营业）收入增加 1209558.5 万元，增长 44.1%，实际应纳所得税额增加 36363.6 万元，增长 47.64%；个人所得税 12 万申报：共计 43882 人；2015 全年共计办理二手房 2078 套，入库各项税款共计 20291 万元。工会经费：2015 年共计代收 23486 万元；残保金：2015 年共计代收 10521 万元。

【纳税服务】认真落实《纳税服务规范》。深入开展“便民办税春风行动”，积极推动纳税服务向前台和网上转移，将纳税人依申请事项全部前移至办税服务厅统一受理。实行二维码扫描，做到“税务登记”“申报纳税”等八大类 88 项涉税业务流程纳税人“手机一扫、清清楚楚”。积极推行网上报税，逐步实现税收业务网上受理、网上审批和电子登记。稳步推进《国地税合作工作规范》：实现“联合税务登记”“联合新户培训”“联合税法宣传”“联合税务稽查”“联合税收分析”五项联合。2015 年，联合税务登记 2550 件，“一税两费”委托代征 25.46 亿元。

【税收征管】2015 年 9 月 17 日，开发区分局成立第二税务所，把占全局收入 85% 的重点税源划归该所管理。按属地管理原则，以荣华路为界，将中小税源户划分为东西两个区域，分别由东区税务所和隆庆街税务所管理。截至 12 月 31 日，共计 13567 户。全年组织完成日常评估 11 户，评估辅导 598 户，日常检查 201 户。评估补税税款及滞纳金共计 23028.70 万元。

【大企业税收服务与管理】2015 年 5 月 7 日，北京市地税局副局长刘健一行 5 人到开发区分局就工业企业风险管理工作进行调研，对分局在工业企业税收风险管理工作方面的探索和实践予以充分肯定。7 月 28 日，北京市地税局局长杨志强、副局长刘健、纪检组长张靖明、副局长王炜到开发区调研，走访了北京可口可乐饮料有限公司、中芯国际集成电路制造（北京）有限公司，并与开发区管委会领导进行座谈交流，就助力开发区实现功能定位和税源建设、疏解非首都核心功能、加强干部交流等工作交换意见。年内，开发区分局成立以服务大企业为重点的第二税务所，旨在提高大企业个性化管理服务水平。一是完善机制体制建设；二是做好总部工业企业税收风险管理的试点工作；三是利用互联网技术为大企业提供个性化的服务。

【国际税收管理】国际税务管理科加强与公安局等有关部门的数据交换，对历年外籍个人所得税申报数据进行筛查比对，确定8户重点企业作为分局重点核查对象，组成专门的调查队伍逐户约谈企业。在市局国际税务处的指导下，有5家企业补缴外籍个人个人所得税及滞纳金4786.36万元。通过整理对外支付税务备案等资料，收集制作2014年度自动情报41份。处理自发情报一份，补缴个人所得税及滞纳金547598.24元。

【税务稽查】全年共立案56户，举报中心共受理举报案件35份，已处理31份，另4份在处理中。共计查补入库6627.35万元，是2014年查补收入的1.08倍，人均查补税款602.49万元。

【电子税务管理】在开发区分局党组的正确领导下，分局信息化建设飞速发展。2015年7月3日，开发区分局主机房正式投入使用，并于当日完成了网络主设备进驻，以及新旧机房与市局广域网的切换。7月14日，开发区分局主机房顺利通过北京信息安全测评中心实施的主机房坏境测评。9月1日，与北京软件和信息服务交易所有限公司正式签订微软Office 2010、Office 2013办公软件采购合同，标志着开发区分局推进办公软件正版化，保护软件知识版权，清理非正版软件的主要工作顺利完成。12月15日，开发区分局无线WIFI使用工作环境部署建设完成。

【政务管理】抓好公文管理，严格按照规定流程和时限处理收发电子和纸质公文，2015年共处理各类公文612件。2015年10月，分局督查信息管理系统顺利上线并投入使用，对分局《督促检查工作办法》进行修订，年内共督办督查事项71条。继续做好政府信息公开工作，2015年共录入新条目71条。做好与管委会的沟通联系职能，年内共收到并函复开发区管委会多家单位关于征求意见、提供数据、开展协查等内容的来函44件。

【绩效管理】共承接北京市地税局绩效考评指标82项，在市局考评指标的基础上制定了分局考评标准，其中机关考评指标39项，税务所考评指标72项。年内，修改制定《北京市地方税务局开发区分局2015年个人绩效管理实施细则》《北京市地方税务开发区分局2015年组织绩效管理实施细则》等规章制度，使绩效考核工作更加贴近实际和切实可行。

【财务管理】在财务管理工作中认真贯彻《会计法》及其实施细则，严格执行《预算法》及北京市财政局下达的预算批复，预算资金在使用上更加规范合理，充分发挥了资金的使用效率，完成个人所得税手续费返还1.41亿元。

【人事管理】开发区分局设置8个内设机构，1个稽查局和5个派出机构，级别均为正科级。人员编制：行政编制99名。处级领导职数5名，其中，局长1名，副局长4名。另核定纪检监察副处级领导职数1名。科级领导职数38名，17正21副，含专职工会副主席1名（正科级）、团支部书记1名（副科级）。机关工勤编制7名。截至2015年12月31日，开发区分局在编干部职工90人，干部85人，职工5人。年内，开发区分局机构发生如下变化：一是取消纳税评估科，利用其机构编制设立国际税务管理科。将纳税评估科承担的纳税评估管理、税收风险管理和日常检查等相关职责划入征收管理科（纳税服务科）；将其承担的数据管理相关职责划入收入核算科；将其承担的大企业管理相关职责直接由第二税务所负责；二是调整法制科（督察内审科）职责，将其承担的国际税务管理职责划入国际税务管理科；二是调整第二税务所职责，承担本辖区大企业及重点税源企业的管理职责，其承担的房地产税收一体化征收职责划入第一税务所；四是人事教育科更名为人事政工科；五是2015年8月1日，分局数据管理职责由纳税评估科调整到收入核算科。人员调整共涉及47人次，3月17日，北京市地方税务局党组2015年第9次会议研究决定：丁锦宁任北京市地方税务局开发区分局党组书记、局长。免去武立煌北京市地方税务局开发区分局党组书记、局长职务。7月22日，《中共北京市地方税务局党组关于金琦试用期满任职的通知》（京地税党〔2015〕120号）下发，金琦结束试用期，任北京市地方税务局开发区分局党组成员、纪检组长。

【教育培训】制定学习方案，对学习形式及学习时间提出明确要求，鼓励干部充分利用业余时间开展学习，确保每天的学习时间不少于1小时，分3批组织全员参加国际税收研究会举办的《税收法治通论》培训。

【执法督察与内部审计】开展14项重点督察项目。采用全面自查与集中评查相结合、案卷检查与实地核查相结合的方法实施督察。共发现执法问题1579个，已整改问题1552个，已补税款165.72万元，加收滞纳金60.84万元。

【党团建设】认真开展党的群众路线教育实践活动“回头看”，推动22项普遍整改任务和21项专项整治任务落实。专项整治成效显著，办公用房面积严格按照要求在办公楼整体改造中予以体现，“三公”经费同比下降9.24%。将2015年党风廉政建设和反腐败工作主要任务分工分解为5个方面18项内容，逐级签订党风廉政建设责任书。4月成立第一党支部，加强中层“一把手”的学习教育监督管理。2015年12月4日经市局机关团委会议研究，同意安娣担任开发区分局团支部书记。

【纪检监察】2015年5月21日，开发区分局召开新一届特约监察员聘任仪式暨座谈会，介绍近期党风廉政建设工作开展情况，学习《北京市地方税务局特约监察员工作暂行办法》，丁锦宁局长代表分局颁发了聘书。分局印制《特约监察员工作手册》以规范特约监察员工作，加强与特约监察员的沟通交流。5月7日，市局党组成员、总经济师沈永奇率队到分局专项检查党的群众路线教育实践活动整改落实情况。

【后勤管理】顺利完成办公楼维修改造回迁工作。分局办公楼维修改造工作于2015年6月底全面完成，开发区分局于7月4日、5日组织回迁事宜，完成与万源公寓酒店的手续交接。11月1日，根据本市公务用车制度改革计划，按照市局相关工作要求和部署，对分局公车进行及时封存，并加强对分局车辆使用的管理。

【税收宣传】完成日常宣传和全国第24个税收宣传月活动在分局的开展，共在省、市级媒体《北京青年报》《现代经济信息》《中国税务报》《北京娱乐信报》《北京地税》等报刊杂志发表稿件14篇。

【税收科研】牵头重点调研课题《我国房地产税制改革国际借鉴与政策建议》获第二届“大江论坛”——两岸税收法制建设论坛征文活动评选三等奖，参与课题《从税收看首都生活性服务业发展》被《北京工作》2015年第4期、《北京调研》2015年第12期刊用；《大企业税收风险管理工作实践探析》被《现代经济信息》2015年11月第21期刊用；北京市地方税务局《调查与研究》刊物采用分局重点调研课题4篇。

【税务文化】2015年3月11日，根据北京市地方税务局（京地税基〔2015〕46号）文件，北京市地方税务局开发区分局第一税务所被评为北京地税系统2013—2014年度市级青年文明号。4月9日，北京市地方税务局局基层工作处为第一税务所颁发了北京市青年文明号牌匾及相关学习资料。

（安 娣 李春澍）

北京市地方税务局第一稽查局

【概况】北京市地方税务局第一稽查局是北京市地方税务局直属稽查局，侧重对海淀区、石景山区、门头沟区、昌平区、延庆区地税局管辖区域内重点税源企业开展税务检查工作。依法对责任区域内重点纳税人、扣缴义务人实施税务检查，查处偷税、逃避追缴欠税、骗税、抗税等重大案件。2015年，在市局的正确领导下，在稽查处等处室的指导下，坚持依法行政，全力以赴查处重大案件，严厉打击各类涉税违法行为，优化稽查人员配置，加强绩效考核，深入推进税务稽查全覆盖工作，顺利完成稽查工作任务。

【税收收入情况】截至2015年12月31日，检查户数368件，当年新立案件257件，审结216件，有问题案件215件，结案210户。全年查补收入99672.10万元，人均查补金额1038.25万元。查补亿元案件2件，千万元案件7件，百万元案件14件，定性偷税案件1件。

【税收收入特点与分析】严格执行税务总局《税务稽查工作规程》及市局各项稽查工作制度，主抓房地产和服务业，其中某房地产案件查补收入53159.68万元，该案件成为北京市地税局成立以来案值最大的案件。服务业成为新的收入增长点，其中对信息传输、软件和信息技术服务业、金融业、教育服务业、租赁和商务服务业、居民服务、修理和其他服务业、金融商品转让、股权转让立案的61户案件查补收入10103.53万元，占查补收入的10.37%。逐步探索新兴产业检查方式，查办案件更具社会影响力和示范作用。

【税收法治】加强与法院执行部门的配合与协作，2015年2月与朝阳法院就税务机关申请法院强制执行范围、行使代位权以及代企业申请破产等事项进行沟通交流。派遣稽查人员代表市地税局参加市政府法制办关于两法衔接工作布置会，提出地方性法规立法工作中需要解决的问题，与参会各单位制定《北京市行政执法与刑事司法案件移送工作规程》立法工作方案。

【税收政策落实】根据《北京市地方税务局税务稽查市级全覆盖工作方案》，结合稽查局职能定位，制定《第一稽查局全覆盖实施方案》，明确工作方向和目标。一是建立直属稽查局副局长定点联系、五个稽查分局确立联络员的机制。二是直属稽查局及五个稽查分局相互推送有效案源，提高选案的准确率。三是探索建立有效的联合办案机制。四是以干代训，先行先试。

【纳税服务】开展纳税服务培训，增强干部服务意识，自觉维护纳税人权利，提高主动服务能力。以纳税企业税收自查辅导为契机，加强纳税辅导、税法宣传，提升纳税服务质量。以税收宣传月为突破点，加强与企业的沟通交流，扩大税法宣传面积，增强税法宣传力度，促进企业自觉提高税法遵从度。以税务稽查检查为手段，加强税收政策宣传与廉政回访工作的有效衔接。

【税务稽查】按照中纪委、国家税务总局等上级机关的要求和部署，全年共查办上级交办的重大案件7件，调查核实案件16件。按照市局重点案源辅导自查要求，对中国电信集团（42户）、中国移动集团（49户）、中国铁路总公司（178户）进行税收专项检查（自查）工作，对企业进行3次集中政策辅导。

【税收征管】全力清理遗留案件，按照清理工作要求，及时成立领导小组，制定方案，确定责任人，加强督导，实现实施环节案件全部进入审理和执行环节，对超期不缴税企业采取强制执行等措施加快清理，其中责成提供担保2户次，担保金额1169.92万元，布控2人次。全年清理2011年前积案37件，2011—2014年积案27件，共清理积案64件，占需清理案件总数的74.42%。

【电子税务管理】根据市局对案件管理系统和稽查软件进行升级改造的工作安排，第一稽查局测试小组会同用友软件工程师召开新版稽查软件测试和演示会，新版软件实现稽查软件与案件管理系统的连接，并在案件管理系统中嵌入稽查工具，在保留阅账、账证查询等基本功能外，还载入了完善后的房地产业税务检查底稿，提高了数据分析准确度和稽查工作效率。

【政务管理】严格落实《机关公文处理办法》和《会议管理办法》，撰写工作报告、折子工程、汇报材料、领导讲话、工作方案、大事记等多项文字材料近10万字，协调会议、活动70次，未出现差错，采编信息200余篇，向市局报送信息60余篇，按照区档案局要求，组织开展档案整理工作，落实签报制度，严格审批程序，加强督查督办，及时总结归档。

【绩效管理】2015年，第一稽查局承担市局绩效考核指标项目36项，根据考核要求，成立绩效考评领导小组，制定工作方案，建立组织和个人双重责任和考评机制。被考评科室3个，加分项目17项，其中税务总局稽查局《关于表彰北京市地方税务局稽查处及第一稽查局专案工作的函》，对北京市纳帕地产开发集团有限公司及其关联企业的案件检查工作提出表扬，绩效考核总分984.81分。局内绩效考核考评10项，考评科室为3个综合科室，被考评科室共14个，个人绩效考评分别在上半年、第三、四季度开展了3次考评。

【财务管理】按照市财政局要求，研究制定公务卡使用、操作程序和报销办法，全面推行公务卡使用。严格控制“三公”经费，强化会议费、培训费支出管理。2015年，财政拨付公务接待费3475元，公车运维费635500元，无公款出国经费。公务支出按低于3000元，3000～50000元，50000元以上为额度分级审批支付。进一步加强财务资金、固定资产管理，严格执行政府采购相关规定要求，完善财务管理制度、办法与流程，查找财务廉政风险点，定期做好财务分析。

【政府采购】依据北京市关于政府采购的相关规定，坚持在政府采购中遵循公开透明、公平竞争、公正和诚实信用原则。做好采购预算，以部门预算为基础，以国家有关方针、政策和各项财务制度为依据，统筹兼顾、先大后小、突出重点，规范采购手续，把好质量关，提高采购资金使用效益。

【人事管理】第一稽查局设置14个职能科

室，分别为办公室、人事政工科、业务科、审理科、10 个检查科。2015 年人员变化情况：遴选入局 9 人，其他单位调入 1 人，调出 5 人，退休 4 人。2015 年考核情况为：26 名同志 2015 年度考核结果为优秀等次，97 名同志为称职，3 名同志未参加考核。

【教育培训】根据市局宣传教育工作要点及干部教育培训规划要求，结合具体工作实际，以提高岗位技能为重点培训思路，制定全年教育培训工作计划，完成全局性培训 8 次；积极组织干部参加国家税务领军人才考试、注册会计师考试、司法考试等；组织干部完成了干教网在线学习；开展好教育培训的备案、反馈、总结工作。

【执法督察与内部审计】2015 年初制定《第一稽查局 2015 年度执法督察工作实施方案》，配合市局内审督察处对李强任北京市地方税务局第一稽查局局长期间的经济责任进行审计。开展 2014 年度预算执行情况自查自纠工作，对税务稽查实施环节超过规定时限的疑点核查开展执法督察，通过案卷互查互审的方式对 2015 年 1 月 1 日—6 月 30 日已办结的 8 户 13 卷处罚案卷开展执法督察工作，对发现问题已通报相关科室，并限期进行整改、追究相关责任。

【党团建设】以党建带团建，激发党团员工作积极性和创造力，在日常党建工作中形成基本的基层党建框架，做到“一地、一册、一柜”。开拓创新工作思路，积极组织年轻同志，利用互联网等方式创建年轻人微信群，将 40 岁以下青年分为四组创新团队，包括：创新一组——成长平台；创新二组——创新平台；创新三组——生活平台；创新四组——宣传平台。通过各种宣传手段，宣传典型、标兵，实现争先创优的助推机制。

【纪检监察】按照中央和市委市政府、国家税务总局和市局关于党风廉政建设和反腐败工作的部署及要求，严格落实党风廉政建设主体责任；加强对领导干部落实廉洁从政有关规定情况的监督检查；要求“一把手”定期听取党风廉政建设工作情况汇报，突出“一把手”的主体责任，加强对职能部门履行职责情况的监督检查；针对巡视组反馈的问题，制定整改措施；开展反腐倡廉教育活动，利用楼道走廊空间，加强廉政宣传教育，积极参加市局开展廉政文化优秀作品征集活动。

【后勤管理】按照市局办公用房清理腾退办公室通知要求，第一稽查局按照市局的统一部署和要求，积极行动，认真落实，领导集中办公，清腾办公用房，现有房屋 36 间，总面积 2460 平方米，科室占用 30 间，6 名局领导占用 3 间，党组会议室占用 1 间，图书室占用 1 间，库房占用 1 间，无空闲房屋，人均办公面积小于 9 平方米。符合市委规定人均面积 10 平方米的标准要求。

【税收科研】第一稽查局与北京税收法制建设研究会成立调研课题组，协同国家税务总局税收科学研究所、市地税局相关领导及业务骨干，首都经济贸易大学财税学院专家及研究人员共同完成题为“规范税务稽查与防范税收风险研究”的调研。

【税收文化】组织干部参加北京市机关第二届青年技能大赛，引导机关青年干部立足本职，岗位建功，其中，拍摄的反映税务干部廉洁奉公的微电影，获得市局一等奖。兴建文化长廊，展示全局干部的书法、绘画、摄影作品，陶冶情操，激发干部创作热情。

（邓前英）

北京市地方税务局第二稽查局

【概况】 北京市地方税务局第二稽查局主要负责朝阳区、昌平区、怀柔区、顺义区、密云县区域内企业和个人税务检查工作，以及市涉税大要案和市局交办案件的查处工作，具有独立的执法主体资格。目前办公地点位于北京市朝阳区裕民路12号C3座。内设办公室、人事政工科、业务科、审理科、检查一至十科共14个科室。编制127人，现有干部职工99人。市局分配的年度稽查任务是：税款入库收入6.5亿元，检查户数188户的工作任务。即人均入库收入1161万元，人均检查户数3.5户。

【税收收入情况】 2015年全年完成检查案件250件，查结190件，查补收入9.14亿元，入库税、滞、罚总额3.98亿元。其中：查补营业税10913.33万元、企业所得税11084.35万元、个人所得税1118.45万元、土地增值税635.99万元、其他3673.86元。查补滞纳金5235.29万元，罚款970.82万元。查补百万元以上的重大案件26件，查补收入8762.97万元，千万元以上的重大案件7件，查补收入21516.93万元。

【税收收入特点与分析】 按照市局清理以前年度积案的工作要求，2015年重点清理历年积案，全年共办结以前年度积案87件，入库税款24186.94万元，滞纳金7719.53万元，罚款766.21万元，占全局入库收入的82%。从行业税收的贡献率来看，房地产业还是贡献率最高的，不论是历年积案，还是2015年查办的案件。2015年，查补收入主要体现在企业自查入库上，共有213家企业按照要求进行了自查，查补税款6亿元，占全局收入的2/3。2016年东北片区房地产行业面临案源枯竭、行业税收高贡献率衰减、区域重点税源户稽查选案质量不高的局面，稽查组收任务形势严峻。

【税收法治】 努力完善选案机制。在充分利用现有资源的基础上，合理结合外部信息，从行业总体经营模式、纳税情况入手，将企业的生产经营状况、各类财务数据进行整合、分析，有效提高选案准确率，实现精准打击的目的。全年共立案254件（撤案4件），比2014年多91件，同比增长56%；调查核实案件13件，自查辅导案件214件，上报市局备案9批，累计自行评估选案325件，比2014年多269件；规范查前预案机制。检查人员调取相关资料后，制定有针对性的检查预案，并向主管局长和正、副科长一同汇报案件查办思路和检查方向，将检查预案作为查前准备、查中指导、查后监督的重要手段，有效预防、规避案件查办风险和廉政风险；认真开展税政答复。全年向稽查处报送正式税政疑难问题请示4次，向市局有关处室报送纸制资料10余件。全年召开案件汇报会240余次。

【税收政策落实】 全面落实全覆盖方案，建立与辖区内5个分局全覆盖联动机制，组织召开座谈与业务培训会，积极探索大稽查的工作方式方法，建立工作贯彻反馈机制，统一辖区取证标准、设立检查底稿、与辖区分局实施联合检查等工作，对5个区县分局的10名审理人员和检查骨干，开展为期6周的以干代培专题培训，提高辖区分局稽查人员执法水平。

【纳税服务】积极落实涉税中介服务清理工作，认真组织学习税务总局文件，将文件精神传达到每一名税务干部，领会税务总局开展“涉税中介”自查清理工作的深刻含义，高度重视对照检查工作。业务部门牵头组织协调各职能部门，逐项开展自查自纠，做到举一反三、全员覆盖、不留死角。通过自查，未发现稽查人员强制或指定涉税中介机构向被查对象提供鉴证服务情况，未发生税务机关和税务人员违规参与中介代理牟取利益、向纳税人强行指定中介机构、串通谋利等损害纳税人利益的行为。以辅导纳税企业税收自查为契机，加强企业纳税辅导，加强税法宣传，提升纳税服务质量。积极引导企业自查，组织5个分局共同召开大企业税收专项检查工作会、座谈会、推进会，将213家企业合理分配，共计自查补税6亿元。

【税务稽查】2015年，共计查办案件384件（含辖区5个分局立案13件），其中：上年结转134件，本年立案250件。转执行案件190件，完成案件数指标101%；有问题案件189件，有问题率为99.5%，结案案件190件。查补税、滞、罚总额9.14亿元，入库税、滞、罚总额3.98亿元，圆满完成全年稽查收入任务，全年共装订稽查案卷452卷。全力开展清理欠税，到北京市住建委查询9户欠税企业房地产房屋销售情况；对3户欠税法人采取阻止出境措施；到银行查询欠税企业开户账号20多次；到本市和外地法院了解欠税企业法院执行情况3次。2015年，累计清缴欠税6048万元，清理结案21户。加大发票检查力度，共计查处发票违法企业32户，涉及非法发票627张，涉及金额1.4亿元，查补金额6056万元。

【电子税务管理】按照市局要求部署移动存储介质的安全使用，杜绝违规外联事件的发生。按照“积极防御、综合防范”的工作方针，采取“管理+技术”的工作方法，严格落实各项安全措施，构建“人防、制防、技防、物防”的“四防”保障体系。全年权限管理、日常维护等约700余次，全力做好新案件管理系统的上线保障工作，为稽查工作有序开展提供保障。结合《北京市地方税务局网站更新维护管理办法》，认真开展网站普查工作，填写纳服中心网站普查报告17份，全年维护网站信息100余次。

【政务管理】重新完善《第二稽查局党组会会议制度》和《第二稽查局局长办公会会议制度》，结合实际工作明确案件复审制度，确定重大案件审理前置的方案。全年召开党组会31次，召开局长办公会31次；编发局内期刊31期，文章367篇，市局刊物采用43篇，两篇获得杨志强局长批示。申请报废253件办公家具，移交印花税票纪念册646册。

【绩效管理】绩效工作扎实推进。按照市局绩效办的工作部署，分局结合实际工作情况，逐步推进绩效管理工作进程，制定分局考核指标的定责，完善绩效管理考核办法，通过亮灯方式对监控数据实施预警，明确各项考核指标的设置，确保绩效工作的有效开展。认真开展个人绩效考评工作，科室考评覆盖率、参与考评人员覆盖率均为100%。审理周期从2014年案均27日缩短至20日。

【财务管理】严格执行财务制度，压缩“三公”经费支出，降低行政成本，全年结余会议费、公务接待费30余万元。为全局70人次办理住房公积金等业务，交存无房老职工住房补贴43

万元，发放7名干部的生育津贴，为全体干部发放公务交通补贴、物业费、取暖费。

【政府采购】 申请报废固定资产383960元，253件。签订政府采购合同9份，采购办公设备78万元，161件台，主要包括台式计算机、便携式计算机、A3网络打印机、A4彩色打印机、单反相机、摄像机、更衣柜、文件柜、沙发、茶几、茶水柜、空调等。

【人事管理】 第二稽查局内设办公室、人事政工科、业务科、审理科、检查一至十科共14个科室。编制127人，现有干部职工99人。按照《党政领导干部选拔任用工作条例》，选拔3名科级领导干部补充到相应的岗位；对2名正科级领导干部和4名副科级领导干部试用期满转正进行考核；接收7名遴选干部，并对该7名干部晋升为副科级非领导职务；对12名干部岗位做了调整。

【教育培训】 制定《2015年教育培训计划》，以税收法治通论和岗位技能练兵大赛为载体，全面开展税收法治培训；委托国际税收研究会开展3期，为期10天的全脱产培训，邀请中国税务出版社刘淑民策划总监讲解宣传工作方法。检查二科杨帆、王婧两人各自通过两门注册会计师考试；郭锡森、席丽丽、赵玉兰3人取得了高级经济师证书。

【执法督察与内部审计】 督查内审有序加强，制定《第二稽查局2015年督查内审工作实施方案》和《第二稽查局2015年执法督查工作方案》，按照市局督查内审处要求，成立分局检查工作组，对税收执法疑点进行详尽梳理和核查分析，规范稽查执法行为。通过税收执法疑点核查工作，对分局的稽查案件再次进行梳理分析，规范稽查执法行为，促进稽查办案效率，提高稽查工作标准。对市局下发的22本案卷进行督查检查，报送10卷稽查案卷参加行政处罚案卷集中评查工作。做好各项自查工作。按照市局要求先后两次开展严禁违规插手涉税中介经营活动自查工作；结合《北京市地方税务局网站更新维护管理办法》，认真开展网站普查工作，填写纳服中心网站普查报告17份，全年维护网站信息100余次。

【党团建设】 加强基层组织建设。分局成立第一党支部，召开专题民主生活会，开展对照检查，召开《领导干部要做践行“三严三实”的模范》的主题党课，邀请北京市直属机关工委组织部尹波部长进行专题党课教育，结合稽查工作实际深挖“不严不实”的具体表现和严重危害，全面提升党员干部的思想素质、业务素质和履职能力，发挥基层党组织的战斗堡垒作用。接收1名预备党员，为2名预备党员转正；通过民主评议、自下而上推选出9名党员示范岗标兵；分局7个党支部共组织学习80余次，开展党日活动9次；被北京市评为2014年首都精神文明标兵单位；人事政工科被北京市总工会评为“优秀职工小家”；尤鹏南荣获“首都青年岗位能手”称号。

【纪检监察】 严格开展“一报告两评议”工作，部署开展“一报告两评议”工作的各项步骤和措施，明确“一报告两评议”工作的指导思想、时间安排和总体要求。树立正确的选人用人导向，为各级干部干事创业营造良好的氛围。认真落实“两个责任”，牢记主体责任和监督责任，坚定理想信念、加强党性修养、强化组织纪律，将两个责任落实到日常稽查工作当中。以加强党性党风党纪为先导，夯实勤政廉政思想基础，通过“看、听、读、写、学、拍、评”等方式增强干部廉洁自律意识，筑牢思想防线。召开分局党风廉政工作会，签订党风廉政责任书，确保“一级抓一级、层层抓落实”，筑牢廉洁从政意识，严以律己，警钟长鸣。

【后勤管理】按照《北京市公务用车制度改革总体方案》，对分局机关车辆进行核编，共封存车辆18辆。严格出车审批管理，落实节假日公车封存，严禁公车私用，合理统筹规范用车，全年共安排用车7200余次，安全行驶33万余公里，为全局稽查工作的顺利开展提供有力的保证。完善改造办公环境，置换空调19台，沙发43件；配发台式一体机20台，笔记本30台，彩色打印机14台；对各办公室墙面进行整体粉刷，更换窗帘，对办公楼进行彻底清扫。全面贯彻落实《北京市控制吸烟条例》，做好办公区控制吸烟工作。摆放禁止吸烟告示牌，实施全覆盖巡检，责令专人监督，回收全局烟灰缸，维护大家健康。

【税收宣传】纳税服务稳步进行。以“新常态、新税风”为主题积极开展税收宣传月工作，积极宣传税法和纳税人权益，采取问卷形式对30户被查纳税人进行问卷回访，切实维护纳税人的合法权益，累计主动公开信息52条。

【税收科研】编发调研刊物14期，处级领导牵头6篇，市局刊物采用1篇；《北京地税》杂志刊登文章8篇，采用照片6张，《中国税务报》刊登文章2篇，《厉风》刊登文章1篇；检查六科闫贺录制的税收天地节目《税案追踪——360张问题发票》；审理科王珅撰写的《环渤海地区财税制度改革的合作机制》和检查三科陈明撰写的《浅议现代税收法制建设》两篇调研，在法学会的评选中获三等奖。

【税务文化】积极践行社会主义核心价值观，组织专题党日活动，制作张挂社会主义核心价值观墙报，开展精神文明创建活动，发挥工会纽带作用，增补工会委员和工会经审委员会委员各一名，为29名会员办理保险，为26名女干部办理大病保险；组织22人到北戴河休疗养；对64名会员的子女医药费进行报销；组织21名会员参加世锦赛观摩活动；继续拓展职工书屋，丰富干部业余生活。

（郑　飞　王元锋）

北京市地方税务局第三稽查局

【概况】北京市地方税务局第三稽查局是北京市地方税务局的直属稽查局，侧重对东城区、通州区、大兴区地方税务局，开发区分局管辖区域内重点税源企业开展税务检查工作。依法对责任区域内重点纳税人、扣缴义务人实施税务检查，查处偷税、逃避追缴欠税、骗税、抗税等重大案件。2015年，在市局的正确领导下，在稽查处等处室的指导下，在东城、通州、大兴、开发区稽查分局的大力支持下，以稽查办案为中心，持续深化稽查机制体制改革，全面落实党风廉政建设“两个责任”，较好地完成了各项任务。在税务稽查查补收入、户数、绩效考核、干部队伍建设、精神文明建设等方面，均走在全市地税稽查战线前列，市局领导杨志强、刘江平、郭筑明多次对第三稽查局工作予以肯定性批示。

【税收收入情况】提前3个月完成收入任务。全年完成检查案件131件，查结114件，查补收入52550.93万元，完成全年查补收入任务4.5亿的116.78%，其中税款46781.64万元，滞纳金3858.95万元，罚款1910.34万元。检查有问题率、入库率、结案率均为100%，人均办案户数为2.2户，人均查补金额为991.53万元。查办百万元以上重大案件16件，查补收入51574.78万元，占全局查补收入的98.14%。

【税收收入特点与分析】房地产业、金融保险业税收收入贡献率最高。从案件所涉及的行业看，房地产业检查34户，查补收入3.27亿元；金融保险业检查5户，查补收入1.80亿元，分别占全局收入的62%、34%。2015年东南四区纳税百万以上重点税源4750户，作为重点税源前2位的房地产业和金融保险业，分别有357户和329户（除分公司、支公司和营业部外共87户）。2013—2015年第三稽查局及各辖区分局共检查房地产开发业306户、金融保险业50户（除分公司、支公司和营业部外共30户），分别占重点税源中房地产开发业85.7%、金融保险业34.48%。

【税收法治】统一辖区取证标准。研究制定在局内及辖区分局适用的《第三稽查局稽查案件取证参考标准（内部适用）》，实现"一个统一、三个调整、三个促进"。统一案件取证标准，为实施全覆盖打好基础。调整案件取证思路，促进稽查案件查办质效。调整税款计算表，设立《税务检查税款计算底稿》，促进稽查案件执法规范。调整检查报告叙述，促进稽查案件风险防控。组织编写《税政问答及案例评析》专刊。专刊以电子季刊和纸质年刊的形式，定期将检查实施中的各类法律法规适用及税政问题进行汇总，以"一问一答"方式解答稽查过程中的税政疑难，明确税法执行口径，促进税收政策的贯彻落实及稽查案件的开展。

【税收政策落实】与辖区分局全力推进稽查全覆盖工作，组织座谈与培训会，在全覆盖工作模式下，积极探索工作方式方法，建立工作贯彻反馈机制，开展统一辖区取证标准、设立检查底稿、与辖区分局实施联合检查等工作，对各分局和检查科检查骨干和审理人员进行专题培训，提高稽查人员执法水平。

【纳税服务】以纳税企业税收自查辅导为契机，加强企业纳税辅导，加强税法宣传，提升纳税服务质量。以现场纳税辅导为平台，扩大税法宣传面积，促进企业涉税水平提升，提高企业税法遵从度。以税法上门辅导为手段，增强税法深度宣传。以税务稽查检查为手段，加强税收政策宣传与廉政回访工作的有效衔接。

【税务稽查】第三稽查局与辖区分局全力推进稽查全覆盖工作，组织座谈与培训会，建立工作贯彻反馈机制，与辖区分局实施联合检查等工作，为2016年全覆盖工作积累经验。在选案工作中推行区域重点税源分析，将从建委、工商等外部部门网站取得的第三方数据，与互联网地税局系统中纳税人各类数据逐户比对分析，查找纳税疑点，全年查补收入千万以上案件比2014年同期多4件。深入落实审理前置工作，加大执行环节的监控，确保查补收入及时入库。

【电子税务管理】在稽查办案中积极推广电子查账应用软件，加快推进稽查现代化建设。全年为稽查一线配备16套单机版电子查账软件，实现电子查账91.38%覆盖率，对有电子账的企业实施全案电子查账，案件平均调查取证时间比2014年同期减少12天，检查效率提高12%。

【政务管理】充分发挥门户网站信息公开主渠道作用，加强门户网站的建设和管理。2015

年初，第三稽查局官网上线，充分发挥信息的渠道作用，将网站打造成及时、准确、公开透明的政府信息发布平台。拓展网站互动功能，通过设立主任信箱、随时征求意见等方式，接受公众建议和意见反馈，逐步完善网站功能。按期向《首都之窗》报送政务信息，主动公开各类政务信息35条，符合市局考核标准，完成考核任务。

【绩效管理】健全组织领导，成立第三稽查局绩效管理工作领导小组办公室，建立局内绩效考评微信群，加强内部沟通协调，统筹推进工作落实。抓好责任落实，对市局2015年考评指标进行梳理和定责，责任科室与对口处室加强沟通，确保2015年绩效管理工作全面落实。确定内部指标，将工作纪律、廉政纪律、《税收法治通论》学习、稽查任务以及信息报送等重点工作与考评指标挂钩，分别制定科室层面和个人层面绩效考评管理办法和指标，发挥绩效管理的正向激励和反向约束作用。争取上级加分，通过税收宣传、评先评优、市局廉政教育网络平台等渠道，在四个直属稽查局中排名第2，较之2014年有所提高。

【财务管理】贯彻依法理财，严肃财经纪律，科学编制预算，规范资金审批流程，严格预算执行约束，抓好项目落实，按时保质完成2015年决算任务。按照财务制度和有关规定做好日常财务记账、报销工作，全年共报销财务单据1000余张。积极推行公务卡结算方式改革，切实加强“三公”经费管理，为稽查办案提供资金保障，有效保证资金合理、合法、高效地使用。在经费管理方面，采取事前、事中和事后全程监控的财务监督管理手段，全年经费支出1096.94万元。认真做好财务预、决算编制工作，做好社保、住房公积金、住房补贴、个人所得税缴纳及明细申报、医保等工作，安排好干部体检、洁牙等事宜。严格固定资产的登记和管理，做到数据准、情况明。

【政府采购】通过政府询价方式，采购办公椅、办公桌、文件柜、计算机及配件、传真机、空调、办公软件、税务查账软件等，采购金额达30余万元。

【人事管理】逐步配强科级领导班子，采取民主推荐的方式提任7名正科级领导干部和7名副科级领导干部，成立检查四科，并为检查四科配齐正副职领导，加强中层领导干部梯次建设。定期组织科级领导干部专项培训、更新知识培训等，提高科级领导干部管理水平。全局在编人员61名，局领导5名，中层领导干部18人，其中正科级领导干部7名，副科级领导干部11名（其中主持工作1名），平均年龄35岁，党员46名，占全局总人数的76%；借调出干部6名，占全局人数10%，实际在岗55名。现有8个科室，办公室6人，人事科4人，审理科4人，业务科4人，四个检查科共32人，一线人员占比65%。

【教育培训】集中组织《税收法治通论》学习，将考试成绩与绩效考评挂钩，取得总体及格率全系统排名第一（100%及格）、平均分排名第二名的好成绩。做好干部培训和相关基础工作，以提高稽查业务能力和队伍综合素质为目标，先后组织金融保险业专项培训、全员更新知识培训和科级领导干部培训，并抓好全局干部教育网学习考试、全国税务系统领军人才选拔培训、税务总局网络教育学院学习、职称英语考试、“三师”考试报名等工作。扎实做好人事管理系统教育培训模块、北京干部教育网和税务总局税务干部培训管理软件的培训数据录入等基础工作。

【执法督察与内部审计】发挥督查内审职能，加强内部监督。按照市局督审工作要求，针对税务稽查疑点数据进行认真研究核对，成立内部督察工作小组，人事政工科为牵头部门，业务科、审理科为成员单位，协同开展自查工作。业务科对超期疑点数据进行初步比对，确定下发案件案管系统中确未上传中间报告。审理科对疑点案件进行复查，实地翻看检查案卷，核实是否符合办案程序，查找问题不足。及时向市局请示“稽查实施超期时点认定”问题，进一步明确自查标准，为下一步加强内部管理、防范执法风险提供依据和准备。在各科室的通力协作下，对42户疑点问题逐一比对核查，核查有问题0户，不存在执法问题及需补缴税款、滞纳金及罚款的情况。

【党团建设】按照市局“回头看”工作要求和《深化活动成果方案》要求，结合主要领导变动情况和机构人员调整情况，保留并调整第三稽查局党的群众路线教育实践活动领导小组及办公室成员，配合市局群众路线整改落实情况专项检查，总结活动成效，进一步自查整改，坚决切实纠正“四风”。将党风廉政建设工作纳入第三稽查局2015年折子工程，党组书记与班子成员、副局长与分管科室负责人层层签订党风廉政建设责任书，加强党风廉政建设主体责任落实。落实党总支委员会议制度，全年召开3次会议集体研究分局党员发展、党支部委员改选、入党积极分子管理和青年文明号创建等工作。成立第一党支部，加强对各科室“一把手”的日常教育、管理、沟通和监督，发挥示范引领作用。制定“三严三实”专题教育实施方案，并以党组书记专题党课开篇，开展通过支部书记和科室负责人基本知识测验、第一党支部参观地税发展陈列展、庆“七一”党员干部专题座谈会和“致共产党员一封信”等纪念建党94周年系列活动。为纪念“五四”运动96周年，激发全局青年干部的爱国热情和青春活力，向全局青年干部发出弘扬“五四”精神倡议书。

【纪检监察】结合下户检查程序，创新制作《廉政告知书》，配合已实行的《廉政回访表》制度，实现对税务稽查廉政风险的全过程闭环管理。其中，《廉政告知书》被直属稽查局联合纪检监察组采用，纳入《北京市地方税务局税务稽查廉政回访工作办法（试行）》。借助微信平台，接受外部监督。建立廉政特约监察员微信群，与4名监察员加强日常沟通，结合面对面座谈交流，充分听取特约监察员的监督情况和意见建议。完善内控机制，规范权力运行。严格执行党组议事规则，党组会议邀请联合纪检组工作人员列席，主动接受上级监督。按照“一把手”不直接分管干部人、财、物的规定，调整班子成员分工，加强权力制约，增强班子合力。落实“三重一大”决策制度，制定《第三稽查局落实“三重一大”决策制度实施方案》，调整大额资金党组会审议标准，由5万元调低至3万元。严格落实处级干部个人有关事项报告制度。规范会议审批流程，杜绝工作的随意性。

【后勤管理】管理各检查科调账取证所需分局公章、局领导人名章，规范使用《第三稽查局印章使用登记表》。协调办理分局电话业务。安排好稽查用车事宜，做好办公用房、办公家具、办公用品的分配等综合协调性工作。

【税收宣传】编发普刊25期，向市局报送专刊64期，报送领导动态图片信息9篇，让市局领导及兄弟单位及时了解第三稽查局的工作动态、队伍建设、案例总结等情况，做好领导的参谋助手，推动第三稽查局整体工作深入开展。

【税收科研】年初制定全年调研工作计划，分部门分进度对调研工作进行督办，《新时期培养使用青年干部的若干思考与探索》《实质课税原则在税务稽查中的应用和思考》《试论区域重点税源分析在税务稽查选案工作中的运用》《税务稽查廉政风险防控痕迹化管理的实践与思考》4篇调研文章，被市局《调查与研究》采纳。《我最美的家》《一封举报信揭开某建筑安装公司偷税内幕》《税务稽查廉政风险防控痕迹化管理的实践与思考》3篇文章，均在《北京地税》《中国税务稽查》《中国税务报》上发表，其中，《一封举报信揭开某建筑安装公司偷税内幕》改编成短片《看你往哪逃》，被北京电视台税案追踪栏目采用。《税务稽查廉政风险防控痕迹化管理的实践与思考》受到了市局刘江平书记的批示和纪检组长张靖明的肯定。

【税务文化】第三稽查局的干部们在工作生活中各放异彩。在市局举办的系统岗位技能大赛中，李晓晖、耿伟进入稽查岗位总决赛，李晓晖最终取得第一名的优异成绩，并获得由北京市妇女联合会、北京市总工会、北京市人力资源和社会保障局授予的北京市“三八”红旗奖章荣誉称号，霍勇杰获得“北京市先进工作者”荣誉称号，朱海燕被评为“北京市最美家庭”和“北京军区最美军嫂”，并入围“全军最美军嫂”候选人名单。对内树立榜样，对外展现税务稽查干部风采。成立瑜伽兴趣小组，以遵守工作纪律、自费聘请老师为前提开展练习。组织“庆三八、走出健康”、中医健康咨询活动，做好会员慰问、子女医药费报销等工作，为会员送温暖，促进身心健康。

（宋　潇）

北京市地方税务局第四稽查局

【概况】2015年，第四稽查局在市局党组的正确领导下，按照实现税务稽查现代化的工作要求，积极落实税务稽查市级全覆盖。面对经济结构性调整、收入任务增长的考验，全局紧紧围绕市局稽查工作指导思想，以有效发挥税务稽查职能为中心，切实开展重大涉税案件查处、税收专项检查、区域专项整治、重点税源企业检查和打击发票违法犯罪活动等工作，有效发挥税务稽查堵漏增收、打击震慑的职能作用。

【税收收入情况】2015年第四稽查局立案146件，结案147件，组织查补收入32707.48万元。选案准确率100%，检查入库率75.88%，立案检查完成率119.86%，当年结案率90.74%，发票协查选票准确率52.05%，协查函按期回复率100%。此外上报市局重大案件2件，案值共计22326.66万元。

【税收法治】坚持依法行政，在案件查办过程的合法性、证据取得的充分性和税收政策的准确性等问题上严格把关。根据《北京市地方税务局税务行政处罚裁量基准（2016年版）》，结合从本局及所辖分局征求的反馈意见，拟定《北京市地方税务局第四稽查局税务行政处罚裁量基准（2016年版）》，统一片区行政处罚裁量权基准，提高税收执法的规范性和精准度，实现证据标准、实体认定、执法程序、处理处罚、文书填制的“五个统一”。

【税收政策落实】落实《国家税务局地方税务局合作工作规范（1.0 版）》，在集团自查和重点检查中实行联合办案，实现检查工作同步进行，信息共享，在提升案件查处深度、强化税务稽查震慑力的同时，切实减轻纳税人负担。市局印发《关于进一步推进税务稽查市级全覆盖工作的意见》后，与所辖分局统一思想，制定落实税务稽查市级全覆盖的工作计划，从制度流程、工作机制、人员配置、执法权限、案源管理、办案质效、绩效考核等方面提出具体措施。全面掌握各分局人员情况，为参与全覆盖工作的检查人员分配稽查案件管理系统权限和相应执法权限。深入了解辖区税源构成，初步建立符合区域特点、多角度、分层次的西南片区案源库。召开辖区内“全覆盖审理模式”研讨会，统一各分局税收政策适用解答。将木局审理人员与分局审理人员组成联合审理小组，以案例形式掌握本局相关要求及标准。通过一系列举措为稽查市级全覆盖全面施行奠定基础。

【税务稽查】在分析区域经济特点、税源特点的基础上加强对企业各项数据的综合评估，确定选案指标。根据行业类型、纳税状况、检查部门工作进度和强度，合理分配检查力量。以《案件进度表》、案件汇报会等形式督促案件查办。严格控制《税务检查案件中间报告》的使用，圆满完成涉外金融、涉外住宿娱乐、房地产、国资委房地产、纳税百万以上企业等专项检查工作。依照市局工作要求，制定《北京市地方税务局第四稽查局 2015 年打击发票违法犯罪活动工作实施方案》。在全部案件中做到“查案必查票”，归集检查过程中出现的发票相关违法问题，提出改进发票管理、系统操作等方面的建议。召开工作部署会、专题汇报会交流打击发票违法工作开展情况，推进打击发票工作进程。

【电子税务管理】承接试点工作，率先试用稽查新案管系统。设置《新案件管理系统问题日志》，将系统使用过程中出现的情况及时反馈稽查处，同时提出需求以及改进建议。制作《新案件管理系统常见问题解答》，总结系统试运行中出现的近百条问题，明确解决办法。配合市局金税三期工程整体部署，选派人员参与开展金税三期工程基础设施建设等工作。加大电子查账力度，充分发挥查账软件各项功能与优势，提高办案效率。

【政务管理】提高政务信息和调研质量，为各级领导决策提供参考。结合市局开发建设的督查信息管理系统，调整完善本局督查督办工作机制。除承接市局安排部署外，将本局实际工作中的重点、热点、难点、弱点列为督办事项，确保各项工作决策、任务得到有力执行。定期查询网上舆情，在政府信息公开系统主动公开政府信息 44 条，有效落实政务公开、宣传展示的要求。

【绩效管理】细化分解市局各项绩效考核指标，以此为依据完善本局各项行政制度，全面提升政务工作规范化水平。作为个人绩效管理试点单位，制定适合专业稽查局工作实际的《北京市地方税务局第四稽查局个人绩效管理实施细则（试行）》，推广全员使用《工作日志》。通过“夯实基础，上下联动，分类考评，整体推进”的方式，在 2015 年度系统绩效考核中取得优异成绩。

【财务管理】以“依法合规、专款专用、厉行节约、科学合理”为原则，积极落实市局各项工作部署，圆满完成部门预决算工作。根据 2015 年度改革事项预算调整，申请追加经费并按时发放。印发《北京市地方税务局第四稽查局财务管理办法（试行）》和《北京市地方税务局第四稽查局固定资产管理办法（试行）》，定期检查落实情况。加强数据核对，定期清查货币资金，做好与财政、银行的对账工作，为全局工作的开展做好资金保障。结合资产管理信息系统上线，在全局开展固定资产清查工作，确保全局资产完整安全。

【政府采购】 认真执行《中华人民共和国政府采购法》及《北京市地方税务局采购实施办法》等规定，明确采购范围、限额标准、采购方式等内容，依法依规开展采购活动。指定专人负责采购文书等资料的备案与管理，定期整理归档，确保采购资料完备齐全。健全本局政府采购内控机制，强化政府采购审批与监督管理，实现采购全流程监管。通过以上措施，全年共采取协议供货方式开展政府采购业务 28 笔，采购金额 90 余万元。

【人事管理】 在原有 8 个科室基础上，于 2015 年初新成立 2 个检查科，将系统内遴选的 10 名干部全部充实到检查一线，对 28 名干部进行岗位交流。严格执行《党政领导干部选拔任用工作条例》，制定《中共北京市地方税务局第四稽查局党组科级领导职位选拔工作实施方案》，按照标准和程序选拔 12 人到副科级领导岗位工作，完成 5 名科级正职试用期满转正工作，保持了干部队伍流动和上升渠道的畅通。

【教育培训】 为全面提高干部综合素质，组织开展 2015 年度全员更新知识培训和新提任科级领导干部任职培训。组织干部报名参加国家税务总局网络学院、全国领军人才考前培训班、北京干部教育网在线学习和《推进依法行政 建设法治政府》公共知识培训的学习。在系统组织的各项考试中，为参考人员配齐学习资料，定期开展阶段性测试。在系统《税收法治通论》考试中第四稽查局总体平均分 82.82，在 24 个区县（分）局中排名第 1，其中 9 人取得 90 分以上的成绩，获市局通报表扬。在岗位技能大赛中，初赛平均成绩为系统稽查岗位第 1 名，决赛中取得稽查岗位第 2、第 3 名，并获得“优秀组织奖”。

【执法督察与内部审计】 成立税收执法督察工作领导小组，研究制定《北京市地方税务局第四稽查局 2015 年税收执法督察工作方案》，从全局抽调人员组成两个执法督察检查组，对已结案件各环节进行重点检查，逐户逐项制作《税收执法督察工作底稿》，对查出的问题及时整改落实。按市局督察项目工作指引对稽查实施超期疑点数据逐一核实。制定《北京市地方税务局第四稽查局 2015 年资金使用情况专项自查工作方案》，由内审、财务、监察等部门形成监督合力，围绕“三公”经费、会议经费、专项资金开展自审自查工作，未发现问题。

【党团建设】 年初根据局内机构调整情况成立 10 个党支部，及时完成局第一党支部组建工作。成立“三严三实”专题教育工作协调小组，分阶段、分步骤、有计划地开展专题教育工作。采取党组中心组集体学习、个人自学、座谈交流等方式，通过参加市局专题讲座、党组书记讲党课、组织参观中国人民抗日战争纪念馆、添加微信公众号“宣讲家”栏目等多种活动，引领党员干部深入学习思想政治理论、解读政策形势，全面提升党的基层组织战斗力。

【纪检监察】 制定《第四稽查局党组落实党风廉政建设主体责任任务分工表》，层层签订党风廉政责任书，落实“一岗双责”要求。严格遵守党内各项纪律制度，在党组会等重大事项讨论决策过程中主动接受市局联合纪检组监督，顺利通过市局对本局党的群众路线教育实践活动整改落实情况和“三重一大”决策制度落实情况专项检查。在查办案件过程中落实“一案双查”，加大对税收执法权和行政管理权的“两权”监督管理。严格执行审理会制度，坚持本局督查内审小组全程参与案件推进会和重大案件审理会，监督稽查办案过程。与特约监察员密切沟通，及时交流本局基本情况及“两个责任”落实情况，加强协作，提高社会满意度。

【后勤管理】配合遴选人员进局及第六稽查局进驻，第四稽查局多次调整办公用房、定制家具、房间布线，确保人员到岗后能立即投入工作。按照市局工作安排，借鉴市局约谈室建设标准，对本局约谈室进行改造。严格落实公车改革各项措施，协助市局封存公车31辆，联系市局及其他分局完成维修、保养、验车等事宜。对全局车辆实行统一管理，定期检查车况，保障执法用车，做到合理调配、节约高效。

【税收宣传】第四稽查局外网于2015年1月28日正式上线，全年更新信息271条，访问量达5000余人次，顺利通过国务院办公厅组织的第一次全国政府网站普查。在《中国税务报》《北京地税》等报纸刊物上发表新闻及图片，积极配合市局宣教处完成岗位技能大赛宣传片制作，加强系统内交流。税收宣传月期间，围绕“新常态、新税风”主题开展“税法宣传进社区”活动，采取张贴宣传海报、发放税法宣传资料、现场提供咨询服务等形式，积极践行税务总局“便民办税春风行动”。

【税收科研】探索建立全局调研人才库，各部门协同提高调研报告水平。范力军局长主持的课题《税务稽查市级全覆盖下开展集团联合检查的实践与思考》，紧密配合市局稽查市级全覆盖推进进程，以本局实践的成果和意见为此项工作的开展提供参考。论文《从台湾地区“财政健全方案”看两岸税制改革》在台盟中央联络部主办的“大江论坛”——两岸税收法治建设论坛中获得二等奖，调研报告《企业所得税风险管理探讨》也在国际税收研究会课题研讨会中得到肯定。

【税收文化】成立局第一届工会组织，充分发挥职能作用。开展“送温暖、送健康、送文化”活动：探望生病住院会员，组织全局会员参加职工互助保险，为女干部办理“在职女职工特殊疾病互助保障计划”；组织全局会员开展“拥抱自然、健康你我”主题活动；为会员购买电影券，将每周四下午定为图书馆开放日，为会员搭建学习交流的平台。通过多种形式的人文关怀，营造暖人心、聚人心的和谐氛围。

（姚　婷）

北京市地方税务局第一直属税务分局（第五稽查局）

【概况】2015年5月经市编办批准，北京市地方税务局第一直属税务分局加挂第五稽查局牌子。第一直属税务分局（第五稽查局）办公地址位于北京市东城区和平里中街六区5号楼。按照市局《关于征管改革机构职责调整的通知》和《税务稽查机构改革方案》的文件精神及市局主要领导关于此项工作的具体要求，分局对新增设职能进行梳理，形成7类59项的《分局推进征管改革工作安排》，明确职责分工，积极贯彻落实。机构调整后，设置2个行政科室，2个业务科室，一个税源管理所，一个纳服所，5个检查科，人力资源进一步向一线倾斜，直接参与管户、检查工作的基层人员进一步增加，确保人力资源效能最大化。

【税收收入情况】第一直属税务分局完成各项税费收入18.98亿元，完成年度收入目标18.60亿元的102.04%；完成地方公共财政预算收入10.30亿元，完成年度地方公共财政预算收入目标10.20亿元的100.95%。第五稽查局完成查补收入6682万元，其中已入库6605万元；预计查补10684，查补合计17366万元，超额完成全年1.5亿元的任务指标。

【税收收入措施】专业税源所成立后，贯彻落实市局《税收分析工作规程（试行）》，将重点税源户管理岗与税收收入分析岗融合，按旬做好预测，准确掌握收入进度、税源变动、政策影响等情况，制定加强营业税征收管理、零申报核查、强化外籍人员征管等一系列组收措施。

【税收政策落实及税种管理】落实小微企业减免税政策，分析减免税申报数据，排查减免税风险点，开展外籍人员八项补贴政策执行情况研究。开展保险公司、承包商作为印花税增长点的工作研究，加强无住所无扣缴义务人的外籍人员管理。

【纳税服务】一是落实服务规范，严格梳理税务总局纳税服务规范项目，实现纳税人发起所有事项全部在纳税服务所受理。实行局领导定期巡查与所领导每日两次岗前巡查相结合的制度，全年局领导共巡查办税服务场所120余次。二是打造高标准的服务大厅，将办税大厅划设为4个功能区，规范标识、合理设置窗口，统一服务设施，为纳税人提供“一窗式”、免费WIFI等服务。建立《预约服务登记簿》，对耗时较长的事项实行预约服务。三是纳服综合管理系统上线，对外实现一机双屏、免填单、满意度评价、排队叫号、工作量统计、业务预警等功能；对内实现窗口人员工作量统计、业务类型统计、满意度调查统计等功能。实时监控办税服务厅人员在线、排队等候等情况。四是建立呼叫中心，除承担分局的电话咨询服务外，还承担满意度调查、基础信息核实、迟报催缴、涉税通知等工作。目前，共接听咨询电话11255个，呼出电话15064个，通话时长40667分钟，内容涉及地址查询、申报征收、办事流程、税种政策、发票管理等多方面。五是强化税法宣传，积极与中国税务报、市出入境管理局进行沟通、协调，在出入境管理局大厅成功举办首家外单位的宣传活动，并被《中国税务报》头版刊登。组织推进专业化纳税辅导，共计辅导18场次，370余人次参加。六是完成重点户主动退付手续费工作，截至2015年12月31日，分局共完成173户重点税源企业手续费退付工作，共计退付手续费1000余万元。

【税收征管】日常征管不断加强。以零申报核查为突破口，以分类管理为基础，以风险管理为手段，充分利用内外部数据，强化分析比对，税收征管质效稳步提高。一是加强税源管理，依照代表机构管理办法和分类管理要求，将税源户按登记注册类型、行业、纳税规模等9类标准分类；按照总机构所在地域、税种登记等8种情况进行标识，摸清税源情况。二是加强纳税风险管理，通过发送提示短信、电话通知等方式开展催报催缴，做好申报风险应对，督促230户未申报户按规定申报，认定非正常49户，促使91户纳税人缴纳税款及滞纳金2695万元。三是加强零申报核查，制定实施方案，排查风险点，制作适合外籍人填报的《自查报告表附表》。通过纳税提示、暂停网上申报功能、税务约谈等方式，对469户长期零申报户开展核查，利用《外籍人员个人所得税风险指引》加强外籍人员征管，促使248户零申报户扣缴个人所得税1798万元。四是加强国地税深度合作，定期召开联席会议，联合开展非居民享受协定待遇办税辅导和后续管理，提示74户补缴营业税及滞纳金1354万元。五是加强外部协作，开展工商、地税数据比对，建立与市公安局出入境管理局合作共享机制，积极与“四大”事务所沟通协调，获取外事服务机构扣缴个人所得税信息，通过信息交换与分析，为提高征管质效创造条件。通过加强非居民企业税收和其他外籍个人服务与辅导，促使12名外籍人员和2户其他外国企业缴纳税款591万元。通过以上措施，确保有税申报率从年初62.87%稳步上升并达到90.65%。

【税务稽查】一是合理配置机构设置，2015年分局的职能发生了重大转变，这对分局提出了新的要求。成立初期，在人员少、工作任务重的情况下，分局统筹安排、科学配比，合理保障专业稽查力量，做到业务上既相互分离，又有效衔接，充分使人力、物力、财力资源效能最大化。二是夯实稽查工作基础，按照稽查工作要求，分局第一时间向市局申请并协调建立稽查五局工作系统，解决了2套机构设置和人员身份的问题。保证新案管系统上线，并向市局提出合理化建议。认真研究市局的选案、检查、审理、执行管理办法，借鉴其他直属稽查局的经验，拟订分局与之相配套的重大案件审理会、税务稽查审理内部工作等制度，建立内部衔接工作机制。编写11大类26个涉税风险点的《外籍个人所得税纳税检查要点》。研究并明确住所标准下居民身份判定与“海外代付”营业税等适用政策问题。三是加强稽查案源管理，加强自行选案，市局对外发布稽查五局成立公告前，选取直属一局管辖的部分外籍个人较为集中的代表机构作为检查对象，公告后选取部分波动较大的外资企业作为检查案源。形成局领导带队办案工作模式，对于查办的重点以及规模、影响较大的案件，局领导深入到分管检查组内，重点检查案情的描述、资料的取证等方面是否详细、严密，是否存在未查清的违法问题，确保稽查案件的查深查透。结合税务总局的专案，认真研究摸索外资金融业、互联网、制造业的运行规律。全年跟进查补50万元以上案件共计20户。四是提高稽查队伍素质，将培训的重点放在实际操作上，从撰写文书、程序实际使用、业务问题定性等出发，加强各检查部门的学习。建立稽查案件每周汇报制度，局领导带头坚持每周参会，集中听取各检查组的检查汇报，及时了解和掌握案件的检查情况和进度，同时对发现的典型问题及不同行业的检查重点进行交流，便于各检查组互相借鉴，改进方法，提高检查质量和效率，全年提出可行性建议200余条。五是稽查措施取得实效，通过稽查周例会、领导办案制、以查代训积累实践经验、有效组织开展培训，目前稽查五局4个检查科已经具备独立办案的能力。检查一科通过对市局专案的深入研究，突破原有对居民纳税人判定固定思维，开展按照住所标准判定外籍人员是否为我国的居民纳税人的工作，得到税务总局、市局领导和部分税务专家的肯定。检查二科通过对某（集团）公司开展的稽查工作，逐步摸索出一套适用于外资企业开展自查工作的方式、方法。检查三科通过紧扣资本市场动态及对2家有代表性外资企业开展的稽查工作，探索如何有效应对协议控制模式（VIE）方式海外上市和拆除协议控制模式国内上市两种创新性融资方式对现有税制的挑战。检查四科积极开展外籍人员在华收入核定工作，取得了一定成效，维护了国家税收主权。

【政务管理】稳妥快速完成分局迁址工作，制定涵盖57项的《搬家方案》，分三步进行实施及并多渠道向纳税人发布《迁址通告》，确保迁址工作没有对分局中心工作造成影响。做好依法行政的基础工作，认真落实税务行政处罚裁量管理办法，做好取消行政审批的后续管理工作。积极向市局报送信息，分局信息采用排名在直属局里一直为前两名，其中两篇信息被杨志强局长批示。更新网站信息80余条，登记传阅文件257份，发文31份，公开政府信息70余条，保障各类会务78余次。

【绩效管理】成立绩效管理工作领导小组，明确工作职责，科学修订完善考核指标，制定分局绩效管理考核办法、个人绩效管理实施细则。

【财务管理】严格控制“三公”经费支出，严格执行政府采购程序，加强资产管理，管好、用好经费和资产，切实提高使用效益。

【政府采购】2015年办公室严格按照北京市政府采购目录标准，进行采购；对拿捏不准的项目，积极与市政采相关部门电话沟通、确认后，进行采购。全年完成工程1次（约谈室建造），购置家具1次（会议室桌椅），购买家电1次（会议室液晶电视），租车5次，办公用品12次。

【人事管理】截至2015年12月31日，分局有8个科室，2个行政科室（办公室、人事政工科），2个业务科室（业务科、审理科），2个税务所（税源管理所、纳税服务所），4个检查科。合计人数68人，其中干部65人，工人3人。男28人，女40人；中共党员46人，共青团员0人；大专以上文化程度65人，大专以下文化程度3人；中层干部21人。完成遴选13名干部的考察、分配、晋升工作。完成3名正科、3名副科级领导干部转正工作。

【教育培训】按需施教、因岗施教、因人施教，分层次实施业务岗和稽查岗的教育培训，积极探索培训新思路，增强干部的业务素质和工作能力。组织开展为期两周共计两期全脱产的培训班。

【督察内审】根据《北京市审计局关于开展2014年度预算执行情况自查自纠工作的通知》要求，分局于2015年4月17日—2015年4月27日组织开展2014年度预算执行情况自查自纠工作。成立自查自纠工作领导小组，召开2014年度部门预算执行情况自查自纠专题工作会。除财务人员自查全部经费使用情况外，工作小组共抽查会计凭证50笔，合计金额211万元。通过自查，对提高分局项目经费执行进度、规范财务管理起到了积极的促进作用。认真开展清理规范税收个案批复工作。根据《关于开展清理规范税收个案批复工作的通知》的工作要求，认真开展对税收个案批复的清理工作，结合实际情况，制定工作方案；由专人对2012年3月1日—2015年4月1日以来的文件进行清理，查找是否办理税收个案批复、是否与《税收个案批复工作规程（试行）》操作程序不符、是否以各种发文或其他形式发布的税收个案批复情况。经清理，分局自2012年3月1日以来，未办理任何税收个案批复。通过此次清理对《北京市地方税务局转发国家税务总局关于印发〈税收个案批复工作规程（试行）〉的通知》（京地税办〔2012〕18号）更好的学习和理解，为今后工作中严格执行《规程》奠定了坚实的基础。

【党团建设】以党组中心组学习为龙头，以践行社会主义核心价值观为引领、以落实“三严三实”为总体要求，认真制定理论学习计划，带动全体党员学习，教育引导党员增强党性修养。成立分局第一党支部，将全局35名党员划分为5

个联合党支部，完善对全局党员领导干部的党内监督机制。严格落实“三会一课”制度，局领导带头讲党课。组织“三严三实”专题座谈、“税收大讲堂”等活动，为全局干部交流思想及征管、稽查经验提供良好平台，及时解决日常中遇到的问题。

【纪检监察】严格落实两个责任，把纪律挺在前面。深入开展党的群众路线教育实践活动，做好整改落实的专项检查。严格落实民主集中制，开展“三重一大”制度落实情况的检查。落实党风廉政建设责任制，召开党风廉政建设工作会，逐级签订责任书。完成“四风”突出问题专项整治工作的自查工作。严肃工作纪律、规范行政管理，修订考勤管理办法，制定狠抓工作纪律的有关规定，工作作风和文明形象显著提升。围绕服务税收中心工作、服务队伍建设两大任务。充分发挥工会桥梁纽带作用，依法维护会员权益。

【后勤管理】加强食堂管理，制定管理办法，更新食堂硬件设施。加大对办公楼楼体及各项设备的检查，及时排除各类隐患。完成市局关于进一步做好办公用房清理整改工作。完成市局下达的公车改革工作。严格控制“三公”经费支出，严格执行政府采购程序，加强资产管理，管好、用好经费和资产，切实提高使用效益。

【税收科研】完成3篇调研成果转化。向《中国税务报》、市局《税收天地》《北京地税》提供素材8次，均被采用。

【税务文化】围绕服务税收中心工作、服务队伍建设两大任务，分局工会充分发挥桥梁纽带作用。依法维护会员权益，不断激发会员的凝聚力和创造力，为服务群众、凝聚人心、共建和谐，开展组织干部子女暑期托管班；设置了妈咪屋；开办分局图书室等一系列工作。

（葛　玮）

北京市地方税务局第二直属税务分局（西站分局）

【概况】北京西客站作为亚洲第一大站，一直以来担负着首都北京门户和交通大动脉枢纽的重要使命，最高客运能力可达每日113对列车。北京西站占地面积50万平方米，总体建设体现了时代精神、古都风貌和民族特色，该工程是“八五”重点工程，于1993年开始动工建设，1996年1月21日开通运营。西站地区是由西城、海淀、丰台三个区划分出来的独立管理区域，在市委、市政府的正确领导下，西站地区逐渐形成了管委综合协调、职能部门各司其职、企事业单位积极参与的共抓共建共创的管理模式。地区的治安、交通、市容、环境逐步规范，地区社会稳定，经济持续发展，取得了可喜的成就。北京市地方税务局北京西站分局于1996年1月20日正式成立，为北京市地方税务局派出机构，是依法在北京西站地区实施国家税收征收管理的行政执法机关。2014年6月6日根据《北京市机构编制委员会办公室关于同意调整市地税局西站分局机构编制事项的函》及《北京市地方税务局关于深化税收征管改革的意见》文件精神，市局设置北京市地方税务局第二直属税务分局（北京市地方税务局西站分局）（以下简称第二直属税务分局（西站分局）），负责国家税务总局定点联系企业在京城成员单位等大企业所得税税收风险管理、税务审计和个性化服务以及西站地区地方税收的管理工作。第二直属税务分局（西站分局）按照职能设置负责西站地区地方税收的管理工作，管辖面积0.77平方公里。北京西站地区管理委员负责组织协调北京西站地区管理工作的市政府派出机构，北京西站地区管理委员会注重加强对区域政府职能部门的管理与指导，2015年西站管委会孟钧主任曾两次到第二直属税务分局（西站分局）开展调研工作，了解区域经济税收情况，有效推动区域职能部门间的沟通协作和信息共享，为区域经济健康发展奠定基础。

【税收收入情况】2015年，第二直属税务分局（西站分局）共计完成各项税费收入5.20亿元，完成年度计划4.70亿元的110.56%；较2014年的4.57亿元增加0.63亿元，增幅13.75%；完成地方公共财政预算收入4.69亿元，较2014年的4.10亿元增加0.58亿元，增长14.15%，完成年度计划4.30亿元的108.97%。

【税收法治】全员学习《税收法治通论》，提升干部税收法制理论基础。以税务总局部署的税收风险自查要点更新工作为抓手，抽出近20名业务骨干，全面梳理学习2010—2014年税收政策及政策涉及的风险点。组织开展企业所得税汇算清缴新政、个人所得税股权转让、企业年金新政等税收政策开展专题学习和培训工作。结合大企业税务审计工作中遇到的重点难点问题，邀请市局相关处室领导到分局开展现场政策专题辅导，全面提升干部税收执法工作水平。

【税收政策落实】做好企业所得税汇算清缴年度申报的迟报催缴和数据质量管理工作。圆满完成个人所得税12万元的自行申报工作。积极落实企业所得税、营业税小型微利企业税收优惠政策和企业所得税固定资产加速折旧等优惠政策，努力提高优惠受益面。全年共计享受企业所得税小微优惠政策46户，减免企业所得税21.73万元。享受营业税小微优惠政策53户，减免营业税26.63万元。16户企业享受固定资产加速折旧优惠政策。做好股权转让个人所得税的相关培训工作，确保政策执行准确到位。全年共受理个人股权转让28件，涉及税款15.12万元。认真落实财产与行为税税源调查工作。努力做好工会经费、残保金代征相关工作。

【纳税服务】加强2.0版服务规范的落实工作。结合西站地区“春运”特点，主动采取送票上门、申报提醒等个性化服务。积极落实“便民办税春风行动”，联合业务科室对注册资金较大的企业进行约谈，宣传税收政策。充分利用税收宣传月活动，开展小型微利企业税收政策、个人所得税等税收政策的宣传。积极服务区域中央在京单位，为国家税务总局安装个人所得税自助服务机，赢得税务总局的表扬。对辖区内重点户进行走访，及时解决工商银行、恒兴西站物业管理中心等企业用票量多的实际困难，并为企业上门送票30余箱。

【税收征管】强化税源监控，全力做好组织收入工作。积极制定年度组收工作计划。设专人加强对“重点税源直报平台”的管理，对重点税源户实时监控，及时掌握重点行业、重点企业的税源、税款变化情况。发挥全职能税务所“直接管理、直接上报”的工作优势，建立月度汇报制度，全面了解整体收入进度，提升分析和收入预测的准确性。做好纳税人税务登记信息的变更维护，确保征管信息准确无误。加强税源精细化管理，夯实税收征管基础，实现登记率、申报率、入库率、综合申报入库率均达到100%，个人所得税申报入库率达到99%以上，欠税率、纳税人投诉率均为零。加强无税申报管理，建立《无税申报企业管理台账》，重新核定发票、要求企业报告无税申报成因等措施，实现有税申报率达到80%以上，全市排名第一。积极开展日常检查，完成外籍员工个人所得税专项核查等工作，共计查补税款30余万元。加强国、地税合作，健全协调机制，共同制定和落实“7+1”合作规范事项，不断整合征管资源，提升办税质量。配合西站地区管委做好疏解非首都核心功能，清理、腾退商户200余家，疏解人口近500多人，有效优化区域经济环境。

【大企业税收服务与管理】确定工作模式，提升大企业税收管理质效。加强信息化建设，支撑和服务大企业税收管理。积极参与“2015年税务审计软件升级完善业务需求”的编写和“纳税千强企业”相关数据的整理工作。全面开展“2014年八集团大企业税收风险管理的后续管理”“2015年六集团大企业税收风险管理”和“运用大数据开展大企业税收服务与监管试点”等工作，共计核实确认涉税风险点419个，入库税款4827万元。探索创新，积极落实个性化服务举措。加强对总部集团企业的下户走访，“一把手”带队走访企业7户，全面了解企业对税收风险管理的建议及诉求，并解答企业各类涉税问题15个，赢得企业认可，提升个性化服务效果。圆满完成国家税务总局、市地税局各项工作任务，税务总局大企业司对分局2015年度风险自查要点更新工作进行通报表扬，付予、王剑、李林慧、张生堰列入税务总局人才库。大企业管理三科李林慧受税务总局大企业税收管理司邀请为金融行业税收风险管理培训班授课。

【政务管理】全面开展信息、调研工作。2015年共编发信息167期，54条信息被市局采用，大企业管理二科王剑所撰写的问题建议型信息《关于加强写字楼房产税管理的建议》获得市地税局王炜副局长批示。加强政府信息公开工作管理，全年共计依法公开各类信息75条。对内容好、形式新的稿件加大宣传报道力度，2015年9月西站税务所与西站国税局联合开展的“对纳税信用A级企业开通APP”的服务举措被《中国税务报》刊发报道。加强调查研究，紧密围绕大企业税收管理和地区税收征管等重点工作，科学制定调研计划，强化落实和调研成果转化。业务一科张生堰撰写的《从税收专管员制度的变迁看中国大陆的税制改革与法治建设》调研在第二届大江论坛“两岸税收法治建设论坛”荣获三等奖。

【财务管理】坚持财经纪律，科学合理地落实好各项经费的预算、审批与执行工作。切实加强“三公”经费管理。

【人事管理】第二直属税务分局共有干部职工68人（其中公务员65人，工勤人员3人），男33人，女35人。平均年龄43岁。处级领导6名，处级调研员2名（兼任），副处级调研员2名，科级领导21名，其中正科10名（含工会副主席1名），副科11名。博士研究生1人，硕士研究生6人，本科学历58人，大专学历2人，高中1人。全年共提任正、副科级领导干部共6人、主任科员5人、副主任科员2人，岗位轮换7人次。

【教育培训】制定分局年度教育培训计划，重点安排《税收法治通论》学习。积极开展干部知识更新培训、税收政策交流培训等7大项内容400余人次的培训工作。积极参与市局遴选优秀年轻干部工作，统筹安排考察事项。

【执法督察与内部审计】 制定分局2015年税收执法督察工作计划，认真开展自查和专项督察，对存在的问题积极整改并形成年度执法督察工作报告，切实发挥以查促管工作效果。完成2014年度预算执行情况自查自纠，防范预算执行中存在的风险。积极开展部分纳税人申报未入库问题的核实比对工作，核销28户次，整改入库2户次，入库税款及滞纳金1500余元，有效提升税收征管基础工作。

【党团建设】 完善党内制度，成立第一党支部，开展党支部换届选举工作，切实发挥领导干部“一岗双责”和党支部战斗堡垒作用。严格落实“三会一课”制度，按月召开党小组会、支委会，按季度召开党员大会，支部书记每半年组织党课教育。组织开展城乡共建帮扶和军民共建活动，建立地区“党员学雷锋志愿服务队”，树立身边“北京榜样”等特色党建活动，充分营造党员先锋模范作用的平台。全面总结党的群众路线教育实践活动整改落实工作的主要做法和成效，努力营造“树立群众观点、弘扬优良作风、解决突出问题、保持清廉本色”的工作氛围。扎实开展“三严三实”专题教育活动。制定分局专题教育实施方案，开展党组书记和基层各支部书记讲党课活动，领导干部带头开展党性分析，对“不严不实”问题列出清单，逐项整改，稳步推动“三严三实”制度化、常态化和长效化。全面落实市委巡视组专项巡视整改工作，对反馈意见中的问题逐项对照检查，并举一反三，促进分局整体工作制度化、规范化。

【纪检监察】 及时召开分局党风廉政建设工作会议，层层签订《党风廉政建设责任书》。制定《分局党组落实党风廉政建设主体责任任务分表》和《分局党组落实党风廉政建设主体责任清单》，推进分局党风廉政建设和反腐败各项工作任务的落实，通过主体责任的全面落实，分局全年未发生一起举报事件。加强对主体责任落实情况的监督。全年共参与监督“三重一大”事项8次，涉及金额500余万元，参与干部选拔任用6人次。丰富廉政内容，加大“四风”警示教育力度。建立健全廉政谈话制度，对新选拔任用和遴选入局的干部共计19人开展廉政谈话。召开特约监察员座谈会，征求各位特约监察员的意见和建议，有效改进工作作风。继续落实廉政回访制度，发放廉政回访卡40余份，搜集纳税人反馈意见和建议4条，实地走访大企业29户次，全年未发现一起不廉洁现象。充分运用《廉政风险防范管理自律手册》开展廉政风险防控，有效降低干部的廉政风险。

【后勤管理】 全力做好办公用房的维修改造，严格依法依规履行各项审批，及时与各相关单位沟通联系，努力克服施工带来的诸多不便，确保整体工程的顺利开展。建立健全安全保卫工作制度，定期开展安全检查，加强问题整改，全力做好西站地区的安全保卫工作。

（潘国强）

社会团体

北京市国际税收研究会

【概况】 北京市国际税收研究会办公地点设在朝阳区团结湖东里甲10号，主要负责北京市国际税收学术研究工作，是经北京市社会团体登记管理机关核准登记的民间、群众性学术团体。本会现有理事160人，常务理事67人，团体会员79个，个人会员81个。本会下设办公机构5个：秘书处、理论调研部、宣传培训部、联络部、信息资料部。2015年末驻会工作人员21人，其中在职人员9人（包括5名处级干部、1名科级干部和3名司机），税务系统离退休人员6人，外聘人员6人。2015年在市局党组的关怀和领导下，在全体会员共同努力下，北京市国际税收研究会认真学习贯彻党的十八届三中、四中、五中全会精神，紧密结合税收工作实际，认真做好各项工作，圆满完成了理论研究、宣传培训、社会组织等级评估和办公地址搬迁等重点工作，取得北京市民政局《关于2015年度市级社会组织评估等级结果的公告》的4A等级，并荣获全国社科联先进学会称号表彰。

【理论调研】 一是专业性理论调研工作成果显著。参加中国国际税收研究会“现代税收法治建设国际借鉴研究”课题调研，撰写《现代税收法治建设国际借鉴研究》，已报送中国国际税收研究会和市局法制处，还承担北京市地方税务局其他调研课题3项。另外，研究会选送的“房产税改革及配套措施的研究”和“税务代理条款和配套政策的修改建议”获得中国国际税收研究会第八次全国优秀科研成果一等奖和三等奖。二是组织各区县地税局、有关大学和税务中介、企业会员结合北京市税收工作开展“商事制度改革后税务登记制度研究”等4项调研，收到论文132篇。三是申报北京市社科联重点论文集项目获得批准资助。研究会《2013年度理论调研文集》已于7月初完成出书1000本，并第二次被北京市社科联批准为重点论文集项目获得资助。

【《国际税收参考》编辑出版】《国际税收参考》编刊14期，共刊登各类税讯389篇，约24.5万字。内网点击量为632人次。纸质刊物每期送达约280份，电子刊物发送100份。

【对纳税人的税法宣传和培训】 按照培训辅导协议，制定针对全市外资企业法人、财务负责人及高层管理人员的纳税辅导四个培训方案，并分别与朝阳、海淀、东城、西城国际税收管理科共同组织“走出去”企业税收协定培训。共组织纳税辅导30场，参加培训4150人（实际参加人数为5500人）。按照市局国际税收管理处的要求，印制《税收协定服务手册》3500本，派发给企业参训人员。全年共收回参训人员意见调查表3780份，约占参训人数的70%。对培训内容设置和授课老师的评价，满意率均占95%以上。

【对系统公务员的培训】 为落实市局宣教处年初工作计划，北京市国际税收研究会受托组织系统干部学习《税收法治通论》培训、公务员更新知识培训、科所长培训、国际税收岗位培训共36期，近3100人参加学习，受到广大干部好评。

【充分发挥社会组织作用】配合社科联，增强社团组织的税法意识。一是与北京市社科联紧密配合，共同举办有关社会组织的涉税培训，帮助社科联对所辖170多家社团组织的基本情况进行全面梳理，并与市局征管处一起进行数据分析比对，将36家未办理税务登记的社团名单反馈给社科联督办其办理相关手续，发挥了桥梁纽带作用。二是与社科联深度合作，积极与市局相关部门沟通，为规范社团管理建言献策。目前已经为社科联直属的5家会员单位提供税务登记、申报、发票使用、减免税申报等提供咨询指导服务，受到社科联及其会员单位的好评。三是积极参与社科联组织开展的“北京社会组织公益行”系列活动，每月向社科联报送研究会组织的纳税人培训情况。与社团办等单位协作完成涉税培训。一是与市知识产权局建立联系，针对其培训需求制定培训方案，并由培训部门为其所属单位搞好涉税培训。二是积极配合参与市保险中介协会对会员单位的涉税培训。根据保险中介协会的培训意向，设计调查问卷征询其会员单位涉税培训具体需求，及时反馈北京市国际税收研究会培训部，确定师资及培训安排。三是圆满完成北京市社团办布置的年检工作，并顺利通过年检。

【评估检查】在全体驻会工作人员和理事的共同努力下，于7月22日圆满地完成2015年北京市社会组织评估检查工作。一是准备了大量丰富翔实的资料，获得评估组老师对研究会工作的充分肯定：“研究会特别重视此次评估工作，资料整齐，内容充分，积极学习评估工作方案，逐项进行自查自评。自评报告符合工作实际，净资产高于注册资金，能够严格按照《章程》规定召开会议，各项制度较健全。研究会重视内部管理工作，管理规范，各位工作人员能够各司其职。”二是齐心协力，精心组织。会领导高度重视，亲力亲为，为评估工作顺利完成做了大量的思想准备、组织准备、物质准备和领导协调等工作。各部门紧密配合，及时提供重要资料。全体理事大力支持。北京市地税局、朝阳区地税局提供了相关备案材料；各会员单位积极反馈对四届二次理事会会议材料的意见和建议，并对研究会工作予以评价。具体工作人员群策群力、团结协作、加班加点、任劳任怨，高质量、高效率地完成了各项文件和资料的准备工作。三是评估工作的收获。对建会以来15年特别是近3年的工作进行详细的回顾和梳理；完善北京市国际税收研究会24项制度；规范人员备案管理、房屋使用管理、固定资产管理、文书档案管理等制度。四是积极协助北京市地方税务局学会做好评估资料的准备工作。

【退出世界纳税人协会及亚太联盟】2015年3月13日，北京市国际税收研究会邀请世界纳税人协会首席新闻发言人和亚太地区纳税人联盟主席比让先生来会，就北京市国际税收研究会办税人员分会退出世界纳税人协会和亚太地区纳税人联盟的情况与比让先生进行交流。副会长高甲代表北京市国际税收研究会回顾办税人员分会十年来坚持“走出去、请进来”，借助世界纳税人协会和亚太地区纳税人联盟平台，主动向国内外纳税人组织学习交流的情况。另外，按照国家有关部门要求和程序上的规定，北京市国际税收研究会向比让先生告知，北京市国际税收研究会办税人员分会正式提出退出世界纳税人协会和亚太地区纳税人联盟组织，不再参加相关的活动。比让先生对北京市国际税收研究会尊重世界纳税人协会董事会的明确告知表示谢意，并对所提出的退会请求表示理解。双方商定自2015年3月13日起，北京市国际税收研究会办税人员分会正式退出世界纳税人协会和亚太地区纳税人联盟组织。

【撤销办税人员分会】 北京市国际税收研究会办税人员分会于2002年10月成立，与宣传培训部为一套班子两块牌子。为精简机构，根据《北京市民政局关于取消社会团体分支机构、代表机构行政审批项目的通知》（京民社发〔2014〕256号）第二条规定，按照《北京市国际税收研究会章程》及相关会议纪要决定，自2015年5月18日起取消“北京市国际税收研究会办税人员分会”机构，撤销该结算账户、终止财税库银三方协议、注销税务登记及税控收款机，并向北京市民政局社团办备案告知。

【办公地点变更】 自2015年10月15日起，北京市国际税收研究会正式迁址到北京市朝阳区团结湖东里甲10号。

【支部建设】 北京市国际税收研究会党支部认真组织落实市局机关党委布置的各项工作。增选支委，加强支部建设。组织学习党的十八届三中、四中、五中全会精神，组织党员和驻会人员开展“七一”党建纪念日、“献爱心”捐款、义务植树及慰问环卫工人等活动。

（赵为真）

北京市地方税务学会

【概况】 北京市地方税务学会是由北京市地方税务局联合社会有关单位自愿共同发起成立、经北京市民政局核准登记的非营利性社会团体法人，具有独立法人资格。办公地点设在朝阳区裕民路12号院C3座。2015年底驻会工作人员共计23人，设有培训部、调研部、业务部、编纂部、事业发展部及办公室。学会共有理事134名，常务理事45名。2015年学会在市地税局党组和市社团办的正确领导下，围绕主题主线，不断加强学会自身建设，以服务税收事业、服务纳税人、服务学会会员为中心，积极开展税收课题研究、纳税培训、税法宣传、政策咨询、税务志编写等项工作，圆满完成各项工作任务。

【召开会员大会】 2015年4月28日召开全体会员大会，北京市地税局副巡视员杨文俊，北京市社团办管理处处长侯庆权及北京市社科联等单位领导出席会议。社会各界代表100余人参加会议。大会审议并通过学会2014年度工作报告、监事会报告；审议并通过了增补吴鼎为北京市地方税务学会常务副会长；审议并通过调整49名理事和18名常务理事等事项。

【通过评估审核确认为4A级社团组织】 为落实党中央、国务院关于“加快形成政社分开、权责明确、依法自治的现代社会组织体制”和“引导社会组织健康有序发展”的精神，按照民政部《社会组织评估管理办法》（民政部令2010年第39号）和《北京市社会组织评估实施办法》等文件有关规定，北京市社会团体管理办公室组织开展2015年北京市社会组织评估工作。为了更好地落实市民政局关于开展市级社会组织评估工作会议的精神，更好地促进学会依法办会，规范运作，学会积极组织参与了由市民政局组织的社会组织评估工作，并将参评列为学会2015年度一项重点工作。为了全力做好社会团体评估工作，学会成立了工作组，王勇生会长任组长，制定了具体的实施方案，分解指标任务，责任落实到人。完成自评阶段的92项指标自查与资料报送以及第三方机构初评阶段的5大类200余份资料的汇集、整理、编制、评估等内容。获得了评估机构的高度认可和评价。经市民政局审核，确认学会为2015年度北京市市级社会组织评估等级4A级。

【完善制度强化管理】学会为了依法办会，规范运作，进一步完善学会制度汇编，分为学会章程、学会制度、工作制度、财务制度共4大类15项制度。为了适应不断深化的财政、预算改革需要，按照“政府向社会力量购买服务”及市局调研及培训经费的系列管理规定，积极与相关部门沟通、请示，结合学会实际，反复研究，制定《北京市地方税务学会调研经费管理办法》，并已开始实行。该办法从管理方式、经费使用及支出范围、财务管理程序等方面，进行进一步的规范。《培训管理办法》正在做进一步的修改和完善。

【课题研究】按照市局调研工作会议的总体要求和重点调研课题管理办法的规定，学会与相关处室多次协调沟通，确定承担企业所得税管理处《税收支持小微企业　助力首都经济发展》、稽查处《税务检查的职责划分与权力运用》、财产和行为税管理处《印花税立法研究》、个人所得税管理处《加强信托行业个人所得税管理的建议》4项课题研究。为了保证课题的质量和完成时限，学会创新了课题研发的组织形式，根据4项课题的特点，成立4个项目小组，人员自行组合，整体调配，做到优势互补。课题研发阶段实行项目组长负责制，负责课题人员、资金、课题进度及质量的全面管理，包括：制定调研工作计划，做出进度安排；举行由各课题承办处室参加的启动仪式；召开课题开题会，深入研究课题相关具体问题；签订《北京市地方税务局调研课题协议书》；课题评审、结题等项工作。2015年4项调研课题按时完成，圆满结题。

【高端培训】按照市局《北京市地方税务局关于组织纳税人培训有关问题的通知》的要求，坚定“高端培训”的工作定位，扩大培训范围，确保培训质量。突出三个为主，一是以学会组织培训为主；二是以培训大企业集团为主；三是以服务会员个性化培训为主。逐步形成以满足纳税人个性化的需求，社会各界广泛参与，培训方式灵活多样的培训模式。重点开展集团、总公司、新兴行业、市属国有企业、上市公司等高端财务人员的税收政策培训，并将学会会员培训纳入日常培训工作。为了组织好培训，学会召开了由部分区县局学会参加的座谈会，听取基层培训方式及内容建议；走访了首农集团、二商集团、路桥集团、北京市注册税务师协会、华财公司等企业单位，征询培训与合作的需求和方式；进一步加强与市局处室的沟通与联系，建立相对稳定的师资队伍。全年共组织各类培训23期，培训人员3294余人次，受到企业和纳税人的广泛好评，取得了良好的社会效益。

【税收政策汇编】按照工作计划的安排及市局对税收政策综述编纂的要求，业务部积极开展国家税务总局和北京市地方税务局新颁布税收政策的研究，努力做好月综述编纂工作，截至2015年12月底，累计编辑110期，累计访问人数450791人次。该栏目已运行10年，受到纳税人的认可与欢迎。

【会员服务】为了满足学会会员的需求，解决纳税人对税收政策的难点、盲点问题，为纳税人提供深入的、有针对性的纳税服务。学会积极开展会员的服务与发展工作，解答纳税疑难问题，开展会员税收政策日常培训，发放《税务公报》，建立税收法律查询终端等工作。有效发挥学会职能，积极搭建税企服务平台。一是为会员单位发放“税典通”并组织使用培训。该“税收法律查询终端”可及时提供离线和在线的政策查询、政策辅导、政策解答；二是根据平安人寿北京分公司涉税服务需求，积极协调西城区地税局和国税局，共同上门，就社保基金税前扣除、电子发票、手续费返还等问题，现场办公，做到件件有落实，事事有回复；三是根据北京跌路局提出涉及营业税和增值税问题，协调市局营业税处、西城地税局，深入沟通，有效解决。个性化服务，满足了会员单位涉税需求。

【税务志编纂】在完成篇目设计、资料编辑、初稿总纂等的基础上，经过广泛征求各单位和相关人员的意见，以及市志办专家的评审修改意见，进行了整理、统计、归类、补充，反复研讨，几易其稿，共对涉及35个部门的500余处内容进行修改和补充，现《税务志（地方税收）》顺利完成了报审工作，进入审查程序。到目前为止，完成了《税务志（地方税收）》中概述、大事记、记述主体和附录四大部分的全部文稿，共计6篇23章87节，35.5万字以及110张图片，取得了北京市地方税务志编纂工作的重要成果，得到了北京市志办领导和编撰委员会的充分肯定。根据北京市地方志办公室的要求，学会受市地税局的委托，于2010年开展了第二轮《税务志（地方税收）》的修志工作。5年来，《税务志》编纂办在市局党组的领导下，在市局各单位的大力支持下，编纂人员以对历史高度负责的态度和严谨的职业精神，团结协作，克服诸多困难，圆满完成了市地税局委托的《税务志（地方税收）》编纂工作。

【学会自身建设】狠抓党组织和政治思想工作不放松，定期组织全体人员学习，积极组织开展各项活动，提高遵章守纪，廉洁自律的意识，把在学会工作看成一种责任和义务，提倡要有一种奉献的精神。因此，在学会工作的干部职工，特别是已退休的老干部，没有因一些政策变化而影响工作的热情，对工作认真负责，积极努力，一如既往、高质量地完成了学会2015年的各项工作任务。

（杨素珍）

北京税收法制建设研究会

【概况】北京税收法制建设研究会（以下简称研究会）是由北京市地方税务局、北京市国家税务局、北京市财政局、北京市投资促进局、北京市国资委、北京市文资办、中关村管委会及中国政法大学财税法研究中心8家单位发起，经北京市法学会和北京市民政局批准成立的社会团体法人，具有独立法人资格。本会共有理事会员单位125家，个人会员214名，专家顾问21名。下设办公室、联络部、编务部、研究部、培训部、财务部和保障部7个办事机构，2015年底驻会工作人员15人。办公地点设在西城区新街口西里一区10号楼。

【工作宗旨】服务首都科学发展、服务税收法制建设、服务税制改革、服务会员。

【主体任务】课题研究、学术交流、税务培训和“税典通”服务系统建设。

【第一届二次理事会】2015年3月北京税收法制建设研究会召开了一届二次理事会，来自国务院发展研究中心、国家税务总局、北京市有关部门、高校、社会组织、企业的领导和专家学者及本会理事近200人出席了会议。会议充分总结了本会自筹建成立以来，在开展学术性、实践性调查研究并推动成果转化，运用政策查询、辅导等服务方式构建连接纳税人和基层税收执法部门的桥梁，强化与政府部门、行业组织的交流合作等方面积极实践所取得的成果。并在全面总结的基础上，深入分析了存在的问题，有针对性地安排部署了一届二次理事会的六项重点工作。北京市法学会副会长杜石平莅临大会，对本会一届一次理事会取得的工作成效给予了充分肯定。

【专项课题研究】2015年本会共开展并完成8项调研课题。分别是《房地产税第三方信息共享及整合利用》《民办教育税收问题研究》《印花税暂行条例立法后评估》《北京市企业税收街乡镇空间分布情况研究》《构建地方税体系建设》《规范税务稽查与防范税收风险研究》《我国养老服务业税收政策创新研究》和《北京市中关村先行先试税收政策实施效果评估》。各课题专家组认为，课题研究思路清晰，逻辑严谨，资料翔实，内容丰富，研究提出建议具有创新性、科学性和可操作性，研究结论具有很好的启示和决策参考价值，均达到了预期研究目标。并分别报送财政部、国家税务总局、教育部、民政部、中国经济改革研究基金会、新东方教育集团及北京市发改委、北京市地税局等课题委托方及相关决策部门研究参考。为更好地完成课题研究任务，本会以实际问题为导向，在市内开展针对性调研座谈的基础上，还分别组织课题组主要执笔人赴上海参加“中国（国际）养老产业发展暨适老建筑与设施科技论坛”；赴河北张家口对河北养老服务业情况以及对北京养老企业典型户进行调研，学习借鉴兄弟省市的养老做法、经验，以及促进我国养老产业健康持续发展的思路、措施和途径；赴深圳与深圳市科技创新委、国地税局和前海地税局、管理局进行座谈研讨，了解深圳市科技创新驱动有关税收试点政策的执行情况和存在的问题，商谈、交流促进创新创业发展的税收扶持政策建议，形成了课题研究前期基础资料，为课题研究奠定了良好的基础。为实现研究成果转化的最大化，本会从课题立项到过程研究，不断增强课题成果的实效性，形成具有较高水平的研究成果并力促转化应用。一方面，将课题成果提供给课题委托方和相关决策部门，完成对课题运用最直接的转化。如《民办教育税收问题研究》课题得到了财政部、国家税务总局、教育部的充分认同，得到了全国人大立法委领导的高度关注，为民办教育促进法的修订和教育税收问题研究提供了前瞻性决策参考。另一方面，本会努力拓宽成果转化渠道，积极向《中国税务研究》等专业刊物推荐研究成果，并将研究成果形成文集，编辑出版，力求实现研究成果最大化转化。

【学术活动】一是高品质打造两岸税收法治建设论坛系列活动。2015年9月本会与台盟中央联络部、北京市台联共同举办了大江论坛——两岸税收法治建设论坛活动。大江论坛是台盟整合中央及地方盟组织具有良好基础和影响力的群体资源，着力打造的年度高端主题论坛。两岸税收法治建设论坛首次作为大江论坛分论坛参加活动，在两岸税收法治建设领域开创了先例。为此，本会按照抓重点、出精品、求实效的要求，牢固树立精品意识，在共促两岸税收法治学术交流发展上进行了有益的探索和实践，围绕主题论坛，开展了以下系列相关活动。（1）举办大江论坛——两岸税收法治建设论坛。此次论坛活动围绕“两岸完善税收法治体系建设与改革”主题，采取两岸主报告和论坛研讨相结合、主题发言与专家点评相结合的形式，邀请两岸税务系统、高等院校、研究机构、行业协会等财税领域政商学界精英人士、专家学者 50 余人，就两岸税收法学进行演讲、解读、研讨，为两岸税收法治建设建言献策，为两岸关系和平发展助力增辉，成为两岸财税界专家同仁学术交流与研讨的一次盛会，旨在积极发挥智库作用，强化两岸税收法治建设。论坛内容丰富、观点新颖、贴近当前，颇具前瞻性、借鉴性与指导性，充分体现了论坛活动拓宽两岸合作发展渠道，推动两岸税收法治建设的积极社会意义。中国税务杂志、国际税收杂志、法制日报、中国税务报、北京日报、北京电视台新闻和财经频道、法制晚报共 7 家媒体分别以《两岸税收法治建设论坛在京举行》《大江论坛首次引入税收主题——关注两岸税收法治建设》等为题对此次税收法治论坛进行报道、制作专题节目，取得了业界一致好评和强烈反响。（2）开展赴台参访交流活动。为顺利举办“大江论坛”——两岸税收法治建设论坛活动，有效提高论坛活动的针对性，本会组织开展了赴台调研交流活动。诚邀岛内财税领域专家学者参与论坛活动，对接、确定赴京演讲嘉宾和发言主题。并与当地税务局、大学、会计师事务所等机构开展学术交流，全面了解两岸税制改革、台湾现行税制、纳税服务等情况。本会还于 2015 年 10 月 12 日—19 日邀请税务总局专家和北京地税系统的一线中层干部随北京市法学会赴台参加“首届京台法律实务专业研讨会”，并就“两岸税收法制比较与研讨”主题开展了《浅论两岸税收法制体系建设改革与合作》《两岸税收关系协调及税制体系建设展望》两项研讨交流。（3）发起“两岸完善税收法治体系建设与改革”主题征文活动。在中国税务报等媒体刊登征文启事，鼓励两岸税务系统、院校、研究机构等领域的税务工作者、专家学者及实务工作者创新税收法治建设理论实践，共对征集的 18 篇论文，组织评选出一、二、三等奖，并邀请作者代表出席论坛当日活动，并就其论文创新观点进行主题发言、交流。（4）组织台资、台商企业纳税辅导活动。作为论坛的配套活动，本会与台联、台办、投资促进局进行沟通，开展台资、台商企业纳税辅导活动。60 余名台资、台商企业代表参加了纳税辅导会。为使辅导有的放矢，研究会通过征求台商、台资企业税收辅导培训意见建议，召开相关部门业务研讨会，在培训现场发放《纳税人培训征询意见表》等途径，有针对性地了解企业纳税需求，提升培训质量，培训效果突出、实用，受到了企业的欢迎和好评。在现场辅导的基础上，还刻制 600 张件光盘，供台资、台商企业使用，实现无纸化培训。（5）积极组织参与法学会系统论坛征文活动。在认真总结一次理事会活动经验和良好成效的基础上，本会继续积极组织参与中国法学会和北京法学会联合主办的第十届“环渤海区域法治论坛”和第五届“京津沪渝法治论坛”征文活动。从税务干部和全体会员两个层面广泛组织开展征文活动，分别收集报送论文13篇和9篇，获论坛组委会二等奖1篇、三等奖3篇、优秀奖7篇，为进一步提升北京市税收法治建设研究水平拓宽了视野和交流的渠道。

【税务培训】本会税务培训工作通过“走出去请进来”了解会员切身需求，不断探索纳税辅导新途径：内容上细化分税种、分行业、分专题纳税培训；形式上尝试开展专业辅导和专业定制服务；流程上试行前期调研、中期讲解、后期评价；方式上采取普遍问题统一授课、特殊问题具体辅导、热点问题专家解读，以不断提升培训的针对性与实效性，提高培训的质量和辅导效果。一是组织开展《我们离现代税收制度有多远》《我国税制改革有关问题》高端讲座；二是组织开展《企业所得税汇算清缴纳税辅导》《营业税改增值税纳税辅导》专题辅导；三是组织开展《建筑业“营改增”纳税辅导》《台资台商企业纳税辅导》《北京市卫生企业纳税辅导》等专业辅导。截至2015年12月底，纳税人现场培训460余人次，网上视频点击率22.64万人次。企业所得税汇算清缴政策辅导，除提供政策解读外，还增加了对38类汇算报表的详细讲解，为方便纳税人顺利完成汇算清缴工作提供了有力的帮助；“营改增”辅导实现了国、地税的通力合作，多位权威专家讲解，对企业了解税改政策发挥了积极的指导作用；税制改革主题讲座观点新颖、内容前沿、建议切实，得到了广大会员单位和社会的肯定。根据全市纳税人需求，截至2015年12月底本会共刻制发放课件光盘22.27万张。为进一步拓展税务培训辅导效果，本会将所有辅导讲座均刻制光盘并挂在北京地税外网上供广大社会公众学习参考。

【提升“税典通”服务水平】2015年初“税典通”服务系统顺利完成第二期三个功能模块的上线运行，实现了为会员单位提供政策查询、政策辅导、政策解答、以案说法四项功能的服务，成为了会员单位开展财务、税收等经济工作的好帮手。截至2015年12月底，本会共发送“税典通”系统185套，其中常务理事单位41套，理事单位72套，个人72套。同时配送系统操作指南光盘，以方便广大会员操作使用。在确保系统平稳运行的基础上，本会加强会员单位走访，面对面向使用单位讲解系统功能，对系统存在的信息更新、网速等问题进行了针对性完善，3秒即可获得查询结果，为会员提供了更加方便、快捷、实用的服务。

【会员交流走访】北京税收法制建设研究会加大会员走访工作力度，对13家集团会员单位开展了实地走访，不仅加强了会企交流，还便于有效了解、解决本会工作存在的问题。在尽最大可能为会员提供税收服务的同时，本会不断丰富拓展会员服务对象，增补名誉副会长和副秘书长各1名；新发展单位会员10家，个人会员63名。本会共有理事会员单位125家，个人会员214名，专家顾问21名。为便于开展会员服务工作，在已完成全部会员基础信息录入、开发使用会员管理软件、报备市法学会的基础上，开展了会员单位结构性分析，完善了会员单位管理制度建设。

【基础工作】北京税收法制建设研究会各部室立足本职，扎实做好各项基础工作，为本会各项重点任务的顺利开展提供了有力的保障。一是坚持会议制度。召开会长会2次，商讨研究会发展方向性问题；采取网络会议、网上审议召开常务理事会2次，简化了会议流程，缩短了会议时间，提高了会议质量；召开常务副会长办公会8次，由常务副会长王京华主持，全面听取各部室上月工作开展完成情况和下月工作安排，分析工作中存在的问题、难点；办公会制度的坚持执行，为督促、指导规范高效的开展工作起到了不可或缺的作用。二是做好财务保障工作。完成本会非营利收入免税资格审批及后续备案工作；完成开具国地税发票资格审批手续，具备开票资格；完成民政部门会费收据换购工作；完成企业所得税年终汇算清缴和个人所得税明细申报、代扣代缴工作。三是积极组织会费收缴工作。在向会员单位发放缴费通知书的同时，积极走访会员单位，取得会费收缴良好效果。截至2015年12月底，已逾70%的会员单位缴纳了会费。四是做好行政基础工作。完成本会年鉴、大事记、会议纪要等材料的编写、制度汇编印制和信息报送，以及本会年审资料上报审批工作；并积极做好会务服务等工作。

（翁　联）

文　选

依法治税是做好税收工作的根本保障*

杨志强

党的十八届四中全会作出全面推进依法治国的重大决策部署。依法治税作为依法治国的重要组成部分，反映了依法治国的内在本质要求，是依法治国在税收领域的具体体现。大力推进依法治税，是做好一切税收工作的根本保障。

一、依法治税的基本内涵

《中共中央关于全面推进依法治国若干重大问题的决定》深刻阐明了依法治国的原则和总目标，依法治税的基本内涵应当符合依法治国的核心精神。

（一）党的领导是依法治税的保证

建国以来，在党的领导下，我国税收法律体系逐步确立，税收职能作用有效发挥，为社会主义现代化建设提供了坚实的财力保障。只有坚持党的领导，才能充分动员、协调社会各界力量投入到依法治税的征程中。也只有坚持党的领导，才能保证税收工作始终代表最广大人民的根本利益，始终朝着正确的方向前进。

（二）人民群众是依法治税的主体

人民是税收的贡献者、历史的创造者，是一切力量的源泉。税收法治归根结底是人民的税收法治，其根本目的在于实现税收公平正义，更好地维护人民的根本利益。依法治税，必须高度重视并充分发挥人民和人民代表大会制度的重要作用，以人民群众为权利主体和最终归宿。

（三）平等公正是依法治税的核心

平等是社会主义法律的基本属性，税法是所有税收活动参与者应当共同遵守的行动准则。征税主体依法征税，纳税主体依法纳税，双方法律地位平等，在税法的规范下分别履行各自的职责或义务。此外，不同的纳税主体，无论何种性质、何等规模，也都应当平等地适用和遵守税法。

（四）道德教化是依法治税的补充

在重视税法规范作用的同时，要充分发挥道德的教化作用，大力弘扬社会主义核心价值观，推动全社会树立纳税光荣的正确意识，形成自觉纳税、诚信纳税的良好风气，增强依法治税的道德底蕴，营造良好的社会氛围，从而使依法治税收到事半功倍之效。

（五）立足实际是依法治税的基础

只有立足我国税收工作实际，找准并正视税收立法、执法、司法、守法等各方面存在的问题，并以切实可行的方式予以解决，税收工作才能不断取得进步。可以借鉴发达国家税收法治建设的有益经验，但一定要与我国的税收工作实际相契合，避免照抄照搬，造成水土不服。

* 本文发表于《中国税务》2015 年第 1 期。

（六）税收法治是依法治税的目标

大力推进依法治税，逐步建成并不断完善中国特色社会主义税收法治体系。在这个体系中，所有税法主体都牢固树立税法至上的理念，税法权威得到全社会虔诚的尊重和良好的维护。税收立法完备、执法严格、司法公正、守法自觉，此即税收法治。

二、依法治税的重要意义

法治是治国理政的基本方式。古人云，“背法而治，此任重道远而无牛马，济大川而无舡楫也。”税收存在的唯一形式是法律，税收工作自然应当以税法为根本遵循。大力推进依法治税，兼具理论和现实双重意义。

（一）从理论上说，依法治税是落实税收法定原则的必然要求

党的十八届三中全会明确作出“落实税收法定原则”的重要部署。税收法定原则作为税法的最高原则，在现代文明国家受到广泛认同和普遍奉行。税收法定原则是否落实、落实情况如何，已成为检验一个国家税收工作水平的重要标准。

落实税收法定原则，首先意味着要将税收征纳双方的权利（权力）和义务（职责）落实到法律文本上，这固然是重要的，并且也是依法治税的重要内容，但更重要的是，税收法定原则本身所包含的完善立法、严格执法、公正司法、全民守法的税收法治精神能够得到有效的贯彻落实。习近平总书记指出，“天下之事，不难于立法，而难于法之必行。”税收法治并不会依照纸面上的税法条文自动实现，“法律的生命力在于实施，法律的权威也在于实施”，税收法定原则的核心价值只有在税法的实施过程才能得到体现，而这个实施过程也必然只能是依法治税。

依法治税是对税收法定原则的生动实践和具体落实。只有大力推进依法治税，才能真正树立税法权威，让税收法定的崇高精神贯彻落实到税收工作实践之中，切实发挥其在税收征纳双方之间的平衡器作用，使国家税收利益和纳税人合法权益双双得到维护，从而实现国库充盈、征纳和谐、税收法治、人民满意。

（二）从现实来看，依法治税是改进税收工作现状的必然选择

目前，我国税收工作在立法、执法、守法等各方面存在诸多问题，深深地制约着税收职能作用的有效发挥，影响税收法治化的进程。

1. 税收法律体系不够健全。在我国现行税法体系中，税收基本法缺位，整个税法体系缺少必要的统领；税收实体法中，严格意义上的法律仅有三部，绝大多数税种尚无正式立法，而是由行政法规来进行规范；税收程序法忽视对纳税人权益的保护、缺乏对征税权力的制约，尚需大幅修订。这些都与税收在国家经济社会生活中的重要地位极不相称。税法体系不健全的问题不是孤立存在的，其影响是深远的。“法律是治国之重器，良法是善治之前提”，抛开成熟完善的税法体系这一“规矩”，税收工作必然难成“方圆”。也正因为税法体系不健全，税收工作中许多问题无法得到及时妥善的处理，只得依赖于各级财税部门制定的内容繁杂、效力层级过低的规范性文件，而这种做法又进一步削弱了税法权威，导致税法遵从度的降低。

2. 税收执法水平有待提高。“法定职责必须为”是对行政机关的基本要求，但在实践中，一些税务机关对纳税申报管理不严、对欠税管理不力、不征或少征税款、不依法加收滞纳金等问题依然存在，导致国家税收利益受损。另外，受

"重实体、轻程序"观念的影响，税收执法人员普遍对执法程序的重要性认识不足，执法不规范甚至乱作为的现象比较常见。例如，在税收行政处罚中剥夺纳税人陈述、申辩的权利，退税审批超过时限等，不但影响执法的严肃性，且易招致执法风险。此外，由于税收行政裁量权较少受到制约，权力滥用、随意裁量的情况屡见不鲜，往往给纳税人带来诸多不便，违背税收执法的合理性原则，甚至出现行政腐败、权力寻租。

3. 税收工作环境尚需改善。目前，我国崇尚税法、遵守税法、依法纳税、诚信纳税的良好社会风气并未完全形成，一些纳税人的纳税意识依然淡薄，甚至不惜冒违法犯罪的危险逃税、逃避追缴欠税、骗税、抗税，给税收征管工作带来相当大的困难。同时，由于各部门、各单位之间的信息共享渠道很不畅通，税务部门很难获取必要的甚至关键的涉税信息，在请求协助时常常会遭遇不配合甚至阻挠。此外，一些地方政府为了满足地方财政需要，往往轻易调增税收指标，违反税收和市场经济发展的客观规律，不利于税收工作的正常开展。

以上几方面的问题，既是不依法治税的集中体现，也是不依法治税的严重后果，归根结底要通过依法治税予以解决。

三、依法治税的努力方向

依法治税是一项系统工程。大力推进依法治税，做好税收工作，顺利实现国家税务总局提出的税收现代化目标，需要多管齐下、多措并举。

（一）加强税收立法，构建完备的税收法律体系

一是要完善税收立法体制，全面提升税收立法层级，由全国人大及其常委会主导税法的立改废释工作，逐步取消税收授权立法，尽快将各税种行政法规上升为法律。二是要修改《宪法》中的涉税条款，以根本大法的形式确立国家征税权的合法性，并对其行使进行严格的约束，确认纳税人享有的涉税权利。三是要修订税收程序法，明确基本税法概念，确立税收法定、征纳平等、税收信赖保护、诚实推定、实质课税、公平公正、便民效率等基本原则，修改完善有关税收行政裁量权、以票控税、税收保全和行政强制、税收优先权等的规定，加强对纳税人合法权益和国家税收利益的保护。

（二）完善税收执法，加快建设法治型税务机关

一是要按照法治要求履行职责。税务机关要充分尊重税法权威，不断强化程序意识、责任意识和平等公正意识。推行权力清单制度，消除权力设租寻租空间，做到执法必严、违法必究，避免出现有案不移、以罚代刑的现象，同时要正确认识自身定位，做到合法、合理行政，不得违法为纳税人设定义务。二是要保证税收执法公开透明。深化政务公开，提高税收执法工作的透明度，保障纳税人的知情权。三是要全面落实税收执法责任制。严格确定不同部门、岗位的执法责任，完善责任追究机制，严防不作为、乱作为、失职、渎职和腐败现象的发生。

（三）增强全社会税收法治观念，营造良好治税环境

一是要提升人民群众的依法纳税意识。增强税法宣传的针对性和有效性，引导纳税人学习、掌握税法，树立"以自觉诚信纳税为荣，以税收违法犯罪为耻"的正确理念。二是要提升全社会的协税护税意识。增强各部门、各单位协税护税的责任感、使命感，杜绝对税收执法工作的干扰，促使其自觉履行涉税职责或义务，共同推进依法治税。三是要强化税收执法外部监督。充分

发挥党内监督、人大监督、行政监督、民主监督、司法监督、审计监督以及社会舆论监督的作用，构建完善的税收执法外部监督体系，增强对税收执法工作的监督合力和实效。

完善中关村示范区高新技术企业税收政策研究*

杨志强

近年来，税收优惠政策对中关村国家自主创新示范区（以下简称“中关村示范区”）高新技术企业的发展和壮大有着举足轻重的作用。但从效果看，该政策本身还存在不足，执行中也遇到一些问题。本文对中关村示范区高新技术企业税收优惠政策进行了研究，分析了税收优惠效果，剖析了税收优惠政策和执行中存在的问题，提出了完善中关村示范区高新技术企业税收政策的建议。

一、完善中关村示范区高新技术企业税收政策的必要性

（一）推动实现国家和北京市科技战略目标的需要

2009年3月，国务院批复同意建设中关村国家自主创新示范区，此后又批复《中关村国家自主创新示范区发展规划纲要（2010—2020）》，调整中关村国家自主创新示范区空间规模和布局，明确中关村示范区战略定位和发展思路，并要求把中关村建设成为具有全球影响力的科技创新中心、创新型国家建设重要载体。为适应中关村示范区发展需要，国家成立了由21个部委组成的中关村科技园区建设国家自主创新示范区部际协调小组，北京市也成立了中关村国家自主创新示范区领导小组，加强政策研究，指导工作开展，先后出台八条中关村示范区先行先试税收政策，一部分政策在取得效果的同时已面相全国范围进行推广。

（二）强化首都城市战略定位和推动京津冀协同发展的需要

中关村示范区作为科技创新和产业升级的聚集区对强化首都城市战略定位和推动京津冀协同发展具有举足轻重的地位。中关村示范区通过大量的、高精尖的科技创新成果，一方面，为实现首都文化中心和科技创新中心核心功能做出重要的贡献；另一方面，对推动北京市产业结构升级以及京津冀协同发展也有重要意义。因此中关村示范区税收政策也应顺势而为，有效引导中关村示范区高新技术企业成为强化首都城市战略定位和推动京津冀协同发展的重要力量。

* 本文发表于《北京调研》2015年第4期，《税务研究》2015年第10期。

（三）提高中关村示范区税收政策效果的需要

2008 年企业所得税改革，无论园区内、还是园区外均执行25%的统一税率，符合条件的高新技术企业享受15%的低税率政策，园区内外的税率差距消除了。这充分体现了税收公平原则，但也引发中关村示范区内企业户数下降。从2010年开始，国家出台中关村示范区先行先试的税收政策，取得了一定效果，企业户数趋于稳定。然而目前的税收政策仍存在优惠着力点不够精准、优惠力度不够、优惠形式不够合理、优惠期限不确定、优惠条件和标准需调整等问题，因此有必要进一步完善和补充。

二、中关村示范区高新技术企业税源、缴税和税收优惠情况

（一）中关村示范区高新技术企业税源户情况

中关村科技园区成立以来，区内入驻各类企业户数不断增加，从 1996 年的 4500 户增加到 2007 年的 21000 户，2008 年实施新的企业所得税法、基本取消中关村科技园区特殊的税收优惠后，企业户数从 2007 年的 2 万余户下降到 2008 年的 1.8 万余户，而后，中关村科技示范区企业户数稳中微降，截至 2013 年底，中关村示范区企业户数约为 1.8 万余户，与 2008 年户数基本持平，其中各类高新技术企业约 1.6 万余户。

（二）中关村示范区高新技术企业缴税情况

近年来，随着中关村示范区高新技术企业发展壮大，其对国家和我市税收收入贡献越来越大，为首都经济社会发展提供了强大的财力保障。2008—2013 年高新技术企业缴税情况见表 1：

表 1　　**中关村示范区高新技术企业缴税情况统计表（地税分管）**　　单位：万元/户

项　目	合计	2008 年		2009 年		2010 年		2011 年		2012 年		2013 年	
	金额	户数	金额	户数	金额	户数	金额	户数	金额	户数	金额	户数	金额
营业税	4654659	10933	589837	10043	683036	9512	764869	9333	1021382	9384	1089794	4622	505741
企业所得税	1749137	2670	168705	2432	146235	2324	225490	2311	307582	2360	410232	2798	490893
个人所得税	7164145	15963	736664	13895	845312	12806	999847	12280	1318069	11999	1418090	14362	1846163
城市维护建设税	1432296	15440	93013	13567	107737	12438	122510	13216	296737	13168	367564	15176	444735
房产税	491112	1913	38580	2147	60700	2132	66479	2170	83805	2227	103963	2780	137585
印花税	416174	2990	38283	3468	44735	3392	57956	3703	68447	4241	90755	5249	115998
城镇土地使用税	88509	2129	9928	2107	12683	2091	12287	2130	14831	2188	17287	2716	21493
土地增值税	155789	49	6117	46	8739	39	29286	43	27684	44	26404	63	57559
车船使用税	6655	7748	1440	7544	1308	7384	1716	7313	1991	342	55	420	145
契税	52855	105	4599	122	9901	113	9248	93	11628	72	3739	131	13740
教育费附加	635271	15438	40755	13567	47945	12437	53914	13215	130938	13165	162113	15176	199606
文化事业建设费	122835	144	10793	173	16673	173	24132	188	36813	193	34733	22	-309
地方教育附加	222102									12650	88789	15084	133313
合　计	17191539		1738714		1985004		2367734		3319907		3813518		3966662

数据来源：企业名单来源于中关村管委会，经北京市地方税务局纳税申报系统查询整理。

从地税所管企业缴税（费）规模看，2008—2013年所管企业缴税（费）由2008年的174亿元增加到2013年的397亿元，增幅为128%，平均增幅为25%；特别是扩园后，从2010年的237亿元猛增加到2011年的351亿元，增幅为38%。

从地税所管企业缴税（费）构成看，2008—2013年中关村示范区企业共缴纳各类税费1719亿元。其中，缴纳营业税约466亿元，占比约27%；缴纳企业所得税175亿元，占比约10%；代缴个人所得税716亿元，占比约42%；缴纳城市维护建设税143亿元，占比约8%；缴纳房产税49亿元，占比约3%；缴纳土地增值税16亿元，占比约1%；缴纳印花税42亿元，占比约2%；缴纳教育费附加86亿元，占比约5%；缴纳其他税费26亿元，约2%。以上可以看出营业税、代缴的个人所得税、企业所得税、财产行为税（包括城市维护建设税、房产税、土地增值税、印花税）、教育费附加等成为中关村示范区企业缴纳的主要税（费）种。

（三）中关村示范区高新技术企业税收优惠情况

1. 普惠性税收优惠情况。普惠性税收优惠是在我国所有区域范围内的高新技术企业普遍施行的税收优惠，2008—2013年中关村高新技术企业享受普惠性税收优惠情况见表2：

表2　　中关村示范区高科技企业普惠性税收优惠表（地税管户）　　单位：万元/户

项　目	合计	2008年		2009年		2010年		2011年		2012年		2013年	
	金额	户数	金额	户数	金额	户数	金额	户数	金额	户数	金额	户数	金额
营业税	72360	335	7067	245	9833	195	5626	220	18855	263	19475	196	10385
企业所得税													
其中：免税收入	1730406	725	181880	585	151982	605	229667	658	244971	603	331400	656	587399
减计收入	23425	542	1811	429	2549	392	3030	463	4685	407	3474	429	5756
研发费用加计扣除额	1151771	604	87059	259	90385	279	125387	327	206901	374	257675	539	382586
技术转让减免所得	47374	408	4899	22	5884	10	2244	8	2753	9	2452	11	29082
国家重点扶持高新技术企业	790764	753	39975	577	74825	610	93948	664	146819	702	206407	896	225341
创业投资企抵扣应税所得额	1812	464	735	2	350			1	0			1	723

数据来源：企业名单来源于中关村管委会，经北京市地方税务局纳税申报系统查询整理。

数据显示，中关村示范区高新技术企业享受的普惠性政策有如下特点：

（1）企业所得税优惠是主要的政策优惠。企业所得税免税收入、研发费用加计扣除、高新技术企业减免税是三大类税收优惠。从享受政策的数额来看，2008—2013年，免税收入约173亿元，研发费用加计扣除额近115亿元，享受15%低税率的高新技术企业减免税额近79亿元，数额较大。但是享受政策的户数还不够多，因此高新技术企业优惠政策还有待进一步完善和落实，提高政策覆盖面。

（2）海淀、昌平功能拓展区减免税占比高，受益较大。中关村高新技术企业减免税额的近70%分布在城市功能拓展区，海淀区和昌平区位列前二位，其中海淀区占比超过40%，海淀园区对高新技术企业的引领推动作用巨大。

（3）企业所得税优惠金额增速高。2008—2013年，中关村园区高新技术产业企业所得税减免额高速增长。其中，研究开发费用由2008年的87059万元增加到2013年的382586万元，增长4.4倍；15%低税率减免企业所得税由2008年的39975万元增加到225341万元，增长5.6倍；技术转让减免所得由2008年的4899万元增加到2013年的29082万元，增长5.9倍，增速最高。

2. 特惠性税收优惠情况。特惠性税收优惠是专门针对中关村示范区内高新技术企业出台的税收优惠政策，2010—2013年中关村高新技术企业享受特惠性税收优惠情况见表3：

表3　　中关村示范区高新技术企业特惠性税收优惠情况表　　单位：万元/户

项　目	2010年		2011年		2012年		2013年	
	户数	金额	户数	金额	户数	金额	户数	金额
研究开发费用加计扣除试点政策	56	29780	65	38044	82	33544	86	63947
职工教育经费税前扣除试点政策	71	1344	81	2191	106	1731	103	3903
高新技术企业认定管理试点政策	89	22295	99	31258	124	40131	134	40441
股权奖励个人所得税试点政策							1	1530
技术转让企业所得税试点政策							10	713
转增股本个人所得税试点政策							2	308

数据来源：企业名单来源于中关村管委会，经北京市地方税务局纳税申报系统查询整理。

以上数据表明，中关村示范区内高新技术企业特惠性税收优惠政策取得了一定效果，但享受优惠政策的户数和金额都有进一步提升的空间。有必要完善现行政策，发挥好先行先试和引领示范作用。

三、中关村示范区高新技术企业税收优惠政策及效果分析

（一）中关村示范区高新技术企业税收优惠政策内容

1. 普惠性税收政策。普惠性税收优惠是在全国范围内符合规定条件的高新技术企业或者从事高新技术生产经营活动以及科技研究开发活动等普遍实施的税收优惠，普惠性税收优惠主要包括增值税、营业税、企业所得税和财产行为税等政策。增值税优惠政策主要包括对进口的用于科学研究、科学试验和教学仪器、设备、配件以及引进的先进技术免征增值税，对自行开发或进口软件进行本地化改造后销售的软件产品即征即退增值税，“营改增”后对符合条件的技术转让、技术开发业务和与之相关的技术咨询、技术服务业务取得的收入免征增值税，对服务外包示范城

市符合条件的企业从事离岸服务外包业务取得的收入免征增值税等。营业税优惠政策主要包括科技孵化器向孵化企业出租场地、房屋以及提供孵化服务的收入，免征营业税。企业所得税优惠政策主要包括：对符合条件的高新技术企业按15%低税率征收企业所得税、研究开发费用加计扣除政策、技术转让减免所得税政策、创业投资企业抵扣政策、加速折旧政策、减计收入政策、符合条件的软件和集成电路企业减免企业所得税政策等。这些政策立足于国家科技和经济发展战略，从不同的目标和方向、采取不同的税收优惠方式，对科学技术进步以及高新技术等新兴和战略性产业发展予以税收政策扶持，减轻企业税收负担。

2. 特惠性税收政策。特惠性税收优惠是专门针对中关村示范区内高新技术企业税收优惠。这些政策包括：在中关村示范区范围内研究开发费用加计扣除试点政策、职工教育经费税前扣除试点政策、股权奖励个人所得税试点政策、高新技术企业认定管理试点政策、有限合伙制创业投资企业法人合伙人企业所得税试点政策、技术转让企业所得税试点政策、企业转增股本个人所得税试点政策、开展高新技术企业认定中文化产业支撑技术等领域范围试点等。其意义在于：研究开发费用加计扣除政策有利于激励示范区企业发挥创新资源优势、提高自主创新能力。职工教育经费扣除政策有利于支持企业加大教育经费投入、培养和凝聚科技人才、鼓励科技人员通过技术贡献获取经济收益。有限合伙制创业投资企业法人合伙人企业所得税政策有利于壮大有限合伙制创业投资企业的资金规模、引导创业投资企业更多地投资中小型科技企业。将“非独占许可使用权”转让纳入技术转让税收优惠政策范围，较好地解决高科技企业以科技成果作价投资增值缴纳企业所得税问题，促进技术成果商品化。中关村中小高新技术企业转增股本政策，解决了个人股东无力缴纳个人所得税问题，调动了资本再投入的积极性，有利于企业做大做强。

（二）中关村示范区高新技术企业税收政策执行效果

1. 低税率政策减轻企业负担，促进企业发展。从地税管户来看，2008—2013年共有4202户次企业享受15%低税率减免税，与25%的法定税率比较，减免企业所得税79亿元。这些政策减轻了企业负担，对科技创新有显著作用，有效聚集科技创新资源，促进了企业发展。比如北京数码视讯科技股份有限公司及其所属企业，既享受了高新技术企业、重点软件企业等低普惠性优惠政策，也享受了示范区研发费用加计扣除等特惠性优惠政策，2008—2013年低税率政策减税7362万元，研究开发费用加计扣除额为7112万元，减免税和研究开发加计扣除额占该企业2008—2013年研究开发投入3亿元的近一半，税收优惠政策为企业研究开发提供了巨大的资金帮助，企业研发取得良好效果，从2009—2013年共取得专利44项。①

2. 研发费用加计扣除促进高新技术企业技术创新。北京市地方税务局通过对企业所得税各类减免税对高新技术企业发展影响因素进行线性回归模型分析，认为减免税与研究开发内部经费支出高度线性相关，较大程度上影响了高新技术企业的研发支出，减免税促进了研究与开发支出增长。② 从地税所管户来看，2008—2013年中关

① 数据由北京数码视讯科技股份有限公司提供。
② 结论来源于北京市地方税务局课题《促进企业技术创新的税收政策研究》，《税收研究资料》2014年增刊，32页。

村示范区高新技术企业共有4202户次企业享受研发费用加计扣除政策，企业所得税前扣除研发费用额97亿元。

3. 股权奖励及转增股本个人所得税和职工教育经费税前扣除政策凝聚高新人才。股权奖励个人所得税和职工教育经费税前扣除政策是专门给予中关村示范区高新技术企业的特惠性税收优惠，集中体现了税收政策对企业涵养科技人才的引导。截至目前，北京市有1户企业按政策规定向主管税务机关提交了备案材料，经税务机关审核享受股权奖励分期缴纳个人所得税政策，企业股权奖励总金额为1530万元，奖励人数共计23人。自2013年9月29日企业转增股本试点政策发布以来，共有2家企业在我局办理转增股本个人所得税备案，转增股本总金额1850万元，涉及企业个人股东49人，应纳税总额308万元。此外，在地税管户中，2010—2013年共有361户次企业享受职工教育经费税前扣除政策，税前扣除职工教育经费近亿元。

四、中关村示范区高新技术企业税收优惠政策存在问题

中关村示范区高新技术企业税收优惠政策对企业技术创新起到积极作用，但是现行税收优惠政策，特别是先行先试特惠政策及其实施还存在问题和不足，政策效果未能充分体现，这些问题和不足主要表现在以下几个方面：

（一）优惠着力点不够精准，影响政策目标实现

高科技企业的发展经过设立—成长—成熟等不同阶段。针对企业不同的发展阶段，应从税收扶持政策的整体角度出发，系统地设计示范区扶持政策。但现行优惠政策比较笼统、泛化，没有对企业不同的发展阶段施以不同的优惠，优惠着力点不够精准，影响税收优惠政策目标实现。如企业在设立初期规模较小、资金短缺、市场占有率低，难以享受现行高新技术企业优惠政策，所以政府应给予其他的政策优惠，目前这方面政策不多。企业在成长阶段，生产经营以及市场都具备了一定条件，更需要壮大内在动力，发挥员工积极性，运用好对员工股权激励税收政策，但是现行股权激励政策存在股权奖励“门槛高”、政策优惠力度有限、非上市公司股权变更受到法律限制等问题，政策效果不显著。

（二）优惠力度不够，期限不确定，影响政策效果

现行中关村先行先试政策对促进企业科技创新等作用力度不大、作用有限，没有从根本体现鼓励企业自主研发、降低投资风险的政策导向作用，企业受惠面偏小。比如转增股本政策规定分期纳税时间最长不得超过5年，但多数中小高新技术企业从初创到上市大约需要10年，5年期股东一般难以取得现金流，仍存在纳税困难问题，政策力度有限。又如中关村示范区有限合伙制创业投资企业法人合伙人投资抵免政策，范围仅局限于法人部分抵免，自然人部分没有优惠，有失税收公平，也影响了政策效果。此外，优惠政策执行期限往往规定2～3年，期限比较短，需要不断延长，因此政策期限具有不确定性，影响政策的吸引力。

（三）优惠形式不够全面，政策综合作用发挥受限

现行优惠政策形式不够全面，缺少技术研发准备金制度等优惠政策，未能发挥其在科技创新中的特殊作用。技术研发准备金制度是为促进技术创新、降低研究开发投资风险而设立的一项专门制度，即企业所得中用于技术研究开发用途的所得可作为准备金处理而不征所得税。国外不少

国家建立技术研发准备金制度，我国在会计制度中明确企业可以建立研发准备金制度，根据研发计划及资金需求，提前安排资金。但在税收制度中，未明确研发准备金可以税前扣除。因此，为加大科技创新力度，考虑在中关村示范区内试行研发准备金税前扣除政策。

（四）优惠条件和标准不够科学，政策难以落地

第一，2008 年制定的高新技术企业认定管理办法认定条件较为严格，在自主知识产权、高新技术领域、研发费用指标、高新技术收入指标、科技研发人员指标和专家整体评价等方面规定了许多标准，这些标准具备同时存在难度。第二，研发费用加计扣除使用同一个标准不合理。行业不同研发费用支出的重点就会有差异，但目前研发费用加计扣除未考虑行业差别，使用一个标准，会造成税负不公平。第三，研究开发费用项目归集范围过严。如与研发相关的房屋折旧费、调研活动差旅费等不能加计扣除，使企业享受政策的程度减弱。第四，职工教育经费使用范围偏窄。企业职工教育经费使用范围主要用于一线职工上岗、在岗教育和培训，企业职工参加社会上的学历学位教育以及高级管理人员的各类培训费用未纳入使用范围。

（五）政策执行程序复杂，影响政策积极性

首先，程序复杂，资料繁多。企业享受政策时要向主管税务机关备案，须提供科技创新创业税收政策综合备案表、高新技术企业证书、在园区内注册证明等资料以及其他一些专门资料。这些资料需要税务、科技、园区管委会等多个部门提供，程序非常复杂。其次，口径不统一。企业享受政策时需要按相关部门要求提交申请材料，但申请材料中对同一指标统计口径存在差异。因此有必要完善政府部门协调机制，共享信息，统一口径。

（六）推动高新技术辐射效应不强，致使京津冀协同不力

由于中关村示范区高新技术具有显著的高新技术引领、积聚以及辐射效应，因此其理应在京津冀协同发展过程中，发挥重要作用。但从实际情况看，北京的科技创新优势对天津、河北的辐射带动作用并不显著。2013 年，北京市制造业技术合同中流向外省市的成交额为 23.5 亿元，其中流向天津、河北的仅为 0.3 亿元和 1.8 亿元，[①] 天津、河北均为制造业大省，运用先进技术升级改造传统制造业以及发展高端制造业需求很大，因此亟须出台相关税收优惠政策，强化对中关村示范区高新技术的辐射效应，促进京津冀协同发展。

（七）地方政府缺乏税收政策管理权，难以形成合力

目前，中关村示范区高新技术企业先行先试税收政策都由中央统一制订，未给予地方根据本地实际情况细划中央税收优惠政策或者制订符合地方实际的优惠政策管理和操作办法的权限，使中央和地方政府难以形成合力。

五、完善中关村示范区高新技术企业税收政策建议

完善中关村示范区高新技术企业税收政策要以促进示范区自主创新产业和京津冀协同发展为目标，结合高新技术企业成长特点，在总体上不与现行税收政策方向相违背、并符合我国未来税制改革方向和税收政策重点支持领域的前提下，针对目前中关村示范区税收政策存在问题和不

① 资料来源：《京津冀第二产业协同发展问题分析》北京市统计局、国家统计局北京调查总队统计报告〔2014〕37 号。

足，提出如下政策建议：

（一）科学确定税收优惠着力点，提高税收针对性

针对企业不同的发展阶段，应从税收扶持政策的整体角度出发，系统地设计示范区扶持政策。

1. 设立初期的税收政策。在设立初期，建议在中关村示范区内新设的高新技术企业可以适当放宽小型微利企业标准限制，对不符合条件享受15%低税率的高新技术企业、可在5年内享受小型微利企业20%的税率，小型微利企业标准可比照《财政部、国家税务总局关于中关村国家自主创新示范区企业转增股本个人所得税试点政策的通知》（财税〔2013〕73号）规定的中小高新技术企业标准。

2. 成长期的税收政策。针对中关村示范区股权激励税收政策存在问题，建议将个人获得股权奖励应缴纳的个人所得税，延迟到个人股权转让时一并征收，解决企业和纳税人无现金流纳税的后顾之忧，充分调动个人促进企业发展的积极性。

（二）加大政策力度，延长优惠政策期限

1. 加大政策力度。建议把5年分期缴纳个人所得税期限延长，可将转增股本的个人所得税延迟到个人转让股权时一并征收。对于2013年以前发生转增股本且纳税有困难的企业，凡2013年度末符合中小高新条件的，按文件规定享受分期纳税的优惠政策；对于不符合中小高新条件的企业，不享受分期纳税的优惠，但不予处罚和加收滞纳金。

2. 加大投资税收抵免力度。对注册在中关村示范区内的合伙型创业投资企业，投资于京津冀产业园区的创投企业和中小型高新技术企业2年以上（含2年），按其投资额的70%抵扣该合伙型投资企业的应纳税所得额。

3. 延长政策执行期限。将现行中关村示范区内高新技术企业先行先试政策执行期限统一延长到2020年底，增强企业政策预期，鼓励更多高新企业入驻中关村示范区。

（三）完善税收优惠形式，建立科技研发准备金制度

建立适合我国特点的企业研发准备金税前扣除制度，并在中关村示范区先行先试。中关村示范区内高新技术企业可以从营业收入中提取1%的研究开发准备金，专门用于企业研究开发投入，并可在企业所得税前扣除，改变用途的要缴纳企业所得税。首先要抵扣当年与研究开发相关的费用，对符合加计扣除条件的研究开发费用，可从准备金中抵扣100%，另外的50%可在计算应纳税所得额时按规定扣除。当年有节余的，留备以后年度使用，当年不足抵扣，可在计算应纳税所得额时按规定扣除。

（四）调整优惠条件和标准，使优惠政策真正落地

1. 调整高新技术企业认定标准。一是扩大高新技术领域范围，根据国家确定的节能环保、高端装备制造、新能源汽车等战略性新兴产业，研究更新高新技术领域，扩展政策的优惠面和针对性，对重点领域给予特定的支持。二是增加自主知识产权内容，进一步放宽标准，对于企业通过自主研发、受让、受赠、并购等方式取得的技术秘密（指权属明晰、没有产权纠纷的技术秘密）纳入核心自主知识产权指标范围。三是细化研发费用指标。建议对销售收入数额偏大的企业研发费用比例作进一步分档，使认定条件更加科学合理。

2. 扩大允许加计抵扣的费用范围。统一税收与企业财务会计研发费用归集标准。参照《财政部关于企业加强研发费用财务管理的若干意

见》（财企〔2007〕194号）规定，将专门用于研发活动的房屋（如企业研发机构）的折旧费、租赁费，与研发活动直接相关的会议费、差旅费、办公费等，知识产权的申请费、注册费、代理费，外聘研发人员的劳务费等纳入研发费用加计扣除范围，从而减少与纳税人和外部审计的争议，便于基层税务部门和纳税人执行。

3. 扩大职工教育经费使用范围。本着鼓励企业加大教育投入、培育高技能管理人才的原则，将高级技术人员、高级管理人员的培训经费投入作为职工教育经费的扣除范围。同时将企业职工参加社会上的学历学位教育支出的经费等纳入教育经费使用范围，支持企业培养科技创新型人才。

（五）完善政策实施程序，强化政策落实效果

1. 简化程序，方便政策实施。针对申请优惠政策程序复杂，提供表格多，核算较难等问题，建议从中央各部门层面整合和简化各类表格，进一步明确和细化标准，并以正式文件明确，便于基层税务部门落实政策，也便于企业享受政策。

2. 统一口径，加强协调配合。针对国务院不同部门对研发费用归集范围口径的不统一，建议加强政府部门之间协调配合，建立信息共享机制，统一研发费用归集指标和数据口径。将科技部、财政部、国家税务总局关于《高新技术企业认定管理办法》及工作指引规定的研发费用归集范围，作为加计扣除的范围标准。同时明确燃料和动力费用分摊标准，细化新产品设计费、新工艺规程制定费以及研发成果的论证、评审、验收费具体内容。

（六）顺应京津冀协同发展需要，出台相关优惠政策

1. 扩大中关村示范区先行先试税收政策适用范围。为更好地发挥中关村示范区高新技术辐射作用，促进形成区域协同创新共同体，建议将中关村示范区先行先试税收政策适用范围扩大至首都国际机场临空经济区、首都新机场临空经济区、天津滨海新区、曹妃甸现代产业园区以及京津冀区域其他符合条件的产业园区。

2. 出台促进京津冀协同创新产业链税收优惠政策。为促进区域科技资源优化配置、弥合创新差距，贯通产业链条，建议对中关村示范区科技创新企业在天津、河北设立的分公司或与天津、河北企业合资成立的公司，从事科技成果转化和生产制造科技产品的，自第一个获利年度起，享受企业所得税“三免三减半”税收优惠政策。对中关村示范区科技创新企业将将专利申请权、专利实施许可和技术秘密等其他特许使用权转让至天津、河北企业的，在一个纳税年度内转让所得不超过1000万元部分予以免征企业所得税，超过1000万元部分减半征收。

3. 制定鼓励京津冀区域科技金融创新的税收优惠政策。为增强科技金融创新实力，建议对注册在中关村国家自主创新示范区的互联网金融企业，从中小型科技创新企业取得的贷款利息收入，自2015—2020年免征企业所得税、营业税、增值税。

（七）赋予地方政府适当政策管理权，增强政策效果

建议中央适当赋予地方政府有关中关村示范区税收政策管理权限，允许地方政府细化中央税收优惠政策或者制定符合地方实际的优惠政策管理和操作办法，也可就收入归地方政府的税种制定一些促进中关村示范区高新技术企业发展的优惠政策，发挥中央和地方政府的合力作用，增强政策落实效果。

京津冀协同发展税收问题研究*

京津冀协同发展税收问题研究课题组

2014年2月，习近平总书记在视察北京工作时要求从加强顶层设计、加大对协同发展的推动、加快推进产业对接协作、调整优化城市布局和空间结构、扩大环境容量生态空间、构建现代化交通网络系统、加快推进市场一体化进程等七个方面推动京津冀协同发展，京津冀协同发展由此上升为国家战略。2014年9月，京津冀协同发展领导小组第三次会议明确将交通一体化、生态环境保护、产业协同发展作为三个率先突破的重点领域。2014年10月，习近平总书记作出重要指示，强调京津冀协同发展核心是三地作为一个整体协同发展，根本要靠创新驱动，应选择有条件的区域率先推进，通过试点示范带动其他地区发展。2014年12月，中央经济工作会议明确提出，在优化经济发展空间格局上，重点实施“一路一带”、京津冀协同发展、长江经济带三大战略。习近平总书记重要指示精神和党中央、国务院战略部署，为在新的起点和更高水平上推动京津冀协同发展指明了方向。

为贯彻落实习近平总书记重要指示精神和党中央、国务院战略部署，国家税务总局成立了京津冀协同发展税收工作领导小组，提出了统一办税平台，资质互认、征管互助、信息互通的工作要求，并将《京津冀协同发展税收问题研究》作为2014年重点科研课题，指定北京市地税局牵头，三省市税务部门合作完成。本课题以习近平总书记重要指示精神为指引，系统阐述税收支持京津冀协同发展的重要意义、主要任务、基本原则，从税收视角分析京津冀区域经济发展特点，研究税收支持京津冀协同发展面临的主要问题并提出建议，以期为国家层面的顶层设计和科学决策提供参考。

一、税收服务京津冀协同发展的重要意义、主要任务、基本原则

（一）重要意义

税收具有筹集收入、调控经济、调节分配的重要职能作用，是政府财政收入的主要来源和实施宏观调控的重要手段。积极发挥税收职能作用服务京津冀协同发展，有利于发挥税收在鼓励创新创业上的既有优势，激发区域创新创业的潜能与活力，促进形成京津冀协同创新共同体；有利于为京津冀协同发展提供稳定、均衡的财力保障和实效性、操作性强的税收政策支持，特别是为交通一体化、生态环保、产业转移、城市布局优化等战略任务提供资金、政策支持；有利于通过

* 本课题为国家税务总局2014年度重点科研项目，本文刊载于《经济日报》2015年7月19日第3版、《中国税务报》2015年8月26日B1版，发表于《北京改革调研报告》2015年第2期、《北京调研》2015年第6期，并收录于由中国税务出版社出版的《税收服务京津冀协同发展的研究与探索》一书。2016年1月获北京市常务副市长李士祥批示。

税收政策先行先试、核心业务创新、机制体制改革提升区域税收治理能力，发挥试点示范效应，为全国范围内的区域发展战略提供改革经验。

（二）主要任务

京津冀协同发展作为国家战略，意义重大，内涵丰富，影响深远。之前提出的区域发展战略如沿海特区开放、东北老工业基地振兴、西部大开发、中部崛起等，在改革路径上侧重于区域整体的跨越式发展，而京津冀协同发展是我国首次将省际间的协同发展上升为国家战略，着眼在攻坚，核心在协同，根本在创新，反映出在改革开放进入新的历史阶段，优化经济发展空间格局这个大战略被赋予新使命、新内涵、新常态。税收工作要更好地服务于京津冀协同发展，应正确认识这一新使命、新内涵、新常态，坚持以问题为导向，以协同为重点，以创新为根本，着力推进三方面工作：

第一，调整完善税收政策。包括调整现行的不利于区域协同发展的税收政策和出台有利于区域协同发展的先行先试税收政策，重点在于提高税收政策的科学性、规范性、针对性，以适应京津冀协同发展的需要。特别是在京津冀协同发展处于起步阶段的改革攻坚期，发挥税收政策的导向作用尤为重要。

第二，创新完善税收业务。包括创新纳税服务方式、推进税收征管协同等，重点在于突破现有税收行政管辖区划的局限性，提升税收便利化水平，为区域协同发展提供良好税收环境，以利于区域产业对接协作和市场一体化格局的形成。

第三，改革创新税收体制机制。包括创新区域税收利益分享机制、完善区域税收协作工作机制、建立区域涉税信息共享机制等，重点在于推进跨区域、跨部门合作，充分调动各方积极性、主动性、创造性，为税收服务京津冀协同发展提供机制体制保障。

（三）基本原则

第一，坚持税收法定原则。把握好市场与政府的关系。加快清理地方自行制定的税收优惠政策，发挥市场在资源配置上的决定性作用，促进市场主体公平竞争和生产要素自由流动，以利于区域统一市场的形成。在单纯依靠市场力量难以有效推进的重点领域，如交通一体化、生态环保、产业转移、城市布局优化等方面，应由国家层面有针对性地调整完善税收政策，更好地发挥税收调控作用，以破解京津冀协同发展面临的难题。

第二，坚持税收便利原则。把握好执法与服务的关系。坚持依法征税，应收尽收，严肃查处违法行为，有效化解税收风险。与此同时，在税务登记、纳税申报、咨询辅导、政策执行、发票管理、纳税清算等方面加快推进业务创新，全面推行便利化举措，营造法治、公平、高效、便捷的区域税收环境。

第三，坚持开放合作原则。把握好全局与局部的关系。跳出税收看税收，紧密围绕国家战略部署，研究税收工作存在的差距和发挥税收职能作用的着力点。创新完善税收工作体制机制，加强部门合作和信息共享，破除不利于协同发展的体制机制障碍和行政壁垒，增强税收服务区域协同发展的整体合力，形成协同、高效、透明、共赢的工作格局。

第四，坚持统筹兼顾原则。把握好主要矛盾和次要矛盾的关系。以税收政策调整为重点，以税收业务创新为基础，以税收体制机制完善为保障，统筹推进税收服务京津冀协同发展各项工作。三省市税务机关应统筹好服务京津冀协同发展与服务本省市经济社会发展的关系，围绕京津冀协同发展规划和三省市分规划要求深入开展调查研究，系统制定工作措施，积极研提政策建议。

二、税收视角下的京津冀区域经济发展特点①

京津冀经济总量、税收规模在全国具有突出地位；北京人才资源密集、文化底蕴深厚、科技创新领先；天津拥有北方最大的综合性港口和唯一的自贸区，现代制造业、商贸物流业发展势头强劲；河北自然资源较为丰富，劳动力相对充裕，经济体量及发展空间较大，推动京津冀协同发展具有较强的现实性和可行性。与此同时，三省市的经济实力、税收规模、科技水平、人口分布、公共服务等很不均衡，产业布局亟待优化，城市布局不够合理，环境承载已达上限，推动京津冀协同发展具有十分的紧迫性和艰巨性。这就需要我们从税收视角深入分析京津冀区域经济发展的阶段性特征，为税收支持区域协同发展提供决策依据。

（一）经济税收总量突出，内部不均衡性较为显著

从全国范围看，长三角、京津冀、珠三角②同为我国经济发展的重要引擎，不仅对全国经济具有辐射带动作用，对国家财力也具有举足轻重的影响。2013 年，三大经济区域的地区生产总值分别为 11.8 万亿元、6.2 万亿元、6.2 万亿元，税收收入分别为 3 万亿元、1.8 万亿元、1.4 万亿元，占全国税收收入的比重分别为 25%、15%、11.8%，合计完成税收收入③ 6.2 万亿元，占全国税收收入的比重超过五成（见图 1）。

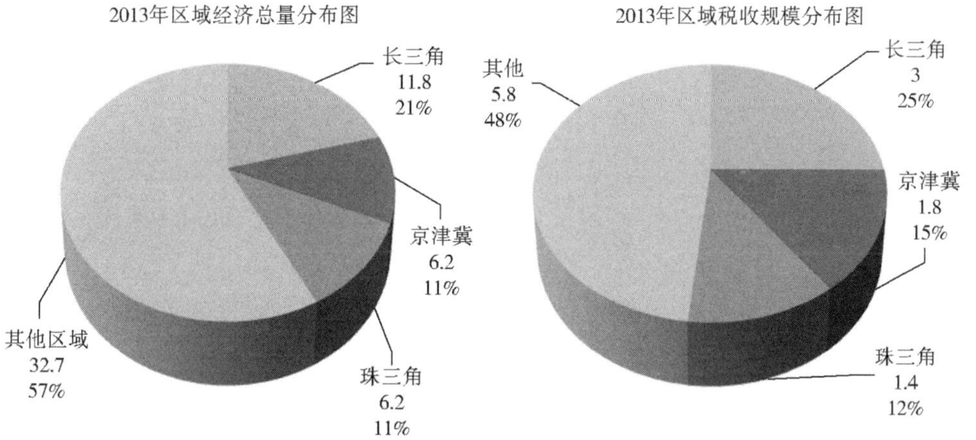

图 1 2013 年三大经济圈经济总量与税收规模比较 （单位：万亿元）

2011—2013 年，京津冀区域税收年均增速达到 12.8%，高于全国税收收入年平均增速 0.9 个百分点，高于长三角 4.2 个百分点，高于珠三角 3.3 个百分点。2013 年，京津冀区域税收收入较 2012 年增加 1720.2 亿元，对全国税收增长贡献率达到 18.7%，虽然税收总量仅为长三角的六成，但对全国的税收增长贡献率仅低于长三角 0.7 百分点，高于珠三角 8.4 个百分点（见表 1）。

① 本文数据来源除特殊说明外，其他均来自国家税务总局统计报表以及国家统计局网站。

② 受数据来源所限，本文长三角地区指上海市、浙江省、江苏省三省市，珠三角地区指广东省。

③ 本文税收收入为国家税总局口径收入合计，分别包括国税收入和地税收入。

表1 2013年三大经济区域的税收增速及税收增加额贡献情况表 单位：亿元

地　区	税收收入	近三年税收平均增速（%）	同期增加额	税收增长贡献率（%）
长三角	30008.1	8.6	1777.1	19.4
京津冀	18002.3	12.8	1720.2	18.7
珠三角	14111.7	9.5	947.4	10.3
全国合计	119943	11.9	9179	

可以看出，京津冀区域作为新的经济增长极，其经济总量与税收规模在全国占有相当比重，推动区域协同发展具备雄厚的基础。如果京津冀协同发展能够顺利推进，不仅会对我国其他区域的发展形成示范引领作用，也必将对全国的经济发展和税收增长做出更为显著的贡献。

从京津冀区域横向比较看，三省市经济发展水平以及税收规模存在显著的不均衡性。2013年，京津冀三省市地区生产总值分别为19500.6亿元、14370.2亿元、28301.4亿元，税收收入分别为10366.2亿元、4024.2亿元、3611.9亿元，占区域税收总量的比重分别为57.5%、22.4%、20.1%。北京市的税收规模分别为津、冀地区的2.6倍和2.9倍（见图2）。

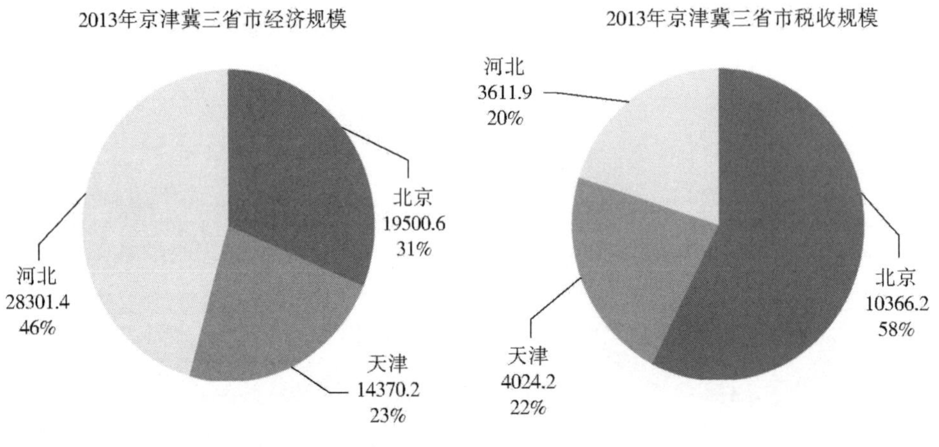

图2 京津冀三省市经济总量与税收规模比较 （单位：亿元）

2013年，京津冀三省市每百亿元GDP的税收贡献分别为53.2亿元、28亿元、12.8亿元。北京每百亿元GDP税收贡献最高，主要在于总部经济的集聚效应和税源集约化管理程度较高。2012年北京市一级总部企业共实现税收收入3549.1亿元，占全市当年税收收入的38.6%，其中，中央级税收收入2980.5亿元。目前，国家税务总局设以及北京市国税局、地税局均设有大企业管理机构，在机构设置上实现了扁平化、专业化，有利于促进总部企业税收遵从，减少由于税源分散、监管不力以及地方自行制定优惠政策造成的税收流失，特别是总分机构汇总纳税政策有利于中央级税收收入的持续稳定增长。

2013年，北京和天津人均GDP超过1.5万美元，是河北的 2.5 倍，京津冀三省市人均税收收入分别为 49012.8 元、27338.3 元、4529.6 元，河北省人均税收收入不及北京市的 1/10、天津市的 1/6。人均财政支出差距较大导致区域内公共服务水平差距明显，使人口、资源流向公共服务水平较高的京、津两大城市，最终导致三省市发展差距不断扩大，陷入非均衡发展的恶性循环。因此，在京津冀协同发展的起步阶段，为克服历史原因造成的三地经济发展水平及财税规模的不均衡，既要注重提高经济发展的整体质量和效益，又要统筹考虑财税利益分配格局，在税收利益分享上向财力相对薄弱的河北省倾斜。

（二）科技创新优势明显，协同创新力度不足

从全国范围看，2013 年，京津冀区域的信息传输、软件和信息技术服务业（简称信息服务业）税收收入达 562.7 亿元，占全国比重的 28.7%，比长三角高出 6 个百分点，比珠三角高出 15 个百分点。科学研究和技术服务业（简称科技服务业）税收收入 373.9 亿元，占全国比重的 32.2%，比长三角高出 11.1 个百分点，比珠三角高出 19.7 个百分点（见图 3）。反映出京津冀区域整体的科技创新实力在全国具有明显优势。

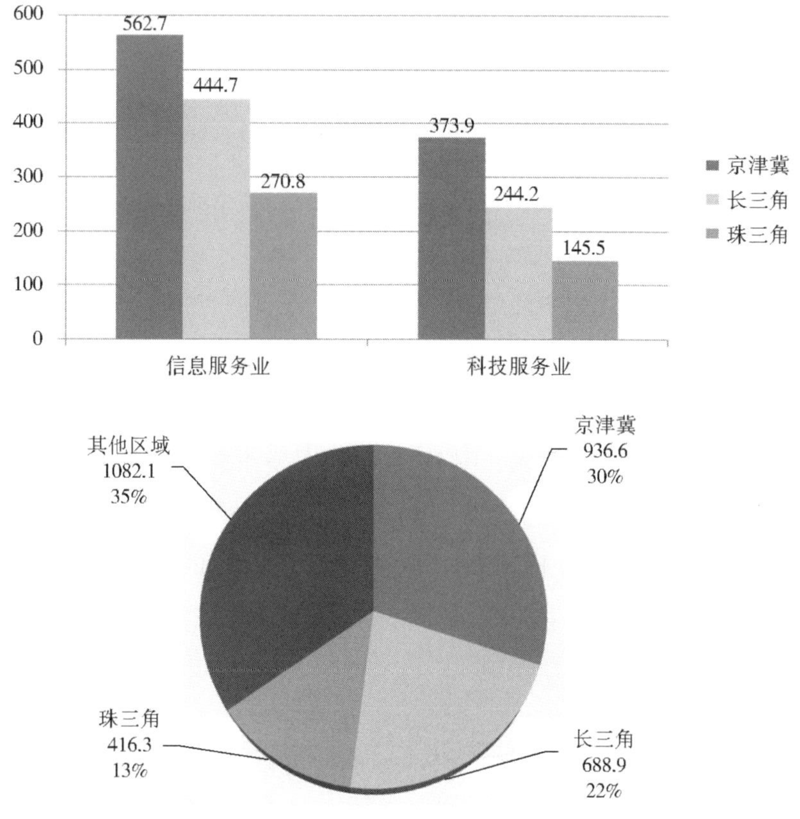

图 3　2013 年三大区域信息服务业和科技服务业的税收情况　（单位：亿元）

从京津冀三省市横向比较看，2013 年，北京的信息传输、软件和信息技术服务业、科学研究和技术服务业（简称科技信息服务业）税收收入达到 792.1 亿元，占区域整体比重的 84%，是津、冀地区总和的 5.5 倍。北京的科技信息服务业税收收入较 2012 年增长 23.9%，分别高出天津、河北 9.7 个和 8.7 个百分点（见图 4）。反映出区域内的科技创新发展水平差距较大。

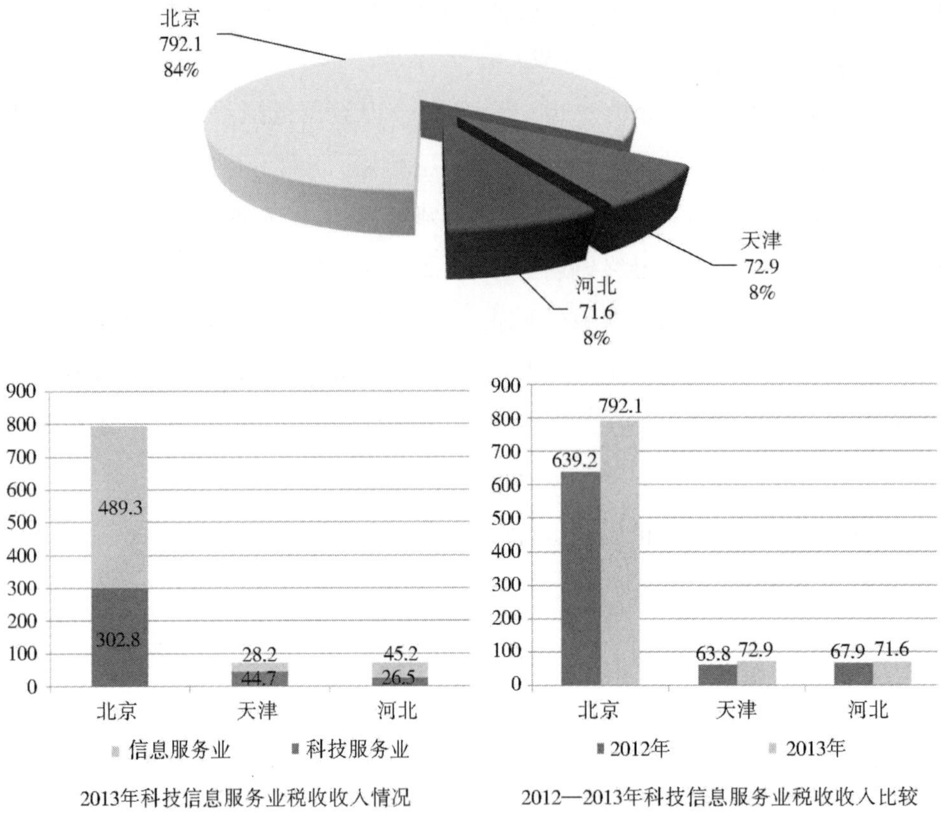

图4　2013年京津冀三省市科技信息服务业税收完成情况　（单位：亿元）

北京在科技创新产业的领先优势主要源于科技创新资源的集聚效应以及中关村国家自主创新示范区税收政策效应。2012年，北京市高技术制造业在企业数量、人均主营业务收入、R&D投入、科技创新产出等方面均居于京津冀地区领先地位（见表2），这与北京作为全国科技创新中心的定位是相符的。但从区域协同看，北京的科技创新优势对天津、河北的辐射带动作用并不显著。天津、河北均为制造业大省，运用先进技术升级改造传统制造业以及发展高端制造业的需求很大，但2013年，北京市制造业技术合同中流向外省市的成交额为23.5亿元，其中流向天津、河北的仅为0.3亿元和1.8亿元①，反映出三地协同创新的意识有待提升，实现区域内科技成果转化和构建科技创新全产业链的任务较为艰巨。

表2　　2012年京津冀高技术制造业主要指标

地区	企业单位数（个）	人均主营业务收入（万元）	R&D人员投入强度（%）	R&D经费投入强度（%）	专利申请数（项）	新产品销售收入占主营业务收入比重（%）
北京	764	131.1	7.8	2.7	9994	38.1

① 跨国公司总部又分为跨国公司地区总部、跨国公司亚太总部、跨国公司全球总部；其他总部又分为区域总部和全国总部。

续表

地区	企业单位数（个）	人均主营业务收入（万元）	R&D 人员投入强度（%）	R&D 经费投入强度（%）	专利申请数（项）	新产品销售收入占主营业务收入比重（%）
天津	587	119.3	3.9	1.1	3441	32.8
河北	433	66.1	4.2	1.3	627	12.8

注：数据资料来源于《产业结构对京津冀大气环境的影响》北京市统计局、国家统计局北京调查总队统计报告〔2014〕37 号。

（三）资源环境承载超限，税收调控亟须加强

京津冀地区资源环境承载超限，自然生态系统退化，已成为我国资源环境超载矛盾最为尖锐的区域。水资源严重短缺，年均水资源总量仅占全国的0.9%，人均水资源仅为全国水平的1/9。大气污染严重，从2013 年5—12 月环保部监测数据看，京津冀空气质量超标天数在三大经济区域排名首位，平均超标天数比例达65.7%。工业综合能耗高，2012 年，天津、河北工业综合用能比重均超过 69%，北京高耗能工业的产值比重为31.8%，综合能耗占比为75.6%；河北高耗能工业产值比重为51.6%，综合能耗占比为90.8%[①]。

一方面，对于资源环境产生负外部效应的主体和行为，现有税种的税负较低，水资源税、环保税等税种缺失，税收调控力度较弱。另一方面，中央和地方政府每年用于生态环保的财政支出很大程度上抵消了从机动车消费、资源消耗、高耗能高污染行业获得的税收收入。2013 年，京津冀区域与机动车相关的车船税、车辆购置税共入库 373.7 亿元，仅占区域税收总收入的2.1%；资源税共入库87.2 亿元，仅占区域税收总收入的 0.48%；高耗能工业税收收入 1247.5 亿元（见图 5），占区域税收总收入的 6.9%。2013 年，京津冀区域仅地方政府用于环境保护的财政支出达358.5 亿元。

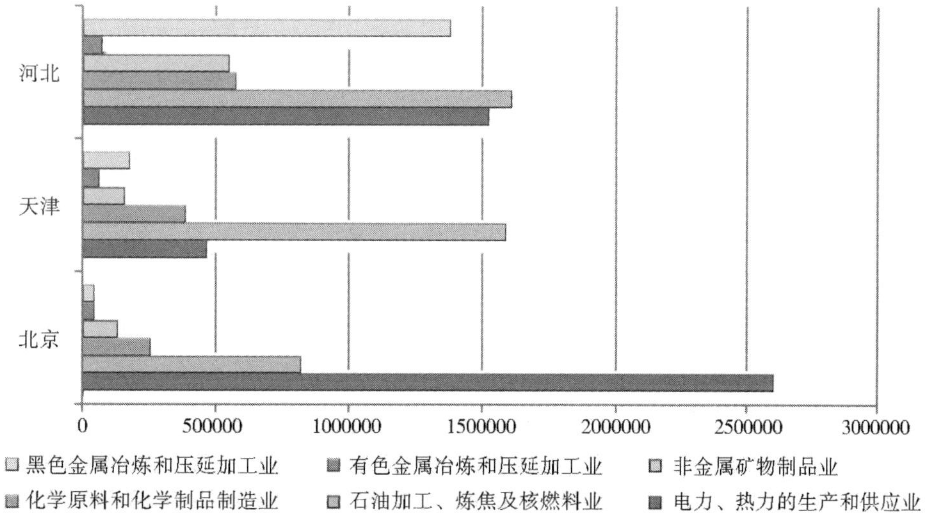

图 5　2013 年京津冀三省市高耗能工业税收贡献情况　（单位：万元）

① 其他国企是指非国务院国资委和市国资委履行出资人职责的国有性质的企业。

（四）税源结构差异较大，产业布局有待优化

从京津冀区域行业税收结构看，制造业、金融业、批发零售业、房地产业、科技信息服务业为5大主体行业，2013年税收收入分别为4474.7亿元、4400.6亿元、2216.1亿元、1598.5亿元、936.6亿元，占比分别为24.9%、24.4%、12.3%、8.9%、5.2%（见图6）。2013年与2011年相比，制造业、批发零售业、采矿业税收占比分别下降3.8个、2.6个、1.8个百分点，金融业、房地产业、信息服务业占比分别提升4.7个、1.4个、1.1个百分点（见图7）。

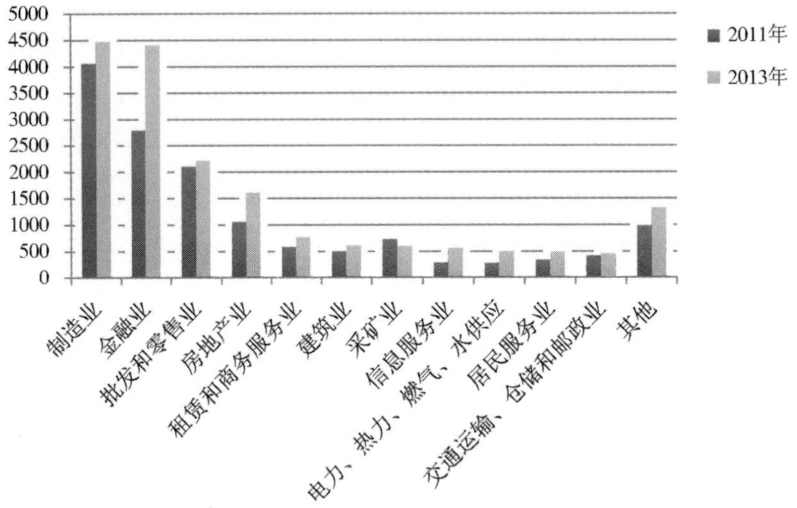

图6 2011年和2013年京津冀区域税收主体行业入库情况 （单位：亿元）

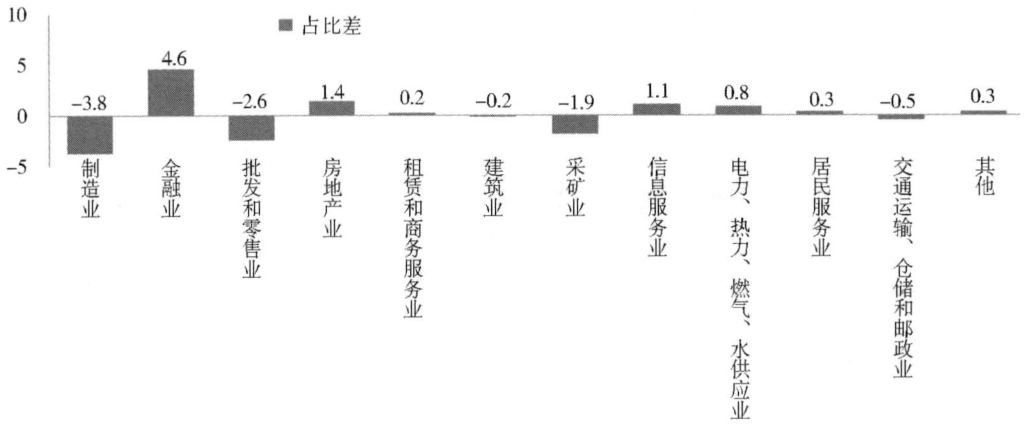

图7 2013年较2011年京津冀区域税收主体行业占比变动情况 （单位:%）

从三省市自身行业税收结构看，2013 年，北京市生产性服务业[①]税收占比超过五成，制造业税收占比仅为 9.3%，其中，高端制造业和现代制造业[②]税收占制造业税收的 53.4%。天津市制造业税收占比达到 53.4%，其中，剔除海关代征的其他制造业税收后，高端制造业和现代制造业占制造业比重达到 43.8%，生产性服务业税收占比仅为 11.2%。河北省制造业税收占比为 38%，房地产业税收占比为 13%，高端制造业和现代制造业税收仅占制造业税收的 12%（见图 8）。

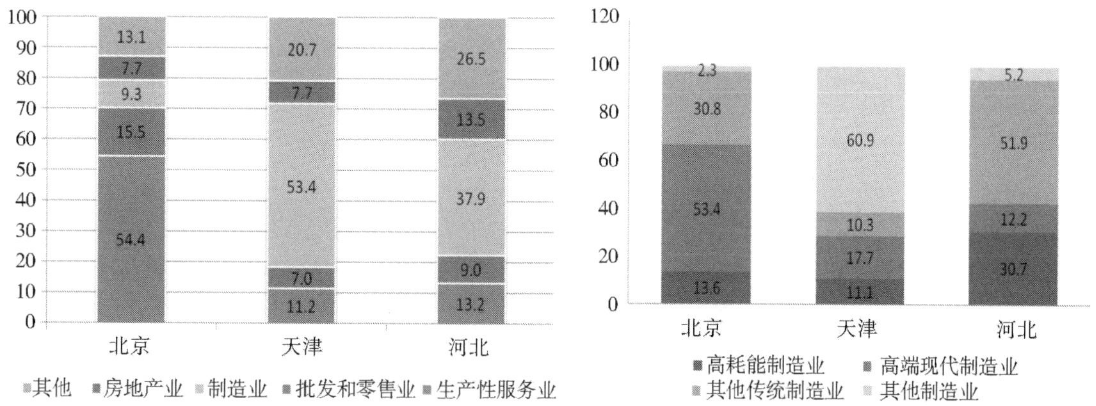

图 8 2013 年京津冀三省市行业税收占比及制造业税收占比分布图 （单位:%）

注：图中的高耗能制造业指石油加工、炼焦和核燃料加工业，化学原料和化学制品制造业，非金属矿物制品业，黑色金属冶炼和压延加工业，有色金属冶炼和压延加工业。

从三省市主体行业税收在京津冀区域的比重看，2013 年，北京市金融业、租赁和商务服务业、信息服务业、科技服务业税收区域占比分别为 90.1%、78.3%、87%、81%，高端制造业和现代制造业税收的区域占比为 49%。天津市制造业、采掘业税收区域占比分别为 48% 和 66.3%，其中，高端制造业和现代制造业税收区域占比为 35.9%。河北省采矿业、建筑业、制造业、房地产业税收区域占比分别为 45.9%、40.7%、30.6%、30.4%，其中，传统制造业税收区域占比达到 56.1%，高端制造业和现代制造业税收区域占比仅为 15.7%。

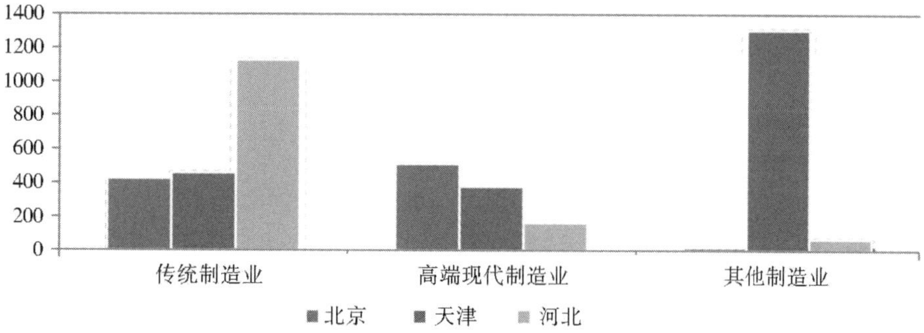

图 9 2013 年京津冀三省市制造业税收分类完成情况 （单位：亿元）

---

① 包括金融业、租赁与商务服务业、信息服务业、科学服务业、交通运输、仓储和邮政业。

② 包括汽车制造业、医药制造业、计算机通信和其他电子设备制造业、电子机械和器材制造业、仪表仪器制造业、铁路、船舶、航空航天和其他运输设备制造业等行业。

表3　　2013年京津冀三省市分行业税收占区域比重情况　　单位:%

行业大类	行业名称		北京	天津	河北
生产型服务业	金融业		90.1	4.9	5.0
	租赁和商务服务业		78.3	13.8	7.9
	信息服务业		87.0	5.0	8.0
	科技服务业		81.0	11.9	7.1
	交通运输、仓储和邮政业		61.3	12.1	26.5
	合计		85.9	6.9	7.2
制造业	高端现代制造业	汽车制造业	56.3	28.9	14.8
		医药制造业	53.9	25.4	20.7
		计算机、通信和其他电子设备制造业	32.1	61.4	6.5
		电气机械和器材制造业	38.2	38.8	22.9
		仪表仪器制造业	63.4	23.3	13.4
		铁路、船舶、航空航天和其他运输设备制造业	37.0	24.4	38.6
		小计占比	48.4	35.9	15.7
	高耗能制造业	石油加工、炼焦及核燃料业	20.4	39.5	40.1
		化学原料和化学制品制造业	21.1	31.7	47.2
		非金属矿物制品业	16.0	18.9	65.1
		有色金属冶炼和压延加工业	24.9	34.7	40.3
		黑色金属冶炼和压延加工业	2.8	11.1	86.1
		小计占比	16.5	30.2	53.3
	其他传统制造业		24.1	18.1	57.9
	合计		21.4	48.0	30.6
房地产业			50.2	19.4	30.4
批发和零售业			72.6	12.7	14.7
居民服务、修理和其他服务业			74.4	10.6	15.0
建筑业			33.4	25.9	40.7
其他			61.2	18.2	20.6
采矿业			-12.2	66.3	45.9

从三省市行业税收结构变化看，2013年，北京市生产性服务业税收同比增长14.5%，房地产业税收同比增长28%。天津市生产性服务业税收同比增长17%，房地产业税收同比增长67%，制造业、采矿业税收同比仅增长1%和4%。河北省居民服务业、交通运输、仓储和邮政业、房地产业税收同比增长39.8%、27.4%、27.8%，采矿业、制造业税收同比下降19.6%、3.6%。

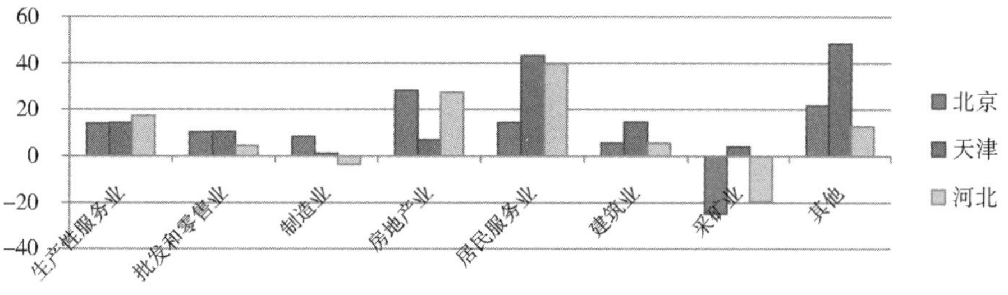

图10　2012—2013年京津冀三省市分行业税收增减率变化图　（单位：%）

可以看出，北京市生产性服务业行业优势明显，具备构建“高精尖”经济结构的良好基础，但产业链大而全，部分制造业与津冀地区存在重叠与竞争，如：汽车制造业、计算机通信和其他电子设备制造业。天津市制造业优势明显，但作为主体产业占比过高，与其配套的生产性服务业发展滞后。河北省传统制造业占比过高，房地产业逐渐成为本省经济的重要支撑，其产业结构从长远看可持续性较差。总体而言，京津冀区域产业布局以及三省市自身的产业结构均需进一步优化调整。

三、税收服务京津冀协同发展面临的主要问题

（一）调整完善税收政策面临的问题

由于现行的与京津冀协同发展相关的税收政策力度不足，针对省际间协同发展的税收政策尚属空白，三省市在权限范围内制定的地方税政策存在明显差异，导致税收支持区域协同发展的政策导向作用难以充分发挥。

第一，鼓励科技创新和协同创新的税收政策力度、范围均有不足。在政策力度上，现行的中关村国家自主创新示范区税收政策对企业技术创新和升级改造发挥了较好的促进作用，但在执行中存在惠及面窄、优惠力度有限、政策门槛过高、配套政策不完善等问题。比如，由于研究开发费加计扣除政策门槛过高，致使部分科技创新型中小企业无法享受相关优惠政策，不利于科技创新型中小企业发展壮大。在政策实施范围上，由于河北、天津的产业园区无法享受中关村示范区“新四条”试点税收政策，在一定程度上阻碍了科技创新产业在河北、天津的落地孵化。

第二，在优化区域产业布局上缺乏有效的税收政策。目前，国家对于调整京津冀产业布局的战略要求已较为明晰，比如，北京应疏解非首都核心功能定位产业和构建高精尖经济结构，天津应加快发展战略性新兴产业和先进制造业，河北应积极承接首都产业功能转移和京津科技成果转化，改造提升传统优势产业，建设新型工业化基地和产业转型升级试验区。但适应上述战略要求的税收政策完全缺失，现有的国家层面制定的区域税收优惠政策在支持省际间协同发展方面并无先例。要整合区域资源，贯通产业链条、弥合发展差距，促进区域产业对接协作与优化升级，迫切需要研究出台差别化和针对性的先行先试税收优惠政策。

第三，对区域生态文明建设的税收政策支持力度不够。与加快推进京津冀区域生态文明建设和加强区域生态联防联治的要求相比，现行税收政策存在以下不足：一是没有设立环境保护税税种，缺少限制高污染、高能耗行业发展的税收政策。二是资源税以从量计征为主，单位税额过

低，且征税对象范围较窄，对地下水、森林等不可再生或再生周期很长的资源未纳入征税范围。三是现行车船税法对于环保未达标的车船缺少课以重税的惩罚性、抑制性政策规定。四是对张家口—承德生态涵养区等为生态建设做出贡献的地区缺少税收优惠政策扶持。

第四，对优化城市布局缺少税收政策支持。京津冀区域京津两极过于肥胖，周边中小城市过于瘦弱，城市群规模结构存在明显断层，不利于解决京津大城市病问题和推动河北经济的崛起。从近期看，需要加快北京周边节点城市建设，以起到疏解首都人口和振兴河北经济的双重功效；从长期看，需要推动河北大中城市建设，逐步形成世界级的城市群。由于优化区域城市布局具有紧迫性、艰巨性、长期性，税收政策应作为必要的调控手段，但目前还缺乏相应的税收政策，不利于加快推动基础设施建设，吸引人才、资金、医疗、教育等资源向需要重点发展的城市聚集。

第五，三省市各自制定的地方税收政策存在较大差异。目前尚未形成与京津冀协同发展相适应的区域地方税税收政策体系，且三地税收政策标准存在差异，不利于市场一体化格局的形成。比如：京冀地区关于娱乐业的营业税税率设置上存在档次不同、税目适用税率不一的情况；京津冀三地的土地使用税税额标准不同，特别是京冀交界地区征收额差距较大；车船税相同排量乘用车的税额标准不同等。这些地方税征收标准未从区域协同发展的高度统筹设计，不利于市场主体公平竞争和生产要素自由流动。

综上，由于现行的与京津冀协同发展相关的税收政策在一定程度上存在缺失或缺陷，亟须有关部门根据中央精神和京津冀协同发展规划要求，进行必要的税收政策调整或研究出台新的税收政策。一方面，需要及时清理和规范三地自行制定的地方税收政策，逐步减少政策差异，在更大范围内推广现行的中关村国家自主创新示范区、滨海新区等税收政策，以进一步发挥市场在资源配置中的决定性作用，促进京津冀协同创新共同体和区域市场一体化格局的形成。另一方面，需要根据国家战略要求，在推动京津冀产业转型升级和转移对接、加强生态建设与环境保护、优化城市布局等方面进行税收政策梳理和分析，查找政策空白点，科学论证、适时出台先行先试税收政策，从而在京津冀协同发展进程中更好地发挥税收调控调节作用。

（二）创新完善税收业务面临的问题

目前，国家税务总局已提出“一统三互”工作要求，三省市税务部门已签订区域税收合作框架协议，但在工作落实和业务创新方面还存在一些亟待破解的难题。

第一，办税服务一体化有待推进。一是税务行政审批有待简化规范。三省市税务机关在行政审批改革过程中缺乏沟通协作和统筹安排，简化后的审批事项在内容、程序、时限方面差异较大。在下放或取消行政审批项目过程中，优化业务流程、建立责任追究制度、健全监督机制等后续管理措施还未跟进到位。二是区域通办服务范围有待拓展。目前，京津冀三省市税务机关均选择部分服务事项开展同城通办服务，但区域通办服务事项不够统一，通办服务力度有待加强。三是“免填单”服务亟待统一标准。目前，京津冀三地税务机关信息系统特别是国地税之间缺乏有效接口，数据采集标准不一，系统生成表单形式不一，无法实现统一的免填单服务。四是自助办税服务事项存在差异。目前，三省市税务机关在自助办税终端的办税事项范围以及自助服务体系建设上还存在差异。五是尚未建立区域内统一的税收政策咨询服务平台。三省市税务机关对于跨区经营企业和迁移企业提出的一些税收政策问题难以给出及时准确、口径一致的答复。

第二，税务登记办理效率有待提高。虽然三省市都已开展国地税联合办理税务登记，但由于信息数据互联互通水平制约且缺乏沟通协调机制，国地税联合办理税务登记的范围、开展程度存在差异，不便于企业跨区迁移和设立分支机构。近期，税务总局已明确要求各级税务机关加强与工商管理部门、质量监管部门的信息沟通，直接赋予市场主体纳税人识别号，积极探索建立营业执照、组织机构代码证、税务登记证等多证联办机制，在条件适合的情况下实现一表登记、三证合一，但由于缺乏制度保障以及信息共享技术支持，多部门联合办理注册登记进展较为不力。

第三，跨省迁移和临时经营的征管程序有待简化。目前，税收征管信息尚未实现省际之间共享，纳税人发生跨省迁移时仍需办理注销税务登记，并将纳税清算作为前置环节，由于纳税清算的内容、流程、时限等方面的不一致，增大了企业跨省迁移的税收成本。现行税务登记管理制度对纳税人临时跨区域生产经营活动的规定也较为复杂，办税流程环节较多，且三省市税务机关在相关政策执行上存在差异，有的还规定存续期的再次确认环节及时间要求，增加了临时跨区域经营成本。

第四，跨区域迁移资质互认管理办法需尽快出台。根据目前的资质认定管理办法，资质认定由企业所在地的资质认定管理机构进行确认。由于没有出台跨区域迁移企业资质互认办法，企业要继续享受税收优惠政策，还需重新进行资质认定，增加了企业成本，不利于企业、技术等市场要素的流动。

（三）改革创新税收体制机制面临的问题

第一，缺乏有利于财政均衡的税收利益分享机制。明确产业转移中的税收分享原则，创新省际之间的税收利益分享机制，有利于减少税收争议，提高产业转移效率，缩小区域内部经济发展差距，形成稳定、均衡的区域财税格局。截至目前，关于跨区域税收利益分享还存在诸多体制机制障碍，有待在法律制度层面和实践中加以理顺。一是国家层面相关制度安排还存在缺失。一些地方自行探索建立的税收利益分享机制以地方政府间签订协议的方式确定，缺乏必要的法律效力，迫切需要从国家层面完善相关法律制度，在保障中央财政收入不受影响的前提下，授予地方科学制定税收利益分享办法的权力。二是对跨省迁移企业的税收利益分享原则尚未确定。关于税收利益分享的主体范围、实施条件、分享税种、分享比例、时间跨度等有待明确。三是现行的总分机构企业所得税汇总纳税制度采取统一的五五分成，没有考虑不同企业的行业差别、外部效应以及总分机构所在地付出的生产要素成本。

第二，区域税收协作机制有待完善。一是支持税务部门跨区域协作的相关法律制度有待完善。现行税收征管法要求各级税务机关在规定的税收征管管辖权范围内开展征收管理工作，没有专门针对税务部门跨区域协作等相关内容作出具体规定，开展跨区域税收协作缺乏上位法依据，而税务部门之间的合作协议制度刚性不足，缺乏必要的法律约束力。覆盖全区域的税收保障办法也亟待研究制定。二是税收工作协作机制尚未建全。目前，三地税务机关在税收便利化、征管协同、信息交换、科研合作等方面尚未建立长效工作机制。

第三，缺少高效、透明的涉税信息共享机制。一是三省市税务机关与其他政府部门之间信息数据交换的范围和及时性还无法满足税收专业化、精细化管理的需要，政府部门信息孤岛的现象较为严重，距离跨部门大数据管理还有较大差距。二是三省市税务机关之间的信息共享机制尚未建立，没有形成统一的数据交换标准，也缺少支持三省市税务机关数据交换的网络平台，对区域税收协作的推进形成制约。三是信息数据利用水平亟待提高。目前，三省市税务机关的信息化系统种类较多，数据分散，造成多系统应用下数据集中管理较为困难，涉税信息数据缺少深度挖掘，数据利用程度有待提高。

四、国内外经验借鉴

有效发挥税收职能作用促进区域经济社会发展，是世界各国在推进区域发展过程中共同关注的焦点。学习借鉴国际、国内的成功经验，对于税收服务京津冀协同发展具有重要现实意义。

（一）国外的实践经验

美国波士顿－华盛顿都市群的兴起主要是以外向型经济为依托，以市场为主导力量，同时，政府调控也起到了重要作用。自20世纪50年代起，美国政府积极运用税收优惠政策支持区域产业一体化建设，推动产业结构优化升级。纽约市对高新技术企业减征五年房地产税，前三年减50%，第四年减33.3%，第五年减16.7%；减免商业房租税，前三年租税全免，第四年免66.7%，第五年免33.3%。美国政府还设立了由税务人员及外聘专家组成的州际税收委员会（MTC），负责协调跨州经营行为的征税范围、办法、程序，促进跨州经营行为的税收公正分配及分配争端解决，避免重复征税，推动州际涉税信息共享等。

日本政府在东京都市圈发展前期，为支持基础设施建设划定了专门税种，并将部分税收留存相关部门作为建设资金。从1954年起，日本将挥发油税和汽车重量税作为公路建设资金的重要来源，1955—1975年，挥发油税收入占公路总投资的30%以上，汽车重量税收入的80%投入公路建设，飞机燃料税则构成机场建设资金的特定税收来源，而将利润再投资于轨道交通建设的私营轨道公司可享受免税优惠。日本政府还运用税收优惠政策引导都市圈产业结构调整，对促进产业合理布局、避免税收不良竞争起到重要作用。比如，对都市圈范围内接受政府指导迁移的企业，可以实行固定资产加速折旧；将工厂迁移至相对落后地区的企业，如迁移至政府鼓励区域内，建筑综合税可减征10%，迁移至其他区域，建筑综合税可减征5%，迁移工厂在资产税、所得税、登记税等方面都有一定减免。再如，对于都市圈范围内合并特定产业的新法人，减征或免除法人税，对于这些公司的资本增值，给予减征登记税优惠。

韩国政府积极运用税收杠杆，通过实行有保有压的税收政策促进首尔都市圈工业布局调整。对于向落后地区迁移的工厂给予所得税、法人税、注册税、财产税、综合土地税优惠。对于都市区内制造业企业的新建和扩张征以3～5倍的重税。

（二）国内的实践经验

长三角在发展过程中，注重运用税收政策来引导和促进高新技术产业发展。优惠政策主要集中于企业所得税、增值税、营业税等税种上，其中，企业所得税采取的税收优惠方式为减免税收、职工教育经费扣除比例扩大、研发费用加计扣除、设备投资抵免、减计收入、缩短固定资产摊销年限等；增值税的税收优惠方式采用的是高新技术企业、软件企业增值税的免征、即征即退、先征后退等；营业税的税收优惠方式主要是免征。

珠三角都市圈的税收政策主要为两方面。一

方面，实施人才引进税收优惠政策，引导人才聚集，促进都市圈经济发展。另一方面，建立税收利益协调机制，协调划分内地与港澳之间的税收管辖权，避免重复征税，促进港澳与内地经济的协调发展。

（三）对税收服务京津冀协同发展的启示

第一，推动区域协同发展需建立统一性与差别化相结合的税收政策体系。上述国家、地区在促进区域经济发展中，十分注重因地制宜、统筹兼顾运用税收政策，切实发挥税收政策效果。一方面，逐步消除地方税收政策差异，促进区域市场一体化；对基础性、民生性工程运用统一的税收优惠政策，促进交通等基础设施建设一体化；建立健全环保产业税制，积极运用税收政策抑制企业、个人具有环保负外部性的行为。另一方面，注重实行差别化的税收政策促进产业优化升级。对落后地区适当采取政策倾斜，积极运用税收减免、投资抵税、加速折旧等多种形式的优惠政策促进区域内部的差异化发展和均衡发展。

第二，推动区域协同发展需建立科学有效的税收利益分配机制。上述国家、地区在推进区域发展战略时，较为注重区域内部各方的税收利益共享和合作共赢。在实践中坚持税权与经济实质相匹配的原则，即征税地付出的公共服务、公共资源与税收分享比例相匹配，并根据不同的产业转移模式采取不同的税收分享方式，对于完善我国总分机构汇总纳税政策具有重要参考价值。

第三，推动区域协同发展需建立多层次多渠道的税收协作机制。上述国家、地区积极建立区域税收合作机制和专门协调机构，制定区域通行的税收合作规则，形成区域税收合作的有效载体，充分发挥协作组织、协作机制、协作平台的协调、调度、沟通功能，以统筹协调解决区域协同发展过程中的税收问题，防止地方税收不良竞争和化解税收争议，逐步减少税收行政壁垒。

五、关于税收服务京津冀协同发展的政策建议

为充分发挥税收职能作用服务京津冀协同发展，应紧密围绕习近平总书记关于推动京津冀协同发展的七方面要求以及打造区域协同创新共同体的战略部署，在交通一体化、生态环境保护、产业对接协作三个率先突破的重点领域实施先行先试税收政策，并通过完善税收政策支持区域协同创新、产业布局优化、城市布局优化。同时，应通过深化三地税收协作创新税收体制机制，努力破除不利于区域市场一体化的税收壁垒，为区域协同发展提供有力保障。为此，特提出 6 方面 33 条政策建议。

（一）对三个率先突破的重点领域尽快实施区域先行先试税收政策

1. 建议国务院尽快制定关于京津冀协同发展的实施意见。对推动京津冀协同发展提出系统的原则性意见。在财政税收方面，应明确财税支持京津冀协同发展的基本原则、目标任务、实践路径，以推动财政、税收相关领域工作的深入开展。

2. 建议国务院制定出台促进京津冀协同发展的产业、经济、财政、金融等政策措施。为有效促进京津冀协同发展，充分发挥政策的引导作用，建议结合京津冀协同发展实施意见制定配套的产业、经济、金融、财政、税收、人口等政策，形成政策组合拳有效推动区域的协同发展。

3. 建议设立京津冀协同发展基金为协同发展的重点领域合作提供资金支持。为引导和支持京津冀协同发展重点领域合作，建议由财政部发起设立京津冀协同发展基金，其支出专门用于京津冀重点领域建设，并将管理该基金的单位确认

为国家认可的公益性社会团体。企业通过该基金发生的公益性捐赠支出，不超过年度利润总额12%的部分，准予扣除。个人通过此基金发生的公益性捐赠支出可按享受不超过应纳税所得额30%部分准予在税前扣除，当期不足抵扣的可在以后纳税期内继续抵扣且不区分所得项目，抵扣期限最长不超过5年。

4. 建议对承接京津冀交通一体化基础设施项目的企业给予一定的税收优惠。为降低企业投资经营成本，加快推进区域交通一体化进程，建议对企业从事京津冀交通一体化重点基础设施项目投资经营的所得，自项目取得第一笔生产经营收入所属纳税年度起，第一年至第五年免征企业所得税，第六年至第十年减半征收企业所得税。对投资于京津冀交通一体化重点基础设施项目的企业，以其取得的缴纳企业所得税后的利润直接用于交通一体化重点基础设施项目再投资的，按50%的比例退还其再投资部分已缴纳的企业所得税税款。对于企业从事京津冀交通一体化重点基础设施项目建设期间发生的建筑施工合同、采购合同、购销合同等免征印花税。

5. 建议明确三地合资成立的交通一体化项目公司的税收分成原则。为促进三地在推进区域交通一体化过程中实现合作共赢，建议对三地合资成立的交通一体化项目公司从事机场、港口项目取得的投资经营所得，其涉及的货物劳务税、企业所得税按照投资比例进行分成；对合资公司从事高速公路、轨道交通项目取得投资经营所得，其涉及的货物劳务税按照三省市所占的运营里程比例进行分成，企业所得税按投资比例进行分成。

6. 建议实施有利于生态建设和环境保护的区域税收优惠政策。为加大京津冀生态建设和环境保护力度，建议每三年根据生态保护、环境治理的发展需求更新调整一次《环境保护专用设备企业所得税优惠目录》《节能节水专用设备企业所得税优惠目录》《安全生产专用设备企业所得税优惠目录》的目录名单，并对于京津冀企业购置并实际使用以上目录规定的环境保护、节能节水、安全生产等专用设备的，其专用设备的投资额的50%可以从企业当年的应纳税额中抵免；当年不足抵免的，可以在以后5个纳税年度结转抵免。对于京津冀企业主营范围涉及工业脱硫、工业除尘、水域污染防治、土壤修复等环保业务的，其购置环保设备的资本性支出可作为经营费用税前列支，作为固定资产的环保设备可实行加速折旧。

7. 建议实施有利于资源节约的区域税收政策。京津冀作为我国水资源极度匮乏和资源能源消耗较大的区域，应在全国试点先行启动水资源费改税改革。建议在2016年底实现京津冀区域全部资源税从价计征，将地下水、矿泉水、页岩气及未列明的金属矿原矿纳入资源税征收范围。同时，给予京津冀一定的税政管理权限，允许京津冀区域根据区域实际情况确定资源税征收范围和征收标准。

8. 建议对购置、使用不同种类机动车行为实施有保有压的税收政策。为推广使用新能源汽车，减少机动车尾气对环境的污染，建议对京津冀企事业单位和自然人购置纯电动汽车、燃料电池汽车、插电式混合动力汽车免征车辆购置税。购置其他混合动力汽车按同类车辆适用税额的30%征收车辆购置税、车船税。

9. 建议尽快实施扶持张家口—承德生态涵养区发展的税收优惠政策。为促进张家口—承德生态涵养区在加强生态建设的同时提升自身经济实力，弥合发展差距，建议对改善张家口—承德生态涵养区的水利、电网、交通、通信等公共基础设施建设的投资可在企业所得税税前一次性扣除。对张家口—承德生态涵养区的物流企业、旅游企业、绿色环保型科技企业、影视动漫等文化创意企业按10%税率征收企业所得税。对上述行业新办企业，自企业成立所属纳税年度起，三年内免征企业所得税，三年后按10%税率征收企业所得税。对于金融机构从上述行业企业取得的贷款利息收入免征营业税，相关贷款合同免征印花税。

10. 建议完善鼓励和促进产业转移的税收优惠政策。为促进区域内产业对接协作和合理布局，对于注册经营地在北京、天津且持续经营3年以上的企业整体搬迁到河北的，对其因搬迁取得的资产转让或拆迁补偿收入免征增值税、营业税、企业所得税。企业整体搬迁至河北后，自获利的第一个年度起，第一年至第三年免征企业所得税，第四年至第六年减半征收企业所得税。随企业迁移人员取得的住房补贴、安家费、探亲费、子女教育补助、交通补助等补贴性质的薪金收入免征个人所得税。对企业因搬迁产生的印花税、契税予以免征，因搬迁到新生产经营场所产生的房产税、土地使用税，在新生产经营场所投入运营后的三个纳税年度内予以免征。

11. 建议完善鼓励从事公共服务的企事业单位迁移的税收优惠政策。为促进京津冀区域公共服务资源均衡布局，提升整体公共服务水平，建议对从北京、天津整体迁移到河北或在河北设立分部的非营利医院、养老机构，以及国外符合一定资质的医院、学校、养老机构在河北设立分部的，第一年至第五年免征各类税费，第六年至第十年减半征收各类税费。从北京、天津整体迁移到河北或在河北设立分部的符合一定资质的营利性医院、养老机构，自获利的第一个纳税年度起，第一年至第五年免征企业所得税、房产税、土地使用税，第六年至第十年减半征收企业所得税、房产税、土地使用税。上述单位的随迁人员取得的住房补贴、安家费、探亲费、子女教育补助、交通补助等补贴性质的薪金收入免征个人所得税。对符合一定资质的国际和国内的教育、医疗人才到河北省教育、医疗机构提供临时劳务、交流、讲学取得的报酬，从2015—2020年免征个人所得税。

（二）全面实施有利于创新驱动的区域先行先试税收政策

12. 建议完善有利于创新驱动战略的税收政策体系。建议国务院有关部门明确实施国家创新驱动战略的财政、税收、金融、环保、交通、产业发展等相关领域具体政策。第一步，应加大中关村示范区资本利得、股权激励、技术入股等方面的税收优惠力度，完善配套措施，使税收在促进企业依托科技创新转型升级中发挥更大作用。第二步，应在完善中关村示范区先行先试税收政策基础上，把更优惠的税收政策列入国家统一制定的创新驱动税收政策体系中。

13. 建议扩大并完善中关村国家自主创新示范区先行先试税收政策。

为进一步发挥中关村国家自主创新示范区的在创新驱动上的辐射带动作用，促进形成区域协同创新共同体，建议将现行的中关村国家自主创新示范区先行先试政策的适用范围扩大至首都国际机场临空经济区、首都新机场临空经济区、滨海新区、曹妃甸现代产业园区以及京津冀区域其他符合条件的产业园区。同时，将现行中关村国家自主创新示范区先行先试税收政策的优惠期限延长至2020年，减少政策前置条件，降低政策适用门槛，尽快修改与中关村示范区先行先试税收政策不相适应的会计制度，使相关政策惠及更多科技创新企业。研究制定促进中关村示范区产学研合作的企业所得税优惠政策。对中关村示范区高新技术企业取得用于技术改造的财政补贴免征企业所得税。对风险投资公司、科技担保公司从中关村示范区高新技术企业取得的投资或担保收益，自取得相应收益的第一个年度起，给予企业所得税“三免三减半”优惠政策。中小高新技术企业以未分配利润、盈余公积、资本公积向个人股东转增股本，应缴纳的个人所得税延迟到个人转让股权或股息分配时一并征收。

14. 建议制定鼓励京津冀区域科技金融创新的税收优惠政策。为增强京津冀区域的科技金融创新实力，建议对注册在中关村国家自主创新示范区、北京金融街、天津自贸园区以及京津冀共建产业园区的互联网金融企业，从中小型科技创新企业取得的贷款利息收入，自2015—2020年免征企业所得税、营业税、增值税。对注册在京津冀共建产业园区内的科技创新企业及文化创新企业，其受让或投资的无形资产可在现行规定摊销年限的基础上，按不高于50%的比例缩短摊销年限。合伙型创业投资企业采取股权投资方式，投资于京津冀产业园区的创投企业和中小型高新技术企业2年以上（含2年），按其投资额的70%抵扣该合伙型投资企业的应纳税所得额。

15. 建议完善促进京津冀协同创新和构建科技创新全产业链的税收优惠政策。为促进区域科技资源优化配置、科技要素合理流动，弥合创新差距，贯通产业链条，建议对北京科技创新企业在天津、河北设立的分公司或与天津、河北企业合资成立的公司，从事科技成果转化和生产制造科技产品的，自第一个获利年度起，享受企业所得税“三免三减半”税收优惠政策。对北京科技创新企业将将专利申请权、专利实施许可和技术秘密等其他特许使用权转让至天津、河北企业的，在一个纳税年度内，转让所得不超过1000万元部分予以免征企业所得税，超过1000万元部分，减半征收企业所得税。对天津、河北企业因购买北京科技创新企业科技研发成果发生的贷款利息支出可在税前列支。对京津冀企业在区域内跨省经营取得的技术开发、技术服务、技术咨询、技术转让收入，按劳务发生地缴纳增值税。对京津冀企业已享有的高新技术企业税收优惠资质，在企业发生区域内跨省迁移时，承接地主管税务机关应直接予以认可，不再进行资质审批。

（三）统筹制定有利于优化产业布局的区域先行先试税收政策

16. 建议根据国家对三地产业功能定位要求，完善区域产业税收政策体系。建议三省市尽快根据国家对三地产业功能定位的战略安排和京津冀协同发展规划要求，制定出台鼓励发展产业目录和不符合功能定位产业目录。税收政策制定部门应根据鼓励发展产业目录制定完善相关的税收优惠政策，对于列入不符合功能定位产业目录的产业逐步取消税收优惠政策，以促进三地产业协同发展和错位发展。

17. 建议出台有利于制造业优化升级的区域税收政策。对京津冀传统制造企业为淘汰落后设备和实现产业转型升级而新建项目或新购置的生产经营设备，享受固定资产加速折旧政策。对压缩过剩产能的传统制造企业，按企业压缩过剩产能占当年产能的比例减征企业所得税。对京津冀共建产业园区内的现代制造业企业，其固定资产可在现行规定折旧年限的基础上，按不高于50%的比例缩短折旧年限。对京津冀技术先进型现代制造业企业，按15%的优惠税率征收企业所得税，其职工教育培训经费按不超过企业工资总额8%的比例在企业所得税税前扣除。对京津冀现代制造业企业开发新技术、新产品、新工艺发生的研发费用，未形成无形资产的计入当期损益的，在按照规定据实扣除的基础上，按照研发费用的 100% 加计扣除；形成无形资产的，按照无形资产成本的 200% 摊销。

18. 建议出台有利于现代服务业发展的区域税收政策。为促进京津冀金融服务、科技信息服务、现代物流、商务会展、文化旅游等现代服务业加快发展，建议对创投企业从事京津冀重点扶持和鼓励行业的创业投资，在股权持有满 2 年后，其投资额可全额抵扣应纳税所得额。对中小企业信用担保机构的担保赔偿准备金、未到期责任准备金允许按一定比例在企业所得税税前扣除。对个人将非货币性资产进行评估后投资于注册在京津冀共建产业园区的企业，其评估增值取得的所得在投资取得企业股权时，暂不征收个人所得税，待投资收回、转让或清算股权时，再按规定征收个人所得税。对注册在京津冀的保险企业向京津冀共建产业园区企业提供国际航运保险业务取得的收入，注册在京津冀共建产业园区的企业从事离岸服务外包业务取得的收入，免征增值税。对注册在京津冀共建产业园区的符合规定条件的现代物流企业享受试点物流企业按差额征收增值税。

（四）适时出台有利于优化城市布局的区域先行先试税收政策

19. 建议制定鼓励企业投资于首都周边节点城市基础设施建设的税收政策。为促进首都周边节点城市加快发展，建议对京津冀企业在相关节点城市的港口、码头、机场、铁路、公路、城市交通、地下管网、电网、通信等公共基础设施项目的投资经营所得，自获利的年度起，第一年至第三年免征企业所得税，第四年至第六年减半征收企业所得税。对投资于首都周边节点城市基础设施项目的民营企业，以其取得的缴纳企业所得税后的利润再投资于首都周边节点城市基础设施项目的，按 50% 的比例退还其再投资部分已缴纳的企业所得税税款。

20. 建议制定有利于生产要素向首都周边节点城市合理流动的税收政策。对京津冀企业在首都周边节点城市符合区域产业发展方向的投资达到 2000 万元以上的，其投资经营所得自获利的年度起，第一年至第三年免征企业所得税、房产税、城镇土地使用税，第四年至第六年减半征收企业所得税、房产税、城镇土地使用税。2015—2020 年，对从北京、天津或海外归国后到首都周边节点城市就业、创业的符合一定条件的人才，其从相关节点城市获得的就业、创业所得免征个人所得税，对其在当地购房产生的交易环节税费予以免征。

（五）推动实施支持区域市场一体化的税收政策

21. 建议全面清理地方税收优惠政策，逐步统一地方税种征收标准。为营造良好的区域发展环境，建议彻底清理三地各自制定的税收优惠政策，坚决取消“即征即退”“财政返还”等妨碍区域公平竞争的招商引资政策。统筹研究营业税、车船税、城镇土地使用税、房产税、契税、土地增值税预征率等地方税种的征收标准，争取在 2016 年底之前实现京津冀区域地方税种征收标准的统一。

22. 建议统筹推进京津冀区域税务行政审批制度改革。建立京津冀三地基本一致的行政审批事项目录，逐步实现区域内税务行政审批事项、环节、流程的规范统一。压缩三地税务非许可审批项目，规范税务非许可审批程序，完善税务行政审批文书，加强对已取消行政审批事项的后续管理。

23. 建议建立京津冀纳税服务标准示范区。三地税务机关应以《全国县级税务机关纳税服务规范》为基础，共同简化办税流程、精简涉税资料，缩短办税时限，推进规范升级，建立标准统一、透明公开、服务集约、科技含量高的全国纳税服务标准示范区，实现三地涉税事项办理同政策、同流程、同时限，为纳税人提供高附加值的服务。建立三地统一的互联网办税服务平台，实现办税服务“一点通”。依托全国12366纳税服务热线，统一京津冀三地咨询回复口径，实现“一个号码，三方应答，政策互通”。建立京津冀微信服务平台，开展政策订阅、查询、推送服务。依托三地门户网站，建立京津冀税收政策速递通道，为企业提供政策定制、办税辅导、问题反馈一条龙服务，增强政策透明度。

24. 建议实现京津冀涉税业务“三地一域”通办。在三地现有的纳税服务区域通办事项基础上，逐步实现税务登记、纳税申报、备案类事项通办。加快推进三地统一的免填单服务。对纳税人已享有的增值税一般纳税人资质和纳税信誉等级资质，在纳税人迁移时，承接地主管税务机关继续予以认可。

25. 建议推进多部门联合办理注册登记。京津冀三省市税务机关应加强与工商、质监等部门的外部协调，规范信息共享口径，确保信息真实有效，基于获取的工商登记、组织机构代码等信息，直接赋予市场主体纳税人识别号，并主动推送给纳税人签字确认，不再要求纳税人重复提供并填报信息。探索建立三证联办的工作程序和规范，完善信息系统，适时实现一表登记、三证合一。

26. 建议简化京津冀企业跨省迁移税收征管程序。比照省内跨区县迁移模式，迁出地税务机关对发生跨省迁移的纳税人做迁出处理，简化、规范纳税清算程序或不作纳税清算，迁出前正在对企业实施稽查的，如果没有重大情况，应限期在两月内结案，由此减少企业在京津冀间跨省迁移的行政障碍，为产业转移和企业合理流动提供便利。为保证税收管理的正常延续，避免税收流失风险，提高服务水平，迁出地税务机关应通过京津冀三地税务信息共享平台向迁入地移交税务管理的电子档案资料。同时，延长在企业迁移、转产过程中迁出地的发票使用期限，待企业彻底完成迁移后，迁出地再做发票结票处理。

27. 建议简化临时跨区域经营企业税收征管程序。通过搭建信息共享平台，实现区域内外出经营纳税人的税务登记信息、代开发票信息和税款征收信息的数据交换，加强对区域内纳税人外出经营的税源监控。取消纳税人办理外出经营税收许可证明环节，直接由纳税人在外出经营所在地办理各项涉税事项，其涉税信息通过信息交换反馈给税务登记所属地机关。

（六）改革创新京津冀区域税收体制机制

28. 建议明确产业转移税收分享原则。对于落地共建园区的企业，应按照共建园区税收分享制度安排执行。对跨省整体外迁企业，按照税收属地原则，迁移企业产生的税收完全归企业驻在地政府享有。对汇总纳税的总分机构，应考虑分支机构的负外部性和当地政府投入，合理调整企业所得税分成比例。

29. 建议创新京津冀共建产业园区税收分享机制。为促进京津冀共建产业园区建设发展，建议从2015—2020年，每年从共建产业园区开发经营和园区企业产生的增值税、营业税、企业所得税中提取10%作为共建产业园区发展基金。对园区开发经营和园区企业产生的增值税、营业税、企业所得税地方留成部分，按照三地政府对园区的投资比例进行分成，对于房产税、土地使用税、契税、土地增值税、印花税等地方税种，全部归园区所在地政府。

30. 建议完善跨区企业所得税分配制度。针对跨区经营汇总纳税企业，充分考虑企业分支机构的实际经营规模、经济活动贡献大小以及分支机构所在地承担的投资开发成本、污染治理成本、资源能源消耗等因素，在现有五五分成的基础上，适当调增总分机构企业所得税在河北省迁入地区的分成比例。

31. 建议完善区域税收协作相关法律制度。在修订《税收征收管理法》中建议增加税收管辖制度的相关规定，分别对地域管辖、级别管辖以及管辖权争议解决给予明确规定，使区域税收协作有法可依。建立京津冀区域统一的税收协调保障制度，将京津冀作为一个整体，明确各地政府部门在涉税信息共享、提供执法协助等方面的工作职责，积极构建“政府主导、税务机关协调、相关部门配合”的综合治税制度。

32. 建议完善区域税收协作机制。深入落实京津冀协同发展税收工作领导小组工作要求，在《京津冀协同发展税收合作框架协议》的基础上，细化工作方案，明确部门职责，制定相关配套制度。设立争议协调专门机构，建立工作会商机制和涉税争议协调机制。

33. 建议建立区域涉税信息共享机制。建立京津冀区域涉税信息数据共享交换平台，统一数据交换标准，实时共享交换三地六局管理的所有纳税人的税务登记、税务认定、申报征收、发票管理、税收风险控制、税务稽查、相关重大税收违法案件、自然人、纳税信用、政策法规库等涉税信息，实现三地涉税信息数据共享。

（课题组组长：杨志强）

新形势下全面推进税收法治建设研究*

杨志强

一、新形势下全面推进税收法治建设的重要意义

（一）全面推进税收法治建设是“四个全面”战略布局的要求

党的十八届三中全会把财政确定为国家治理的基础和重要支柱。作为财政基础和支柱的税收在国家治理体系和治理能力建设中具有更加突出的地位。税收职能作用已不仅仅局限在经济领域，而是拓展到经济、政治、文化、社会、生态文明等诸多领域，更深地参与国家治理的各个方面，成为治国理政的基础和重要支柱①。相对于以往，其功能潜力更大了，其作为空间更广了②。

---

* 本文发表于《中国政法大学学报》2015年第6期。

① 王军．提高依法治税水平［N］．人民日报，2015－5－11（07）．

② 高培勇．论完善税收制度的新阶段［J］．经济研究，2015（2）：7．

税收法治建设是税收工作重要方面，应当积极有效的发挥作用，促进“四个全面”协调推进。

税收法治建设在“四个全面”布局中的重要作用主要体现在两个方面。一是财税体制改革是我国全面深化改革的重要方面，改革已进入攻坚期和深水区，需要破除发展面临的各种难题，化解来自各方面的风险和挑战，突破利益固化的藩篱，克服部门利益掣肘[①]。党中央强调要处理好改革与法治的关系。税收法治建设应当为税制改革提供法治保障，从完善立法、规范执法、公正司法、促进守法等方面促进税制改革的顺利进行和有效实施，同时为税制改革划定法治边界，确保在法治的轨道上推进改革。二是税收法治建设是法治国家建设的重要组成部分，也是全面推进依法治国的重要方面。全面推进依法治国要求将税收法治建设放在国家治理体系和治理能力现代化的高度统筹规划、全面推进，进一步促进社会公平正义。

（二）全面推进税收法治建设是适应经济新常态的需要

经济决定税收，税收影响经济。经济新常态决定税收新常态，税收应以新思维、新举措、新状态适应经济新常态[②]。经济新常态对税收法治建设提出的新要求，一是新常态下经济增速放缓，税收收入压力增大，要在新形势下处理好组织收入与税收法治建设的关系。二是经济发展方式转变，提质增效重在惠民生，要在规范税收执法行为、提高税法遵从中优化税收法治环境、促进社会公平正义。三是经济结构调整、经济发展动力转变，要在完善税法体系、规范税收政策制定、强化政策落实的过程中增强税收法律和政策的科学性、有效性，更好地发挥税收对经济的促进作用。只有用法治思维和法治方式调整税收关系、规范税收秩序、化解税收矛盾，才能妥善应对税收工作的新情况、新问题、新挑战，为经济在新常态下健康发展提供税收法治保障[③]。

（三）全面推进税收法治建设是落实国家战略的有力支撑

国家战略的落实和推进需要综合运用政治、经济、科技、文化等各种力量。税收作为国家引导和调节社会经济运行的重要手段，可以通过多征、少征、免征等方式，从多方面作用于社会经济活动，助力国家战略的实现。如京津冀协同发展战略的核心是有序疏解北京非首都功能，在疏解过程中可以充分运用税收对经济行为的影响，有序引导不符合首都城市战略定位的产业向天津、河北等地疏散，进而带动人员的疏解。

税收法治建设则是发挥税收对国家战略促进作用的有力支撑。税收政策的制定和执行必须在法治的框架下进行，只有按照法定程序制定的、充分听取各方意见的税收政策才能科学合理；只有按照法定程序执行的、充分保障行政相对人合法权益的税收政策才能有效实施。

（四）全面推进税收法治建设是做好税收工作的根本保障

全面推进税收法治建设，是依法治国基本方略在税收领域的集中体现。当前税收增长速度放缓，税种税源结构调整，征收管理难度增加，纳税服务需求多元。只有全面推进税收法治建设，才能有效适应纳税人需求个性化、诉求多元化，经济活动复杂化、隐蔽化，涉税信息网络化、多

① 刘隆亨．我国新形势下深化财税改革的特点、规律及法律规制［J］．法学杂志，2014（2）：39.

② 谷声洋．经济新常态税收新状态［N］．中国税务报，2015－1－19（02）．

③ 王军．提高依法治税水平［N］．人民日报，2015－5－11（07）．

样化的新变化；才能有效落实税收法律和政策，发挥税收职能作用；才能妥善化解涉税争议，提高社会对税收工作的满意度。

二、当前税收法治建设中存在的问题

（一）立法机制不健全、法律体系不完备

1. 税收法定原则没有得到充分落实。

税收法定原则要求国家征收的各税种及其基本要素应当由国家最高权力机关制定法律明确规定。没有法律依据，国家不能征税，国民也不得被要求纳税。换言之，有税必有法，无法便无税①。我国《立法法》明确规定，税种的设立、税率的确定和税收征收管理等税收基本制度只能制定法律。《税收征收管理法》规定，“税收的开征、停征以及减税、免税、退税、补税，依照法律的规定执行；法律授权国务院规定的，依照国务院制定的行政法规的规定执行。任何机关、单位和个人不得违反法律、行政法规的规定，擅自作出税收开征、停征以及减税、免税、退税、补税和其他同税收法律、行政法规相抵触的决定。”

税收法定原则虽然在法律层面得到了正式确立，但我国税收立法建设的现实距离税收法定原则的要求差距还较大。主要问题是授权立法严重失范。虽然税收授权立法在特定历史时期，在弥补立法不足、提高调控效率等方面发挥了积极作用，但授权决定存在的空白、无期限授权弊端，使国务院及其职能部门成为主要的立法主体，直接阻滞了税收法律的制定，对此各界已诟病多年，但至今未有效解决②。由于授权不明确不具体，且缺乏有效的约束和监督机制，导致税收领域行政立法权日益膨胀和扩张。虽然《立法法》明确规定，全国人大及其常委会授权国务院立法时，被授权机关应当严格按照授权决定行使被授予的权力，并不得将被授予的权力转授给其他机关。但在实践中却存在立法“转授权”的情况。如国务院在现行《房产税暂行条例》明确规定个人所有非营业用的房产免纳房产税的情况下，以“常务会议同意”的形式授权上海、重庆等地进行个人住房征收房产税的改革试点。两地政府依据该授权，“根据国务院会议精神”制定了实施办法，对部分个人所有非营业用的房产以“试点”名义征收房产税。这种做法引发社会各界对此次改革试点合法性的质疑。

我国现行的18个税种中，只有个人所得税、企业所得税和车船税3个税种的征收制定了专门的法律，其余税种的征收依据都是国务院根据立法授权制定的暂行条例。由于税收立法存在着特殊性，因此，全国人大及其常委会应逐渐成为税收立法的最重要的主体，从而改变目前国务院及其职能部门作为税收立法的主要主体的局面③。

2. 税收立法专业水平不高

长期以来，由于受立法“宜粗不宜细”思想的影响，加之行政机关的授权立法权缺少约束，我国税收立法普遍较为粗糙，不少税收法律法规往往只是规定一些原则性的框架，实际执行中税务机关不得不发布大量规范性文件对法律进行解释。如《个人所得税法》自1980年制定至今，总共经历了六次修正，但具体规定仍然只有15条，仅2000多字，而《个人所得税法实施条例》则有48条5000多字，国家税务总局发布的个人所得税规章、文件等各项规定多达一千多

---

① 刘隆亨．我国新形势下深化财税改革的特点、规律及法律规制［J］．法学杂志，2014（2）：36.

② 张守文．税收法治当以“法定”为先［J］．环球法律评论，2014（1）：56.

③ 张守文．税法原理［M］．北京：北京大学出版社，2012：70.

条。立法技术的简陋和税法中对行政机关解释权的“空白授权”，直接导致行政机关税法解释权过度扩张，超越权限的解释、改变立法原意的解释大量存在。有时行政机关甚至借“解释”之名行“立法”之实，进行创设规则的补充性立法。

税收立法专业性强，全国人大在制定税收法律时往往缺乏对征纳双方需求的切实了解，在立法过程中过于依赖起草机关（主要是国务院财税主管部门）的意见和观点，使得税收立法有失公正的立场和科学的评判。

3. 立法中的民主化程度不高

税收立法过程中的民主对促进立法科学、保障法律制度有效实施具有重要意义。长期以来，我国对立法程序重视不够。专家立法、立法公开、立法听证、立法公告等程序，在我国仍处于初步实施阶段，公众参与立法和立法程序公开方面实践很少、经验不足。

特别是在国务院根据立法授权进行税收立法的过程中，召开座谈会、书面征求意见、专家咨询论证等程序，往往更多成为形式主义的“走过场”，远未成为被授权机关必须执行的程序规则，对公众意见的处理和回应也不是立法者必须履行的义务和责任。在这种封闭式、垄断式的税收授权立法过程中，较少看到纳税人的意志，更谈不上为纳税人提供与政府博弈的舞台，使得理应跻身主角的利益相关人，多数时候只能被动地成为法律规范的沉默客体，成为税收制度的承受者，常常在没有任何心理准备的情况下，不得不面对有违自身意志的、突如其来的某项税收政策。这种“闭门”立法的做法极易引发公众对立法正当性的质疑，造成纳税人对政府的征税行为产生抵触和逆反心理，使得全社会的税法遵从度整体偏低。

4. 税收法律制度内容不健全

税收实体法制度建设明显落后于税制改革步伐，一方面造成改革措施法律依据不足，另一方面使得改革成果不能及时上升为制度。在税收程序法方面，《税收征收管理法》存在一些亟待解决的问题：一是对纳税人合法权益的保护不足，《税收征收管理法》虽然对纳税人的权利给予了肯定，但对纳税人权利的规定大都只是一种原则性的宣示。对纳税人该如何行使这些权利，税务机关应当为纳税人行使权利提供何种支持或保障，均语焉不详，使得纳税人的诸多权利严重缺乏实践中的可操作性。二是缺乏对税收权力的必要控制，突出表现为税务机关拥有巨大的行政裁量权。税收行政裁量权过大极易造成权力滥用、随意裁量、执法不公。三是与税制改革的要求不相适应。随着房地产税、环境税等直接税的开征，纳税人的直接负担将会加重，随之而来的很可能是征税阻力的加大和逃税行为的多发。现行《税收征收管理法》在许多方面难以适应形势发展的要求，如税收评定制度欠缺、税务稽查概念不清、税收协助规定不明、滞纳金规定与《行政强制法》衔接不畅等。

5. 税收优惠政策管理不规范

在我国经济新常态下、在全面深化改革的进程中，税收优惠政策对助力经济结构调整、实施创新驱动发展战略、激发市场活力具有重要意义。但税收优惠政策的不规范使用会影响市场的统一和公平、损害经济健康发展。目前，我国税收优惠政策的制定缺乏统一的规范，对执行和落实情况监督不力，越权设立优惠政策，政策执行标准不统一、落实不到位等问题时有发生。税收政策尤其是区域税收优惠政策过多过滥，一些地方政府和财税部门还通过税收返还等方式变相减免税，制造“税收洼地”，严重影响了国家税制规范和市场公平竞争[①]。

（二）税收权力行使不规范，缺乏有效制约

1. 依法组织收入面临挑战

在我国经济发展新常态下，随着经济由高速增长转向中高速增长，加之我国目前以间接税为主的税制结构，在经济减速时税收减速更快，税收压力增大。如何在新形势下依法组织税收收入，为经济发展提供支持和保障是税收法治建设必须面对的问题。实践中，各地税务机关在承担各地人大批准的预算确定的税收任务外，往往还要承担各地政府下达的税收任务。面对巨大的收入任务压力，一些地方出现了“空转”“提前征收”“延压税款”等违法行为，严重破坏税收秩序。

2. 税收执法行为有待进一步规范

规范税收执法行为是税收法治建设的关键环节，目前税收执法中，执法不严、随意执法、选择性执法和不作为、乱作为、慢作为等现象依然存在。税收执法监督的体制机制尚不能很好适应形势发展需要，纳税人权利保护制度机制不够完善，权利救济渠道不够畅通。

部分税务机关对纳税申报管理不严、对欠税管理不力，不征或少征税款、不依法加收滞纳金等问题造成国家税收利益受损。部分税收执法人员对执法程序的重要性认识不足，执法不规范。例如，在税收行政处罚中剥夺纳税人陈述、申辩的权利，退税审批超过时限等，严重影响执法的严肃性。此外，由于税收行政裁量权较少受到制约，权力滥用、随意裁量的情况屡见不鲜，不仅违背税收执法的合理性原则，也为行政腐败、权力寻租提供了条件。

3. 税收政策落实需进一步加强

习近平同志指出“一分部署，九分落实”。落实是一切工作的归宿，是一切工作成败的关键，是开展工作的全部意义所在。全面推进税收法治建设应切实加强税收法律法规和政策的落实。目前，税收政策落实中存在着一些税务部门和税务人员躲避责任“不想落实”、推诿拖沓“不急落实”、打折变通“不全落实”、能力不足“不会落实”、体制不顺“不利落实”等问题。

（三）税收司法机制不健全，监督作用未能有效发挥

税收司法建设是税收法治建设的重要方面。司法是权利救济的最后一道防线，也是最为重要的一道防线[②]。目前，在我国税收司法实践中，司法部门在处理税收案件时受工作机制和专业知识制约，存在着税收案件立案难、结案难等现象，影响对税收违法行为的及时公正处理。

1. “复议前置”限制权利救济

《税收征收管理法》规定，纳税人、扣缴义务人、纳税担保人同税务机关在纳税上发生争议时，必须先依照税务机关的纳税决定缴纳或者解缴税款及滞纳金或者提供相应的担保，然后可以依法申请行政复议；对行政复议决定不服的，可以依法向人民法院起诉。这一复议前置规定成为税务行政复议和诉讼间重要的衔接性规定。虽然复议前置制度可以更好地发挥税务行政复议的专业性优势，尽可能在税务机关内部解决争议，节约司法成本，但其在一定程度上限制了纳税人申请权利救济的渠道，是造成法院受理税务行政诉讼案件少，司法人员缺乏税务诉讼实践经验的主要原因。

2. “行刑衔接”机制不畅

“行刑衔接”是指行政执法和刑事司法相衔

---

① 施正文．落实税收法定原则加快完善税收制度［J］．国际税收，2014（3）：23.

② 谭志哲．当代中国税法理念转型研究［M］．北京：法律出版社，2013：191.

接，是检察机关会同行政执法机关、公安机关、行政监察机关实行的旨在防止以罚代刑、有罪不究、降格处理现象发生，及时将行政执法中查办的涉嫌犯罪的案件移送司法机关处理的工作机制。目前我国税法与刑法在制度层面还存在衔接不严密、不科学的问题，在违法行为查办、定性、处理等方面的规定不系统、不统一。税务机关和司法机关对于税收案件取证尺度的把握、刑事案件立案标准的运用、行政处理与司法处理的竞合等问题存在诸多分歧。

税收犯罪案件的侦察、立案、诉讼和审判是专业性很强的司法活动，需要专门化的人才和专业化的队伍①。但在实践中，公安机关承担着大量繁重的治安、安全等任务，也负责刑侦、移送和其他工作，难以集中力量专注处理税收刑事案件，检察机关也缺乏处理税收犯罪案件的专业人才和经验，在税收司法监督方面作为有限，税务机关与公安机关、检察机关之间的沟通协调不顺畅、衔接配合不理想等问题较为突出。行刑衔接机制未能有效建立和运行，案件移送困难、移送后久拖不决等问题时有发生，这在一定程度上弱化了国家对税收犯罪行为的打击力度，影响了税法执行的严肃性。

（四）社会纳税意识有待提高，治税合力未能完全形成

十八届四中全会提出要坚持法治国家、法治政府、法治社会一体建设。税收法治环境建设是法治社会建设的重要方面，对促进税法遵从、融洽征纳关系、提高税收征管质效具有重要意义，是全面推进税收法治建设不可或缺的一环。由于历史的、社会的、观念上的一些原因，我国目前社会整体的纳税意识不强，税收违法行为大量存在。2014 年，北京市地方税务局对 3658 户纳税人实施了税务检查，经检查发现存在涉税问题的有 3619 户，有问题率达 99%。

社会治税的合力尚未形成。税务机关与其他行政部门间信息共享和执法协作机制不健全，政府部门之间信息封闭，互不共享。由于一些亟须获取的涉税信息和执法协助难以得到，税务机关只能另外耗费大量的人力、物力和财力去采集同类信息、争取协助，效果往往还不理想。这种各自为战、互不协作的做法，极大地增加了行政成本，降低了管理效率。

三、全面推进税收法治建设路径研究

（一）改进税收立法机制、完善税收法律体系

完备科学的税收法律体系是税收法治的目标之一。全面推进税收法治建设首先应当加强税收立法建设。税收法律体系应当符合社会经济发展状况，应当内容完备、结构科学、协调统一，与其他法律体系衔接顺畅，能够为税收法律关系主体提供明确的预期和行为规范。税收立法建设应当从立法机制的健全和法律体系的完善两方面入手。

1. 健全税收立法机制

（1）落实税收法定原则

针对目前税收立法权上存在的问题，党和国家明确将落实税收法定原则作为当前一项重要的工作任务。党的十八届三中全会作出“落实税收法定原则”的部署，十二届全国人大明确 2020 年之前全面落实税收法定原则。

税收法定原则要求设税权回归全国人大②。

① 张斌，樊丽明．税收法治的内涵与目标［J］．税务研究，2002（4）：70.

② 刘剑文．税醒了的法治［M］．北京：北京大学出版社，2014：43.

落实税收法定原则需要一个循序渐进的过程，短时间内废止各税种暂行条例、制定所有税种的法律并不现实。因此，要分清轻重缓急，做好各税种立法顺序的设计。2020 年之前全面落实税收法定原则，时间紧迫、任务艰巨、过程复杂，应当在时间进度和完成路径上作出明确安排。本文对税收立法的路径步骤作如下考虑：第一阶段是 2015—2016 年，主要任务为制定《立法法》的立法解释，科学划分不同层级立法主体的税收立法权限，废止 1985 年的税收立法授权；完成《税收征收管理法》的修订；完成税法体系设计。第二阶段是 2017—2018 年，这一阶段应完成增值税、消费税、房地产税的立法工作，出台配套的实施细则，同时废止原有行政法规和规章；做好其他税种正式立法前的调研论证工作。第三阶段是 2019—2020 年，主要任务为修改《宪法》，在根本大法中明确税收法定原则；完成环境保护税、社会保障税、印花税等所有税种的立法工作，建立起完备的税收法律体系。

（2）合理划分中央和地方的立法权限

中央与地方事权、财权、税权配置不合理已成为困扰我国财税体制改革的一大难题。十八届三中全会提出要“深化税收制度改革，完善地方税体系”。我国《国民经济和社会发展十二五规划纲要》提出要完善税权配置，逐步健全地方税体系，赋予省级政府适当的税政管理权限。在地方税体系的完善过程中，需要科学设置中央和地方的税收立法权。

要确立地方享有税收立法权的基本原则，即“中央统一领导下的适度放权”。地方税收立法要以宪法和有关法律、法规为依据，不得与中央立法相抵触；地方税收立法必须符合国家经济目标，不得形成税收壁垒、破坏市场统一；要充分考虑纳税人负担能力，确保总体税负水平适当；要履行报批手续，接受中央监管。要注重明确授权规则，以列举方式明确规定地方税收立法的权限和范围，严格将授权机关控制在享有地方性法规、规章制定权的特定机关。特别是，应该按照税收法定主义原则的要求，将地方税收立法权更多地赋予省级地方人大及其常委会，使其真正具有约束地方政府行为的力量。

（3）提高立法专业化和民主化水平

完善税收立法应摈弃立法“宜粗不宜细”的传统做法。税收法律关于课税要素的规定应尽量明确、易懂、可实施，减少行政机关在确定纳税人实体权利义务方面的自由裁量空间，严格控制税法解释权。

推进税收法治建设迫切需要加强全国人大及其常委会的组织机制建设，使其具备相应能力。要优化全国人大代表和全国人大常委会委员的知识结构，增加税收、税法专家在全国人大及其常委会的席位，增强其话语权，提高税收立法的专业性。成立专门的全国人大税法委员会，负责税收立法的起草、论证、协调、审议、提案工作，排除行政机关“部门利益”对立法公正的不利影响。

税收立法应注重听取各方面意见。一部税收法律出台只有经过充分酝酿、民主讨论，通过平衡各种利益关系形成共识，才可以说它反映和代表了人民意志①。因此，应当完善税收立法公示和听证制度，畅通公众参与立法渠道，夯实税收立法的民意基础。

2. 完善税收法律体系

（1）在宪法中增加税收法定内容

《宪法》第五十六条关于“中华人民共和国

① 孙园．我国税收法治目标实现途径［J］．税务研究，2006（3）：74.

公民有依照法律纳税的义务”的规定仅强调了公民的纳税义务要依据法律产生和履行，缺少对征税主体应依照法律征税的规定，未能完整、准确地体现税收法定原则的精神。目前税收法定原则已在《立法法》中得到了明确，但其作为国家行使征税权的基本原则，对国家权力和公民权利都具有重大意义，应当在条件成熟时推动税收法定原则入宪。稳步推进完善《宪法》中的税收条款，对税收法定原则做出完整、精准的表述，筑牢税收法定原则的宪法基石①。在此基础上，补充“政府必须依照法律征税”“纳税人合法权益受到法律保护”等内容，全面确立税收法定原则。

（2）完善税收实体法律制度

要提升税收立法的系统性，增进税法制度之间的协调性，就必须遵循财政税收的基本规律、基本原理，尽快形成相对稳定的财政体制和税收体制，这样才可能不断提升立法质量②。要建立符合经济发展规律、融合国际税收规则，与我国“一带一路”“京津冀”“长江经济带”等发展战略相适应的税制体系。税收实体法律制度建设则应当根据税制改革情况，及时完善相关制度，巩固改革成果、规范改革进程。

及时总结“营改增”实践经验，修改调整现有增值税、营业税制度，促进行政法规上升为法律；结合消费税改革进程，修改调整消费税征收范围、环节、税率等规定；根据综合与分类相结合的个人所得税制改革进程，修改个人所得税法律制度；根据资源税改革、房地产税改革、环境保护费改税等改革情况，完善相关税收实体法制度。

（3）完善税收程序法律制度

税收程序法定是税收法定原则的重要内容，是税收公平正义得以实现的必要途径。在推进税收法治建设的过程中，应加紧修订《税收征收管理法》，坚持以征纳双方平等的思想为指导，从形式到内容全方位体现征纳双方法律地位的平等性；上收法律解释权；保障纳税人的知情权，完善税收听证制度；健全纳税人权利救济制度，取消行政复议前置的规定；规范税收行政裁量权；建立税收评定制度；完善税务稽查制度，合理划分税务稽查与日常检查的界限；建立税收协助制度；完善税务登记制度，扩大税务登记的适用范围；完善税收滞纳金制度，增加滞纳金中止、终结计算的规定，限制税收滞纳金规模；完善与《行政强制法》《刑法》等其他法律的衔接。

（4）规范税收优惠政策

党的十八届三中全会提出要“加强对税收优惠特别是区域税收优惠政策的规范管理。税收优惠政策统一由专门税收法律法规规定，清理规范税收优惠政策”。

对税收优惠政策的规范，应重点从两个方面进行：一是规范税收优惠政策制定权。除依据法律法规规定的税政管理权限外，各地区不得自行制定税收优惠政策；未经国务院批准，国务院各部门起草其他法律、法规、规章、发展规划和区域政策都不得规定具体税收优惠政策。二是提高税收优惠政策的制定水平。在制定税收优惠政策时，要以维护公平的市场竞争环境、落实国家宏观经济政策、打破地方保护和行业垄断、推动经济转型升级为目的，提高税收优惠政策的针对性、可行性。

---

① 施正文．落实税收法定原则加快完善税收制度［J］．国际税收，2014（3）：23.

② 张守文．税收法治当以“法定”为先［J］．环球法律评论，2014（1）：57.

（二）规范税收权力运行，发挥税收职能作用

税收法治的核心是约束和规范税权[①]。全面推进税收法治应当通过合理配置、规范行使、严格监督税权，确保其在法律的框架内行使、有效发挥税收的职能作用。

1. 依法组织税收收入

新修订的《预算法》明确提出，预算经本级人大批准后，按照批准的预算执行。预算收入征收部门和单位必须依照法律、行政法规的规定，及时、足额征收应征的预算收入。因此，在税收法治建设过程中，税务机关应依照法律法规及时足额组织税收收入，做到依法征收、应收尽收，不收过头税，不得违反法律法规的规定和超越权限多征、提前征收或者减征、免征、缓征应征税款，强化税收入库管理。各级地方政府也应当按照《预算法》要求，执行本级人大批准的预算，不得向预算收入征收部门和单位下达收入指标。

2. 规范税务执法行为

在当前形势下，规范税务执法行为重点应从两方面着手。一方面是规范约束税收执法权力，保证权力在法治的轨道上行使。应积极转变税务机关职能、简政放权，推行权力清单、责任清单、负面清单，防止不作为、乱作为。完善制定税收规范性文件的制度体制机制，防止政策和措施部门化倾向。明确税务重大行政决策和内部重大决策程序，建立重大决策终身责任追究制度及责任倒查机制。落实行政审批制度改革要求，禁止以事前核准性备案等方式变相实施审批。规范税务行政裁量权，完善税务行政裁量权基准制度。完善税务行政复议工作体制及和解、调解等制度，切实保护纳税人合法权益。强化税收执法督察，严格责任追究。

另一方面是认真行使法定职责，促进社会公平正义。全面建设税收法治既要防止“乱作为”，更要防止“不作为”“慢作为”，因为后者的隐蔽性更强，违法成本更低，长期来看对执法队伍造成的影响和危害更甚于前者[②]。法定职责必须为。要严格依法打击税收违法犯罪活动，加大税收重点领域的执法力度，健全税收行政执法与刑事司法衔接机制，保持税法威慑态势，为诚实守信纳税人营造公平公正的税收法治环境。加大欠税管理力度，实施欠税风险管理和分类分级管理，健全欠税信息通报制度。加强技术创新，完善税收管理现代化技术，让守法者更为便利，让违法者无隙可钻。

3. 有效落实税收法律法规和政策

我国经济发展处于结构调整、发展动力转变的新时期，改革也进入了“深水区”和攻坚阶段，国家在实施“四个全面”战略布局的过程中将通过法律、法规和依法制定的政策来统筹推进各项工作。因此，有效落实税收法律法规和政策就显得尤为重要。在落实税收优惠政策过程中，注重把握精神、抓住重点，科学谋划、落实责任，强化督办，跟踪问效。树立“不落实税收优惠政策也是收过头税”的意识，切实将政策落实到纳税人，提高政策受惠面。

（三）完善税收司法机制、强化司法监督作用

公正是法治的生命线。司法公正对社会公正具有重要引领作用，司法不公对社会公正具有致命破坏作用。推进税收法治建设的过程中，应着

① 涂龙力，王鸿貌．税法学通论［M］．北京：中国税务出版社，2007：6.

② 卜祥来．走向法治化科学化的税收管理［M］．北京：中国税务出版社，2014：41.

力完善税收争议解决机制，发挥税收司法对税收行政的监督和促进作用。

1. 完善税收争议解决机制

税务行政复议和行政诉讼是税收争议解决的主要渠道。税务行政复议通过在行政机关内部审查具体行政行为的方式，以较小的行政成本最大限度地在行政机关内部纠正错误，弥补漏洞，解决涉税行政争议，化解社会矛盾。税务行政复议在对行政行为进行审查、解决涉税争议等方面与税收司法有相似之处，是一种“准司法”的税务行政活动。从保护弱者、保护相关主体的权益的角度来说，各国在立法上更注意提高税收诉讼和税收复议的兼容性，为了使相关主体在寻求救济时有更大的选择自由，各国往往尽可能降低税收诉讼对税收复议的依赖性①。为更好地保护纳税人权利、促进税收公平，建议取消我国关于纳税争议复议前置的规定。

2. 加强税收司法对行政的监督和促进

（1）加强司法解释和审判案例对税收实践的指导

我国对抽象行政行为实施有限司法审查，新修订的《行政诉讼法》规定，“公民、法人或者其他组织认为行政行为所依据的国务院部门和地方人民政府及其部门制定的规范性文件不合法，在对行政行为提起诉讼时，可以一并请求对该规范性文件进行审查。前款规定的规范性文件不含规章。”从国际经验来看，欧洲法院之所以能在税收建设中发挥很大作用，一个非常重要的原因是其具有解释法律和监督法律统一实施的职权。英国、美国等实行判例法制度的国家，法院不仅享有司法审查权，还享有部分立法权。

司法审查是对行政机关立法权进行监督最行之有效的方式，应当完善司法审查制度。法院应充分利用现有的司法审查权力，对规章以下的规范性文件加大审查力度，对于违反法律、法规的规定坚决不予适用，从而推动税法的修改和完善。要进一步强化法院在税收司法审查、司法解释中的作用，适当扩大司法审查范围。

司法审判对税收执法是一种外部监督，也是一种最为经常性的、最权威的监督②。应当进一步发挥司法审判的监督作用，通过定期发布税务行政诉讼典型审判案例，指导税收司法和行政实践。

（2）完善税务机关与司法机关的行刑衔接机制

全面推进税收法治建设要完善行刑衔接机制。及时完善税法，解决税法与刑法对同一性质违法行为定性不一致、罪名不统一等问题，增强税法与刑法的协调性。完善制度规则，建立行政机关与司法机关之间的信息共享、案件通报等机制，并通过税警联合办公、多部门联席会议等形式加强部门协调配合，加大刑事案件查办力度。充分发挥检察机关职能作用，强化司法监督，推动行刑衔接工作发展。

（四）优化税收法治环境、促进提高税法遵从

全面推进税收法治建设应当加强税收法治环境建设，通过优化纳税服务促进税法遵从，通过健全税收保障机制增强社会治税合力。

1. 优化服务、促进税法遵从

纳税服务通过为纳税人履行纳税义务提供便利，为纳税人合法权益提供保障，使有遵从意愿的纳税人获得应有的尊重，使有逃避倾向的纳税

① 张守文．税法原理［M］．北京：北京大学出版社，2012：374.

② 谭志哲．当代中国税法理念转型研究［M］．北京：法律出版社，2013：191.

人没有合适的借口。优质的纳税服务有助于纳税人在知法、懂法的基础上提高自觉守法的意识，有助于全社会形成诚信纳税的良好氛围。

在全面推进税收法治建设的过程中应当注重通过优化纳税服务，促进税法实施、化解涉税争议和矛盾。如创建方便高效的办税环境，推进"一窗式""一站式""一门式"服务、全程服务；拓宽网上办税事项范围，推进网上办税、电话办税、短信办税、自助办税、预约办税，方便纳税人；加强国地税合作、扩大联办事项范围；优化办税流程，推行政务公开，提高办税效率；加大税法宣传力度，通过创新宣传形式、拓宽宣传渠道，提高纳税人的依法纳税意识和知识水平。

2. 合力推动、促进税收保障

随着改革的全面深化，纳税人经营模式不断创新，税源日趋多元化发展，税收征管环境日趋复杂。税务机关面对数量庞大的纳税人及其复杂活跃的经济活动，一方面要克服征收税种多、征管难度大、税源零星分散、征管力量不足等困难；另一方面要广泛、及时地搜集和掌握涉税信息，强化税源管控。现行主要通过税务登记和纳税申报等间接手段和主要依赖于纳税人的提供来获得涉税信息的传统做法，已经远远不能适应需要①。随着我国税制改革的推进，未来直接税会在我国税收体系中占据很大比例，自然人会成为直接税的缴纳主体，这对涉税信息的共享提出了很大要求②。因此，全面推进税收法治建设应推进建立多部门配合下的，包括涉税信息共享和税收执法协助的税收保障机制，促进社会信用体系建设，形成社会治税合力。

建立税收保障机制，有助于打破税务机关与其他部门之间的工作壁垒，进一步推动税务机关与其他部门之间的信息互通、资源共享，加强相互之间的交流与合作，推动治税方式实现从税务机关单一管理型向各部门协同管理型的转变，提高行政管理效率，降低行政管理成本。《税收征收管理法》明确规定，"有关部门和单位应当积极支持、协助税务机关开展税收执法活动，建立健全涉税信息共享制度"。国家税务总局也明确发文要求税务机关"积极争取地方党委、政府的支持和相关部门的配合协作，努力通过制定地方性法规、政府规章等方式，建立健全政府牵头的公共信息共享机制，有效获取相关部门的涉税信息，并明确相关部门协税护税的责任和义务"。2015 年，国家税务总局首次将 425 件重大税收违法案件信息推送到国家发展改革委、公安部等 20 个部门，由相关部门对违法当事人开展联合惩戒③。此举对提高纳税人的依法纳税意识、构建纳税诚信体系、促进社会信用体系建设具有重要意义。

目前，我国已有部分省市制定了税收保障相关的地方法规和地方政府规章，明确了本地政府及其部门在开展涉税信息共享及税收执法协助方面的职责。实践中，税收保障制度促进了税务机关涉税信息采集力度、税源监控能力和征管质量的提升。应在总结各地税收保障制度制定和实施经验的基础上，建立全国性的税收保障制度机制，明确保障内容、工作要求、实施方式、监督措施等，以强化税源管理，提高税收征管质效。

全面推进税收法治建设是一项系统性、长期性的工程，需要社会各方共同的持续努力，也需

---

① 施正文. 涉税信息提供制度有利征管改革［N］. 中国税务报，2013 -7 -17（01）.

② 刘剑文. 税醒了的法治［M］. 北京：北京大学出版社，2014：272.

③ 张钦. 国家税务总局首次对 425 户企业开出联合罚单［N］. 北京青年报，2015 -4 -4（A08）.

要将税收法治建设放到依法治国和法治国家建设的大局中统筹推进。我国经济发展进入新常态和“四个全面”战略布局都给税收法治建设提出了新的要求，税收法治建设应当主动适应新形势的新要求，通过全面推进税收立法、税收执法、税收司法和税收法治环境建设，为税制改革提供法治保障，更好地发挥税收对经济的促进作用，进一步促进社会公平正义。

工商登记制度改革对税收征管工作提出新挑战*

杨志强

根据第十二届全国人民代表大会常务委员会第六次会议修正的《公司法》、国务院批准并印发的《注册资本登记制度改革方案》（国发〔2014〕7号），自2014年3月1日起，正式开始实施我国的工商登记制度改革①。本次改革是按照加快政府职能转变，建设服务型政府的要求和便捷高效、规范统一、宽进严管的原则，通过改革公司注册资本及其他登记事项的制度，进一步放松对市场主体准入的管制，激发市场活力。同时《国务院办公厅关于加快推进“三证合一”登记制度改革的意见》（国办发〔2015〕50号）的下发，对工商登记管理和税源税收管理产生了深远而重大的影响。

改革实施一年来（2014年3月—2015年2月），税务登记户数出现了较大幅度增长。一年间，北京地税新增税务登记户24.0万户，较2013年全年新登记户增长了87.8%。截至2015年11月底，全市税务登记户总体规模已达148.2万户，其中全市新设立“三证合一”3.7万户。从近十年新增税源户数情况看，改革一年来的新增税源户增幅较往年有了“飞跃性”的提高，较2004—2013年的年均新增14.5万户，增长了9.5万户，为平均新增户数的1.7倍。改革实施一年来，在为投资主体松绑，激发投资创业活力方面发挥了巨大作用。但在税源户巨量增长的同时，我们看到，在税源质量、税源税收发展方面还存在一些

* 本文发表于《北京信息》2015年第39期，得到北京市副市长程红批示。

① 工商登记改革的主要内容为注册资本登记制度改革和行政审批制度改革。具体措施包括：一是放宽注册资本登记条件。除法律、法规另有规定外，取消有限责任公司最低注册资本3万元、一人有限责任公司最低注册资本10万元、股份有限公司最低注册资本500万元的限制。二是年检改为年度报告。任何单位和个人均可查询。三是放宽住所条件。按照方便注册和规划有序的原则，放宽市场主体住所（经济场所）登记条件，即“一址一照”改为“一址多照”。四是推进行政审批制度改革。“先证后照”改为“先照后证”。五是推进企业诚信制度建设。完善信用约束机制，将有违规行为的市场主体列为异常“黑名录”，向社会公布。六是推进注册资本由实缴改为认缴。实行由公司股东（发起人）自主约定认缴出资额、出资方式、出资期限等，并对缴纳出资情况真实性、合法性负责的制度，公司实收资本不再作为工商登记事项。此项改革制度旨在简政放权，实行宽准入严监管，使投资者能够受益，最大限度地为投资主体松绑，为其释放投资创业活力提供便利条件。

问题，这些都对政府治理能力提出了新的挑战。

一、工商登记制度改革带来税源新动向

（一）税源注册登记情况更趋复杂

在改革实施一年来新增的税源中，有以下几种营业执照注册情况特别值得关注：

“一址多照”集中办公区情况。工商营业执照由原来的“一址一照”改为“一址多照”后，一年来在全市各类集中办公区办理税务登记的税源户共 14.3 万户，占全部新增税源的 59.6%，占截至 2015 年 2 月底全部集中办公区登记税源 17.3 万户的 82.7%。即超过一半以上的新增税源不具有实际经营场所，改革后在集中办公区登记的税源巨量增加。

“一照多址”异地纳税情况[①]。改革实施一年来，共新增异地纳税户 1.5 万户，占全部新增户的 6.3%，占截至 2015 年 2 月底全部异地纳税户的 16.5%。新增异地纳税户主要集中于平谷、门头沟、怀柔、石景山、密云、海淀 6 个局，合计 1.3 万户，占全部新增异地纳税户的 86.7%。

“一人多照”情况。新增税源中共有 9795 名法人代表登记注册了 2 户以上税源户，共注册登记税源 2.6 万户，占全部新增户的 10.8%，占截至 2015 年 2 月底全部“一人多照”人数的 7.6%。其中，共有 100 名个人注册了超过 10 户以上税源户，注册最多的一名个人，共注册 136 户。

表 1 **新增“一人多照”情况统计表** 单位：人

分档	注册 2～10 户	注册 10～50 户	注册 50～100 户	注册 100 户以上	总计
人数	9695	97	2	1	9795

（二）新增税源对税收的带动作用并不显著

税收的增长速度与税源的增长速度存在较大差距。改革实施一年来，新增税源 24.0 万户，税收贡献为 33.4 亿元，占总体收入比重的 1.0%。初步测算[②]，受改革影响增加税收收入约 5.4 亿元，占总体收入比重的 0.2%。可见，大量新增的税源并未带来税收的显著增长。新增税源规模较 2013 年增长了 87.8%，而税收仅增长了 38.3%，税收增长速度不及前者的一半。

新增税源的税收发展存在隐忧。在大量增长的税源中，有税户比重偏低，仅占 26.8%，低于 2013 年有税户比重 10.3 个百分点；另外，营业税比重偏高，是位居新增税源税收规模第一的税种，占比 38.8%，考虑到“营改增”的持续推进，这部分地税收入将进一步减少至最终取消；纳税大户数量偏少，纳税额在 50 万元以下的新增税源户占据绝大多数，占比多达 99.6%，纳税额在 1000 万元以上的税源大户仅 38 户；部分新增税源生命周期短，成长性差，不能带来长期有效税源，在新增的 24.0 万户税源中，当期注销 8.7 万户，占新增户的 36.3%。其中：有税注销 0.2 万户，占 2%；无税注销 8.5 万户，占 98%。这些都为税收的后续发展带来了隐忧。

---

① 由“一照多址”形成的异地纳税共包括两种情形，即税务登记地和工商注册地不在同一区县，和税务登记地和经营地不在同一区县。

② 通过对近五年新增税源当年税收入库额的研究，得出新增税源当年入库额的平均增长率为 16.0%，据此预测出在未改革条件下 2014 年度新增税源税收为 28.0 亿元，与改革后实际入库税收 33.4 亿元相差 5.4 亿元，此差额即为初步测算出的受改革影响而增加的税收收入。

表 2　　新增税源分纳税规模情况　　单位：户、万元

纳税档次	户数	纳税金额	户数占比（%）	税款占比（%）
0 元	175517	0	73.2	0.0
0～50 万元	63395	80277	26.4	24.1
50 万～100 万元	380	26442	0.2	7.9
100 万～500 万元	337	67268	0.1	20.2
500 万～1000 万元	33	21314	0.0	6.4
1000 万元以上	38	138436	0.0	41.5
合　计	239700	333738	100	100

税源户数的增加与就业率的增长不相协调。通过对2013 年1 月以来近26 个月各期城镇登记失业率情况的研究看出，改革对就业的影响并不明显。2014 年3 月—2015 年2 月改革实施的整一年中，各月末城镇登记失业率维持在1.3%～1.45%之间，平均值为1.35%，比2013 年全年各月末平均值1.27%有小幅升高，可见改革后巨量的新增税源并未能有效带动城镇就业率水平提高。

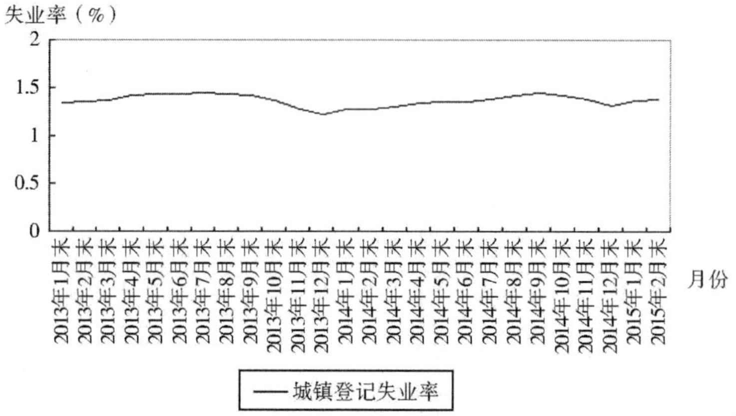

图 1　近 26 个月城镇登记失业率情况

二、税收征管工作面临挑战

工商登记制度改革是推进国家治理体系和治理能力现代化改革中的重要一环，对城市管理、工商、质监和税务等部门如何面对“宽进”后的“严管”提出了更高要求。

（一）税收征管面临“三个不适应”

就税务机关的税收征管工作而言，面临着以下三方面的挑战：

征管工作制度不适应。税务机关以工商登记为前置条件认定的经营范围、资本规模、税种核定、发票管理等工作难以为继。实行“年报”制度后，工商部门对未年检企业不再“吊销”营业执照，而是纳入“异常名录库”实施信用监管，对工商违规户的联合监管措施，税务总局和工商总局均未出台相关衔接制度。原由于投资者投资未到位时，发生的相关利息支出不予税前扣除的有关规定，也未能与“认缴制”改革制度相衔接。税务部门与工商部门的行业分类标准

不相匹配，为推进“三证合一”带来难度。

征管资源配置不适应。改革后，北京市每月平均新增税源 2 万户，截至 2015 年 2 月底，全市总体税源户规模已突破 138 万户，在全国地税系统排名第五。目前北京市地税系统税收管理员人均管户已达 728 户，“户多人少”管理难的矛盾更为突出，基层一线工作负荷和执法风险显著加大。

税收征管方式不适应。在税源管理方面，“一照多址”“一址多照”“一人多照”情况的涌现为税源监控带来难度。营业执照的“住所”功能弱化，与经营户实际生产经营场所的分离，纳税人注册的随意性，使得税务机关无法在经营地进行有效监管，对可能存在的违规套购发票现象监管难度增大。在税种管理方面，“认缴制”下企业退市应补足注册资金，须按规定缴纳印花税，若前期认缴金额虚高，将易形成欠税；税务机关无法准确掌握纳税人原始出资情况，无法确认股权计税基础和相应凭据，另外行政审批制度的改革，也使得税务机关失去了股权转让交易源头管控先机，不利于对个人所得税征收实施的交叉管控。在行业管理方面，“先证后照”改为“先照后证”，企业开办初期难以界定所属行业，甚至出现《国民经济行业分类》中没有的行业，将会影响收入区间的统计分析和数据比对。依托行业分类建立的税收风险指标，其预警评估的准确性也将受到影响。

（二）北京地税采取的措施

为落实好李克强总理对深化工商登记制度改革“让新登记企业活下来、活得好”要求，针对改革实施后，税收领域发生的一系列变化，北京地税积极应对，找准切入点，完善税收制度，创新管理方式，强化信息管税，不断提高税收征管质效。主要采取以下五项措施：

强化部门协作，推进“三证合一”。成立“三证合一”登记制度改革工作领导小组，积极协调工商部门，共同研究办理流程、衔接机制等；制定工作方案，倒排工期，明确工作内容、落实措施、完成时限和责任人；联合市国税局制定贯彻落实“三证合一”实施意见；开展系统业务培训，编制《“三证合一”纳税人办理涉税事项操作指南》《北京市地方税务局“三证合一”项目用户操作手册》。9 月 29 日，与市工商局数据信息共享平台成功搭建，满足“三证合一”企业设立、变更、注销的数据传输需要。

优化税务登记流程，提高数据管理质量。简化税务登记手续。除国家法律、法规有明确规定外，不再要求纳税人提供注册地及生产、经营地址等场地的证明材料和验资报告；对符合条件的纳税人免费发放税务登记证。探索实行电子税务登记。建立以 CA 认证为基础的网络认证体系，逐步实现纳税人网上申报、网上审核、网上发证。提高数据信息质量。建立信息采集逻辑校验机制，降低数据采集差错，规范增量、清理存量。完善登记环节。建立报到环节补录制度，在新增户税务所报到环节，补录纳税人经营范围、国家标准行业等登记基础信息，根据行业管理信息进行税种核定。对个人股权转让采取前端引导、事后监管方式加强管理。

加强征管力量，提供优质办税服务。相继成立六个市局直属稽查局，合理调整机构、人员配置，向基层倾斜、向一线倾斜，充实一线工作人员力量，注重提高一线工作人员整体工作素质，缓解“人少户多”管理难矛盾。进一步落实“便民春风行动”，通过多种形式和途径提供优质办税服务，让新办企业了解相关税收政策和涉税事宜，提高税法认知度和遵从度。

实施税源分类管理，优化税收征管方式。加

强重点税源①管理。建立完善重点税源监控平台，加强风险评估，开展税务约谈，逐步扩大与重点税源企业签订《税收遵从合作协议》的范围，组建风险管理团队，提供优质个性化服务。加强中小税源管理。依托互联网地税局，加强对中小税源的风险提示、税务约谈、日常检查和税务稽查力度。完善个体工商户管理。针对有形市场内的个体工商户，积极推动统一收银、纳税环节前置，探索国税、地税合署办公模式；有形市场外的个体工商户，逐步扩大委托代征范围，建立街、乡政府和其他社会组织广泛代征税款的机制。

密切关注改革影响，加强税收分析预测。把工商登记制度改革对首都地方税源税收的影响作为重点和焦点问题，密切关注改革动向，加强该领域税收分析预测，提前谋划，把握主动权。注重发挥一线税收征管人员的能动性，做好新增企业税源分析工作的同时，对生命周期薄弱、成长性差的企业给予关注和引导，促进新增企业健康发展。

三、相关建议

为进一步扩大改革红利，让工商登记制度改革发挥更大效能，笔者提出以下建议：

（一）进一步完善制度体系与改革相衔接

建立完善“宽进”后的“严管”制度体系。在降低市场门槛的“宽进”制度实施后，做好对市场主体“严管”的需求日益迫切。一方面要构建完善纳税人信用体系。实现各类诚信建设数据库之间的互联互通和无缝对接，健全守信激励和失信惩戒机制，对税收守信的纳税人，在政府各部门实行优先办理、简化程序、开辟“绿色通道”等激励政策，对失信主体采取行政监管性、市场性、行业性、社会性约束和惩戒。另一方面要坚持依法监管，构建协同监管制度。按照权责一致和处置有利的原则划分部门职责，落实部门责任。既依法规范市场主体行为，又依法保障市场主体合法权益。尽快出台与改革相衔接的工作制度。政府各相关部门对照各自职能，梳理完善需要与改革对接的工作制度。建议税务总局尽快明确对纳入工商部门“异常名录库”企业的监管办法，完善税种税源管理相关规定，协调工商部门统一行业分类标准。

（二）加强税务与工商部门的协调配合，积极开展联合执法

拓展工商信用公示信息内容，充分利用工商企业信用信息公示系统，将税务机关欠税户、非正常户、稽查案件、阻止出境等涉税违法信息进行公示。对政府主导的集中办公区实施综合治理，制定集中办公区相关管理办法。对不同类型的集中办公区、不同税源情况的登记户采取差异化管理方式，加大对集中办公区内重点税种、行业新增税源的评估和联合检查力度。

（三）加强国、地税业务协作，推进信息共享

进一步落实《国家税务总局关于加强国家税务局地方税务局协作的意见》文件精神，根据改革需要在税收征管、纳税服务等方面进一步加强协作，扩展信息共享范围，建议建立统一的“三证合一”登记信息补录联合工作机制。

---

① 重点税源为年纳税总额100万元以上的纳税人；重点税源以外的纳税人为中小税源。

关于税收服务疏解非首都功能的思考*

杨志强

有序疏解北京非首都功能是推动京津冀协同发展的关键环节和重中之重，有利于破解首都经济社会发展中的深层次矛盾和问题，为建设国际一流的和谐宜居之都创造条件；有利于加快转变经济发展方式，构建高精尖经济结构；有利于优化京津冀经济结构和空间布局，推进区域内涵集约式发展。新形势下，围绕京津冀协同发展国家战略，立足首都功能定位，研究如何发挥税收职能作用服务北京疏解非首都功能，具有十分重要的意义。关于疏解非首都功能的目标、原则、方法，《京津冀协同发展规划纲要》和北京市委、市政府实施意见已经明确，地税系统应在抓好贯彻落实的同时，深入研究税收政策措施，为政府决策提供参考。本文结合地税工作实际，就上述问题进行了分析思考。

一、发挥税收职能作用服务北京疏解非首都功能的重要意义

税收具有筹集收入、调控经济、调节分配的职能作用，是财政收入的主要来源和宏观调控的重要手段。在推进京津冀协同发展的改革攻坚期，有效运用税收调控手段服务北京疏解非首都功能尤为重要。

一是通过依法组织税收收入，能够为发挥首都核心功能提供财力保障。北京作为全国的政治中心、文化中心、国际交往中心和科技创新中心，要发挥好自身的核心功能，需要强大的财力保障，而疏解北京非首都功能将加快产业转型和人口迁移，并在一定程度上影响我市财政税收发展趋势。这就要求税务部门深入分析研判，全力堵漏增收，为首都核心功能的发挥以及区域交通一体化、生态环保、产业对接等重大部署的落实提供稳定、均衡的财力支持。

二是通过发挥税收政策导向作用，能够引导生产要素、公共资源和人口有序迁移。税收调控相对其他行政调控方式而言，具有针对性、实效性、可操作性强的优势，应作为优化经济结构和资源配置的重要手段。依据京津冀协同发展规划纲要和北京市产业禁限目录，制定严控增量、调整存量、支持创新驱动、鼓励人才流动的税收政策，有利于北京构建“高精尖”经济结构，建设国家科技创新中心，带动区域经济转型发展。

三是通过提升税收工作规范化、便利化水平，能够为疏解北京非首都功能提供税收环境支持。高效便捷的税收征管和纳税服务是有序疏解北京非首都功能的重要保障。按照国家税务总局“资质互认，征管互助，信息互通，统一办税平台”的要求，打造标准统一、透明公开、服务集

---

* 本课题为2015年度北京市重点课题，本文被市委《调研与参阅》第134期、市政府《昨日市情》特187期刊用，获得北京市常务副市长李士祥批示。

约、科技含量高的办税平台，推进区域税收协作，提升税收治理能力，有利于为北京市企业向外省市疏解转移提供良好税收环境。

二、北京市实施新增产业禁限对地方税收收入的影响分析

2015 年 8 月 25 日，《北京市新增产业的禁止和限制目录（2015 年版）》（以下简称禁限目录）发布。与 2014 年版相比，新增 402 条目录，减少 10 条目录，调整后，共涉及 2295 条目录。

（一）2015 年我市禁限产业对地方税收的影响

1. 禁限目录涉及企业在全市税源户和地方税收中的比重

2015 年，我市禁限目录共涉及企业 6.8 万户，占全市 86.7 万户有税企业的 7.8%；完成地方税收收入 792.8 亿元，占我局地方税收的 27.6%。可以看出，我市禁止和限制类企业虽然税源户数占比较低，但在地方税收收入中占比较高。

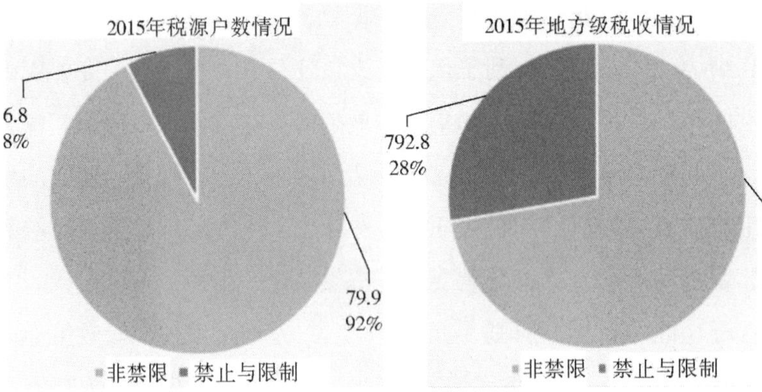

图 1　2015 年禁限目录涉及企业税源户数及地方级税收收入情况　（单位：户/万元）

2. 从产业结构看禁限对全市地方税收的影响

从户数结构看，2015 年，我市禁限目录涉及第二产业纳税单位 4.4 万户，占全部禁限目录涉及纳税单位比重的 65.6%；涉及第三产业纳税单位 2.3 万户，占比 34.4%；第二产业占比高于第三产业 31.2 个百分点。

从收入结构看，2015 年，我市禁限目录涉及第三产业企业完成地方税收 559 亿元，占全部禁限目录涉及企业完成税收的 70.5%；禁限目录涉及第二产业完成地方税收 233.9 亿元，占比 29.5%；第三产业占比高于第二产业 41 个百分点。

从收入影响看，2015 年，全市第二产业共完成地方税收 315 亿元，其中，禁限目录涉及企业收入占比为 74.3%；第三产业完成地方税收 2552.9 亿元，其中，禁限目录涉及企业收入占比为 21.9%。可见，禁限目录的发布对第二产业地方税收影响较大。

3. 从行业分布看禁限对全市地方税收的影响

从户数结构看，2015 年，我市禁限目录涉及制造业企业户数占比最高，达 40.6%。其次是建筑业、房地产业，户数占比分别为 23.8%、9.4%；金融业、科学研究技术服务业、批发零售业、住宿餐饮业、水利公共设施管理业 5 个行

业大类没有涉及纳税单位。

从收入结构看，2015 年，我市禁限目录涉及房地产业企业地方税收占比最高，达 64.5%。其次是制造业、建筑业，收入占比分别为 16.9%、9%。信息技术服务业、居民服务业、卫生和社会工作三个行业占比较低，收入占比分别为 0.02%、0.05%、0.2%。金融业、科学研究技术服务业、批发零售业、住宿餐饮业、水利公共设施管理业 5 个行业大类无涉及单位。

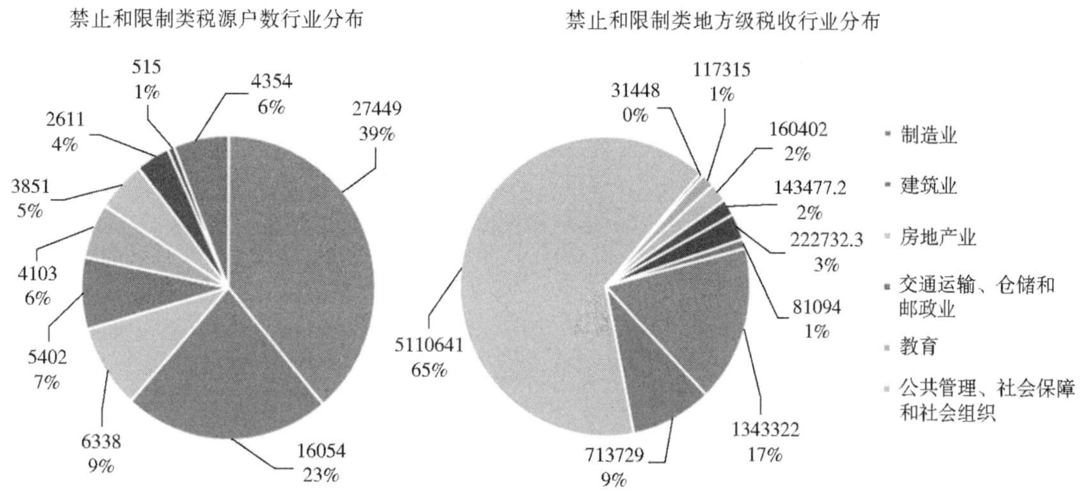

图 2　2015 年禁限目录涉及企业分行业税源及地方级税收收入情况　（单位：户/万元）

从收入影响看，2015 年，在我市禁限目录涉及企业地方税收行业占比中，5 个相关行业收入占比超过 50%，其中，采矿业收入占比达到 100%，电力热力水燃气供应业、制造业、房地产业、建筑业收入占比分别为 97.8%、89.6%、80%、51.8%。

4. 从区域集中度看禁限对地方税收的影响

从户数结构看，2015 年，我市禁限目录涉及城市功能拓展区企业户数占比近一半。城市功能拓展区、城市发展新区、生态涵养发展区、首都核心功能区分别涉及 3.3 万户、1.8 万户、0.9 万户、0.8 万户，比重分别为 48.5%、26.5%、13.2%、11.8%；其中，朝阳、海淀、丰台户数比重分别为 20.9%、12.8%、12%。

从收入结构看，2015 年，我市禁限目录涉及城市功能拓展区企业地方税收占比最高。城市功能拓展区、城市发展新区、首都核心功能区、生态涵养发展区涉及企业分别完成地方税收 322.8 亿元、270.9 亿元、136.7 亿元、62.5 亿元，占比分别为 40.7%、34.2%、17.2%、7.9%，朝阳、西城、海淀收入占比超过 10%，分别为 21.5%、12.1%、10.5%。

从收入影响看，禁限目录的发布对城市发展新区、生态涵养区地方税收影响较大。在城市发展新区、生态涵养发展区、城市功能拓展区、首都核心功能区中，禁限目录涉及企业地方税收占比分别为 43.6%、40.6%、25.2%、16.8%，3 个区县（分）局收入占比超过 50%，分别是燕山、通州、房山。

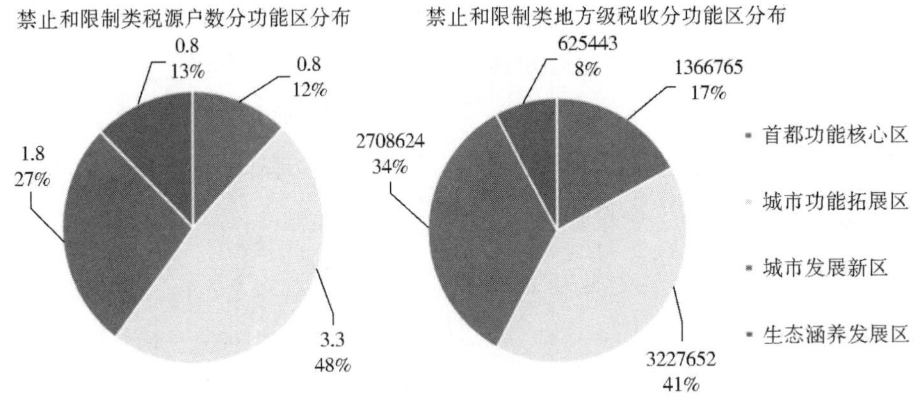

图 3　2015 年禁限目录涉及企业分区域税源及地方级税收收入情况　（单位：户/万元）

（二）2013 年—2015 年 9 月我市禁限目录涉及企业的税收发展趋势

1. 禁限对首都核心功能区的影响逐步显现

2014 年，核心功能区制造业地方税收下降 7.2%，批发零售业税收增长 4.8%。2015 年，核心功能区制造业和批发零售业税收分别下降 14.3%和 8.5%。

2. 全市个体工商户户数保持增长态势，但地方税收降幅较大

2013 年底，全市共有个体工商户 319841 户，地税征收税款 31.2 亿元；2014 年底共有个体工商户 356605 户，地税征收税款 27.6 亿元；2015 年底共有个体工商户为 365065 户，地税征收税款 24.3 亿元。

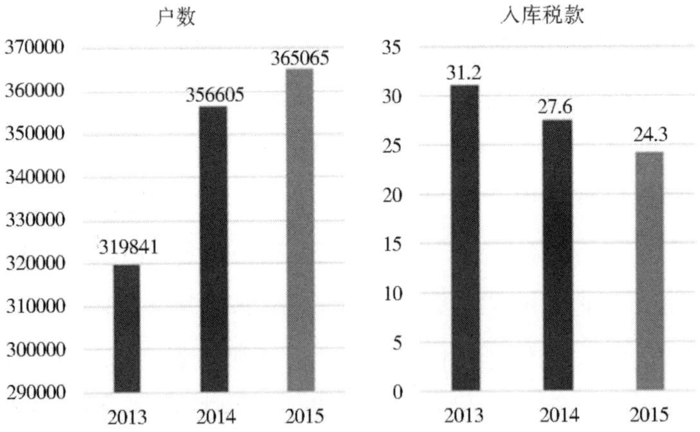

图 4　2013—2015 年北京市个体工商户户数与入库税款情况　（单位：户/亿元）

3. 全市高耗能产业地方税收低速增长

2013 年入库税款 40.8 亿元，2014 年入库税款 47.4 亿元，2015 年入库税款 51.6 亿元。

4. 全市教育培训、医疗卫生等社会服务产业税收收入较为稳定

2013 年底，全市教育培训、医疗卫生等社会服务产业共有 11892 户，入库税款 48.8 亿元。2014 年底共有 12578 户，入库税款 63.1 亿元。2015 年底共有 13191 户，入库税款 69.5 亿元。

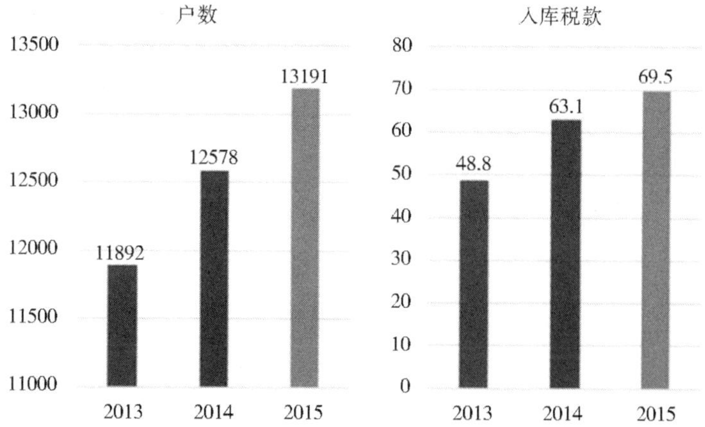

图 5　2013—2014 年北京市教育培训、医疗卫生等社会服务产业户数与入库税款情况　（单位：户/亿元）

5. 全市总部企业税收收入增速较高

2013 年底、2014 年底和 2015 年底户数均为 4550 户，2013 年入库税款 995.1 亿元、2014 年入库税款 1051 亿元和 2015 年入库税款 1368.4 亿元。

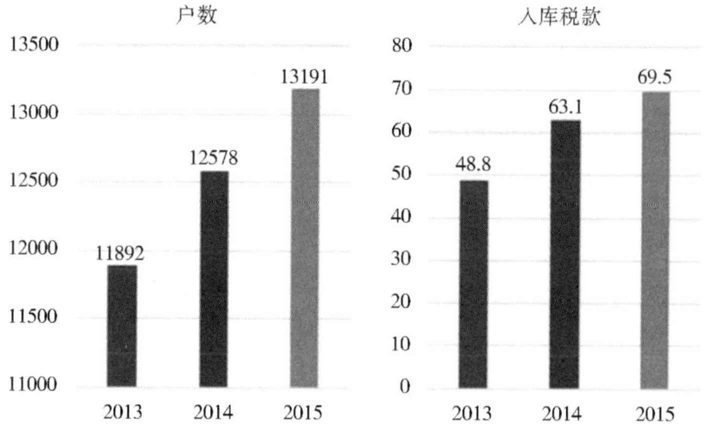

图 6　2013—2015 年北京市总部企业入库税款情况　（单位：亿元）

三、发挥税收职能作用服务北京疏解非首都功能面临的主要问题

（一）税收政策面临的主要问题

一是现行部分税收优惠政策与北京疏解非首都功能的战略导向不相符合。解决首都“大城市病”问题，需要摒弃“摊大饼”式的城市发展方式和大而全的产业发展模式。截至目前，北京市还存在少量高耗能、高耗水、高污染企业，2000 余家聚集外来人口较多的有形市场以及 30 余万个体工商户，特别是首都核心功能区还存在不少七小业态和无照经营户，其中相当部分企业、个体工商户仍享受税收优惠政策。根据我市产业禁限目录，目前我市仍在执行的禁止和限制产业涉及的税收优惠政策共 36 项，这些政策与首都核心功能定位存在不适应、不协调的问题。

二是缺乏鼓励我市企业向外省市迁移的税收优惠政策。推动京津冀协同发展作为国家战略，核心是疏解北京非首都功能，应从国家战略高度和市场经济维度去认识税收应发挥的作用。对不符合首都功能定位的企业，能够促使其外迁的原因主要包括行政干预和利益驱动。运用行政命令强力干预，有违市场经济规律和企业的市场经济主体地位，通过税收政策带来的利益调整引导企业迁移，更符合社会主义市场经济原则，调控手段更具针对性。而截至目前，对于我市外迁企业和相关随迁人员，尚无鼓励性的税收优惠政策。

三是缺乏鼓励我市公共服务资源向外省迁移的税收优惠政策。长期以来，由于京津冀区域公共服务资源存在巨大落差，形成了明显的“虹吸效应”，对疏解北京非首都功能特别是对人口的疏解转移带来了不利影响。因此，疏解北京非首都功能，除必要的产业疏解外，还应包括对公共资源的有序疏解。而目前尚无鼓励我市公共服务资源外迁和促进区域公共服务水平均等化的税收优惠政策，不利于我市教育、医疗、养老等机构向外省市迁移，也不利于调动相关人员随迁的积极性。

（二）税收征管和纳税服务面临的主要问题

一是对个体工商户税收征管力度有待加强。由于我市人口规模和市场需求巨大，且近年来，国家对小微企业和个体工商户陆续出台了一些税收优惠政策，多重因素叠加下，我市个体工商户数量持续快速增长。税务机关在人力有限的情况下，根据国家税务总局个体工商户税收管理办法，普遍采取核定征收和委托代征方式开展个体工商户税收征管，在降低征收成本的同时，也增加了税收流失风险。目前，我市大部分有形市场未采取统一收银方式，而个体工商户现金交易多，开具发票少，建制建账不健全，税务机关对其经营收入难以准确核定，在征管力度不足的情况下，个体工商户税负相对其真实收入普遍处于较低水平，不利于我市疏解有形市场和控制人口规模。

二是对我市企业向外省市迁移的税收征管程序有待简化。目前，税收征管信息尚未实现省际之间共享，我市企业发生跨省迁移时仍需办理注销税务登记，并将纳税清算作为前置环节，由于纳税清算的内容、流程、时限等方面的不一致，增大了企业跨省迁移的税收成本。现行税务登记管理制度对纳税人临时跨区域生产经营活动的规定也较为复杂，办税流程环节较多，且三省市税务机关在相关政策执行上存在差异，有的还规定存续期的再次确认环节及时间要求，增加了临时跨区域经营成本。

三是对我市企业向外省市迁移的纳税服务举措有待加强。目前，京津冀三省市税务机关尚未建立统一的办税服务平台，行政审批事项在内容、程序、时限方面差异较大，对于我市跨区经营企业和迁移企业提出的一些税收政策问题三地税务机关难以给出口径一致的答复。由于信息数据互联互通水平制约，国地税联合办理税务登记的范围、开展程度存在差异，不便于我市企业外迁和设立分支机构。根据目前的高新企业税收优惠资质认定管理办法，资质认定由企业所在地的资质认定管理机构进行确认，由于没有出台跨区域迁移企业资质互认办法，我市外迁企业要继续享受税收优惠政策，还需重新进行资质认定，增加了企业成本，不利于企业、技术等市场要素的流动。

（三）税收工作机制面临的主要问题

一是产业转移对接税收分享机制有待完善。明确产业转移中的税收分享原则，创新省际之间的税收利益分享机制，有利于减少税收争议，提高产业转移效率，缩小区域内部经济发展差距，形成稳定、均衡的区域财税格局。根据《京津冀协同发展产业转移对接企业税收收入分享办法》的规定，纳入地区间分享的企业需要同时符合“由迁出地区政府主导”“符合迁入地区产业布局条件”“迁出前三年内年均缴纳增值税、企业所得税、营业税三税地方分成部分大于或等于2000万元”三个条件。由于企业自行疏解行为不符合《办法》的要求，加之对迁出企业已纳税款数额要求较高，北京市符合《办法》条件的企业较少，通过税收分享引导企业外迁的目的难以达到。

二是非首都功能疏解部门配合机制有待建立健全。现行税收征管法要求各级税务机关在规定的税收征管管辖权范围内开展征收管理工作，没有专门针对税务部门跨区域协作等相关内容作出具体规定，开展跨区域税收协作缺乏上位法依据，而税务部门之间的合作协议制度刚性不足，缺乏必要的法律约束力。覆盖全区域的税收保障办法也亟待研究制定。目前，三地税务机关在税收便利化、征管协同、信息交换、科研合作等方面尚未建立长效工作机制，不利于产业对接和企业迁移。

三是非首都功能疏解信息共享机制尚未建立。从我市情况看，全市相关政府职能部门针对非首都功能疏解的信息共享机制尚未建立，政府部门信息孤岛的现象较为严重，距离跨部门大数据管理还有较大差距，部门之间的信息数据缺乏共享、对比和整合。从区域情况看，三地间的税收信息共享机制尚未建立，缺少支持税收数据交换的信息平台，三省市税务机关信息数据分散，没有形成统一的数据交换标准，信息数据交换的范围和及时性还无法满足区域间产业对接协作和税收协作的需要。

四、税收服务北京非首都功能疏解的相关建议

（一）税收政策方面

1. 建议停止执行不符合首都功能定位的禁止和限制产业涉及的部分税收优惠政策

对列入本市不符合首都功能定位的产业名录的企业，建议市政府同意，经国家税务总局批准后，不再享受原有税收优惠政策。对照本市新增产业的禁止和限制目录，积极争取国家层面支持，在城六区（即东城区、西城区、朝阳区、海淀区、丰台区、石景山区）对2016年新增的《北京市新增产业的禁止和限制目录（2015年版)》范围内的项目所涉及的与首都功能定位不相适应的税收优惠政策自2016年1月1日起暂停执行。其中，对农林牧渔业、采矿业、公共管理和教育业项目涉及的7项税收优惠政策建议市政府报请国务院批准后暂停执行；对制造业、批发和零售业、教育业和电力、热力、燃气、水生产供应业等禁止和限制产业涉及的14项税收优惠政策暂停执行）；对由北京市政府制定的《北京市施行〈中华人民共和国房产税暂行条例〉的细则》中房产税困难减免审批建议报经市政府批准后暂停执行；对我局制定的涉及建筑业的1项税收优惠政策暂停执行。对2016年以后新增的《北京市新增产业的禁止和限制目录（2015年版)》范围内的教育业项目所涉及的1项税收优惠政策暂停执行。对涉及个体工商户的2项税收优惠政策有针对性地提高应税收入核定额或提高核定征收率，促使个体工商户加快疏解或完成产业转型。

2. 建议调整有形市场房产税计税依据

建议市政府按照《中华人民共和国房产税暂行条例》的有关规定修改《北京市实施〈中华人民共和国房产税暂行条例〉的细则》，对企事

业单位出租房产由从价计征改为从租计征房产税。根据增加财政收入、调整经济结构和疏解非首都功能的需要，分步骤调整房产税的计税依据。对禁限目录涉及的产业，以及位于城六区内，市场主办方未按照政府要求完成业态调整的有形市场，先行调整房产税计税依据，由从价计征改为从租计征。

3. 围绕“以房管人”研究提高非京籍人员购房门槛

加强非京籍人员就业、购房、纳税情况的数据共享和分析，重点对已连续在我市缴纳个人所得税3年以上的非京籍人员情况进行统计分析，建议市政府研究提高非京籍人员在京限购住房的纳税年限。

4. 尽快出台鼓励我市企业跨省迁移的税收优惠政策

对注册经营地在北京且持续经营3年以上的企业整体搬迁到河北的，对其因搬迁取得的资产转让或拆迁补偿收入免征增值税、营业税、企业所得税。企业整体搬迁至河北后，自获利的第一个年度起，第一年至第三年免征企业所得税，第四年至第六年减半征收企业所得税。随企业迁移人员取得的住房补贴、安家费、探亲费、子女教育补助、交通补助等补贴性质的薪金收入免征个人所得税。对企业因搬迁产生的印花税、契税予以免征，因搬迁到新生产经营场所产生的房产税、城镇土地使用税，在新生产经营场所投入运营后的三个纳税年度内予以免征。

5. 尽快制定鼓励区域公共服务均等化税收优惠政策

对从北京整体迁移到河北或在河北设立分部的非营利医院、养老机构，以及国外符合一定资质的医院、学校、养老机构在河北设立分部的，第一年至第五年免征各类税费，第六年至第十年减半征收各类税费。从北京、天津整体迁移到河北或在河北设立分部的符合一定资质的营利性医院、养老机构，自获利的第一个纳税年度起，第一年至第五年免征企业所得税、房产税、城镇土地使用税，第六年至第十年减半征收企业所得税、房产税、城镇土地使用税。上述单位的随迁人员取得的住房补贴、安家费、探亲费、子女教育补助、交通补助等补贴性质的薪金收入免征个人所得税。对符合一定资质的国际和国内的教育、医疗人才到河北省教育、医疗机构提供临时劳务、交流、讲学取得的报酬，2015—2020年免征个人所得税。

6. 支持首都周边重要节点城市发展

建议对我市企业在首都周边重要节点城市的港口、码头、机场、铁路、公路、城市交通、地下管网、电网、通信等公共基础设施项目的投资经营所得，自获利的年度起，第一年至第三年免征企业所得税，第四年至第六年减半征收企业所得税。对投资于首都周边重要节点城市基础设施项目的民营企业，以其取得的缴纳企业所得税后的利润再投资于首都周边节点城市基础设施项目的，按50%的比例退还其再投资部分已缴纳的企业所得税税款。对我市企业在首都周边重要节点城市符合区域产业发展方向的投资达到2000万元以上的，其投资经营所得自获利的年度起，第一年至第三年免征企业所得税、房产税、城镇土地使用税，第四年至第六年减半征收企业所得税、房产税、城镇土地使用税。2015—2020年，对到首都周边重要节点城市就业、创业的符合一定条件的人才，其就业、创业所得免征个人所得税，对其在当地购房产生的交易环节税费予以免征。

7. 完善鼓励科技创新和文化创意产业税收优惠政策

认真落实中关村国家自主创新示范区税收优

惠政策。研究政策执行中的具体问题，科学评价政策执行效果。创新政策服务方式，建立快速便捷服务机制，最大限度发挥政策效应，积极支持国家创新体系建设。贯彻落实文化产业税收优惠政策，更好地为转制文化企业服务。加强文化产业税收政策效果的评估，在现有配套政策基础上，继续向财政部和国家税务总局申请相关税收优惠政策。

8. 发挥政策导向作用服务我市总部经济和国企改革

加强对全市总部企业的经济税收分析，促进总部企业分区分类集聚，支持引进金融、科技、信息等生产性服务业总部企业。发挥税收政策服务作用，促进我市加工型产业、仓储物流以及其他劳动密集型总部企业有序向津冀转移。针对企业重组改制中税负重、计征不合理、纳税困难等问题加强调研，积极向财政部和国家税务总局争取有利于企业重组改制及国有资产保值增值的税收政策。

（二）税收征管和纳税服务方面

1. 进一步加强税源管理

加强《目录》涉及企业税源监控和分析，实时掌握《目录》涉及企业的税源变化情况，充分发挥税收职能作用，结合各区域税源特点，根据不同区域，不同行业税源变化情况，有针对性的做好收入预测和管理，积极促进产业升级，发展优质税源，确保首都税收平稳增长。进一步规范小微企业税收优惠政策落实工作。全面宣传和严格落实小微企业税收优惠政策，对超过免税标准的小微企业依法征税，以维护税收秩序和税法刚性，防止国家应征税款流失。

2. 围绕“以业控人”加强对不符合首都功能定位产业的税收征管

制定我市有形市场税收管理办法，对全市有形市场内的零散商铺全部重新进行税收定额征收审核，从严掌握税收优惠政策。对我市计划疏解的商品交易市场逐步实行统一收银，规范增值税发票开具行为，防止和减少税收流失。对商品交易市场主办方加大税法宣传力度，联合开展纳税评估和税务稽查，依法征收各项税费。对我市拟疏解的商品交易市场其商品销售、商铺租赁、商铺转让产生的各项税费，不再实行委托代征，改为由税务机关直接征收，加大执法力度，防止税收流失。对本市注册企业在拟疏解的商品交易市场内租赁摊位并办理临时注册登记的，其在商品交易市场销售货物应缴纳的增值税及附征的各项税费，全部实行纳税环节前置和属地征收，一律在市场缴纳。对低端劳动密集型产业及各种业态的个体工商户，进一步加强税收征管，调整税收定额，加大检查力度，对我市拟疏解的商品交易市场内的无照经营业户应予以取缔，不能取缔的，应限期办理临时税务登记并依法征收各项税费，不享受有关优惠政策。清理无税户，加强发票管理，堵塞税收漏洞。研究制定加强核心区出租房屋税收征管措施，扩大出租房屋税收委托代征范围，依法征收各项税费。积极采取措施，重点围绕七小业态进一步加强个人出租房屋改为商业用途的税收征管。

3. 完善我市企业向外省市迁移税收征管程序

比照省内跨区县迁移模式，对发生跨省迁移的纳税人做迁出处理，规范纳税清算程序或不作纳税清算，为产业转移和企业合理流动提供便利。延长企业迁移、转产过程中迁出地的发票使用期限，待企业迁出后，迁出地再做发票结票处理。取消纳税人办理外出经营税收许可证明环节，直接由纳税人在外出经营所在地办理各项涉税事项，其涉税信息通过信息交换反馈给税务登记所属地机关。

（三）协调机制方面

1. 完善税收分享机制

为有效发挥税收促进京津冀协同发展的作用，提高迁入地和迁出地双方政府的积极性，建议进一步完善税收分享办法相关内容。一是取消《京津冀协同发展产业转移对接企业税收收入分享办法》中“政府主导”的限制条件。鼓励企业主动参与到非首都功能疏解工作中，发挥市场在资源配置中的决定性作用。二是取消《办法》对迁出企业已纳税款数额的限制规定，对全部疏解企业缴纳的主体税种的税款全额实施税收分享，鼓励更多的企业到适宜的地区投资，加快产业深层次对接，促进京津冀协同发展顺利推进。

2. 建立非首都功能疏解部门协作机制

建立全市非首都功能疏解部门协作机制，明确各部门在非首都功能疏解行政调控方面的工作职责。建立京津冀区域统一的税收协调保障制度，积极构建“政府主导、税务机关协调、相关部门配合”的综合治税制度，设立区域涉税争议专门协调机构。

3. 建立非首都功能疏解信息共享机制

建立高效透明的我市政府部门非首都功能疏解信息共享平台和京津冀区域涉税信息共享平台，统一数据交换标准，逐步实现疏解计划、进度、数据以及疏解企业的基本情况和涉税信息共享。

以税收宣传助推税收现代化*

刘江平

习近平总书记在全国宣传思想工作会议上指出，经济建设是党的中心工作，意识形态工作是党的一项极端重要的工作。在新形势下，党中央赋予了宣传思想工作新的使命。税收工作是经济建设的重要组成部分，税收领域的宣传工作必须紧跟时代和统筹推进。

一、深刻认识宣传工作新定位

深刻认识宣传工作新定位，要服务改革大局。当前，税收宣传工作的根本任务就是围绕税收现代化建设，服务税收征管改革大局。习近平总书记在中央全面深化改革领导小组第十二次会议上指出，从改革大局出发看待利益关系调整，只要对全局改革有利、对党和国家事业发展有利、对本系统本领域形成完善的体制机制有利，都要自觉服从改革大局、服务改革大局，勇于自我革命，敢于直面问题，共同把全面深化改革这篇大文章做好。做好宣传工作，最根本的就是要用中国特色社会主义的理论实践凝聚税务干部的思想共识，持续深入地学习宣传贯彻习近平总书

* 本文2015年5月14日被求是网刊用，并发表于《中国税务》2015年第6期。

记系列重要讲话精神，让社会主义核心价值观内化为全体税务干部的共同意识，外化为全体税务干部的行为规范，真正做到学而信、学而用、学而行，才能为服务税收征管改革大局、推进税收现代化建设提供有利的舆论氛围。

深刻认识宣传工作新定位，要主动开拓创新。习近平总书记指出，“不日新者必日退”。做好宣传工作，创新是一个本质要求，宣传工作“比以往任何时候都更加需要创新”。习近平总书记强调，我们必须把意识形态工作的领导权、管理权、话语权牢牢掌握在手中，任何时候都不能旁落，否则就要犯无可挽回的历史性错误。这一重要论断，指出了当前主动创新和加强话语体系建设的实践指向性。只有在创新中赢得主动权，宣传工作才能做好时代答题。做好宣传工作，思想上要保持敏锐性和开放度，方法上要运用新方式、延伸新载体、丰富新内容，传播上要通过传统媒体、新兴媒体等媒介，找准工作切入点和着力点，创造性地推动工作落实。做好宣传工作，要紧跟时代脉搏，创新宣传平台、手段和渠道，实现“宣传＋主业”“宣传＋互联网”，打造税收宣传品牌，提升宣传效果。

二、准确把握宣传工作新任务

准确把握宣传工作新任务，依法治税是导向。习近平总书记指出，要深入推进依法行政，加快建设法治政府。在全面依法治国的时代大背景下，税收宣传工作要做到因势而谋、应势而动、顺势而为。要加强税法宣传针对性。要加强税法宣传阐释，宣传普及税收法律法规和基本知识，不断提高社会公众的税收法治意识，使全社会都能够理解税法、遵从税法，为税收事业和经济社会发展创造有利条件。要扩大税法宣传覆盖面。国家税务总局制定了“六五”普法规划，税务部门要大力开展税法“六进”活动，重点加强对地方党政领导、公务员、青少年、企业经营管理人员和个体户的税法宣传教育，进一步提高全社会的税法认知度和纳税人的税法遵从度。要巩固税法宣传树典型。要运用正反典型开展税法宣传活动，大力宣传依法诚信纳税典型，集中曝光涉税违法案件，引导全社会形成自觉守法、依法维权和维护税法权威的良好氛围。

准确把握宣传工作新任务，为民服务是主题。习近平总书记指出，为人民服务，担当起该担当的责任。要加强对“大众创业、万众创新”税收政策扶持的宣传。国家税务总局局长王军强调，要用更好的税收服务助力创业创新。做好宣传工作，要主动适应经济发展新常态，加大对新兴业态、新型商业模式的税收政策支持体系和管理服务措施的宣传力度，促进“大众创业、万众创新”。要加强对“便民办税春风行动”的宣传。要通过宣传工作，将税务系统“最大限度便利纳税人、最大限度规范税务人”的新举措、新方法第一时间传递给纳税人，提升纳税人满意度和税法遵从度，达到提高办税服务效率，减轻纳税人办税负担的目的。要加强对群众关心热点问题的宣传。要围绕群众关心的热点问题，大力宣传结构性减税、“营改增”以及扶持小微企业发展、促进就业再就业等惠及民生的税收政策，认真落实政策解读“三同步”机制，更好地帮助纳税人准确理解和执行税法。

三、主动落实宣传工作新要求

主动落实宣传工作新要求，责任在“一把手”。习近平总书记强调，各级党委要切实负起政治责任和领导责任，把意识形态工作抓起来。党委书记要承担起第一责任人的责任，带头履职尽责，认真落实党委意识形态工作的主体责任。

要树立重宣传、促宣传、强宣传的理念，把宣传工作作为一项重要任务，与税收业务工作紧密结合起来，一同部署，一同落实，一同推进。单位、部门“一把手”要把宣传工作作为应有之责，做到认识上十分清醒、方向上牢牢把握、工作上大力支持；要投入更大精力研究、谋划宣传工作，找准本单位、本部门工作与宣传工作的结合点，把宣传工作作为常态化工作抓实抓好。

主动落实宣传工作新要求，关键在抓质效。“以实则治，以文则不治”。要加强宣传制度建设。要建立健全宣传工作联席会、税收新闻发布、舆情监测和应对、突发事件应急预案等制度办法，明确管理职责、工作流程、处置方法和保障措施，抓好宣传协同管理，形成上下联动、各部门主动参与的大宣传格局。要加强宣传阵地建设。要加大与主流报刊、广播、电视、网站等社会媒体的合作力度，办好税务官方微博、微信，确保宣传工作内外贯通，落地生根。要加强宣传队伍建设。要注重宣传队伍人才培养，通过工作实践积极培养有思想、通业务、能动笔的宣传骨干力量；要加强宣传岗位技能培训，逐步建立税收专家评论员、特约通讯员等队伍，不断提升宣传工作质效。

2015 年是全面深化改革的关键之年、全面推进依法治国的开局之年、全面完成“十二五”规划的收官之年。面对改革发展的新机遇新挑战、企业和纳税人提出的新要求新期盼，税收宣传工作要力争做到“文章合为时而著，歌诗合为事而作”，为推动税收现代化建设提供强大的精神动力。

忠诚　干净　担当
努力践行“三严三实”*

刘江平

领导班子要以“三严三实”为对照标尺，从严治税、从严带队、从严自律；领导干部要把“三严三实”作为座右铭，发挥示范作用；党员干部要以“严”的标准修身，以“实”的要求做事，向模范人物看齐。

“三严三实”在税务系统落地，在每名党员干部心里扎根，总的要求就是要做到忠诚、干净、担当。贯彻“三严”，关键是要牢记“为国聚财、为民收税”的神圣使命，弘扬社会主义核心价值观，落实国家关于作风建设的任务要求。贯彻“三实”，关键是要统筹做好组织收入和服务发展“两篇文章”，确保税收收入持续稳定增

* 本文 2015 年 6 月 1 日被《中国税务报》刊用。

长，确保税收现代化建设和税收征管改革的目标顺利推进。

在领导班子层面，要坚持党要管党、从严治党的方针和实事求是的思想路线，实现作风持续提升。领导班子要以“三严三实”为对照标尺，从严治税、从严带队、从严自律，用务实态度、踏实工作和扎实业绩，不断把首都地方税收现代化建设推向前进。

要落实党建工作责任制。领导班子要将思想和行动统一到“三严三实”要求上来，发挥好党组在党风廉政建设上的主体责任，落实纪检监察部门在党风廉政建设上的监督责任，规范税收执法权和行政管理权运行监督，以零容忍的态度，坚决惩治腐败。

要巩固作风建设长效机制。领导班子要通过“三严三实”专题教育为作风建设再添把火、再加把力，把良好态势保持和发展下去。建立健全可监督、可检查、可追究、可问责的制度，关紧制度笼子，确保制度执行有力、长期管用。

在领导干部层面，要把“三严三实”作为座右铭，打造过硬作风，发挥示范作用。要在践行“三严三实”上见实效，关键是领导干部要树立标杆、发挥带头作用，一级做给一级看，一级带着一级干，身体力行做表率。

要坚持修身立德之本。领导干部要把增强理想信念作为立身之本，坚持忠诚老实、自警自省、胸怀坦荡；坚持说的和做的一个样，言而有信，言而有行；坚持人前和人后一个样，高调干事，低调为人；坚持八小时内和八小时外一个样，在约束中工作，在阳光下接受监督。

要坚持廉洁规范用权。领导干部要谨慎用权，做到追求事业成功用加法，主动为民服务用乘法，谋求个人利益用减法，权钱交易用除法。要提高依法治税能力，做到心中有法、虑必及法、言必合法、行必依法。要常修为政之德，常思贪欲之害，常怀律己之心，用党性规范言行。

要树立求真务实态度。领导干部要在其位、谋其政，从实际出发，弄清税收工作的实际情况、善摸问题要害，找到解决问题的有效方法。要在大事难事中见担当，在困境逆境中显襟怀，拿出一种不落实不撒手、不抓出成效不罢休的劲头，找准定位，大胆创新。

在党员干部层面，要以“严”的标准修身，以“实”的要求做事，向模范人物看齐。既要树立共产主义的远大理想，又要坚定中国特色社会主义的共同理想，还要忠实践行首都地方税收现代化这个看得见、摸得着的理想事业。

要增强党性修养。党员干部要对照“三严三实”进行自我学习、自我锤炼和自我改造，解决好世界观、人生观、价值观这个“总开关”问题，做到绝对忠诚的政治品格，高度自觉的大局意识，极端负责的工作作风，无怨无悔的奉献精神，廉洁自律的道德操守，在实践中传承优良传统，塑造精神风范。

要筑牢宗旨意识。党员干部要牢记全心全意为人民服务的宗旨，带着对群众、对纳税人的感情服务，以纳税人是否满意作为检验工作的基本标准。要坚持弘扬社会主义核心价值观，培养诚实敬业、诚信待人的职业道德，以敬业心、公益心和感恩心塑造人格风范，传播首都地税正能量。

严以律己　做守规矩的带头人*

刘江平

学习严以律己，研讨严以律己，归根结底还是要践行严以律己。结合个人学习和体会，我认为，践行“严以律己”，党员领导干部应该从以下四个方面做起：

一是要头脑清醒、信念坚定，做政治上的明白人。什么是政治的明白人？简而言之，就是对党绝对忠诚，心中有党、心中有民、心中有责、心中有戒，在思想上当明白人，在行动上做清白事，坚定自觉地同以习近平同志为总书记的党中央在思想上、行动上保持高度一致。纵观那些先进典型，无一不是首先做到政治上明白，始终保持一份清醒、恪守一份理智，从思想上摆正了姿态、找准了方位、稳住了定力，以“讲政治”的实际行动树起了正气、聚起了人心、推动了事业。反观那些反面典型，贯彻中央精神时“我的地盘儿，我做主”，对待群众诉求时“事不关己，高高挂起”，用起手中权力时“始于私欲，终于私利”，遇到法纪约束时“不拘一格，另辟蹊径”。对照正反两面镜子，道理不摆自明：只有政治上明白，时刻绷紧“讲政治”这根弦，才能为政清明、为官清廉、为人清白。只有做好政治上的明白人，以淡泊之心对待名和利、以敬畏之心对待权力和地位，才能不为私欲所动、不为私利所惑，在干事创业的道路上立得住、行得远。

二是要心存敬畏、手握戒尺，做守纪律、讲规矩的带头人。北京地税系统有近7000名干部，加上职工1万多人，500多个基层党组织，200多个税务所，点多、线长、面广，如果没有铁的纪律和规矩约束，任由那些不守纪律、不讲规矩的现象泛滥，我们的队伍就会成为一盘散沙，依法治税、从严带队就会成为一句空话。党的纪律和规矩涉及党内生活方方面面，首要的是严守党的政治纪律和政治规矩。严守政治纪律和政治规矩最根本的是对党忠诚，核心是坚持党性原则，切实做到习近平总书记要求的“五个必须”，即必须维护党中央权威，在任何时候任何情况下都必须在思想上政治上行动上同党中央保持高度一致；必须维护党的团结，坚持五湖四海，团结一切忠实于党的同志；必须遵循组织程序，重大问题该请示的请示，该汇报的汇报，不允许超越权限办事；必须服从组织决定，绝不允许搞非组织活动，不得违背组织决定；必须管好亲属和身边工作人员，不得默许他们利用特殊身份谋取非法利益。我们各级领导干部要坚持以身作则、以上率下，带头严守政治纪律和政治规矩，坚决防止和遏制“七个有之”现象，自觉遵守中央八项规定，反对“四风”。任何人都不能拿政治纪律

---

* 本文2015年10月9日被《中国税务报》刊用。

和政治规矩当儿戏，对纪律熟视无睹，不按规矩办事，逾越底线、触碰红线，就要付出代价，就要被严肃追究政治责任。

三是要务实勤政、为民服务，做群众的贴心人。习近平总书记在《做人民群众的贴心人》一文中指出：“一个党员，如果与群众的距离远了，就与党拉开距离；心中没有群众，就不配再做共产党员。”是否真正做群众的贴心人，这是一个对党员干部，特别是党员领导干部的试金石考验。作为首都税务部门，我们的服务对象是全市广大纳税人，全心全意为纳税人服务是我们应尽的职责。便民、提速、减负、增效，让纳税人少跑一趟腿、少等一分钟、少犯一点难，使纳税人办税更方便、更快捷、更满意，这是我们工作的目标和努力方向。党组提出全面深化征管改革，加快推进税收现代化建设，正是奔着这一目标开拓前进，需要全局上下齐心协力，心往一处想，劲往一处使。同时，对于我们各级领导干部来说，下级干部职工也是服务对象，要耐心细致做好教育、管理和服务工作。对待干部既要严管又要善待。不仅要注重办税环境、税容税貌，更要注重思想教育、日常管理、行为约束。最近一段时间，系统内个别单位出现一些违纪违法的问题，暴露出我们管理上有漏洞，工作中存在薄弱环节，没有真正“严”起来。各级领导干部要进一步强化“严管善待”观念，坚持抓早抓小抓细，做好经常性的思想工作和管理工作，教育引导干部向上向善。当干部出现“不严不实”苗头时，既要及时“咬咬耳朵”“扯扯袖子”，给予善意的提醒，又要严肃批评、大胆管理、依规处理，营造从严从实、从善如流的政治生态。

四是要检身正己、敢于担当，做党风廉政建设的责任人。党的十八届三中全会《决定》明确提出，落实党风廉政建设责任制，党委负主体责任，纪委负监督责任，制定实施切实可行的责任追究制度。加强党风廉政建设，落实“两个责任”，关键是要抓住两点，第一是责任落实。党组书记是第一责任人，要充分发挥领导、组织和表率作用，坚持守土有责、守土负责、守土尽责，亲自挂帅、亲自出征、以上率下。班子成员要落实“一岗双责”，按照分工承担起职责范围内抓党风廉政建设的责任，定期研究、布置、检查和报告分管范围内的党风廉政建设工作情况。纪检部门要切实履行好监督责任，纪检组长要承担起第一责任人的责任。第二是责任追究。不久前，湖北省地税局原党组书记、局长和原党组成员、纪检组组长因落实“两个责任”不力，被湖北省委严肃追责，予以免职，在全国税务系统产生了强烈震动。中央已经出台了领导干部能上能下的若干规定，这是全面从严治党、从严管理干部的一项重要举措。最近，北京市委出台了《关于全市各级领导班子和领导干部以奋发有为的精神状态全力推动京津冀协同发展的意见》，明确要求，对协同发展中不担当不作为的领导干部进行严肃问责。紧箍咒已经念起，如果还不警醒，继续不想作为、不敢作为、不真作为、不善作为，等待你的就是挨板子、丢面子、挪位子、摘帽子。我们各级领导班子和领导干部要认真贯彻落实中央和北京市委的要求，真正让纪律严起来、把规矩立起来，从严从实抓好各项税收工作。同时，要根据国家税务总局统一部署，学习借鉴其他省市先进经验，加强内控机制建设，推进内控机制信息化防控廉政风险，用“制度＋科技”扎牢笼子、管控权力，让那些为官不正、为官不为、为官乱为现象无处遁形、无处藏身，打造具有北京地税特色的“廉洁税务”。

严以用权 坚守规矩
筑牢领导干部为政之基*

刘江平

开展“三严三实”专题教育，不论是严以修身，还是严以律己，最终体现在立党为公、执政为民的行动上，体现在严以用权上。可以说，严以用权是领导干部为官从政的基本准则，也是根本考验。落实严以用权，就是要想清楚权力从哪里来这个问题，在如何对待权力、如何使用权力上坚持原则、坚守规矩。

一是锤炼坚强党性，敬畏权力有定力。王岐山同志指出，党规党纪严于国家法律，申请加入共产党意味着主动放弃一部分普通公民享有的权利和自由。这句话值得我们深思，更要清醒地意识到：党员领导干部必须始终坚持党性原则，对自己的要求更严、标准更高、约束更多，带头遵纪守法，带头维护宪法和法律权威。

自古以来，权力从来都是一把“双刃剑”，既会带来鲜花也会带来罪恶，既能把人推向高峰也能使人跌入深渊，关键在于在权力面前有没有定力。红军长征期间，江西省苏维埃主席刘启耀负责保管省苏维埃政府留下的价值万元的黄金，在极度穷困下靠乞讨度日也不动用毫克，被战友们称为“腰缠万贯的讨米人”。相比而言，税务系统存在着一些干部因贪污受贿被判刑，就是因为有的人有了权力后就昏昏然、飘飘然，既放松了自我约束，又没有管好亲属和身边人，最终因触犯党纪国法而受到惩罚。一正一反的对比告诉我们，党员干部要做到清正廉洁，就要增强抵制诱惑、守住底线、廉洁自律的定力，用淡泊、敬畏之心对待“名、利、位、权”，始终做到心中有党、心中有民、心中有责、心中有戒。

二是坚持正确的权力观，秉公用权不谋私。李克强总理曾说过，“政府的一切权力来自人民，源自法授”。我们党员领导干部要牢记税务部门的执法权力是人民赋予的，是税法授予的，行使权力就意味着担当责任、履行使命。只有这样，我们才能常怀公仆之心、敬畏之心，时时刻刻保持清醒，不搞特权、不以权谋私，做自警自律的“清白人”。

常言道：“为官发财，应当两道”。试想一下，如果税务部门的领导干部担任公职是以发财为目的，就势必会运用手中的权力为自己谋利益，那么损害的就是国家的税收利益和纳税人的合法权益，最终也会因身败名裂而一无所得。要想正确处理好公与私的关系，就要从党性品格修起，做到坚持党的原则第一、党的事业第一、人

* 本文2015年11月15日被求是网刊用，2015年11月24日被《中国税务报》刊用。

民利益第一；就要想清楚“严管就是厚爱”的道理，经常拿起“公与私”这把尺子督促提醒自己，坚决摒弃特权思想；就要以反面典型为镜鉴，过好金钱关、亲情关、社交关，算好“政治账”“利益账”“良心账”，慎微慎独、不徇私情，真正做到心有敬畏、手握戒尺、行有所止。

三是严守权力的边界，依法用权不任性。党员领导干部坚持“严以用权”，核心就是要严守权力的边界，依法合规地行使公权力，确保法定职责必须为，法无授权不可为。税务系统作为行政执法部门，应在践行依法治国基本方略上作表率，不断提高依法治税水平，带动和促进广大纳税人乃至全社会提高税法遵从度。

当前我们正处在全面深化税收征管改革，加快推进税收现代化建设的关键时期，必须用法治规范和约束权力，实施税收执法责任制，加强税收执法督察，强化税务稽查管理，确保执法过程中做到严格、规范、公正、文明。具体来说，要使广大干部做到“心中有法”，牢固树立法治意识和法治思维，牢记权力行使有界限、有红线、有底线，带头依法行政、依法办事；要做到“虑必及法”，切实破除“官本位”等特权思想，切实防范税收执法权和行政管理权运行风险；要做到“言必合法”，自觉做遵法学法守法用法的模范；要做到“行必依法”，养成按法律办事、按程序执法、按规定履职尽责的习惯，在征收管理、税务稽查、纳税评估等工作中，做到执法规范、程序严密、手续齐备。

四是加强对权力的监督，阳光用权不妄为。阳光是最好的反腐剂，公开透明是对权力最好的监督，加强税务部门“两权”运行监督，就是要坚持用制度管权、管事、管人，利用内部监督和外部监督相结合，完善“阳光用权”的制度机制，积极推进权力运行公开化、规范化。领导干部必须习惯于在“聚光灯”下行使权力，在“放大镜”下开展工作，自觉接受广大干部和纳税人的监督，不搞暗箱操作，以公开促公平，以便民促亲民。我们要按照税务总局要求，加强内控机制建设，推进内控机制信息化，防控廉政风险，用“制度＋科技”扎牢笼子、管控权力，让那些为官不正、为官不为、为官乱为现象无处遁形、无处藏身，打造具有北京地税特色的“廉洁税务”。

五是坚持有权必有责，廉洁用权不放纵。当前，经济下行压力持续加大，全面深化改革进入深水期，全面从严治党向纵深推进，给税收工作提出了更高的要求。党员领导干部要强化“守土有责，在其位则谋其政”的责任观念，敢于担当、务实创新，以踏石留印、抓铁有痕的劲头和力度狠抓落实，推动各项工作不断取得新进展、实现新突破。党员领导干部要把廉洁用权作为刚性要求，把纪律和规矩挺在前面，严格落实“一岗双责”，既要管好自己，也要管好下属，打造一支守纪律、讲规矩、干净干事的税务干部队伍，为税收现代化建设保驾护航。

党中央近期发布《中国共产党廉洁自律准则》和修订后的《中国共产党纪律处分条例》两项党内法规，是在新形势下推进全面从严治党的治本之举，是管党治党制度创新的重要成果。我们党员领导干部要把《准则》和《条例》纳入学习教育规划中，带头践行廉洁自律规范，带头遵守好“六大纪律”，确保《准则》和《条例》的贯彻执行。要按照习近平总书记提出的践行“三严三实”要立根固本、落细落小、修枝剪叶、从谏如流的新要求，突出问题导向和目标导向，结合巡视工作反馈的问题整改，狠抓执纪问责，强化跟踪问效，确保专题教育的整改成果落到实处。

切实做好干部教育培训工作 为实现首都地方税收现代化提供人才支撑*

朱元广

党的十八届三中全会从推进国家治理体系和治理能力现代化的高度部署税制改革。随着税制改革的不断深入，加快推进税收征管现代化的要求也更为迫切。2014 年全国税务工作会议上，国家税务总局党组书记、局长王军代表总局党组提出了到2020 年基本实现税收现代化的宏伟目标，描绘了今后一个时期税收改革发展的宏伟蓝图。

全面推进税收现代化，对广大税务干部的治税能力和综合素质提出了新的更高要求，将培养适应税收现代化建设需要的人才工作摆在了更加突出的位置。北京地税干部教育培训工作，必须以“不待扬鞭自奋蹄”的责任感，紧跟形势、主动作为，充分发挥干部教育培训在提升干部素质、深化税制改革、推动税收中心工作中的作用，为率先实现首都地方税收现代化提供坚强有力的人才支撑。

一、加强干部教育培训工作，重在认识

“为政之要，莫先于用人。”善于学习、重视干部教育培训，是我们党的传统和优势，是治国理政的宝贵经验。习近平总书记在为第四批全国干部教育培训教材作序时强调，全党同志特别是各级领导干部要有本领不够的危机感，以时不我待的精神，一刻不停增强本领，只有全党本领不断增强了，“两个一百年”奋斗目标才能实现，中华民族伟大复兴的中国梦才能梦想成真。北京地税要深刻认识做好干部教育培训工作的重要性，树立一流事业需要一流人才、一流人才需要一流教育的观念，把干部教育培训工作作为一项事关全局和长远的重要工作优先考虑。

加强干部教育培训是税收工作适应经济发展新常态的要求。习近平总书记在中央党校建校 80 周年庆祝大会上指出，同过去相比，我们今天学习的任务不是轻了，而是更重了。随着经济、社会的不断发展，税收工作面临的形势和任务发生着深刻变化，对广大税务干部的综合素质提出了更高要求。只有不断加强学习，不断加强教育培训，迅速提高干部的综合素质和岗位能力，才能更好地服务广大纳税人，服务首都经济社会发展大局。

加强干部教育培训是为实现税收现代化提供人才支撑的工作要求。税收现代化是国家治理体系和治理能力现代化的重要组成部分，也是税收

* 本文 2015 年 9 月 24 日发表于求是网。

事业创新发展的现实要求。北京地税在市局党组的带领下，在税收现代化建设上取得了积极进展，但也应该看到提前实现税收现代化时间紧迫、任务艰巨。目前，北京地税干部的综合素质与实现税收治理能力现代化的要求尚有差距，人才总量与近万人的干部队伍规模还不相协调。磨刀不误砍柴功，要勇于担当实现税收现代化赋予教育培训的新使命，不断使教育培训更加适应当前形势任务的需要，为加快推进税收现代化提供人才支撑。

二、加强干部教育培训工作，重在行动

“纸上得来终觉浅。”做好干部教育培训必须理论结合实际，加强理论政策和业务学习。习近平总书记指出，学习党的路线方针政策和国家法律法规，是领导干部开展工作要做的基本准备，也是很重要的政治素养。税务干部作为国家税收政策的具体执行者，既要注重抓好以党的十八届三中、四中全会和习近平总书记系列重要讲话精神为主要内容的政治理论学习，也要注重抓好税收、财会、法律、经济、管理等方面的业务知识学习，使自身素质和税收工作要求相适应。要把党的路线方针政策和国家税收法律法规作为基础课，把税收相关业务知识作为必修课，使中央、北京市和国家税务总局的各项决策和部署在基层得到有效落实。

做好干部教育培训必须紧跟形势，坚持与时俱进和主动创新。当前，税收现代化建设进入关键时期，京津冀协同发展、疏解非首都功能等重大战略已经启动，经济发展新常态给税收工作带来新机遇、新挑战。在这个时期，做好北京地税的教育培训工作，要紧紧围绕税收工作主题，突出主业，主动适应税收新常态，突破传统的教育培训模式，拓展工作视野。不断丰富培训内容，不仅要培养税收人才，也要培养管理、法律、宣传等方面的各类人才。不断丰富培训形式，要充分利用网络学习、区县局联合办学、互派干部挂职锻炼等多种形式开展教育培训。

做好干部教育培训必须统筹推进，做到按需培训和注重实效。教育培训工作不能是一个部门单打独斗，北京地税要牢固树立大教育、大培训的观念，各级领导、各个部门要视教育培训为己任、视其为工作职责的重要内容、任务，把教育培训工作列入“一把手”工程，列入党组会议程，立足长远，统筹推进。把教育培训作为提高队伍素质、实现税收职能作用的先导性、基础性、全局性工作来抓。要科学合理地对教育培训对象进行分类，按照不同岗位类别和岗位职责开发培训项目，分类分级组织实施，在具体实施过程中，要区别不同类别对象，采取不同的教育培训模式。积极落实国家税务总局“岗位大练兵，业务大比武”的要求，以全员参加系统内税收业务知识学习、考试为基础，以鼓励干部积极参与职称、“三师”资格考试和在职研究生学习为重点，做到全员培训与业务能手选拔相结合，打造一支政治过硬、业务熟练、作风优良、执法公正、服务规范的税务干部队伍。

三、加强干部教育培训工作，重在落实

“以令率人，不若身先。”落实干部教育培训，关键要坚持领导带头学。领导干部自觉学习、带头学习，是不断加强学风，建设学习型机关的要求。当前，系统内部分干部对学习认识不够，学习积极性不高，甚至出现个别干部用各种理由逃避学习和考试的现象。俗话说，火车跑得快，全靠车头带，要在全系统兴起学习之风，领导干部必须以上帅下，带头学习。要树立强烈的学习意识，发扬刻苦学习的精神，把更多的时间和精力放在学习上，把学习当作一种政治责任、精神追求和生活方式。在各类培训中严格落实中央八项规定，以身作则，率先垂范，弘扬勤奋好学、严格自律的风气。

落实干部教育培训，关键要坚持考核评估机制。坚持考核评估是中央加强学员管理的工作要求，是实现教育培训目标的保障。要全面推行培训质量评估，把质量评估作为推动培训项目科学、规范、有效运作以及引领培训教学改革、提升培训质效的重要治理手段。质量评估要科学设计指标，坚持严谨求实、客观公正、以评促改的原则，把培训的需求适配度、内容针对性、方法有效性、组织有序性及培训对干部素养提高的帮助等作为评估的重要内容。要全面推行培训效果考核，坚持围绕中心工作，采取总结与考试相结合、定性与定量相结合、全面与抽查相结合等方式，对学习效果进行考核。加强培训管理，做到逢训必考、以考促训、以考促学，全面提高培训质量和培训效果。

落实干部教育培训，关键要坚持学用结合。目前，系统内确实存在学用脱节的现象，由于缺乏机制保障，在培训考试中取得优秀成绩的人员虽然得到了表彰，但仅限于通报的形式，成绩差的也没有受到惩戒，导致学用脱节。建立教育培训和干部成长有效机制已经迫在眉睫，要注重那些肯吃苦、素质高的一线人才的发展和培养，要把教育培训成果运用到中青年干部的成长中，通过岗位练兵、业务比武选拔人才，让这些优秀人才在选拔任用中具备优势，为他们提供成长空间。要让干部切实通过学习获取知识，有所成长，用学习凝聚人心，使教育培训获得事半功倍的效果，使全系统教育培训工作能够顺畅的运转起来。

落实依法治国　完善纳税人权利和义务体系研究*

北京市地方税务局课题组

税收是财政收入的主要构成部分，是国家运转的经济动力，纳税人是国家财富的创造者，因此，保护纳税人享有权利，保证纳税人履行义务，重新构建纳税人权利与义务体系，也成为法治国家建设的重要内容。

一、构建纳税人权利和义务体系的必要性

（一）服务性政府的要求

服务型政府以服务为宗旨，意味着政府与公众的关系转化为供需关系，凸显公民权利、公民意识、公民身份和公民价值，政府行使权利的目

* 本文发表于《税收研究资料》2015年第7期。

的，不再主要为了管制，而是为公众提供更好的服务。因此，服务型政府要求公民参与到决策过程中，政府只能在法律和人民授权范围内提供服务。作为税务机关，实现征纳关系的和谐统一，保障纳税人的合法权益，才是建设服务型税务机关的具体体现。

（二）依法治国的要求

依法治国在税收上的体现就是依法治税，用法律规范纳税人的权利与义务，规范税务机构的执法和纳税服务工作。在依法行政的前提下，税务部门应改变传统的管理模式，积极推进纳税人参与征税的决策和管理，为纳税人提供及时、周到的服务，增强纳税人的权利主体意识，引导纳税人自觉缴纳税款。这种新型的征纳关系是以客观利益为基础、以法律为原则建立起来的，服务在其中起着催化、润滑的作用。

（三）纳税人的要求

一是随着纳税人权利意识的增强，对税务机关的服务质量提出了比过去更高的要求。二是纳税服务质量的高低直接影响纳税义务的履行。研究表明，税务机关的纳税服务质量越高，纳税人偷逃税程度则越低，其所表现的履行纳税义务的愿望也越强烈。如果税务机关能够充分考虑纳税人的意愿并提供优质服务，增强办事效率，完善税收法规，公民的税收道德水平也相应更高，纳税意识也更强，也更愿意和征税机关进行纳税合作。

二、纳税人权利与义务体系建设的现状及存在的不足

（一）纳税服务体系建设取得了一系列进展

1. 在制度层面丰富纳税人权利义务。2009年，国家税务总局颁布了《纳税人权利与义务公告》，进一步明确纳税人所拥有的14项权利和应履行的10项义务；2011年发布了《〈纳税人权利与义务公告〉解读》；2013年发布了《关于加强纳税人权益保护工作的若干意见》，对税务机构切实保护纳税人权利提出了具体的要求。

2. 通过多种渠道保障纳税人权益。北京地税在门户网站开辟权益保护专区，畅通权益保护渠道；北京地税、河北国税推出纳税服务承诺，让权力在阳光下运行；大连地税实行纳税人涉税风险管理；北京地税、深圳地税、陕西国税持续开展满意度调查工作，建立独立于税务机关之外的纳税服务监督机制；山西地税、黑龙江国税、浙江国税建立纳税人维权组织；上海税务局、云南国税建立纳税人诉求快速响应平台；河北、青岛国税建立涉税争议调解机制。

（二）尚需完善的地方

1. 纳税人权利与义务相关法规有待完善

（1）立法不足。具体来说，我国对纳税人权利的规定零碎分散。虽然宪法规定了公民依法纳税的义务，但没有对纳税人合法权益保护设置条款。2009年，国家税务总局在《新征管法》基础上整理、细化，发布《关于纳税人权利与义务公告》。但是，公告仅仅是原有法规的归纳整理，并没有提出任何新的要求，也没有从根本上解决纳税人权利保障需要溯及的立法不足等问题。同时，我国现行税收对行政法规依赖较大，行政机关集立法权和行政权于一身，导致其制定的法规缺乏权威性、稳定性，并带有一定的主观色彩，纳税人权利难以得到保障。

（2）税收法规和政策缺乏连续性和固定性

税收法规和政策的出台和变更，应通过一系列完整的法定程序，包括公众的参与。但在我国，税收法律法规或税收政策的发布往往缺少这一过程。另外，税收政策的朝令夕改，也直接影

响了公众的经济行为。以个人房产交易中涉及的营业税和契税为例，国家为调控房地产市场，从2008年起陆续调整契税和营业税法规。当时，全国普通住房契税税率为1.5%～4%，财税〔2008〕137号文规定：自2008年11月1日起，个人首次购买90平方米及以下普通住房的，契税税率暂统一下调到1%。随后，财税〔2010〕94号文出台了新的规定：自2010年10月1日起，对个人购买普通住房，且该住房属于家庭唯一住房的，减半征收契税。对个人购买90平方米及以下普通住房，且该住房属于家庭唯一住房的，减按1%税率征收契税。营业税方面，财税〔2011〕12号规定：自2011年1月28日起，个人将购买不足5年的普通住房对外销售的，营业税由财税〔2009〕157号文规定的差额征收转为全额征收。政策缺乏延续性，影响了房地产市场正常的供需关系。

2014年11月28日到2015年1月12日，我国在短时间内出台三个通知（财税〔2014〕94号，财税〔2014〕106号，财税〔2015〕11号），提高成品油消费税，更凸显了税收法规和政策调整的频繁和多变。

2. 纳税服务水平有待提升

（1）税务机关服务意识有待加强

一是将执法和服务放到对立关系。这一现象主要存在于执法岗位。税务执法人员习惯性地把纳税人放在被管理、被监督的对立面，存在过错推定的现象，对纳税是否诚信持怀疑态度，而忽视了服务是执法的有机组成部分。这一现状的主要原因在于执法人员没能正确认识执法和服务的对立统一关系，人为割裂了二者的内在联系。

二是纳税服务工作越位和缺位。服务认识的不到位还表现在依法治税观念的淡薄，税务人员在工作处理过程中缺位、越位现象较多。部分税务机关强制要求纳税人委托中介代理机构出具弥补亏损、汇算清缴等业务报告，强行代理时有发生。

（2）宣传咨询水平有待提高

一是宣传辅导针对性有待提高。目前，税务机关宣传辅导工作基本上是从税务机关角度考虑宣传热点，对于社会热点、焦点问题关注度不强，缺乏对纳税人需求方面的搜集和掌握，按需辅导的宣传机制尚未建立。各类宣传手册语言相对专业，可读性和趣味性不足，纳税人理解有一定难度甚至会产生歧义，导致纳税人不能很好的履行纳税义务。

二是税收信息获知渠道和方式有待拓宽。目前，税务机关提供税收政策、办税流程等涉税知识主要依托网站、办税服务厅等传统方式。对于新兴媒体的运用不够成熟，在媒体宣传的吸引力和亲和力上稍显匮乏。

（3）纳税人激励机制不足

我国长期以来诚信纳税激励机制是以负激励为主，忽视正激励的运用。从构建服务型税务机关角度，税务机关与纳税人之间应该是相互信赖的伙伴关系。2014年，国家税务总局发布了《纳税信用管理办法（试行）》，废止了2003年的《办法》。在新的《办法》中，税务机关对纳税信用评价为A级的纳税人比2003年的《办法》有了更多正激励，且规定更为具体细化，如规定："连续3年被评为A级信用级别的纳税人……还可以由税务机关提供绿色通道或专门人员帮助办理涉税事项"。同时，第三十二条第六款规定："对纳税信用评价为D级的纳税人……将纳税信用评价结果通报相关部门，在行政许可、政府采购、招标投标、劳动就业、社会保障、科研管理、干部选拔任用和管理监督、申请政府资金支持等方面依法予以限制”。虽然增加了正激励的隐形作用，但对诚信纳税的激励力度仍显薄弱，而且这种信用评价指标体系对税务信息的处理要求较高，实施有一定难度。

三、纳税人权利与义务体系构建原则

（一）税收法定原则——税收权利与义务法定

税务机关与纳税人依据法律的规定各自都拥有特定的权利（力），同时也都负有一定的义务。双方的行为都应受法律的约束，分别依法征税和纳税。它们各自既是权利（力）主体，也是义务主体，应改变纳税人在传统的税收权利（力）法律关系中仅作为义务主体而不是权利主体的地位。

（二）平等原则——税务机构与纳税人是平等的征纳关系

纳税人的权利是国家权力的基础，其本质是纳税人与国家通过契约关系，让渡出自身的部分权利以换取国家提供公共产品或服务的义务。过去，国家在这种契约关系中居于强势地位，更强调纳税人的义务约定。随着政治、经济的进步，纳税人与国家之间的地位趋于平等。作为代表国家具体行使税收职能的税务机关，与纳税人之间也是平等的关系，不再是凌驾于纳税人之上的管理者地位。

（三）服务原则——税收征管由“管制型”向“帮助引导型”的转换

现代社会强调纳税人的义务，更侧重国家的义务——为纳税人提供优质的服务。税务机关要以纳税人权利为中心通过信息的公开透明，简化办事程序，提供权利救济渠道确保纳税人充分享有各项权利，促使纳税人自觉履行纳税义务，降低征税成本，提高纳税人税法遵从度。

四、纳税人权利和义务体系的构建措施

（一）立法层面

1. 完善宪法规范

宪法在任何国家的法律体系中都具有最高法律地位，一切法律法规的制定都要以宪法为依据，不得与其相抵触，也不得脱离于宪法凭空制定。我国《宪法》中对纳税人权利原则性规定长期缺失。这一现状不利于保障纳税人纳税权利，也无益于建立法治社会。因此，为实现纳税人权利与义务的统一，构建以《宪法》为核心的纳税人权利保障体系，依照法定程序，将纳税人的宪法权利通过宪法修正案确立为公民的基本权利之一，是非常必要的。

就税收而言，宪法应将基本税收事项、国家与纳税人在税收征纳活动中的基本关系纳入其中，补充完善宪法对税收原则的规定，明确税收法定主义、税收立法权归属、公民纳税权利与义务等原则，为依法治税工作的推进夯实法律基础。

2. 保持税收法规的持续性和确定性

法规政策制定的低效率和法规政策执行的高效率，保证了税法适用的确定性。我国在出台新的税收法规政策前，应进行充分调研，避免“朝令夕改”现象的发生。应与有关纳税人进行深度交流座谈，同时可以在网络上收集民意，让各个阶层的人都能成为建议人。2015 年 1 月，国家税务总局、财政部起草的《中华人民共和国税收征收管理法修订草案（征求意见稿）》及其说明向社会公开征集意见。公众可以通过网站、信函、电子邮件方式提出建议，这在保证税收法规的严肃性和稳定性方面是有益的探索和尝试。

（二）纳税服务方面

1. 保障纳税人的知情权

（1）提高税收信息的透明度。一是提高税收

的明细化与透明度。纳税人在缴纳每一笔税款后都应得到一份相关票据，标明其所缴纳的税种与数额。同时税务机关可以为纳税人开立税收账户，记录其所缴纳的每一笔税款的明细和年度所缴纳税款的总额，供纳税人随时查询。二是在税款使用方面，税务机关可以与财政部门合作，明确纳税人税款的具体用途。在纳税人税收账户中，税务机关应明示该纳税人的税款的具体流向，详细列明支出在教育、社保等各方面的具体金额。三是目前可以在增值税的零售环节进行改进。在消费者的购物小票和发票上实现价税分离，体现增值税的价外税的特点，明确告知纳税人零售交易的涉税信息。

（2）加强税收宣传。应该借鉴国外的有益经验，对我国纳税人进行深入研究。针对不同的纳税人群体，通过不同的宣传渠道进行税务宣传，从而帮助纳税人明确和理解相关法律法规，履行其义务。需要注意的是，宣传是一个潜移默化的过程，税务机关应坚持不懈地、有针对性地开展税收宣传活动。

（3）建设服务型信息化平台。我国纳税服务信息化要着重服务导向，以构建人性化网站为目标，建立微信、微博、短信等多渠道互动平台。以案例、视频等生动简洁的形式普及税收知识，吸引纳税人了解自己的权利与义务；应在网站开辟意见建议栏目，并可以采取奖励措施，鼓励纳税人积极提出建议；此外，纳税人可以直接从网站上查询到自己累计缴税的各项明细，并进行票据的核实，保证纳税人权利的落实。

2. 保障纳税人平等接受纳税服务的权利

税务部门应注重地区间服务的均衡发展，在人员配置与资源配置方面都要注重均等化，尽量使经济发展较为落后地区也享受到规范全面的服务，实现地区间的无差异纳税服务。避免因纳税服务的差异人为改变纳税人的选择，额外增加纳税人的成本。为此，对于基本的服务内容，税务机构应制定纳税服务统一标准，各级和各地税务机关应严格按照这一标准为纳税人提供服务。目前，在全国范围内推行的《全国税务机关纳税服务规范》，是实现税收服务均等化的一个良好开端。

3. 建立维护纳税人权利的保障机制

（1）建立纳税人诚信纳税激励机制。为了促使纳税人诚信纳税，需要建立完善有效的诚信纳税激励机制，它不仅应包括对逃税行为的处罚，即负激励，也应包括对诚信纳税的奖赏，即正激励。

我国税务机关应加强税收信用评价信息数据的收集和分析。可以与银行、土地管理、交通、保险、电信、等部门实现合作，交换公民的涉税信息，作为整个社会诚信评估体系中的重要因素。这样，在进行贷款，就业，企业的创设等方面，可以参考之前纳税人的纳税记录，根据记录来决定是否合格。同时，这些部门的资料信息也为税务机构所用，为纳税服务提供重要依据，从而使得纳税人的税收遵从度得到有效提高。

（2）完善纳税服务考评机制。纳税服务考评机制应包含内部考核和外部考核两部分。内部机制可以通过现代技术手段收集。如纳税服务热线的接听和解答评估，可以通过录音、提问者得到解答后按键评价进行；对办税大厅的硬件和软件设施进行不定期抽查；对网上申报的快捷和便利程度进行测试。外部考核机制，一方面可以聘请独立的评估机构对纳税服务进行考评；另一方面，媒体和纳税人可以广泛参与，从而保证考核的公正和客观。考评体系不能将纳税人满意度作为唯一的衡量标准，还应将税收的遵从度作为主要的检验指标。

4. 建立纳税人维权组织

中国的纳税人维权处于起步阶段，可以建立以下三个层次的维权组织，逐步寻找合适的形式，在一定范围内化解征纳矛盾，改善征纳关系。

（1）以税务机构为主体的维权组织。作为税务机构，可以积极引导组织纳税人建立一些纳税人维权组织，这种支持引导是为了帮助税务机构更好地为纳税人服务。税务机构的维权组织还可以为纳税人提供相关的纳税指导与帮助，这种面对面的交流更有助于理解与接受。税务机构了解各种政策的含义，所以其建立的纳税人维权组织更具有可靠性，权威性。

（2）以纳税人为主体的维权组织。纳税人为主体的维权组织是非政府组织，是政府与纳税人之间的纽带，能够增强纳税人之间的税收互助，信息的共享与交流，提高纳税效率。同时组织中应广招社会各界人士，如注册会计师，原税务部门员工，代表纳税人权利，结合纳税人诉求，与税务部门进行沟通，监督税务部门工作，对税收法规政策提出合理化建议。

（3）鼓励建立纳税服务志愿者组织。我国应广泛招募热衷于社会公益事业、具有无私奉献精神和一定专业知识技能的会计师、税务师、律师及高校财税专业师生等志愿者，倡导成立税收服务志愿者组织，积极开展税收志愿者活动，对老年人员、残疾人员、下岗人员、遭受重大自然灾害等特殊社会群体的纳税人提供无偿、专业、个性的税收援助服务，到纳税人生产经营、生活场所进行办税辅导或为其办理有关涉税事项。这有利于拓宽税法宣传渠道，关注社会弱势群体，为解决经济社会问题做出应有的贡献。

参考文献：

[1] 借鉴国际经验积极构建现代纳税服务体系[J]. 中国税务学会纳税服务课题组. 税务研究,2010(7).

[2] 萧红. 保护纳税人权利的国际趋势[N]. 中国税务报,2011－8－7(4).

（课题组组长：吕兴渭
课题组成员：李宗定　姚东旻
李　贞　程　鹂
课题执笔人：李　贞　程　鹂）

关于完善创业投资、天使投资税收政策探讨*

王 炜

为了进一步加大税收对创业投资和天使投资的支持，北京市地税局对创业投资、天使投资税收政策情况进行了调查研究，了解政策落实情况，分析存在的问题，提出完善创业投资及天使投资的税收政策建议。

一、创业投资、天使投资基本概念

创业投资是指通过向不成熟的创业企业提供股权资本，并为其提供管理和经营服务，在企业发展到相对成熟后，通过股权转让收取高额中长期收益的投资行为。由于高新技术企业与传统企业相比，更具备高成长性，所以创业投资往往把高新技术企业作为主要投资对象。在美国70%以上的创业资本投资于高新技术领域，从而对高新技术产业化起到了极大的推动作用。

天使投资是权益资本投资的一种形式，是指投资人出资协助具有专门技术或独特概念的原创项目或者小型初创企业，进行一次性的前期投资。天使投资是创业投资的一种形式，是早期的创业投资，通过对具有发展潜力的种子期企业进行投资，提供增值服务，承担高风险，成功后适时择机退出，以实现资本增值的投资方式。天使投资与创业投资相比，主要区别：一是天使投资以个人出资为主，二是天使投资主要是对被投资企业的早期投资。

大力发展创业投资和天使投资，有利于解决企业融资难问题，尤其是小微企业。同时，促进创业投资和天使投资也有利于科技成果转化，推动科技与资本结合，全面提升科技创业发展水平、转变经济发展方式、实现产业转型升级。

二、北京市创业投资、天使投资的基本情况

近年来，在国家政策扶持和市场力量的推动下，我国创业投资、天使投资快速发展，成为促进我国科技成果产业化以及新兴和战略性产业发展的重要力量，其中，北京市发展尤为迅速。按照《创业投资企业管理暂行办法》（国家10部委令2005年第39号）规定，从2006年开始，北京市对创投企业进行备案管理，根据北京市金融局提供的数据，截至目前，北京市备案创投企业及管理企业共116家，其中合伙制18家，公司制97家，合作制1家。备案创业投资企业带来了良好的经济社会效益：2013年，备案创业投资企业所投资的企业创造就业岗位达18.2万

* 本文发表于《首都金融》2015年第11期。

个；实现研发投入61.84亿元，研发投入年增长率为11%；实现销售额1432亿元，销售额年增长率为13%；当年上缴税金约95.0亿元，上缴税金年增长率为5%。

从天使投资情况看，2014年，北京地区发生天使投资691起，总投资金额30亿元，已披露的天使投资平均单笔金额相较往年有明显提升。在全国范围内，我市属于天使投资最活跃的地区。天使投资超七成投资TMT（电信、媒体和科技）行业。由于互联网的日益普及，智能手机保有量逐年上升，TMT行业未来发展空间巨大，吸引了大批天使投资者和创业者。

三、创业投资、天使投资现行税收政策

创业投资和天使投资一方面由于主要投资于高新技术企业，具有一定的公共性特点；另一方面由于信息不对称和种子期企业发展不确定性等因素，导致投资风险高、沉没成本大、资金回收期限长等特点。因此，政府有必要对创业投资和天使投资予以政策扶持，其中，税收政策是最主要的政策手段。目前，国家相关部门陆续出台了一些促进创业投资、天使投资的税收政策，主要包括：

（一）公司制创业投资企业所得税税收优惠

《中华人民共和国企业所得税法》第三十一条规定："创业投资企业从事国家需要重点扶持和鼓励的创业投资，可以按投资额的一定比例抵扣应纳税所得额。"《中华人民共和国企业所得税法实施条例》第九十七条规定："抵扣应纳税所得额，是指创业投资企业采取股权投资方式投资于未上市的中小高新技术企业2年以上的，可以按照其投资额的70%在股权持有满2年的当年抵扣该创业投资企业的应纳税所得额；当年不足抵扣的，可以在以后纳税年度结转抵扣。"

（二）合伙制创业投资企业个人所得税政策

按照《中华人民共和国个人所得税法》以及财政部、国家税务总局《关于个人独资企业和合伙企业投资者征收个人所得税的规定》（财税〔2000〕91号）规定，合伙企业的生产经营所得和其他所得，由合伙人分别缴纳所得税。对合伙企业分配给合伙人的所得和企业当年留存的所得采取先分后税的原则，按照合伙协议约定的比例进行纳税义务的分配，自然人合伙人缴纳个人所得税，并比照个人所得税法的"个体工商户的生产经营所得"，适用5%~35%的超额累进税率。对于法人合伙人按照企业所得税率缴纳企业所得税。

（三）中关村示范区有限合伙法人企业所得税试点政策

为促进创业投资，财政部、国家税务总局《关于中关村国家自主创新示范区有限合伙制创业投资企业法人合伙人企业所得税试点政策的通知》（财税〔2013〕71号）规定："注册在示范区内的有限合伙制创业投资企业采取股权投资方式投资于未上市的中小高新技术企业2年（24个月以上），该有限合伙制创业投资企业的法人合伙人，可在有限合伙制创业投资企业持有未上市中小高新技术企业股权满2年的当年，按照该法人合伙人对该未上市中小高新技术企业投资额的70%，抵扣该法人合伙人从该有限合伙制创业投资企业分得的应纳税所得额，当年不足抵扣的，可以在以后纳税年度结转抵扣。"

四、创业投资、天使投资的税收政策存在的问题

从现行创业投资有关税收政策执行情况看，还存在一些问题和不足，主要表现在以下方面：

（一）创业投资、天使投资法律法规不完善

目前，国家相关部门对创业投资企业陆续出

台了一些法律法规，但这些政策法规未涵盖天使投资人。以2010年开始施行的《创业投资企业管理暂行办法》为例，其范围并不包括个体投资者（天使投资人），所以，有关天使投资的立法需要进一步完善。另外，尽管企业所得税法对公司制企业创业投资规定了相关税收优惠政策，但是个人所得税法对合伙制企业以及自然人创业投资未做规定，有待进一步补充。

（二）创业投资、天使投资税收负担比较重

现行税收政策规定有限合伙企业的自然人合伙人，当被投资企业上市，自然人合伙人退出，税率通常为35%左右；公司制企业扣除企业所得税和自然人股东个人所得税后，投资者的最终实际总税负为40%左右。这两种形式的创业投资企业税收负担，都高于国际水平。

（三）企业所得税税收优惠政策条件有待完善

一是现行创业投资企业所得税优惠政策规定，若要享受投资额70%抵扣应纳税所得额优惠政策，被投资的高新技术企业不仅要通过高新技术企业认定，还需符合职工人数不超过500人，年销售额不超过2亿元、资产总额不超过2亿元的条件。“中小”和“高新”标准使大量创业投资企业无法享受优惠政策。二是以股权投入时，被投资企业是否为高新技术企业作为创投企业是否符合享受政策的条件。这一条件使创投机构更多投资于成熟期的高新技术企业，而对投资于不符合高新技术企业条件的初创期科技型企业动力不足，不利于鼓励初创企业和小微企业发展。

（四）创业投资个人所得税政策有待完善

目前，上市公司以及在中小企业股份转让系统中的挂牌公司分配给个人的股息红利，按照个人持股时间的不同，实行差别化征税政策，而对于天使投资自然人合伙人从被投资企业取得的股息红利所得，统一按20%的税率计税，无差别化税收政策，存在政策不公平问题。

（五）中关村示范区创业投资政策有待完善

目前，中关村示范区试行的有限合伙制创业投资企业税收优惠政策，只对法人合伙人给予企业所得税优惠，而对自然人合伙人没有优惠，既有悖于税收公平原则，也不利于促进自然人开展各种形式的风险投资。

五、完善创业投资、天使投资的税收政策建议

为鼓励创新创业，加快发展创业投资、天使投资，促进高新技术产业发展，提出如下建议：

（一）完善我国创业投资和天使投资等法律政策体系

针对创业投资、天使投资法律法规不完善情况，可借鉴国外成功经验，结合我国国情，从立法层面逐步完善我国的创业投资、天使投资法律体系，明确将公司制投资机构、合伙人投资机构、自然人投资作为重要的创业投资主体，同时，按照各主体税负公平、均衡合理的原则制定相关的税收优惠政策，鼓励不同投资主体积极进行创业投资，形成大众创业，万众创新的良好氛围。

（二）降低创业投资企业和个人税收负担

美国、英国、法国、德国等国政府为创业投资提供大力度的税收优惠。美国对长期股权资本投资的税率为20%。对于早期投资，部分发达国家给予完全免税优惠。因此，建议我国尽早出台较为全面系统的促进创业投资的企业所得税和个人所得税税收优惠政策，降低创业投资税收负担，促进我国创业投资企业健康发展。

（三）完善现行创业投资企业所得税优惠政策

一是放宽创业投资企业所得税政策条件限

制。被投资中小企业职工人数不超过500人、年销售额不超过2亿元、资产总额不超过2亿元的条件，只需要具备一个条件即可享受优惠政策。二是为了鼓励创业投资机构和个人投资于初创企业，建议以创投机构投资满两年时，被投资机构通过创业投资成长为符合国家规定条件的高新技术企业作为享受政策的条件，而不以创投机构投资时被投资机构已是符合国家规定条件的高新技术企业作为享受政策的条件，促使更多的创业投资机构投资于初创期的企业，让创投机构享受税收优惠时点前移，从而激发投资初创期中小企业热情。

（四）出台创业投资个人所得税政策

为促进合伙制企业和自然人加大创业投资力度，同时体现税收公平，建议国家出台有限合伙制以及自然人创业投资个人所得税优惠政策。对于有限合伙创业投资企业和自然人，可以比照对公司制创业投资企业税收优惠政策，按照其对中小高新技术企业投资额的70%抵扣其合伙人或自然人应纳税所得额，以抵扣后的剩余部分为应纳税所得额缴纳个人所得税。这样可以有效降低创业投资企业合伙人的税收负担，激励创业投资者的投资积极性。

（五）完善中关村示范区创业投资税收政策

一是针对有限合伙制创业投资企业只对法人合伙人给予税收优惠政策不足，建议对自然人合伙人也给予相应的税收优惠政策，调动自然人创业投资的积极性。二是对直接投资于示范区符合规定的种子期企业的创业投资人（自然人），在股权持有期间的股息、红利所得或实现成功退出时的股权转让所得个人所得税，可以按投资企业所在地地方留成的50%给予奖励，其奖金按照现行个人所得税法的规定免纳个人所得税。

社会化管理：实现零散税源应收尽收*

郭文武

中共十八届三中全会着眼于维护人民的根本利益、最大限度增加和谐因素和增强社会发展活力，提出创新社会治理体制的新观点、新要求和新部署，也对税收治理的创新提出新要求。创新税收治理，需要有效发挥政府、市场和社会等多元主体的协同作用。税收治理应更加强调多元参与，坚持系统治理，在发挥政府主导作用的同时，鼓励和引导社会各方参与治理。

一、当前零散税源管理存在的主要问题

零散税源具有经营规模小，涉及行业多，地域分布广，流动性大等特点，税收管理难度大。

* 本文刊载于《中国税务报》2015年4月1日B2版。

其税源的快速变化，使税收管理模式与之不相适应，管理不到位、管理方式滞后等问题日益突出，进而影响到税收管理的效果和税款征收率。

信息掌握不完整，使征管措施鞭长莫及。有效的税务管理应建立在全面充分的税源信息基础上，但目前零散税源户普遍存在税务登记信息不完整、变更不及时的问题，而电子商务的应用又为掩盖很多实体交易提供了可能，使税务部门掌握经营信息有限，很多经营业户逃避纳税义务。还有很多零散税源户是无证照经营，使税务部门无从征管。

征管手段相对滞后，与零散税源发展趋势不相适应。在经济全球化的趋势下，社会分工越来越细，专业化程度越来越高，零散税源借势如雨后春笋般发展起来。但是目前属地管理、税务部门单兵作战方式，很难把纳税人管理到位。

委托代征不规范，存在行政不作为风险。目前，很多税务部门发挥社会综合治税合力参与零散税源管理，如与街乡签订委托代征协议等。委托代征在很大程度上堵塞了征管漏洞，但在操作中也存在一些现实问题，比如缴款书填制不规范，对纳税人的税收违法行为向税务部门报告不及时或者不报告。

税收保全和强制执行难以执行，不利于维护税法严肃性。零散税源大多没有银行账号，设备少，设施简陋，产品技术含量低，可执行的物品多是低值、危险、大宗和难保存的物品，如食品、生鲜和日用百货。对这些生产条件和物品难以采取扣押查封等强制措施，使得正常的征管手段因为缺乏强有力的措施保障而流于形式。

二、国外零散税源社会化管理成功经验

国内外税务部门在解决零散税源管理难题方面进行了有益探索，取得了一些值得借鉴的经验。

强调各政府部门、企业有协调配合义务。美国规定，联邦政府、州政府、社会保障局、商品期货交易委员会、农业部、国防部、能源部、法院、国债局和邮政等部门每年都应向税务部门提供包括货币收付报告、国外银行账户、犯罪活动情况、车辆登记、不动产转让、遗嘱文件和租赁权证等多种信息，雇主应扣缴雇员的工薪所得税，商店应义务代收零售商品的消费税，邮政部门则对以邮递方式进行的纳税申报加以协助。

瑞士规定，各州税务部门之间应相互合作，政府各部门也应对税务部门提供协助。核发营业执照的经济警察应向税务部门通报领照人的基本情况；农牧业管理部门应向税务部门提供纳税人拥有的耕作土地的面积、奶牛数等信息；负责人口统计登记的部门应及时提供人口出生、职业变更和就业等情况；银行则应在为储户发放利息或股息时，代扣所得税。

建立多种协税组织，依托市场主体推进社会化管理。虽然税务部门是税收征管的政府部门，但是在税源管理的过程中也需要其他各部门的积极配合方能提高征管的效率、降低税收征收成本。

日本在全国范围内建立多种协税组织，如法人税纳税人协会全国联合会、其他申报表纳税人协会全国联合会和注册税务会计师协会日本联合会等，用于解答有关税收问题、向税务部门反映纳税人的意见和建议、协调征纳关系等，并利用在金融、物价、交通和商业管理部门建立的协税护税组织开展代征、代扣税款工作。

阿根廷的税务部门与农牧业监控局合作，设点监控产量、价格、品质及储量，还在浸油厂、面粉厂安装计算机，通过因特网对企业的生产流程实时监控。

北京市朝阳区地税局近年来对于个人出租房屋实施委托代征，2005 年共与 13 个街乡签订委托代征协议，当年实现委托代征税款 262 万元；到 2006 年底，朝阳区 43 个街乡已全部与朝阳区地税局签订了委托代征协议，代征税款迅速增长了 24 倍，达到 7304 万元。几年来，在各街乡政府和朝阳地税局的共同努力下，委托代征工作取得显著成效，税款规模逐年扩大，2013 年委托代征个人出租房屋税款达到 5.19 亿元，占全市 10.32 亿元的 50.29%。从链家地产了解到，2013 年北京全市出租房屋约 80 万~90 万户，其中朝阳区 20 万户左右，占北京市出租房屋市场的 1/4，但朝阳区地税局征收税款已占全市一半以上。截至 2014 年 8 月，代征个人出租房屋税款已达 5.36 亿元，占全市 9.78 亿元的 54.81%。朝阳区地税局对于个人出租房屋实施委托代征的方式充分体现了零散税源社会化管理的重要作用。

三、完善零散税源社会化管理建议

加强部门机制联动建设。成立零散税源社会化管理服务中心，专门负责零散税源委托代征的管理职能。其成员应由公安、财政、国税、地税、工商和国土等部门负责人组成。服务中心主要职责：负责对新开业户、临时经营户、注销户、非正常户和停复业户等调查核实工作；协助税务部门对纳税人办理停业、注销等涉税事项时税款的清算；负责应征税款的催报催缴及税务登记的催办工作，实施欠税清缴，按规定送达有关涉税文书；负责对辖区专业市场、街道社区的漏征漏管户，临时经营户的清查和登记。对国税、地税部门户管差异信息加以比对等。

明确零散税源的代管代征范围。零散税源委托代征的范围建议确定为：各县（市）、区范围内的固定个体定额工商户、临时经营户、专业化市场和私有房屋出租等经营活动所涉及的增值税、营业税、个人所得税、房产税、印花税、城镇土地使用税和城市维护建设税等税种及各项基金费。地税部门应合理选择受托机构，将各类市场委托开办单位代征；将农村生产经营性税收和车船税收委托乡镇政府代征；将建筑、道路和水利等工程施工的税收委托其建设单位代征；将房屋租赁、交易和装修等临时性税收委托公安、房管和住建等对其有控制力的部门代征。随着代管代征工作的深入开展，根据工作绩效、质量情况，逐步扩大代征范围。

规范征收主体，完善征收工作机制。明确地税局作为零散税源征收主体，依法履行征收职责。同时，积极引导社会力量参与协税、护税。要进一步加大协税护税工作力度，积极“守住老户、清理异户、发展新户”，深入挖掘增收潜力，促进财政收入稳步增长。与所属的委托代征点签订《委托代征协议》，明确责权，对委托代征税收范围、税款解缴期限和税收票证使用等条款予以明确。建立代征人员联系群，方便相关科室税务人员和代征人员及时沟通、指导业务、解决难题，通过税源网格化管理，实现零散税源管理全覆盖。积极教育引导被征收对象，进一步规划申报纳税，将纳税观念比较薄弱的零散纳税户列入日常重点宣传对象，结合日常管理，深入业户实地，发放政策汇编服务指南等宣传材料，重点宣传新政策、新要求。

建立全方位的信息采集机制。由街乡零散税源社会化管理服务站对所辖地域进行基本单元格税源管理责任划分，明确每个单元格的责任人，成立一体化网格管理小组，定期开展税源普查与日常巡查，全面掌握辖区内的涉税信息，建立并实时登记经营业户管理台账、正常纳税户管理台账和漏征漏管户登记台账，及时传递给税务部门。

加强业务培训建设。在实施委托代征工作之初，税务部门应建立培训和审核制度。各税务所指定专人负责个人出租房屋委托代征的具体工作，定期为街乡代征人员辅导有关税收政策、代征事项，指导如何为纳税人代征税款、代开发票以及完税凭证的使用与管理等事项，确保代征单位能够准备掌握，准确计征。同时各税务所票证管理员每月对街乡上报装订的完税证、缴款书以及纸制资料、电子台账进行严格审核，保证发票、完税证的正确使用和安全保管以及税款的足额入库。

加强监督激励建设。为充分调动各级代征单位的工作积极性，保证代征工作的平稳运行，一是由社会化管理办公室建立经费保障机制。根据代征机构设置、人员配备情况，做好人均办公经费的测算，研究制定经费拨付制度，明确经费标准，由财政所按月拨付。二是建立收入激励机制。应制定零散税源征收考核奖励办法，并在征收过程中严格按照办法执行。三是建立工作考核机制。对每年超额完成任务的单位和个人予以奖励，同时要对未能完成收入任务的单位和个人，严格兑现奖罚措施，督促其改进和提高税收管理水平，力争做到应收尽收。

商事登记制度改革对税务登记的影响及其对策分析

杨玉杰

商事登记制度改革作为落实十八届三中全会精神、全面深化改革的一项举措，对转变政府职能、激发创业活力、建立公平开放透明的市场规则具有积极意义。同时，商事登记制度改革也不可避免地对税务登记管理工作带来深远影响。

一、商事登记制度改革的主要内容

（一）改革注册资本登记制度

实行注册资本认缴登记制，放宽注册资本登记条件，公司实收资本不再作为工商登记事项。公司登记时，无须提交验资报告。将企业年度检验制度改为企业年度报告公示制度。简化住所（经营场所）登记手续。放宽新注册企业场所登记条件限制，推动“一址多照”、集体注册等改革。推行电子营业执照和全程电子化登记管理。清理和压缩工商登记现有前置审批事项，逐步由“先证后照”改为“先照后证”，降低市场主体的准入“门槛”。构建市场主体信用信息公示体系，完善市场主体信用信息公示制度。建立经营异常名录制度，并在市场主体信用信息公示系统上向社会公示。形成“一处违法，处处受限”的局面。

（二）统一社会信用代码

确定了统一代码的管理机制和地位，对于促进国家治理体系和治理能力现代化建设，推动社会信用体系建设，有着非常积极的作用。统一代码所采用的源头赋码、一次申领办理的方式，即法人和其他组织在登记设立的同时完成赋码，将大大提升统一代码数据的完整性和准确性。

（三）推进“三证合一”登记

通过“一窗受理、互联互通、信息共享”，将由工商行政管理、质量技术监督、税务三个部门分别核发不同证照，改为由工商行政管理部门核发一个加载法人和其他组织统一社会信用代码的营业执照，即“三证合一”“一照一码”登记模式。

二、商事登记制度与税务登记的关系

工商登记与税务登记的法律关系主要体现在《税收征管法》《税收征管法实施细则》和《税务登记管理办法》，主要包括以下三个方面：

（一）工商登记是税务登记的前置环节

设立税务登记。企业，企业在外地设立的分支机构和从事生产、经营的场所，个体工商户和从事生产、经营的事业单位自领取营业执照之日起三十日内，持有关证件，向税务机关申报办理税务登记。变更税务登记。纳税人税务登记内容发生变化的，应当自工商行政管理机关或者其他机关办理变更登记之日起30日内，持有关证件向原税务登记机关申报办理变更税务登记。纳税人因住所、经营地点变动，涉及改变税务登记机关的，应当在向工商行政管理机关或者其他机关申请办理变更或者注销登记前或者住所、经营地点变动前，向原税务登记机关申报办理注销税务登记，并在30日内向迁达地税务机关申报办理税务登记。注销税务登记。纳税人发生解散、破产、撤销以及其他情形，依法终止纳税义务的，应当在向工商行政管理机关或者其他机关办理注销登记前，持有关证件向原税务登记机关申报办理注销税务登记；纳税人被工商行政管理机关吊销营业执照或者被其他机关予以撤销登记的，应当自营业执照被吊销或者被撤销登记之日起15日内，向原税务登记机关申报办理注销税务登记。

（二）工商登记信息是税务登记的基础信息

纳税人在申报办理税务登记时，应如实填写税务登记表。税务登记表中的“纳税人名称”“批准成立机关”“批准设立证明或文件号”“开业（设立）日期”“生产经营期限”“证照名称”“证照号码”“经营范围”“注册资本或投资总额”“法人（主要负责人）”“登记注册类型”“注册地址”等内容均依照工商营业执照内容。

（三）工商、税务部门的登记信息交换和协作配合

各级工商行政管理机关应当向同级国家税务局和地方税务局定期通报办理开业、变更、注销登记以及吊销营业执照的情况。纳税人不办理税务登记的，由税务机关责令限期改正；逾期不改正的，经税务机关提请，由工商行政管理机关吊销其营业执照。

三、商事登记制度改革给税务登记管理带来的变化和影响

（一）对现行税务登记管理制度带来深刻变化

“三证合一”由工商、税务、质监三部门的独立登记变成工商部门一方集中登记，在办理工商登记的同时办理税务登记，从源头上减少了办

理工商登记不办或超期办理税务登记的问题。“三证合一”在同一登记平台进行登记信息的录入采集和共享使用、保证工商、税务、质监三方的共享登记数据的统一，减少了三方登记数据的差异性。

同时“三证合一”对现有的税务登记也带来了四方面的显著变化，在一定程度弱化和模糊了税务登记的法律地位。一是办理设立税务登记的形式主体由税务部门变成工商部门；二是办理设立、变更税务登记的程序由纳税人办理工商营业登记后由30日内到税务部门办理，变成工商登记和税务登记在工商部门同时办理；三是税务登记证件由税务部门发放税务登记证变成了工商部门发放“三证合一”的工商营业执照，实质取代了税务登记证；四是纳税人识别号由原有的行政区划码和组织机构代码的组码方式（已领取组织机构代码证）变成了统一的社会信用代码即“一照一码”，实质取代了纳税人识别号。

（二）税务登记户井喷式增长

工商登记制度改革进一步放开了市场准入，降低了门槛，优化了营商环境，促进了市场主体的发展为自然人和企业进入市场创造了更便利的条件，势必会导致税务登记户井喷式增长。以通州区为例，受商事登记制度改革影响，通州区税务登记户增长迅猛。2014年全区新办企业税务登记户12439户，比2013年同期的5601户增加4994户，增长122.08%，2015年1—9月新办税务登记10132户，比2014年同期的7546户增加2586户，增长34.26%。

2014年新增税源户2015年1—9月入库2.11亿元，比2013年新增税源户2014年1—9月入库3.22亿元，增加1.11亿元，增长52.6%，从商事登记制度改革后新增纳税人数量情况来看，税务登记户数增长幅度较大，体现了商事登记制度改革对激发市场活力的效果。但新增税源户税收收入增幅低于新增税源户户数增幅，也反映了新增税源的成长速度和税源质量有待提高。

（三）一址多照户增多，集中办公区虚拟登记户数减少

工商机关清理和压缩工商登记前置审批事项，对市场主体住所（经营场所）登记予以简化，放宽住所（经营场所）条件，一个地址可以为多个市场主体办理住所登记，即同一地址核发多个营业执照。通州区一址多照户逐渐增多。全区39个集中办公区虚拟登记户由2013年的12618户下降到9664户，反映了商事登记制度改革后，降低了注册地址门槛，经营主体不再依赖各级政府的招商虚拟地址或影子地址注册公司获取市场主体资格，而是直接在经营地注册登记。

（四）税种核定困难

税种核定制度是目前税务部门进行税收管理的一项前置条件，其依据是工商登记的经营范围，商事登记制度改革后，营业执照记载事项不再包括经营范围，经营范围仅作为商事主体备案事项，放宽了对经营范围的限制，造成部分企业经营范围描述笼统宽泛，税务机关无法界定其具体内容，对税务机关的税种核定带来一定的困难，引发了对企业所得税的国地税管户界定及后续监管的一系列问题。

（五）税源管控难度进一步加大

商事登记制度改革放宽了注册地址限制，导致市场主体一址多照、一照多址的情况。势必会造成部分市场主体不在注册地经营、无法联系等现象，给税务部门依赖工商登记信息办理税务登记的管理方式带来不确定性，增加税务机关税源控管的难度。再加之公司设立门槛低，各类市场主体必将迅速发展，新办企业对开业、注销、变更、申报程序不了解或者对税收政策理解错误，

不办理相关手续，非正常户也会随之增加。

四、国外税务登记的经验和做法

（一）国外绝大多数国家将税务登记作为税收确定程序的起点和前置程序

税务登记作为一项法律行为，使纳税人的身份得到法律的承认，纳税人和税务机关不及时或不如实办理、变更、注销登记的行为应受到法律的制裁。如《德国税收基本法》第 134 条、135 条、136 条对税务登记的范围、义务、变更通知等作了明确规定。

（二）大多数经济发达国家都建立了全国性的税务登记号码，即纳税人鉴别号码

澳大利亚为每一个在澳工作的自然人建立了税务档案号（TFN），并要求商户办理商业号码（包括 ABN、CAN 和 GST 注册号），将所有信息录入号码系统中，税务局掌握每一纳税人的动态信息。政府规定这些号码不仅用于交税方面，还用于向银行领取工资薪金、向政府申领福利金（如失业金、伤残人员补助金）等，并规定不提供税号，支付工资的银行会以最高税率扣除领取人税金，未办理 GST 登记的纳税人，不允许抵扣购进货物交纳的税款。这些措施保证了每个应办理税号的纳税人都办理税号，从而保证将大多数纳税人置于税务局的监督管理之下。

美国税务登记的重点在于建立纳税人识别号码。对于财产税等特殊税种，在建立纳税人识别号码的同时，还要建立纳税人应税财产的详细资料档案。纳税人在向联邦税务局报送纳税申报资料时，必须填写纳税人识别号码。否则，将被处以罚款。在美国，联邦政府对每个美国公民都确定一个终生不变的 9 位数社会保障识别号，即为纳税人识别号码。公司成立时必须先注册取得纳税人识别号码，否则银行不能为其开设银行账户。

芬兰对每个纳税人都确定了一个终生税务代码，公民一出生，税务局即根据其身份证号码确定税务代码，人口登记处负责定期向税务局提供人口登记情况。

五、通州局应对商事登记制度改革采取的措施

（一）深入实践“互联网＋税务”

加强北京互联网地税局的应用推广，实现纳税人网上申请、足不出户办理税务登记事项，减轻纳税人负担。纳税人可通过互联网地税局客户端网上办理变更税务登记、外出经营活动管理证明、解除非正常户认定等 14 项事项，办税服务厅（场所）将审定后的变更信息发送纳税人客户端，经纳税人 CA 数字证书确认无误后，同步更新国、地税征管数据库。

（二）建立和完善“三证合一”工作机制

建立和完善与区行政服务中心、工商、国税、质监等部门的工作协作机制，形成“三证合一”工作合力。2014 年 8 月 1 日—2015 年 9 月 30 日，通州局作为通州区先行先试的“三证合一”“一证三码”的成员单位，在市局的指导下，加强与国税、区行政服务中心的沟通协作，合并区行政服务中心国、地税登记窗口，依托“三证合一”联办审批平台，采取一表式填报、系统辅助快速填报等多种形式，优化税务登记流程，精简税务登记资料，实现与工商、质监的登记信息共享互传，实现了纳税人可在同一窗口一次性领取载有工商登记号、税务登记号、组织机构代码号的“一证三码”的工商营业执照。截至 2015 年 9 月底，“三证合一”联办窗口已为各类企业办理开业审批共计 7000 余件，

自 2015 年 10 月 1 日起，通州地税局全面贯

彻落实北京市“三证合一、一证一码”工作，强化与区工商、国税、质监的“三证合一”电子登记信息的交换和共享，实现三方登记信息的一口集中采集、三方时时共享。同时调整税务登记工作模式：征管部门集中统一进行工商新设立登记户的核准分户；各税源管理所在纳税人报到环节进行核准信息确认、实施纳税辅导；各办税服务厅受理“三证合一”范围之外的税务登记事项。10月8日—11月11日，通州地税局“三证合一”新设立企业共726户；存量企业由原工商营业执照换发新的三证合一证照的共2535户。

（三）加强税务登记基础信息的质量管理

从纳税人基础数据形成的源头，即新办登记环节入手，采取三项措施把好数据质量关，全力提升税务登记信息准确率。开展税务登记字段信息来源梳理。逐类数据字段的逻辑校验规则与逐类制定录入要求操作规范，务求每一个信息字段的录入操作都有章可循。

（四）完善新办户的税务所报到业务流程

调整税务所报到的时限和要求。企业无应税行为发生、不用进行纳税申报或领用（代开）发票事项时，可暂不办理主管税务机关报到事宜。企业在首次办理纳税申报或领用（代开）发票时，到主管税务税源所报到，并完成信息补录等报到事宜。将部分设立税务登记涉及的登记事项后置，将原需要在设立登记环节操作的房土税源登记和车船税源登记流程，调整到税务登记后的税务所报到环节完成，做到放管结合，优化服务。

（五）做好税务登记户分类管理

制定《临时税务登记管理办法》，与属地乡镇、村委会共建地方税源管理办公室，通过属地乡镇政府对临时税务登记户的前置审核和协同管控，做好税源底数清、情况明，强化临时税务登记管理。加强对全区楼宇、商圈、集中办公区、虚拟招商地址的税务登记户和待登记户的税务登记管理。完善登记信息，加强对税务登记户实际经营地址、联系方式的核实确认。依托乡镇社会化网格管理平台，建立税源网格化管理模式，发挥社会网格化管理力量，提高税务登记的信息采集、非正常户管理及税源管理工作的质效。

六、在新形势下加强税务登记管理的建议和对策

商事登记制度改革是贯彻落实党的十八届三中全会精神的重要举措，是转变政府职能的重要途径，是激发市场活力的重要手段，是促进信用体系建设的重要抓手，其目标是实现“宽准入严监管”。因此，税收征管制度要以商事登记制度改革为契机推进自身的改革。

（一）明确税务登记的法律地位，加快推进税务登记自身的改革进程

商事登记制度改革对税务登记影响深远，应借助商事登记制度改革的契机，研究推进税务登记自身的改革，统筹研究征管法及其实施细则、税务登记管理办法等法律法规规章关于税务登记的内容，明确税务登记的法律地位和目的，界定税务部门和纳税人在税务登记的权利和义务，摆脱目前税务登记依赖于工商登记的现状。税务登记作为税务部门税收征管的措施和手段，应具有税务行政管理的独立性。工商登记不应是税务登记的前置条件，而应是作为税务部门加强税务登记及其他税收征管工作的信息来源之一。

（二）规范税务登记信息采集的种类和渠道

对税务登记内容进行进一步梳理修订。一是明确税务登记要素，调整和规范税务登记内容和采集渠道。二是结合税务管理信息和税源登记信息，扩大税务登记的范围和内容，例如将法定代

表人、股东、财务负责人个人征信纳入税务登记范畴。三是加强与工商、质监、住建、国土、金融等部门登记信息的统一和对接。

（三）实现全方位的“三证合一”运行模式

逐步将“三证合一”登记环节由设立环节逐步延伸至变更、注销登记、形成全过程的三证合一办理模式；逐步将“三证合一”覆盖范围由目前的企业和农村合作经济组织逐渐推广到行政事业单位、社会团体、个体工商户等，实现“三证合一”全方位的运行模式。

（四）建立公民税务登记制度

借鉴国外公民税务登记经验，建立公民税务登记制度，为公民确定统一社会信用代码。公民一出生，税务部门即根据其身份证号码确定统一社会信用代码，实现与公安、民政、银行、住建、信用等部门登记信息的共享，统一纳入税务部门税源管理范畴。

（五）将税务登记纳入社会信用体系建设

健全信用约束的法律机制。税务部门加强与工商部门的合作，充分利用市场主体信用信息公示系统，严格识别法定代表人、股东、投资人、财务负责人、税务代理人及办税人员身份，推行关联方的信用公示。开辟经营异常登记名录与税务登记非正常户、欠税户、走逃户名册共享通道。加强对不诚信纳税人公示的整合和应用，将涉税违法信息记录在市场主体信用信息公示系统中，建立纳税失信黑名单并定期向社会公告。完善主体信用信息公示的法律机制建设，明确市场主体信用信息公示与税务部门行政管理职权实施的结合点，有效落实一处违法、处处受限的失信惩戒机制。

（六）加强税收保障作用，加强税务登记后续的税源管理工作

随着税源登记户数量激增，楼宇经济户、一址多照户等新的市场主体不断涌现，对税务部门传统的税源管理方式带来了新的课题，税务部门要积极应对新的形式和挑战，依托《北京市人民政府办公厅关于加强税收保障工作的意见》，发挥各级地方政府、各部门、社会、企业的税收保障作用，建立立体化、社会化的协税护税机制，探索创新网格化税源管理、委托代征、楼宇经济、共建地方税源管理办公室等税源管理模式。切实加强各部门的协调配合，形成各部门各司其职、互相配合、齐抓共管的工作机制，“宽准入严监管”，不断提高税收征管水平。

参考文献：

[1] 何建堂．商事登记制度改革对税收征管的影响及对策[J]．税务研究,2005(8).

[2] 李静．聚焦国外税收[N]．中国税务,2002(7).

[3] 李方旺．美国税制和税收征管的特点及启示[J]．税务研究,2007(8).

[4] 大连市地方税务局．借鉴发达国家税收监管做法　推动我国税收制度及征管改革[OL]．http://www.caiep.org.

统计资料

北京市地方税务局各项税费收入情况

北京市地方税务局各项税费收入分税种完成情况表

（2015 年）

单位：万元

项　目	年度计划	累计收入				
		2015 年完成数	2014 年完成数	占年度计划（%）	增减额	增减（%）
各项税费收入	36350000	38682402	34317254	106.4	4365148	12.7
其中：中央级	8382100	9461659	7794990	112.9	1666669	21.4
地方级	27967900	29220743	26522264	104.5	2698479	10.2
地方公共财政预算收入	27500000	28729162	26083010	104.5	2646152	10.1
一、税收收入	34000000	36226912	32093526	106.5	4133386	12.9
其中：中央级	8382000	9458883	7794906	112.8	1663977	21.3
地方级	25618000	26768029	24298619	104.5	2469410	10.2
1. 营业税	11600000	11861271	10679195	102.3	1182076	11.1
2. 企业所得税	3350000	3740996	3339135	111.7	401861	12.0
其中：中央级	2052000	2287194	2042160	111.5	245034	12.0
地方级	1298000	1453802	1296975	112.0	156827	12.1
3. 个人所得税	10550000	11952815	9587910	113.3	2364905	24.7
其中：中央级	6330000	7171689	5752746	113.3	1418943	24.7
地方级	4220000	4781126	3835163	113.3	945963	24.7
4. 资源税	8000	9131	7814	114.1	1317	16.9
5. 城市维护建设税	2010000	2086798	1893719	103.8	193079	10.2
6. 房产税	1516000	1520565	1402182	100.3	118383	8.4
7. 印花税	670000	686418	613264	102.5	73154	11.9
8. 城镇土地使用税	178000	178766	177553	100.4	1213	0.7
9. 土地增值税	1725000	1748606	2143289	101.4	-394683	-18.4
10. 车船税	288000	293879	277197	102.0	16682	6.0
11. 耕地占用税	45000	45348	46891	100.8	-1543	-3.3
12. 契税	2060000	2102319	1925241	102.1	177078	9.2
13. 其他税收		0	136		-136	-100.0
二、非税收入	2350000	2455490	2223729	104.5	231761	10.4
1. 教育费附加收入	930000	958134	877206	103.0	80928	9.2
2. 地方教育附加	621200	637078	586116	102.6	50962	8.7
3. 外商投资企业土地使用费	9600	11176	12781	116.4	-1605	-12.6
4. 文化事业建设费收入	3900	5381	3849	138.0	1532	39.8
其中：中央级	100	2776	84	2776.0	2692	3209.0
地方级	3800	2605	3765	68.6	-1160	-30.8
5. 税务部门罚没收入	2400	3016	2343	125.7	673	28.7
6. 残疾人就业保障金	315000	349124	302179	110.8	46945	15.5
7. 工会经费	467900	491581	439254	105.1	52327	11.9

北京市地方税务局各项税费收入分单位统计表
（2015 年）

单位：万元

序号	项　目	税费收入					
		2015 年完成数	2014 年完成数	增减额	增减（%）	比重（%）	规模排序
1	合　计	38682402	34317254	4365148	12.7	100.0	
2	东城	3495298	3552426	-57128	-1.6	9.0	4
3	西城	7136964	6124738	1012225	16.5	18.5	2
4	朝阳	8542211	7543022	999189	13.2	22.1	1
5	海淀	6809787	5757995	1051792	18.3	17.6	3
6	丰台	1857555	1639322	218233	13.3	4.8	5
7	石景山	926112	761715	164397	21.6	2.4	11
8	门头沟	413483	362749	50734	14.0	1.1	15
9	燕山	179206	140622	38584	27.4	0.5	19
10	昌平	1249086	1222556	26530	2.2	3.2	9
11	通州	1263876	1022566	241310	23.6	3.3	8
12	顺义	1740662	1606431	134231	8.4	4.5	6
13	大兴	1189484	1148031	41453	3.6	3.1	10
14	房山	686957	669888	17069	2.5	1.8	12
15	怀柔	519763	480958	38806	8.1	1.3	13
16	密云	346270	332564	13706	4.1	0.9	16
17	平谷	432088	383971	48117	12.5	1.1	14
18	延庆	280013	132767	147247	110.9	0.7	17
19	开发区	1371823	1183212	188611	15.9	3.5	7
20	直属一	189800	206039	-16239	-7.9	0.5	18
21	直属二（西站）	51964	45683	6281	13.7	0.1	20
22	附列：1. 首都功能核心区	10822062	9883203	938859	9.5	28.0	
23	2. 城市功能拓展区	18187629	15747737	2439892	15.5	47.0	
24	3. 城市发展新区	7681093	6993306	687788	9.8	19.9	
25	4. 生态涵养发展区	1991618	1693008	298609	17.6	5.1	

说明：1. “比重（%）”为各项目数据占“合计”的百分比。

2. “首都功能核心区”包括东城局、西城局和直属税务分局；

“城市功能拓展区”包括朝阳局、海淀局、丰台局、石景山局和西站分局；

“城市发展新区”包括昌平局、通州局、顺义局、大兴局、房山局、开发区分局和燕山分局；

“生态涵养发展区”包括门头沟局、怀柔局、密云局、平谷局和延庆局。

北京市地方税务局税务登记情况

税务登记分单位统计表（2015年）

单位：户

序号	项　目	税务登记		税务登记户状态			
		户数	本年新登记户	正常户	非正常户	停业户	在途户
1	合　计	1494620	201633	1437327	40587	1380	15326
2	东城	75682	7321	72463	1820	160	1239
3	西城	88728	6857	86158	1507	217	846
4	朝阳	296070	40305	284648	9363	19	2040
5	海淀	253096	35368	241593	8672	94	2737
6	丰台	158309	28889	149526	6567	371	1845
7	石景山	47954	5025	46787	910	153	104
8	门头沟	29665	1471	29001	606	41	17
9	燕山	4792	354	4678	109	4	1
10	昌平	100116	11616	96140	1473	12	2491
11	通州	101124	14054	99478	986		660
12	顺义	56211	6130	55363	517	105	226
13	大兴	61038	5239	59454	1406	6	172
14	房山	48497	6385	47421	798	34	244
15	怀柔	54049	7187	51489	1924		636
16	密云	42205	9307	39230	2248	4	723
17	平谷	39720	9978	37830	952	75	863
18	延庆	20427	3158	19774	424	80	149
19	开发区	12014	2837	11451	229	5	329
20	直属一	4073	107	4004	65		4
21	直属二（西站）	850	45	839	11		
22	附列：1. 首都功能核心区	168483	14285	162625	3392	377	2089
23	2. 城市功能拓展区	756279	109632	723393	25523	637	6726
24	3. 城市发展新区	383792	46615	373985	5518	166	4123
25	4. 生态涵养发展区	186066	31101	177324	6154	200	2388

注释：1. “首都功能核心区”包括东城、西城和直属一；

“城市功能拓展区”包括朝阳、海淀、丰台、石景山和直属二（西站）；

“城市发展新区”包括昌平、通州、顺义、大兴、房山、开发区和燕山；

“生态涵养发展区”包括门头沟、怀柔、密云、平谷和延庆。

2. 本表更新频率为按月更新。

税务登记分注册类型统计表（2015年）

单位：户

序号	项　目	税务登记		税务登记户状态			
		户数	本年新登记户	正常户	非正常户	停业户	在途户
1	合　计	1494620	201633	1437327	40587	1380	15326
2	一、内资企业	1462092	199075	1405544	40119	1379	15050
3	（一）国有企业	10693	209	10545	118		30
4	（二）集体企业	13214	246	12824	369		21
5	（三）股份合作企业	21965	279	21292	622	1	50
6	（四）联营企业	333	6	327	6		
7	1. 国有联营企业	83		81	2		
8	2. 集体联营企业	70	1	69	1		
9	3. 国有与集体联营企业	120		117	3		
10	4. 其他联营企业	60	5	60			
11	（五）股份公司	348087	67602	333908	10216	2	3961
12	1. 有限责任公司	339007	66281	325067	10114	2	3824
13	（1）国有独资公司	301	25	295	2		4
14	（2）其他有限责任公司	338706	66256	324772	10112	2	3820
15	2. 股份有限公司	9080	1321	8841	102		137
16	（六）私营企业	645626	107654	617947	22053	2	5624
17	1. 私营独资企业	10861	622	10144	628		89
18	2. 私营合伙企业	15848	4863	14918	654		276
19	3. 私营有限责任公司	617566	101890	591592	20739	2	5233
20	4. 私营股份责任公司	1351	279	1293	32		26
21	（七）其他企业	24185	1548	22642	1342		201
22	（八）个体经营	366551	19800	355313	4868	1373	4997
23	1. 个体工商户	366366	19780	355139	4858	1373	4996
24	2. 个人合伙	185	20	174	10		1
25	（九）其他	31438	1731	30746	525	1	166
26	1. 事业单位	10837	209	10768	41		28

续表

序号	项目	税务登记		税务登记户状态			
		户数	本年新登记户	正常户	非正常户	停业户	在途户
27	2. 国家机关	1631	22	1612	4		15
28	3. 政党机关	159	4	159			
29	4. 社会团体	5944	448	5816	86		42
30	5. 基层群众自治组织	1153	9	1135	17		1
31	6. 其他组织	11714	1039	11256	377	1	80
32	二、外资企业	32528	2558	31783	468	1	276
33	(一) 港、澳、台商投资企业	11262	1316	10984	152	1	125
34	1. 合资经营企业（港或澳、台资）	1633	51	1602	29		2
35	2. 合作经营企业（港或澳、台资）	251	1	245	5		1
36	3. 港、澳、台商独资经营企业	9300	1262	9059	118	1	122
37	4. 港、澳、台商投资股份有限公司	78	2	78			
38	(二) 外商投资企业	16725	1060	16346	241		138
39	1. 中外合资经营企业	4122	227	4013	49		60
40	2. 中外合作经营企业	336	7	333	2		1
41	3. 外资（独资）企业	12066	820	11800	189		77
42	4. 外商投资股份有限公司	201	6	200	1		
43	(三) 外国企业	4541	182	4453	75		13
44	1. 港、澳、台常驻代表机构	831	15	816	13		2
45	2. 港、澳、台承包工程及提供劳务（承包商）	10		10			
46	3. 港、澳、台运输企业						
47	4. 港、澳、台银行北京分行						
48	5. 其他港、澳、台企业	173	50	167	4		2
49	6. 外国企业常驻代表机构	2986	81	2934	51		1
50	7. 外国承包工程及提供劳务（承包商）	33	1	32			1
51	8. 外国运输企业	1		1			
52	9. 外国银行北京分行	15	2	15			
53	10. 其他外国企业	492	33	478	7		7

税务登记分行业统计表（2015 年）

单位：户

序号	项 目	税务登记		税务登记户状态			
		户数	本年新登记户	正常户	非正常户	停业户	在途户
1	合 计	1494620	201633	1437327	40587	1380	15326
2	一、第一产业	28418	1265	27770	470	6	172
3	二、第二产业	95116	9576	92684	1997	62	373
4	（一）采矿业	436	21	417	15		4
5	（二）制造业	44139	661	43081	899	56	103
6	（三）电力、热力、燃气及水的生产和供应业	1071	89	1013	50		8
7	（四）建筑业	49470	8805	48173	1033	6	258
8	三、第三产业	1371086	190792	1316873	38120	1312	14781
9	（一）批发和零售业	563110	63112	534798	20068	627	7617
10	（二）交通运输、仓储和邮政业	33214	2618	32590	376	13	235
11	（三）住宿和餐饮业	57091	5472	55783	562	276	470
12	（四）信息传输、软件和信息技术服务业	22802	3101	22083	523	3	193
13	（五）金融业	13448	2399	13032	237		179
14	（六）房地产业	27765	2498	26958	599	1	207
15	（七）租赁和商务服务业	237628	41268	228538	6474	71	2545
16	（八）科学研究和技术服务业	208838	50848	201652	5293	12	1881
17	（九）水利、环境和公共设施管理业	4154	777	4050	72		32
18	（十）居民服务、修理和其他服务业	113914	3815	111150	1904	284	576
19	（十一）教育	8040	509	7886	114		40
20	（十二）卫生和社会工作	5376	721	5249	50	8	69
21	（十三）文化、体育和娱乐业	65825	13053	63373	1772	17	663
22	（十四）公共管理、社会保障和社会组织	9845	600	9695	76		74
23	（十五）国际组织	36	1	36			

机构人员

北京市地方税务局领导名录

党组副书记、局长	杨志强
党组书记、副局长	刘江平
党组副书记、副局长	朱元广
党组成员、副局长	刘　健
党组成员、副局长	卜祥来（2015 年 1 月免党组成员、2 月免副局长）
党组成员、副局长	吕兴渭
党组成员、纪检组长	张靖明
党组成员、副局长	王　炜
党组成员、副局长	唐学军（女）（2015 年 6 月任）
党组成员、总经济师	沈永奇
副巡视员	杨文俊
副巡视员	郭筑明（2015 年 4 月任）
副巡视员	周上序（2015 年 4 月任）

北京市地方税务局市局各处室、直属事业单位各区县局、分局，社会团体、群众团体主要负责人名录

市局各处室

办公室主任	郭顺民（女）（2015 年 9 月任）
	周上序（2015 年 9 月免）
法制处处长	李志刚
研究室主任	常海龙
营业税管理处处长	陆　坤
企业所得税管理处处长	王京秋
个人所得税管理处处长	施　宏（2015 年 11 月免）
	毛　江（2015 年 11 月任副处长、主持工作）
财产和行为税管理处处长	宗立元
非税收入管理处处长	韩　松
（原残保金管理处，2015 年 4 月更名）	
征管和科技发展处处长	李龙江（2015 年 1 月任）
（原征收管理处，2014 年 12 月更名）	郭海福（2014 年 5 月—2015 年 1 月任原征收管理处副处长、调研员、主持工作）
收入规划核算处处长	王宝明（2015 年 9 月任）
	郭顺民（女）（2015 年 9 月免）
稽查处（税务违法案件举报中心）处长	杨晓东（2015 年 1 月免）
	华　方（副处长、2015 年 1 月主持工作）
大企业税收管理处处长	王　磊
［原纳税评估处（大企业税收管理处），2014 年 12 月更名］	
纳税服务处处长	李宗定
档案处处长	黄　健（2015 年 1 月任）
	邹永欣（女）（2015 年 1 月免）

资产管理处处长	张之乐（2015年3月任副处长、主持工作，12月任处长）
（原科技信息处，2014年12月更名）	郭海福（2015年1月任副处长、调研员、主持工作，3月免）
	李龙江（2014年3月—2015年1月任原科技信息处处长）
计划财务处处长	武立煌（2015年3月任）
	张兴明（2015年3月免）
宣传教育处副处长	冯　强（2014年11月任、主持工作）
基层工作处处长	张　卉（女）（2015年4月任副处长、主持工作，12月任处长）
	胡建荣（女）（2015年4月免）
人事处处长	董雪涛
督查内审处处长	关小虎
工会经费管理处处长	史小军
国际税务管理处处长	李　娜（女）（2015年9月免）
	王秉明（2015年9月任副处长、主持工作）
保卫处处长	张　毅（2015年1月任副处长、主持工作，12月任处长）
	王立水（2015年1月免）
数据管理处处长	刘振声
机关党委办公室主任	胡建荣（女）（2015年4月任）
	江聚祥（2015年4月免）
离退休干部处处长	王立水（2015年1月任）
	黄　健（2015年1月免）
中共北京市纪委驻北京市地税局纪检组副组长 **北京市监察局驻北京市地税局监察处处长**	吕新利（2015年1月免）

直属事业单位

票证管理中心主任	孙长海
纳税服务中心主任	于　鹏（女）
信息中心主任	邹　彭
数据处理中心	刘振声（兼）
机关后勤服务中心主任	王劲松

老干部活动中心	门　杰
干部培训中心党组书记	李建十
干部培训中心主任	曹志刚
《北京市地方税务公报》编辑部（北京市地税局宣传中心）副主任	于军海
税务档案资料管理中心（北京税务博物馆）主任（馆长）	饶梦阳（女）

各区县局、分局

东城区地方税务局党组书记、局长	赵增科
西城区地方税务局党组书记、局长	万国喜（2015 年 11 月免）
	施　宏（2015 年 11 月任局长）
	张亚平（2015 年 11 月任党组书记、副局长）
朝阳区地方税务局党组书记、局长	张　翅（2015 年 4 月任）
	郭文武（2015 年 4 月免）
海淀区地方税务局党组书记、局长	郭文武（2015 年 4 月任）
	郭筑明（2015 年 4 月免）
丰台区地方税务局党组书记、局长	金志雄
石景山区地方税务局党组书记、局长	李　娜（女）（2015 年 9 月任）
	王宝明（2015 年 9 月免）
门头沟区地方税务局党组书记、局长	江聚祥（2015 年 4 月任）
	吴鲁平（2015 年 4 月免）
通州区地方税务局党组书记、局长	杨玉杰
顺义区地方税务局党组书记、局长	郑　鹏（2015 年 4 月任党组成员、副局长、主持工作，12 月任党组书记、局长）
	张　翅（2015 年 4 月免）
怀柔区地方税务局党组书记、局长	姚敬国
平谷区地方税务局党组书记、局长	李　强（2015 年 3 月任）
	张秀娟（女）（2015 年 3 月免）
房山区地方税务局党组书记、局长	马　强
昌平区地方税务局党组书记、局长	于欣杰
大兴区地方税务局党组书记、局长	万国喜（2015 年 11 月任）
	冯守利（2015 年 11 月免）
密云区地方税务局党组书记、局长（原密云县地方税务局，2015 年 12 月更名）	姜学东（2010 年 8 月任党组成员、副局长，2015 年 4 月主持工作，2015 年 12

月任党组书记、局长）
丁锦宁（2015 年 3 月免）

延庆区地方税务局党组书记、局长 王　竺（女）
（原延庆县地方税务局，2015 年 12 月更名）

北京市地方税务局燕山分局（第六稽查局）党组书记、局长
张亚平（2015 年 11 月免）
钱丽换（女）（2015 年 11 月任党组成员、副局长、主持工作）

北京市地方税务局开发区分局党组书记、局长 丁锦宁（2015 年 3 月任）
武立煌（2015 年 3 月免）

北京市地方税务局第一直属税务分局（第五稽查局）党组书记、局长 薛　礼

北京市地方税务局第二直属税务分局（西站分局）党组书记、局长 杨　涛

北京市地方税务局第一稽查局党组书记、局长 郭海福（2015 年 3 月任党组成员、副局长、调研员、主持工作，12 月任党组书记、局长）
李　强（2015 年 3 月免）

北京市地方税务局第二稽查局党组书记、局长 张天生

北京市地方税务局第三稽查局党组书记、局长 庄祁玮

北京市地方税务局第四稽查局党组书记、局长 范力军

社会团体

北京市国际税收研究会会长 刘宝忠

北京市地方税务学会会长 王勇生

北京税收法制建设研究会会长 杨志强

北京税收法制建设研究会常务副会长 王京华（女）

群众团体

北京市地方税务局直属机关工会主席 唐学军

北京市地方税务局直属机关工会专职副主席 牛　杰（女）

北京市地方税务局机构、人员统计情况

北京市地方税务系统机构统计表（2015 年）

单位：个

类别 / 项目	合计	北京市地方税务局					
		市局机关处室	区局	直属分局	事业单位	税务所	稽查局
机构	317	28	16	8	9	239	17
说明	1. 市局机关处室包括：24 个内设机构及机关党委办公室、直属机关工会、离退休干部处、驻局纪检组（监察处）。 2. 直属分局包括：燕山分局（第六稽查局）、开发区分局、第一直属分局（第五稽查局）、第二直属分局（西站分局）、第一稽查局、第二稽查局、第三稽查局、第四稽查局。 3. 事业单位包括：信息中心、数据处理中心、信息系统运营维护中心、票证管理中心、纳税服务中心、机关后勤服务中心、税务公报编辑部（宣传中心）、老干部活动中心、税务档案资料管理中心（税务博物馆）。						

注：①本表各项统计数截止到 2015 年 12 月 31 日。

②社会团体：北京市国际税收研究会、北京市地方税务学会、北京税收法制建设研究会。

北京市地方税务系统人员基本情况统计表（2015 年）

单位：人

项目 / 类别	实有人数合计	性别		民族		文化程度						学位		政治面目				年龄结构					
		男	女	汉族	其他	研究生	大学本科	大学专科	中专	高中技校职高	初中以下	博士	硕士	共产党员	共青团员	民主党派	无党派或群众	30 岁以下	31 至 35 岁	36 至 45 岁	46 至 54 岁	55 至 59 岁	60 岁以上
合计	7239	4056	3183	6854	385	566	5358	995	108	178	34	13	503	5252	171	69	1747	458	1005	2549	2686	541	
干部	6811	3654	3157	6440	371	566	5292	867	63	21	2	13	503	5124	170	68	1449	456	995	2429	2507	424	
工人	428	402	26	414	14		66	128	45	157	32			128	1	1	298	2	10	120	179	117	

北京市地方税务局区县局、分局机构设置情况统计表（2015 年）

单位：个

单 位	机关科室	税务所	稽查局	稽查局下设科	事业单位	合计
合 计	329	239	17	85	22	692
东城区地税局	20	24	1	11	2	58
西城区地税局	20	21	1	9	2	53
朝阳区地税局	15	15	1	6	2	39
海淀区地税局	16	19	1	5	2	43
丰台区地税局	14	13	1	5	2	35
石景山区地税局	14	10	1	4	2	31
门头沟区地税局	13	11	1	4	1	30
通州区地税局	14	11	1	4	1	31
顺义区地税局	14	17	1	5	1	38
怀柔区地税局	13	10	1	4	1	29
平谷区地税局	13	12	1	4	1	31
房山区地税局	14	13	1	4	1	33
昌平区地税局	13	14	1	5	1	34
大兴区地税局	14	15	1	5	1	36
密云县地税局	13	12	1	3	1	30
延庆县地税局	13	12	1	5	1	32
燕山分局（第六稽查局）	14	2				16
开发区分局	8	5	1	2		16
第一直属分局（第五稽查局）	9	2				11
第二直属分局（西站分局）	9	1				10
第一稽查局	16					16
第二稽查局	16					16
第三稽查局	11					11
第四稽查局	13					13

（陈艳庆）

大事记

北京市地方税务局大事记（2015年）

1月

1日

北京市地方税务局启用《银行端查询缴税凭证》，方便纳税人办理电子缴税业务。

北京市地方税务局调整全市保险机构代征代缴车船税管理工作，将管理职权由开发区分局第三税务所调整为纳税服务中心负责。

北京市地方税务局网络廉政教育平台外网正式上线。

4日

北京市地方税务局党组副书记、副局长朱元广，北京市国家税务局副局长张占英，西城区副区长孙硕等领导到西城区政府综合行政服务大厅实地考察国、地税局联合办理税务登记及委托代征“一税两费”工作。

北京市地方税务局党建工作指导小组印发《北京市地方税务局第一党支部2015年工作安排》，部署北京市地方税务局第一党支部2015年工作。

5日

北京市地方税务局党组书记刘江平主持召开2015年第1次党组会议，会议传达了中办、国办紧急通知和市委书记郭金龙批示精神；审议通过了《推进税收现代化建设和税收征管改革三年行动计划》；同意32名符合晋升处级非领导职务资格的临近退休人员进行民主推荐和考察；同意28名同志进行晋职考察，由人事处负责按规定组织实施；同意免去高甲同志朝阳区地税局调研员，刘志江同志顺义区地税局调研员，王学慧同志平谷区地税局调研员，王中林同志东城区地税局副调研员，张海泉同志怀柔区地税局副调研员，梅静慧、柳素苓同志燕山分局副调研员职务，办理退休手续。

国家税务总局财产和行为税司就煤炭资源税改革进展情况进行调研，蔡自力副司长带队到门头沟区昊华能源股份有限公司木城涧煤矿实地查看煤炭开采和洗选煤的全过程，就煤炭资源税改革实施后，在“清费立税”等方面的问题与企业负责人进行了深入交流，并听取了意见和建议。北京市地方税务局副局长卜祥来及相关处室负责人陪同调研。

6日

北京市地方税务局局长杨志强主持召开稽查工作专题务虚会，副局长吕兴渭出席会议。

北京市财政局、北京海关、北京市国家税务局、北京市地方税务局联合转发《财政部、海关总署、国家税务总局关于继续实施支持文化企业发展若干税收政策的通知》（京财税〔2015〕47号），明确自2014年1月1日—2018年12月31日，对从事文化产业支撑技术等领域的文化企业，按规定认定为高新技术企业的，减按15%的税率征收企业所得税；开发新技术、新产品、新工艺发生的研究开发费用，允许按照税收法律法规的规定，在计算应纳税所得额时加计扣除；出版、发行企业处置库存呆滞出版物形成的损失，允许按照税收法律法规的规定在企业所得税税前扣除等相关政策。

北京市地方税务局联合纪检组召开2015年第一次工作会。

7日

北京市地方税务局印发《北京市地方税务局关于进一步加强北京地税系统纳税辅导工作的意见》（京地税纳〔2015〕2号）。

8日

北京市地方税务局党组书记刘江平，党组副书记、副局长朱元广，总经济师沈永奇参加北京市国际税收研究会座谈会。刘江平书记对研究会的工作给予肯定，希望全体干部继续努力，在2015年做出新的成绩。

9日

北京市地方税务局局长杨志强、总经济师沈永奇带领相关部门负责人，检查验收办公楼地下仓库清理整改工作，并对清理整改结果予以肯定。

北京市地方税务局财产和行为税管理处联合营业税管理处、个人所得税管理处、征管和科技发展处以及法制处共同发布《关于个人无偿赠与不动产提交赠与公证书问题的通知》，向基层征收机关明确了凡符合《财政部、国家税务总局关于个人金融商品买卖等营业税若干免税政策的通知》（财税〔2009〕111号）第二条第二款及《财政部、国家税务总局关于个人无偿受赠房屋有关个人所得税问题的通知》（财税〔2009〕78号）第一条第一款“无偿赠与配偶、父母、子女、祖父母、外祖父母、孙子女、外孙子女、兄弟姐妹”不动产情形的，在办理免税手续时，除提交必要的相关证明资料外，不再提供“赠与公证书”“接受赠与公证书”或“赠与合同公证书”。

北京市地方税务局组织召开贯彻落实《北京市人民政府办公厅关于加强税收保障工作的意见》（京政办发〔2014〕62号）会议，邀请市政府法制办、市政府相关委办局及市金融监管机构等19家单位参加会议。

北京市国家税务局、北京市地方税务局联合印发《北京市国家税务局、北京市地方税务局关于做好联合开展纳税信用评价管理相关工作的通知》（京国税发〔2015〕5号）。

北京市地方税务局印发《推进税收现代化建设和征管改革三年行动计划》（京地税征〔2014〕221号）。

13日

国家税务总局局长王军在税务总局《每日要情》“北京市政府制定税收保障工作意见”上批示：“请办公厅商征科司发通报，加按语，推介北京做法。”

北京市委常委、常务副市长李士祥对《新年伊始市国税局代征地方“一税两费”6184万元》批示：“此举是税务两局转作风、政策创新的成果，值得肯定。望不断总结。亦请宣传部门予以适当宣传。”

北京市地方税务局党组书记刘江平到朝阳局检查指导工作，听取“一税两费”委托代征和联合办理税务登记工作情况汇报，实地了解相关业务流程，并到朝阳区国税局办税服务厅进行考察。

北京市地方税务局召开贯彻落实《北京市人民政府办公厅关于加强税收保障工作的意见》（京政办发〔2014〕62号）新闻发布会。北京市地方税务局副局长、新闻发言人王炜介绍了制定背景、主要内容和重要意义，就税务机关与其他政府部门、金融监管机构之间加强涉税信息共享及执法协助工作接受新闻媒体现场采访。

北京市地方税务局印发《北京市地方税务局关于加强协税护税工作的通知》（京地税征〔2015〕6号），对建立协税护税机制相关工作提出要求。

北京市地方税务局印发《北京市地方税务局关于进一步加强纳税服务工作的通知》（京地税纳〔2015〕7号）。

北京市地方税务局党的群众路线教育实践活动领导小组办公室印发《北京市地方税务局关于教育实践活动整改落实情况“回头看”工作实施方案》，推动、巩固、深化、拓展党的群众路线教育实践活动成果。

14日—16日

北京市地方税务局在干部培训中心召开税收会计统计年报报表汇审会。

15日

北京市委副书记、市长王安顺对《新年伊始市国税局代征地方“一税两费”6184万元》批示：“加强配合，减少漏征，方便纳税人，一举双得，当表扬。”

北京市法学会党组书记苗林、北京市房地产法学会会长苗乐如、北京市教育法学会副会长刘泽军等同志到北京税收法制建设研究会调研指导工作，常务副会长王京华同志陪同调研。

北京市地方税务局印发《北京市地方税务局关于修订和废止部分执法文书的公告》（北京市地方税务局公告2015年第1号）。

16日

北京市地方税务局党组书记刘江平主持召开2015年第2次党组会议，会议审议通过了《2015年北京市地方税务系统工作会议报告》《2015年收入任务安排》《北京市地方税务局重点调研课题管理办法》《中共北京市地方税务局党组党的群众路线教育实践活动领导班子整改方案落实情况报告》《北京市地方税务局2014年度民主生活会领导班子对照检查材料》《北京市地方税务局教育实践活动整改落实情况“回头看”工作实施方案》、2015年度因公出访计划和对《北京市地方税务局外事工作管理办法》的修改建议。根据市编办复函，同意北京地税局将纳税评估处（大企业税收管理处）承担的纳税评估相关职责和科技信息处全部职责划入征收管理处，并将征收管理处更名为征管和科技发展处；将纳税评估处（大企业税收管理处）更名为大企业税收管理处；将计划财务处承担的“负责机关政府采购工作，负责本系统基建、装备、资产管理等工作”职责划入科技信息处，并将科技信息处更名为资产管理处；将信息系统安全保障中心职责划入信息中心，将信息系统安全保障中心更名为数据处理中心。按照干部职务管理有关规定，涉及更名的北京市地方税务局机关原征收管理处、科技信息处、纳税评估处（大企业税收管理处）和信息系统安全保障中心的处级干部职务自然免除。李龙江同志任征管和科技发展处处长；乔游、郑鹏、赵伟、王秉明、蒋宁、张波同志任征管和科技发展处副处长；王磊、罗拥军同志任征管和科技发展处副调研员。王磊同志任大企业税收管理处处长；孙永田同志任大企业税收管理处副处长、调研员；王敬丰、李任斌同志任大企业税收管理处副处长。郭海福同志任资产管理处副处长、调研员，主持工作；何媚、何林同志任资产管理处副处长，免去何媚同志收入规划核算处副处长职务，免去何林同志计划财务处副处长职务。免去杨晓东同志稽查处（税务违法案件举报中心）处长职务，改任调研员，到北京市国际税收研究会工作。稽查处副处长华方同志主持稽查处（税务违法案件举报中心）工作。免去邹永欣同志档案处处长职务，改任调研员，到北京市地方税务学会工作。黄健同志任档案处处长，免去其离退休干部处处长职务。王立水同志任离退休干部处处长，免去其保卫处处长职务。张毅同志任保卫处副处长、主持工作，免去其门头沟区地税局党组成员、纪检组长职务。郑奕同志任残保金管理处副处长。数据管理处处长刘振声同志兼任数据处理中心主任，雷京同志任数据处理中心副主任，赵小军同志任数据处理中心调研员。

北京市地方税务局党组书记刘江平、总经济师沈永奇到北京电视台《税收天地》栏目演播室，现场观看节目录制。

北京市财政局、北京市地方税务局根据《财政部、国家税务总局关于实施煤炭资源税改革的通知》（财税〔2014〕72号）、《财政部、国家税务总局关于北京市煤炭资源税适用税率的批复》（财税〔2014〕123号）精神，并经市政府批准，制发了《北京市财政局、北京市地方税务局关于调整我市煤炭资源税税率的通知》（京财税〔2015〕63号），明确自2014年12月1日起，北京市煤炭资源税由从量计征调整为从价计征，适用税率为2%；洗选煤折算率为70%。

北京市国际税收研究会会长刘宝忠主持召开北京市国际税收研究会2014年度工作总结会议，研究部署2015年研究会重点工作。北京市地方税务局总经济师沈永奇出席会议。

北京市地方税务局4名网络青年骨干在团市委开展的“青年公务先锋网络正能量传递行动”正能量达人经验分享暨工作总结会上获得团市委颁发的“正能量达人”长效能量奖，在各参选委办局中名列前茅。

19日

北京市地方税务局对“一税两费”代征工作和联合税务登记工作首月进展情况进行了汇总。截至本月征期，全市委托代征“一税两费”户数共71.43万户，代征相关税费22.67亿元，办理联合税务登记户12105户。

20日

北京市地方税务局组织召开北京市地方税务系统2015年工作会议。会议总结了2014年工作，部署了2015年任务。

北京市地方税务局根据税务总局下达的收入目标，初步安排2015年各项税费收入目标3635亿元，增长5.9%，税务稽查和日常检查纳入总体目标安排，共安排110亿元，占各项税费收入的3%；安排地方公共财政预算收入目标2750亿元，同口径增长5.4%。

北京市地方税务局纪检组长张靖明到海淀局调研，听取“一税两费”委托代征和联合办理税务登记工作情况汇报。

20日—23日

北京市地方税务局承办国家税务总局在京召开首批税收分析领军人才知识拓展阶段实践锻炼成果考核会。税务总局收入规划核算司司长杨元伟、巡视员舒启明、副司长郑文敏参加考核会。

21日

北京市地方税务局数据处理中心成立，党组副书记、副局长朱元广，副局长刘健参加成立大会。

22日

北京市地方税务局局长杨志强、副局长王炜及相关处室负责人参加北京市“两会”代表、委员咨询活动。

北京市地方税务局印发《北京市地方税务局关于进一步加强税收宣传影响力提升纳税服务工作水平的意见》（京地税纳〔2015〕10号）。

北京市地方税务局组织召开系统团建和青年

工作座谈会，介绍了2015年加强系统团建工作的方案及近期北京市地方税务局开展青年工作的有关情况，与会人员结合本单位实际，就如何加强团建工作、更好地发挥团组织的职能作用进行了深入讨论。

23日

北京市地方税务局党组书记刘江平主持召开2015年第3次党组会议，会议同意对北京地税局处级以上领导干部报告个人有关事项工作的建议，由人事处根据中央组织部和市委组织部要求及会议讨论意见做好组织实施；会议强调市局领导班子成员提出批评意见要做到严肃认真、出于公心，要以事业为重、用事实说话，能达到帮助同志、增进团结、促进工作的目的；会议要求监察处会同相关处室继续深入学习领会中纪委、市纪委全会精神和即将召开的税务总局党风廉政建设工作会议精神，结合地税实际，认真研究贯彻落实意见和措施，为2月上旬召开全系统党风廉政建设工作会议做好准备。

北京市地方税务局牵头负责的国家税务总局2014年度重点科研课题《京津冀协同发展税收问题研究》圆满完成评审结题工作。

北京市地方税务局中心数据库管理系统成功上线。

24日

中央政治局委员、北京市委书记郭金龙对《北京市地方税务局、北京市国家税务局关于2014年税收完成情况的报告》（京地税发〔2015〕9号）、《北京市地方税务局关于2014年全市地方税收情况的报告》（京地税发〔2015〕3号）作出批示："2014年，全市税务系统、国地两局携同努力，改革创新，圆满完成任务。望认真总结经验，在新的一年里，贯彻落实好习总书记重要讲话精神，提升服务、管理水平，取得更大成绩。"

26日

北京市地方税务局印发《北京市地方税务局关于废止企业所得税纳税申报表有关文件的公告》（北京市地方税务局公告2015年第2号）。

27日

北京市地方税务局局长杨志强与普华永道会计师事务所全球副主席Richard Collier-Keyword交流座谈。双方回顾了签订战略合作协议以来的工作开展情况，就继续深化合作的相关事项交换了意见。

28日

北京市地方税务局召开2014年度局级领导干部民主生活会，深入学习贯彻习近平总书记系列重要讲话精神，以"严格党内生活、严守党的纪律、深化作风建设"为主题，紧密联系自身实际，深入查找思想、工作、作风方面存在的差距和不足，认真剖析产生问题的根源，进一步明确努力方向和整改措施。会议由党组书记刘江平主持，市委第12指导组组长秦树福、市委组织部经干处处长张强出席会议。

北京市地方税务局组织召开落实新《税务登记管理办法》培训研讨会，学习落实税务总局新的《税务登记管理办法》及有关制度。

29日

北京市地方税务局局长杨志强、副局长刘健到朝阳局调研，实地走访了朝阳区行政服务中心大厅和亚运村街道办事处个人出租房屋代征点，重点对"一口受理、多证联办"工作情况和委托街乡代征个人出租房屋税款情况进行调研，并听取了朝阳局关于多证联办、委托代征、办税人员证书管理等情况的汇报。

31日

北京市委副书记、市长王安顺对北京市税务

工作批示：“2014年，国税、地税系统着力服务首都发展大局，密切协同，攻坚克难，开拓创新，各项工作成绩显著。谨向同志们致以诚挚的问候和衷心的感谢！在新的一年里，希望同志们再接再厉，紧紧围绕落实首都城市战略定位，充分发挥职能作用，依法组织税收收入，全面提高税收现代化水平，为首都经济社会持续健康发展做出新的更大贡献！”

全市地税系统1月完成各项税费收入579.4亿元，同比增收58.7亿元，增长11.3%。其中，完成税收收入542.9亿元，同比增收55.2亿元，增长11.3%；完成地方公共财政预算收入431.1亿元，同比增收31.7亿元，增长7.9%，占全市财政收入的比重为63.1%。

2月

2日 北京市地方税务局党组书记刘江平主持召开2015年第4次党组会议，会议传达学习了北京市委十一届六次全会、市“两会”和1月30日市政府全体会议精神；会议审议通过了《北京地方税务系统贯彻落实中共中央关于〈建立健全惩治和预防腐败体系2013—2017年工作规划〉实施细则》；会议原则同意了税务协管员统一制发服装、北京互联网地税局移动征管服务费用项目立项、市局绩效管理工作机构职责调整、2013—2014年度全国青年文明号候选单位、2015年《税收天地》电视栏目制作经费等工作安排。

北京市地方税务局在北京人民广播电台北京新闻广播《资讯早八点》栏目和北京文艺广播《早安北京》栏目正式开播《地税小贴士》税收专题栏目。

3日

北京市地方税务局党组印发《中共北京市地方税务局党组中心组2015年理论学习计划》（京地税党〔2015〕25号）。

4日

北京市地方税务局召开2015年政工部门业务工作会，党组书记刘江平，党组副书记、副局长朱元广，总经济师沈永奇到会并讲话。

4日—5日

北京市地方税务局召开2015年北京地方税务稽查工作会议，党组副书记、副局长朱元广，副局长吕兴渭到会并讲话。

5日

北京市政府召开2015年全市税务工作会议，市地税系统和市国税系统首次联合召开年度工作会议。市委常委、常务副市长李士祥，税务总局总审计师顾炬出席会议并作重要讲话。会上，市地税局局长杨志强、市国税局局长李亚民分别对市地税系统、市国税系统2014年工作进行总结，部署2015年重点工作任务。

北京市地方税务局举行北京市地方税务局第五稽查局、第六稽查局及17个直属稽查局分局揭牌仪式。副局长吕兴渭主持揭牌仪式并致辞，局长杨志强，党组副书记、副局长朱元广为第五稽查局、第六稽查局揭牌，为17个直属稽查局分局授牌。

北京市地方税务局转发《驻国家税务总局纪检组关于近期税务系统几起违法违纪案件的通报》（京地税监〔2015〕24号）。

6日

北京市地方税务局举行税收文物捐赠仪式，泰康人寿保险股份有限公司向北京税务博物馆捐赠了明清时期的银锭和执照契约共17件。市地税局局长杨志强，党组书记刘江平，副局长吕兴渭，泰康人寿保险股份有限公司总裁、首席运营官刘经纶，中国嘉德国际拍卖有限公司副总裁王辉出席捐赠仪式。

北京市地方税务局召开2015年系统征管综合工作会议，党组副书记、副局长朱元广，副局长刘健到会并讲话。

北京市地方税务局召开2015年系统纳税服务工作视频会议，副局长吕兴渭到会并讲话。

9日

北京市地方税务局党组书记刘江平主持召开2015年第5次党组会议，会议传达了中央纪委十八届五次全会、市纪委十一届四次全会和全国税务系统党风廉政建设工作会议的主要精神；会议原则同意监察处、研究室提出的2015年北京市地税系统党风廉政建设工作会议安排，国际税务管理处提出的贯彻落实全国税务系统国际税收工作会议精神的有关措施，办公室提出的《北京市地方税务局工作规则》《北京市地方税务局关于加强工作签报管理的通知》《市局机关收文分办细则》《北京市地方税务局印信管理办法》《北京市地方税务局关于加强请假审批和组织外出活动管理工作的通知》和《北京市地方税务系统保密工作管理办法》。会议还研究了处级领导干部经济责任审计等工作。

北京市地方税务局被评选为“首都社会治安综合治理2014年度优秀单位”。

10日

北京市地方税务局机关2015年离退休老干部新春团拜会在干部培训中心举行，党组书记刘江平，党组副书记、副局长朱元广，纪检组长张靖明，副局长王炜，总经济师沈永奇出席团拜会，李加里、张富珍、王京华、吴鼎、杨春萍、王勇生、徐志宏等老领导及88名老干部参加团拜会。

10日—11日

北京市地方税务局召开2015年全系统国际税收工作会议，副局长王炜到会并讲话。

11日

北京市地方税务局召开北京市国际税收研究会、北京市地方税务学会、北京税收法制建设研究会工作座谈会，会议就落实2015年市地税系统工作会议的情况和下一步工作计划进行了交流。局长杨志强、党组书记刘江平出席会议。

北京市地方税务局党组书记刘江平主持召开2015年第1次机关党委、纪委会议。会议审议了市局机关党委2014年工作总结和2015年工作要点，研究了部分任期届满、新成立机关党总支、党支部选举，机关发展党员及春节前走访慰问生活困难党员等工作，讨论了市局实施《中国共产党发展党员工作细则》等事宜。

北京市地方税务局召开2015年度系统收入规划核算工作会，党组副书记、副局长朱元广到会并讲话。

12日

北京市地方税务局召开2015年地税系统党风廉政建设工作会议。驻国家税务总局纪检组监察局副局级纪律检查员、监察专员许秀敏，北京市纪委第二纪检监察室杨艳华副主任，市地税局全体局领导出席会议。会议由副局长刘健主持，副局长吕兴渭传达了上级会议精神，纪检组长张靖明代表市局党组作了题为《坚持首善标准强化责任担当　在新的起点上推进党风廉政建设和反腐败工作》的工作报告。市地税局特约监察员参加会议。

北京市地方税务局召开2015年系统法制和公报编辑部工作视频会，副局长王炜到会并讲话。

北京市地方税务局召开系统绩效管理工作会议，副局长王炜、总经济师沈永奇到会并讲话。

13日

北京市地方税务局第一党支部成员参加市

委、市政府召开的理论学习中心组学习（扩大）电视电话会议，中央党史研究室原副主任李忠杰作关于推进全面从严治党的专题辅导报告。

北京市地方税务局党组书记刘江平、总经济师沈永奇到顺义区张镇税务所、大孙各庄镇南聂庄村慰问，了解税务所基本情况和工作状况，听取村党支部书记关于综合治理工作的情况汇报，与镇、村两级领导座谈交流，并对家庭困难的老党员进行慰问。

北京市地方税务局机关举办“骏马辞旧岁、金羊报春来”新春联欢会。党组书记刘江平、副局长吕兴渭、纪检组长张靖明、总经济师沈永奇、副巡视员杨文俊与市局机关干部职工参加联欢会。

15 日

北京市地方税务局局长杨志强、副巡视员杨文俊到延庆县地税局张山营税务所慰问。

北京市地方税务局召开系统安全保卫工作视频会议，总经济师沈永奇到会并讲话。

北京市地方税务局在怀柔区地税局试点开展的“以地控税　以税节地”工作圆满完成。经核实漏征漏管城镇土地使用税 57 户，漏缴税款 100.61 万元，查增应税土地面积 46.42 万平方米。

16 日

北京市地方税务局党组书记刘江平代表机关党委看望生活困难党员。

北京市地方税务局党组印发《中共北京市地方税务局党组加强和改进党组中心组学习实施办法》（京地税党〔2015〕38 号）。

17 日

北京市地方税务局率先在全国税务系统设立税务行政复议庭。

25 日

北京市地方税务局领导班子全体成员参观市地税局发展陈列展。

北京市地方税务局党组书记刘江平主持召开 2015 年第 6 次党组会议，会议听取了赴美国培训团组的相关情况、纳税服务处和纳税服务中心整体工作的相关情况；会议原则同意监察处提出的《中共北京市地方税务局党组关于加强直属稽查局党风廉政建设工作意见》、第二直属税务分局提出的办公楼维修改造项目的立项申请、计划财务处提出的市局 2014 年部门决算总体情况、机关党委办公室提出的成立北京地税系统青年工作机构筹备组和设立共青团北京市地方税务局工作委员会的工作方案；会议还传达了市委外事工作相关文件、2015 年全市组织部长会议主要内容。

26 日

北京市委、市政府决定免去卜祥来中共北京市地方税务局党组成员、北京市地方税务局副局长职务。免去中共北京市地方税务局党组成员职务的时间为 2015 年 1 月 27 日。

27 日

北京市地方税务局信息系统 4006022366 技术服务热线升级改造完成，将为纳税人提供更优质的技术支持服务。

28 日

北京市地方税务局召开纪检监察联合派驻组以及落实局党组主体责任专题汇报会，局长杨志强，党组书记刘江平，党组副书记、副局长朱元广，副局长吕兴渭，纪检组长张靖明出席会议。

北京市地方税务局组织召开 2015 年系统营业税、所得税工作会，副局长王炜到会并讲话。

北京市地方税务局召开规范纳税申报管理工作会议，副局长王炜到会并讲话。

3 月

1 日

北京市地方税务局对全市零申报纳税人发送

个性提示，告知其连续零申报次数和市地税局后续管理措施，督促纳税人如实进行纳税申报。

东城区地方税务局第三税务所、西城区地方税务局第四税务所、海淀区地方税务局第一检查科荣获“全国巾帼文明岗”荣誉称号，平谷区地方税务局第一税务所荣获“全国三八红旗集体”荣誉称号，西城区地方税务局第三税务所所长经萍荣获“全国巾帼建功标兵”荣誉称号。

2日

北京市地方税务局党组书记刘江平主持召开2015年第7次党组会议，会议原则同意研究室提出的2015年重点调研课题计划，计划财务处提出的2015年预算公开报告，监察处提出的《北京市地方税务局党风廉政建设责任制检查考核办法（试行）》；会议传达了2015年北京市公务员管理工作会议精神，重点学习了《2015年全市公务员管理工作要点（征求意见稿）》。会议同意免去刘建平同志北京市监察局驻北京市地方税务局监察处副处长、调研员职务，改任市局离退休干部处调研员。

北京市政府办公厅反馈《2014年度市地税局绩效考评情况》，北京市地方税务局2014年度绩效考评成绩93.23分，较2013年提高0.06分，在58个参评单位中位列第3名，在20个执法单位中位列第1名。

3日

北京市地方税务局局长杨志强、副局长王炜到北京荣宝拍卖有限公司调研，双方就个人所得税税负问题、丰富税务博物馆馆藏内容等方面进行了交流座谈。

4日

北京市地方税务局局长杨志强与搜狐公司联席总裁、首席财务官余楚媛，高级财务总监邓秀峰座谈，双方就股权转让个人所得税政策有关问题进行沟通交流。

5日

北京市地方税务局召开2015年全系统办公室工作会议，副局长王炜到会并讲话。

北京市地方税务局召开2015年全系统财务工作会议，副巡视员杨文俊到会并讲话。

北京市地方税务局以“传承的力量”为主题，向全系统广大青年发出倡议，号召青年干部学习雷锋精神，争做志愿服务的践行者、文明新风的奉献者和爱岗敬业的带头者。

6日

国家税务总局政策法规司副司长靳万军到北京市地方税务局调研，北京市地方税务局副局长王炜陪同调研。

7日

北京市地方税务局、北京市国家税务局与北京电视台联合制作的《税收天地》栏目推出《京津冀协同发展税收先行先试》《京津冀协同发展税收保驾护航》两期特别节目。中国社会科学院财经战略研究院院长高培勇、中国人民大学教授朱青、北京首钢总公司党委副书记何巍、北京三元食品股份有限公司副总经理王辉、北京首旅集团财务总监郭永昊做客演播室。

3月9日—4月3日

北京市地税系统2014年考试录用人员初任专业知识培训班开班，112名考试录用人员和55名军队转业干部参加培训。

10日

北京市地方税务局局长杨志强主持召开2015年第1次局长办公会议，会议听取了收入规划核算处关于2015年1—2月税收收入情况的汇报，办公室关于2014年上级查办件、“两会”建议提案、市政府和市局折子工程、局内督查事项落实情况以及2015年市政府重点工作和市局折子工程情况的汇报，基层工作处关于2014年税务总局绩效考核工作情况和2015年绩效管理工作安排的汇报，纳税服务处关于落实《全国税务机关纳税服务规范》有关情况、市地税系统2014年度纳税服务满意度调查结果有关情况和《北京市地方税务局纳税服务需求征集分析响应办法（试行）》有关情况的汇报。

北京市地方税务局召开2015年全系统调研工作会议，局长杨志强到会并讲话。

10日—20日

北京市地方税务局2015年领军人才考前培训班开班，45人参加培训。

11日

北京市地方税务局局长杨志强、副局长王炜，石景山区委书记牛青山、石景山区政府常务副区长文献到北京畅游集团调研，就奖金和股票期权的个人所得税处理等问题进行沟通交流。

北京市地方税务局公布2013—2014年度全系统28个荣获“市级青年文明号”荣誉称号单位名单。

12日

北京市地方税务局党组书记刘江平主持召开2015年第8次党组会议，会议原则同意监察处提出的《北京市地方税务局各级党组落实党风廉政建设主体责任实施办法（试行）》《北京市地方税务局各级纪检监察部门落实党风廉政建设监督责任实施意见（试行）》《北京市地方税务局党组主体责任清单》《2015年北京市地方税务局党组落实党风廉政建设主体责任重点工作》和《纪检监察部门监督责任清单》，计划财务处提出的2015年内部预算及“三代”手续费经费预算安排；会议同意依据有关工作办法，按照自付医疗费用的60%给予姜松霞同志困难补助，推荐蒋宁、霍勇杰同志申报“2015年北京市先进工作者”荣誉称号，调整财产和行为税管理处及相关处室职责，提高范利华同志退休费计发比例的申请。会议决定：免去王阿鸣同志门头沟区地税局党组成员、副局长职务，改任门头沟区地税局副调研员；免去赵善福同志密云县地税局副调研员职务，办理退休手续。

北京市地方税务局召开首次税收宣传工作联席会，党组书记刘江平到会并讲话。

北京市地方税务局召开2015年度全系统工会经费税务代收工作会议，总经济师沈永奇到会并讲话。

13日

北京市地方税务局党组中心组到歌华有线电视网络股份有限公司开展“走进歌华”调研活动，市地税局局长杨志强、党组书记刘江平、副局长刘健、副局长吕兴渭、总经济师沈永奇、副巡视员杨文俊，歌华有线公司董事长郭章鹏、总经理卢东涛、总会计师胡志鹏参加调研活动。

中加实业集团有限公司向北京税务博物馆捐赠银元100枚，借展银锭21枚、银元86枚、民国纸币19张，北京市地方税务局局长杨志强、党组书记刘江平、副局长吕兴渭，中加实业集团有限公司董事长梁晓华、北京一轻集团董事长苏志民出席捐赠仪式。

北京市地方税务局召开2015年度全系统督察内审工作会议，纪检组长张靖明到会并讲话。

北京市地方税务局、北京市国家税务局国际税收管理部门首次对企业开展联合约谈。

北京市国际税收研究会办税人员分会正式退出世界纳税人协会和亚太地区纳税人联盟组织。

16日

北京市工商局局长陈永、副局长崔建立、副局长贺庆财到市地税局座谈，市地税局局长杨志强、副局长刘健、副局长王炜参加座谈。

北京市地方税务局直属稽查局联合纪检组召开直属稽查局落实主体责任专题汇报会，党组书记刘江平、副局长吕兴渭、纪检组长张靖明参加会议。

北京市地方税务局召开2015年度全系统内部预算安排会议，副巡视员杨文俊到会并讲话。

北京市地方税务局发展陈列展正式开展。

北京互联网地税局涉税事项纳税人网上申请办理软件上线运行，纳税人通过北京互联网地税局打印出全市首份外出经营管理证明。

17日

北京市地方税务局党组书记刘江平主持召开2015年第9次党组会议，会议传达学习了十二届全国人大三次会议精神、全国政协十二届三次会议精神和中央有关文件精神；会议原则同意机关党办提出的《市局第一党支部2015年开展党组书记抓党建述职评议考核工作的实施意见》，人事处提出的2014年度考核奖励工作情况报告和下一步工作建议，财产和行为税管理处提出的《土地增值税清算管理规程（试行）》、土地增值税稽查试点购买第三方服务和全市清算工作安排，数据管理处提出的《北京市地方税务局历史数据清理工作方案》。会议决定：免去张兴明同志市局计划财务处处长职务，改任计划财务处调研员；免去张秀娟同志平谷区地税局党组书记、局长职务，改任朝阳区地税局调研员；武立煌同志任市局计划财务处处长，免去其开发区分局党组书记、局长职务；丁锦宁同志任开发区分局党组书记、局长，免去其密云县地税局党组书记、局长职务；李强同志任平谷区地税局党组书记、局长，免去其第一稽查局党组书记、局长职务；郭海福同志任第一稽查局党组成员、副局长、调研员，主持工作，免去其市局资产管理处副处长、调研员职务，不再主持市局资产管理处工作；张之乐同志任市局资产管理处副处长，主持工作，免去其海淀区地税局党组成员、副局长职务。

北京市地方税务局局长杨志强主持召开严格纪律作风、加强考勤管理紧急会议，党组书记刘江平、副局长吕兴渭、副局长王炜、总经济师沈永奇、副巡视员杨文俊参加会议。

福建省地方税务局副巡视员黄乃田一行到北京市地方税务局交流座谈，副局长刘健参加座谈会。

北京互联网地税局系统平台（桌面版）在北京市地方税务局互联网网站和内网网站同步上线。

18日

北京市经济信息化委主任张伯旭、副主任童腾飞、委员任世强到市地税局座谈，市地税局局长杨志强、副局长刘健、副局长王炜参加座谈。

北京市地方税务局局长杨志强，党组副书记、副局长朱元广，副局长刘健到北京天意、万通商品批发市场调研。

3月18日—4月2日

中国税务报以《“秒时代”：大数据平台上演绎的现代化税收管理》《“轻击时代”：指尖上的办税服务厅》《“查询时代”：将大数据应用进行到底》为题，分“网上办税大厅”“统一展示平台”“涉税数据辅助查询系统”3个专题报道北京互联网地税局的建设成果。

18日

北京市朝阳区地方税务局征收管理科科长杨楠荣获“首都精神文明建设奖”。

19日

北京市地方税务局局长杨志强、副局长王炜到市住房城乡建设委座谈，市住房城乡建设委主任徐贱云、副主任王荣武参加座谈。

北京市地方税务局召开移动存储介质安全管理系统部署及培训工作会议，副局长刘健到会并讲话。

北京市地方税务局转发《国家税务总局关于规范涉税服务严禁违规收费问题的通知》（京地税纳〔2015〕48号）。

20日

国家税务总局纪检组长冯惠敏到北京市地方税务局调研，市地税局局长杨志强、党组书记刘江平、纪检组长张靖明陪同调研。

24日

北京市地方税务局局长杨志强、副局长王炜到昌平区调研，与昌平区委书记侯君舒、昌平区政府区长张燕友、常务副区长周云帆就地方税收相关情况进行座谈。

北京市地方税务局局长杨志强到第一直属税务分局（第五稽查局）调研，实地走访了纳税服务大厅和基层税务所，慰问一线税务干部。

26日

北京市地方税务局召开第一党支部基层党建工作述职评议考核会。第一党支部全体成员参加会议，市直机关工委副书记王玉忠出席会议。

北京市地方税务局局长杨志强、副局长吕兴渭到北京印钞有限公司调研。

27日

北京市地方税务局、北京市统计局、国家统计局北京调查总队联合召开座谈会，就数据需求及合作意向开展交流研讨。市地税局局长杨志强，党组书记刘江平，党组副书记、副局长朱元广，市统计局局长王文杰，副局长吴万标，调查总队队长李纲参加会议。

北京税收法制建设研究会召开第一届第二次理事会，北京市地方税务局局长、研究会会长杨志强主持会议，研究会常务副会长王京华作一届一次理事会工作报告。国家税务总局原副局长、研究会高级顾问郝昭成，中国社会科学院财经战略研究院院长高培勇，北京市法学会党组成员、专职副会长杜石平出席会议。

北京市地方税务局8名干部到市红十字血液中心义务献血，总经济师沈永奇到现场慰问。

北京市地方税务局转发《国家税务总局关于进一步做好小微企业税收优惠政策贯彻落实工作的通知》（京地税企〔2015〕60号）。

31日

北京市地方税务局组织召开全系统共青团组织机构设置专题研讨会议，党组书记刘江平到会并讲话。

北京市地方税务局完成《税收法治通论》视频课件的制作工作，共8章57节，累计时长1200分钟。

北京市地方税务局与北京电视台联合打造的《税收大讲堂》栏目，正式在北京地税官方网站上线。

4月

1日

北京市地方税务局在大兴区地税局第一税务所召开“办税服务一卡通”新闻发布会。国家税务总局办公厅副主任、中国税务报社社长郭晓林，纳税服务司副司长韩国荣，市地税局党组书记刘江平、副局长吕兴渭、副巡视员杨文俊，大兴区常务副区长邵恒参加发布会。《人民日报》、中央电视台、《中国税务报》等15家新闻媒体进行了报道。

北京市地方税务局督查信息管理系统正式上线运行。

北京市地方税务局关联申报系统正式上线运行。

2 日

北京市地方税务局党组书记刘江平主持召开2015 年第 10 次党组会议，会议原则同意法制处提出的《合同管理办法》修改建议，机关后勤服务中心提出的进一步做好机关办公用房清理整改工作的措施和建议，人事处提出的落实机关事业单位县处级女干部退休年龄相关政策有关建议、开展 2015 年系统处级后备干部集中调整工作、区县（分）局党组副书记配备工作、从市局机关向市纪委划转 1 个行政编制、向市编办申请将干部培训中心 37 名事业编制划转到老干部活动中心、直属分局公开遴选公务员的人选；会议决定邹生春同志任怀柔区地税局副调研员，免去张宏同志第二稽查局副调研员职务；会议还对机关工会工作提出了要求。

3 日

北京市地方税务局局长杨志强、副局长吕兴渭到北京故宫博物院调研。

北京市地方税务局召开落实党风廉政建设主体责任暨深化“四风”整治、巩固和拓展党的群众路线教育实践活动成果工作会，党组书记刘江平、纪检组长张靖明到会并讲话。

7 日—17 日

北京市地方税务局开展对李强、武立煌、丁锦宁、张秀娟等 4 名干部的离任经济责任审计工作。

8 日

北京市地方税务局、北京市国家税务局、市商务委联合举办以“沿一带一路走出去，建合作共赢新格局”—“走出去”为主题的税收服务座谈会。国家税务总局国际税务司副司长王晓悦，市地税局副局长王炜、市国税局副局长胡效国、市商务委委员魏忆京参加会议。

北京市地方税务局举行延庆县地税局部分干部到海淀区地税局稽查局工作锻炼启动仪式，副局长吕兴渭、总经济师沈永奇参加启动仪式并讲话。

北京市地方税务局召开《北京市税收保障办法》立法调研课题开题会，副局长王炜到会并讲话。

9 日

北京市地方税务局党组书记刘江平、纪检组长张靖明到朝阳区地税局调研，听取朝阳区地税局主要领导“两个责任”落实情况的汇报。

北京市地方税务局召开系统绩效管理工作培训会。

10 日

北京市地方税务局、北京市国家税务局召开2015 年联合分析工作座谈会，市地税局党组副书记、副局长朱元广，市国税局副局长张占英到会并讲话。

北京市地方税务局召开北京市地方税务局直属分局公开遴选公务员集体谈话会，党组副书记、副局长朱元广到会并讲话。

北京市地方税务局举行全系统第四届“友谊杯”桥牌赛，延庆县地税局、西城区地税局、门头沟区地税局分获前三名，副局长吕兴渭、总经济师沈永奇到场并讲话。

11 日

北京市地方税务局在中国人民大学开展“税收 创客 圆梦”税收宣传活动，市地税局总经济师沈永奇，团市委副书记黄克瀛，市直机关工委委员李兵，中国人民大学副校长洪大用参加活动。

13 日

北京市地方税务局局长杨志强到普华永道北京分公司调研，双方就 2015 年合作事项达成共识。

14 日

北京市地方税务局在市政府采购中心完成2015 年度票证印刷定点服务产品竞价工作。

15 日—17 日

北京市地方税务局组织离退休干部棋牌比赛活动，副巡视员杨文俊参加活动。

15 日

北京市地方税务局、北京市国家税务局联合开展的北京 2014 年度纳税人纳税信用等级评价工作结束，931616 户企业纳税人纳入评价范围，共对 383653 户企业纳税人作出纳税信用等级评价，评出纳税信用 A 级企业 24719 户。

4 月 15 日—6 月 15 日

北京市地方税务局在官方网站、官方微信平台举办纳税人网上税收知识竞赛。

16 日

国家税务总局局长王军在央广网《二手房新政首周北京房屋交易营业税免征近 1.6 亿》上作出批示："志强同志：北京市地税系统对政策实施反应快，情况掌握全，特予表扬！请货劳司阅研，摸清全国实施情况。"

北京市地方税务局局长杨志强与中国政法大学校长黄进座谈，双方就决策咨询、人才培养、高端培训、双向挂职等合作事项进行了交流。

北京市地方税务局与普华永道北京分公司举行签约仪式，市地税局局长杨志强、副局长王炜，普华永道中国南部主管谭唐毓丽、合伙人梅杞成参加签约仪式。

17 日

北京市地方税务局召开 2015 年税收专题电视电话培训会，邀请中信建投证券企业融资部董事总经理王威、安永中国并购重组税务合伙人陈伟权对现代企业经营架构和投融资模式进行讲解，副局长王炜到会并讲话。

18 日

北京市地方税务局党组书记刘江平主持召开2015 年第 11 次党组会议，会议原则同意基层工作处提出的《2015 年绩效任务》，征管和科技发展处提出的《区县（分）局机构职责调整指导意见》、2015 年办公楼监控系统升级改造项目的立项申请，办公室提出的 2015 年因公出国（境）计划调整方案；会议同意监察处提出的给予黄振杰行政警告处分的建议，免去王福利西城区地税局调研员、杨连波大兴区地税局调研员、宁福友怀柔区地税局副调研员、陈贺维昌平区地税局副调研员职务，人事处原璐、机关工会文德生作为"首都拥军优属、拥政爱民模范个人"推荐对象；会议通报了市局机关处室、直属事业单位拟给予奖励人员公示情况和系统拟记功人员廉政会审情况，刘丽、陈涛在基层税务所挂职锻炼期满后返回市局机关工作相关情况以及近期市局机关办公楼基础设施改造工作，会议还对个人所得税管理处工作提出了要求。

20 日

北京市人大常委会委员、财经委主任委员、财经办主任王琪到北京市地方税务局调研座谈，市人大常委会委员、财经委副主任委员赵巨鹏，市人大财经委副主任委员、财经办副主任程晓君，市人大常委会预算工委主任陈京朴，市人大常委会财经办副主任杨文胜，市地税局局长杨志强、党组书记刘江平、总经济师沈永奇、副巡视员杨文俊参加座谈。

北京市政府 2015 年 4 月 20 日第 78 次常务会议决定：郭筑明、周上序任北京市地方税务局副巡视员。

21 日

北京市地方税务局召开"新常态、新税风、税收助力文化发展"主题座谈会，听取部分文化企业、书画家代表对税务部门的意见和建议，了解经济发展新常态下文化企业发展的税收政策服务需求，市地税局局长杨志强、总经济师沈永奇到会并讲话。

北京市地方税务局、北京市国家税务局、北京市公安局召开税警联席会议，市地税局局长杨志强、副局长吕兴渭，市国税局总经济师郑怀远，市公安局经侦总队副队长黄强到会并讲话。

北京市地方税务局党组书记刘江平到《求是》杂志社调研座谈，希望《求是》杂志社发挥优势，在党组织建设、党的理论宣传、税收宣传和人才培养等方面给予市地税局帮助和指导。

北京市地方税务局党组书记刘江平、副巡视员杨文俊参加门头沟区服务纳税 A 级企业工作推介会。

北京市地方税务局转发《国家税务总局再次开展“涉税中介”自查清理相关工作的通知》（京地税纳〔2015〕72 号）。

22 日

国家税务总局局长王军在税务总局办公厅《每日要情》上作出批示。亚民、志强同志：“近期，北京国地税局做的几件事我印象很深。一是国地税通力合作之事；二是在北京电视台开办税收宣传栏目事；三是中央人民广播电台连续播出‘新常态、新税风’事，特予表扬！”

北京市地方税务局党组书记刘江平、纪检组长张靖明到大兴区地税局调研，听取大兴区地税局重点工作开展情况及“两个责任”落实情况的汇报，大兴区委常委、纪委书记吴问平参加调研活动。

北京市地方税务局召开 2015 年系统第一次工会主席联席会，总经济师沈永奇到会并讲话。

北京市地方税务局在《中国税务报》A4 版整版刊登《北京地税局：便民春风让纳税服务花开烂漫》文章，报道北京地税系列创新服务举措。

23 日

北京市地方税务局局长杨志强、副巡视员杨文俊到房山区河北税务所调研，并与房山区委书记刘伟、区政府区长曾赞荣、常务副区长吴会杰座谈，双方就服务区域经济社会发展进行了深入交流。

北京市地方税务局召开《纳税评估管理国际比较与借鉴研究》课题初审会，中国国际税收研究会会长王力、顾问郝昭成，国家税务总局副巡视员司京明，市地税局局长杨志强、副局长刘健参加会议。

北京市地方税务局召开《北京市税收保障办法》立项论证相关内容座谈会，市国税局、市国土局、市工商局、市住房城乡建设委、市公安局相关部门负责人参加会议，市地税局副局长刘健到会并讲话。

北京市地方税务局召开税务稽查工作新闻发布会，市地税局副局长吕兴渭就稽查体制改革、涉税违法企业“黑名单”、打击发票违法犯罪等方面通报了 2014 年市地税局稽查工作整体情况，介绍了 2015 年税务稽查工作重点。中央电视台、北京电视台、《北京日报》《北京晚报》《法制晚报》等多家媒体参加了新闻发布会。

北京市委防范和处理邪教问题领导小组办公室与市人力社保局共同授予市地税局稽查处“北京市同邪教斗争先进集体”荣誉称号。

24 日

北京市委常委、常务副市长李士祥对市地税局的呈报件上作出批示。亚民、志强同志：“王军同志的批示是对北京税务工作的肯定和激励，望再接再厉，扎实工作，不断创新发展。”

北京市地方税务局召开全系统落实国家税务

总局《全国税收征管规范（1.0 版）》视频会，副局长刘健到会并讲话。

北京市机构编制委员会办公室下发《关于同意调整市地税局内设机构的函》（京编办行〔2015〕89 号），同意将财产和行为税管理处承担的教育费附加、地方教育附加、外商投资企业土地使用费的征收管理职责，以及营业税管理处承担的文化事业建设费的征收管理职责划入残保金管理处，并将残保金管理处更名为非税收入管理处。

28 日

北京市地方税务局党组书记刘江平主持召开 2015 年第 12 次党组会议，会议原则同意征管和科技发展处提出的市局贯彻落实金税三期工程要求的有关建议，市局党的群众路线教育实践活动办公室提出的《北京市地方税务局教育实践活动整改落实情况专项检查实施方案》，市局机关党委办公室提出的《北京市地方税务局青年技能大赛评选推荐工作方案》、成立共青团北京市地方税务局委员会有关事宜的建议，督察内审处提出的《北京市地方税务局领导干部经济责任审计办法》；会议决定余浩同志任驻局纪检组监察处副处长，免去其丰台区地税局党组成员、纪检组长职务，吴鲁平同志任东城区地税局调研员，免去其门头沟区地税局党组书记、局长职务，免去郭筑明同志海淀区地税局党组书记、局长职务，郭文武同志任海淀区地税局党组书记、局长，免去其朝阳区地税局党组书记、局长职务，张翅同志任朝阳区地税局党组书记、局长，免去其顺义区地税局党组书记、局长职务，郑鹏同志任顺义区地税局党组成员、副局长、主持工作，免去其市局征管和科技发展处副处长职务，江聚祥同志任门头沟区地税局党组书记、局长，免去其市局机关党委办公室主任职务，胡建荣同志任市局机关党委办公室主任，免去其市局基层工作处处长职务，张卉同志任市局基层工作处副处长、主持工作，免去其市局人事处副处长职务，密云县地税局党组成员、副局长姜学东同志主持密云县地税局工作；会议还对全系统精神文明创建工作、大企业税收管理处工作提出了要求。

北京市地方税务局局长杨志强，党组书记刘江平，党组副书记、副局长朱元广到国家开发银行北京分行调研座谈，双方就如何加强税银合作，更好地服务国家“一带一路”发展战略，助力京津冀协同发展和疏解非首都功能等课题进行了研讨，国家开发银行北京分行行长徐明、副行长马红、副行长李忠阳、副行长马东祺参加调研。

北京市地方税务学会召开三届二次会员大会，会议同意增补吴鼎为北京市地方税务学会常务副会长，市局杨文俊副巡视员到会并讲话。

北京市地方税务局组织机关青年开展“传承抗战精神，凝聚团队力量”主题团日活动。

28 日—29 日

北京市地方税务局与国家税务总局同步通过办税服务厅公告栏、官方网站对外发布 2014 年度纳税信用 A 级企业名单。

29 日

北京市总工会召开北京市劳模表彰大会，市地税局张晓刚等 12 名干部被评为“北京市先进工作者”，东城区地税局等 5 个单位荣获“北京市模范集体”荣誉称号。

30 日

北京市地方税务局党组书记刘江平、纪检组长张靖明到通州区地税局调研，听取通州区地税局主要领导就“两个责任”落实情况的汇报，通州区委副书记、组织部长杨静慧，通州区纪委书记张春秀参加会议。

5月

4日

北京市地方税务局召开全系统2015年先进工作者和模范集体代表座谈会，党组书记刘江平，党组副书记、副局长朱元广，总经济师沈永奇，副巡视员周上序到会并讲话。

5日

北京市地方税务局召开全系统教育实践活动整改落实情况专项检查工作培训会，党组书记刘江平，党组副书记、副局长朱元广，副局长王炜，总经济师沈永奇，副巡视员周上序到会并讲话。

6日

北京市地方税务局与市高级人民法院联合召开司法执行工作专题座谈会，市地税局副局长王炜，市高级人民法院审判委员会委员、执行局局长张美欣到会并讲话。

7日

北京市地方税务局与市统计局联合召开经济数据共享工作座谈会，市地税局党组副书记、副局长朱元广，市统计局副局长吴万标、总统计师郑新到会并讲话。

11日

北京市地方税务局局长杨志强主持召开2015年第2次局长办公会议，会议听取法制处关于市局贯彻落实《关于推进政府管理服务规范化透明化的意见》有关工作情况的汇报、关于市局编制权力清单责任清单有关工作情况的汇报，市局绩效办关于2015年一季度全系统绩效考评有关工作情况的汇报，收入规划核算处关于《北京市地方税务局关于贯彻落实〈国家税务总局进一步加强减免税核算工作方案〉的实施意见》工作情况的汇报，稽查处关于清理705件2010年底前实施检查未结案件工作情况的汇报，监察处关于给予黄振杰行政警告处分有关建议的汇报。

北京市地方税务局与中国税务报社联合召开税收宣传工作座谈会，市地税局党组书记刘江平、副巡视员周上序，中国税务报社社长、国家税务总局办公厅副主任郭晓林，中国税务报社总编刘佐、副总编张四海到会并讲话。

北京市地方税务局和中央财经大学联合举办的2015年税收分析培训班正式开班，培训班为期两周，80名税收分析骨干参加培训。市地税局党组副书记、副局长朱元广，税务总局收入规划核算司副司长郑文敏，中央财经大学继续教育学院副院长陈士平参加开班仪式并讲话。

12日

北京市委常委、常务副市长李士祥对北京市地方税务局呈报的《北京市地方税务局关于2015年4月税收完成情况的报告》作出批示："志强同志，首先向你们的努力工作表示致意。围绕坚持首都城市战略定位，疏解北京非首都功能，你们积极作为，敢于担当，严实工作，值得肯定。望继续加强分析，依法组织好收入。"

13日

北京市地方税务局与中国税务杂志社联合召开税收宣传工作座谈会，市地税局局长杨志强、副巡视员周上序，中国税务杂志社副总编王迎春到会并讲话。

14日

北京市委副书记、市长王安顺对北京市地方税务局呈报的《北京市地方税务局关于2015年4月税收完成情况的报告》作出批示："指导思想清晰，措施有力，效果明显。确保时间过半任务过半，并严格依法征税。"

北京市地方税务局局长杨志强，党组副书记、副局长朱元广，副巡视员周上序到西城区就拟成立西城区地税局金融分局、加强地税干部交流任职、加强外地进京施工企业管理等工作进行调研，西城区区委书记王宁，区政府区长王少峰，区委常委、组织部部长章冬梅参加会议。

北京市地方税务局召开2015年全国税务领军人才考前动员辅导会，党组书记刘江平到会并讲话。

18日

北京市地方税务局局长杨志强主持召开2015年第3次局长办公会议，会议听取市局绩效办关于税务总局个人绩效管理工作进展情况、市局个人绩效管理工作准备情况以及下一步工作建议的汇报，基层工作处关于《机关处级领导听取办税服务厅和集中办税服务场所汇报工作方案》的汇报，办公室关于北京市地方税务局督查信息管理系统上线试运行情况的汇报，关于2015年人大建议、政协提案工作情况的汇报。

北京市地方税务局党组书记刘江平主持召开2015年第13次党组会议，会议传达学习了郭金龙书记“三严三实”专题党课精神和主要内容；会议原则同意市局党组党建工作指导小组办公室提出的《中共北京市地方税务局党组关于在全系统处级以上领导干部中开展“三严三实”专题教育实施方案》，研究室提出的《北京市地方税务局与中国政法大学战略合作框架协议》，人事处提出的《北京市地方税务局干部人事档案专项审核工作实施方案》；会议还讨论了驻局纪检组监察处整体工作、处级后备干部人选等事项。

19日

北京市地方税务局与北京市国家税务局联合举办“税企并肩促发展　你我携手赢未来”税收风险管理工作自查专题辅导会，市地税局副局长刘健到会并讲话。

北京市地方税务局与市高级人民法院联合召开企业破产案件处理涉税问题座谈会，市地税局副巡视员周上序，市高级人民法院民二庭庭长陈海鸥到会并讲话。

20日

北京市委常委、政法委书记杨晓超到北京市地方税务局调研指导工作，参观了北京地税发展陈列展，视察了税务约谈室、税警联合办公室、行政复议厅的建设及运转情况，并与市地税局领导班子成员进行座谈。

北京市地方税务局印发《北京市地方税务局关于贯彻落实〈国家税务总局进一步加强减免税核算工作方案〉的实施意见》（京地税收〔2015〕88号）。

21日

北京市地方税务局局长杨志强、副局长王炜到西城区地税局就征管状况、组织收入、房屋土地管理等情况开展调研。

北京市地方税务局党组书记刘江平、纪检组长张靖明到平谷区地税局就组织收入、党风廉政建设落实“两个责任”工作情况开展调研，平谷区政府常务副区长姚忠阳参加调研。

22日

北京市地方税务局、市财政局联合转发《财政部、国家税务总局关于调整铁矿石资源税适用税额标准的通知》（京财税〔2015〕863号）。

23日

北京市地方税务局举办全系统第三届“健康杯”乒乓球赛。

25日

北京市地方税务局转发《国家税务总局办公厅关于进一步做好办税服务厅窗口服务工作的通知》（京地税纳〔2015〕96号）。

26日

北京市地方税务局局长杨志强到怀柔区地税

局调研，听取桥梓镇税务所、雁栖镇税务所工作情况汇报，实地查看基层税务所窗口工作情况，并对工作提出进一步要求。

27 日

北京市地方税务局党组书记刘江平参加密云县少年税校成立十周年主题宣传活动，密云县政府常务副县长王稳东参加活动。

29 日

北京市地方税务局举办“新常态　新税风”主题摄影展，在全系统200余张摄影作品中选出50张优秀摄影作品参展，展期1个月。

31 日

国家税务总局在中央财经大学组织第三批全国税务领军人才选拔考试，北京市地方税务局51名干部参加考试，党组书记刘江平到场巡考。

6 月

2 日

北京市地方税务局党组书记刘江平、纪检组长张靖明到房山区地税局调研，听取基层税务所关于征管改革、干部队伍建设、党风廉政建设等情况的工作汇报。

北京市地方税务局与北京市国家税务局联合举办北京市税务部门简政放权、优化服务、助力首都创新发展发布会，会议由市地税局局长杨志强主持，市地税局与市国税局联合推出了税务登记联办、风险提示、遵从免查、减免税审批权下放等15项简政放权、优化服务措施。市委常委、常务副市长李士祥，税务总局副局长丘小雄、纳税服务司司长饶立新、法规司副司长靳万军，市政府办公厅副主任尹培彦、研究室副主任李春荣，市地税局党组书记刘江平、副巡视员周上序，市国税局局长李亚民、副局长胡效国、总经济师郑怀远、总审计师高瑞君，海淀区政府代区长于军、海淀区政府常务副区穆鹏长出席发布会。

4 日

北京市地方税务局党组书记刘江平、纪检组长张靖明到昌平区地税局调研，听取党风廉政建设、“两个责任”和“三严三实”专题教育工作落实情况的工作汇报。

北京市地方税务局与北京粮食集团有限责任公司就签订《税收遵从合作协议》相关事宜进行座谈，市地税局副局长刘健、北京粮食集团有限责任公司财务总监路振儒参加座谈。

北京市地方税务局宏观数据库维护工作获得2014年北京市宏观经济与社会发展基础数据库资源维护考评第3名。

5 日

北京市地方税务局局长杨志强、副巡视员周上序到市信访办交流信访工作，市信访办副主任张宗林参加座谈。

8 日

北京市地方税务局局长杨志强、副局长王炜到市总工会北戴河工人疗养院看望慰问市地税系统先进职工。

9 日

北京市委常委、常务副市长李士祥对《昨日市情》专刊第107期“全市地税系统提前26天实现收入任务过半”批示：“志强同志，你们工作扎实，服务热情，改进作风，依法征税，为疏解北京非首都功能，构建高精尖经济结构，稳增长，做出了贡献，向大家致谢，望继续加强分析，不断创新，深化改革，取得新成绩。”

北京市地方税务局局长杨志强、副局长王炜到首钢京唐公司调研，双方就给予首钢京津冀协同发展、园区开发建设等税收政策支持问题交流意见。

北京市地方税务局党组书记刘江平到第一直

属税务分局听取纳税服务工作汇报。

北京市地方税务局与中国人民大学财政金融学院联合举办北京地税 2015 年纳税服务研修班开班仪式，市地税局副局长吕兴渭、中国人民大学财政金融学院书记纪红波出席开班仪式。

10 日

北京市委决定：唐学军同志任中共北京市地方税务局党组成员。市委建议，唐学军同志任北京市地方税务局副局长（试用期一年）。

10 日—11 日

北京市委党的群众路线教育实践活动检查组组长张文山一行到市地税局检查党的群众路线教育实践活动整改工作情况和“三严三实”专题教育工作进展情况。市地税局党组书记刘江平作了党的群众路线教育实践活动和“三严三实”专题教育工作情况专题汇报，局长杨志强重点介绍了市地税局落实党的群众路线教育实践活动整改任务推动税收工作的进展和成绩。

10 日

北京市地方税务局非税收入管理处组织召开全系统 2015 年度残保金代征工作视频会议，总经济师沈永奇到会并讲话。

11 日

北京市地方税务局局长杨志强、总经济师沈永奇到东城区地税局调研，走访了享受税收优惠政策的小微企业，听取了关于小微企业税收政策落实情况和疏解非首都功能采取措施情况的工作汇报。

北京市地方税务局召开全系统加强申报未入库管理工作视频会议，副局长刘健到会并讲话。

12 日

北京市地方税务局召开全系统 2015 年精神文明建设工作大会，会议传达了中央政治局委员、市委书记郭金龙在首都精神文明建设工作大会上的重要讲话精神，市局全体局领导参加会议，首都文明办副主任卜秀均到会并讲话。

15 日—26 日

北京市地方税务局对平谷区地税局、门头沟区地税局开展执法督察工作。

16 日

北京市地方税务局非税收入管理处组织召开全系统 2015 年残保金业务培训会。

17 日

北京市地方税务局转发《国家税务总局关于严禁违规插手涉税中介经营活动的通知》（京地税纳〔2015〕114 号）。

北京市地方税务局印发《北京市地方税务局开展“为官不为”“为官乱为”问题专项治理工作方案》（京地税监〔2015〕115 号）。

18 日

首都文明办主任滕盛萍、副主任韩龙彬、副主任卜秀均到市地税局就精神文明建设工作进行调研，市地税局局长杨志强、党组书记刘江平、总经济师沈永奇陪同调研。

北京市地方税务局党组书记刘江平主持召开 2015 年第 14 次党组会议，会议传达学习了《中国共产党党组工作条例（试行）》的主要内容和精神；会议原则同意信息中心提出的金税三期工程基础环境升级改造项目立项申请、征管和科技发展处提出的财产和行为税明细申报升级改造项目立项申请与 2015 年市地税局公文无纸化办公系统升级改造项目立项申请、基层工作处提出的《市地税系统岗位技能大赛活动方案》与推荐北京市“人民满意的公务员”和“人民满意的公务员集体”的候选名单、人事处提出的 2015 年考试录用 79 名公务员名单；会议同意韩松同志任非税收入管理处处长，赵丽娟、郑奕同志任非税收入管理处副处长，李海燕同志任非税收入管理处调研员，王占华同志兼任北京市昌平区地方税务学会会长、法定代表人，朱庆丰同志兼任北京市密云县地方税务研究会会长、法定代表人；研究解决陈亚光同志职务待遇问题；会议决定王庆同志任朝阳区地税局调研员、路宝莲同志任东城区地税局副调研员、张德全同志任西城区地税局副调研员、刁克同志任丰台区地税局副调研员、李成本同志任怀柔区地税局副调研员、周玉清同志任大兴区地税局副调研员、侯月香同志任开发区分局副调研员。

19日

北京市地方税务局与中国政法大学举行战略合作框架协议签约仪式，局长杨志强、中国政法大学校长黄进代表双方签署战略合作框架协议。

北京市地方税务局局长杨志强、副局长王炜、副巡视员杨文俊到房山区地税局调研。

20日

北京市委副书记、市长王安顺对《北京市地方税务局关于2015年5月税收完成情况的报告》批示："国地税税收征缴工作做得很好，但经济下行压力带来的困难不可小觑，望继续努力，改革创新，争取圆满完成全年任务。"

23日

北京市地方税务局召开行政复议委员会第二次全体会议，会议审议增补中国政法大学财税法研究中心主任、民商经济法学院教授、博士生导师施正文为行政复议委员会专家委员，市地税局全体局领导参加会议。

北京市地税系统在北京市机关青年技能大赛中取得优异成绩，北京市地方税务局宣传教育处选送的PPT作品《北京市地税系统第24个全国税收宣传月掠影》获得北京市机关二等奖，海淀区地税局选送的微视频作品《青春同路　为梦续航》和《一张发票》分获北京市机关一等奖和三等奖，大兴区地税局、房山区地税局、顺义区地税局选送的硬笔书法作品均获北京市机关二等奖，市局团委获得本次大赛的"最佳组织奖"，在87个参赛委办局中综合排名第一，市局党组副书记、副局长朱元广参加了大赛总结展示会。

25日

北京市政府第83次常务会议决定：唐学军任北京市地方税务局副局长（试用期一年）。

北京市地方税务局党组书记刘江平、纪检组长张靖明、总经济师沈永奇到综治帮扶点顺义区大孙各庄镇南聂庄村慰问，为南聂庄村委会送去了帮扶资金。

26日

北京市地方税务局党组书记刘江平主持召开2015年第15次党组会议，会议原则同意计划财务处提出的《北京市地方税务系统跨区县交流干部临时周转住房管理办法》、人事处提出的2015年接收安置军转干部分配计划表、2015年接收安置军转干部岗位信息表、2015年接收安置军转干部工作方案、稳妥推进系统处级干部选拔任用和调整工作的建议；会议同意免去赵辉同志东城区地税局党组副书记、副局长职务，免去黄淑蓉同志老干部活动中心副调研员职务，海淀区地税局党组给予王川平行政开除处分的决定；会议决定东城区地税局岳占军同志、朝阳区地税局王星辰同志、大兴区地税局李乐中同志任调研员，东城区地税局汉敬学同志、朝阳区地税局宋丛越同志、海淀区地税局喻才同志、丰台区地税局何英杰同志、石景山地税局宋喜平同志、通州区地税局刘桂利同志、门头沟区地税局盖慧东同志、昌平区地税局陈淑军同志任副调研员；会议还听取了税务博物馆整体工作情况的报告。

国家税务总局督察内审司到北京市地方税务局就开展税收执法责任制工作进行调研检查，市地税局纪检组长张靖明陪同调研。

北京市机构编制委员会办公室印发《关于同意调整区（县）地税局机构编制事项的函》（京编办事〔2015〕58号），同意撤销16个区县地税局内设的纳税评估科，将其职责划入征收管理科。东城区地税局、西城区地税局、朝阳区地税局、丰台区地税局、石景山区地税局、通州区地税局设立数据管理科，为内设机构。

27日

北京市地税系统2015年税收业务知识考试在朝阳区、海淀区、西城区、石景山区4个考点进行，各区县（分）局45岁以下共3012人参加考试。此次考试以《税收法治通论》一书为主要内容，旨在提高全系统干部的税收业务知识水平。北京市地方税务局局长杨志强，党组书记刘江平，党组副书记、副局长朱元广，总经济师沈永奇分别到各考点巡考。

29日

北京市地方税务局召开纪念建党94周年机关党员座谈会，来自市局机关、分局、直属单位基层党组织的11名党员代表参加会议并发言，党组书记刘江平到会并讲话。

北京市地方税务局开展对郭文武、吴鲁平、张翅3名干部的离任经济责任审计工作。

北京市地方税务局印发《关于进一步下放城镇土地使用税、房产税困难减免税审批权限有关事项的公告》（北京市地方税务局公告2015年第6号）。

30日

北京市地方税务局召开党组中心组学习扩大会议，邀请第十一届全国政协委员、中国战略文化促进会常务副会长兼秘书长、军事科学院世界军事研究部原副部长、博士生导师罗援少将作了《周边安全环境和软实力建设》专题辅导报告，全体局领导参加会议。

北京市地方税务局印发《关于发布财产和行为税纳税申报表及有关事项的公告》（北京市地方税务局公告2015年第7号）。

7月

1日

全市残保金代征业务并入财税库银横向联网系统正式上线运行，新系统将残保金代征业务迁移到行政规费代征管理系统，实现财税库银联网电子缴库，统一进行对账、核算、查询和统计分析。

全市教育费附加、地方教育附加开始进行明细申报，作为北京市地方税务局财产和行为税明细申报系统的组成部分，该系统正式上线运行。

1日—7日

按照北京市地方税务局“七一”系列活动安排，市局局长杨志强，党组书记刘江平，党组副书记、副局长朱元广，纪检组长张靖明，总经济师沈永奇分别代表市局党组走访慰问了20余名老党员和生活困难党员。

2日

北京市地方税务局党组书记刘江平、总经济师沈永奇就税收收入完成情况、落实党风廉政建设“两个责任”、开展“三严三实”教育活动进展情况到门头沟区地税局调研指导工作，门头沟区区长张贵林参与调研。

3日

北京市地方税务局局长杨志强，党组书记刘江平，党组副书记、副局长朱元广，副局长王炜，副巡视员郭筑明，副巡视员周上序到海淀区委、区政府走访调研，围绕税收支持海淀构建高精尖经济结构，服务区域经济社会发展等内容与海淀区区委书记崔述强，区政府代区长于军、常务副区长穆鹏、副区长傅首清座谈。

6日

北京市地方税务局机关党委组织开展“共产党员献爱心”捐款活动，共计839名党员、18名民主党派人士、入党积极分子、群众参加捐款活动，共捐款58555元。

7日

北京市地方税务局组织召开全系统个人绩效管理推进会，总经济师沈永奇到会并讲话。

9日

北京市地方税务局重大税收违法案件审理委员会召开2015年第1次审理会议，对第一稽查局和第二稽查局查办的6个案件进行集体审理，局长杨志强、纪检组长张靖明、副局长王炜、总经济师沈永奇、副巡视员郭筑明参加会议。

10日

北京市地方税务局召开2015年上半年纪检监察工作会议，纪检组长张靖明到会并讲话。

13日

北京市地方税务局党组书记刘江平主持召开2015年第16次党组会议，会议传达了市委第十一届七次全会决议，并就学习贯彻《京津冀协同发展规划纲要》进行了讨论；会议原则同意计划财务处提出的2015年度以奖代补资金分配方案，征管和科技发展处提出的2015年北京市地方税务局《税收数据手册》电子化项目立项申请；会议听取数据处理中心相关工作汇报，对下一步工作提出具体要求；会议同意免去赵兰钟同志、单允霞同志东城区地税局副调研员、张世发同志西城区地税局副调研员、曹慧同志朝阳区地税局副调研员、赵京华同志石景山区地税局副调研员、李建平同志通州区地税局副调研员、赵伟同志平谷区地税局副调研员职务。

14日

北京市地方税务局与市高院共同组织召开企业破产案件涉税问题工作座谈会，市地税局党组书记刘江平、副局长王炜，市高院副院长王明达到会并讲话。

北京市地方税务局党组书记刘江平、纪检组长张靖明、副巡视员郭筑明到市局马甸办公区听取第一、二、三稽查局关于“两个责任”落实情况的汇报。

15日

北京市地方税务局与北京市国家税务局联合召开国地税第二次合作工作会议，会议确定了《2015年合作工作要点》，对2015年确定开展的14类35个合作事项进行部署，市地税局、市国税局领导班子成员参加会议。

16日

北京市地方税务局党组书记刘江平主持召开2015年第17次党组会议，会议原则同意机关后勤服务中心提出的对市局机关超标使用办公用房进行整改的措施和建议，市局党组党建工作指导小组办公室提出的《市局党组中心组“三严三实”专题教育第二专题学习研讨安排意见》，人事处提出的市局机关符合赴基层锻炼人员名单以及2015年度选派干部赴基层锻炼工作安排；会议通报了近期市委巡视组来市局巡视相关工作；会议同意干部培训中心党组副书记、主任曹志刚同志，东城区地税局党组成员、纪检组长石秀军同志，西城区地税局党组成员、纪检组长王勇超同志，大兴区地税局党组成员、纪检组长范思永同志，密云县地税局党组成员、纪检组长祝天文同志，开发区分局党组成员、纪检组长金琦同志，第二直属税务分局（西站分局）党组成员、纪检组长叶利军同志，老干部活动中心副主任赵凤江同志，干部培训中心党组成员、副主任刘建华同志按时结束试用期，正式任职；会议决定：李季名同志任市局法制处副处长，挂职锻炼1年。

北京市地方税务局召开全系统2015年上半年收入形势分析视频会议，会议肯定了上半年工作成绩，明确了下半年税收工作重点，市局领导班子成员参加会议。

21日

北京市地方税务局召开市委第八巡视组巡视北京市地税局工作动员会，市地税局局长杨志强主持会议。市委第八巡视组组长尚延华作巡视讲话，市地税局党组书记刘江平作动员讲话，市地税局领导班子成员，2012年以来退休的局级领导干部，各区县（分）局主要负责人，各处室、直属单位副处级以上领导干部，部分党代表、人大代表、政协委员，劳动模范代表、民主党派和无党派人士代表参加会议。

北京市地方税务局“北京地税之声”合唱团代表市直机关参加第十届首都职工文化艺术节“五月的鲜花”职工歌咏合唱比赛，荣获一等奖。

22日

北京市地方税务局召开2015年北京市“职工技协杯”职业技能竞赛暨北京地税系统岗位技能大赛动员会，市地税局局长杨志强主持会议，党组书记刘江平作动员讲话，副巡视员周上序介绍大赛活动方案。市总工会书记曾繁新、副主席韩世春、副主席王永浩，市地税局副局长唐学军、总经济师沈永奇、副巡视员郭筑明参加会议。

全系统7月征期有税申报率首次突破70%，达到71.43%。

北京市地方税务局、市财政局联合转发《财政部、国家税务总局关于煤炭资源税费有关政策的补充通知》（京财税〔2015〕1273号）。

23日

北京市地方税务局党组书记刘江平、纪检组长张靖明到石景山区地税局就党风廉政主体责任和监督责任的落实情况开展调研。

国家税务总局收入规划核算司巡视员舒启明到海淀中关村自主创新示范区调研，市地税局党组副书记、副局长朱元广陪同调研。

23日—24日

北京市地方税务局召开全系统督察内审2015年上半年工作总结会，副局长吕兴渭到会并讲话。

24日

北京市委常委、常务副市长李士祥在北京市地方税务局关于贯彻落实国家税务总局绩效考评工作情况汇报材料上批示：“志强同志，上半年税务工作很出成绩。特别是在队伍建设、服务作风、改革创新、依法征管、调查研究等方面，工作整体推进，望加强总结，注重固化形成机制、制度。”

北京市地方税务局党组书记刘江平主持召开2015年第18次党组会议，会议听取2015年1—6月纪检监察举报及特约监察员工作汇报，机关后勤服务中心整体工作汇报；会议原则同意机关后勤服务中心提出的市局机关车公庄办公区地下二层库房维修费用、办公楼楼前雨篷改造费用的申请；会议传达了机关事业单位工资制度暨养老保险缴费测算部署会议精神，并对市局工作提出具体要求；会议同意法制处副处长高源同志，营业税管理处副处长邢志红同志，人事处副处长白殿卿同志，收入规划核算处副处长杨冬瑞同志，征管和科技发展处（原科技信息处）副处长张波同志，纳税服务处副处长王小虎同志，东城区地税局党组成员、副局长李龙同志，西城区地税局党组成员、副局长付晓彬同志，朝阳区地税局党组成员、副局长韩立新、冯悦军同志，海淀区地税局党组成员、副局长肖卫同志，石景山区地税局党组成员、副局长杨建中同志，通州区地税局党组成员、副局长王华同志，顺义区地税局党组成员、机场分局局长张巨武同志，平谷区地税局党组成员、副局长闫双印、赵建军同志，房山区地税局党组成员、副局长徐永利同志，延庆县地税局党组成员、副局长白爱柱、刘程同志，第一直属税务分局（第五稽查局）党组成员、副局长滕凯宝同志，第一稽查局党组成员、副局长李亚庆、王大庆同志，第二稽查局党组成员、副局长左春锋同志按时结束试用期，正式任职。

按照“三严三实”专题教育第二专题的学习安排，北京市地方税务局党组中心组组织集中学习，对习近平总书记关于严守政治纪律和政治规矩等内容的重要讲话进行了学习。

28日

北京市地方税务局局长杨志强、总经济师沈永奇到海淀区地税局第二税务所就存量房交易涉税流程开展调研，对海淀区地税局通过采取网上预约、增设窗口、疏解人流等方式应对办理高峰的积极做法给予肯定。

北京市地方税务局局长杨志强、副局长刘健、纪检组长张靖明、副局长王炜到亦庄开发区调研，走访了北京可口可乐饮料有限公司、中芯国际集成电路制造（北京）有限公司，与开发区管委会就助力开发区实现功能定位和税源建设、疏解非首都功能、加强干部交流等工作交换了意见。

29日

北京市地方税务局召开党组中心组扩大学习会议，北京市委、市政府信访办公室副主任张宗林作了信访知识专题辅导报告，全面介绍了信访工作的基本情况、处理信访社会矛盾应该注意的问题及相关建议，市地税局领导班子成员和处室负责人参加会议。

30日

北京市地方税务局党组书记刘江平、纪检组长张靖明做客首都之窗政风行风热线直播间，围绕落实党风廉政建设主体责任和监督责任等内容进行了在线访谈。

7月

北京市地方税务局完成全市42家印花税票监督代售单位的印花税票收缴工作，共收缴印花税票1418235枚。

8月

3日

北京市地方税务局、北京市国家税务局联合召开收入规划核算工作协调会，市地税局党组副书记、副局长朱元广，市国税局副局长张占英到会并讲话。

北京市地方税务局收到北京市政府《关于王炜、沈永奇同志任职的通知》：2015年7月2日经市人民政府同意，王炜、沈永奇同志结束试用期，王炜任北京市地方税务局副局长，任职时间从2014年3月25日起计算；沈永奇任北京市地方税务局总经济师，任职时间从2014年3月25日起计算。

北京市编办印发《关于同意为市地税系统增加行政编制的函》（京编办行〔2015〕134号），同意为市地税系统2013年度接收军队转业干部增加行政编制27名。

北京市地方税务局首次完成对日本、加拿大、澳大利亚、德国、西班牙股息、特许权使用费、非独立个人劳务等7项所得的情报交换工作，共计1468份。

4日

北京市地方税务局召开全系统2015年下半年组织收入工作专题会，党组副书记、副局长朱元广到会并讲话。

4日—5日

北京市地方税务局召开2015年系统纳税服务工作半年会议，副局长唐学军到会并讲话。

6日

北京市地方税务局党组书记刘江平、纪检组长张靖明就党风廉政建设“两个责任”和“三严三实”专题教育活动情况到第四稽查局调研。

国家税务总局办公厅副主任付树林到北京市地方税务局调研绩效管理、督查督办工作，市地税局副局长王炜、总经济师沈永奇、副巡视员周上序参加调研。

7日

北京市委常委、常务副市长李士祥在《昨日市情》专刊第149期刊载的《本市税务部门积极采取措施推动非首都功能产业疏解》信息上批示：“亚民、志强同志，此举很好！请注意分析总结实际效果。请逐月报送此类信息，加强研究工作。”

北京市地方税务局党组书记刘江平主持召开2015年第19次党组会议，会议原则同意征管和科技发展处提出的2015年北京市地方税务局税收数据综合查询升级改造项目立项申请；会议同意免去王庆同志朝阳区地税局调研员，刘义同志第二直属税务分局（西站分局）调研员，路宝莲同志东城区地税局副调研员，田玮同志西城区地税局副调研员，郑建生同志海淀区地税局副调研员，李成本同志怀柔区地税局副调研员职务；会议听取了征管和科技发展处、信息中心的整体工作报告；会议还对金雅园住房产权历史遗留问题进行了工作部署。

10日

北京市地方税务局局长杨志强、党组书记刘江平、纪检组长张靖明、副局长吕兴渭、副巡视员周上序就开馆前各项工作的落实情况到北京税务博物馆调研。

12日

北京市地方税务局党组书记刘江平、纪检组长张靖明就党风廉政建设“两个责任”和“三严三实”专题教育活动情况到延庆县地税局调研。

13日

北京市地方税务局局长杨志强、副巡视员郭筑明就总结稽查办案新经验、探索稽查办案新机制到第六稽查局调研。

北京市地方税务局局长杨志强在朝阳区地税局主持召开“互联网+税务”企业座谈会，听取了国家开发银行、丝路基金、中国电子科技集团、中国电子信息产业集团、神州数码公司、百度公司和腾讯公司的意见建议，围绕“互联网+税务、金融、基础、数据、安全、宣传”6个方面展开讨论，总经济师沈永奇参加会议。

北京市纪委宣传部在北京市地方税务局召开基层党风廉政教育座谈会，市纪委宣传部副部长滕修展、市地税局纪检组长张靖明到会并讲话。

北京市地方税务局召开全系统数据管理工作业务培训会，副局长刘健到会并讲话。

14日

北京市地方税务局党组书记刘江平主持召开2015年第20次党组会议，会议原则同意保卫处提出的调整综治领导小组组成人员及职责的请示，计划财务处提出的2014年度部门决算公开有关工作安排与《进一步加强财务管理严肃财经纪律的通知》，基层工作处提出的北京地税系统2015年岗位技能大赛初赛相关工作建议，办公室提出的下半年外事工作计划安排；会议听取了保卫处整体工作情况报告；会议还对减免税备案管理、二手房产交易问题、北京银行出售假印花税票问题、《北京印花税票全册》问题进行了工作部署。

16日

北京市地方税务局与中央财经大学联合举办的2015年税务所长培训班正式开班，副巡视员周上序到会并讲话。

17日

北京市地方税务局印发《北京市地方税务局预约服务管理办法》（京地税纳〔2015〕149号）。

18日

北京市地方税务局召开全系统安全工作视频会议，副巡视员周上序主持会议，副巡视员郭筑明到会并讲话。

19日

北京市地方税务局局长杨志强、副局长王炜、总经济师沈永奇就减免税备案管理工作到丰台区地税局调研。

北京市地方税务局党组书记刘江平、纪检组长张靖明就党风廉政建设“两个责任”和“三严三实”专题教育活动情况到东城区地税局调研，东城区政协主席邵鹏、区纪委书记夏树军参加调研。

北京市地方税务局联合北京市残联开展“2015年度残疾人就业保障金审核征缴”在线访谈活动。

24日

国家税务总局局长王军对北京市地方税务局牵头主笔完成的《关于京津冀三地联合税收分析工作情况的报告》批示：“6单位联合开展三地经济、税收情况分析的做法很好，特予表扬并期盼写出一批能叫得响的材料来！收规司支持、指导、帮助6单位联合开展分析的举措也很好，希望其他司学习借鉴。”

北京市地方税务局党组书记刘江平主持召开2015年第21次党组会议，会议原则同意税务博物馆于9月19日举行开馆仪式以及《北京税务博物馆开馆仪式工作方案》，征管和科技发展处提出的2015年北京市地方税务局企业所得税季度纳税申报系统升级改造项目立项申请，老干部活动中心提出的供暖管道改造项目的立项申请；会议同意丛树茂同志任北京市地方税务局票证管理中心副调研员；会议还对朝阳区地税局第六税务所遗失档案问题进行了工作部署。

24日—28日

国家税务总局第一督查组到北京市地方税务局督查指导小微企业、支持科技创新和创业就业等税收优惠政策的贯彻落实情况。

25日

北京市地方税务局局长杨志强主持召开2015年第5次局长办公会议，会议原则同意基层工作处提出的市政府绩效管理下一步工作安排，办公室报审的《北京市地方税务局督促检查工作办法》，纳税服务处报审的《北京市地方税务局纳税服务投诉管理工作规程》，法制处报审的《税收业务答复工作规程》；会议听取存量房交易税收征管和服务的工作汇报，对相关工作进行部署；会议还对近期维护安全稳定有关工作提出了要求。

北京市地方税务局局长杨志强主持召开北京互联网地税局建设情况专题研讨会，全体局领导参加会议。

31日

北京市地方税务局局长杨志强，党组副书记、副局长朱元广就助推企业发展、加强干部交流到首钢集团走访调研。

北京市地方税务局党组书记刘江平看望慰问

离休干部、抗战老战士王良。

北京市地方税务局、北京市国家税务局车公庄办公区实现了车辆统一“西进东出”，优化了行车路线、规范了停车秩序。

9月

1日

北京市地方税务局党组中心组召开“三严三实”专题教育第二专题学习扩大研讨会，市局第一党支部全体成员参会。

2日

北京市地方税务局召开纪检监察体制改革专题研讨会，党组书记刘江平，党组副书记、副局长朱元广，纪检组长张靖明到会并讲话。

6日

北京市地方税务局党组书记刘江平主持召开2015年第22次党组会议，会议原则同意市局党组党建工作指导小组办公室提出的《市局党组中心组“三严三实”专题教育第三专题学习研讨安排意见》，督察内审处提出的《北京市地方税务局关于对二手房交易开展专项税收执法督察的工作方案》，机关后勤服务中心提出的2015年市局机关干部职工体检工作方案，财产和行为税管理处提出的存量房交易税款征收区域通办设备费用及设备采购的申请；会议还听取了干部培训中心转制工作进展情况报告。

9日

北京市地方税务局党组书记刘江平、纪检组长张靖明就党风廉政建设“两个责任”和“三严三实”专题教育活动情况到密云县地税局调研。

北京市地方税务局发布数据质量管理工作流程、第三方信息采集工作流程，并编入北京市地方税务局税收业务流程指导手册。

北京市地方税务局印发《北京市地方税务局纳税服务投诉管理工作规程》（京地税纳〔2015〕168号）。

10日

北京市地方税务局召开行政复议委员会第三次会议，会议审议了石家庄市如果爱婚姻服务有限公司不服海淀区地税局政府信息公开告知行为申请行政复议案件，副局长王炜主持会议。

11日

北京市地方税务局党组书记刘江平，党组副书记、副局长朱元广到北京市怀柔区庙上村第一党支部纪念馆参观学习。

北京市地方税务局参与完成《北京市企业税收街乡镇空间分布情况研究》课题项目。

11日—24日

按照国家税务总局信息安全评测专项工作组要求，北京市地方税务局完成了2015年信息安全评测工作。

12日

2015年北京市“职工技协杯”职业技能竞赛暨北京地税系统岗位技能大赛举行初赛，4546名地税干部参赛，市总工会副主席韩世春、市直工会主席时代新、市局领导分赴各考点进行巡考。

14日

国家税务总局召开运用大数据开展大企业税收服务与监管试点工作视频会议，北京市地方税务局、北京市国家税务局联合选取民生银行等8户企业集团开展试点工作，市地税局副局长刘健参加会议。

北京市地方税务局对全市二手房交易开展专项税收执法督察工作。

15日

北京市地方税务局党组书记刘江平主持召开

2015 年第 23 次党组会议，会议原则同意稽查处提出的《北京市地方税务局推进税收违法行为检举工作改革的意见》，法制处提出的《2015 年推进简政放权放管结合优化服务工作方案》，办公室提出的编印《北京市地方税务局管理制度》的项目立项申请，成立市局 2022 年冬奥会税务服务工作领导小组及办公室并由国际税务管理处修改完善《北京市地方税务局关于成立 2022 年冬季奥运会税务服务办公室的工作方案》，成立市局推进职能转变协调小组并由法制处修改完善《北京市地方税务局关于成立推进职能转变协调小组的通知》；会议同意免去张康同志离退休干部处调研员、王春义同志门头沟区地税局副调研员、周玉清同志大兴区地税局副调研员职务；会议还对税务稽查体制机制改革工作提出要求。

北京市地方税务局与市总工会联合召开北京市工会经费税务代收工作推进会，市地税局总经济师沈永奇、市总工会副主席王永浩参加会议。

16 日

北京市地方税务局局长杨志强主持召开第 6 次局长办公会议，会议原则同意办公室提出的《北京市地方税务局落实税务总局小微企业等税收优惠政策督查整改工作方案》和《〈市地税系统领导同志一周主要工作安排〉编制工作办法（试行）》，征管和科技发展处提出的《北京市地方税务局税收遵从风险管理办法（试行）》《北京市地方税务局税务约谈管理办法（试行）》《北京市地方税务局日常检查实施办法（试行）》《北京市地方税务局存量房交易税收征管区域通办工作方案》；会议对市局机关处级领导听取办税服务场所工作提出要求、对基层税收管理工作中存在“为官不为”等现象进行工作部署。

北京市地方税务局召开稽查系统未结案件清理工作会，副巡视员郭筑明到会并讲话。

17 日

北京市地方税务局、北京市商务委联合召开促进总部企业在京发展座谈会。

北京市地方税务局、北京市国家税务局和市金融局共同签订信息共享合作协议，明确了三方信息共享内容、交换方式和交换频度。

19 日

北京税务博物馆复建开馆，北京市地方税务局局长杨志强、北京市国家税务局局长李亚民、朝阳区常务副区长甘靖中、中央财经大学书记傅绍林共同为北京税务博物馆揭牌，市文物局副局长于平到会并讲话。原北京市常务副市长翟鸿祥、原国家税务总局副局长程法光、原国家税务总局副局长郝昭成出席活动。

20 日

北京市地方税务局召开税务系统个人存量房交易税收征管业务规范视频培训会，总经济师沈永奇到会并讲话。

21 日

北京市地方税务局党组中心组以习近平总书记在集体学习、会见全国优秀县委书记时的重要讲话及关于党风廉政建设的重要论述为主要内容进行集体学习。

北京市地方税务局召开《北京市税收保障办法》征求意见座谈会，总经济师沈永奇到会并讲话。

21 日—25 日

国家税务总局在北京市地方税务局召开 20 省市企业所得税优惠事项备案管理、扩大小型微利企业减半征收范围和新增 4 个行业重点固定资产加速折旧政策专题会，税务总局所得税司副司长叶霖儿、市地税局总经济师沈永奇到会并讲话。

22 日

北京市地方税务局与北京市国资委联合举办企业重组改制税收政策培训会，市属 50 家国有企业财务主管、部门负责人参会。

23 日

北京市地方税务局召开北京地税税收分析团队成立 1 周年工作总结会，税务总局收入规划核算司司长杨元伟、市地税局局长杨志强、新华社总社主任记者任鹏飞到会并讲话。

23 日—25 日

北京市地方税务局举办税收分析团队 2015 年第 2 期税收分析专题培训班，税务总局收入规划核算司司长杨元伟，市地税局局长杨志强，党组副书记、副局长朱元广参加开班仪式并讲话。

23 日

北京市地方税务局印发《北京市地方税务局个人存量房交易业务征收工作规范》（京地税财行〔2015〕179 号）。

北京市地方税务局印发《中共北京市地方税务局党组关于对两起党员干部违纪问题的通报》（京地税党〔2015〕152 号）。

24 日

北京市地方税务局党组书记刘江平主持召开 2015 年第 24 次党组会议，会议传达了中央纪委副书记、监察部部长黄树贤同志在 9 月 16 日落实中央八项规定精神、纠正“四风”工作座谈会上的讲话精神；会议原则同意计划财务处提出的《北京市地方税务局干部培训中心整体转让协议》，办公室提出的北京市地方税务局 2016 年会议计划及相关预算，人事处提出的 67 名市局 2015 年补充录用公务员名单及 2 名考生延期录用工作建议，成立北京市地方税务局减免税申报核查工作领导小组并由收入规划核算处修改完善《北京市地方税务局减免税申报核查工作方案》，成立北京市地方税务局清理稽查未结案件督导小组并由稽查处修改完善《北京市地方税务局清理 2011—2013 年稽查未结案件工作方案》；会议决定免去周上序同志办公室主任职务，郭顺民同志任市局办公室主任，免去其收入规划核算处处长职务，王宝明同志任收入规划核算处处长，免去其石景山区地税局党组书记、局长职务，李娜同志任石景山区地税局党组书记、局长，免去其国际税务管理处处长职务，王秉明同志任国际税务管理处副处长、主持工作，免去其征管和科技发展处副处长职务，乔游同志任财产和行为税管理处副处长，免去其征管和科技发展处副处长职务，李宏同志任人事处副处长，免去其计划财务处副处长职务；会议同意赵丽娟同志任市局非税收入管理处调研员，免去其非税收入管理处副处长职务，韩庆玲同志任宣传教育处调研员，免去其宣传教育处副处长职务，段宁轩同志任企业所得税管理处调研员，韩敏同志任西城区地税局副调研员，侯会明同志任石景山区地税局副调研员，张强国同志任石景山区地税局副调研员，崔宏兆同志任门头沟区地税局副调研员，张景刚同志任门头沟区地税局副调研员，鲁国杰同志任顺义区地税局副调研员，王冕同志任房山区地税局副调研员，贺友华同志任密云县地税局副调研员，刘华同志任延庆县地税局副调研员，高甲同志兼任北京市国际税收研究会常务理事、常务副会长；会议研究部署了近期重点工作；会议还通报了北京市公车改革相关工作进展情况。

25 日

北京市地方税务局召开市局党组中心组扩大学习会议，党组书记刘江平主持会议，北京市纪委二室主任李正斌作了党风廉政教育专题讲座，全体局领导参加会议。

北京市地方税务局局长杨志强、副局长吕兴

渭到二手房交易专项督察组调研。

北京市地方税务局印发《北京市地方税务局减免税申报情况核查工作方案》（京地税收〔2015〕183号）。

28日

北京市地方税务局局长杨志强，党组书记刘江平，党组副书记、副局长朱元广，副局长吕兴渭到北京税务博物馆调研，听取了复建工作情况总结和开馆后续工作的汇报。

29日

“三证合一项目”部署上线，北京市地方税务局、北京市工商局、北京市国税局、北京市质监局实现联合办证。

北京市地方税务局印发《北京市地方税务局关于在海淀区开展“税银互动”试点促进企业融资发展的通知》（京地税纳〔2015〕186号）。

30日

北京市地方税务局与海淀区政府在中关村展示中心举行“税银互动”签约仪式，为海淀区纳税信用为A级的中小高新科技企业提供“税银互动”纯信用贷款服务，税务总局纳税服务司司长饶立新，市地税局局长杨志强、副局长王炜、副局长唐学军，海淀区政府代区长于军、常务副区长穆鹏、副区长孟景伟，市金融局副局长栗志刚，中国银行业监督管理委员会北京监管局处长肖云钢出席签约仪式。

10月

8日

北京市地方税务局局长杨志强到海淀区地税局第四税务所调研存量房“区域通办”“三证合一”工作情况。

北京市地方税务局党组书记刘江平到房山区地税局调研存量房“区域通办”“三证合一”工作情况。

全市正式统一实行存量房交易税收征管区域通办工作。

北京市地税系统领导同志“一周工作安排”栏目上线运行。

9日

北京市地方税务局开展对王宝明的离任经济责任审计工作。

北京市地方税务局印发《北京市地方税务局关于开展2015年“敬老月”活动的通知》（京地税离〔2015〕189号）。

10日

北京市地方税务局召开组织收入工作专题会议，党组副书记、副局长朱元广到会并讲话。

北京市地税系统补录公务员65名。

11日

北京市地方税务局、北京市国家税务局联合印发《北京市地方税务局、北京市国家税务局关于联合开展税收分析工作的意见》（京地税发〔2015〕198号）。

12日

北京市地方税务局、北京市国家税务局联合召开运用大数据开展大企业税收服务与监管试点工作税企见面会，市地税局副局长吕兴渭、市国税局总经济师高瑞君到会并讲话。

13日

北京市地方税务局局长杨志强、党组书记刘江平、副局长唐学军、副巡视员杨文俊到平谷区地税局调研82012366远程座席场地设置工作。

16日

北京市地方税务局召开党组中心组扩大学习会，学习贯彻中央全面深化改革领导小组第17次会议精神。

17 日

北京市地方税务局与市编办签订信息共享合作协议，协议明确由市编办向市地税局提供全市行政事业单位设立信息及其他相关信息。

19 日

国家税务总局局长王军在税务总局《每日要情》上批示："志强、日朝、建英同志，看了你们三位的工作安排或批示，我很高兴。志强同志与财政、国税的同志一起调研组织收入工作，必定会收事半功倍之效。日朝同志在批示中要求尽快联系地税一起召开联席会来落实中央深改领导小组 17 次会议精神的'方案'，很切中落实的要害。建英同志在批示中要求省局各处室注意和总局各司局安排对接，特别是要求省局办公室注意学习借鉴兄弟省局的好做法及举措，具有点睛之妙。"

北京市地方税务局局长杨志强带领市地税局、市国税局、市财政局相关处室负责人到朝阳区政府开展收入运行情况联合调研，市地税局党组副书记、副局长朱元广，朝阳区副区长薛寒参加调研。

北京市地方税务局局长杨志强到京粮集团调研，双方就签署《合作框架协议》和《税收遵从合作协议》的细节进一步协商并达成一致意见。

北京市地方税务局党组书记刘江平主持召开 2015 年第 25 次党组会议，会议原则同意计划财务处提出的市局 2016 年部门预算安排，资产管理处提出的北京印花税票册和个性邮票册、邮资封处置方案，基层工作处提出的北京地税系统岗位技能大赛决赛工作安排，机关党委办公室提出的共青团北京市地方税务局第一次代表大会筹备工作安排，监察处提出的《选用部分区县（分）局纪检组长为驻局纪检组组员意见》，人事处提出的《北京市地税局 2016 年第一次考试录用公务员计划表》及 2016 年招录工作建议；会议同意免去张德全同志西城区地税局副调研员、刁克同志丰台区地税局副调研员、侯月香同志开发区分局副调研员职务；会议决定：同意改造企业所得税预缴和汇算清缴系统项目立项申请、修改"涉税事项无纸化办公系统"；会议还通报了朝阳区地税局关于劳务服务公司与物业公司员工斗殴案件的情况。

19 日—22 日

北京市地方税务局党组书记刘江平、纪检组长张靖明就落实"两个责任"先进经验带队赴辽宁省地税局学习考察。

20 日

北京市地方税务局、北京市国家税务局联合委托国家会计学院举办的 2015 年稽查业务骨干培训班正式开班，国家会计学院党委书记秦荣生、国家税务总局教育中心副主任陈小杭、市国税局副局长程永昌、市地税局副巡视员郭筑明出席开班仪式并讲话。

21 日

北京市地方税务局局长杨志强带领市地税局、市国税局、市财政局相关处室负责人到丰台区政府开展收入运行情况联合调研，市地税局党组副书记、副局长朱元广，丰台区区委常委、常务副区长刘宇参加调研。

21 日—23 日

北京市地方税务局组织开展离退休干部欢度重阳节活动，党组书记刘江平、纪检组长张靖明、副巡视员杨文俊参加活动。

22 日

新东方教育集团董事长俞敏洪到北京市地方税务局作主题为"坚持进步　保持热情"的专题讲座，市地税局党组副书记、副局长朱元广主持讲座。

北京市财政局、北京市地方税务局联合转发《财政部、国家税务总局关于继续实施物流企业大宗商品仓储设施用地城镇土地使用税优惠政策的通知》（京财税〔2015〕2025 号）。

23 日

北京市政府法制办党组成员、副局级高级法律专务魏力就法律顾问相关工作到市地税局调研，市地税局副局长唐学军参加调研。

北京市个人所得税年度收入达到 1016 亿元，首次突破千亿元大关。

26 日

新华社总社参编部主任记者任鹏飞一行到北京市地方税务局就京津冀协同发展、非首都功能疏解等内容对局长杨志强进行专访。

27 日

北京地税系统岗位技能大赛决赛圆满结束，北京市地方税务局局长杨志强，党组书记刘江平，党组副书记、副局长朱元广，副局长吕兴渭，纪检组长张靖明，副局长唐学军，副巡视员周上序到赛场观赛。

北京市地方税务局、北京市国家税务局与市知识产权局签订信息共享合作协议，协议明确由市知识产权局向市地税局、市国税局提供专利实施许可合同备案信息。

28 日

共青团北京市地方税务局委员会成立，并召开第一次代表大会，大会选举产生了共青团北京市地方税务局第一届委员会，任丽娟当选为第一届委员会书记，宋航、史蓓蓓当选为副书记。大会由市地税局局长杨志强主持，团市委副书记黄克瀛、市地税局党组书记刘江平作重要讲话，市地税局党组副书记、副局长朱元广，市直机关工委副书记景玉宝，国家税务总局机关党委组织部副部长、机关团委副书记檀英坡，团市委机关工作部副部长刘念，市直机关团工委副书记刘煦淳出席大会。

北京市地方税务局与市民政局签订信息共享合作协议，协议明确由市民政局向市地税局提供社会组织登记信息、残疾人就业信息、福利彩票销售情况、企业公益性捐赠及婚姻记录相关信息。

北京市地方税务局机关完成公车改革工作。

29 日

北京市地方税务局与顺义区政府签署《互派挂职干部框架协议》，市地税局局长杨志强，党组副书记、副局长朱元广，总经济师沈永奇，顺义区政府区长卢映川、副区长朱家亮，顺义区委组织部部长车克欣出席签约仪式。

北京市顺义区地方税务局与顺义区国家税务局签署《共建联合办税服务厅合作协议书》，北京市地方税务局局长杨志强，党组副书记、副局长朱元广，总经济师沈永奇，市国税局局长李亚民，顺义区政府区长卢映川、副区长朱家亮出席签约仪式。

北京市地方税务局召开清理 2011—2013 年稽查未结案件工作汇报会，副巡视员郭筑明到会并讲话。

中央电视台综艺频道（CCTV－3）《有朋远方来》栏目组到北京税务博物馆录制节目。

30 日

国家税务总局电子税务管理中心主任姚琴就北京市地方税务局“互联网＋税务”的工作设想开展调研，市地税局局长杨志强、总经济师沈永奇参加调研。

北京市地方税务局第一党支部全体成员组织参观北京市党员干部党性教育基地。

北京市地方税务局与中央财经大学联合举办的企业所得税业务知识培训班结业，市地税局副局长吕兴渭出席培训班结业仪式并讲话。

北京市地方税务局完成对购买服务经费使用情况的专项审计工作。

31日

北京市地方税务局组织机关干部税收业务知识考试，总经济师沈永奇到考场巡考。

11月

1日

北京市地方税务局党组书记刘江平主持召开2015年第26次党组会，会议传达学习了党的十八届五中全会精神和全会公报的主要内容、《中国共产党廉洁自律准则》和《中国共产党纪律处分条例》《北京市培养选拔党外干部工作规定（试行）》；会议原则同意征管和科技发展处提出的2015年北京市地方税务局存量房交易系统升级改造项目立项申请、2016年北京市地方税务局外部信息数据交换升级改造项目立项申请，督察内审处提出的二手房交易专项税收执法督察第二阶段工作方案，人事处提出的《北京市地方税务局协税员管理办法》、北京市地税局2015年接收安置军转干部名单，发放2014年度政府绩效管理考核一次性奖金测算情况；会议同意谢锋同志任丰台区地税局党组副书记、调研员，安宝华同志任石景山区地税局党组副书记、副局长、调研员，免去其石景山区地税局纪检组长职务，樊京虎同志任怀柔区地税局党组副书记、调研员，王国强同志任密云县地税局党组副书记、副局长、调研员，免去其顺义区地税局党组成员、副局长职务，季大捷同志作为监察处副处长人选；会议还对公车改革、领导干部离任审计、全系统文艺汇演等工作进行了部署。

2日

北京市地方税务局局长杨志强到东城区地税局对注销税务登记工作进行专项调研。

3日

北京市地方税务局党组书记刘江平主持召开2015年第27次党组会，会议原则同意大企业税收管理处提出的《北京市地方税务局与北京粮食集团有限责任公司合作框架协议》和《北京市地方税务局与北京粮食集团有限责任公司税收遵从合作协议》，基层工作处提出的《组织延庆等4个远郊局干部到城区局调训锻炼工作方案》，宣传教育处提出的中国人民大学硕士研究生班后续管理工作建议，人事处提出的《加强和改进地税系统优秀年轻干部培养选拔工作的实施意见》；会议还对驻局纪检组建设、办理金雅园住房产权、电话咨询服务平台集中建设、先进职工赴北戴河疗休养、档案处整体工作进行了部署。

4日

北京市人大代表、市十四届人大法制委员会委员张守文到北京市地方税务局持证视察工作，市地税局局长杨志强、副巡视员周上序参加视察活动。

5日

北京市地方税务局召开清理2011—2013年稽查未结案件工作汇报会，副巡视员郭筑明到会并讲话。

国家税务总局通报2015年纳税人满意度调查结果，北京市地税系统纳税人满意度综合得分为85.03分，较上一调查年度提高8.49分，较全国平均水平高3.46分，位居全国第6位。

9日

北京市地方税务局局长杨志强、副局长唐学军到北京市政务服务中心调研并看望了市地税局工作人员，市政务服务中心筹备办公室副主任蔡明月陪同调研。

北京市地税系统2015年考试录用公务员公共知识培训班正式开班，北京市地方税务局党组副书记、副局长朱元广参加开班仪式。

10日

北京市地方税务局党组书记刘江平主持召开全系统共青团工作座谈会，局长杨志强，党组副书记、副局长朱元广，纪检组长张靖明参加会议。

首都文明办副主任韩龙彬到西城区地税局就精神文明创建工作进行专题调研，北京市地方税务局总经济师沈永奇、副巡视员周上序陪同调研。

11日

北京市地方税务局党组书记刘江平主持召开2015年第28次党组会议，会议原则同意机关后勤服务中心提出的《北京市地方税务局机关公务车辆使用管理暂行办法》，调整党建工作指导小组组成人员及职责，基层工作处提出的《2015年北京市“职工技协杯”职业技能竞赛暨北京地税系统岗位技能大赛总结表彰大会方案》，办公室提出的《2016年北京市地方税务工作务虚会安排》，人事处提出的郭筑明、周上序同志干部档案审核结果；会议同意万国喜同志任大兴区地税局党组书记、局长，免去其西城区地税局党组书记、局长职务，徐坡同志任大兴区地税局党组副书记、副局长、调研员，免去其西站分局党组副书记、副局长、调研员职务，施宏同志任西城区地税局局长，免去其个人所得税管理处处长职务，张亚平同志任西城区地税局党组书记、副局长，免去其燕山分局（第六稽查局）党组书记、局长职务，毛江同志任个人所得税管理处副处长、主持工作，免去其怀柔区地税局党组成员、副局长职务，钱丽换同志任燕山分局（第六稽查局）党组成员、副局长、主持工作，免去其东城区地税局党组成员、副局长职务，牛皖军同志任平谷区地税局党组副书记、调研员，王治国同志任延庆县地税局党组副书记、副局长、调研员，免去其昌平区地税局党组成员、副局长职务，田贵远同志任燕山分局（第六稽查局）党组副书记、调研员，李广生同志任第二直属分局（西站分局）党组副书记、副局长、调研员，免去其燕山分局（第六稽查局）党组成员、纪检组长职务，徐京来同志任开发区分局党组副书记、调研员，王岩同志任市局法制处调研员，免去其海淀区地税局调研员职务，张之乐同志作为资产管理处处长推荐人选，张卉同志作为基层工作处处长推荐人选，冯强同志作为宣传教育处处长推荐人选，张毅同志作为保卫处处长推荐人选，郑鹏同志作为顺义区地税局党组书记、局长推荐人选，姜学东同志作为密云县地税局党组书记、局长推荐人选，郭海福同志作为第一稽查局党组书记、局长推荐人选，昌平区地税局党组成员、副局长田鸿雁同志，房山区地税局党组成员、副局长雒轶同志，怀柔区地税局党组成员、副局长李苹同志，密云县地税局党组成员、副局长方书涛同志，平谷区地税局党组成员、副局长路宝庭同志，燕山分局党组成员、副局长吴芳同志，企业所得税管理处副处长佟云飞同志，个人所得税管理处副处长田敬文同志，稽查处（税务违法案件举报中心）副处长孙玉洁同志，纳税服务处副处长朱莉同志，宣传教育处副处长刘丽同志，督察内审处副处长苏佳同志，纳税服务中心副主任朱志刚同志，数据处理中心副主任雷京同志，机关后勤服务中心副主任张靖同志按时结束试用期，正式任职，终止对唐敬春同志的选拔任用工作程序；会议强调贯彻落实《北京市贯彻〈推进领导干部能上能下若干规定（试行）〉的实施办法》；会议还对稽查处整体工作进行了部署。

北京市地方税务局党组中心组召开第三专题学习研讨会，副局长吕兴渭、纪检组长张靖明、副巡视员郭筑明、副巡视员周上序以“严以用权，真抓实干，实实在在谋事创业做人，树立忠诚、干净、担当的新形象”为主题作了交流发言，局长杨志强、党组书记刘江平到会并讲话。

12 日

北京市地方税务局局长杨志强主持召开2015年第7次局长办公会，会议原则同意办公室提出的《北京市地方税务局政府信息主动公开工作办法》等7项政府信息公开工作制度、《北京市地方税务局信访工作办法》，北京税务博物馆提出的继续开展税收文物史料征集工作有关安排，稽查处提出的《北京市地方税务局重大案件审理办法》，征管和科技发展处提出的《北京市地方税务局关于对日常检查工作开展专项检查工作方案》、存量房交易税收征管区域通办下一步工作安排，财产和行为税管理处提出的《北京市城镇土地纳税等级分级范围》；会议还对全系统各级领导干部进一步落实“三严三实”提出工作要求。

国际货币基金组织（IMF）税收管理部高级经济学家约翰·布朗德罗到北京市地方税务局对税收征管具体操作相关工作开展调研，市地税局副局长王炜参加调研。

北京市地方税务局召开全系统涉税舆情工作座谈会，副局长唐学军到会并讲话。

13 日

北京市地方税务局与北京粮食集团有限责任公司签订《合作框架协议》与《税收遵从合作协议》，市地税局局长杨志强，党组书记刘江平，党组副书记、副局长朱元广，北京粮食集团有限责任公司董事长王国丰、总经理王建新、副总经理穆春雨出席签约仪式。

北京市地方税务局党组书记刘江平主持召开2015年第29次党组会议，会议研究市委第八巡视组反馈问题整改工作，并提出工作要求；会议决定：市局成立巡视整改工作领导小组及办公室，领导小组由刘江平同志任组长，其他局领导任副组长，办公室、研究室、征管和科技发展处、稽查处、纳税服务处、计划财务处、资产管理处、宣传教育处、基层工作处、人事处、督察内审处、机关党委办公室、监察处、机关后勤服务中心等部门主要负责人为成员，领导小组办公室设在机关党委办公室。

北京市地方税务局召开减免税申报情况核查工作阶段汇报会，副局长唐学军到会并讲话。

北京市地方税务局机关举办消防安全知识讲座、组织开展应急疏散演练，副巡视员郭筑明担任总指挥。

16 日

北京市政府市长王安顺主持召开会议，会议研究并原则同意北京市地方税务局提出的关于调整《北京市新增产业的禁止和限制目录（2015年版）》（以下简称《禁限目录》）涉及税收优惠政策的请示，会议要求市地税局要针对《禁限目录》规定的禁止和限制发展产业的存量和增量部分，统一调整其涉及的税收优惠政策，并将调整建议和《禁限目录》报国家有关部委，争取支持，使之尽快实施。

中国社会科学院学部委员、财经战略研究院院长高培勇到北京税务博物馆参观，北京市地方税务局副局长吕兴渭陪同参观。

北京市地方税务局印发《北京市地方税务局2022年冬季奥运会税务服务办公室成立工作方案》（京地税际〔2015〕206号）。

17 日

北京市地方税务局局长杨志强、总经济师沈

永奇到中关村智能硬件梦工场调研。

北京市地方税务局党组书记刘江平、纪检组长张靖明就统计巡查工作到市统计局调研，国家统计局调查总队巡视员邵建民、纪检组长袁海鹏参加调研。

北京市地方税务局召开全系统保密工作电视电话培训会，市国家保密局副局长刘建华作题为《信息化条件下的保密管理与防护》的讲座，市地税局总经济师沈永奇主持会议。

18 日

《税收天地》开播一周年节目研讨会在北京电视台举行，北京市地方税务局党组书记刘江平、市国税局局长李亚民、北京电视台台长赵多佳到会并讲话。

北京市地方税务局组织 2014 年考试录用公务员和接收安置军队转业干部参加全国税收执法资格统一考试，全系统共 153 人参加考试。

19 日

北京市人大常委会委员、财经委（办）主任王琪一行就税收征管、纳税服务、落实税收优惠政策等情况到北京市地方税务局调研，市地税局局长杨志强，党组副书记、副局长朱元广参加调研。

北京市地方税务局党组书记刘江平主持召开 2015 年第 30 次党组会，会议研究并原则同意机关党委办公室提出的《中共北京市地方税务局党组关于市委第八巡视组巡视反馈情况的集中整改方案》。

北京市地方税务局与市总工会联合举办的 2015 年北京市“职工技协杯”职业技能竞赛暨北京地税系统岗位技能大赛圆满落幕，大赛评选出 3 名岗位标兵、27 名岗位能手。

20 日

北京市地方税务局与北京市国家税务局联合承办京津冀联合税收分析工作第 2 次联席会，会议由市国税局局长李亚民主持，市地税局局长杨志强总结了京津冀联合税收分析工作开展情况，国家税务总局收入规划核算司司长杨元伟、市地税局党组副书记、副局长朱元广出席会议。

北京市地方税务局召开市委第八巡视组巡视反馈意见集中整改动员会，局长杨志强宣读了巡视反馈情况集中整改方案，党组书记刘江平就市委第八巡视组巡视反馈意见整改落实工作作了动员讲话。

北京市地方税务局召开党组中心组扩大学习会，党组书记刘江平主持会议，会议邀请党建专家作了关于《中国共产党廉洁自律准则》和《中国共产党纪律处分条例》两项党内法规的专题讲座，市局领导班子成员参加会议。

北京市地方税务局固定资产管理信息系统正式上线。

23 日

北京市地方税务局党组书记刘江平主持召开 2015 年第 31 次党组会议，会议原则同意征管和科技发展处提出的成立北京市地方税务局金税三期工程推广工作领导小组、北京市地方税务局金税三期工程推广工作实施方案、金税三期工程推广工作集中办公的请示和首批抽调人员集中办公的工作方案，《北京地税与北京银联建立战略合作关系工作方案》，监察处提出的对昌平区地税局康水利同志采取停职检查措施有关工作；会议同意朱元广同志兼任北京市税务学会副会长，法制处处长李志刚同志，机关党委办公室主任胡建荣同志，工会经费管理处处长史小军同志，信息中心主任邹彭同志，机关后勤服务中心主任王劲松同志，老干部活动中心主任门杰同志，北京税务博物馆馆长饶梦阳同志，北京税务博物馆副馆长邓荣华、邹红姣同志按时结束试用期，正式任职。

北京市地方税务局驻局纪检组召开全系统纪检干部业务培训会，纪检组长张靖明到会并讲话。

24日—25日

北京市地方税务局局长杨志强、党组书记刘江平参加中共北京市委第十一届委员会第八次全体会议。

25日

北京市地方税务局纪检组长张靖明参加中央纪委驻国家税务总局纪检组举办的税务系统纪检组长培训班。

26日

北京市地方税务局组织副处级以上领导干部参加市委、市政府理论学习中心组学习（扩大）电视电话会议，会议由中央政治局委员、北京市委书记郭金龙主持，中纪委副书记刘金国作关于深入学习贯彻《中国共产党廉洁自律准则》和《中国共产党纪律处分条例》的辅导报告。

27日

北京市地方税务局就区域经济发展、税源建设与门头沟区政府座谈，市地税局局长杨志强、副局长吕兴渭，门头沟区政府区长张贵林参加座谈；同日，市地税局局长杨志强、副局长吕兴渭就日常检查、组织收入、税收征管、纳税服务、干部队伍建设到门头沟区地税局调研。

北京市地方税务局党组书记刘江平，党组副书记、副局长朱元广就加强基层党组织、促进农民增收致富、不断提升治理能力和服务水平到顺义第一书记派驻村调研。

12月

1日

北京市地方税务局党组书记刘江平主持召开2015年第32次党组会，会议传达了《中共北京市第十一届委员会第八次全体会议决议》和《中共北京市委关于制定北京市国民经济和社会发展第十三个五年规划的建议》；会议原则同意机关党委办公室提出的成立北京市地方税务局预防和处理系统性腐败工作领导小组和《北京市地方税务局预防和处理系统性腐败工作领导小组工作方案》《2015年北京地税系统党风廉政建设责任制检查考核工作方案》，财产和行为税管理处提出的《财产行为税管理风险应对工作方案》，市地税局与市国税局、北京电视台续签2016年《税收天地》节目合作协议，机关后勤服务中心提出的2016—2017年度办公用品招标工作申请及所需经费，人事处提出的《北京市地方税务局正处级领导干部交流工作暂行办法》《关于区县（分）局处级领导班子成员职责分工暂行办法》、干部档案审核结果、北京税务博物馆招聘事业编制工作人员名单；会议研究并同意顺义区地税局作为“首都环境保护先进集体”推荐对象、市局机关后勤服务中心唐雯同志作为“首都环境保护先进个人”推荐对象；会议同意企业所得税管理处副处长张海川同志作为挂职人选，安排到中央金融单位、中央企业挂职锻炼1年；会议还传达了税务总局局长王军同志，北京市委常委、常务副市长李士祥同志对《市委第八巡视组对市地税局开展专项巡视反馈意见报告》的批示精神。

3日

北京市地方税务局召开《纳税评估管理国际比较与借鉴研究》课题结题会，中国国际税收研究会会长王力、顾问郝昭成、副会长伊兵，市地税局局长杨志强、总经济师沈永奇到会并讲话。

4日

北京市地方税务局局长杨志强到首旅集团调研座谈，研究解决首旅集团涉税事项，首旅集团董事长段强、总经理刘毅，市地税局党组副书记、副局长朱元广，总经济师沈永奇参加调研。

北京市地方税务局党组书记刘江平主持召开2015年第33次党组会，会议传达中央《深化国税、地税征管体制改革方案》；会议原则同意机关党委办公室提出的《北京市地方税务局2015年度“三严三实”专题民主生活会方案》，票证管理中心提出的启动2016年票证印刷定点供应商竞价有关工作，大企业税收管理处提出的市局与国家开发银行股份有限公司北京市分行签订《合作备忘录有关事项》；会议研究并同意办公室作为“北京市信访工作先进集体”推荐对象、邵凌同志作为“北京市信访工作先进个人”推荐对象；会议同意王敬丰同志任西城区地税局党组副书记、副局长、调研员，免去其大企业税收管理处副处长职务，关宇航同志任海淀区地税局党组副书记、副局长、调研员，免去其人事处副处长职务，张争同志任第一稽查局党组副书记、副局长、调研员，免去其稽查处（税务违法案件举报中心）副处长职务，文竟同志任第三稽查局党组副书记、副局长、调研员，免去其国际税务管理处副处长职务。

7日

北京市地方税务局召开北京市地税系统金税三期工程推广工作动员会，全体局领导参加会议。

7日—10日

北京市人大财政经济委员会第二十六次（扩大）会议在北京会议中心召开，北京市地方税务局党组副书记、副局长朱元广参会并向大会做市地税局2015年税收预计完成情况及2016年税收形势展望的报告。

9日

北京市地方税务局局长杨志强到石景山区地税局检查党风廉政建设责任制落实情况。

北京市地方税务局召开《深化国税、地税征管体制改革方案》工作专题会议，党组副书记、副局长朱元广，总经济师沈永奇参加会议。

10日

北京市地方税务局举办题为“互联网+时代的信息和资金安全”专题讲座，总经济师沈永奇到会并讲话。

11日

北京市地方税务局党组书记刘江平主持召开2015年第34次党组会，会议原则同意机关党委办公室提出的《2015年市局机关基层党组织书记述职评议考核工作方案》《中共北京市地方税务局机关委员会换届选举工作实施方案》，办公室提出的《区县（分）局党组向市局党组汇报整体工作方案》，计划财务处提出的《北京市地方税务局干部培训中心整体转让补充协议》和相关工作建议，信息中心提出的使用信息系统运维和网络接入项目经费，征管和科技发展处提出的2016年北京市地方税务局网络链路安全设备升级改造项目立项申请，人事处提出的《北京市地方税务系统2015年度考核奖励工作方案》《北京市地方税务局绩效考评结果运用办法（试行）》，监察处提出的对朝阳区地税局党组成员、副局长安增运同志、纪检组长王学东同志采取停职检查措施；会议同意张之乐同志任资产管理处处长，张毅同志任保卫处处长，张卉同志任基层工作处处长，郑鹏同志任顺义区地税局党组书记、局长，姜学东同志任密云县地税局党组书记、局长，郭海福同志任第一稽查局党组书记、局长，季大捷同志任监察处副处长，肖永明同志任石景山区地税局调研员，王静同志任丰台区地税局副调研员，崔国臣同志任怀柔区地税局副调研员，乔梁同志任平谷区地税局副调研员，裴军同志任密云县地税局副调研员，郭生有同志任密云县地税局副调研员，张尚书同志任顺义区地税局调研员，宋海红同志任西城区地税局副调研员，孙德忠同志任大兴区地税局副调研员，李保忠同志任密云县地税局副调研员，齐春生同志任密云县地税局副调研员，刘建华同志任开发区分局副调研员，免去侯会明同志石景山区地税局副调研员、张强国同志石景山区地税局副调研员、张景刚同志门头沟区地税局副调研员、王冕同志房山区地税局副调研员，刘华同志延庆县地税局副调研员职务；会议决定黄长文同志任顺义区地税局党组成员、副局长，免去其石景山区地税局党组成员、副局长职务，董立彤同志任昌平区地税局党组成员、副局长，免去其通州区地税局党组成员、副局长职务，但启明同志任第一直属分局（第五稽查局）党组成员、副局长，免去其第一稽查局党组成员、副局长职务，滕凯宝同志任第四稽查局党组成员、副局长，免去其第一直属分局（第五稽查局）党组成员、副局长职务，王京同志任稽查处副处长，免去其密云县地税局党组成员、副局长职务，刘丽同志任稽查处副处长，免去其宣传教育处副处长职务，孟刚同志任非税收入管理处副处长，免去其稽查处副处长职务，佟云飞同志任财产和行为税管理处副处长，免去其企业所得税管理处副处长职务。

北京市地方税务局召开党组中心组扩大学习会，邀请首都律师以案释法宣讲团成员、嘉维律师事务所律师毕文胜作“不败的秘籍——行政思维必须符合法治思想”辅导报告，党组书记刘江平主持会议并结合讲座内容提出工作要求，全体局领导参加会议。

14 日

北京市地方税务局党组书记刘江平到第一稽查局检查党风廉政建设责任制落实情况。

15 日

北京市地方税务局党组书记刘江平到第二直属税务分局检查党风廉政建设责任制落实情况。

16 日

北京市委副书记、市长王安顺在《北京国地税专报》第 2 期“市国、地税局全方位合作打造北京税务品牌”上批示：“北京国税、地税两局从服务首都经济和社会大局出发，坚持问题导向，勇于探索创新，密切配合，形成强大工作合力，纳税服务措施不断优化，税收收入持续增长，既给纳税人提供了更多便利，又为有序疏解非首都功能、促进经济发展方式转变做出贡献，值得肯定和表扬。”

国家税务总局与经济合作和发展组织（OECD）联合举办的 OECD/G20 国际税收改革研讨会在北京市地方税务局召开，国家税务总局国际税务司副司长黄素华、经济合作和发展组织（OECD）税收政策与管理中心（CTPA）主任帕斯卡・圣塔曼、安永会计师事务所合伙人黎颂喜、市地税局副局长王炜出席会议。

17 日

北京市地方税务局党组书记刘江平主持召开 2015 年第 35 次党组会，会议原则同意机关党委办公室提出的市局“三严三实”专题民主生活会领导班子对照检查材料，办公室提出的进一步加强税务总局信息报送相关工作建议，督察内审处提出的在领导干部经济责任审计工作中分步推行“双审兼顾，先审后离”机制相关工作建议，宣传教育处提出的北京市地方税务局 2016 年度市级干部教育培训计划及经费预算安排，人事处提出的发放市级机关公车改革公务交通补贴意见和工作安排。

北京市地方税务局组织召开《北京市城镇土地使用税纳税能力估算》课题结题验收会，国家税务总局收入规划核算司司长杨元伟，市地税局党组副书记、副局长朱元广到会并讲话。

北京市地方税务局召开第四季度税收宣传工作联席会，市局党组副书记、副局长朱元广到会并讲话。

18日

北京市地方税务局党组书记刘江平、总经济师沈永奇到金税三期工程集中办公区检查工作，并提出工作要求。

北京市地方税务局召开部分稽查局未结案件清理工作汇报会，副巡视员郭筑明到会并讲话。

21日

北京市地方税务局与市财政局联合召开非税收入协调会，市地税局党组副书记、副局长朱元广，总经济师沈永奇，市财政局副巡视员张宏宇到会并讲话。

22日

国家税务总局副局长顾炬到北京市国家税务局、北京市地方税务局调研“三严三实”专题教育工作，市国税局局长李亚民，市地税局党组副书记、副局长朱元广分别汇报了两局开展“三严三实”专题教育工作情况。

22日—23日

北京市地方税务局召开2015年企业所得税汇算清缴工作会，副局长王炜到会并讲话。

23日

京津冀税务稽查协作框架协议签约仪式在京召开，国家税务总局总会计师孙瑞标，国家税务总局稽查局局长王学东、副局长于海春，市地税局局长杨志强、副巡视员郭筑明参加签约仪式。

24日

北京市地方税务局召开机关共青团工作座谈会，新当选的机关团委委员参加会议，党组书记刘江平、纪检组长张靖明到会并讲话。

28日

北京市地方税务局党组书记刘江平主持召开2015年第36次党组会，会议传达学习了北京市委十一届九次全会决议，中共中央政治局委员、市委书记郭金龙代表市委常委会所作的工作报告和重要讲话，市委副书记、市长王安顺所作的关于全市经济社会发展工作的报告；会议原则同意办公室提出的北京市地方税务系统2016年工作会筹备方案，征管和科技发展处提出的《北京市地方税务局税收减免管理实施办法》《北京市地方税务局关于进一步规范减免税管理工作的通知》《北京市地方税务局欠税管理办法》《北京市地方税务局阻止欠税人出境管理办法》和《北京市地方税务局关于进一步加强欠缴税款管理工作的通知》，资产管理处提出的《盘活闲置资产加强老干部活动中心建设提高服务能力工作方案》，法制处提出的《北京市地方税务局试行总法律顾问制度工作方案》；会议同意免去李华斌同志第一直属税务分局（第五稽查局）调研员、贺友华同志密云县地税局副调研员职务、韩敏同志西城区地税局副调研员职务。

北京市地方税务局开展对杨涛、于欣杰的经济责任审计工作。

29日

北京市地方税务局与中国银联北京分公司举行合作框架协议签字仪式，市地税局局长杨志强、副局长唐学军、总经济师沈永奇，中国银联副董事长陈志、中国银联北京分公司总经理孙衍琪出席签字仪式。

北京市地方税务局局长杨志强主持召开2015年第8次局长办公会，会议原则同意资产管理处提出的固定资产管理信息系统正式上线运行及下一步工作安排，收入规划核算处报审的进一步规范大额退税管理有关工作要求，档案处提出的

《北京市地方税务局税收减免档案管理办法（试行）》《北京市地方税务局税务档案借阅管理办法（试行）》；会议决定由征管和科技发展处将进一步规范大额退税管理有关工作要求纳入《北京市地方税务局退税管理办法》；会议还对全系统各单位做好元旦春节期间安全工作提出要求。

北京市地方税务局局长杨志强到西城区地税局专业税务所新办公地址调研，并对纳税服务工作提出要求。

30 日

北京市委副书记、市长王安顺，市委常委、常务副市长李士祥，市政府秘书长李伟到北京市国家税务局、北京市地方税务局调研慰问，市地税局全体局领导参加调研。

北京市地方税务局组织召开《北京地税》改版一周年座谈会，市地税局副局长王炜、中国税务出版社副总编辑朱承斌、策划总监刘淑民到会并讲话。

31 日

国家税务总局局长王军、副局长丘小雄、副局长顾炬到北京市国家税务局、北京市地方税务局调研，市委常委、常务副市长李士祥陪同调研，市地税局全体局领导参加调研。

北京市地方税务局局长杨志强、党组书记刘江平、副局长王炜、总经济师沈永奇到信息中心检查元旦期间信息安全职守情况，并看望慰问坚守在信息化岗位的全体干部；副巡视员郭筑明看望慰问安保人员、物业管理人员。

北京市地方税务局完成对市局本级会议费预算执行情况的专项审计工作。

北京市地方税务局完成二手房交易专项执法督察工作。

北京市地方税务局印发《北京市地方税务局关于废止部分税收规范性文件条款的公告》（北京市地方税务局公告 2015 年第 11 号）。